中国地质大学(武汉)2022 年教材建设项目(2022071)资助

大学体育课程的教学与训练

DAXUE TIYU KECHENG DE JIAOXUE YU XUNLIAN

刘良辉 姜 睿 熊 冲 主编

图书在版编目(CIP)数据

大学体育课程的教学与训练 / 刘良辉，姜睿，熊冲主编. —武汉 ：中国地质大学出版社，2023.7

ISBN 978-7-5625-5609-1

Ⅰ. ①大… Ⅱ. ①刘… ②姜… ③熊… Ⅲ. ①体育教学-教学研究-高等学校②运动训练-教学研究-高等学校 Ⅳ. ①G807.4②G808.1

中国国家版本馆 CIP 数据核字(2023)第 118312 号

大学体育课程的教学与训练 刘良辉 姜 睿 熊 冲 **主编**

责任编辑:韦有福 选题策划:张 健 韦有福 责任校对:李焕杰

出版发行:中国地质大学出版社(武汉市洪山区鲁磨路 388 号) 邮编:430074
电 话:(027)67883511 传 真:(027)67883580 E-mail:cbb@cug.edu.cn
经 销:全国新华书店 http://cugp.cug.edu.cn

开本:787 毫米×1092 毫米 1/16 字数:730 千字 印张:30
版次:2023 年 7 月第 1 版 印次:2023 年 7 月第 1 次印刷
印刷:湖北新华印务有限公司

ISBN 978-7-5625-5609-1 定价:46.00 元

《大学体育课程的教学与训练》

技术顾问

主　任： 李　元　庞　岚

编写组： 李　伦　朱　军　杨　汉　冯　岩　周建巍

执行委员会

主　编： 刘良辉　姜　睿　熊　冲

副主编： 杨　晶　罗新建　刘一荻　黄　静　樊　荣　温弘毅　李悦宁

编　委： 褚鹏飞　刘华荣　方　银　郭珊珊　邹师思　刘仁仪　孙　劼　胡　凯　欧高志　丁维维　陈凤英　潘　欢　邱玉华　宗波波　何丽娜　李　元　汪俊杰　董良山　姬　庆　黄江华　周　云　邓焰峰　皮　崴　秦长胜　桂晓红　何鹏飞　梁荣琪　童靖然　王康茂　王　瑞　杨　径　张祖浩

前言

体育是大学教育的组成部分，是培养社会所需人才的重要内容。中共中央办公厅　国务院办公厅印发的《关于全面加强和改进新时代学校体育工作的意见》和《关于全面加强和改进新时代学校美育工作的意见》对学校体育工作作出了重要部署，明确提出“以习近平新时代中国特色社会主义思想为指导，全面贯彻党的教育方针，坚持社会主义办学方向，以立德树人为根本，以社会主义核心价值观为引领，以服务学生全面发展、增强综合素质为目标，坚持健康第一的教育理念，推动青少年文化学习和体育锻炼协调发展，帮助学生在体育锻炼中享受乐趣、增强体质、健全人格、锤炼意志，培养德智体美劳全面发展的社会主义建设者和接班人。”这为进一步深化高校体育课程改革指明了方向。

大学生身体健康问题已经成为社会关注的重点，在这一背景下，大学体育课程改革政策陆续出台，为此各高校都积极采取相应措施来落实。进行大学体育课程改革是为了提升学生的身体素质，促进学生的身心健康发展，这是大学体育课程改革的本质要求，也是课程改革的初衷。大学体育课程在教学改革过程中，要以学生为中心，以提升学生的身体素质为根本，以体育课和相关实践性课程为手段，真正提升学生的身体素质，促进学生全面发展。

本书依据社会主义核心价值观的要求，紧密结合当前高校体育教学的需要和大学体育课程改革的现状，以学生为本，从实际出发，建立以提升学生运动技能为内容、以保障学生身心健康为目标的新型体育教学体系，改变单一课堂的狭隘课程教学模式。教学内容结合学校体育特色，拓展校外资源，开设学生喜爱的新颖项目，加强学生体育锻炼。

本书针对大学生学习特点，在知识选择和内容编排方面力求丰富、生动、易懂。与目前市场上其他同类教材相比，本书具有以下特点：

(1)注重基础性。大学体育是高等院校一门重要的公共课程，因此，本书注重基本概念的介绍和基本技能的训练，为指导大学生体育活动和运动健身提供了理论方法与实践手段，力求使学生养成终身体育意识。

(2)强调趣味性。全书配有丰富的插图和阅读文献，内容更加生动形象，所涵盖的知识面也更广泛，可以更好地激发学生的学习兴趣。

(3)突出实用性。一方面，从学生身心特点出发，在内容选择上具有针对性，深入浅出地阐述了大学生较为关注的问题；另一方面，结合中国地质大学(武汉)体育特色项目进行介绍，内容易教、易学、易操作，将课程建设与学生发展紧密相结合。

(4)讲求创新性。针对体育学科知识的无限性和教材内容有限性的问题，在简要概述基本知识的基础上，增加了新的内容，力求立足体育学科的前沿，指引大学体育课程的教学。

本书可作为普通高等学校公共体育课程的教材使用，也可作为体育爱好者的参考用书。本书在编写过程中得到了华中师范大学王斌教授、武汉体育学院王松教授、武汉商学院王锋教授等专家的悉心指导和大力支持，在此一并表示感谢！由于编写人员的理论水平有限且时间仓促，书中不妥之处在所难免，恳请专家及广大师生提出宝贵意见，以便修改完善。

编者

2023年3月

目　录

第一章 ▶▶▶
大学体育概论

第一节　大学体育的目标与任务

一、大学体育的目标

大学体育的目标由条件目标、过程目标和效果目标组成，一般以效果目标为衡量目标是否完成的最终标准，因此本节阐述的大学体育的目标，主要是指效果目标。

（一）确定我国大学体育目标的依据

1. 社会需要

社会需要主要体现在为大学培养人才的身体健康及心理素质等要求上。科学技术的发展深刻地改变着人们的生活方式。世界正处在激烈的国际竞争和新技术革命挑战的时期。综合国力的竞争，在很大程度上是科技和人才的竞争，但归根到底是教育的竞争。大学体育一方面必须与德育、智育紧密配合，为我国的现代化建设培养更多有理想、有道德、有文化、有纪律并且体魄强健的优秀人才。另一方面，由于生产力的不断提高，人们对健身、娱乐等活动的需求越来越迫切，群众性的体育活动将因此更为普及，这就要求大学体育要有效地锻炼学生的身体，同时要把有体育才能的学生组织起来加以训练，使他们成为社会体育的骨干。

2. 大学生身心发展的特点

大学生是大学体育的主体，要想提高体育锻炼的效果，大学体育必须根据大学生身心发展的特点进行训练。大学生身心发展的特点不同于儿童或少年，也不同于成年人，大学体育工作的实践活动，如体育内容的选择、安排和组织形式，以及教学、训练手段等，都必须针对大学生身心发展的特点以及学习、校园生活等的具体条件来定。因此，大学生身心发展的特点是确定大学体育教学目标的生理和心理依据。

（二）大学体育目标体系

确定大学体育目标的工作，必须结合我国的国情，从实际出发，根据不同层次、性质及类别的大学来进行，要反映现代大学体育的发展趋势，并认真吸收国内外大学体育的先进理论与实践经验，建立起具有中国特色的大学体育目标体系。

1. 大学体育的总体目标

大学体育的总体目标是培养大学生的体育意识，提高大学生的体育能力，促进大学生身心素质的全面发展，使他们成为社会主义现代化建设需要的、身体健康的高层次合格人才。

这个总体目标，从根本上反映了大学体育的本质特征，它贯穿于大学体育活动的全过程，切实体现了我国大学体育发展的基本要求和大学生的需要。

2. 大学体育的具体目标

(1)使大学生掌握体育锻炼和卫生保健的基本知识和技能，正确认识体育对人类及当代社会的重要作用和意义，增强其体育意识，学会选择符合个体兴趣和需要的科学的锻炼方法，养成经常锻炼身体的习惯，提高体育能力，为终身坚持体育锻炼打下良好的基础。

(2)有效地增强大学生的体质，促进其身心健康发展，达到《国家学生体质健康标准》(2014 年修订)中规定的指标要求，身心愉快地学习和工作，更好地完成学习任务。

(3)通过体育活动对学生进行政治思想和道德及意志品质教育，加强主体性教育、体育审美教育，促进大学生个性的发展。

(4)对具有运动才能的大学生进行课余训练，并适当地组织比赛，提高他们的运动技术水平，满足他们对运动竞技的需求，为社会体育培养骨干人才，促进全民健身运动的发展。有条件的院校可组织高水平运动队或运动俱乐部，参加国际大赛，为国争光。

上述大学体育的具体目标是一个相互联系、相互促进的统一整体，需要全面实现，不能为追求一时效果，片面突出其中的某一部分，从而造成长期的负面影响。

二、大学体育的任务

大学体育的目的是增强大学生体质，促进大学生身心全面健康发展，达到大学教育教学的要求，以便他们将来能更好地为国家发展服务。增强体质是由体育的特殊性决定的。体质是指人的有机体的质量，是在遗传变异和后天获得的基础上表现出来的人体形态结构、生理生化功能和心理素质等综合的相对稳定的特征。

为了有效增强大学生的体质，达到大学体育教学的目的，大学体育需要完成下列基本任务：

(1)全面锻炼大学生身体，增进其健康，提高抗病与适应环境变化的能力。

(2)激发大学生参加体育锻炼的兴趣,培养运用所学知识、技术、技能和方法以及独立参加体育锻炼的能力和习惯,提高体育文化素养,为终身体育锻炼奠定基础。

(3)在普及的基础上提高大学生的体育才能,为国家培养优秀体育人才。

(4)通过体育教学进行思想品德教育,使大学生树立良好的道德风尚。

上述各项任务是密切联系、相互促进和辩证统一的。学校的体育工作和各项措施应围绕"面向全体学生,增强学生体质"这一根本目标进行组织和安排。

第二节　大学体育教育理念

一、以人为本

"以人为本"是以学生的全面发展为本。教育应面向全体学生,开发学生的智慧潜能,突出学生的主体性,发展学生的个性和创造力,使每一个学生都能得到充分的发展,为此,需树立"以人为本"的教育理念。

"以人为本"的教育理念注重人的自然属性和社会属性的统一,它是与现代认知心理学和人的社会属性发展理论相适应的教育理念。"以人为本"的教学,不是在知识能力和素质之间、学生与课程之间、技能教育和人文知识教育之间取其侧重,而是立足学科、学生和社会三大基点,以学生的主体性发展为中心来组织教学的。体育教学中的"以人为本"理念,应做到以实现学生终身的身心健康为根本目标,面向全体学生,为学生创造良好的学习环境,注重激发学生的体育主体意识,着重培养学生的体育意识、素养和能力,加强教师与学生、学生与学生之间的理解和情感交流,为其终身体育锻炼打好基础。

"以人为本"的教育理念是时代和社会发展的需要,是现代体育教育思想的进步,也是人自身发展的需要。为此我们要从以下几个方面入手。

(1)教育目标的制定:在承认学生之间存在个体差异的前提下,教学目标应设立一个上下浮动的区间,根据教材的性质、技术的难易系数及对体能的要求等,对目标进行分类、分层。学生在教师的指导下,根据自身的条件与期望值自主选择相应的目标层次。

(2)教学内容的选择:选项课作为高校体育课的主要组成部分,该课程要选择适合现代大学生价值取向的教学内容,适当增加现代体育运动项目,尤其是休闲项目的教学,同时也要保留优秀的民族传统体育项目。这样不仅能扩大学生的选择面,还能开阔他们的体育视野,激发他们的体育兴趣。

(3)教学方法的灵活。体育教学方法要不拘一格,具有灵活针对性和多边合作性。

(4)教学评价体系的完善。完善教学评价体系,对学生的考核评定,应特别强调个体差异，注重学生的参与、体验和进步幅度。

二、健康第一

“健康第一”是指党中央、国务院全面推进素质教育，培养德、智、体、美、劳全面发展人才的需要而提出的一个教育理念。它包括人体生理、心理和社会适应能力的三维健康观，具体表现在以下几个方面：

(1)“健康第一”的思想要体现在课程目标的制定和课程内容的选择之中。

(2)对学生要加强健身理论知识的传授，在学生中建立“健康第一”的思想。

(3)在实践课中注意课程的科学性、实效性和趣味性，强调以健身为主，注意传授科学的健身方法，改变过去以竞技运动技术为主的授课方式。

(4)根据学生的身体素质、个性和健康状况，因材施教。

(5)注重考评体育活动对学生的导向作用。

(6)在增强学生身体健康的同时，注意关注学生的心理健康。

总之，“健康第一”的思想观念正在逐步发展和完善。通过体育教学实践，让学生体验和理解健康的意义，同时也让学生认识到体育锻炼是增进健康的有效途径，使学生掌握正确的锻炼方法，养成良好的生活习惯并培养终身体育的意识。

三、终身体育

20 世纪 60 年代末，一些国家的体育学者受终身教育思想的影响，根据人体自身发展规律和体育锻炼的作用以及现代社会发展的需要，提出了终身体育的思想。终身体育是指在人的一生中都要进行身体锻炼和接受体育教育与指导。这一思想得到了国内外许多体育学者的赞同，并逐渐形成一种新的体育实践。

终身体育是健康的基础，它对人们各个不同时期的身体健康都具有积极影响：在生长发育时期，可以促进身体正常的生长发育；在成熟期，可使人保持充沛的体力与旺盛的精力；在衰退期，可延缓衰老、延年益寿。生命在于运动，用进废退，体育锻炼应当伴随人的一生。

学校体育是终身体育的基础，学校体育既是为了达到在校期间的体育教学目的，也是为终身体育打好基础。学校体育阶段是有目的、有计划、系统地全面锻炼学生身体，促进其身心健康，掌握体育知识、技术、技能，养成锻炼身体的习惯，培养体育意识的重要时期。这个时期，学生身体生长发育得如何，体育意识培养得怎样，直接影响着他的一生。在青少年时期，学校通过有计划、有组织地对学生进行体育锻炼，培养他们的体育意识和锻炼习惯，并根据他们的兴趣和条件，让他们学会几种实用性较强的健身方法和 1～2 个可以参与的运动项目，将会使他们终身受益。

学校体育在终身体育的体系中起着承上启下的作用，是终身体育的重要一环，也是奠定人们终身体育基础的关键时期。因此，大学生要从思想上认识到终身体育的重要性，珍惜学校体育，热爱学校体育，主动参加体育锻炼，养成良好的运动习惯，为终身体育打好基础，也为将来走向社会做好准备。

第二章 大学体育锻炼

第一节　体育锻炼的原则与方法

一、体育锻炼的原则

体育锻炼的原则是达到理想锻炼效果必须遵循的基本准则。

体育锻炼的原则主要包括自觉性原则、全面性原则、经常性原则、适量性原则、渐进性原则和个体差异性原则。

（一）自觉性原则

自觉性原则，是指体育锻炼者必须有明确的健身目的，自觉主动地从事体育锻炼。同时，他们必须明确“生命在于运动”的科学原理，认识体育锻炼对人生事业的重要价值，树立“健康第一”的思想，把体育锻炼作为生存的需要，全身心地投入其中。

（二）全面性原则

全面性原则，是指体育锻炼者在身体活动中使身体各器官系统、心理素质等都得到全面和谐的发展。人体是由各器官、系统构成的一个有机整体，进行体育锻炼时，必须采取多种形式和手段，使整个有机体得到全面均衡的发展：既要促进身体形态的发展，使体形匀称健美，又要提高和改善各器官、各系统的工作效能；既要全面发展力量、速度、耐力、灵敏度、柔韧性、平衡能力等素质，又要提高跑、跳、投、攀、爬、游等基本活动能力，同时要注意培养心理素质，在体育锻炼过程中保持愉悦的心情。

(三)经常性原则

经常性原则是指体育锻炼者必须有计划、持之以恒地锻炼身体，按照“用进废退”的说法，根据增强体质靠“积累”的特点，必须克服惰性，排除干扰，养成经常锻炼身体的习惯。锻炼者要有明确的锻炼目标，使自己积极、主动、自觉地投身于锻炼。毛泽东主席曾指出，锻炼在于坚持，锻炼在于自觉。欲图体育之有效，非动其主观，促其对于体育之自觉不可。为此，锻炼者必须懂得“生命在于运动”的深刻含义，明确锻炼目标，强化动机，培养兴趣，养成锻炼习惯并及时检评锻炼效果，提高锻炼的自觉性和积极性。

(四)适量性原则

凡事都有个“度”。在体育锻炼中，这个“度”就是活动时所能承受的最大生理负荷和心理负荷。运动负荷过小，达不到锻炼目的；运动负荷过大，则会损害健康。决定运动负荷大小的主要因素是量和强度。量是指完成动作的时间、次数、组数、距离、质量等；强度是指完成动作所用力量的大小和机体的紧张程度，包括运动速度、练习密度、练习间歇时间、跳跃高度、投掷远度等。量和强度要处理恰当，强度大，量就要相应减少；强度适中，则量可以相应加大。锻炼强度要适度，以锻炼者承受得了而且有点疲劳为标准。

强度的确定取决于身体训练的基础以及能量消耗和恢复的超量补偿。能量消耗过多，便会产生疲劳。适度疲劳，超量恢复效果明显；过度疲劳，将造成亏损或伤害。

锻炼者在制订锻炼计划和具体实施计划时，应逐步提高运动负荷、动作难度，以使身体逐渐适应。超量恢复只能在适宜运动负荷之后产生，动作技能的形成和提高，必须经过泛化、分化、固化、自动化 4 个阶段。因此，锻炼者在锻炼身体时，必须循序渐进，不能好高骛远、急于求成，否则，易发生伤害事故。在提高运动负荷时，宜先加量，后增强度；在每次锻炼时，必须做好准备活动和放松练习，突然剧烈运动或剧烈运动后即停，都易对身体造成损伤。

(五)渐进性原则

渐进性原则，是指锻炼的内容、方法和手段既要简单又要多样，运动负荷的安排要由小到大。运动负荷作用于人体时，会对机体产生一定的刺激，运动负荷突然过大，会导致机体发生非常剧烈的应激性变化。因此，在锻炼时，运动负荷要由小到大，循序渐进。

(六)个体差异性原则

从事体育锻炼应根据自身条件，如年龄、性别、职业、健康状况、体质水平、生活条件等，合理选择和确定锻炼内容、方法和运动负荷。不同年龄阶段的人参加体育锻炼的兴趣、爱好以及承受运动负荷的能力会有较大差异，因此应量力而行，切不可机械照搬或盲目模仿，否则达不到健身的目的，可能还会对身心造成伤害。

同年龄的男、女青年之间由于存在较大生理、心理上的差别，运动锻炼中必须注意青春期特点，区别对待。对健康状况良好和有锻炼基础的学生可加大运动负荷，并在严密保护下进行较复杂的运动技能训练；身体较弱的学生应做简单易于掌握的动作；对患有慢性病，特别是心脏健康不良的学生，应安排医疗体育。

二、体育锻炼的方法

（一）重复锻炼法

重复锻炼法，是指按一定负荷标准，反复多次进行某一动作或某一项目练习的方法。运用该方法时，要掌握好负荷强度，主要依据心率来调整重复的次数和休息时间。通常，心率每分钟在120～180次范围内，心血输出量能保持在最佳范围内；若心率每分钟超过180次，则心舒张充盈时间过短，回心血量少，心脏充盈不足，因而输出量下降，这时就应减少重复次数，安排足够的休息时间；若心率每分钟低于120次，由于心率过低，也不能达到最大的输出量，影响锻炼效果，此时应增加重复次数。

（二）间歇锻炼法

间歇锻炼法，是指严格规定重复锻炼各次的负荷强度和其间隔休息时间的一种锻炼方法。运用间歇锻炼法，要根据个人的具体情况，科学合理地安排每次锻炼的负荷强度及间歇时间。一般来说，当心率每分钟在160～180次时，进行间歇；当心率恢复到每分钟120～130次时，就应进行下一次锻炼。

（三）循环锻炼法

循环锻炼法，是指将具有不同锻炼效果的各种类型的动作编成固定的程序，锻炼者按一定的顺序循环反复地进行锻炼的方法。锻炼者按要求在各个练习点完成规定练习，当一个练习点上的练习完成后，迅速移到下一个练习点，只有锻炼者完成各个练习点上的练习后，才算完成一次循环。运用循环锻炼法时，各个练习点锻炼内容的搭配要全面，应选用已经掌握的、简便易行的动作，同时规定好练习的次数和要求，使锻炼者达到全面锻炼的目的。

（四）综合锻炼法

综合锻炼法，是指根据锻炼的目的、任务，将几种锻炼方法综合运用，以便更灵活地调节运动负荷，取得更好锻炼效果的方法。运用综合锻炼法时，各锻炼法的组合运用要根据个人的实际情况和锻炼任务而定。综合锻炼法变化多，组合多样，能适应不同性别、不同年龄、不同身体状况、不同锻炼水平的人的需求。

（五）处方锻炼法

处方锻炼法，是指根据锻炼者体质测试结果，由体育专家制订锻炼身体的方案进行锻炼的方法。运用这种方法时，锻炼者应先进行体质测试，并根据测试结果，由体育专家来制订锻炼的方法，锻炼者应根据该方法的具体要求进行锻炼，并要定期进行体质测试，以便根据体质变化情况来调整锻炼方法。

（六）持续练习法

持续练习法，是指以一定的运动负荷强度，且负荷时间较长，无间断地连续进行练习的训练方法。练习时，平均心率每分钟应在 130～170 次之间。此练习方法主要用于发展一般耐力，提高有氧代谢系统供能能力以及供能状态下有氧运动的强度。根据练习时间的长短，持续练习法可分为 3 种基本类型：短时练习法、中时练习法、长时练习法。

（七）变换练习法

变换练习法，是指变换运动负荷、练习内容、练习形式以及条件，以提高锻炼者积极性、适应性及应变能力的训练方法。此方法的练习，可使锻炼者的身体素质、运动技术和运动战术得到系统的训练和协调的发展。依据变换的训练内容，此练习方法可分为 3 种类型：负荷变换练习法、内容变换练习法和形式变换练习法。

第二节　体育锻炼与生理健康

一、大学生生理特点

大学生年龄阶段已进入青年期，身体形态、机能、代谢功能等发展已日趋完善和成熟，整个机体具有旺盛的精力、蓬勃的朝气，能承受较大的运动负荷，能较好地适应外部环境的变化。与此同时，他们也能在躯体和心灵上，承受包括体育活动在内的锻炼，以促进各器官系统的发育和生理功能达到人生最佳的水平。

（一）身体形态

机体进入青春期后 2～3 年内，人体身高以较快的速度增长。一般女子在 17 岁、男子在 19 岁之后增长的速度会缓慢，直至完成骨骼发育成熟而终止。体重一般是男生 20 岁、女生 18 岁才趋于稳定。其他有关指标，如胸围、头围、肩宽、骨盆等增长速度在大学阶段也趋于稳定。大学生身体形态发展不断完善，但随着年龄增长，多开展体操、田径、球类、游泳、舞蹈等各种活动，对发展学生运动器官，特别是对全面提高学生身体素质十分有利，可使体形匀称、体格健壮。

（二）身体机能

1. 神经系统

大学阶段，大学生第二信号系统已有相当大的发展，第一信号系统和第二信号系统的相互关系更为密切，分析与综合能力显著提高。由于该阶段神经细胞物质代谢机能旺盛，人体易出现疲劳，但恢复较快。脑细胞内部的结构和机能的复杂化过程迅速增加，大脑皮层的发育状况，在一定程度上呈现出一种飞跃状态，这为发展思维创造了良好的物质基础。根据这一特点，在高校体育活动中，教师要采用启发式与比较法的教学模式，充分利用大学生已有的技能和经验，发扬其主动学习精神。这个时期，由于大学生内分泌活动发生变化，性腺活动加强，神经系统的稳定性可能受到影响，动作协调能力暂时下降，在这方面，女生表现得更为明显。

2. 心血管系统

大学生年龄阶段，身体发育日趋完善，心缩力量增强。这个时期可以承受一定的运动负荷，但强度不宜过大，尤其对于持续时间长的速度耐力性项目。随着年龄的增长，按照循序渐进的原则，教学中，教师可以根据学生情况逐渐增加运动负荷和强度。

3. 呼吸系统

大学生年龄阶段，肺脏的横经和纵经都急需增加，肺泡体积也随之增加，女生尤为显著，由于呼吸机能增强，呼吸频率减慢，呼吸深度和肺活量增大，呼吸系统发育日益完善。我国男大学生的肺活量一般为3800～4400mL，女大学生一般为2700～3100mL。这个时期可进行耐力练习和适当进行氧能力的锻炼，以增强肺功能。

（三）身体素质

有关资料显示，学生的身体素质表现如下：男生各项指标的增长高峰，除速度（50m跑）在7～8岁出现外，其他素质均在12～16岁期间出现；女生大部分素质高峰期一般出现在7～9岁之间，而柔韧和耐力素质到18～19岁时又会出现高峰。一般来说，19岁后，无论是男生还是女生，其身体素质都进入了平稳期。因此，大学生在大学期间，仍应加强身体素质的锻炼，以促进身体全面发展。

（四）性成熟

性成熟是青春期最重要的变化之一，它包括生殖器官的形态和功能的发育，以及第二性征的发育等。

男性的性成熟，主要表现在性器官的睾丸功能的发育和成熟。睾丸的功能是产生精子和分泌雄性激素。睾丸发育时间最早在10岁，12～16岁期间迅速增大，17岁前后达到正常水平。性功能发育，主要表现为遗精，一般在12～19岁之间。第二性征发育的表现是长胡须、体毛多、喉结增大突出、音调变低变粗、皮下脂肪减少，肌肉显得强健有力。

女性的性成熟，主要表现在性器官的卵巢功能的发育和成熟。卵巢的功能是产生卵子和分泌雌性激素。8～10岁卵巢发育加快，10～18岁期间，子宫等器官迅速发育。随着生殖器官的逐渐成熟，女性会出现月经。第二性征的发育，表现在随着乳腺的发育和脂肪的沉积，乳房逐渐隆起，乳头突出，声调变高，皮下脂肪增厚。

男女生进入青春期后，虽然有了生殖能力，但身体尚未完全发育成熟，骨骼及心脏、脑等重要器官一般要到25岁左右才能发育完善。大学生年龄阶段正处于性成熟时期，根据以上特点，他们参加各种体育活动，有助于身心健康发展。女生由于生理的特殊性，在经期应选择适宜的体育活动内容和运动负荷。

二、体育锻炼对身体健康的作用

人体由许多器官构成，按其功能可分为神经系统、呼吸系统、血液循环系统、消化系统、泌尿系统、生殖系统、内分泌系统、运动系统、感觉器官系统。体育锻炼对人体各个系统的作用是深刻的，以下对几种重要的作用作简要介绍。

(一)锻炼对神经系统与运动中枢的影响

神经系统由中枢神经系统和周围神经系统两部分组成。人的所有活动都是在神经系统的支配下进行的，运动器官的每一个动作和身体器官系统的生理活动大都以刺激的形式作用于神经系统。

神经系统是人体发育最早、最快的系统，大学生脑部的体积不再增加，但大脑皮层的结构和功能还在发展。体育锻炼能有效提高脑细胞生理功能，使神经细胞的兴奋强度、反应速度、兴奋抑制转换的灵活性及均衡性得到提高。一般人的反应速度是0.4秒，运动员的反应速度一般为0.332秒，近台快攻的乒乓球运动员的反应速度可达0.1秒。这些都将对大学生学习、工作以及日常生活带来很大好处。

另外，经常参加体育锻炼可以预防神经衰弱。运动使大脑的兴奋与抑制两种功能保持平衡，以防止功能性神经衰弱疾病的发生。经常从事体育锻炼，可以使大脑皮质兴奋性增强，抑制加深，神经过程的灵活性提高。由于运动对神经系统有良好的刺激作用，所以医学上会用体育锻炼作为治疗疾病的一种手段，特别是对因神经系统机能障碍而造成的一些疾病。

体育锻炼还有助于增强记忆力、提高大脑工作效率，具体原因是：一方面，运动使心脏供血能力大幅度提高，脑细胞的供血量增多，脑细胞的思维能力增强；另一方面，经过长时间的思考学习，专管学习思考的神经细胞会产生疲劳，由兴奋转为抑制，这时如果进行体育锻炼，指挥运动的肌肉的神经细胞群开始兴奋，包括专管学习思考的细胞在内的其他神经细胞能够得到良好的休息，这样头脑更清醒，思维更敏锐。

(二)体育锻炼对呼吸系统的影响

人体参与呼吸的器官,包括鼻、喉、气管、支气管和肺脏,统称为呼吸系统。其中肺是气体交换的场所,而其他器官是气体交换的通路(总称为呼吸道)。人在安静状态下,每分钟需要氧气0.25～0.3L,这样只需1/20的肺泡工作,便足以完成。若长期这样,呼吸系统可能萎缩,功能降低,而且容易生病。

体育锻炼时人体对氧的需求量增加,呼吸频率加快,为了适应这一需求,呼吸系统的各个器官逐渐改善自身机能,使更多的肺部组织参与气体交换,提高摄氧能力。

呼吸机能的改善,表现在以下两个方面。

(1)呼吸肌逐渐发达、有力,肺活量增大。体育锻炼使呼吸肌增强,胸围增大,扩大的胸廓又有利于肺组织的生长发育和肺的扩张,使肺活量增加。一般人的呼吸差(尽量吸气时与尽量呼气时的胸围差)只有5～8cm,而经常锻炼的人,呼吸差可到9～16cm。肺活量是衡量青少年生长发育和健康水平的重要指标,胸廓发达,呼吸力度增加有利于回心血量的增加,对心脏的发育及提高心肺功能有重要作用。人的肺活量一般只有3500mL左右(女性为3000mL左右)。经常参加体育锻炼的人,肺部弹性会大大增加,呼吸肌力量也会加大,肺活量比一般人多1000mL左右。

(2)呼吸深度加深,呼吸效率提高。一般人的呼吸浅且急促,安静时每分钟呼吸12～18次;而经常参加体育锻炼的人呼吸深而缓慢,每分钟8～12次。这就使呼吸肌有较多的休息时间。这种差别在运动的时候表现得更为明显。例如,在运动量相同的条件下(轻微运动),一般人呼吸可增加到每分钟32次左右,每次呼吸量只有300mL,每分钟呼吸总量为9600mL。而运动员呼吸每分钟在16次左右,但每次呼吸量可达600mL,每分钟呼吸总量也是9600mL。从表面上看一般人与运动员每分钟呼吸量相同,但实际上气体交换量却不同。因为,每次呼吸都有100mL空气留在呼吸道内,不能进入肺泡进行气体交换,所以实际换气量应是:一般人实际换气量=(300－100)×32＝6400(mL),运动员实际换气量＝(600－100)×16＝8000(mL),比一般人的实际换气量提高了25%。这表明肌肉工作需氧量增加时,一般人是以增加呼吸频率来满足氧气的需求量,因此运动时常常会喘气;而运动员由于提高了呼吸机能,其呼吸加深,在相同的条件下,呼吸频率稍有增加,就可以满足气体交换的需要。因此,运动锻炼使人的呼吸效率更高,呼吸系统不易疲劳。

经常参加锻炼的人,呼吸中枢的兴奋性高,对血液化学成分的改变敏感。随意停止呼吸时间的长短是评价组织呼吸强度和呼吸中枢对缺氧和二氧化碳增多的耐受的重要指标。优秀运动员随意停止呼吸的持续时间较长,而且对膈肌的控制稳定。他们在恢复呼吸时,血液的氧合作用也恢复得特别快。

体育锻炼还能够提高人体的缺氧耐力,即在缺氧条件下,仍能坚持复杂的肌肉活动。例如,登山运动员在高山缺氧条件下,不仅能够维持生命活动,还能继续完成艰巨的登山任务。

（三）体育锻炼对血液循环系统的影响

血液循环系统是由心脏和血管组成的，所以又称为心血管系统。血管是供血液流通的通道，遍布人体。血液是担负运输养料和氧气、排除代谢产物和二氧化碳的载体。心脏是生命的“发动机”，推动血液在血管里不断地流动，以便把氧气和营养物质运送到身体各处，同时把组织、细胞在新陈代谢过程中产生的二氧化碳和废物运送到肺、肾和皮肤等处，排出体外。体育锻炼能使心血管系统的机能得到明显增强，使血管弹性增加、心肌变得肥厚、心动徐缓、血压降低。

(1)安静时心搏徐缓。一般人每分钟心跳频率为 70～80 次，经常从事体育活动的人，其心跳频率为 50～60 次，优秀运动员甚至减少到 40 次。这是由于运动员每搏输出量增加，减少了心跳频率，心脏可以得到更多的休息时间。运动员心跳缓慢而有力的现象称为“心搏徐缓”。

(2)心脏运动性肥大。体育锻炼加速了全身的血液循环，同时也改善了心肌供血状况，使心肌得到更多的营养物质，心肌力量逐渐增强，心壁增厚，心脏容积增加(一般人约为 700mL，而运动员在 1000mL 以上)。因此运动员心脏体积普遍比一般人大，且外形圆满，搏动有力。这种现象称为“运动性心脏肥大”。

(3)心脏工作更有潜力。人在剧烈运动或在遇到紧急情况时，心脏应能迅速发挥机能，心跳加速达到 180 次/分钟。而优秀运动员的心跳频率每分钟可以达 220 次以上，因此能承担大运动量的训练和大负荷的工作、劳动强度，遇到紧急情况时比较容易成功化解危机，即生存和发展的机会更多一些。

(4)血管弹性增加、血管表面积增大。体育锻炼可以增加血管壁的弹性，这对老年人来说是十分有益的。随着年龄的增加，老年人血管壁弹性逐渐下降，因而诱发老年性高血压等老年性疾病。老年人通过体育锻炼，可增加血管壁的弹性，以预防或缓解老年性高血压症状。

(5)增加血红蛋白含量。血液负责传输人体代谢所需要的氧并排出二氧化碳，而承担运输任务的主要是血红蛋白。1 分子的血红蛋白可以结合 4 分子的氧，每克血红蛋白可以携带 1.34mL的氧。因此血红蛋白的含量越高，运输氧的能力越强。另外，血氧饱和度也直接影响氧运输能力。经常参加锻炼的人与一般人相比，血红蛋白的含量高，血红蛋白的正常值成年男性为 12%～15%、女性为 11%～14%，而运动员由于长期训练，机体出现适应时，男性可达到 15%～18%、女性为 14%～17%。血液运输氧的能力增强，运动时血液浓缩，血红蛋白含量相对增加、运输氧的能力提高；同时，肌肉组织氧分压的降低、血液温度的增加、血液 pH 值的下降及血液中二氧化碳的增加，都提高了血液的氧运输能力，促使更多的氧释放到骨骼肌中。

(6)强化血液微循环。微循环主要是指毛细血管的血流情况。人体在安静状态下，毛细血管仅有 20%～25%开放，而较剧烈的运动可使毛细血管开放数量增加几倍，达到 70%以上，毛细血管总表面积达到 300～600m^2，从而大大改善了跨越毛细血管的物质交换转运，还可以引起体内血液的重新分布。人体的许多疾病是由血液微循环障碍造成的，如营养缺乏、早衰、脱发等，通过体育锻炼强化血液微循环系统，对健康的促进作用是巨大的。

在长期运动锻炼引起的身体适应性改建过程中，骨骼肌、心肌的毛细血管功能会增强，这不但可以满足肌肉工作的需要，而且对于有血管栓塞局部的侧支循环的建立，具有极其重要的促进作用。

一些专家认为，坚持体育锻炼可以使心脏衰老推迟10～15年。美国科学家发现人体内有一种高密度脂蛋白(HDL2)粒子，主要负责把沉积在血管壁上的脂肪和胆固醇去掉。经常进行身体锻炼，会使体内的HDL2浓度明显增加，并能自动地在血管内筑起一道HDL2的防线，不断消除沉积物，使血液畅通无阻。

(四)体育锻炼对消化系统的影响

1. 运动促进食物的消化和营养物质的吸收

胃肠是人体消化食物的主要器官，胃肠消化能力的好坏对身体健康的影响很大。经常参加体育锻炼，消化腺分泌的消化液会更多，消化管道的蠕动会更强，胃肠的血液循环可以得到改善，使食物的消化和营养物质的吸收更加充分。另外，由于运动时呼吸加深，膈肌大幅度地上下移动和腹肌大量活动，这对胃肠能产生一定的按摩作用，对增强胃肠的消化功能也有良好的效果。

体育锻炼对胃肠有着明显的良好作用，不少人采用体育锻炼作为治疗消化不良、胃肠神经症和溃疡病等的一种手段，并取得了一定的疗效。

2. 运动增进肝脏的健康

肝脏是人体的最大腺体，它也是一个重要的消化腺，经常锻炼身体能使肝脏的机能提高，更有利于食物的消化。体育锻炼时，能源物质——糖的消耗增加，使得肝脏的“后勤供应”工作加重，从而使其机能受到锻炼而得到发展。经过训练的运动员的肝脏里储备的糖原比一般人多，在运动时向外输送得也更快。肝糖原对肝脏的健康也极为重要，它能保护肝脏。

运动员的肝脏机能水平较高，对疾病的抵抗力也较强。不但如此，经常运动的人，在动用肝糖原方面，也比一般人要快。由此可见，运动能增进肝脏的健康，而健康的肝脏又能提高人的劳动能力。

(五)体育锻炼对运动系统的影响

人体的运动是由运动系统实现的。运动系统由206块骨骼、400多块肌肉以及关节等构成。体育锻炼可以使运动系统产生良好的适应性变化。

1. 肌肉结构及机能的变化

组成人体肌肉的基本单位是肌纤维，许多肌纤维排列成肌束，许多肌束聚集在一起构成肌肉。人体在运动时，骨骼肌是运动系统的重要组成部分，人体的任何运动首先表现为肌肉运动。体育锻炼时，肌肉工作加强，血液供应增加，蛋白质等营养物质的吸收与储存能力增强，肌纤维增粗，因而肌肉逐渐变得更加粗壮、结实，肌肉力量增强。由于肌肉中肌红蛋白的增加使其结合氧气的能力增强；储存的营养物质——肌糖原增加；肌肉内毛细血管的数量也增多了，更能适应运动或劳动的需要。一般人肌肉质量占体重的35%～40%，而经常参加体育锻炼及运动训练的人，特别是静力式力量锻炼者，其肌肉质量可达到体重的50%以上。坚持体育锻炼会使自己肌肉发达，比例匀称，健美有力。

随着肌肉形态结构的改变，肌肉的机能也得到提高，神经系统对肌肉的控制能力增强，肌肉的反应速度、准确性和协调性都有明显提高。肌肉工作时能量消耗下降，这些使运动员能在肌肉的力量、速度、耐久力和灵巧性等方面都远远超过一般人，还可以避免人体在日常活动和体育锻炼过程中由于肌肉的剧烈收缩而造成运动损伤。但是，肌肉在锻炼后的各种变化会随运动项目的不同而有所不同。例如，经常进行速度性锻炼，可提高肌肉的兴奋性和灵活性，表现为动作的速度快，肌肉的收缩和舒张交替也快；举重锻炼者腿部、手臂的肌肉更加粗壮、结实，肌肉力量增强；喜爱长跑者，肌纤维体积变化不大，但是纤维周围毛细血管开放的量增多，这样可以保证运动时肌肉细胞与血液之间的气体交换和物质交换顺利，使肌细胞获得充分的氧气和营养物质，并能及时排出代谢产物，提高身体的耐力。

2. 骨骼和关节的变化

骨骼是人体内最坚固的组织，共有206块。骨骼组成人体的支架，赋予人体基本形态，起着保护脑、脊髓、心、肺等重要器官的作用，骨骼肌附着于骨，在神经系统支配下收缩时，以关节为支点牵引骨骼移动，产生运动。骨骼还有造血的机能。因此，骨骼的生长发育不仅对人体形态有重要的影响，而且对内脏器官的发育、对人的运动能力也有重要影响。

体育锻炼有利于人体骨骼的生长，增强骨质。它会引起肌肉对骨骼的牵拉和重压，使骨骼不仅在形态方面发生变化，而且机械性能也得到提高。骨骼在形态方面最明显的变化是：肌肉附着处的骨突增大，骨外层的密质增厚，而里层的骨松质在排列上则能适应肌肉拉力和压力的作用。这就使骨质更加坚固，可以承担更大的负荷，提高了骨骼抵抗折断、弯曲、压缩、拉长和扭转的能力。

体育锻炼能促进儿童、青少年身体的生长发育，即通过体育锻炼改善骨骼的血液供应，增强新陈代谢，刺激骨骼生长，使其不断骨化。同时体育锻炼的各种动作对骨骼的生长也有一定的刺激作用，可以促进激素分泌，对儿童、青少年身高的增长具有促进作用。体育锻炼还可影响内分泌系统，促进磷与钙的吸收，增加制造骨骼原料的供应，有利于骨骼的发育。例如网球、投掷和击剑运动员的上肢骨粗大，而跳远、跳高运动员的腿骨比较强壮，足球运动员的足骨比较坚实等，这都说明了体育锻炼对骨骼生长有着良好的促进作用。有数据显示，经常参加体育锻炼比不经常参加体育锻炼的人的身高要高4～8cm。10～13岁体育学校学生和普通学校学生身高比较如表1-1所示。

表 1-1　10～13 岁体育学校学生和普通学校学生身高比较

年龄	身高/cm			
	男生		女生	
	普通学校	体育学校	普通学校	体育学校
10 岁	135.5	138.6	134.3	140.4
11 岁	140.6	144.6	140.8	149.6
12 岁	145.6	148.2	147.3	155.5
13 岁	152.4	158.1	151.6	158.0

人体骨与骨连接能够活动的地方叫作关节。关节周围由关节囊、韧带和肌肉包围，韧带能加固关节，而肌肉不仅能加固关节，还能牵引关节运动。科学、系统的体育锻炼，既可以提高关节的稳定性，又可以增加关节的灵活性和运动幅度。体育锻炼还可以增加关节面软骨厚度，提高骨密度，使关节周围的肌肉发达、力量增强、关节囊和韧带增厚，从而使关节的稳固性和抗负荷能力加强。在增强关节稳固性的同时，由于关节囊、韧带和关节周围肌肉的弹性和伸展性得到提高，关节的运动幅度和灵活性也大大增加，有效地减少了伤害事故的发生。在自由体操表演中，运动员的各个关节活动范围较大，如后桥、大劈叉等动作，没有经过长期锻炼是很难完成的。

第三节　体育锻炼与心理健康

一、大学生心理特点

大学生的年龄特征决定其心理特征，大学生自我意识的增强是其心理变化的核心问题。围绕这一核心问题，大学生的认知、情感、意志、个性等主要心理过程和心理特征均处在一个动态的调节过程之中，并且由被动性调节转为主动性自我调节。大学生心理变化特点主要从以下 4 个方面呈现出来。

（一）自我意识方面

进入大学之后，由于环境的变化和达到近期目标引起的心理感受的变化，有些大学生发现原先所认识的自我是由家长、老师塑造出来的，而不是“真正的自我”，因而强烈地要求重新塑造并确立“真正的自我”。他们在自我评价能力和自我控制能力方面较中学时期有所提高，但发展的水平参差不齐，如有的自负自尊，有的能够控制自己，有的易受情绪波动的影响。为了努力塑造一个真实、理想的自我，他们开始认识到自我教育的重要性，并努力朝着既定的方向和目标不断进取。

(二)情感方面

大学时期是大学生正处于风华正茂的年龄，他们的情感特征十分明显，是体验人生情感最激烈的年龄。敏感、自尊、好表现也是他们突出的情感特征。随着年级的增高，大学生的情绪波动性逐渐减弱，情感也日臻完善。

(三)意志方面

从中学升入大学，标志着这个青年已踏上独立生活和成人社会的路途，为祖国和人民作贡献的时刻就要到来，全社会也盼望大学生早日成才。在各方面的影响下，大学生的独立倾向明显，自觉性增强，并能在行动中清晰地意识到自己行动的目的性和社会意义，但果断性和自制力发展较缓慢。有些大学生表现出优柔寡断，摇摆不定，分不清主次和事情的轻重缓急，或草率，或武断。在坚毅性方面，也有很大的个体差异性，有的大学生常表现出困惑，经受不起心理波折。因此，大学生的意志品质还未完全形成。

(四)性格方面

由于大学时期大学生的个性已基本形成，自我意识不断发展，大学生在性格的意志、理智、情绪等特征方面也趋于稳定。但是，大学生的性格发展尚不成熟，性格结构尚未完全建立。渴望成才的大学生，还必须自觉地进行良好性格的自我教育和自我锻炼，为成才创造良好的主观条件。

体育不仅是发展大学生体力的需要，也是发展大学生心理、实现自我完善的需要。针对大学生年龄阶段心理不成熟、不稳定的主要特征，以及培养自我意识、情感、意志、性格等方面的需要，高校开展体育活动，组织大学生参与或观赏各种形式的体育活动，通过体育教学、体育训练和比赛的自我效果评价以及各种体育传播媒介，不仅可以增强大学生体质、增进健康，而且可以锻炼其意志、陶冶情操、发展情感、完善自我、拓宽视野、增长才智。

二、体育锻炼对心理健康的作用

(一)有助于发展智力

大学生经常参加体育锻炼可以提高智力水平，主要表现在以下 3 个方面。

1. 体育锻炼可促进人大脑的开发与利用，增强神经系统的功能

(1)体育锻炼使人的神经系统兴奋和抑制过程更加集中，使其对身体内外刺激的反应更加迅速和准确，为智力的发展奠定了基础。

（2）人右脑的信息容量、记忆容量、形象思维能力都大大超过左脑，经常参加体育锻炼可以使右脑得到充分的锻炼，从而提高人的记忆力和形象思维能力。

（3）体育锻炼能有效地促进血液循环，提高呼吸系统的功能，使大脑获取更多的养分，有助于提高大脑的记忆能力、思维能力和想象力，从而提高脑力劳动的效率。

（4）体育锻炼可以促进神经系统功能的发育。

2. 体育锻炼能减缓应激反应，提高脑力劳动的工作效率

应激原意是“对刺激产生反应”，主要指个体对超越其应变能力、危及其健康的压力环境进行评价后的反应。当个体所感知的环境要求和他所认为的自我能力之间不平衡时，就会出现应激反应。体育锻炼能够减缓应激反应，主要是由于经常参加体育锻炼可以降低肾上腺素受体的数目，从而降低心率和血压，减轻特定的应激源对生理产生的影响。国外研究表明：一般的身体锻炼比沉思和音乐欣赏更能促进个体从强烈的应激情景中降低皮肤电反应的速度；经常从事身体锻炼的人与习惯于坐着的人相比更少产生生理上的应激反应，即便是有应激反应，也能尽快恢复。

3. 体育锻炼可在一定程度上消除疲劳

疲劳是一种综合症状，与人的生理和心理因素有关。当一个人消极地从事某种活动，或者任务的要求超出个人的能力时，生理和心理都容易产生疲劳。人的随意活动主要是通过大脑皮层来调节的，学生在学习科学文化知识的过程中，大脑皮层的有关区域常处于高度兴奋状态，并随时为学习时间的延长而产生保护性抑制，导致学习效率降低。在体育锻炼时，由于体力活动与脑力活动的合理交替，会使运动神经中枢兴奋，使得与文化学习有关的神经中枢得到休息，有助于消除脑力劳动产生的疲劳，从而提高学生学习效率。另外，大学生体质的增强和健康水平的提高又使其精力更加充沛，具有持久地承担比较繁重的文化学习任务的能力，并能充分挖掘与开发学习潜力。

（二）有助于调节情绪

情绪状态是衡量体育锻炼对心理健康影响最主要的指标。体育锻炼可以转移个体不愉快的情绪和行为，使人们从烦恼中摆脱出来。学生常常会因繁多的考试、相互之间的竞争和对未来就业的担忧而产生焦虑，而经常参加体育锻炼会使这种焦虑反应降低。

身体锻炼有助于调节情绪，其中最重要的原因之一是身体锻炼的参与者能体验到运动的愉悦感，即个体锻炼后能产生满足、愉悦、舒畅的感觉。体育锻炼是使中枢神经系统得到适度的激活并达到愉快水平的重要途径，适度负荷的体育锻炼能促使人体释放一种多肽物质——内啡肽，它能使人们在进行锻炼后拥有舒适愉快的心情。

因此，参加体育锻炼，尤其是参加那些自己喜爱或擅长的体育活动，可以使人得到乐趣，振奋精神，陶冶情操，从而保持良好的情绪状态。

（三）有助于形成坚强的意志品质

意志品质是指一个人的果断性、坚忍性、自制力等精神。意志品质既是在克服困难的过程中表现出来的，又是在克服困难的过程中培养出来的。运动健身就是在不断克服主观和客观上的各种困难，如懒惰、胆怯、疲劳、损伤以及气候条件等，在克服这些困难的同时，磨炼了学生的意志，从而培养学生果断、坚忍等优秀的意志品质，而且这些品质对日常的生活、学习都是大有裨益的。因而体育锻炼有助于磨炼学生的意志，对培养学生吃苦耐劳、坚韧不拔、果断、勇敢、自控、自信等良好的心理品质具有很好的促进作用。

（四）有助于改善人际关系

现代社会生活节奏的加快使人与人之间的情感交流减少，人际关系渐渐疏远。运动健身则可以打破这种状态，让不同的职业、年龄、文化素质的人聚集在健身场上，进行平等、友好、和谐的交往，使人们互相之间产生信任感，有效进行情感和信息的交流，相互之间产生默契。研究表明，增加与社会的联系会给个人心理带来好处。人们可以通过运动健身来认识更多的朋友，大家和睦相处，友爱互助，这种良好的人际关系将会令人心情舒畅、精神振奋，是有益于身心健康发展的。

（五）有助于确立良好的自我概念

自我概念是个体主观上对自己的身体、思想和情感等的整体评价，它是由许许多多的自我认识组成的。坚持体育锻炼可使体格强健、精力充沛，因而对改善人的身体表象和身体自尊具有重要影响。身体表象是指头脑中形成的身体图像。身体自尊主要包括一个人对自己运动能力的评价，对自己外貌（吸引力）的评价，对自己身体的抵抗力和健康状况的评价。身体表象障碍在正常人群中普遍存在。身体表象和身体自尊与整个自我概念有关，主要表现为无论男性还是女性，对身体表象不满意则会使其自尊心下降，并产生不安全感，甚至会患上抑郁症。有研究表明，肌肉力量与个人自尊、情绪稳定性、外向性格和自信心成正比，并且加强力量训练会使个体的自我认知显著增强。

（六）有助于消除心理障碍

现代社会竞争的激烈和生活压力的加大，使部分人产生悲观、失望的情绪。研究表明，体育锻炼有助于人们摆脱压抑、悲观等消极情绪，降低焦虑，消除忧郁等心理障碍，使人们保持心理平衡，达到心理健康的目的。人们参加某个项目的运动并坚持下去，不仅可以使生理机能、身体素质得到改善，而且也会相应地掌握并发展一些体育方面的技能。当取得这些成绩后，个体会以自我反馈的方式传递其信息于大脑，从而产生自我成就的体验，并感到愉快和幸福。

第四节　体育锻炼计划的制订

一、长期锻炼计划制订

体育锻炼只有持之以恒，才能达到理想的健身效果。因此，锻炼者在体育锻炼前应根据自身的条件、健身目的，制订一个长期稳定而又切合实际的锻炼计划。在制订长期锻炼计划时，要考虑以下原则。

（一）根据健身目的科学地安排体育锻炼

在进行体育锻炼前，每个人都要有较明确的健身目的，这是人们科学安排体育锻炼的重要依据。

(1)为了增强体质，提高健康水平，安排体育锻炼的内容和时间应较灵活。

(2)为了增强肌肉力量，应以力量练习为主。

(3)以减肥为主要目的，应以有氧运动为主，运动时间相应要长。

（二）根据季节科学地安排体育锻炼

不同季节的气候条件对体育锻炼也有影响，要根据季节气候的变化规律来安排体育锻炼，并注意季节交替时体育锻炼的内容衔接。

(1)春季。在春季进行体育锻炼时，要做好准备活动，充分伸展僵硬的韧带，以减少运动损伤。同时要注意脱、穿衣服，防止感冒。

(2)夏季。夏季天气炎热，最好是在清晨或傍晚时进行锻炼，锻炼后要注意补充水分，以防身体脱水或中暑。夏季最理想的运动是游泳，但并不是所有的人都有条件或适合进行游泳运动。其他可供选择的较合适的项目有慢跑、散步、太极拳、羽毛球等。

(3)秋季。秋季天气变化无常，早晚气温较低，要注意增减衣服。另外，秋季天气干燥，锻炼前后要注意补充水分，以保持黏膜的正常分泌和呼吸道的湿润。

(4)冬季。冬季参加体育锻炼，不仅可以提高身体的健康水平，还可以提高身体的抗寒能力，预防各种疾病的发生。冬季锻炼时身体生理机能惰性较大，肌肉组织易受伤，所以要做好准备活动。运动最好采用口鼻呼吸方式，吸气时口不要张得太大，防止冷空气直接刺激口腔黏膜。

二、单次锻炼计划制订

体育锻炼者只有学会科学地安排每次锻炼，遵循锻炼的原则，才能达到理想的健身效果。

单次锻炼的原则如下。

（一）充分的准备活动

充分的准备活动不仅可以提高体育锻炼的效果，还可以减少损伤。通过准备活动可以使身体机能进入最佳状态，准备活动结束时，锻炼者应保证全身心地投入到锻炼中。

（二）足够的锻炼时间

以健身为目的的体育锻炼，应以有氧运动为主，因此，运动强度不要过大，但要保证足够的锻炼时间。

在运动强度与运动时长发生矛盾时，应首先考虑运动时长，为了保证锻炼效果，每天的锻炼时长要至少半小时。如果每天锻炼时长不能保证有半小时的话，即使增加强度，健身效果也不明显。

锻炼时间可以采取化整为零的办法，尤其是对那些刚开始锻炼又不能坚持到半小时的工作或学习繁忙的人。

要注意的是并不是锻炼时间越长越好，每天锻炼 1 小时效果最好，身体机能好的人，锻炼时间可长一些，但即使是散步这种强度小的锻炼，时长也不要超过 2 小时。

（三）运动强度逐渐增加

锻炼者在进行每次锻炼时，不要一开始就强度很大，否则会导致身体出现一系列不适反应。这是因为人的各器官都有一定的惰性，通过准备活动，肌肉已经能够进行大强度的活动，但内脏器官的活动并不能立即进入最佳状态，从而造成内脏器官与运动器官的不协调，出现各种不适症状。因此，活动开始后，运动强度要逐步增加。

（四）身体疲劳与恢复

疲劳是一种生理现象，锻炼一段时间后，身体必然会产生疲劳。人体只有通过体育锻炼产生疲劳，才会出现身体机能的超量恢复。但疲劳的不断积累也可能造成身体的疲劳过度，从而对机体产生不利影响。消除疲劳，对提高健身效果具有重要的意义。每一次的健身中，要注意推迟疲劳的出现，每一次健身完后，都要及时、合理地消除疲劳。

第五节　运动性损伤的预防与处理

运动性损伤会影响大学生的学习生活和身体健康，并且可能会造成不良的心理影响。运动中不重视运动性损伤的预防工作，不积极采取预防措施，就很有可能发生运动性损伤。体育运动中，由于多种因素，如柔韧和力量差，锻炼者没有把握好练习的内容和节奏等，都容易造成损伤；腿部力量弱，在完成跑跳练习时可能将踝关节的外侧韧带扭伤，或使膝关节的韧带及软组织损伤。

(一)运动性损伤的原因

1. 一般外在原因

(1)运动前未进行充分的热身活动。

(2)身体某一部位练习重复过多。

(3)缺乏适当的休息。

(4)所穿的衣服、鞋子不适合训练。

(5)训练量过大。

(6)训练方法有误。

(7)场地设施不合要求。

(8)忽视了训练的安全准则。

(9)没有接受充分的训练指导。

(10)自我保护能力弱等。

2. 内在因素

(1)性别。女性运动性损伤发生的概率较男性高，因为女性骨骼质量比男性小，坚固度也比男性低，抗压抗弯能力只有男性的2/3。另外，女性体脂含量高，肌肉质量占体重的比例小，力量比同龄男性小20%～25%。

(2)运动技能。锻炼者由于运动技术不熟练或技术动作上存在错误，未按照人体结构的特点和各器官系统功能活动的规律来操作，则容易引起损伤。

(3)身体机能状况。在身体机能状况不好的情况下进行锻炼，会因肌肉力量较弱、身体协调性较差、对意外事件缺乏敏锐准确的判断力而导致损伤。影响身体机能的常见原因有：①患病或伤病初愈阶段；②睡眠或休息不好；③疲劳、贫血等。

(4)思想意识。运动性损伤的发生，常与思想麻痹、情绪急躁、急于求成有关。大学生年龄阶段的人往往年轻气盛，活泼好动，爱表现自己，却又缺乏运动性损伤的防范意识，忽视各种预防措施，运动中常不能遵循循序渐进和量力而行的原则，在进行一些运动时，使发生损伤的危险性加大。

(5)心理状态。运动中有畏难、恐慌、害羞、犹豫不决或过分紧张等不良心理状态的人，也容易造成运动性损伤。

(二)运动性损伤的分类

1. 按是否有伤口分类

(1)开放性损伤。受伤后的皮肤、黏膜遭到破坏，破坏其完整性，受伤组织有伤口与外界相通，可见有出血、渗液等异常现象，如擦伤、切伤及刺伤等。

(2)闭合性损伤。受伤后的皮肤黏膜依然保持完整，受伤组织未见有伤口与外界相通，如肌肉韧带拉伤、关节韧带扭伤等。

2. 按受伤组织的种类、结构分类

(1)皮肤损伤，如擦伤、撕裂伤、切伤及刺伤等。

(2)骨关节损伤，如骨折、骨裂、关节脱位、软骨损伤、骨骺损伤等。

(3)肌肉韧带损伤，如挫伤、拉伤、扭伤等。

(4)神经损伤、血管损伤、内脏器官损伤等。

3. 按运动创伤的轻重分类

(1)不损失运动能力的轻伤。

(2)失掉运动能力 24 小时以上，并需要门诊治疗的中等伤。

(3)需要长期住院治疗的重伤。

4. 按运动能力丧失的程度分类

(1)受伤后能按锻炼计划进行练习的损伤，称为轻度伤。

(2)受伤后不能按锻炼计划进行练习，需停止患部练习或减少患部活动的损伤，称为中度伤。

(3)完全不能锻炼的损伤，称为重度伤。

5. 按损伤发生的缓急程度分类

(1)急性损伤。它是遭受一次直接或间接外力作用而造成的损伤。它的特点主要是起病急，伤后症状迅速出现，病程大多较短。

(2)慢性损伤。它的特点主要为发病缓慢，症状渐起，病程迁延。慢性损伤按照病因又可分为两类：①陈旧性损伤，指急性损伤后因处理不当而反复发作的损伤；②劳损，指由于某局部运动负荷长期过度，超出了组织所能承受的能力，致使该部位微细损伤逐渐积累而造成的损伤。

（三）运动性损伤的预防原则

1. 思想上重视对运动性损伤的预防

从思想上重视对运动性损伤的预防，学习并掌握有关预防运动性损伤的知识和方法。锻炼时遵循体育锻炼的一般原则，加强身体的全面锻炼、易伤部位的锻炼及肌肉力量的锻炼。

2. 做好准备活动

准备活动的内容要与训练内容相结合；准备活动的量，要根据身体特点、气象条件和训练而定。准备活动一般以身体感到发热、微微出汗为宜。准备活动结束与正式运动之间的时间不要过长，一般为 3 分钟。

3. 加强自我保护意识

掌握运动中可能发生意外时的自我保护方法，防范运动技术损伤的发生。学会运动后肌肉酸痛、关节不适等常见症状的处理方法。对运动性损伤要做到及时发现，及时处理。

4. 注意科学锻炼

科学锻炼包括 5 个方面，即全面性、渐进性、个别性、经常性、意识性。前 3 个方面对预防运动性损伤极其重要，不能忽略。

5. 合理安排运动

要根据自身的健康状况和运动技术水平，合理安排运动量；运用各种形式的身体练习方法，全面提高身体素质，防止局部肌肉的过度疲劳。

6. 要针对性别进行训练

由于性别的不同，人体的自身条件也不同。不同的身体条件适应的训练方式不同。如果训练内容选择不合适，要么锻炼不到位，要么会给身体带来一定的损伤。

7. 选择喜爱的运动项目

可以根据自己的锻炼目的进行选择，如肌肉力量训练、关节韧带柔韧性训练等。有些人因肥胖、睡眠不佳、体力下降、便秘等异常会选择医疗体育。

8. 创造良好环境

体育器具、设备、场地等在运动前都应进行严格的安全检查。女性的项链、耳环等锐利物品在运动时应暂时摘去。

二、运动性损伤的处理

（一）一般损伤的处理

1. 水泡

水泡实际是摩擦的热量导致的轻度烧伤。穿优质合脚的鞋子或没有后跟的筒袜可以防止或减少水泡的产生。

处理方法：当水泡开始出现时，用绑带包住皮肤。如果情况更严重，可使用消毒的空心针放出积水，涂上杀菌水（如碘伏），包上纱布并用胶布缠好。

2. 擦伤

擦伤就是皮肤受外力摩擦所致的皮肤出血或组织液渗出。擦伤分为小面积擦伤和较大面积擦伤，其具体处理方法如下。

小面积擦伤处理方法：只在表皮擦伤的，可用碘酒或碘伏局部涂擦，无需包扎，在关节及其附近擦伤的，则应首先进行局部消毒，然后涂消炎软膏，以免局部干裂影响运动。

较大面积擦伤处理方法：首先用生理盐水或0.05%的新洁尔灭清洗创面，然后局部消毒，最后用消毒凡士林纱布和敷料包扎。必要时可加服抗生素预防感染。

3. 挫伤

挫伤是指在钝器直接作用下，人体皮肤或皮肤下组织所受的伤，如运动时相互冲撞、踢打所致的伤。挫伤以四肢多见，可伴有功能障碍。单纯的挫伤仅局部青紫，皮下瘀血肿胀、疼痛。严重者可合并肌肉断裂、骨折、失血、内脏损伤和脑震荡。

处理方法：单纯性挫伤在局部冷敷后外敷新伤药，加压包扎、抬高患肢。有肌肉、肌腱断裂者，应将肢体包扎固定后，送往医院治疗。头部、躯干挫伤或休克症状出现者应首先进行抗休克处理，保温、止痛、止血、矫正休克后，立即送往医院治疗。

4. 皮肤撕裂伤

皮肤撕裂伤是指皮肤受外力严重摩擦或碰撞所致的皮肤撕裂、出血。

处理方法：轻者，消毒后以胶布黏合或用创可贴敷盖即可；面积较大者，则需止血缝合和包扎。必要时用破伤风抗毒素进行肌内注射，以免引起破伤风。

5. 刺伤

刺伤特点是伤口较小但较深，可能伤及深部组织器官，或将异物带入伤口深处，容易引起感染。

处理方法：轻者先用碘酒、酒精将伤口周围消毒，然后在伤口上撒上消炎粉，用消毒纱布覆盖，再加以包扎。被不洁物刺伤的，要注射破伤风抗毒素，预防破伤风。

6. 切伤

切伤伤口边缘整齐，出血较多，但周围组织创伤较轻。深的切伤可能切断大血管、神经、肌腱等组织。

处理方法:轻者先用碘酒或酒精消毒,然后在伤口上撒上消炎粉,用消毒纱布覆盖,再加以包扎。较重者,应彻底止血,缝合伤口。伤情和污染较重者应该注射抗菌药,预防感染。被不洁物切伤的,要注射破伤风抗毒素,预防破伤风。

(二)中度损伤的处理

1. 踝关节扭伤

踝关节扭伤是运动中最常见的一种关节韧带损伤,它是因踝关节过度内翻或外翻而导致踝关节内、外侧韧带受损。扭伤时伤处疼痛、肿胀,韧带损伤处有明显压痛,皮下有瘀血。

处理方法:暂停运动,冷敷,加压包扎,抬高患肢,24 小时后可以进行热敷和按摩。严重的扭伤或怀疑有韧带撕裂时应及时求医。

2. 肌肉拉伤

肌肉拉伤是指在外力直接或间接作用下,肌肉过度主动收缩或被动拉长所致的肌肉纤维损伤或断裂。拉伤时局部疼痛、压痛、肿胀、肌肉紧张、发硬、痉挛。当受伤肌肉主动或被动拉长时疼痛加重。有些损伤有疼痛、撕裂感,肿胀明显及皮下瘀血严重,触摸局部有凹陷及一端异常隆起,可能为肌肉断裂。

处理方法:轻者可立即休息,抬高患肢,局部冷敷并加压包扎。疼痛明显者,可酌情给止痛药,24 小时后开始理疗和按摩。如肌肉大部分或完全断裂,应加压包扎并立即送往医院处理。

3. 胫骨痛

胫骨痛在运动医学中称为胫腓骨疲劳性骨膜炎。此病多发生在跑、跳项目中。这类活动使大腿屈肌群不断收缩,而过度牵扯其胫腓骨的附着部分,致使骨膜松弛并出血,产生肿胀、疼痛等反应。

处理方法:适当控制用足尖跑、跳的运动量,但不应停止练习,使下肢在不加重症状的情况下,逐步适应。运动前要做好准备活动,运动后加强局部按摩。严重时,去医院治疗。

4. 肩袖损伤

肩袖损伤是指肩袖肌腱或合并肩峰下滑囊的损伤性炎症病变。肩袖损伤时肩外展疼痛,有时会扩散到上臂、颈部等。肩外展或伴内、外旋时,疼痛加重,压痛局限于肩峰与肱骨大结节之间。急性期常伴有三角肌痉挛疼痛,慢性期继发三角肌萎缩乏力。

处理方法:适当休息,用物理方法、针灸、按摩、外敷中药或痛点封闭方法治疗,效果都较好。还要注意运动前,活动运拉肩关节和上肢。怀疑有肌腱断裂者要及时去医院进一步检查和处理。

5. 髌骨劳损

髌骨具有保护股骨关节面、维护关节外形和传递股四头肌力量的作用,是维护膝关节正常功能的主要结构。髌骨劳损一般是膝关节长期负担过重或反复损伤积累而成的。髌骨劳损是膝关节酸软疼痛，髌骨压迫痛，单足半蹲的时候有痛感。少数患者因长期膝关节疼痛而不敢用力使肌肉萎缩或有少许关节积液。

处理方法：采用按摩、中药外敷、针灸等方法；加强膝关节肌群力量练习，如采用高位静力半蹲，每次保持 3～5 分钟即可，每日进行 1～2 次。

6. 腰部扭伤

腰部扭伤是腰部软组织的损伤。有明确的外伤史，伤后立即或 1～2 日后发生腰痛，为急性腰部扭伤，亦称“闪腰”。肌肉轻度扭伤后疼痛显著，脊柱不能伸直；因肌痉挛而引起脊柱生理曲线改变者为较重的扭伤。如是棘上韧带与棘间韧带扭伤，则受伤当时感到局部突然撕裂样疼痛，过度前弯腰时疼痛加重，腰伸展时疼痛较轻，棘突上或棘突之间有局限而表浅的明显压痛点。若是筋膜破裂，则多发生在骶棘肌鞘部和髂嵴上、下缘，伤处有明显的压痛点，弯腰和腰扭转时疼痛较重，腰伸展时疼痛较轻。如果是小关节交锁，受伤当时即有腰部剧烈疼痛，呈保护性强迫体位，不敢做任何活动，亦惧怕任何搬动，尤其不能做腰后伸活动，疼痛位置较深，不易触到压痛点，但叩击伤处可引起震动性剧烈疼痛。

处理方法：①休息。伤后初期，宜仰卧于有垫子的木板床作短期休息，腰部垫一薄枕以便放松腰肌。也可以与俯卧位相间交替，避免使受伤组织再受牵拉，以利于修复。轻度扭伤休息 2～3 天，较重扭伤需休息一周左右。②按摩。伤后即可进行穴位按摩。取人中、扭伤、肾俞、大肠俞、委中等穴，手法强度应以病人有较强的酸麻胀感为宜。③其他疗法。如外贴活络止痛膏，内服活络止痛药，火罐疗法、针灸疗法、理疗等。

（三）严重损伤的处理

1. 关节脱位

运动中，因受外力作用，使关节失去正常的连接关系叫关节脱位，又称脱臼。关节脱位后常出现畸形，即刻发生剧烈疼痛和有明显的压痛感，关节周围显著肿胀，关节功能丧失。有时还发生肌肉痉挛，严重时会出现休克。

处理方法：切不可随意做复位动作，以免加重伤情。用夹板或三角巾固定伤肢，并尽快送往医院治疗。

2. 骨折

运动中，身体某部受到直接或间接的外界力量的撞击时可造成骨折，常见的骨折有肱骨骨折、尺桡骨骨折、手指骨折、小腿骨折、肋骨骨折等。骨折后患处出现肿胀，疼痛难受，肢体失去正常功能；肌肉可能产生痉挛，骨折部位出现畸形。严重时还伴有出血和神经损伤，甚至出现发烧及突发休克等现象。

处理方法：不要随意移动肢体，用夹板或其他代用品固定伤肢，如出现休克，应先施行人工呼吸。若伴有伤口出血，应同时施行止血，并及时护送往医院治疗。

第六节　体育锻炼健康的自我监督

一、健康自我监督内容

(1)体重。基本稳定,一个月内体重增减不超过 4kg,超过者为不正常。

(2)体温。基本在 37℃左右,每日的体温变化不超过 1℃,超过 1℃为不正常。

(3)脉搏。每分钟在 75 次左右,一般不少于 60 次但不多于 100 次,否则为不正常。

(4)呼吸。正常成年人每分钟呼吸次数为 16～20 次,呼吸次数与心脏跳动数的比例为 1∶4,每分钟呼吸次数少于 10 次或者安静时多于 24 次为不正常。

(5)大便。基本定时,每日 1～2 次,若连续 3 天以上不大便或 1 天 4 次以上大便为不正常。

(6)进食量。每日进食量保持在 1～1.5kg 之间,连续一周每日进食超过平常进食量的 3 倍或少于平常进食量的 1/3 为不正常。

(7)尿量。一昼夜的尿量在 1500mL 左右,连续 3 天每日尿量均多于 2500mL,或 1 天内尿量少于 500mL 为不正常。

(8)月经周期。成年女性月经周期在 28 天左右,超前推后 15 天以上为不正常。

(9)睡眠。每日能按时起居,睡眠 6～8 小时,若不足 4 小时或每日超过 15 小时为不正常。

二、健康自我检测指标

(1)年龄。每岁得 1 分,如果你 60 岁就得 60 分。

(2)体重。正常体重(单位:kg)值等于自己身高值减去 100,超过标准每千克减 5 分,低于标准每千克加 5 分。如你的身高 170cm,体重 75kg,就得减 25 分。

(3)吸烟。不吸烟者得 30 分,每天吸 1 支烟减 1 分。假如你每天吸一盒烟,就得从总分中减 20 分。

(4)耐力。如果每天从事耐力性有氧代谢体育活动(健身走、跑步、游泳、骑自行车、跳健美操、跳舞等)得 30 分。如每周参加 4 次活动,加 15 分。

(5)脉搏。安静时脉搏,每分钟低于 90 次,每少搏 1 次得 1 分。例如每分钟脉搏跳动 76 次,即得 14 分。

(6)运动后脉搏。慢跑 2 分钟后,休息 4 分钟。假如脉搏率恢复到安静时水平,得30 分,如果比安静时多 10 次,得 20 分,多 15 次得 10 分,多 20 次得零分。

通过以上检测，如果总分达不到 20 分，健康状况值得重视，必须求医诊治；假如总分在 21～60 分之间，要注意减去多余脂肪，禁止吸烟，增加运动量或体力活动量；总分在 60～100 分之间，说明健康状况较好，可以更多地从事一些体育运动；总分超过 100 分，说明健康状况良好。

三、简易健康测试法

(1)常吃蔬菜吗？

(2)每天吃肉吗？

(3)吸烟吗？

(4)每天喝 100mL 以上的酒吗？

(5)喜欢吃咸的菜吗？

(6)喜欢吃甜食吗？

(7)常吃烟熏食品吗？

(8)看到肉、鱼、蛋的美餐，是否感到食欲增加？

(9)登高或俯视时，是否感到心慌腿软？

(10)一天学习、工作、劳动后，晚上能否很快入睡？

(11)每天小便次数是否较多，小便时有痛感或憋不住的情况吗？

(12)指甲、眼结膜是否显得淡白，经常头晕耳鸣吗？

(13)是否有颈部变粗，容易出汗，情绪激动的现象？

(14)是否常咳嗽，痰多或胸疼？

(15)身上的黑痣，是否迅速增大或破溃出血？

(16)身体是否不断消瘦？

(17)是否容易牙出血、鼻出血？

(18)是否饭前洗手？

(19)是否便秘？

(20)是否每天运动？

(21)是否每天早晚刷牙？

(22)每次感冒，是否必须服药？

(23)是否按时打预防针？

(24)是否按时透视胸部？

评分标准：

(1)(8)(10)(18)(20)(21)(23)(24)题答案为“是”，其他为“否”。

与以上答案相符的得 1 分，不相符的为 0 分。合计得分在 20～24 分之间，表示身体优良；在 15～19 分之间，表示身体良好；在 10～14 分之间，表示身体一般；在 5～9 分之间，表示身体较差。

第三章 田 径

第一节 田径运动概述

一、田径运动的起源与发展

一方面,人类在为延续生命和获得生活资料而奔波的远古时代,必须要走、跑相当的距离,跳跃各种障碍和掷击石块、长矛等,以便来进行渔猎或与猛兽搏斗,获得生存条件。远古时代的人类,在日常生活中不断地重复这些动作,逐步演变和形成了快速奔跑、敏捷跳跃、准确投掷等技能,并把这些技能传授给后代。另一方面,当时的人类在紧张的渔猎劳动之余,也进行娱乐活动以抒发情感获得乐趣,如进行走、跑、跳跃、投掷的娱乐和竞赛。这些都是田径运动的雏形。

据记载,短跑项目在公元前776年就出现在古希腊奥林匹亚村举行的第一届古代奥运会上。由投盘、跳跃、绕运动场跑、掷标枪、摔跤组成的五项全能项目在公元前708年也已出现。马拉松比赛是为了纪念雅典战士菲迪皮茨而设置的。1896年的第一届现代奥运会上,举行了从马拉松镇跑到雅典的比赛。现代长跑的发源地是英国,18世纪时,英国已有一些职业赛跑选手进行长跑比赛。跨栏跑项目也源于英国。1864年,在首届牛津剑桥校际对抗赛上,第一次正式举行了跨栏跑。

现代跳远始于19世纪中叶。1896年在雅典举行第一届现代奥运会时,跳远就是其正式项目。三级跳远是由多次跳演变而来的,公元前200年,凯尔特人运动会上就有类似三级跳远的比赛。现代三级跳远起源于爱尔兰和苏格兰。19世纪中叶以后,各地区逐步形成了三级跳技术的几种流派。

跳高作为田径比赛的项目源于爱尔兰和苏格兰。1800 年，跳高已是苏格兰高地运动会的比赛项目之一，撑竿跳高项目初期是由掌竿或投枪作为支撑物越过深沟、水溪和围墙演变过来的。早在公元 554 年的爱尔兰就有撑杆过河的游戏。后来，撑竿跳高又从爱尔兰传到苏格兰和英格兰。撑竿跳高作为正式竞技运动项目的第一届比赛是在 1866 年。

链球项目起源于爱尔兰和苏格兰。19 世纪中叶，英国一些大学里出现了链球项目。1890 年前后，美国人把链球的木柄改为铁柄，后来改为钢链。铅球比赛是由炮兵投掷炮弹比赛演变而来的。因炮弹质量为 16 磅，即 7.26kg，故此质量一直沿用至今。投掷铁饼是一项古老的田径项目，古代奥林匹克运动会五项全能项目中的“投盘”指的就是掷铁饼，当时使用的是石制圆盘，后来演变成为金属制圆盘。

公元前 776 年，在希腊奥林匹亚村举行了第一届古代奥林匹克运动会，以后每隔 4 年召开一次。跑、跳跃、投掷以及其他项目的比赛是奥林匹克宗教节日祭奠活动的主要内容。最初奥林匹克运动会只有短跑比赛，后来又有了长跑、跳远、掷铁饼、掷标枪等项目，这是有组织的田径运动竞赛的开始。

公元 394 年，罗马皇帝狄奥多西废止了古代奥林匹克运动会，田径运动竞赛也被中断。经过约 14 个世纪，田径运动竞赛又重新在英国兴起。19 世纪初，职业性的赛跑、竞走和有组织的苏格兰田径运动会相继在英国出现。1896 年，经法国社会活动家皮埃尔·德·顾拜旦倡议，恢复和召开了以田径运动项目为主要内容的、仅限男子参加的第一届现代奥林匹克运动会。第一届现代奥林匹克运动会的田径比赛是现代田径运动开始的标志。

20 世纪，田径运动竞赛在世界一些国家内部和国际间广泛地开展起来。近年来，多学科理论知识的引进，使田径运动训练不断科学化，人们运动能力和比赛能力不断增强，田径运动水平不断提高。随着社会的进步和现代科学技术的不断发展以及人们生活水平的提高，田径健身运动也将得到更进一步的发展。

二、田径运动的锻炼价值

(一)健身功能

经常参加田径运动的健身锻炼，不仅能提高人的走、跑、跳、投等基本活动能力，而且能促进人体正常生长发育和各器官、系统机能的发展，还能全面提高人的运动体能和健康体能。田径运动的项目较多，内容丰富，运动方式和特点各不相同，对人体的影响也各有区别。具体主要表现在以下几个方面。

(1)通过短跑和跨栏跑的锻炼，可以有效地发展快速运动能力，提高人体在极限运动条件下机体器官系统的机能水平，提高人体动作的灵活性和身体的柔韧性，明显改善中枢神经系统控制和支配肌肉活动的能力，提高人体运动的节奏感。

(2)参加长距离走和跑的锻炼，能明显增强人体有氧工作的能力，发展耐力素质，提高心肺功能。

(3)参加投掷项目锻炼,能明显提高肌肉力量,增强人体整体用力的协调性。

(4)通过跳跃项目的运动,能有效改善人体的空间本体感觉机能,提高身体的控制和平衡能力以及方位感觉和集中发力的能力,发展弹跳力、肌肉力量、奔跑速度和身体的协调性。

(二)健心功能

田径运动对心理品质的影响,主要表现在以下3个方面。

1. 增进情感体验

情绪作为个体心理活动的核心,无时无刻不影响着人的学习、工作和生活。当今人们面对扑朔迷离、变化多端的大千世界,生活节奏的加快和各种竞争的加剧,人的心理负荷加大,遭遇挫折时有发生。面对失败和挫折能泰然处之,保持良好的情绪,学会驾驭自己的情绪,做情绪的主人是现代社会要求现代人成熟情感的表现方式。大量的研究证明,人们可以通过体育活动改善自己的情绪状态,提高情绪的调节能力。体育活动是培养这种成熟情感最简单的方法之一,田径运动同样具有这样的功能。

田径运动项目中有个体不断挑战自我的练习过程,也有在与同伴共同练习中的比较(竞争)和合作的体验。长期坚持田径运动,会使个人情感体验强烈而深刻。成功与失败、进取与挫折共存,欢乐与痛苦、忧伤与憧憬相互交织,积极的情感和消极的情感快速转化使人的情感体验丰富多彩,这种丰富的情感体验刺激则有利于人的情感成熟,有利于提高情感的自我调节能力。

2. 培养意志品质

体育是培养人的意志品质的有效手段,体育对人的意志品质的磨炼在于它总是与克服困难联系在一起,总是与极限的身体负荷和心理疲劳联系在一起。田径运动是体育的代表,也是培养意志品质的一种手段。

田径运动员不仅需要克服肌肉酸痛、培养坚持到底的顽强毅力,而且在激烈的活动中,还需要理智地分析客观情况,能抵御外部环境的各种干扰,克服并抑制消极情绪和冲动行为,不被一时的困难所压倒,也不为一时的成功所陶醉,始终把握住既定的目标方向。因此,长期坚持田径锻炼,有利于人的情感成熟,有利于发展意志品质。

田径竞争,获胜时,不骄不躁,继续努力,争取取得更好的成绩;失败时,振奋精神,加倍苦练,战胜自我。田径运动有助于培养人不畏艰苦、不怕困难、果断机智、勇敢顽强的意志品质,促进良好个性的形成。田径中的长跑不仅对身体的机能有积极的锻炼价值,而且在与“极点”抗衡的跑步中,也是对意志品质的锻炼,它对培养人的刻苦耐劳的精神和坚毅顽强的意志具有重要作用。障碍跑是人在跑进中采用跨越、绕过、踏上、钻过等方式通过障碍物的一种运动项目。采用障碍跑的方法进行练习,不仅可以提高在快速跑进过程中通过障碍的能力,还可以锻炼不怕困难、果敢顽强的意志品质。田径比赛的跨栏项目就是障碍跑的一种典型方式。

3. 提高认知能力

锻炼者在练习中对身体本体感觉的精确控制，是体育活动中各项目技术的共同特点。在运动中要求锻炼者既能对外界物体作出迅速、准确的判断，又能在复杂多变的条件下迅速、准确、协调地做出相应的动作，这就要求运动主体必须综合地运用身体各种感觉器官如听觉、视觉、触觉等来感知动作形象、动作要领、肌肉用力程度以及动作时空关系，从而建立完整、正确的动作表象。

在田径运动中，注重走、跑、跳、投等各种练习的协调性、灵活性，有助于发展人的运动认知和运动思维，促进认知能力的提高。在田径运动的走、跑、跳、投等各种练习中，要完成简单或复杂的多种协调、合理、正确的动作。反复地练习，可以强化练习者对动作的空间感知和时间顺序。长期坚持田径运动，能促进人的感知觉能力的发展，调整大脑皮层的神经功能，协调中枢神经的兴奋和抑制过程，促使大脑皮层神经过程的均衡性和灵活性，增进大脑皮层对环境的判断分析能力，提高大脑反应的灵敏性，使人的思维品质获得特殊的发展。

（三）提高社会适应能力功能

竞争观念在现代化社会中是一个重要的价值观念，竞争有助于社会的进步。具备一定的竞争能力是促进个体完善与发展的前提条件。体育运动中的竞争经历最容易对人的自我概念产生重大影响，特别是竞争运动中成功经验能增强人的自尊心，激起人产生一种奋发向上的力量。竞争之外，体育使人学会合作，体育活动中有许多项目既需要个体的自主性活动，又需要同伴之间的协作配合。体育活动中的合作有助于提高群体的凝聚力，有助于培养人的团结协作精神。

田径运动是体育运动的一部分，能使人在各种不同的运动中体会竞争和合作，感知自我，加深对规则、秩序、策略等的理解。另外，它能使人在活动中体验成功，在成功中培育自信，在失败中感受挫折，在挫折中磨炼意志，从而提高社会适应能力。

第二节　田径运动技术

一、短跑技术

短跑属于极限强度运动，短跑比赛项目包括 60m 跑、100m 跑、200m 跑和 400m 跑，是发展速度素质最有效的手段，是许多田径项目以及其他一些运动项目的基础。短跑全程技术按技术动作的变化可分为起跑、起跑后的加速跑、途中跑、终点跑、弯道跑5个部分。

(一)起跑

起跑是为了使身体迅速摆脱静止状态，获得向前的最大初速度，为之后的加速跑创造条件。正规田径短跑比赛中运动员必须在起跑器上采取蹲踞式姿势起跑，目的是使脚有更加稳定的支撑并形成良好的用力姿势，利于起跑时获得更大的前冲力，为加速跑创造更有利的条件。

起跑过程包括各就位、预备和鸣枪3个阶段。

听到各就位口令后，运动员可连续做几次深呼吸，适当放松并稳定情绪，到起跑器前俯身，两手撑地，两脚依次蹬在起跑器的抵足板上，后膝先跪地后呈半屈状态。之后将双臂收回至起跑线后支撑并伸直，两手间距离与肩同宽或比肩稍宽，双手虎口向前，四指并拢或稍分开与大拇指成“人”字形支撑。身体重心稍前移，肩与起跑线基本平行，头与躯干在一条直线上，颈部自然放松，目视前方半米处，注意听预备口令。各就位后姿势如图3-1所示。

听到预备口令后，臀部抬起至与肩同高或比肩稍高，重心前移，身体重量落在两臂和前腿上。前腿的大小腿夹角为90°～100°，后腿的大小腿夹角为110°～130°，两脚紧贴抵足板，保持整体动作的稳定性，注意力集中，准备听枪声。预备后姿势如图3-2所示。

听到枪声后。两腿迅速蹬离起跑器，两臂屈肘用力做前后摆动，使身体向前上方运动，躯干尽量前倾，与水平线夹角为15°～20°。鸣枪后姿势如图3-3所示。

图3-1　各就位后姿势

图3-2　预备后姿势

图3-3　鸣枪后姿势

(二)起跑后的加速跑

起跑后的加速跑是指从蹬离起跑器到进入途中跑之前这一段距离。

起跑后的加速跑技术要求做到3个“逐渐”：步长逐渐加大，上体逐渐抬起，两脚落点逐渐靠近一条直线。两臂屈肘，用力前后摆臂，两脚交替用力后蹬，在起跑后的加速跑中有很大的助推作用。

(三)途中跑

途中跑是短跑全程跑中距离最长、速度最快的一段。该阶段的任务是继续保持高速度跑。摆动腿的膝关节,迅速有力地向前上方摆出,支撑腿在摆动腿积极前摆的配合下,快速有力地伸展髋、膝和踝关节,蹬离地面,形成支撑腿与摆动腿协调配合动作。按跑的动作结构,途中跑分为后蹬、前摆、腾空、着地缓冲几个部分。下面介绍腾空和着地缓冲阶段时注意要点。

1. 腾空阶段

小腿随着蹬地后的惯性和大腿的摆动,迅速向大腿靠拢,形成大小腿边弯曲边前摆的动作。与此同时,摆动腿以髋关节为轴积极下压,膝关节放松,小腿随摆动腿下压的惯性,自然向前下伸展,准备着地。

2. 着地缓冲阶段

着地动作应是非常积极的,在途中跑时,头部正直,上体稍有前倾,两臂前后摆动要轻快有力。

(四)终点跑

终点跑是全程跑的最后一段,要求运动员在离终点线 15~20m 时,尽力加快两臂摆动的速度和加大力量,保持上体前倾,双手后摆,以躯干任何部位撞终点线,跑过终点线后逐渐减速。

(五)弯道跑

短跑中的 200m 跑和 400m 跑,有一半距离是弯道跑。弯道跑时,为了产生一定的向心力,整个身体应向内倾斜。摆动腿时,左膝稍外展,右膝稍内扣,并加大右腿前摆的幅度。左脚以前脚掌外侧着地,右脚以前脚掌内侧着地。左臂摆动幅度较小,右臂摆动幅度和力量都稍大。弯道跑时蹬地与摆动方向都应与身体向圆心方向倾斜趋于一致。

二、跨栏跑技术

跨栏跑是途中设有固定数量、固定距离、固定高度栏架的短跑项目,也是田径运动中技术比较复杂、节奏性比较强、锻炼价值比较高的项目。从事跨栏跑运动,不仅能有效地培养学生的速度、弹跳力、柔韧性和灵敏性等身体素质,还可以培养勇敢、顽强、果断和克服困难的意志品质。

跨栏跑的成绩,取决于运动员的平跑速度、跨越栏架的技术,以及跑、跨两者协调配合的能力。跨栏跑全程技术按技术动作的变化可分为起跑至第一栏、过栏、栏间跑和终点跑4部分。

（一）起跑至第一栏

起跑的过程与短跑基本相同，起跑至第一栏起跨点的一般采用 8 步起跨，起跑时应把起跨脚放在前起跑器上。起跑后上体抬起要比短跑时来得快。

（二）过栏

过栏是跨栏技术的关键部分，它由起跨、腾空过栏和下栏着地等动作组成。

1. 起跨

应保持较高的跑速，最后一步比前一步的步长小一点，也就是“栏前短步”。当起跨腿的脚掌着地时，摆动腿由体后向前摆动，大、小腿在体后开始折叠，膝关节摆至超过腰部高度。两腿蹬摆配合完成起跨运动过程中上体随之加大前倾，摆动腿异侧臂往前上方摆出，另一臂屈肘摆至体侧，形成“攻栏姿势”。

2. 腾空过栏

腾空后身体重心沿着起跨所形成的腾空轨迹向前运行。起跨腿蹬离地面后，摆动腿的大腿继续向前上方摆至膝关节超过栏架高度，小腿迅速前摆，当脚掌接近栏架时，摆动腿几乎伸直，脚尖微微上翘。摆动腿的异侧臂一起伸向栏架上方。同侧臂后摆，上体加大前倾，躯干与摆动腿之间形成锐角，目视前方；当摆动腿的脚部刚达成或超过栏面瞬间，摆动腿积极主动下压，加快着地速度。

3. 下栏着地

摆动腿积极下压，起跨腿加速向前提拉，以髋为轴完成两腿剪绞动作，摆动腿脚掌移过栏架的同时，起跨腿屈膝外展，小腿收紧抬平，脚尖勾起足跟靠臀，以膝领先经腋下加速前拉，当脚掌过栏后，膝继续收紧向身体中线高抬，脚掌沿最短路线向前摆出，身体呈高抬腿跑的姿势，伸直下压的摆动腿在接触地面时，前脚掌做积极趴地动作。

（三）栏间跑

110m 栏间三步步长不等，每步步速与支撑、腾空时间的关系都有变化，这就构成栏间跑所特有的节奏。

栏间跑第一步的水平速度因过栏有所降低，蹬地起步时膝关节始终伸直，因而第一步短于后面两步。第二步的动作结构和支撑及腾空时间关系大致与短跑的途中跑相同。第三步因准备起跨形成一个快速短步，动作特点与跨第一栏的最后一步相同。

（四）终点跑

终点跑是指从全程跑跨第 10 个栏架后到终点这一段距离的动作过程。此阶段主要任务是顺利跨完 10 个栏，完成跨跑阶段的衔接。在最后一个栏时，保持身体重心平稳，摆动腿积极下压，近点下栏，起跨腿不要过于向前提拉，加大摆臂力度，采取高重心大步幅快速跑进，临近终点时，上体急速前移，用胸部撞线。

三、中长跑技术

中长跑是中距离跑和长距离跑的简称，属800m以上距离的田径运动项目。中长跑是耐力性运动项目，它要求跑步时既能保持一定速度，又能跑得持久，是以耐力为主的运动项目。

中长跑各个项目的完整技术均分为起跑及起跑后的加速跑、途中跑、冲刺跑、中长跑的呼吸等主要技术环节。

(一)起跑及起跑后的加速跑

中长跑采用站立式起跑，各就位时，运动员从集合线走到起跑线处，两脚前后开立，将有力的腿放在前面，前脚尖紧靠起跑线后沿，后脚距前脚两脚的左右距离自然开立，上体前倾，两膝弯曲，两臂一前一后，身体重心主要落在前脚上，保持稳定姿势，集中注意力听枪声。听到枪声后，两脚用力蹬地，后腿蹬地迅速前摆，两臂快而有力地前后摆动，使身体向前冲出，进入加速跑阶段。

起跑后上体保持前倾，脚尖着地，腿的蹬地和前摆以及两臂的摆动都应快速积极，逐渐加大步伐和加快速度，随着加速段的延长，上体逐渐抬起，进入途中跑。加速段距离的长短和速度，应根据个人特点、战术需求和临场情况而定。

(二)途中跑

途中跑是中长跑的主要阶段，它由后蹬、前摆、腾空、着地缓冲、上体姿势与摆臂动作组成。

中长跑的途中跑要求：上体正直或稍前倾，颈部自然放松，两眼平视，两臂弯曲。摆臂时，两臂弯曲，肘关节约成90°，以肩为轴前后自然摆臂。

1. 直道跑技术

跑直道时要求两脚沿平行线跑，抬腿既不靠内也不靠外，正直往前，两脚皆用脚前掌去趴地跑。

2. 弯道跑技术

弯道跑时要求左脚前脚掌外侧、右脚前脚掌内侧着地，左腿膝关节外展和右腿膝关节内扣，身体重心向内倾斜协调用力，速度越快倾斜角度越大，右臂的摆幅稍微大于左臂。

(三)冲刺跑

冲刺跑是临近终点前一段距离的加速跑。该阶段主要任务是运用自身的全部力量，克服疲劳，力争在最后阶段跑出好成绩。技术特点是加快摆臂频率和加大摆幅的同时配合腿部动作。冲刺跑的距离根据自己的体力情况、战术要求和临场情况而定。通常800m跑可在最后约300m冲刺，1500m跑约在最后400m冲刺，3000m以上跑在最后400m或更长一些距离进行冲刺。通过终点时，在接近终点一步前身体躯干前倾，做撞线动作。

（四）中长跑的呼吸

中长跑时，由于肌体能量消耗大，因此对氧气的需要量增加。为了改善气体交换与血液循环的条件，应注意呼吸的节奏，一般是跑二三步呼一次气，再跑二三步吸一次气，在终点冲刺跑时可采用一步一呼、一步一吸的方法。呼吸一般用鼻与半张开的嘴进行呼吸。

中长跑时，由于内脏器官工作条件的改变，氧气供应落后于肌肉活动的需要，所以跑一段时间后，常会出现胸闷、四肢无力、呼吸困难、跑速降低，产生难以继续跑下去的感觉，这种现象被称为“极点”，这是一种正常的生理现象。当“极点”出现时，要加大呼吸深度，适当调整跑速，用顽强的意志坚持下去，这样“极点”现象就会缓解，身体机能就会得到逐渐好转，这就是生理上所说的“第二次呼吸”。

四、接力跑技术

接力跑是田径竞赛项目中以规定人数、限定距离、以接力棒为传接工具的集体项目。目前，在田径场上正式比赛的接力跑项目有男、女4×100m接力跑和4×400m接力跑。

（一）4×100m接力跑技术

1. 起跑

(1)持棒人起跑。第一棒运动员采用蹲踞式起跑，通常用右手持棒。持棒的方法一般是用中指、无名指和小指握住棒的末端，用大拇指和食指分开着地，但接力棒不得触及起跑线或起跑线前面的地面，其基本技术略同短跑起跑。

(2)接棒人起跑。第二、三、四棒运动员多采用半蹲式或站立式起跑。第二、四棒运动员在跑道外侧用左手接棒，第三棒运动员在内侧用右手接棒。

2. 传、接棒的方法

接力跑传、接棒的方法一般有上挑式、下压式和混合式3种。

(1)上挑式。接棒人的手臂自然后伸，掌心向下，虎口张开朝下，传棒人将棒由下向上方“挑送到接棒人手中”。

(2)下压式。接棒人的手臂后伸，掌心向上，虎口张开朝后，拇指向内，其余四指并拢向外，传棒人将棒的前端由上向前下压，放入接棒人手中。下压式的优点是接棒后不必再调整持棒手的位置。

(3)混合式。第一棒用“上挑式”传棒，第二棒用“下压式”传棒，第三棒仍用“上挑式”传棒。

在4×100m接力跑比赛中,传接棒方法有两种形式:一种是3个接力区的传接棒都采用下压式;另一种是采用混合式,即第一、三棒接力区用上挑式,第二接力区采用下压式。无论采用哪一种传接棒方法,第一、三棒运动员均用右手持棒,将接力棒传给第二、四棒运动员的左手。

3. 传接棒的时机与位置

在20m接力区和10m预跑区内,传接双方都能发挥出接近自己最快速度的水平,是传接棒的最好时机。一般把这一时机定在接力区末端处出现,此时传棒运动员仍处于高速跑之中,而接棒运动员也能加速到一定水平。

4. 接力跑运动员棒次安排原则

4×100m接力跑安排运动员棒次时,应考虑各棒对运动员的要求,尽量发挥每个运动员的特长。一般第一棒应选择起跑好并善于跑弯道的选手;第二棒应是传接棒技术熟练并且专项耐力好的运动员;第三棒除应具备第二棒运动员的条件外,还应善于跑弯道;第四棒通常是短跑成绩最好、冲刺能力最强的运动员。

(二)4×400m接力跑技术

4×400m接力跑的传接棒技术相对简单,运动员跑到最后时速度下降,因此,对传接棒的要求相对降低。

第一棒采用蹲踞式起跑,持棒的方法同4×100m接力第一棒。第二、三、四棒运动员用站立式起跑,传接棒的方法可采用上挑式,也可以采用下压式,但都是右手传棒,左手接棒。

4×400m接力跑各棒次运动员安排原则一般为:第一棒安排技术良好、实力较强的运动员,第四棒应是全队实力最强,并且竞争意识较强的运动员。

五、跳高技术

跳高是越过垂直障碍的项目。跳高的姿势按过杆的形式可分为跨越式、俯卧式、背越式等几种,它们的完整技术都是由助跑、起跳、腾空过杆和落地4个部分组成的。下面主要介绍背越式跳高的完整技术。

背越式跳高是跳高技术的一种,运用此技术时,要充分地发挥助跑的水平速度,起跳时要有爆发力。以杆上背弓姿势、向上甩腿越过横杆,过杆后用背部落垫。整个动作主要由助跑、起跳、过杆和落地这几个阶段组成。

(一)助跑

助跑阶段是指从起动开始,经过一段距离的跑动,最后踏上起跳点的这一技术阶段。助跑的任务是获得必要的水平速度,并为提高起跳效果和顺利地越过横杆创造条件。背越式跳高一般采用8~12步助跑,分直线助跑段和弧线助跑段。

(1)直线助跑技术。跑进时身体重心高而平稳,上体适当前倾,后蹬充分有力,前摆积极抬腿,两臂协调配合大幅度摆动。

(2)弧线助跑技术。身体逐步内倾,加大外侧腿、臂的摆动幅度,保持头和躯干成一条直线。助跑的整个过程应有明显的加速感和较强的节奏感,最后几步逐渐加快速度,其中最后一步最快。

(二)起跳

起跳阶段是指起跳脚踏上起跳点,在摆动腿的配合下,经过着地、缓冲、蹬伸和蹬离地面跳起的这一阶段,是跳高的关键技术。

(1)起跳。起跳目的的在于使助跑获得的水平速度,迅速转变为垂直向上运动,以使身体充分向上腾起,为过杆做好准备,可分为起跳腿的着地、缓冲和蹬伸 3 个阶段以及摆动腿与双臂的配合。

(2)起跳腿的着地、缓冲和蹬伸。为加快起跳的速度,起跳腿应大幅度、平稳地用脚掌外侧着地,并迅速从脚跟向前脚掌滚动。此时,由于迈步放脚时,髋关节的积极快速前送和迅速的弧线助跑,形成了身体向后、向内的倾斜姿势。此外,在起跳的缓冲阶段,为了提高起跳的速度,应减小屈膝的幅度,以利于保持水平速度。此阶段中,当身体由倾斜转为垂直至身体重心又移至起跳腿的上方时,迅速有力地充分蹬直起跳腿的各个关节,躯干要在离地前瞬间几乎垂直地立于起跳腿之上。这时,起跳腿的蹬伸方向应在身体重心的外侧,从而产生了过杆所必需的旋转冲力。

(3)摆动腿与双臂的协调配合。起跳时,离横杆较远的一侧手臂使劲向上摆动,另一侧手臂不要充分摆出,有利于肩轴倾向横杆。摆动腿的摆动应从屈膝的起跳腿旁开始,以膝盖领先,先屈膝折叠,后跳高架的远端支柱上方用力摆出。当摆动腿摆到起跳腿前方之后再向里转时,小腿和脚要稍许外展,头部转向横杆。

(三)过杆和落地

过杆和落地阶段是指起跳腾空后,身体各部分利用合理技术动作越过横杆,并安全地落在海绵包上的技术阶段。

过杆是充分利用起跳获得的腾空时间改变身体姿势,缩短身体重心与横杆之间的距离,并利用身体的屈伸、旋转越过横杆。

过杆时,要立即屈髋收腹,下颌迅速引向前胸,同时双腿高举两小腿向上甩起。需要注意的是,落地前的收腹举腿,以背先着地或团身以肩先着地,然后再做一个后滚翻。为了控制腾越方向,头部不能后仰,在落垫过程中,眼睛始终要注视横杆方向。

六、跳远技术

跳远又称"急行跳远",是在助跑道上沿直线助跑,在跑进中用单脚起跳腾空,最后双脚落入沙坑的田径运动项目。跳远的完整技术由助跑、起跳、腾空和落地 4 个部分组成，它们是一个完整的统一体。

（一）助跑

跳远的助跑是为了获得较高的水平速度，并为踏板和起跳做好准备。为了做到准确踏板，必须要有一个相对稳定的助跑距离，对已经确定了的助跑距离，要反复多次地进行全程助跑检查、调整，要总结出外界条件（跑道质量、风向、气温、比赛时间等）变化和自身不同身体状态时的助跑距离变化的规律性，这样才能做到心中有数，比赛时才能对助跑充满信心。另外，要有一个固定的起跑姿势和起动加速方式，保证助跑开始几步的稳定性和准确性。

（二）起跳

（1）起跳脚的攻板。起跳脚着地攻板时，上体正直或保持 3°～5°的后仰，起跳脚要主动积极攻板。起跳脚着地瞬间上体应向上抬起，以减轻起跳脚着地时的负担。着地瞬间优秀运动员形成的落地角约 65°。

（2）缓冲。从起跳脚攻板着地到膝关节最大弯曲这一阶段，技术上叫缓冲。缓冲的作用主要有两个方面：减缓起跳的制动性，减少助跑速度的损失；积极移动身体，为爆发式的蹬伸创造条件。

（3）蹬伸。起跳腿膝关节角度由最大弯曲开始到起跳脚蹬离地面为止，技术上叫蹬伸阶段。蹬伸阶段要充分利用肌肉的弹性，创造最大的起跳爆发力。蹬伸动作的速度和方向，直接影响腾起初速度的大小和方向。蹬伸动作越快越充分，腾起初速度和腾起角度则越大，跳远成绩就越好。

（三）腾空

（1）蹲踞式。这是一种简单而又自然的跳远姿势，与日常生活中跨越障碍的方式比较接近，适合初学者采用。起跳成腾空步后，头部微抬，上体保持正直，摆动腿向前上方摆出，起跳腿一侧的髋部要充分伸展，两臂向前摆动。在接近最高点时，起跳腿开始向胸部提举，逐渐与摆动腿靠拢，形成空中蹲踞式，两臂由前向下、向后摆动，随后完成落地动作。

（2）挺身式。起跳后，保持腾空步的时间比蹲踞式短。腾空开始后，摆动腿的大腿积极下放，小腿向后上方摆动。这时，留在身后的起跳腿与向后摆的摆动腿靠拢，在腾空最高点时，身体充分伸展，形成挺胸展髋、两臂上举挺身的跳远姿势，随后完成落地动作。

挺身式跳远的优点：能较充分地拉长体前肌群，有利于完成收腹举腿和落地伸腿动作。它的缺点：空中动作的形成和用力特点与助跑起跳的动作不大一致。因此，初学者较难做到助跑起跳与空中动作之间的衔接。

（3）走步式。走步式跳远空中动作有两步半和三步半两种。起跳成腾空步后，摆动腿下放，向后摆动，同时起跳腿屈膝前摆，在空中完成一个自然的换步动作。换步以后，身体呈第二次腾空步姿势。腾空步时，起跳腿在前，摆动腿在后。空中换步时，要保持类似跑的动作，下肢以大腿带动小腿，摆动动作幅度要大。空中完成一个换步动作，接着做落地动作的叫两步半走步式，空中完成两次换步动作的叫三步半走步式。

（四）落地

落地前双腿屈膝高抬，成团身姿势，膝部主动地向胸部靠拢而不是上体前倾。腾空过程中，上体前倾会影响腿的前伸，造成身体过早落地，必然会影响跳远成绩。

落地前上体的姿势，直接影响大腿举起的高度、双脚伸出的远度和身体能否移过支撑点。着地后要及时屈膝缓冲，髋前移，两臂前摆，使身体迅速移过落点，避免后坐。

七、推铅球技术

（一）握球

五指自然分开，四指托住铅球，拇指扶持铅球内侧，为使铅球更加稳定，小指与无名指分离的距离较大，一方面起扶持铅球的作用，另一方面能协助其他三指推球。

（二）持球

将铅球放置在右颈部锁骨窝处，也可放在颈部侧方。滑步时应把铅球固定于颈部，以免滑步中脱落，右臂屈肘，掌心向外，上臂与身体夹角约45°。持球手臂要尽量放松，全身保持舒适。

（三）站立姿势

背对投掷方向，右脚紧贴铁圈后沿站立，脚跟正对投掷方向。左脚放松，以脚尖点地，位于右脚后方，上体直立，双眼前视3～5m处。

（四）预备动作

上体前俯与地面近平行，支撑的右腿曲度较大，躯干不是正对后方，而是稍向右方，右肘向右下方下垂，左肩扭至右膝前上方。铅球投影点在右脚右方，目视右脚右前方。从整体看，上体与下肢形成一个扭紧姿势，接着进行团身，开始滑步动作。

（五）滑步

(1)踵式滑步法。滑步开始时，支撑地面的右脚前掌向后滚动，最后由脚跟蹬离地面。

(2)掌式滑步法。用支撑腿的前脚掌自然蹬地的方法，最后由前脚掌蹬离地面。

(3)摆腿方法。左大腿向后伸出，小腿直接向抵趾板插去。动作幅度小，但脚落地速度要快，可以缩短滑步与推球间的过渡时间。右腿以脚跟为支点，有力地向后上方蹬伸，使上体迅速向圆心移动。当右腿几乎伸直时，快速收小腿，脚内转约 30°，落在圆心附近。这时左脚如上述方法积极落地，使身体成投掷前双支撑的过渡姿势。落地后的右脚承担着体重的大部分重量，与继续保持背向投掷方向的上体形成了一个扭紧的状态。

上体滑步前成团身姿势，除两脚的摆、蹬动作之外，尽可能保持不变。滑步过程中上体朝投掷反方向并充分前俯，与摆、蹬的两脚相配合，可以有效地控制身体在滑步中的起伏，并在最后抬体推球时产生最大的垂直方向的爆发力，最后推球用力的姿势与滑步向前的姿势有相似之处。

（六）最后用力

(1)抬体动作。滑步结束，左脚即将落地瞬间，右脚立刻蹬伸，向前上方转动右髋，左脚着地后积极支撑，阻止体重水平前移，使体重上升到两腿之间。原来向后扭紧的上体，由于挺髋的带动，与左臂一起向左上方转动，前俯的上体抬起，成半打开的投前姿势，肩轴仍落后于髋轴，头转向侧方。

(2)推球。在身体半侧与投掷方向形成反弓时，右体侧以髋为主导继续向前转动，将要达到面对投掷方向的瞬间，力量由胸部传至右肩，继而传到左臂将球推出。

（七）跟进与维持平衡

跟进是铅球将离开手一刹那，继续向前加速，宛如去追赶铅球，全身向投掷方向伸展。球出手一刹那，右腿随势前摆，踏在左脚附近，左腿后摆，右腿承担全部体重，降低重心，以保持平衡，避免犯规。

第三节　田径运动会裁判工作

一、裁判员的设置

大学田径运动会裁判员的设置，一般可按表 3-1 的标准设置。

二、裁判长的职责

（一）总裁判长的职责

1. 赛前工作

(1)全面了解、熟悉竞赛规程和场地设备情况，以便制订裁判工作计划。

表 3-1 裁判员的设置

<table>
<tr><th colspan="3" rowspan="2">裁判长</th><th colspan="3">裁判组</th><th rowspan="2">服务组服务人员/人</th><th rowspan="2">备注</th></tr>
<tr><th>组别名称</th><th>组长或主裁判人数/人</th><th>成员（裁判员）人数/人</th></tr>
<tr><td rowspan="20">赛事主管（总裁判长）1人</td><td rowspan="20">赛事主管助理（副总裁判长）2人</td><td>场地器材主任 2 人</td><td>场地器材组</td><td>4</td><td>15</td><td>20</td><td>—</td></tr>
<tr><td>编排记录公告长 2 人</td><td rowspan="2">编排记录公告组</td><td rowspan="2">—</td><td rowspan="2">10</td><td rowspan="2">5</td><td rowspan="2">—</td></tr>
<tr><td>竞走主裁判长 1 人</td></tr>
<tr><td>全能裁判长 1 人</td><td>竞走裁判组</td><td>1</td><td>5</td><td>5</td><td>—</td></tr>
<tr><td rowspan="14">田赛裁判长 2 人</td><td>全能裁判组</td><td>1</td><td>4</td><td>1</td><td>—</td></tr>
<tr><td>标枪裁判组</td><td>1</td><td>8</td><td>4</td><td>—</td></tr>
<tr><td>链球裁判组</td><td>1</td><td>8</td><td>4</td><td>—</td></tr>
<tr><td>铁饼裁判组</td><td>1</td><td>8</td><td>4</td><td>—</td></tr>
<tr><td>铅球裁判组</td><td>1</td><td>8</td><td>2</td><td>—</td></tr>
<tr><td>撑杆跳高裁判组</td><td>1</td><td>8</td><td>6</td><td>—</td></tr>
<tr><td>跳高裁判组</td><td>1</td><td>8</td><td>4</td><td>—</td></tr>
<tr><td>三级跳远裁判组</td><td>1</td><td>8</td><td>4</td><td>—</td></tr>
<tr><td>跳远裁判组</td><td>1</td><td>8</td><td>4</td><td>—</td></tr>
<tr><td>检查裁判组</td><td>2</td><td>18</td><td>—</td><td>—</td></tr>
<tr><td>终点裁判组</td><td>1</td><td>12</td><td>2</td><td>记录 2 人</td></tr>
<tr><td>计时裁判组</td><td>1</td><td>24</td><td>—</td><td>—</td></tr>
<tr><td>起点裁判组</td><td>1</td><td>7</td><td>32</td><td>—</td></tr>
<tr><td>终点摄影裁判组</td><td>1</td><td>4</td><td>—</td><td>—</td></tr>
<tr><td rowspan="2">检录裁判长 2 人</td><td>风速测量组</td><td>1</td><td>4</td><td>—</td><td>跳远 2 人</td></tr>
<tr><td>检录裁判组</td><td>—</td><td>16</td><td>4</td><td>—</td></tr>
<tr><td colspan="2">仲裁</td><td>3～5 人</td><td>赛后控制中心</td><td>1</td><td>9</td><td>2</td><td>—</td></tr>
<tr><td colspan="2">医务</td><td>1 人</td><td colspan="5">—</td></tr>
</table>

(2)了解所领导的裁判长、主裁判和裁判员的业务能力、工作情况等，以便在分配工作时充分发挥他们的特长。

(3)组织领导各主裁判制定工作细则。

(4)组织各裁判组严格检查场地、器材和设备，发现问题及时解决。

(5)了解编排工作情况，重点审查比赛秩序和径赛、田赛项目每单元安排情况，精确时间。

(6)按照裁判工作细则,组织各裁判组联合调试。

(7)协调各裁判组的工作,充分做好赛前的各项准备工作。

(8)做必要的裁判人事调整,人尽其才,用才得当,使全体裁判以饱满的热情投入到工作中。

2. 赛中工作

(1)总裁判长的席位一般设在能够全面观察比赛情况处。对有可能发生问题的项目和地点,应多加注意或亲临现场,以便发现问题后能及时准确地处理。

(2)掌握各项竞赛进程。在竞赛中如遇特殊情况,如暴雨等使比赛不能继续进行时,应与技术代表和竞赛组委会负责人共同讨论是否停赛或继续比赛的时间。

(3)每天比赛结束后,应召集裁判长或根据需要召集由主裁判参加的会议,及时了解当天的比赛情况及存在的问题,提出解决的办法和采取的措施。如遇特殊情况,可随时召集有关人员参加会议,研究解决问题。出现的问题确属裁判工作的失误,应及时进行修正。

(4)根据规则处理竞赛中各种疑难问题。

(5)解决规则中没有明文规定而难以处理的问题。

3. 赛后工作

(1)比赛结束后,宣布比赛成绩。

(2)领导全体裁判员做好总结。

(3)做好善后工作,将有关资料归档。

(二)副总裁判长的职责

(1)协助总裁判长组织、领导裁判工作。

(2)根据总裁判长的建议,分工领导赛前和赛后控制中心、径赛、田赛、外场、全能和场地、器材组的工作。

(3)组织协调和维持比赛秩序,检查各比赛项目的安全措施。

(4)检查各种通信设备情况,及时了解所分管各裁判组的情况,督促检查他们的工作。

(5)比赛中,深入比赛现场,及时发现问题,并与有关裁判长或主裁判长研究解决的办法。如遇问题不能解决时,及时报请总裁判长。

(6)在总裁判长缺席时,指定一名副总裁判长代理总裁判长的职务,或受总裁判长的委托处理有关事宜。

(三)田赛裁判长的职责

(1)组织领导各裁判组学习规则、规程,研究裁判方法。

(2)检查场地、器材设备,以及所需用具和物品,并提示自备器材的检查时间和方法,组织现场实习。

(3)拟订高、撑竿跳高的起跳高度和升高计划。

(4)统一田赛裁判员的旗示。

(5)每单元比赛开始前,检查各裁判组赛前准备工作情况。

(6)比赛开始后掌握比赛进程。如遇特殊情况延误了比赛时间,要及时与主裁判长讨论解决,不能解决时,报请总裁判长。

(7)高度项目比赛,当运动员试跳高度破纪录时,应亲临现场监督丈量成绩。其他项目比赛,如遇破纪录,应及时检查核对成绩。

(8)当收到运动员本人或其代表的口头抗议时,要经过调查研究后再做出公正的裁决。如不能解决时,应立即报请总裁判长。

(9)根据规则,解决田赛各项比赛中出现的问题。对犯规的运动员,应根据具体情况提出警告、取消比赛资格或录取资格。如对取消比赛资格不能做出决断或对疑难问题不能解决时,应报请总裁判长。

(10)根据规则,确定需要更改比赛场地时,应报请总裁判长批准。

(11)每项比赛完毕,应及时认真审核成绩和名次,确认无误后签字。

(四)径赛裁判长的职责

(1)组织领导裁判组学习规则规程和组织现场实习,研究裁判方法。

(2)认真执行规则和规程中的各项规定,处理比赛期间有关径赛的问题。

(3)对犯规或有不正当行为、违反体育道德的运动员进行判罚。若取消运动员比赛资格,应报总裁判长审定。

(4)对有关径赛的抗议做出裁决。

(5)处理有争议的问题。当裁判员对名次判定意见不一致时,裁判长有权决定最后名次。若对犯规运动员的录取资格及其他疑难问题不能解决时,应报总裁判长解决。

(6)认为某项比赛不公正时,有权宣布比赛无效,并做出重赛的决定。

(7)每项(组)比赛后,立即审核成绩并签名。

(五)全能裁判长的职责

(1)全能裁判长负责全能比赛的全部进程,领导全能裁判组学习规则和规程,明确全能裁判员的工作分工,确定全能比赛的工作安排表。

(2)与各单项裁判组联系,了解场地、器材及裁判员情况,研究确定全能田赛高度项目的起跳高度和升高计划。

(3)如有运动员临场弃权,应及时通知有关裁判组。

(4)领导全能裁判组检查落实用具、物品和全能评分表,检查运动员休息室及设备。

(5)检查监督全能裁判组赛前的准备工作和人员到位情况,保证运动员在各单项比赛之间有符合规则规定的休息时间。

(6)按时带领全能运动员参加各单项比赛,监督各单项比赛按照全能比赛的规则进行。

(7)审核全能运动员各单项比赛的得分及总分排名,并在成绩单上签字。

(8)赛后工作总结。

第四章 ▶▶▶ 篮　球

第一节　篮球运动概述

一、篮球运动的起源与发展

现代篮球运动是由美国马萨诸塞州斯普林菲尔德市(春田)基督教青年会训练学校体育教师詹姆斯·奈史密斯博士于1891年发明的。当时,他的初衷是为学生们寻找一个冬季室内体育锻炼的方式。他将两个装桃子的木筐钉在学校体育馆的两端墙面上,并将18个学生分两队,用足球代替篮球,哪个队装进筐里球的次数多哪个队就获胜。篮球运动从此诞生了,并迅速传到了美国各地。

篮球运动诞生后,传播得很快,1895年传入中国。1904年,美国青年会男子篮球队在第3届奥运会上进行了表演,此后,篮球运动逐步在全世界开展起来。1932年6月18日在瑞士日内瓦成立了国际业余篮球联合会(简称"国际篮联"),当时,只有8个会员国。同年以美国大学生的规则为蓝本,略加修改,正式出版了第一本《国际篮球规则》(1932—1936年),并决定每4年将规则修改或补充一次。1936年第11届奥运会上,男子篮球被列为正式比赛项目。1950年和1953年分别举行了第1届世界男子篮球和女子篮球锦标赛。1976年第21届奥运会上又把女子篮球列为正式比赛项目。

1988年汉城奥运会后,国际篮联允许职业篮球运动员参加奥运会篮球比赛和世界篮球锦标赛,其目的在于使世界上最优秀的篮球运动员积极参与,促进篮球运动的发展。

1992年巴塞罗那奥运会,美国男子篮球队由11名职业运动员和1名大学生运动员组成

“梦之队”，参加比赛的各国球队阵容浩大，但技术方面差距较大。美国男子篮球队平均每场比赛得 117 分，平均每场比赛净胜对手 43 分。

1996 年亚特兰大奥运会，美国男子篮球队（美国队）全部由职业运动员组成，平均每场比赛得102 分，净胜对手 31 分。然而立陶宛、澳大利亚、巴西、阿根廷等队都找到了一些对付美国队的战术打法，如放慢比赛节奏、缩小区域联防、多投 3 分球等。在小组预赛中，美国队上半时仅胜阿根廷队 2 分球，其他队与美国的比赛对抗比较激烈，逐渐缩小了与美国队的差距。

21 世纪，世界篮球竞技运动水平和实力形成起伏状的新格局，这是篮球运动在全球普及、发展的最好时机。总体上看美国居先，欧美地区一些国家在一个时期内仍将处于先进水平，但各国实力接近，排名反复出现更迭。亚洲和非洲一些国家将向先进国家冲进。篮球运动总体发展都朝着智高谋深、强壮身体、凶悍顽强、积极快速、机敏多变和全面准确这一总趋势与不同流派风格以及多种多样打法的方向发展；比赛规则将应时修订，促进攻守平衡发展；高度与速度进一步相互依赖与制约；技术和战术进一步创新和发展；空间与时间的争夺使运动员的体能对抗更加激烈。

二、篮球运动的锻炼价值

篮球运动具有独特的趣味性，深受世界各国人民的喜爱，它也是目前最为普及的运动项目之一。经常参加篮球运动有助于人们增进身体健康、愉悦身心，对锻炼人的综合能力起到积极的作用。从运动技能来说，篮球运动是通过在对抗变化着的特定时间、特定距离的条件下，运用跑、跳、投等手段来完成各种技术动作，因此，从生理学角度来看，经常参加适量的篮球运动，对促进人的生理机能，特别是心肺系统的功能及中枢神经系统的支配能力等都有积极作用。

第二节　篮球运动初级技战术

一、篮球运动初级技术

（一）移动

移动是篮球技术的基础。篮球比赛中队员几乎在全部时间里都处于动态中，运用技术动作去完成攻守任务。篮球的移动技术是在人体基本活动能力基础上发展起来的专业化动作，基本的动作方法有以下几种。

1. 起动

起动是队员在球场上由静止状态变为运动状态的一种起始的动作，是获得位移初速度的方法。在进攻中运用起动摆脱防守和在防守中看住对手，保持或抢占有利位置。

从基本站立姿势开始，起动时，身体重心向跑动方向移动，以后脚（向前起动）或异侧脚（向侧起动）的前脚掌内侧突然有力地蹬地，同时上体迅速前倾或侧转，手臂协调地摆动，充分利用蹬地的反作用力，迅速向跑动方向迈步。起动后的两三步要短促而迅速地连续蹬地与快速摆臂相配合，使腿部能在最短的距离内把速度有效地提高上来。

2. 跑

跑是队员在球场上改变位置、发挥速度的重要方法，也是比赛中运用最多的一种移动动作。篮球场上的跑具有快速、多变的特点。在比赛中经常运用的跑主要有变速跑、变向跑、侧身跑、后退跑 4 种。

3. 跳

跳是队员在球场上争取高度及远度的一种动作方法。篮球比赛中很多技术动作需要队员在空中去完成。因此，队员要会单、双脚起跳，能在原地、跑动中和对抗条件下向不同方向跳、连续跳等，并要求跳得快、跳得高、滞空时间长，以便更好地在空中完成各种攻守动作。跳的动作主要有双脚起跳和单脚起跳两种方法。

4. 急停

急停是队员在跑动中突然制动速度的一种动作方法，它也是各种脚步动作衔接和变化的过渡动作。比赛中急停更多的是与其他技术结合在一起运用的。急停的动作主要有跨步急停（两步急停）（图 4-1）、跳步急停（一步急停）（图 4-2）两种。

图 4-1　跨步急停

图 4-2　跳步急停

(二)传接球

1. 接球

接球是篮球运动中的主要技术之一,是获得球的动作,是抢篮板球和抢断球的基础。在激烈对抗的比赛中,能否采用正确的动作牢稳地接球,对减少传球失误、弥补传球不足,以及截获对方传球等都有非常重要的作用。

(1)双手接球。双手接球是最基本的接球方法,也是在比赛中运用最多的动作之一。它的优点是握球牢稳,易于转换其他动作。双手接球时,两眼注视来球,两臂伸出迎球,两手手指自然分开,两拇指呈“八”字形,手指向前上方,两手成一个半圆形。当手指触球后,两臂随球后引缓冲来球的力量,两手握球于胸腹之间。保持身体的平衡,做好传球、投篮或突破的准备。来球的高度不同时,两臂伸出迎球的高低也有所不同(图 4-3)。

图 4-3　双手接球

(2)单手接球。单手接球控制的范围大,能接不同方向的来球。但是单手接球不如双手接球牢稳，因此，在一般情况下应尽量用双手接球。如用右手接球，则右脚向来球方向迈出，两眼注视着来球。接球时，手掌成勺形，手指自然分开，右臂向来球的方向伸去。当手指接触球时，手臂顺势将球向后下引，左手立即握球，双手将球握于胸腹之间，保持基本持球姿势（图 4-4）。

图 4-4　单手接球

（3）跑动接球。跑动接球是篮球比赛中常用的接球方法之一，是进攻推进和快攻过程中采用的主要获得球的方法，其动作方法是在跑动过程中，脚尖朝着前进方向，上体侧转面向来球，双臂伸出，主动迎接来球。跑动接球后可以运球、投篮或传球等。

（4）摆脱接球。摆脱接球是在阵地进攻中无球队员为了摆脱对手抢占有利持球进攻位置而经常采用的获得球的方法，其方法是无球进攻队员利用脚步动作（如变向跑、转身、停步等）或同伴的掩护摆脱防守后接同伴传来的球，并采用相应的停步动作以衔接下一个攻击动作。摆脱接球又分为摆脱迎上接球、摆脱反向接球、摆脱插上接球。

2. 传球

传球技术指进攻队员在原地或移动中把球从空中、地面或用反弹方法将球传给同伴的技术总称。传球动作分双手传球和单手传球，双手传球以双手胸前传球为基本动作方法，单手传球以单手肩上传球为基本动作方法，具体动作方法如下。

（1）双手胸前传球。双手胸前传球是比赛中最基本、最常用的传球方法，用这种方法传出的球快速有力，可在不同方向、不同距离中使用，而且便于与投篮等动作结合运用。双手传球的方法是两手手指自然分开，两拇指相对呈“八”字形，用指根以上部位持球，手心空出（图 4-5）。两肘自然弯曲于体侧，将球置于胸腹之间的部位，身体呈基本站立姿势。传球时，在后脚蹬地、身体重心前移的同时前臂迅速向传球方向伸出，拇指用力下压，手腕前屈，食指、中指用力拨球并将球传出（图 4-6）。球出手后身体迅速调整成基本站立姿势。传球距离近，前臂前伸的幅度小。传球距离越远，蹬地、伸臂的动作幅度越大。

图 4-5　双手传球手部姿势

图 4-6　双手胸前传球

(2)单手肩上传球。单手肩上传球是单手传球中一种最基本的方法。这种传球方法力量大,球飞行速度快,常用于中、远距离传球。传球时(以右手传球为例),左脚向传球方向迈出半步,右手托球,同时将球引到右肩上方,肘部外展,上臂与地面近似平行,手腕后仰。左肩对着传球力向,重心落在右脚上,右脚蹬地,转体,右前臂迅速向前挥摆,手腕前屈,通过食指、中指拨球将球传出。球出手后,右脚随着身体重心前移而向前迈出半步,保持基本站立姿势。

(三)投篮

投篮依据手法可分为单手投篮和双手投篮两种,运用这两种手法可在原地和行进间完成投篮动作,具体如下。

1. 原地单手投篮

以原地右手投篮为例:双脚原地开立,右脚稍前,身体重心落在两脚中间,屈肘,手腕后仰,掌心向上,五指自然张开,持球于右眼前上方,左手扶球侧,两膝微屈,上体放松并稍后倾,目视瞄准投篮点。投篮时下肢蹬地,同时依势伸腰展腹,抬肘上伸前臂,手腕前屈带动手指弹拨球,最后通过食指、中指,柔和用力地将球投出,球离手后右臂应有自然跟进动作(图 4-7)。

图 4-7　原地单手投篮

2. 行进间投篮

各种行进间投篮的共同特点是在快速移动过程中完成投篮动作，投篮前无停顿，在中、近距离或突破至篮下时均可运用。在篮下有较多的投篮方法，如高手、低手、反手、勾手等不同出手方式。投篮队员要充分利用速度与弹跳动作，让身体充分伸展，敢于挤靠，要有滞空能力，采用不同的出手方式，闪升或隔开对手的干扰和封盖，争取空间高度和空隙位置，保持相对平衡，快速或换手通过腕指控制支配的技巧，将球投进篮圈。

行进间投篮可分为行进间单手投篮、行进间单脚起跳单手低手投篮、行进间勾手投篮 3 种。

(四)运球

运球是进攻技术中重要的技术，是组织全队进攻配合和突破防守的手段。

1. 高运球

运球时，两腿微屈，目平视，手用力向前下方推按球，球的落点在身体侧前方，使球反弹的高度在腰腹之间，手脚协调配合，使球有节奏地向前运行(图 4-8)。

图 4-8　高运球

2. 低运球

两腿弯曲，重心下降，上体前倾，用上体和腿保护球的同时用手短促地拍按球，使球从地面向上反弹的高度在膝盖以下(图 4-9)。

图 4-9　低运球

3. 运球急停急起

在快速运球中，突然急停时，手拍按球的前上方。运球急起时，要迅速地起动拍按球的后上方，注意用身体和腿来保护球。

4. 体前变速变向换手运球

运球队员从对手右侧突破时，先向对手左侧变向运球，然后突破改变方向向右侧运球。变向时，右手拍按球的右后上方，把球从自己的右侧拍按到左侧前方，同时，右脚向左前方跨出，上体左转，用肩保护球，然后换手运球加速前进。

此外，换手运球还有背后运球、转身运球、胯下运球等动作，运用不同运球动作的交替组合与变化，能使运球更具有突然性、攻击性和实效性。

二、篮球运动初级战术

（一）基本进攻配合

进攻战术基础配合是在篮球比赛中，队员两三人之间有目的、有组织、相互协同行动的配合方法。进攻战术基础配合包括传切、掩护和突分配合。

1. 传切配合

传切配合是指进攻队员之间利用传球和切入技术组成的简单配合，它包括一传一切和空切配合。随着现代篮球高空技术和技巧的发展，传切配合具有简洁、突然、攻击性强的特点，空中接球直接扣篮配合是比赛中经常使用的配合方法。

（1）一传一切配合：如图 4-10 所示，⑤传球给④后，立刻摆脱对手❺向篮下切入，接同伴④的回传球投篮。

（2）空切配合：如图 4-11 所示，④传球给⑤时，⑥乘其对手不备之机，突然横切或从底线切向篮下接⑤的传球投篮。

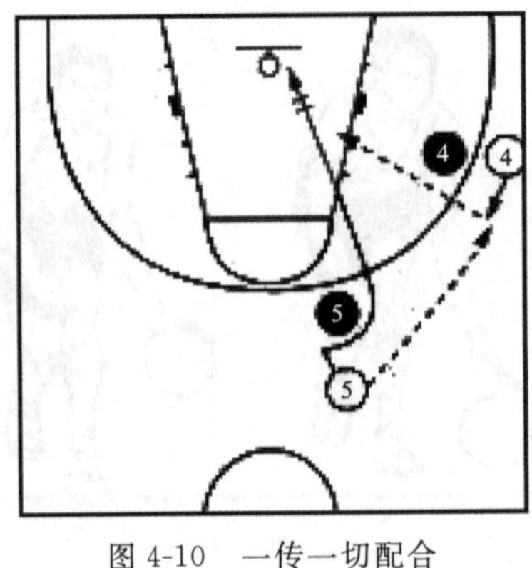

图 4-10　一传一切配合

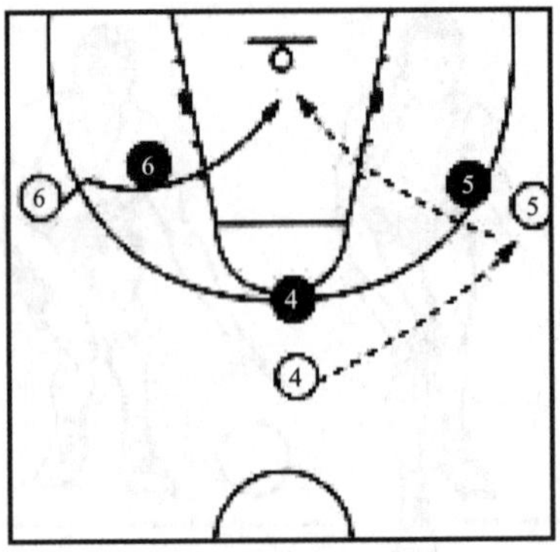

图 4-11　空切配合

2. 掩护配合

掩护配合是掩护队员采用合理的行动，用自己身体挡住同伴的防守者的移动路线，使同伴借以摆脱防守的一种配合方法。

掩护配合有多种形式和方法：根据掩护者做掩护时站位的不同，有前掩护、侧掩护和后掩护 3 种形式；根据掩护者的移动路线、方法和变化，有反掩护、假掩护、运球掩护、定位掩护、行进间掩护和连续掩护等。下面主要介绍前掩护、侧掩护和后掩护配合。

(1)前掩护配合。掩护者跑到防守者的身前，用身体挡住防守者向前移动的路线，使同伴借机摆脱防守接球进行攻击的一种掩护方法。

(2)侧掩护配合。根据掩护者的移动路线、方法和变化，掩护后经常出现第二次机会。如图 4-12 所示，⑤做掩护后对方换防时，④就不向篮下突破而适当向外拉开运球，⑤则及时利用转身动作把❹挡在身后而向篮下切入，接④的传球投篮。

(3)后掩护配合。如图 4-13 所示，前锋为后卫做后掩护。⑤传球给⑥时，④跑到❺身后给⑤做后掩护，⑤传球后做向左切入假动作吸引❺的防守，当④掩护到位时突然向右侧切入篮下接⑥的传球投篮。

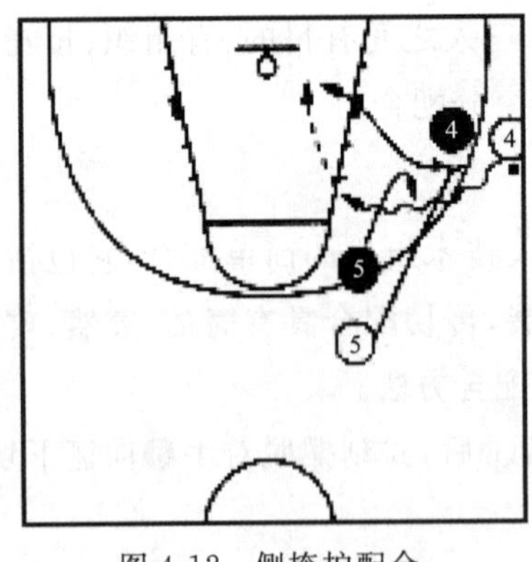

图 4-12　侧掩护配合

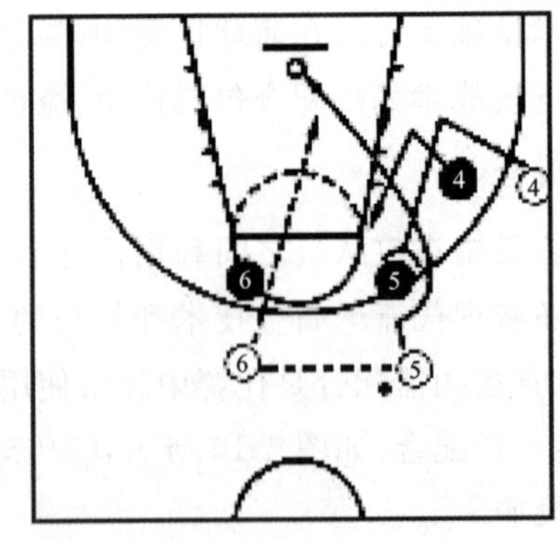

图 4-13　后掩护配合

3. 突分配合

突分配合是指持球队员突破对手后，主动或应变地利用传球与同伴进行攻击的一种配合法。

（二）基本防守配合

所谓基本防守配合，是在篮球比赛中两三人之间为了破坏对方进攻配合所组成的简单配合。它主要包括包括抢过、穿过、绕过、交换、“关门”、夹击、补防、防守等。

1. 防守掩护的配合

（1）抢过配合是破坏掩护配合的积极有效方法之一。防守者在掩护队员临近自己时，要积极向前跨出一步，贴近自己的防守对手，从掩护者前面挤过去，继续防住自己的对手，防守掩护队员的同伴要及时呼应，并配合行动，以备补防。如图 4-14 所示，④传球给⑤后给⑥做掩护，❹在④靠近自己的一刹那，迅速抢前一步贴近⑥，并从⑥和④中间抢过去继续防守⑥。

（2）穿过配合是破坏掩护配合及时防住自己对手的一种配合。进攻队员进行掩护时，防守去做掩护的队员要及时提醒同伴并主动后撤一步，让同伴及时从自己和掩护队员之间穿过，以便继续防住各自的对手。如图 4-15 所示，⑤传球给⑥后去给④做掩护。❺要及时提醒同伴❹当⑤掩护到位前一刹那主动后撤一步，从⑤和❺中间穿过去，继续防守④。

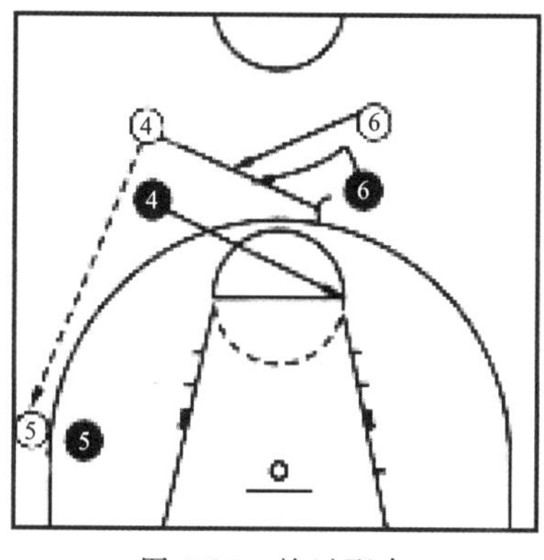

图 4-14　抢过配合

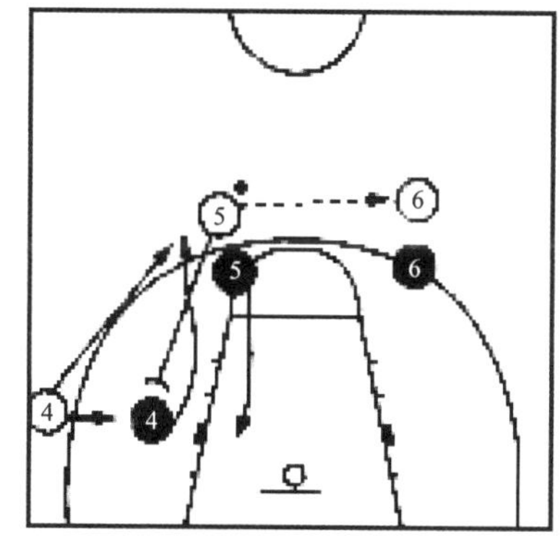

图 4-15　穿过配合

（3）绕过配合是破坏对方掩护配合及时防守自己对手的又一种配合，当进攻队员进行掩护时，防守做掩护的队员主动贴近对手，让同伴从自己的身旁绕道，继续防住各自的对手。如图 4-16 所示，⑥传球给⑤并去给他掩护，⑤传球给④后利用⑥的掩护向篮下切入，❺从❻和⑥的身后绕过继续防守⑤。

（4）交换配合是为了破坏进攻队员的掩护配合，防守队员之间及时地呼应交换自己所防守对手的一种配合方法。如图 4-17 所示，⑤给④做掩护，❹要主动给同伴发出换人的信号，及时堵截④向篮下突破的路线。此时❹应及时调整自己的防守位置，防止⑤向篮下空切。

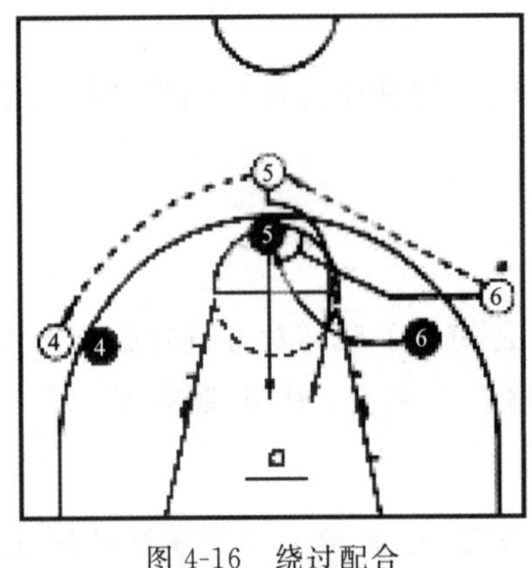

图 4-16　绕过配合

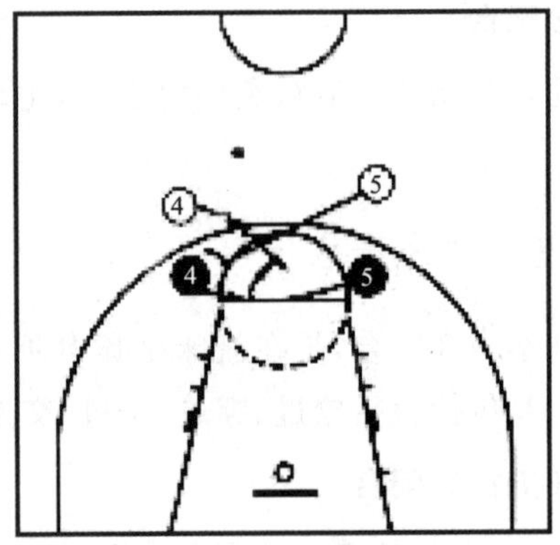

图 4-17　交换配合

2. “关门”配合

“关门”配合是指两名防守队员靠拢，协同防守突破的配合方法。

“关门”配合的方法：如图 4-18 所示，当⑤向右侧突破时，❺和❹进行“关门”；向左突破时，❺和❻进行“关门”。

3. 夹击配合

夹击配合是指两名防守队员有目的的同时采取突然进攻的行动，封堵和围夹持球者的一种配合方法。夹击配合是一种攻击性和破坏性极强的防守配合，它能有效地控制持球队员的活动，给对手心理上造成巨大的压力，制造对方失误和形成本方的抢断球机会。

夹击配合的方法：如图 4-19 所示，④从底线突破，❹封堵底线，迫使④停球，❺同时迅速向底线跑去与❹协同夹击④，封堵其传球路线，迫使其违例或失误。

图 4-18　“关门”配合

图 4-19　夹击配合

4. 补防配合

补防配合是指防守队员在同伴漏防时，立即放弃自己的对手，去补防那个漏防的进攻者，而漏人的防守队员应及时换防另一进攻者的一种协同防守的配合方法。

第三节　篮球运动中级技战术

一、篮球运动中级技术

（一）持球突破

1. 交叉步突破

以右脚做中枢脚为例。两脚左右开立，两膝微屈，身体重心降低，持球于胸、腹之间。突破时，左脚前脚掌内侧迅速蹬地，上体稍右转，左肩向前下压，重心向右前方移动，左脚向右侧前方跨出，将球引于右侧，接着运球，中枢脚蹬地向前跨出迅速超越防守（图 4-20）。

图 4-20　交叉步突破

2. 顺步突破

准备姿势和突破前的动作要求与交叉步相同。突破时，右脚向右前方跨出一步，向右转体探肩，重心前移，右手运球，左脚前脚掌迅速蹬地，向右前方跨出，突破防守（图 4-21）。

图 4-21　顺步突破

(二)防守技术

1. 防守无球队员

(1)防守位置的选择:防守队员为了做到人球兼顾,应与球和对手保持一定的角度和距离,站在对手与球篮之间偏向球一侧的位置上。与对手的距离要看对手与持球人距离而定,一般离球近则近,离球远则远。如对手离球近且又在篮下,要贴近对手防守,还可采用绕前防守。

(2)防守动作方法:防守时,防守队员要根据球和人的移动,合理地运用上步、撤步、滑步、交叉步、碎步和快跑等脚步动作,并配合身体动作抢占有利防守位置,堵截其移动路线。在与对手发生对抗时,重心下降,双腿用力,两臂屈肘外展,扩大站位面积,上体保持适宜的紧张度,在发生身体接触瞬间提前发力、主动对抗。合理使用手臂动作不仅能扩大防守空间,干扰对手视线,还能辅助保持身体平衡,快速移动,抢占有利位置。

2. 防守有球队员

(1)防守位置的选择:应站位于对手与篮之间的位置。一般对手离篮近则应靠对手近些,离篮远则靠对手远些。特别要根据对手的技术特点(善投、善传或善突)以及防守战术的需要,调整防守位置。

(2)防守动作方法:平步防守时,两脚平行站立,两手臂侧伸不停地挥摆,适合于防运球和突破。采用斜步防守时,两脚前后站立,前脚同侧手臂向前方伸出,另一手臂侧伸,适合于防守投篮。

(三)抢篮板球

1. 抢占位置

要设法抢占在对手与球篮之间的有利位置。抢进攻篮板球时要判断球的落点,利用各种假动作冲抢;抢防守篮板球时要注意用转身挡人的动作先挡人后抢篮板球。不论抢进攻还是防守篮板球,都要抢占在对手与球篮之间的位置上。

2. 起跳动作

起跳前两腿微屈,重心降低,上体稍前倾,两臂屈肘举于体侧,重心置于两脚之间,注意观察判断球的反弹方向,及时起跳。起跳时两脚用力蹬地,同时两臂上摆,手臂上伸,腰腹协调用力,充分伸展身体,并控制身体平衡。

3. 抢球动作

抢球动作分双手、单手和点拨球。双手抢篮板球时,指端触球瞬间,双手用力握球,腰腹用力,迅速将球拉入胸腹部位,同时两肘外展,以保护球。

单手抢篮板球,跳起达到最高点时,指端触球后,迅速屈指、屈腕、屈肘收臂,将球下拉,另一只手扶球,护球于胸腹部位。

点拨球是在跳起到最高点时,用指端点拨球的侧方、侧下方或下方。

4. 得球后的动作

进攻抢到篮板球时或补篮或投篮,或迅速传球给同伴重新组织进攻;防守抢到篮板球,或在空中将球传出或落地后迅速传出或运球突破后及时传给同伴。

二、篮球运动中级战术

(一)半场人盯人防守

1. 人盯人防守原则

(1)威胁持球人。全力逼迫持球队员,不让他顺利传球,影响他的观察和动作,迫使其离开有利的和想到达的位置,才能为同伴减轻防守压力,为组织协防创造条件。

(2)传球间隔和强弱侧。与持球人相邻(即只有一个传球间隔)和处在有球侧的防守队员,应采用逼迫防守;而防守与传球队员不直接相邻、有两个以上传球间隔和处于弱侧的防守队员,应承担协助防守任务。

(3)威胁性与非威胁性传球。传向攻击位置和最有威胁的对方队员(如传给前锋、中锋)的球,称为威胁性传球,应不让对方任意接这种球;反之,防守非攻击位置和进攻威胁较小的对方(如回传给后卫)的球,这时防守队员应负有协助防守任务。

(4)平行线。假设在持球位置画一条与端线平行的线,处在这一平行线之后的防守队员，应退回到平行线附近或线内。

(5)随球移动。当对方向任何方向传球，或观察到持球人的传球意图和可能，应立即调整自己的防守位置，改变防守目的。

2. 人盯人防守基本方法

1)防有球队员

(1)防持球队员，要正对，宽步幅，低重心，平步防守，防距半臂到一臂，两臂张开，一臂侧举，防突、防传、防投。

(2)防运球队员，逼对手向边线方向运球，如运球队员停止运球，要上前紧贴对手，双臂上举，封住对手的传球路线。

(3)防突破队员，当对手运球突破时，近球队员要立即协助，可用“关门”、抢先防守与复位等配合阻止他突破。

2)防无球队员

(1)防强侧 45°前锋(球在强侧后卫手中)，要贴近，错位防守，不让他接球，同时警惕他反切篮下。一旦对手切入篮下，要立即转腰换臂紧贴移动。

(2)防强侧后卫(球在强侧前锋手中)，要缩到罚球线端的位置，以协防对手向限制区内传球和突破。

(3)防弱侧后卫(球在强侧后卫手中)，调整到向球方向移动一步和离传球线一步的位置上。

(4)防弱侧离球两个或三个传球距离的队员，应回缩到限制区内，并离传球线一步的位置上。

(5)防掩护，用挤过、换防、假交换、穿过或绕过等配合方法进行破坏。

(6)防侧应，用防切入、换防、穿过等配合方法破坏。

(二)区域联防

区域联防是以防球为主，每名队员负责一定的区域，严密防守进入该区的球和进攻队员的一种集体联合防守的战术。队员在分工负责的基础上，随着球的转移和进攻队员的穿插移动，不断地调整防守位置，加强对有球区和篮下的防守。

1. 区域联防的基本要求

(1)每名队员都必须认真防守自己的防区，积极阻挠进入本区进攻队员的行动，并联合进行防守。

(2)要以防球为重点，随球的转移而经常调整位置，做到人球兼顾，不让持球队员突破和传球至内线防区。

(3)对位于罚球区附近和穿过罚球区的进攻队员，必须严加防守，切断其接球路线，不让他接球、传球和投篮。

(4)防守队员之间要彼此呼应，随时准备协防、换位、越区、护送等，以加强防守的集体性。处于远离球的后线防守队员，要起指挥防守的作用。

2. 区域联防的队形与特点

区域联防的站位队形是多种多样的，常用的有“2-1-2”“3-2”“2-3”“1-3-1”等，“2-1-2”“3-2”队形分别如图 4-22、图 4-23 所示。图中黑线区域为联防的薄弱区域。

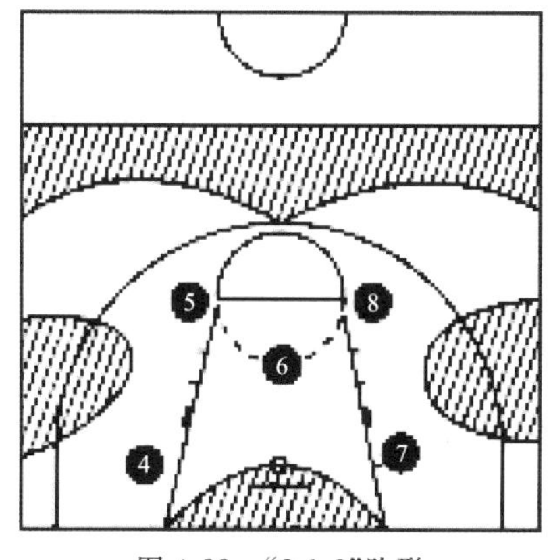

图 4-22 “2-1-2”队形

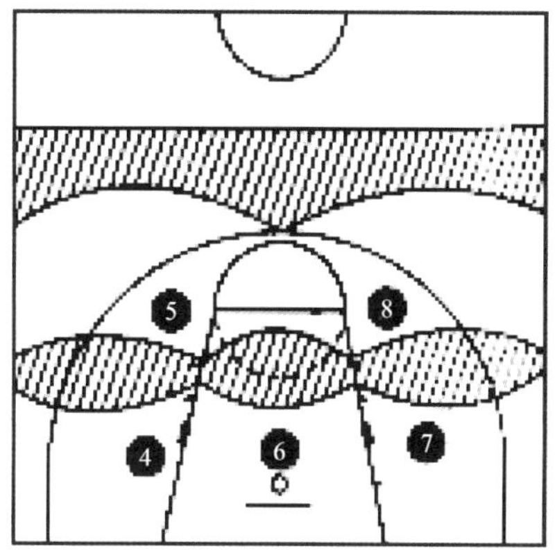

图 4-23 “3-2”队形

（三）进攻区域联防

不管进攻哪一种联队，最有效的办法就是利用快攻，趁对方尚未返回防守阵地时，以快攻得分。但是任何一个队，都不会总让对方打成快攻的，因此，就必须学会各种进攻联防。

在进攻联防时，要针对联防防守战术（主要是每人防守一定区域）的特点，集中优势兵力，在局部地区形成人数上的优势，并进行穿插、迂回、声东击西，调动和打乱对方的联防阵形，创造投篮的机会。

进攻区域联防的战术队形常用的有以下几种：“1-3-1”（图 4-24）、“1-2-2”（图 4-25）、“2-2-1”（图 4-26）、“2-3”（图 4-27）等。

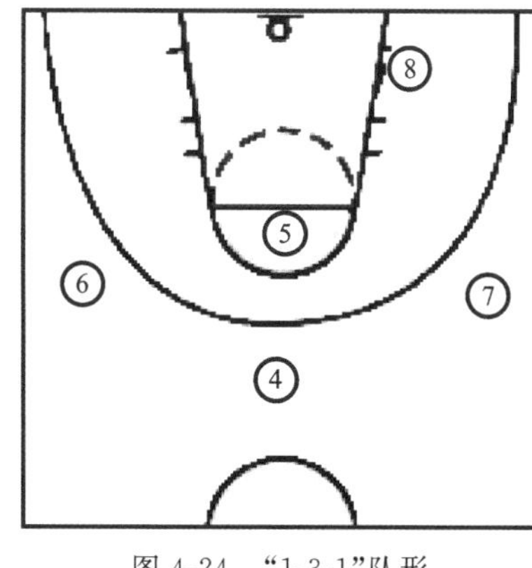

图 4-24 “1-3-1”队形

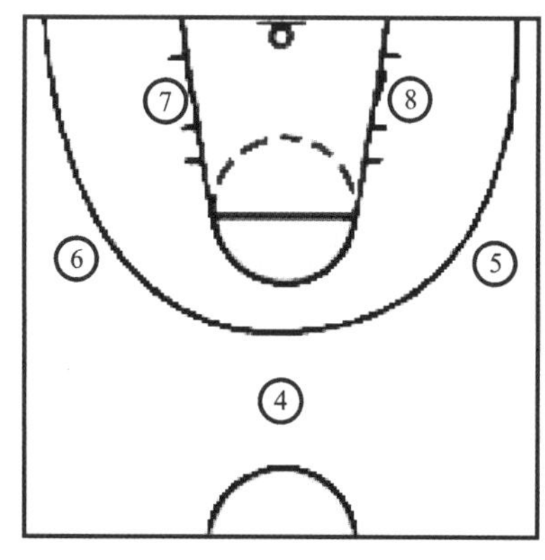

图 4-25 “1-2-2”队形

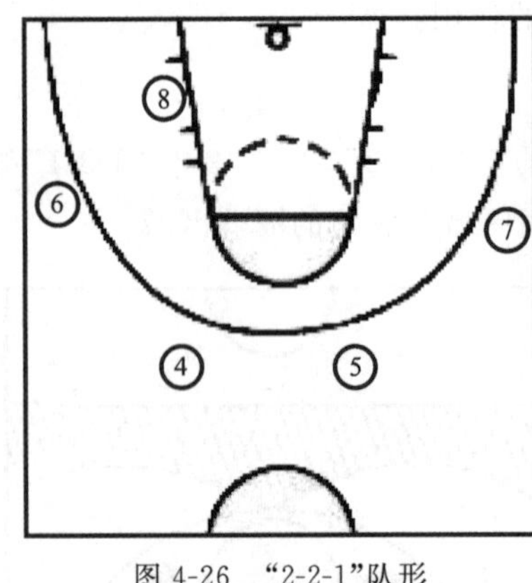

图 4-26 “2-2-1”队形

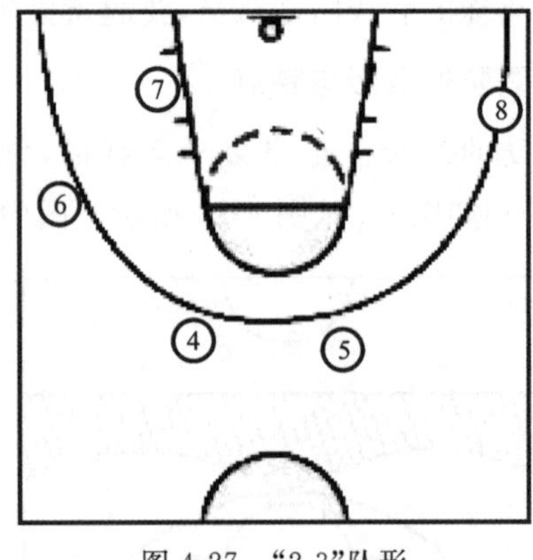

图 4-27 “2-3”队形

第四节 篮球运动规则与裁判

一、篮球竞赛规则最新修改

国际篮球联合会(Fédération International de Basketball,FIBA)在一般情况下,每隔4年对规则要进行一次修改与补充,其目的是促进篮球技、战术进一步地发展,并限制粗暴动作,使比赛向文明、干净及紧张激烈和富有勉力的方向发展。以下规则为近年通过不断修订完善并实施的新规则,且最新规则已于2022年10月1日开始正式实施。

(1)球场的禁区(3秒区)将会由梯形改成长方形。

(2)3分线的距离将会从6.25m增加到6.75m。

(3)场外的球队区,从球场的底线算起,往技术代表区的方向,长度应为8.325m。也就是从球场的底线到3分线顶弧的长度。

(4)在比赛的最后2分钟和加时赛中,叫暂停的球队可以拥有后场球权,暂停后不用再从场外的中线附近发球,而是在技术代表区的对面指定的发球区发界外球。

(5)以篮筐在地板上的中心点为原点,以1.25m为半径,画出一个半圆,这个区域为合理冲撞区,在这个区域只有阻挡犯规,没有带球撞人。

(6)当比赛被中断时,如果24秒计时器上的剩余时间多于14秒(包括14秒),那么,计时器上的时间将不做调整;反之,如果时间少于13秒(包括13秒),那么,24秒计时器上的剩余时间将会被调整到14秒。

(7)每名队员应穿着前后均带有号码的背心,号码的颜色与背心的颜色形成对比。数字应清晰可见，并且背面号码的高度至少为 16cm，正面号码的高度应至少为 8cm，任何广告或标志应距离号码至少 4cm。

(8)运动员不得穿戴可能对其他运动员造成伤害的装备(物品)。

(9)如果一起犯规发生在一节或决胜期临近结束时，裁判员应该确定剩余的比赛时间。比赛时钟上至少应显示 0.1 秒。

(10)进攻队员正在做投篮动作并控制着球时，判罚了对方队任何队员或被允许坐在对方队球队席的任何人员的犯规，该投篮队员以连续动作完成了犯规发生前已开始的投篮。这一规定不适用于裁判员鸣哨后，投篮队员做出一个全新的投篮动作，且如中篮不计得分。

(11)对所有的比赛，在竞赛日程表中队名列前的队(主队)应拥有面对记录台的比赛场：球队席位于记录台的左侧，赛前在本队球队席前的半场热身。然而，如果两队同意，他们可以互换球队席和/或上半时热身场地。

(12)在跳球后没有获得第一次控制活球的球队有权获得第一次交替拥有带来的掷球入界球权。

(13)掷球入界犯规是一种侵人犯规，当第 4 节和每一决胜期中，计时钟显示“2:00”或更少，当裁判员控制球或掷球入界队员球离手前时，防守队员对场上进攻队员发生犯规。

(14)如果犯规为掷球入界犯规，则判给被犯规的队员 1 次罚球，然后由被侵球队在距犯规最近的地点掷球入界恢复比赛。

(15)对方队员从正朝着对方球篮行进的队员身后或侧面与其造成的非法接触，并且在该行进队员、球和对方球篮之间没有其他对方队员，以及队员正控制球进攻，或者队员正试图控制球进攻，或者传球给进攻队员的过程中。该原则在进攻队员开始他的投篮动作之前均适用。

(16)当队员 5 次犯规时，原记录员或助理记录员通知裁判员，改为计时员负责。

(17)加入了非法侵犯圆柱体的手势和干涉得分/干扰得分的手势，如图 4-28 所示。

(18)加入了主教练挑战的规则说明和相应的手势，并明确了裁判员接收主教练挑战的手势，如图 4-29 所示。

(19)记录表做了相关的格式修改，并增加了主教练挑战(head coach’s challenge，HCC)的填写。

二、球队要求

(1)球队组成的基本要求：①1 名教练员，如果球队需要可有 1 名助理教练员；②不超过 12 名有资格参赛的球队成员，包括 1 名队长；③最多 5 名有专门职责的随队人员可坐在球队席上，如领队、医生、理疗师、统计员、译员等。

(2)在比赛时间内，每队应有 5 名队员在场上并可被替换。

三、比赛时间

(1)比赛应由 4 节组成，每节 10 分钟。

图 4-28 非法侵犯圆柱体的手势和干涉得分/干扰得分的手势

图 4-29 裁判员接收主教练挑战的手势

(2)在第 1 节和第 2 节为上半时。第 3 节和第 4 节为下半时。

(3)上下半时中的节间以及每一决胜期之前应有 2 分钟的比赛休息时间。

(4)半时间的比赛休息时间应为 15 分钟。

(5)在比赛预定的开始之前,应有 20 分钟的比赛休息时间。

(6)比赛休息时间开始的确定:①比赛预定的开始之前 20 分钟;②当结束一节的比赛计时钟信号响时。

(7)比赛休息期间结束的确定:①在第 1 节的开始,当球在跳球中被一名跳球队员合法拍击时;②在所有其他节的开始,当球在掷球入界后触及一名场上队员或被场上队员合法触及时。

(8)如果在第 4 节比赛时间终了时比分相等,为打破平局,需要一个或多个 5 分钟的决胜期来继续比赛。

(9)如果结束比赛时间的比赛计时钟信号响时或恰好之前发生了犯规,在比赛时间结束之后应执行最后的罚球。

(10)如果作为此罚球的结果需要一个决胜期。那么,在比赛时间结束后发生的所有犯规应被视为在比赛休息期间发生的,在决胜期开始之前应执行罚球。

四、比赛暂停

每次暂停应持续1分钟。一次暂停可以在一次暂停机会期间被准予。暂停机会期间开始的确定:①球成死球,比赛计时钟停止,以及当裁判员已结束了与记录台的联系时;②在最后一次或仅有一次的罚球成功后球成死球时;③投篮得分时,对于非得分队。

暂停机会期间结束的确定;队员在掷球入界或第1次或仅有一次的罚球可处理球时。

在第一半时的任何时间每队可准予2次暂停;在第二半时的任何时间可准予3次暂停,以及每一决胜期的任何时间可准予1次暂停。

未用过的暂停不得遗留给下一个半时或决胜期。

除了对方队员投篮得分并且没有宣判犯规或违例后准予的暂停外,应给首先提出暂停请求的教练员的队登记暂停。

五、替换队员

(1)在替换机会期间球队可以替换队员。

(2)一次替换机会开始的确定:①球成死球,比赛计时钟停止,以及当裁判员已结束了与记录台的联系时;②在最后一次或仅有一次的罚球成功后,球成死球时;③在第4节的最后2分钟或每一决胜期的最后2分钟内,投篮得分时,对于非得分队。

(3)一次替换机会结束,当队员在掷球入界或第1次或仅有一次的罚球可处理球时。

(4)队员已成为替补队员和替补队员已成为队员,分别不能重新进入比赛或离开比赛,直到一个比赛的计时钟运行片段之后球再次成死球为止。除非:①某队场上队员已被减缩到少于5名;②作为纠正失误的结果,拥有罚球权的队员已被合法地替换后坐在球队席上。

六、违例

(1)出界违例。球触及界外的人或界线外任何物体,将判为出界,由对方在就近的边线掷界外球。

(2)运球两次违例。当已获得控制球的队员将球掷、拍或滚在地面上,并在球触及另一队员之前再接触球为运球开始。队员用双手同时触球,或使球在一手或两手中停留的瞬间运球即完毕。队员第一次运球结束再次运球便是非法运球违例。

(3)带球走违例。当持活球的队员用同一脚向任何方向踏出一次或数次,另一中枢脚离开与地面的接触点。

(4)3 秒违例。当某队在球场上控制活球并且比赛计时钟正常运行时，该队的队员不得停留在对方队的限制区内超过持续的 3 秒钟。

(5)8 秒违例。每当一名队员在后场获得控制活球时，他的队必须在 8 秒钟内使球进入前场。

(6)24 秒违例。每当一名队员在场上获得控制活球时，他的队应在 24 秒钟内尝试投篮，并触及篮圈。

(7)持球违例。一名队员在场上正持着活球，这时对方队员处于积极防守位置，距离不超出 1m，该队员必须在 5 秒钟内传、投或运球。

(8)干扰球违例。①投篮时，球在飞行中下落，并完全在篮圈水平面之上，进攻或防守队员触球。②当球在球篮中时，防守队员触及球或球篮。③当投篮的球接触篮圈时，进攻或防守队员触及球篮或篮板。

判罚。①攻方违例：不得分，并将球判给对方队员在罚球线的延长部分掷界外球。②守方违例：判给投篮队员得 2 分，如在 3 分投篮区投篮则判得 3 分。之后在端线后掷界外球重新开始比赛。

(9)回场球违例。判断球回后场的 3 个条件：①某队在前场控制活球。②控制球队在前场最后触球后使球从前场进入后场。③控制球队的队员在后场首先触球。

七、犯规

(一)侵人犯规

侵人犯规是指与对方发生非法身体接触而产生的犯规行为。

(1)阻挡，是阻止对方队员行进的非法身体接触。

(2)撞人，是持球或不持球的队员推动或移动到对方队员躯干上的非法身体接触。

(3)背后非法防守，是防守队员从对方队员的背后与其发生的身体接触。即使防守队员正在试图去抢球，与对方队员发生身体接触也是不正当的。

(4)用手拦阻，是防守队员在防守状态中用手阻挡对方队员，或是阻碍其行动或是帮助防守队员来防守对手的动作。

(5)拉人，是干扰对方队员移动自由而发生的非法身体接触。这种接触(拉人)能用身体的任何部位来发生。

(6)非法用手，发生在队员试图用手抢球接触了对方队员时，如果仅仅接触了对方队员持球的手，则被认为是附带的接触。

(7)推人，是用身体的任何部位强行移动或试图移动已经或没有控制球的对方队员时发生的非法身体接触。

(8)非法掩护，是试图非法拖延或阻止非控制球的对手到达希望到达的场上位置。

(9)侵人犯规判罚。①登记犯规队员一次侵人犯规。②对没有做投篮动作的队员犯规由非犯规队在距发生犯规地点最近的界外掷界外球重新开始比赛。③对正在做投篮动作的队员犯规判罚:如果投中篮,要计得分并判给 1 次罚球;如果 2 分投篮没有成功,则判给 2 次罚球;如果 3 分投篮没有成功,则判给 3 次罚球。④控制球队的队员发生犯规,由非犯规队在距发生犯规地点最近的界外掷界外球重新开始比赛。

(二)违反体育道德的犯规

1. 违反体育道德的犯规的判断原则

(1)裁判员认为队员蓄意地对持球或不持球的对方队员造成侵人犯规为违反体育道德的犯规。

(2)如果队员通过合法的努力去抢球(正常的篮球动作)时构成了犯规,这不是违反体育道德的犯规。

(3)如果队员努力去抢球发生过分的接触(严重犯规),该接触被认为是违反体育道德的。

(4)故意拉、打或推、踢对方队员通常是违反体育道德的犯规。

2. 违反体育道德的犯规的判罚

(1)登记犯规队员一次违反体育道德的犯规。

(2)要判给非犯规队罚球再加一次中场球权。

(3)判给的罚球次数要按下列规定:①如果被犯规的队员未做投篮动作,则判给 2 次罚球;②如果被犯规的队员正在做投篮动作,如投中,要判得分并再判给 1 次罚球;③如果被犯规的队员正在做投篮动作,投篮未得分,则根据投篮的地点判给 2 次或 3 次罚球。

(三)技术犯规

技术犯规是指队员或教练员因表现恶劣而被判犯规,比如与裁判发生争执。

1. 队员的技术犯规

队员的技术犯规指队员漠视裁判员的劝告或运用不正当的行为。有以下几个方面。

(1)同裁判员、到场的技术代表、记录员、助理记录员、计时员、24 秒钟计时员和对方队员交谈或接触没有礼貌。

(2)使用很可能引起冒犯或煽动观众的言语或举动。

(3)戏弄对方或在对方眼睛附近摇手妨碍他的视觉。

(4)妨碍迅速地掷界外球以延误比赛。

(5)被判犯规后,在裁判员要求举手时不举手。

(6)没有报告记录员和裁判员擅自更换比赛号码。

(7)没有报告记录员以及没有得到裁判员招呼的替补队员进入场地。

(8)离开场地去获得不正当的利益。

(9)队员抓住篮圈并把整个身体的重量悬挂在篮圈上(根据裁判员的判断,如果某队员正试图防止自己或另一名队员受伤而抓住篮圈是可以的)。

2. 队员技术犯规的判罚

(1)要登记违犯者一次技术犯规。

(2)判给对方队员两次罚球。

(3)罚球后中场球权。

(4)对行为十分恶劣或屡次违反此条规定的队员要取消其比赛资格,令其退出比赛,并执行。

(5)裁判员事先阻止和在某些情况下对那些显然是无意的、不影响比赛的小的技术性违犯不予追究是明智的。

3. 场外人员的技术犯规

1)场外人员的技术犯规的判断

(1)教练员、助理教练员、替补队员和随队人员必须留在他们的球队席区域内,下列情况除外:①得到裁判员的许可后,教练员、助理教练员或一位随队人员可以进入场地照料受伤队员;②如果根据医生的判断,受伤队员处于危险中并立即需要照料时,他可以不得到裁判员的许可进入场地;③替补队员可以到记录台请求替换;④教练员或助理教练员可以请求暂停;⑤只有在暂停期间,教练员或助理教练员可以进入场地向他的球员讲话,只要他留在他的球队席附近;然而在比赛中,教练员可以指挥他的队员,只要他是在球队席区域内;⑥教练员或助理教练员可以在停止计时有礼貌地并在不干扰比赛正常的进行情况下,向记录台询问有关比分、时间犯规次数的问题。

(2)教练员、助理教练员、替补队员或随队人员在与裁判员、到场的技术代表、记录员、助理记录员、计时员、24 秒钟计时员或对方人员交涉时不得无礼。

(3)只有被登记在记录表上的教练员在比赛过程中允许保持站立。

2)场外人员的技术犯规判罚

(1)登记教练员一次技术犯规。

(2)判给对方队员两次罚球和随后的球权。

(3)队长指定罚球队员。

(4)罚球过程中,所有其他队员要位于罚球线的延长部分和 3 分投篮线的后面,直到罚球过程完毕。

(5)罚球后,无论最后一次罚球成功与否,均由罚球队员的任一队员在记录台对面边线中点外掷界外球。

(6)如遇下列情况,则将取消教练员的比赛资格,令其离开比赛现场:①因其本身违反体育道德的行为而被登记了两次技术犯规时;②因助理教练员、替补队员或坐在球队席上的随队人员的违反体育道德行为的结果而被累计登记了三次技术犯规或三次技术犯规的组合中，其中有一次是登记教练员自身时；③教练员被取消比赛资格，要由被登记在记录表上的助理教练员代理。如记录表上没有登记助理教练，则由队长代替。

4. 休息时间内的技术犯规

队员、教练员和随队人员有导致比赛器材损坏的行为，当裁判员观察到这类行为时要立即警告该队的教练员。若再次有导致比赛器材损坏的行为，则判为休息时间内的技术犯规。

休息时间内的技术犯规判罚如下：

(1)对合格参赛的球员宣判了技术犯规，则对该球员进行登记，判罚两次罚球。该犯规要计入全队犯规之中。

(2)对教练员、助理教练员或随队人员宣判了技术犯规，则对教练员进行登记，罚则是两次罚球。该犯规不记入全队犯规之中。

(3)罚球完毕后，比赛要在中圈跳球开始或重新开始。

八、双方犯规

双方犯规是两名互为对方的队员大约同时相互发生侵人犯规的情况。

双方犯规的判罚如下。

(1)应给每一犯规队员登记一次侵人犯规。不判给罚球。

(2)如果在双方犯规的同一时间出现的情况不同，比赛应按下列所述重新开始：①投篮有效或最后一次或仅有一次的罚球得分，应将球判给非得分队从端线的任何地点掷球入界；②某队已控制了球或拥有球权，应将球判给该队在最靠近违犯的地点掷球入界；③任一队都没有控制球也没有球权，一次跳球情况发生。

第五章 ▶▶▶ 足 球

第一节 足球运动概述

一、足球运动的起源与发展

足球是一项历史悠久的体育运动，也是目前世界上开展得最为广泛的运动项目之一，吸引着成千上万的爱好者和亿万观众，是一项真正的世界性运动。

足球运动的发展历史源远流长，分为古代足球运动和现代足球运动。

我国是古代足球的起源地。第七任国际足联主席阿维兰热在北京首届世界少年足球锦标赛开幕式上致辞说："我们这项体育运动起源于中国，它在贵国有几千年的历史。"古代中国将踢足球称作"蹴鞠"或"蹋鞠"，据司马迁《史记》与刘向《战国策》等古籍记载，早在两千多年前战国时期的齐国一带，民众就已经踢一种皮制的内充毛发的球了。唐代是中国古代足球游戏极盛时期，唐代诗人杜甫在《清明二首》中写道"十年蹴鞠将雏远，万里秋千习俗同"，可见足球在当时的普及程度。无论是文字还是文物发掘记载，都证实了足球（蹴鞠）是中国一项古老的体育运动。

二、足球运动的锻炼价值

经常参加足球运动，能有效地提高身体素质，增强体质，提高人体各器官系统的功能。长期从事足球训练，可以培养和锻炼人们勇敢顽强、机智果断、坚忍不拔、勇于克服困难的优良品质和集体主义与团结协作精神。另外，足球场上双方的激烈争夺和比赛局面的变幻莫测能提高参赛者的注意力、观察力、想象力和思维能力，改善心理素质。

第二节 足球运动初级技战术

一、足球运动初级技术

(一)运球

运球是运动员在跑动中,用脚的推拨动作有目的地使球保持在自己控制范围内而做的连续触球动作。运球技术在足球运动中占有很重要的地位,在比赛中可以变换进攻速度,掌握比赛节奏,在对方密集防守时,可以运用运球技术摆脱对手,强行突破,破门得分或造成对方犯规获得"点球"。另外,运球过人可形成局部的以多打少的局面,突破对方的防线,打乱对方的阵形,创造射门机会。常用的运球方法有脚背正面运球、脚背外侧运球、脚背内侧运球、脚内侧运球等。

1. 脚背正面运球

脚背正面运球多在越过对手之后,前方纵深距离较长且无对手阻拦,需要快速运球前进的情况下使用。

动作要点:跑动时,身体自然放松,上体稍前倾,两臂自然摆动,步幅不宜过大。运球脚提起时,膝关节弯曲,脚跟提起,脚尖下指,在迈步前伸脚着地前,用脚背正面向前推拨球前进(图 5-1)。

图 5-1 脚背正面运球

2. 脚背外侧运球

脚背外侧运球动作的特点是灵活性、可变性强，可做直线、弧线和向外变向运球，易于控制运球方向和运球速度，并便于对球进行保护。

动作要点：直线运球时，身体自然放松，上体稍前倾，两臂自然摆动，步幅要小些。运球脚提起时，膝关节弯曲，脚跟提起，脚尖稍内转，在迈步前伸脚着地前，用脚背外侧向前推拨球。曲线运球时，触球作用力方向应偏离球心，使球呈弧线运行（图 5-2）。

图 5-2　脚背外侧运球

3. 脚背内侧运球

脚背内侧运球动作幅度大，虽球速较慢，但易于变换运球方向，比赛中常用连续的脚背内侧运球达到掩护性运球与运球变向的目的。

动作要点：跑动时身体放松，支撑脚落于球的一侧，上体稍前倾。运球脚提起时，膝关节微屈并外展，脚跟提起，脚尖稍外转，用脚背内侧推拨球。

4. 脚内侧运球

脚内侧运球的动作特点是易控球，由于运球时身体微转，虽移动速度慢，但有利于将对方与球隔开，适用于掩护性运球。

动作要点：运球时，支撑脚稍向前跨，踏在球的前侧方，膝关节稍弯曲，上体前倾并向里转。随着身体的向前移动，运球脚提起，用脚内侧推球的后中部（图 5-3）。

（二）踢球

踢球是指运动员有目的地运用脚的不同部位将球击向预定目标的动作方法。踢球是足球技术中最基本的技术动作之一，主要运用于传球和射门。

1. 脚内侧踢球

脚内侧踢球是指运用大趾骨、舟骨和跟骨所连成的三角部位接触球的踢球方法。这个部位触球的面积较大，出球平稳，但力量较小。

图 5-3　脚内侧运球

动作要点：踢定位球时，直线助跑，脚落地时足尖应与出球方向保持一致，距球 10～15cm 处，膝关节微屈，两臂自然张开，维持身体平衡。踢球腿以髋关节为轴由后向前摆动，在前摆过程中膝、踝关节外展，脚尖翘起，脚内侧与出球方向约成 90°，以大腿带动小腿快速摆动击球。击球时脚跟前顶，脚腕用力绷紧，以脚内侧部位击球的后中部。击球后，踢球腿应继续保持击球时的形状随球前摆（图 5-4）。

图 5-4　脚内侧踢球

2. 脚背正面踢球

脚背正面踢球是运用脚背正面的楔骨和跖骨末端构成部位接触球的踢球方法。由于腿的摆动与人的髋膝关节的自然结构相适应，其用力方向与出球方向一致，并且同人的日常走、跑动作相一致，因此便于加大摆幅和加大摆速，也便于大力踢球。

动作要点：踢定位球时，直线助跑，支撑脚踏在球的后侧方 10～15cm 处，足尖与出球方向一致，膝关节微屈。踢球腿在跨步支撑的同时大腿后摆，小腿后屈。在支撑脚着地的同时，以髋关节为轴，大腿带动小腿由后向前摆动。当膝盖提至接近球的后上方时，小腿加速前提。击球瞬间，脚背绷直，脚趾扣紧，以脚背的正面击球的后中部。击球后，踢球腿应随球继续前摆（图 5-5）。

图 5-5　脚背正面踢球

踢空中球时，首先要判断好球运行的路线和击球点。其次，踢球时身体侧对出球方向，支撑脚跨上一步，脚尖指向出球方向，身体向支撑脚一侧倾斜，踢球腿的大腿高抬接近地面平行，然后以大腿带动小腿急剧向出球方向摆动，用脚背正面踢球的后中部。最后，在摆腿踢球的过程中身体随之向出球方向扭转，当要踢球的一刹那，两眼始终注视着球，身体正对出球方向，踢球后面对出球方向。

3. 脚背内侧踢球

脚背内侧踢球的特点是踢摆动作顺畅，幅度大，脚触球面积大，出球平稳有力，且性能和线路富于变化，是中远距离射门和传球的重要方法。

动作要点：踢定位球时，斜线助跑，助跑方向与出球方向约成 45°，支撑脚以脚掌外沿着地，踏在球的侧后方 20～25cm 处，膝关节微屈，足尖指向出球方向，身体稍向支撑脚一侧斜。在支撑脚着地的同时，身体顺势向出球方向转动，踢球腿以髋关节为轴，大腿带动小腿呈弧形由后向前摆动。当膝盖提到接近球的内侧垂直上方的一刹那，小腿加速前提，脚尖稍外转，脚面绷直，脚趾扣紧，脚尖指向斜下方，以脚背内侧部位击球的后下部。踢球后，踢球腿随球继续前摆（图 5-6）。

图 5-6　脚背内侧踢球

踢弧线球时，助跑和支撑脚与踢定位球的动作方法相同，用脚背内侧踢球的后外侧，摆脚用力的方向不通过球的中心。在踢球的一刹那，踝关节用力向里转，脚稍上翘，使球呈侧旋并沿一定的弧线运行。

4. 脚背外侧踢球

脚背外侧踢球适用于踢各种距离弧线球等，踢球腿摆幅大，摆速快，出球力量大。

动作要点：踢定位球时，助跑、支撑脚的位置与踢球腿的摆动，与脚背正面踢球大致相似，区别于其用脚背的外侧接触球。待踢球腿摆置靠近球上方时，小腿顺势迅速前摆，膝盖与脚尖稍向内旋转，脚面绷直，脚趾扣紧，用脚背外侧部位踢击球的后中部，摆动腿随后继续前摆。

踢弧线球时，支撑脚立于球的侧后方15～20cm处，踢球脚脚腕发力，脚背外侧部位击球的后中部，摆腿用力的方向不通过球的中心，在接触球后向支撑脚一侧的前方继续摆动。

5. 脚尖踢球

脚尖踢球即用脚尖部位触球的踢球方式，又称脚尖捅球。踢球腿摆幅大，摆速快，出球力量大且速度快，但因脚尖与球接触面积小，对于出球准确性的掌握较难。

动作要点：脚尖踢球的基本动作与脚背正面踢球动作大致相似，支撑脚立于球的侧后方20～25cm处，髋关节向前送出，脚尖微翘，脚趾及踝关节保持稳固，发力以脚尖击球的后中部。

6. 脚跟踢球

脚跟踢球是运用脚跟部位跟骨接触球的踢球方法。因人体生理结构特点，这种踢球方法力量相对较小，但出球方向向后，具有一定隐蔽性与突然性。这种方法在比赛中常见于近距离短传与近距离射门，常有出其不意的效果。

动作要点：当球在支撑脚内侧时，踢球脚从球上方跨越至球的前端，向后摆动踢球腿，使脚跟部位踢击球的前中部；当球在支撑脚外侧时，踢球脚摆向支撑脚外侧于球的前端，双腿呈交叉状，用脚跟部位向后踢击球的前中部。

（三）接球

接球是指队员有目的地运用身体的合理部位将运行中的球停下来，并控制在所需要的范围内。现代足球的发展对接球技术的要求，包含两方面：一是停球；二是将接球动作与其他技术结合，即接过、接传、接射等。足球比赛中要求接球动作快速、简练、准确、多变。传统的把球停留在原地的停球技术，已远远不能适应实战的要求。因此接球需根据来球的不同性质、临场的不同情况，采用不同的方法。

1. 脚内侧接球

动作特点：这种接球由于脚触球的面积大而且球弹性大，容易接稳，并便于转变方向和接着做下一动作。比赛中多用于接地滚球、反弹球和空中球。

动作要点：接地滚球时，支撑脚正对来球方向，膝关节微屈，上体稍前倾，身体重心放在支撑脚上。接球脚提起（约一球高），大腿外旋，膝关节稍屈，脚掌与地面平行，脚内侧对准来球。当脚接触来球时，快放大腿，用脚内侧作为切面与来球前缘相切，切后随即微微上提，将来球挡在身体前并缓缓向前滚动（图 5-7）。

图 5-7　脚内侧接球

接反弹球时，先要判断好来球的落点，支撑脚快速踏在球落点的侧前方；接球脚提起，膝关节外转，脚内侧对准球的反弹方向。在脚内侧触球瞬间，要稍下压，以缓冲球的反弹力量，把球接在脚前（图 5-8）。

图 5-8　脚内侧接反弹球

接空中球时，根据来球的高度把停球脚抬起，脚尖稍翘起，脚内侧对准来球。当触球的一刹那，迅速后撤或下压，以缓冲来球的力量（图 5-9）。

2. 脚背正面接球

动作特点：这种接球方法，适用于接正面空中下落的球。

动作要点：身体正对来球，接球前要观察来球的高度和弧度。接球时，支撑脚维持身体

图 5-9 脚内侧接空中球

平衡，接球腿屈膝向前上方抬起，用脚背正面对准来球。当球与脚背接触时，小腿与脚踝放松下撤，缓和来球力量并使球落在身前(图 5-10)。

图 5-10 脚背正面接球

3. 脚背外侧接球

动作特点：脚背外侧接球时，球处于身体的外侧，接球后可迅速将球带至身体的一侧，诱使防守队员做出错误判断，配合连贯运球动作，从而达到摆脱防守队员的目的。

动作要点：接地滚球时，接球腿正对来球，支撑腿膝关节微屈，接球腿脚跟提起，脚尖稍内旋，脚背对准接球后球运行的方向，脚尖提起约球半径的高度，接球时，脚背向前方轻推，把球接在脚前。

接反弹球时，根据来球的落点及时移动，支撑脚快速踏在落球点的侧后方，与接地滚球时接球动作不变，接球时，脚背向前下方轻推，以缓解球的反弹力量。

4. 脚底接球

动作特点：脚底接球动作较为简便，常见于接各种地滚球和反弹球。

动作要点：接地滚球时，身体正对来球，支撑脚站于接球点的侧面或后面均可，接球脚脚尖正对来球，膝关节微屈，接球脚脚背上勾，脚底与地面夹角略小于 45°，脚跟稍微抬高于地面，以前脚掌接触来球的中上部为宜。接球时，前脚掌可轻微下压，将球控制在原地，也可以根据需要将球前推或后拉。

接反弹球时，根据来球落点及时移动迎球，支撑脚站于落球点后方，脚尖正对来球，球落地瞬间用前脚掌接触球的中上部，将球控制在身前。

5. 大腿接球

动作特点：大腿接球触球面积大，易于控制，一般用于接抛物线较大的高空球和略高于膝的平直球。

动作要点：接高空球时，身体正对来球方向，判断落点位置并迅速移动步伐。支撑腿维持身体平衡，接球腿大腿抬起。当球与大腿接触时，大腿迅速下撤，将球控制在身前。

接平直球时，身体正对来球方向，根据来球具体高度调整大腿抬起高度，当球与大腿接触时收回大腿，将球控制在身前。

6. 腹部接球

动作特点：腹部接球准备时间较短，球可接触身体的范围较大，可对传球做出快速反应。另外由于腹部弹性小，可以很好将球控制在脚下，所以一般用于接反弹球和平直球。

动作要点：接反弹球时，身体正对来球方向，根据球的落点，身体前倾并将腹肌收紧，对准球反弹的方向，将球挡住并控制在脚下。

接平直球时，身体正对来球方向，根据来球高度调整下蹲或者跳起，挺腹迎球，在腹部与球接触的时候迅速含胸收腹，将球挡住并控制在脚下。

7. 胸部接球

动作特点：由于接触球面积大，位置高，接球较稳，便于接高空中的来球，胸部接球有挺胸和收胸两种。挺胸接球一般用于停高于胸部的球；收胸接球一般用于停速度快、力量较大的平直球或反弹球。

动作要点：挺胸接球时，身体正对来球，两脚前后或左右开立，两膝稍屈，上体略后仰；当胸部与球接触时，脚跟提起，憋气，同时向上挺胸，使球在胸部轻轻弹起，然后根据比赛的需要，接着做下一个动作（图 5-11）。

图 5-11　挺胸接球

收胸接球时，身体正对来球，两脚左右或前后开立，两臂自然张开，挺胸主动迎球，当胸部与球接触时，要迅速缩胸、收腹，用胸扣压球以缓冲来球力量，使球落地(图 5-12)。

图 5-12　收胸接球

二、足球运动初级战术

(一)战术阵形

1."四三三"阵形

"四三三"阵形后防稳固，攻防机动灵活，是世界足坛运用最广泛的阵形之一。很多球队根据不同的情况，将它改进为"四二一三""四一二三"等阵形。

(1)"四二一三"阵形，如图 5-13 所示。

(2)"四一二三"阵形，如图 5-14 所示。

图 5-13　"四二一三"阵形

图 5-14　"四一二三"阵形

2."四四二"阵形

"四四二"阵形也是常用的阵形之一，有平行站位和菱形站位。

(1)"四四二"阵形平行站位，如图 5-15 所示。

(2)"四四二"阵形菱形站位，如图 5-16 所示。

图 5-15 “四四二”阵形平行站位

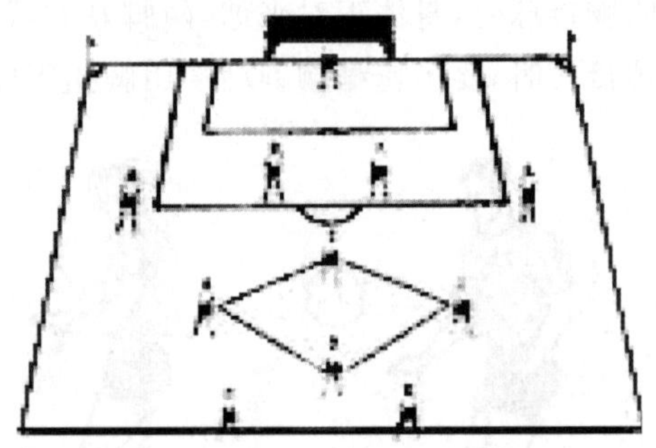

图 5-16 “四四二”阵形菱形站位

3.“一三三三”阵形

“一三三三”阵形要求运动员能攻善守，即运动员首先是本位置的专家，其次又是其他位置的能手，对运动员的个人技战术意识和身体素质提出了全面化的要求，对全队整体攻防的一体化也要求更高。“一三三三”阵形符合现代足球运动发展的内在规律，确立了全面型足球的比赛观念，大大促进了世界足球竞技水平的提高，如图 5-17 所示。

图 5-17 “一三三三”阵形

4.“三五二”阵形、“五三二”阵形

在 20 世纪 80 年代的欧洲足球锦标赛和第 13 届世界杯足球赛早已出现的“三五二”阵形，仍是现代足球常用的阵形。防守时，边后卫后撤防守，“三五二”阵形变成“五三二”阵形；进攻时，边后卫向中场推进并伺机插上进攻，此时“五三二”阵形变为“三五二”阵形。

(1)“三五二”阵形，如图 5-18 所示。

(2)“五三二”阵形，如图 5-19 所示。

(二)局部进攻战术

比赛中，在局部区域二三人的配合作为局部战术。

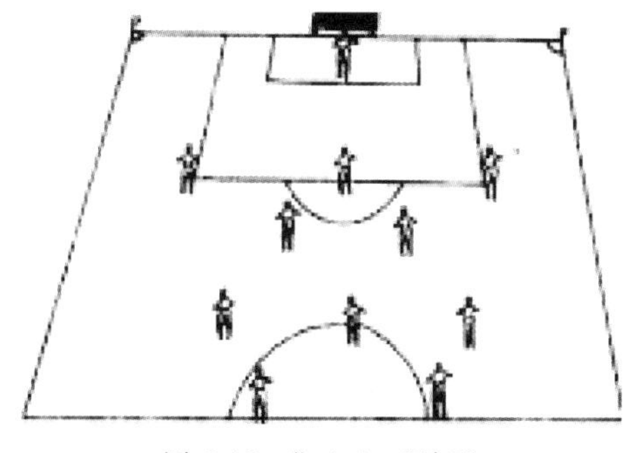
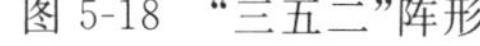
图 5-18　“三五二”阵形

图 5-19　“五三二”阵形

1.“二过一”配合

所谓“二过一”的配合，是在比赛中，通过局部区域的两个进攻队员传球与跑位的配合，突破防守队员的配合方法。

(1)斜传、直插“二过一”。如图 5-20 所示，⑥运球前进并吸引对手上前逼防，⑥斜线将球传给⑨，⑥直线插入接⑨斜传球。

(2)直传、斜插“二过一”。如图 5-21 所示，⑤将球斜传给⑦，⑦再直传球给斜线插入的⑤。

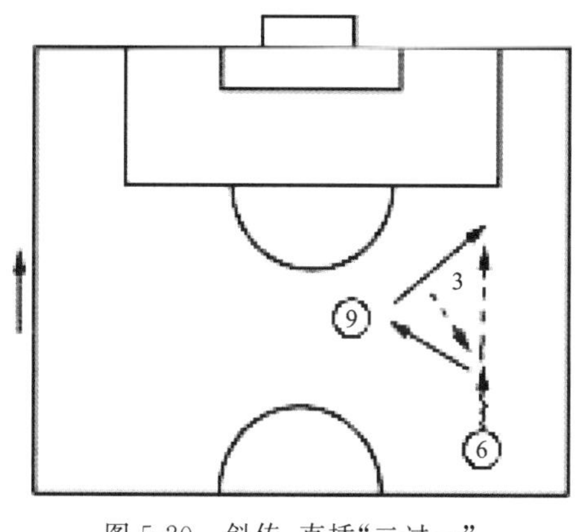

图 5-20　斜传、直插“二过一”

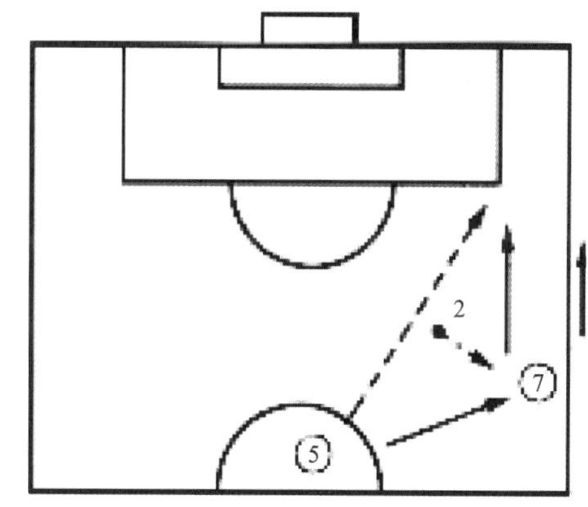

图 5-21　直传、斜插“二过一”

2.“三过二”配合

“三过二”是在比赛中局部地区 3 个进攻队员通过连续配合突破两个防守者的防守。下面介绍两种“三过二”战术配合。

(1)如图 5-22 所示，⑨向后跑动接球，再将球传给⑥，⑦假动作并伺机从内线切入接⑥的传球突破防守。

(2)如图 5-23 所示，⑦持球，⑥假接应，⑨斜插把防守支开，⑥插上至⑨制造出的空当接⑦传球，突破防守。

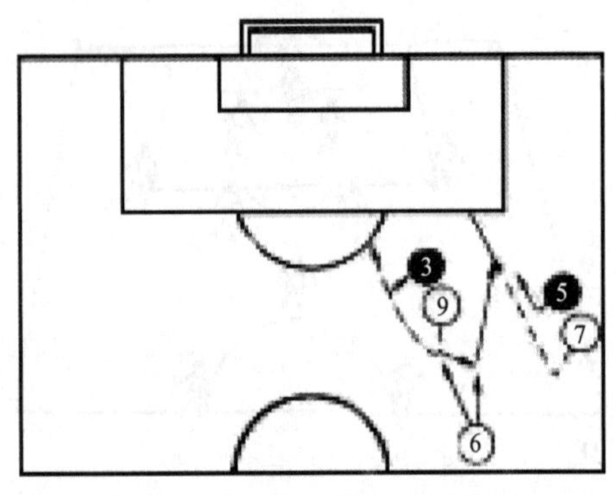

图 5-22 “三过二”战术配合(一)

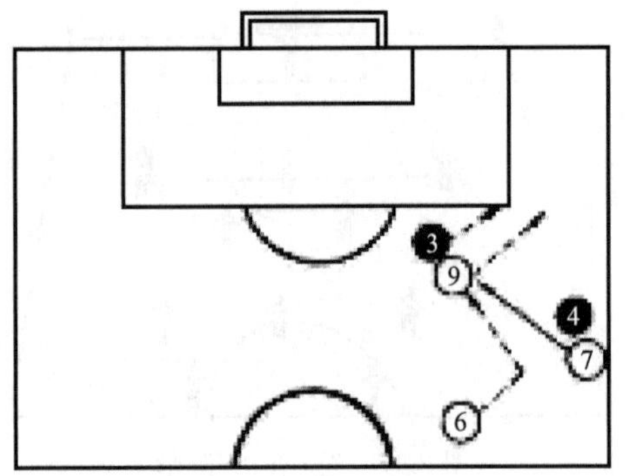

图 5-23 “三过二”战术配合(二)

第三节 足球运动中级技战术

一、足球运动中级技术

(一)头顶球

1. 前额正面头顶球

前额正面坚硬平坦,触球面积大,处于头的正前方和两眼上方,便于在顶球时观察来球周围情况,使击球准确有力。

动作要点:身体正对来球方向,眼睛注视来球,两脚左右开立(或前后开立),膝关节微屈,重心置于两脚间的支撑面上(或后脚上),两臂自然张开,当球运行到快要通过重心垂直于地面的垂线时,两腿用力蹬地,迅速向前摆体,微收下颌,在触球前瞬间颈部做爆发式振摆,用前额正面击球中部,上体随球前摆(图 5-24)。

2. 前额侧面头顶球

前额侧面顶球的部位是前额的两侧。这个部位坚硬,但不平坦,面积小,又在两眼的侧前方,顶球时摆体用力方向又与来球方向不是迎面相遇,出球力量较小。故在击球瞬间,出球方向都难于前额正面顶球。它的优点是动作突然,能变换出球方向,特别是前锋队员在门前的边锋传中球射门时威力更大。

动作要点:面对来球,及时调整身体位置,两脚前后开立(或左右开立),出球方向的一侧脚在前,重心逐渐过渡到前脚上,眼睛注视来球,两臂前后自然张开,当球运行至身体前上方

图 5-24 前额正面头顶球

时，用力蹬地，前脚掌适度旋转，上体随出球方向扭摆，同时向击球方向甩头，用前额侧面击球的后中部(图 5-25)。

图 5-25 前额侧面头顶球

(二)抢截技术

抢截是占据有利位置，封堵球的去路或阻挠对手自由地运动。它是运用身体的不同部位所做的合理动作，以减慢对方推进速度，把对手控制的球夺过来或者破坏掉的一项基本技术。抢截球是防守中的主动行动，也是转守为攻的积极手段。

1. 正面跨步抢球

抢球前迅速靠近对方，做好抢球的准备，两脚前后开立，两膝微屈，重心下降，体稍前倾，面向对手，在对手运球脚触球后即将着地或刚着地时，支撑脚立即用力后蹬，抢球脚疾步跨出，膝关节弯曲，踝关节保持紧张，脚内侧正对球，触球后用力提拉，使球从对方脚背滚过，同时身体重心迅速跟上，把球控制好。

2. 侧面抢球

与运球者平行跑动，等对方远离自己身体一侧的脚落地时用合理冲撞动作，使其失去平衡而离开球，乘机将球控制起来。冲撞时要降低身体重心，靠近对方一侧的手臂要紧贴身体。

3. 正面倒地铲球

两脚前后开立，两膝弯曲，身体重心下降并放在两脚间，面向对手，在对方运球脚触球后即将着地或刚着地时，一脚立即用力后蹬，另一脚沿地面向前滑铲，同时上体侧转后仰倒地，蹬地面成弧形扫踢球，将球留下或破坏掉，铲球后屈肘用手扶地或接着侧倒。

4. 侧后铲球

同侧脚铲球时，在运球者侧后跑动，当对方拨出球的一刹那，后脚用力后蹬成跨步，上体后仰，前脚（同侧脚）以脚外侧沿地面向外侧滑出，用脚背或脚尖将球踢出或捅出，接着小腿外侧、大腿外侧和臀部依次着地。

异侧脚铲球时，当运球者拨出球的刹那，抢球者同侧脚（后脚）用力后蹬成跨步，上体后仰，异侧脚前伸，以脚外侧沿地面向前内侧滑出，用脚掌蹬球，接着小腿、大腿、臀部依次着地。

5. 截球

截球是指比赛中两名队员传球时，对方队员使用踢球、顶球、铲球或停球等技术动作把球拦截下来。它根据临场需要选择使用某种动作，当对方传球、射门等截球时，需要用踢球、顶球或铲球等动作来完成，而对于使球处于自己控制之下的截球，则需要用停球动作来完成。

（三）掷界外球技术

掷界外球是指按照规则的规定和要求，有目的地用双手将球从场外掷入场内，使比赛继续进行的动作技术，同时它又是一次很好地组织进攻的机会，尤其在对方罚球区附近掷界外球时，其威胁更大。若不能很好地掌握这项技术，在掷球时因错误动作而造成违例，便失去一次很好的进攻机会。因此，运动员必须熟练掌握掷界外球技术。

1. 原地掷界外球

面对出球方向，两脚前后或左右开立，两膝微屈，上体后仰成背弓，重心移到后脚上（左右开立时，重心在两脚间），两手手指自然张开，拇指相对，持球中后部，屈肘将球举至头后，掷球时后脚（或两脚）用力蹬地，迅速摆体、收腹、挥臂，当球摆至头上时用力甩腕，将球掷入场内。在掷球过程中，后脚可沿地面滑动，但两脚均不得离地。

2. 助跑掷界外球

助跑要自然协调，速度快慢由掷球距离而定，助跑时两手持球于胸前，在迈出最后一步时，上体后仰成背弓，同时将球举至头后，掷球时用力蹬地，迅速摆体、收腹、挥臂，当球摆至头上方时屈腕，用甩腕和手指的力量将球掷出。

（四）守门员技术

守门员是全队的最后一道防线，他的主要任务是不让对方将球射入本方球门。守门员要善于观察全局，起到协助指挥全队防守和进攻的作用，并且随时注意比赛发展情况，力争扩大自己在罚球区内的防守范围，以便尽早截获各种来球，并快速及时地把球传到有利于进攻的位置上，组织发动进攻。

1. 位置选择

守门员防守球门，首先要选择正确合理的位置。一般情况下应站在两球门柱与射门时球所处的位置所形成的分角线上。其次当对方近射时，守门员应靠前些，这样就可以减小射门角度。在对方远射时可适当前移，但要防备对方吊球。最后当球向中场或前场发展时，守门员可前移到球门区线附近，并根据球的发展及时调整自己的位置，当对方在中场直接插入突破时，守门员应抓好时机及时出击截球。

2. 准备姿势

两脚左右开立，与肩同宽，两腿自然弯曲并稍内扣，脚跟稍提起，上体稍前倾，身体重心落在前脚掌上。两臂于身体两侧自然弯曲，两手五指自然张开，掌心向下或与来球方向相对，两眼注视来球。

3. 移动

守门员为了更好地堵截对方的传球和射门，必须根据对方射门前球和人的位置变化而相应调整自己的位置，向左右调整位置移动，一般采用侧滑步和交叉步移动。

(1)侧滑步移动。运用侧滑步向一侧移动时，异侧脚向移动方向蹬地的同时，同侧脚稍离地面向移动方向滑步，异侧脚快速跟上。移动过程中保持身体重心稳定，两臂与手始终保持准备姿势，目视前方。

(2)交叉步移动。运用交叉步向一侧移动时，上身向移动方向倾斜，眼睛注视正对来球方向或对方进攻方向，髋部微转，异侧腿蹬地并向移动方向侧前方迈出，随后同侧脚迅速向移动方向跟进。来球时，左右脚快速交叉移动至开立位接球，或双脚同时发力蹬地，准备身体腾空扑球。移动过程中保持身体重心稳定，两臂与手始终保持准备姿势。

4. 接球

接球是守门员最主要的技术，包括接地滚球、接平直球、接高空球等。

(1)接地滚球有直腿式和单腿跪撑式两种。

①直腿式接球。两腿自然张开，脚尖正对来球，上体前倾，两臂自然下垂，两小手指靠近，手掌对球稍前迎，两手接球的后底部。在手触球的一刹那，立即后引、屈肘、屈腕，两臂靠近将球抱于胸前。

②单腿跪撑式接球。身体正对来球，两腿前后开立，前腿弯曲支撑身体重心，后腿跪立，膝盖接近地面并靠近前脚脚踵。上体前倾，手臂下垂，手掌对准来球，稍向前迎，两手接球的后底部。在手触球的一刹那，两手后引，屈肘屈腕，两臂靠近将球抱于胸前，然后起立。

(2)接平直球。平直球分为低于胸部和与齐胸高的两种,它们在接法上有所不同。

①接低于胸部的平直球。身体正对来球,两脚左右开立,上体稍前倾,两臂下垂并屈肘前迎,两手小指相靠,手掌对球,当手触球的一刹那,两臂后引并屈肘,顺势将球抱于胸前。

②接齐胸高平直球。身体正对来球,两臂屈肘并稍上举,两拇指相靠,手掌对球,当手触球时,手腕和手指适当用力,同时屈臂后引,翻掌将球抱于胸前。

(3)接高空球。当判断好球在空中运行路线和确定接球点后,迅速移动并跳起,两臂上伸迎球,两手拇指相靠,手掌对球,当手触球时,手腕和手指适当用力将球接住,同时屈肘回缩并下引,顺势翻掌将球抱于胸前。

5. 扑球

守门员来不及用其他接球动作时,常采用扑球动作把球接住,扑球是守门员技术中难度较大的动作。

(1)扑两侧的低球。如扑侧低球时,右脚迅速蹬地,左腿屈膝向左跨出一步,身体左倒,左脚着地后,随着用小腿、大腿、臀部、上体和手臂的外侧依次触地,同时两臂向球伸出,左手掌心正对来球,右手在左手前上方,两拇指靠近,两手腕稍向内屈,触球后把球收回胸前,然后立刻站起。

(2)跃起扑侧面地滚球。来球离守门员较远时,可用这种扑球方法。扑球时,两膝弯曲,身体重心下降,在身体向扑球方向侧倒的同时,同侧脚用力蹬地跃出,身体展开,两臂自然伸出,两手拇指靠近手指自然分开,掌心对球,向球扑去。手触球时,手指和手腕用力,以屈肘、扣腕、翻掌的连续动作将球抱于胸前,同时屈膝团身。落地时,以小腿、大腿、臀部、上体侧面和肩外侧依次着地。

(3)扑侧面平高球。扑这种球时,身体重心先移向靠近来球一侧的脚上,同时该脚用力蹬地向侧面跃起,身体展开,两臂自然伸出,两手的拇指靠近,手指自然张开,手掌对球,当手触球时,以扣腕动作将球接住。落地时,以两手按球,前臂、肩部、上体侧面和下肢依次着地,同时屈肘、翻掌,将球抱于胸前,并屈膝团身。

6. 拳击球和托球

在守门员没有把握接住或有对方猛烈冲动的情况下,为了避免接球脱手,可采用拳击球。拳击球有单拳击球和双拳击球两种。

(1)拳击球。

①单拳击球。单拳击球动作灵活,活动范围较大,击球点高,击球力量大,多用于击两侧的传中球和高空球。动作要点:屈肘握拳于肩前,身体跳起接近来球,在击球前的一刹那,快速冲拳,以拳面将球击向预定的目标。

②双拳击球。双拳击球动作,接触球的面积大,准确性高,多用于击正面高球或平高球。动作要点:两臂屈肘握拳于胸前,拳心相对,当跳起接近最高点即将触球的一刹那,两拳同时快速冲击,以拳面将球击向预定的目标。

(2)托球。

托球主要在来球弧度较大,而且其落点又在球门横梁附近,守门员起跳接球把握性不大时运用。跳起托球时，一臂快速上伸，掌心向上，用手掌前部击球，手触球后，将球稍往后上方托起，使球越过球门横梁。

7. 手抛球和抛踢球

守门员在成功拦截球时，通过快速手抛球或抛踢球将球迅速传给对方队员，争取时间组织反击，帮助对方队员快速推进。

（1）手抛球。

手抛球动作快，能够准确地控制球的高度以及落点，包括掷地滚球、掷肩上球和侧身勾手掷球等。

①掷地滚球。两脚前后开立，膝盖微屈，持球手手臂后引，身体向持球侧微转，重心后移，借助后脚蹬地、挥臂、甩腕与手指拨球的力量，将球沿地面掷向对方队员。

②掷肩上球。两脚前后开立，膝盖微屈，持球手抬至肩上，手臂后引，转髋侧身，借助后脚蹬地、转体、挥臂、甩腕、手指拨球的力量，将球掷向对方队员。

③侧身勾手掷球。两脚前后开立，未持球手对准出球方向，身体侧对出球方向，单手持球后引，重心前移，持球手手臂带动手经体侧沿弧线摆至肩上，手腕和手指用力将球掷出，手臂随前继续摆动，身体顺势前倾，后脚向前迈出以保持身体平衡。侧身勾手掷球是手抛球中需要力量最大的一种掷球方式。

（2）抛踢球。

抛踢球是守门员把球直接传给远距离对方队员的技术，球速快，飞行距离长。抛踢球多以脚背正面踢球，支撑脚微屈，大腿后引随后爆发前摆，踢击球的中下方，将球向前上方踢出，保证一定的高度和远度。

二、足球运动中级战术

（一）集体进攻战术

集体性全队打法在比赛中注重进攻效率，突出简练。在没有良好的突破机会时会耐心地寻找机会，不盲目地将球传到对方防守腹地，控球队员多通过传球达到突破对方防守的目的，较少采用个人运球突破等复杂战术。

由于控球队员多采用传球，因此集体性全队打法注重对球的安全控制，不轻易将控球权丢失，不轻易冒险。进攻中常常通过有组织、有计划地利用多名无球队员的统一行动，一部分无球队员利用跑位在对方防守阵线中制造空当，另一部分无球队员则抓住时机去利用这些空当从而在进攻中形成整体打法。

1. 边路进攻

利用球场两侧地区发起进攻的方法叫边路进攻。边路进攻是全队进攻战术的主要形式之一。边路进攻的发起、推进通常有两种渠道：一是进攻过程始终沿边路而行；二是通过中路转移至边路。边路进攻通常采用的配合方法：

（1）如图 5-26 所示，边锋或跑到边路接应的队员运球突破下底传中：③传球给⑦或⑩，

⑦或⑩运球突破防守队员传中。

(2)如图 5-27 所示,边锋与中锋或前卫配合突破传中:⑦接⑧传球后与⑩进行二过一配合突破防守传中。

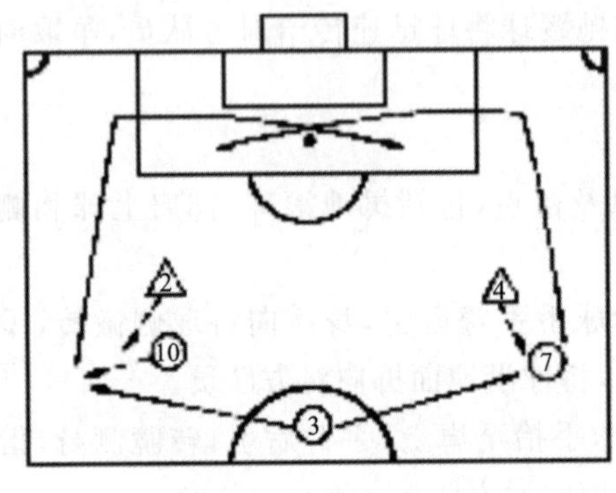
图 5 -26　边路进攻(一)

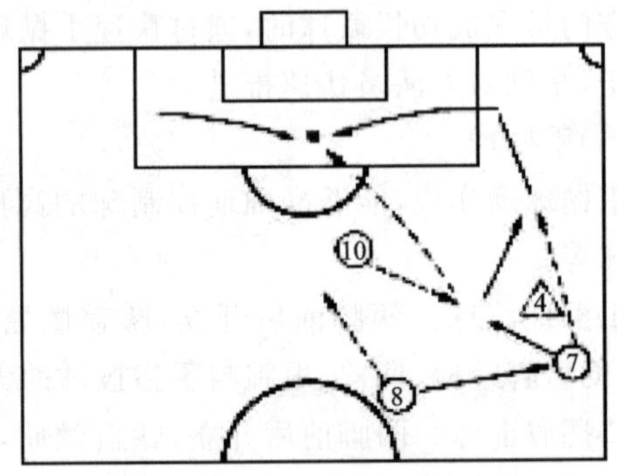
图 5-27　边路进攻(二)

2. 中路进攻

中路进攻是利用球场中间区域组织的进攻,这种进攻虽能直接射门,但难度最大,因中路防守最为严密,前场攻击手必须是反应极其敏锐、意识强、技术高、敢于冒险、速度快和善于跑位策应的队员。

3. 快速反击

比赛中当攻方进攻时,后卫线往往压至中场附近,防守人数也由于插上进攻和助攻而相对减少,此时如能抓住对方防区空隙较大和回防较慢的机会,乘其失球发动快速反击,往往能取得良好的效果。快速反击是最有威胁的进攻手段,有效的进攻在于突然快速地反击,但其难度较大,既要冒险,又要有准确、快速的传切配合技能。快速反击要有组织,配合要极为默契,必须进行专门性的训练,否则很难在比赛中实施。

(二)定位球战术

定位球战术是在比赛开始或成死球后重新恢复比赛时所采用的攻守战术配合。包括中圈开球、球门球、掷界外球、角球、任意球、罚球点球等。下面仅简介掷界外球、角球和任意球的攻守战术配合。

1. 掷界外球战术

掷界外球时没有越位限制。进攻队应很好地利用掷界外球组织进攻。较简单的配合是掷球者将球掷给接应同伴,接球者将球回传给掷球者。掷球时,接应队员须积极摆脱跑位,或互相策应,拉出空当,以便切入接球。例如图 5-28 所示,⑪先回拉再突然反切接球。⑩见⑪拉出空当,快速前插接球,④可将球掷给⑩或⑪。在对方罚球区附近掷界外球时,可直接将球掷到罚球区内,其他队员冲上射门。掷界外球时,一定要掌握时机,向有威胁的地方掷,向摆脱防守的同伴脚下掷，向有空当的同伴掷。接应队员不要离掷球者太近，否则易造成掷球者掷球动作不连贯而违例。

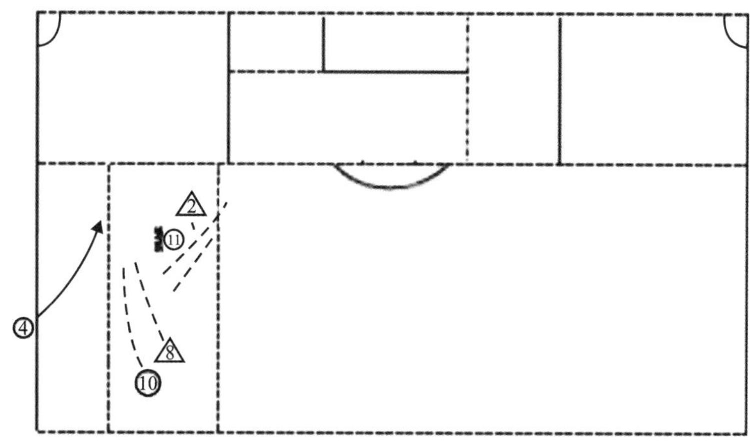

图 5-28　掷界外球战术

防守时，防守队员应紧盯接应队员，要善于识别对方意图，加强相互间的保护，尤其对掷入本方罚球区内的球应积极阻截断抢。

2. 角球战术

(1)角球的进攻战术。

①长传门前，抢点射门。主踢队员将球长传至球门远端门柱前 10m 左右的地点，由高大队员或顶球技术好的队员争顶射门(图 5-29)。

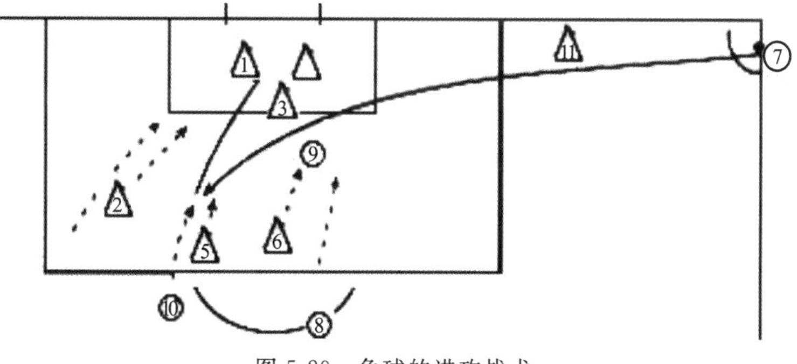

图 5-29　角球的进攻战术

②短传配合。当对方身材高大、争顶能力强或在室外遇较大逆风时，多采用短传配合战术，以达到射门目的(图 5-30)。

(2)角球的防守战术。

对方踢角球时，前锋、前卫要快速回防。守门员站在远端门柱附近的球门线上，以便于观察球的运行方向及双方队员的活动情况，果断采取下一步行动。由一名边后卫站在近端门柱处以防踢向近端门柱的球。一个边锋可站在离球 9.15m 的端线附近，以防进攻队的短

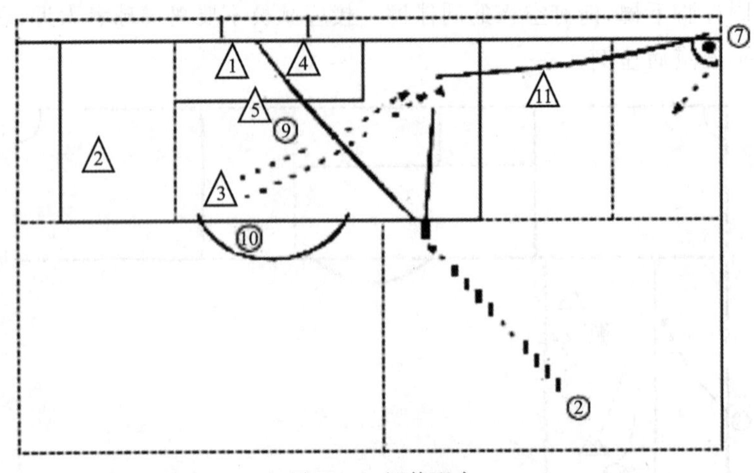

图 5-30　短传配合

传配合和低平球传中卫，并对踢角球者心理上产生一定的扰乱作用。当守门员冲出球门时，需要有队员及时补空门，以争顶能力强的队员守住门前危险区，重点防守对方顶球好的队员。其他队员进行盯人防守时也不能漏人。

3. 任意球战术

(1)任意球进攻战术。

①直接射门。在罚球区附近罚直接任意球时，让善踢弧线球或踢球脚法好的队员主罚，直接射门。

②配合射门。目的就是避开人墙，创造射门机会(图 5-31)。⑩快速上前佯装射门，却跨过球向人墙一侧插入，⑧突然将球传给从后面插上的⑨射门。也可由⑧踢球过人墙，传给插入的⑩射门。还可由⑧传给紧跟在⑩后面的⑨，⑨再传给插入的⑩，由⑧射门。

配合射门方法很多。进行配合射门时应注意：第一，跨过球次数不宜过多。经一两次传递即应完成射门；第二，传球要及时、准确，配合要默契，插入人墙后面的队员要避免越位。

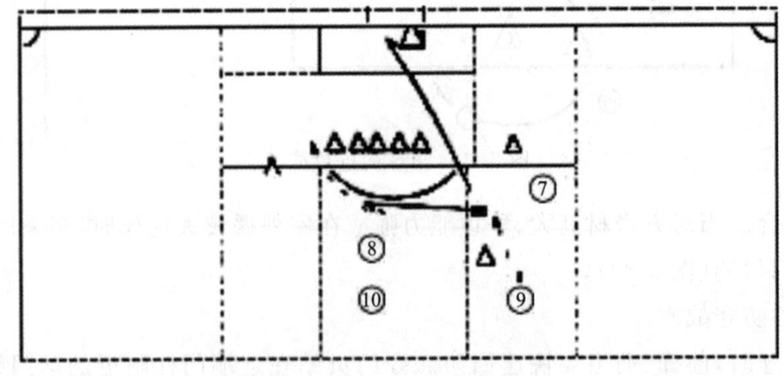

图 5-31　任意球进攻战术

(2)任意球的防守战术。

无论是防守直接任意球或间接任意球,前锋、前卫应迅速回防,组织人墙要快。组墙人数的多少,以射门角度的大小而定,一般以2～6人为宜。人墙封堵距球门较近的一侧,守门员站在距球较远的一侧。人墙要听从守门员指挥,调整位置动作要快。其他防守人员,距球近的盯人,距球远的守区域。但都不得站在人墙后面,因为这时的人墙就是限制进攻队员的越位线。

第四节 足球运动基本规则与裁判法

一、足球运动的场地、器材、人数、比赛时间

(一)场地

1. 尺寸

比赛场地必须是长方形,边线的长度必须长于球门线的长度。长度(边线)90～120m,宽度(球门线)45～90m。

国际比赛场地长度(边线)105～120m,宽度(球门线)64～75m。

2. 画线

比赛场地必须用线来标明,这些线作为场内各个区域的边界线应包含在各个区域之内,所有线的宽度不超过12cm。

两条较长的边界线叫边线,两条较短的线叫球门线。

比赛场地被中线划分为两个半场,中线与两条边线中间相连。在场地中线的中点处做一个中心标记,并以此点为圆心画一个半径为9.15m的圆。

3. 球门区

球门区在场地的两端,从距球门柱内侧5.5m处,画两条垂直于球门的线。这些线伸向比赛场地内5.5m,与一条平行于球门线的线相连接。这些线和球门线组成的区域范围是球门区。

4. 罚球区

罚球区在场地的两端。从距每个球门柱内侧16.5m处,画两条垂直于球门线的线,这些线伸向比赛场地内16.5m,与一条平行于球门线的线相连接。由这些线和球门线组成的

区域范围是罚球区。

在每个罚球区内距球门柱之间等距离的中点 11m 处设置一个罚球点。在罚球区外，以距每个罚球点 9.15m 为半径画一段弧。

5. 角球区

在比赛场地内，以距每个角旗杆 1m 为半径画一个四分之一圆，弧内地区叫角球区。

（二）器材

1. 球门

球门必须放置在每条球门线的中央，由两根距角旗杆等距离的垂直柱子和连接其顶部的水平横梁组成。

两根柱子之间的距离是 7.32m，从横梁的下沿至地面的距离是 2.44m。两根球门柱和横梁具有不超过 12cm 的相同宽度与厚度，球门线与球门柱和横梁的宽度相同。球门网可以系在球门及球门后面的地上，并要适当地撑起以不影响守门员活动。

球门柱和横梁必须是白色。

2. 球

比赛用球应为球体，外壳应用皮革或其他许可的材料制成，不得使用可能伤害运动员的材料。

圆周长不长于 70cm，不短于 68cm；质量在比赛开始时不多于 450g，不少于 410g；压力在海平面上等于 0.6～1.1 个大气压力。

3. 旗杆

在场地每个角上各竖一根不低于 1.5m 的平顶旗杆，上系小旗一面。

在中线的两端、边线以外不少于 1m(1 码)处，也可放置旗杆。

（三）人数

一场比赛应有两队参加，每队上场队员不得多于 11 名，其中必须有 1 名守门员。如果任何一队少于 7 人则比赛不能开始。

(1)在由国际、洲际足球联合会或国家足球协会主办的正式比赛中，每场比赛最多可以使用 3 名替补队员。竞赛规程应说明可以有几名替补队员被提名，从 3 名到最多不超过7 名。

(2)其他比赛中，可依据下列规定使用替补队员：①有关参赛队在最多替补人数上达成协议；②在比赛前通知裁判员；③如果比赛开始前未通知裁判员或各参赛队未达成任何协议，则可以使用的替补队员人数不得超过 3 名。

(3)在所有比赛中，替补队员名单必须在比赛开始前交给裁判员。未被提名的替补队员不得参加比赛。

(4)替补队员时必须遵守以下规定:①替补前应先通知裁判员;②替补队员在被替补队员离场,并得到裁判员信号后方可进入比赛场地;③替补队员只能在比赛停止时从中线处进场;④当替补队员进入比赛场地,即完成了替补程序,从那时起,替补队员成为场上队员,而被替补队员终止为场下队员;⑤被替补下场的队员不得再次参加该场比赛;⑥所有替补队员无论上场与否,裁判员均有权对其行使职权。

(5)任何场上队员都可与守门员互换位置,并规定:①互换位置前通知裁判员;②在比赛停止时互换位置。

(四)比赛时间

1. 比赛时间

比赛分为两个半场,每半场 45 分钟。特殊情况经裁判员和双方同意另定除外。任何改变比赛时间的协议(如因光线不足每半场减少到 40 分钟)必须在比赛开始之前制订,并要符合竞赛规程。

2. 中场休息

(1)队员有中场休息的权利,中场休息不得超过 15 分钟。

(2)竞赛规程必须阐明中场休息的时间。

(3)只有经裁判员同意方可改变中场休息时间。

3. 应补充的损失时间

(1)在每半场比赛中损失的所有时间应被补充。

(2)替换队员。

(3)对队员伤势的估计。

(4)将受伤队员移出比赛场地进行治疗。

(5)被拖延的时间。

(6)任何其他原因根据裁判员的判断扣除损失的时间。

4. 罚球点球

如果执行罚球点球或重新执行罚球点球,每半场结束时间可延长至罚球点球结束。

5. 中止的比赛

除竞赛规程另有规定外,中止的比赛应重新进行。

二、犯规与不正当行为及其判罚

(一)直接任意球

裁判员认为,如果球员草率地、鲁莽地或使用过分的力量违反下列 6 种犯规中的任何一种，将判给对方球员踢直接任意球：①踢或企图踢对方球员；②绊摔或企图绊摔对方球员；③跳向对方球员；④冲撞对方球员；⑤打或企图打对方球员；⑥推对方球员。

如果球员违反下列 4 种犯规中的任何一种，也判给对方球员踢直接任意球：①为了得到对球的控制而抢截对方球员时，于触球前触及对方球员；②拉扯对方球员；③向对方球员吐唾沫；④故意手球（不包括守门员在本方罚球区内）。

（二）球点球

比赛进行中无论球在什么位置，如果球员在本方罚球区内违反了“可判罚直接任意球的犯规”中的任何一种应被判罚点球。

如果裁判员发出执行罚球点球信号后、球进入比赛之前发生下列情况。

(1)主罚队员在踢球点球时违反竞赛规则：裁判员未允许踢出该球点球，如果球进入球门，应重新踢；如果球未进入球门，不应重新踢。

(2)守门员违反竞赛规则：裁判员允许踢出该球点球，如果球进入球门，得分有效；如果球未进入球门，应重新踢。

(3)主罚队员的同队队员进入罚球区，或距罚球点少于 9.15m：裁判员允许踢出该球点球，如果球进入球门，应重新踢；如果球未进入球门，不应重新踢；如果该队队员触及了从横梁或门柱弹回的球，裁判员将停止比赛，由防守方以间接任意球重新开始比赛。

(4)守门员的同队队员进入罚球区，或距罚球点少于 9.15m：裁判员允许踢出该球点球，如果球进入球门，得分有效；如果球未进入球门，应重新踢。

(5)攻守双方队员都违反竞赛规则。如果球点球踢出之后：①主罚队员在其他队员触球前再次触球（用手除外），应由对方在犯规发生地点踢间接任意球；②主罚队员在其他队员触球前故意用手触球，应由对方在犯规发生地点踢直接任意球；③球被外来因素触及而影响了其向前移动，应重新踢；④球从守门员、横梁或球门柱弹回比赛场地内，接着被外来因素触及，裁判员应吹停比赛，在被外来因素触及的地点坠球重新开始比赛。

（三）间接任意球

如果守门员在本方罚球区内违反下列犯规中的任何一种，将判给对方踢间接任意球。

(1)在发出球之后未经其他本方球员触及，再次用手触球。

(2)用手触及本方球员直接接掷入的界外球。

(3)用手持球时间超过 6 秒。

(4)裁判员认为，如果球员有下列情况时，也将判给对方踢间接任意球：①动作具有危险性；②阻挡对方球员；③阻挡对方守门员从其手中发球；④因违反规则而停止比赛被警告或罚令出场。

（四）黄牌

如果球员违反下列7种犯规中的任何一种，将被警告并出示黄牌：①犯有非体育道德行为；②以语言或行动表示异议；③持续违反规则；④延误比赛重新开始；⑤当以角球或任意球重新开始比赛时，不退出规定的距离；⑥未得到裁判员许可进入或重新进入比赛场地；⑦未得到裁判员许可故意离开比赛场地。

（五）红牌

如果球员违反下列7种犯规中的任何一种，将被罚令出场并出示红牌：①严重犯规；②暴力行为；③向对方球员或其他任何人吐唾沫；④用故意手球破坏对方的进球或明显的进球得分机会（不包括守门员在本方罚球区内）；⑤用可判为任意球或球点球的犯规破坏对方向本方球门移动着的明显进球得分机会；⑥使用无礼的、侮辱的或辱骂性的语言；⑦在同一场比赛中被两次警告。

三、越位

（一）越位位置

（1）处于越位位置：头部、身体或脚的任何部分都在对手的半场（不包括中场线），并且头部、身体或脚的任何部分都比球和倒数第二名防守球员更靠近对方的球门线。所有球员的手和胳膊，包括守门员，都不在考虑范围之内。

（2）不处于越位位置：球员在本方本场；与倒数第二名的防守球员或最后两个防守球员平齐。

（二）越位犯规

处于越位位置的队员，在同队队员踢或触及球的一瞬间，该队员随时以如下方式参与了实际比赛，则判罚越位犯规；

（1）干扰比赛。在同队队员传球或者触球后得球或触球，从而干扰了比赛。

（2）干扰对方球员。包括：①通过明显阻碍对方队员视线，以阻碍对方队员处理球或影响其处理球的能力；②与对方队员争抢球；③有明显的试图触及离自己位置较近的来球的举动，且该举动影响了对方队员；④做出影响对方队员处理球能力的明显举动。

（3）获得利益。在以下情况发生后触球，从而获得利益或者干扰对方球员：①球从门柱、横梁、对方队员处反弹或者折射过来；②球从任一对方队员有意救球后而来。

处于越位位置的队员在对方队员有意触球（任一对方队员救球除外）后得球，不被视为获得利益。“救球”是指队员用除手臂以外（守门员在本方罚球区内除外）的身体任何部位，阻止将要进入球门或极为接近球门的球。

(三)越位的判罚

1.违规与判罚

对于一方越位犯规,裁判员应判给对方在犯规发生地点踢间接任意球。

2.不犯规

处于越位位置的队员直接接得球门球、界外球、角球,不判越位犯规。

第六章 ▶▶▶
排　球

第一节　排球运动概述

一、排球运动的起源

排球运动于1895年起源于美国，由美国马萨诸塞州霍利沃克城的基督教青年会干事威廉·摩根首创。19世纪末的美国盛行橄榄球、篮球等项目，由于这些运动比较紧张激烈，适合青年人参加，对多数中老年人来说可望而不可即。为此，摩根在经过一段时间的摸索之后，创造了一种较为和缓、活动量适当的运动方式来满足更多人的需要，即在网球场上把球网架在1.98m的高度上，然后让人们用篮球内胆隔着网来回拍打，使其在空中飞来飞去，这就是排球运动最早的雏形。由于篮球和足球质量大，易挫伤手指、手腕，摩根找到当时美国较大的制作体育用品的司保丁公司，要求他们设计一种用软牛皮包制的球，这种球既不伤手指，又不会一打就跑。司保丁公司按摩根的设计要求制作了与现代排球相近的，外表是皮制的，内装橡皮胆的球，其圆周为63.5～68.5cm，质量为255～340g，可以说是历史上的第一批排球。今天排球的大小和质量就是据此演变而来的。

1896年，在美国马萨诸塞州斯普林菲尔德基督教青年会体育指导大会上进行这种游戏的首次表演。当时观看比赛的春田市的哈尔斯戴特博士发现这种打法和网球有些相似，因而建议把这一运动命名为“Volleyball”，即“空中截球”之意。这个名称得到了摩根及表演者的一致同意。于是Volleyball就一直被沿用至今。

1897年7月，美国体育杂志上公开介绍了排球比赛的打法及简单规则，从此排球运动在全美逐渐开展起来。最初的排球比赛场上没有人数的规定，可在赛前双方临时商定，只要双方人数对等即可。排球比赛由于受到各界人士的欢迎,很快得到美国各教会、学校和社会的广泛重视,并被列为美国的军事体育项目。

二、排球运动的发展

美国通过教会的传播和美国军队的军事活动,逐渐把排球运动传播到世界各地。由于各地排球运动的时间及采用的比赛规则不同,所以开展该项运动的形式及运动水平也不尽相同。

排球运动的传播受地理位置的影响。6 人制排球最先传入美洲,1900 年传入加拿大,1905 年传入古巴,1909 年传入波多黎各,1912 年传入乌拉圭,1914 年传入墨西哥,1917 年传入巴西。在美洲各国,人们习惯地将排球运动看作是一项消遣娱乐活动,并没有看重它的体育竞赛性质,直到 1964 年被列为了奥运会项目,排球运动在美洲的关注度得到提高,运动水平也随之提高。

排球运动传入亚洲的时间较早,主要是通过基督教青年会的传播。1900 年传入印度,1905 年传入中国,1908 年传入日本,1910 年传入菲律宾。排球运动在亚洲的发展过程中先后经历了 16 人制、12 人制、9 人制的比赛形式及相应的规则,直到 20 世纪 50 年代初才正式开展 6 人制排球运动。

排球运动传入欧洲的时间迟于美洲和亚洲,是由参加第一次世界大战的美国士兵传入欧洲的。排球运动 1914 年传入英国,1917 年传入法国、意大利、俄国,1918 年传入南斯拉夫,1919 年传入捷克斯洛伐克、波兰,1922 年传入德国。排球运动传入欧洲虽晚,但传入的是 6 人制,而且当时已经成为一项竞技性运动,该项运动很快在欧洲得以发展,技术水平较高,在相当长的一段时间里,欧洲国家的排球运动水平始终在世界排坛上名列前茅。

排球运动传入非洲的时间最晚,1923 年传入埃及、突尼斯、摩洛哥等。由于排球运动在非洲起步较晚,传入后又没能广泛地开展,所以至今非洲的排球技术、战术水平不高。

三、中国排球发展史

据史料记载,排球运动大约是在 1905 年传入中国的。排球运动刚传入我国时,它的最初名字叫“队球”。1949 年以前,我国和亚洲的排球比赛都采用 9 人制的比赛,技术水平较低。

(一)女排

1949 年中华人民共和国成立后,中央政府极为重视体育运动的开展,致力于提高全国人民的健康水平。为了能与国际比赛接轨,更好地与各国人民交往,我国决定采用 6 人制排球。1950 年 7 月在全国体育工作者暑期会议上,中华全国体育总会第一次介绍了国际排联制定的 6 人制排球竞赛规则和方法。同年 8 月组成第一支男子排球队——中国学生代表队,赴布拉格参加世界学生第二次代表大会的排球赛。1951 年我国正式成立了国家男、女排球队。

1953 年我国成立排球协会,1954 年国际排球联合会正式接纳我国为正式会员国。排球进入 20 世纪 60 年代,我国各大行政区已不再局限在模仿学习上,而是在学习的基础上,开始发展自己的特点,形成了自己的风格,也是这一时期,我国的排球运动有了较快的发展。

20世纪60年代在党中央领导的大力支持下,我国开始向日本女排学习,经过10多年的发展也终于在1981年中国女排在东京的第三届世界杯女排比赛中,首次夺得世界冠军。

1976年,国家体育运动委员会重新组建中国国家男女排球队,任命袁伟民为中国女排主教练,戴廷斌为中国男排主教练,随后逐步总结和学习各国的先进经验和理论战术打法,尤其是随着中国第一强攻手——郎平的出现使得中国女排开始书写一个又一个的神话。

(二)男排

中国男排成立后积极吸取世界排球技、战术精华,开始在世界排坛崭露头角,汪嘉伟还曾获得了“网上飞人”的美誉。1981年3月,在香港举行了世界杯预选赛,在中国男排获得世界杯出线权,随后在同年举行的世界杯比赛中再获第5名,中国男排的世界排名从第9名升至第5名,亚洲排名从第3名升至第1名。此时男排所具备的实力已能与世界强队抗衡,达到了我国男排的鼎盛时期。

1979年,组建3年的中国男、女排球队,双双获得了亚洲冠军,结束了日本女排蝉联20年冠军的历史,并获得了参加1980年奥运会的资格,在真正意义上实现了“冲出亚洲,走向世界”的愿望。

不过在20世纪80年代初期,正当世界排球运动迅猛发展的时候,中国的男子排球运动却出现了滑坡。最先表现在中国男排的名次下滑,1983年中国男排在亚洲锦标赛上失去了进入奥运会的资格,虽然1984年由于东欧等国家抵制洛杉矶奥运会,中国男排获得了参赛资格,但在6场比赛中,仅胜1场,名列第8。

随后中国男排也一直在世界排坛上没有再取得辉煌,目前中国男排存在的三大软肋是:技术与基本功脱节,打法简单,没有形成自己的独特风格;国际大赛经验太少;在关键比赛中,球员心态出问题,丢掉关键分。经过多年的卧薪尝胆,中国男排再度参加世界排球联赛,提出“两个一”目标:胜一局,赢一场。中国男排面对世界锦标赛亚军波兰队时,以2∶3落败,拿下两局。在与世界排位比自己高出7位的阿根廷队的比赛中,仅用66分钟就以3∶0获得胜利,实现了“两个一”目标。

第二节 排球运动的锻炼价值

排球运动是人们比较熟悉和喜欢的运动项目之一,它对场地设施要求不高,参加者不受年龄、性别的限制,可根据自己的体力来控制运动量。经常参加排球运动锻炼,能促进身体的全面发展,增进内脏器官的功能,提高弹跳、灵敏、耐力、速度、力量等身体素质以及应变能力。此外，它还可以培养人们团结奋斗的集体主义精神、精确快速的判断能力以及勇猛顽强、坚毅果断等意志品质。

第三节 排球运动技战术

一、排球技术

（一）准备姿势

一种为平行站立法，即两脚开立，脚尖稍向内，脚跟提起，着力点在前脚掌内侧，两膝半蹲稍内扣，膝垂线超出脚尖，重心落于两脚之间，上体适当前倾。两手置于腹前，两眼注视来球，保持随时起动状态，并用余光注意场上队员位置，及时调整站位。另一种为两脚前后错开站法，习惯右手的人，左脚前出约一脚距离，右脚跟提起。

（二）移动

移动的目的是使身体接近球并做好准备姿势。当准确判断后，根据来球距离、速度的不同，采取相应移动步法，快速移动。通常采用的移动步法有下面几种。

(1)并步法。当来球距身体约一步时适合采用这种方法。移动时前脚先向前或向两侧迈出一步（步幅大小根据情况而定），同时后脚向前用力蹬地，或向两侧用力蹬地。当前脚落地后，后脚迅速并上成接球前的准备姿势。

(2)跨步法。当来球较低、离身体 1m 左右的距离时可采用这种方法。移动时，一脚支撑并蹬地，另一脚向来球方向跨出一大步。跨出脚的同时膝部要深蹲，重心移至跨出的腿上，上体前倾，胸部几乎贴近大腿，臀部下降，手臂自然伸直或随着重心前移而跟着上步成接球的准备姿势。

(3)跨跳法。当来球离身体 3m 左右距离时，为了迅速接近来球，可用跨跳步法。跨跳时，两脚用力蹬地，使身体有腾空动作。当身体向移动方向跃出的同时，两臂在体侧向前摆动，以带动身体更快更远地向前跨跳。要向远处跨跳，切忌向高跨跳。当跨跳腾空后，后脚要迅速向前伸出首先落地，前脚随后落在后脚的前面。接着两腿深蹲，重心下降，使身体移到球的下面。保持全蹲姿势，准备接球。为了减少向前的冲力和保持身体的平稳，在跨跳后两脚要分开站立，要比肩稍宽。

(4)滑步法。当球距身体较远时，可用滑步移动。移动时，两膝弯曲，两前脚掌用力蹬地，重心向侧移动，移动方向一侧的脚先向侧方迈出一步，另一脚迅速滑动跟上成准备姿势。

如果距离较远,可用连续滑步。

(5)交叉步法。当来球在体侧或体前侧距离较远时,就可采用交叉步。若向右移动,身体稍向右转,左脚从右脚前面向右交叉迈出一大步,然后右脚再向右边跨出一步,落在左脚的侧面,同时身体转动对准来球方向,保持传球前的准备姿势。向左移动时,动作方向相反。

(6)跑步法。当球的落点距身体很远,运用其他移动步法不能接球时,就要采用跑步法。跑步前,要判断好来球的方向和落点,两腿用力蹬地,迅速起动。为了增加速度,两手臂用力摆动,加快步子,争取跑到球的落点位置,并逐渐降低重心(最后也可用跨跳法降低重心),保持好击球的准备姿势。跑动时,眼睛要注视来球方向。若球落在身后,应边跑边转身去追球。

(7)后退法。移动时,身体保持稍低的姿势,两脚交替快速向后退步,重心应保持在前面。

以上步法也可以在实践中结合在一起运用。

(三)发球

发球是比赛中每个回合争夺的开始,也是进攻的开始。发球可以直接得分,可以破坏对方的战术意图,还可以起到先发制人的作用。发球的方法很多,有上手发球、勾手发球、正面上手发飘球、跳发球等。

1. 上手发球

这里主要介绍正面上手发球。这种发球便于观察对方,容易控制球的落点。发球时可以利用屈体动作,使发出球的力量大、速度快、弧度平,如使球旋转,就更可增加攻击性。身材高大、手臂爆发力强的队员,采用这种发球更有威胁性。

(1)准备姿势:发球前,在发球区选好位置,面对球网站立,左脚在前,右脚在后,两膝微屈,重心落在后脚上,左手持球置于胸前,要观察对方的站位布局,选定自己的攻击目标。

(2)抛球:发球时,左手将球平稳地向右肩的前上方抛起,高度适中。

(3)挥臂击球:击球臂自后向前弧线挥动,击球时,五指张开,用全手掌击球的后中部,手腕有向前的推取动作。

(4)击球后动作:击球后迅速进场,准备防守。

2. 勾手发球

这种发球速度快、力量大、弧度低,并能发出具有各种旋转性能的球,会给对方心理上造成很大威胁,适合于体力好、力量大、爆发力和协调性强的队员。

(1)准备姿势:左肩对网(以右手发球为例),两脚左右开立与肩同宽,左脚稍前,重心稍偏于右脚上,左手持球于腹前。

(2)抛球:将球垂直、平稳地向左侧前上方抛起,高度应在最高击球点上空约 30cm。

(3)挥臂击球:在抛球的同时,身体重心下降并迅速向右脚移动,以带动放松的手臂向侧后方摆动,同时做挺胸动作。击球时,右脚用力蹬地,重心移至左脚上,同时利用向左转体的协调力量迅速挥臂于最高点,用手掌对准球的后中下部带有推压动作将球击出。在击球的一刹那，迅速收腹压体，并继续挥臂，加大击球力量。

(4)击球后动作：迅速进场，准备防守。

3. 正面上手发飘球

这是一种发球时不使球产生旋转而使球不规则地向前飘晃飞行的一种方法。发球队员面对球网站立，便于观察，故准确性高，也容易寻找对方的弱点。

(1)准备姿势：同正面上手发球。

(2)抛球：比正面上手发球稍低并稍靠前。

(3)挥臂击球：同正面上手发球，但击球前手臂挥动应自后向前做直线运动。击球时，五指并拢，手腕稍后仰，用指根的坚实平面加速击球的后中下部，作用力通过球体重心，击球用力短促、集中，击球面积要小，击球结束时手臂要有突停动作。

(4)击球后动作：完成击球动作后应迅速进场，准备防守。

4. 跳发球

跳发球技术是通过抛还需、助跑、击跑等动作，充分利用腰腹力量和手臂鞭打，全手击球的中下部，使球加速上旋向下飞行的一种发球方法。要求运动员必须具备良好的弹跳力、腰腹肌力、爆发力、上肢力和动作速度。

(1)准备姿势：自然站立，单手或双手持球于腹前，注意观察场上情况。

(2)抛球：助跑迈出第一步的同时将球高抛在右肩前上方，落点在助跑线上，高度和距离要符合个人特点，以跳起最高点击球为准。抛球离手瞬间可加手指手腕动作，使球在空中产生旋转。紧接着，迈出第二步，两臂自然摆动，眼睛注视球，最后右脚跨出一大步，两臂在体侧划弧摆动，并使左脚迅速跟上，屈膝蹬地跳起，使身体腾空。

(3)击球：腾空后，加大挺身屈腹，使身体呈反弓状。右臂屈肘上举，手掌自然张开。当身体在最高点时，以猛烈收腹和提肩带动手臂向前方挥动，在手臂伸直的最高点，用全掌击中球的后中下部，击球点不宜靠前。触球瞬间手掌包满球，并主动屈腕推卷，使球快速向前旋转。击球后，身体可随球飞行落入场内，落地时要注意平衡，防止受伤。

(四)垫球

垫球是排球运动的基本技术之一，是用手臂或手的坚硬部位击球后中下部，利用来球的反弹力向上击球的技术动作，是接发球和接扣球的主要方法。

1. 正面双手垫球

正面双手垫球是各项垫球技术的基础，适合接速度快、弧度平、力量大、落点低的各种来球。

(1)准备姿势：正面对准来球方向，两脚开立稍宽于肩，左脚在前，右脚在后(在右半场防守时右脚在前，左脚在后；在场地中央防守时，可两脚平行开立)，脚跟提起，前脚掌着地，两膝弯曲微内收，膝部垂直面应超出脚尖。上体前倾，重心降低，并置于前脚掌的大脚趾根部，两肩的垂直面超出膝部。两臂微屈内靠，两臂自然下垂，两手置于腹前，两眼注视来球，两脚要保持“静中待动”的状态，随时准备移动。

（2）击球动作：身体对正来球方向后，手臂迅速插入球下。击球时，蹬腿提腰，重心随之前移，同时与两臂相夹、挺胸收肩、压腕抬臂等动作密切配合，将球准确地垫在小臂上。在垫击的一瞬间，两臂要保持平稳固定。击球时，身体和两肩要有自然的随球伴送动作，以便控制球的落点和方向。

（3）击球手形：一种是两手手指互靠，指根紧靠，合掌互捏，两拇指朝前；另一种是两手抱拳互提，两拇指平行朝前。两臂自然伸直，小臂稍外展靠拢。手腕下压，手腕关节以上的前臂形成一个垫击的平面。

（4）击球点和前臂触球的部位：正面双手垫球的击球点一般保持在腰腹前的一臂距离。用前臂腕关节以上10cm左右桡骨内侧平面触球的后下部为宜。击球部位过高，既不便于控制球，又易造成“持球”“连击”犯规；击球部位过低，垫在虎口上，球易乱飞。

（5）击球用力：如来球的力量小或垫出的球距离远，垫击必须加上抬臂动作，给球以反击力；如来球的力量大或垫出的球距离近，则只需轻轻一垫，靠反弹力垫起。有时来球力量很大，为了缓冲来球的力量，手臂还需顺势后撤，加上含胸收腹的协调用力，使球得到缓冲而垫出。一般来说，垫球的用力大小与来球的力量成反比，与垫出球的距离成正比。

2. 体侧垫球

来球飞向体侧来不及移动正对来球方向时，即要采用体侧垫球。如球从左侧飞来，左脚往外跨出一步，右脚前掌内侧蹬地，重心随即移至左脚上，左膝弯曲。同时两臂向左边伸出，右肩微向下倾斜，使两臂击球面截住球飞行的弧线，两前臂并拢成一平面。一定注意使该平面对准来球，异侧的前臂触球的底部。用力时，腰部要发力。重心内转，两肩向前用力，稍有迎击动作，将球垫出。

3. 跨步垫球

跨步垫球时，要看准来球落点，向前跨出一大步，屈膝深蹲，重心落在跨出的腿上，上体前倾，塌腰收肩，胸部几乎贴近大腿，臀部下降，后腿自然伸直或随着重心前移而跟着上步。接近球的落点时，两臂前伸插入球下，等球下落接近地面时用前臂和手腕部位击球的底部。可伴有翘腕动作，将球向上垫起。如果来球在体侧时，与球同侧脚向侧面跨出一大步，重心落在跨出腿上，成为弓箭步，两臂插到球下，用前臂击球，对准出球的方向，将球垫起。

（五）传球

传球是用手指手腕的动作来完成击球的。双手控制球的面积大，且手指手腕灵活，感觉敏锐，故容易掌握球的方向、速度和落点，从而大大提高了传球的准确率。传球的种类很多，有正面双手传球、背传球和侧传球等。正面双手传球是最基本的，只有打好这一技术基础，才能进一步掌握和运用其他各种传球技术。

1. 正面双手传球

正面双手传球控制球的面积大，手和全身动作容易协调配合，稳定性和准确性高。向前传球是传球的基础动作，传球前必须及时移动到适当位置，保持好人与球的合适位置。

(1)准备姿势：稍蹲，身体站稳，上体适当挺起，抬头看球，双肘弯曲，双臂抬起，两手置于脸前。

(2)手形：当手触球时，两手自然张开成半球形，使手指与球吻合，手腕后仰，以拇指、食指和中指托住球的后下部，手指手腕保持适当紧张，由两手的拇指、食指组成"八"字形，以承担来球的主要冲力。传球时用拇指内侧、食指中部、中指的二、三指关节触球。无名指和小指在球的两侧辅助控制传球方向，两肘适当分开，保持手形正确。

(3)迎球：当来球接近额前时，开始蹬地、伸膝、伸臂，两手微张，从脸前向前上方迎球。

(4)击球：击球点应保持在额前上方一球距离处。击球部位视传球要求而定，一般在球的后下方，在手触球之前，肘关节应保持一定弯曲，便于击球时前送。

(5)用力：传球的力主要是靠伸臂力量，加上蹬地的力量，通过球压在手上使手指手腕产生反弹力将球传出。

2. 背传球

背传球的准备姿势：上体比正传时更直。迎球时，抬上臂，身体重心稳定在两脚之间，上体后仰，不偏前，双手自然抬起，手腕后仰，掌心向上，击球的下部，击球点应保持在额上方，背传用力靠蹬脚、展髋、抬臂伸肘，通过手指弹力把球向后上方传出。其中拇指用力更大些，以利于向后上方传出。手腕也要始终保持后仰，不得用主动屈指、屈腕的动作传球，传球后应立即转身去接应保护或做其他动作。

3. 侧传球

侧面传球动作基本上与正面双手传球动作要领相同，只是用力时双臂要向传出方向一侧伸展，传球方向的翼侧手臂要更大伸展和用力，同时伴随上体向传出方向侧屈。

(六)扣球

扣球是排球比赛中得分和获得发球权的主要手段，是完成全队战术配合的最后一击，是能否取胜的关键，在比赛中占有重要的地位。扣球技术有很多种类，可分为正面扣球和扣快球等。

1. 正面扣球技术动作(以右手扣球为例)

这种扣球方法按其动作结构可分为准备姿势、助跑、起跳、空中击球和落地等动作。

(1)准备姿势：扣球助跑前，采用稍蹲准备姿势，两臂自然下垂，站在离球网3m左右处，观察来球，做好向各方向助跑的起跳准备。

(2)助跑：助跑可根据球的远近和个人习惯采用不同的步法，一般采用两步助跑。助跑时，身体重心先前倾，随之左脚向前迈出一步，右脚迅速蹬地向前跨出一大步，并用脚跟过渡到全脚掌着地，左脚及时跟上，踏在右脚之前，两脚与肩同宽，身体重心随之下降，两膝弯曲，当右脚脚跟着地时，手臂在后面处于最高位置，准备起跳时的摆动。由于传球的落点不同，所以扣球队员必须选择不同助跑路线。助跑的方向、步法、速度、节奏要根据来球的方向、高度、弧度、速度而定，应力求灵活。总体来说，助跑速度应由慢到快，助跑步幅应由小到大。助跑过程中重心应平稳地由高到低，制动后停顿时间要短，使助跑和起跳动作紧密衔接，协调连贯。

(3)起跳:起跳的目的不仅是获得高度,也是为了掌握扣球的时机和选择适当的击球位置。助跑最后一步,当左脚踏地的同时,后引的两臂应经体侧由下向前摆动,随着双腿蹬地伸膝的同时,两臂要有力地屈肘上摆,帮助身体重心向上升起。

(4)空中击球:起跳后要挺胸展腹,上体稍向右转,右臂要向后上方抬起,身体成反弓形,挥臂时以迅速转体收腹发力,以此带动肩、肘、腕各部关节成鞭甩动作向前上方挥动。击球时,五指微张呈勺形,以全掌包住球,掌心为击球中心,击球的后中部,并主动用力屈腕屈指向前扣腕,使击出的球产生强烈的前旋。击球点应保持在起跳后手留伸直最高点的前面,近网扣球时,击球点应略稍前,远网扣球时击球点应保持在右肩上方,扣直线球击球点应靠左,扣斜线球时击球点应靠右。

(5)落地:由于击球时右肩抬得较高,所以下落时往往是左脚先着地。为了避免左脚负担过重,应力争双脚同时着地。落地时以前脚掌先着地再过渡到全脚掌着地,同时顺势屈膝、收腹,以缓冲下落力量,并立即做好下一个动作的准备。

2. 扣快球

快球是扣球队员在二传传球前或传球同时起跳,并迅速把球击入对方场区的击球方法。快球是我国传统的打法,它的特点是速度快、突然性大、牵制能力强,有利于争取时间和空间,达到突然袭击的目的。打快球时,助跑步伐要轻松、快速、灵活、有节奏,浅下蹲,快起跳,上体和挥臂动作要小,用前臂和手腕加速甩动击球。下面以近体快球为例介绍。

在二传队员附近约50cm处扣的快球,叫近体快球。近体快球特点主要是进攻速度快,常常使对方来不及拦网和防守。近体快球不但进攻效果好,而且具有较强的掩护作用,是副攻手必须掌握的技术。

近体快球的助跑路线一般同网的夹角保持在45°左右为宜,助跑时要随一传传出的球同时到网前,当球落在二传队员手上时,扣球队员应在二传体前约一臂距离处迅速起跳,快速挥臂,将刚传出网口(球网上沿)的球扣过网。击球时,利用含胸收腹动作带动前臂和手腕迅速挥动,以全手掌击球的后上方。

(七)拦网

拦网是防守反攻系统的第一道防线,是得分和获得发球权的重要手段。正确地掌握和运用拦网技术,能有效地使防守迅速转为进攻。特别是当前世界排球运动正朝着快速多变、强攻等方向发展,随着扣球的力量、速度和高度的日益加强,因此如何迅速提高拦网技术水平,成为今后研究的重要课题。

成功的拦网可以直接拦死或拦回对方的进攻,使本方变被动为主动,还可以将对方的扣球拦回,为后排防守减轻压力。成功的拦网还可以削弱对方进攻锐气,动摇对方信心,给对方造成很大的心理障碍。拦网水平的高低直接影响着比赛的胜负。

拦网有单人拦网和集体拦网。单人拦网是集体拦网的基础,其动作结构可分为准备姿势、移动、起跳、空中击球和落地5个互相衔接的部分。

(1)准备姿势:队员面对球网,两脚平行开立,约与肩同宽,距球网30～40cm。膝关节稍屈,上体适当前倾,两臂自然弯曲,手放在胸腹之间,随时准备移动起跳。

(2)对准扣球点的移动步法有以下几种。

并步与滑步:(以向右移动为例,下同)在距离较近时,面对球网,右脚向右横跨一步,左脚并上同时起跳。连续的并步移动,就成了滑步。这时需注意,身体重心不要起伏过大,以免影响移动的速度。

交叉步:在距离稍远时,身体稍向右转,重心移至右脚上,然后左脚经体前交叉落在右脚左前方,重心随之落于左脚。同时右脚向右跨出一步,脚尖稍内转,使两脚平行,并与肩同宽,正面对网。

垫步:移动距离较远时,采用多步助跑。助跑时侧面对网,最后一步以左脚跨出做制动,右脚再向右跨出一步,脚尖内转,随即起跳。如来不及转动右脚尖,亦可以边跳边转体,只要做到拦网时正面对网即可。

(3)起跳:原地起跳时,重心降低,两膝弯曲用力蹬地,同时两臂在体侧屈肘做划弧摆动,使身体垂直起跳。屈膝下蹲的深度,可因人而异,腿部力量大的人可以蹲得低一些,腿部力量小的人可以蹲得高一些,应以发挥最大的弹跳力为原则。拦网起跳的时机应根据对方扣球变化而有所不同,一般应比扣球队员起跳晚半拍,但拦快球时应与扣球者同时起跳。

(4)空中击球:起跳时,两手经额前向网上沿的前上方伸出,两臂贴耳伸直,两肩上提,以提高拦网点。两手间的距离不能超过球的直径,并要尽力接近球的上空。拦网时两手自然张开,手腕后仰,手指微屈,分开呈勺形,以便包住球。当手触球时,两肩上送,两手突然紧张,手腕用力下压,盖住球的前上方。为了防止扣球打手出界,应在对方扣球线路的方向上,手腕稍向内转动,并尽力将球拦于对方场内。拦远网球时,可以不做压腕动作,尽量向上仰直手臂、手腕,以提高拦网点。如果拦网的高度较低,可用后仰手腕的办法,争取把球挡起来,防止被对方打超手。

(5)落地:空中动作完成,身体自然下落,微收腹,双脚以前脚掌同时落地,膝关节弯曲以缓冲落地的重力,身体任何部分不得碰网,随后迅速转身,做下一个动作的准备。

二、排球战术

(一)个人战术

个人战术不但是集体战术的组成部分,还可以提高个人技术动作效果,补充集体战术的不足。个人战术有发球、一传、二传、扣球、拦网及后排防守等。

1. 发球个人战术

(1)加强攻击性的发球。

(2)控制落点的发球。

(3)发给一传差、信心不足、刚换上场的队员。

2. 一传个人战术

(1)根据本队进攻战术的需要,垫出各种不同弧度、速度的球。

(2)二次球或转移。

(3)当对方传、垫球过网时,一传可用上手传球组织快速反击或直接传给主攻手扣两次球。

(4)向对方场区直接垫球得分。

3. 二传个人战术

二传个人战术的基本任务是有效地组织进攻战术,利用空间和动作上的变化,给扣球队员创造有利的进攻条件。二传动作有多种变化,主要包括假动作、晃传和隐蔽传球等,以达到预期的战术目的。

(1)根据本方队员的特点,掌握好集中与拉开、近网与远网、弧度高与低等传球。

(2)根据对方拦网的部署,二传队员传球时,可尽量避开拦网强的区域。

(3)通过隐蔽性传球迷惑对方,以便进行突然性攻击。

(4)根据临场一传的情况,到位或不到位、高球或低球等来合理运用技术和组织战术。

4. 扣球个人战术

扣球既是个人战术的体现,又是集体配合。球的成败与个人战术的运用有直接关系。

(1)灵活运用扣球路线的变化,避开拦网的扣球。

(2)利用击拦网队员手的扣球(打手出界)。

(3)根据临场情况采取扣、吊结合,运用突然单脚起跳或原地起跳扣球,以达到避强打弱的目的。

5. 拦网个人战术

拦网的个人战术是通过时间、空间和动作的变化以及准确的判断等因素来实现的。

(1)佯拦直线实拦斜线、佯拦斜线实拦直线或正拦侧堵、侧堵正拦。

(2)发现对方要打手出界或平扣,则在空中及时将手撤回,造成对方扣球出界。

(3)发现对方轻扣或吊球时,可做拦网假动作实际后撤防守。

(4)根据对方情况,可采用盯人拦网战术。

6. 防守个人战术

防守个人战术主要体现在防守的意识上。善于做出正确的判断,选择有利位置,采用合理的接球动作,以保证组成战术的需要。

(1)根据二传队员的取位和球的落点,预判来球选择最佳位置,垫球到位。

(2)根据对方队员的进攻特点,采取相应的防守行动。

(3)根据对方扣球队员的挥臂动作、扣球手法的变化和本方拦网队员的封网位置,预判球的路线,采取灵活的防守位置。

(二)接发球战术

1. 接发球站位阵形

接发球站位阵形主要有 5 人接发球、4 人接发球、3 人接发球 3 种方式。下面重点阐述4 人接发球和5人接发球站位阵形。

(1)4人接发球站位。为了快速有力地组织进攻,可采用这种接发球阵形。一般在插上进攻战术中运用,为了缩短时间,队员可与同列前排队员站在网前不接发球,余下4个队员站成半弧形接发球阵形(图6-1)。

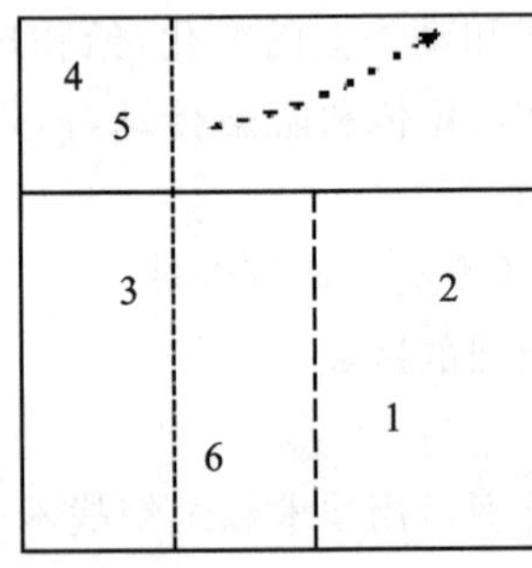

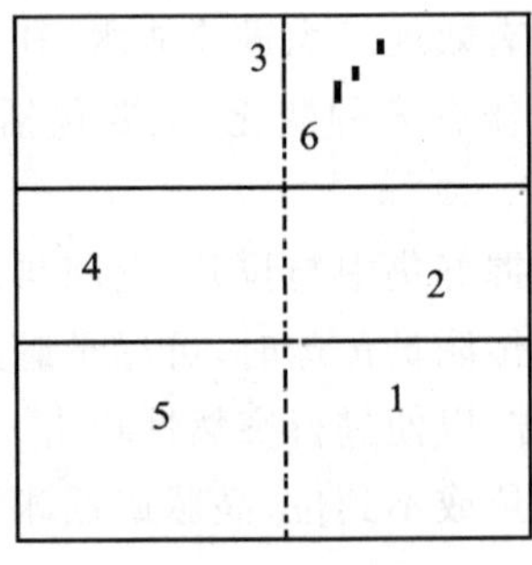

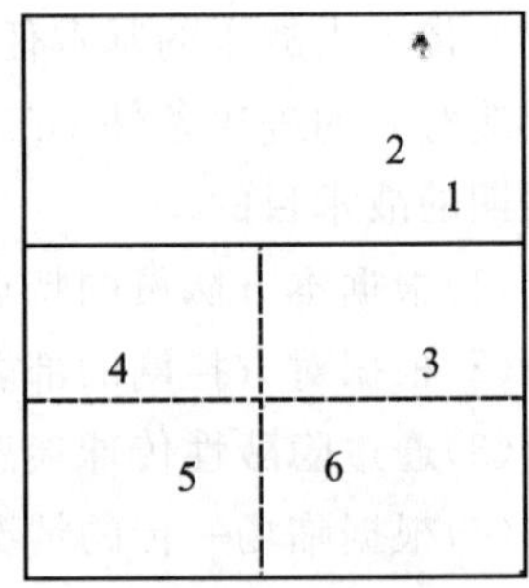

图6-1 4人接发球站位

(2)5人接发球站位。在采用"中一二"和"边一二"进攻战术时,接发球可站成"一三二"阵形,也称"W"形(图6-2)。如对方发球落点比较分散,可站成"一二一二"接发球阵形,也称"M"形(图6-3)。如对方发大力球或平冲飘球,落点集中在后场区时,可站成"一"字接发球阵形(图6-4)。

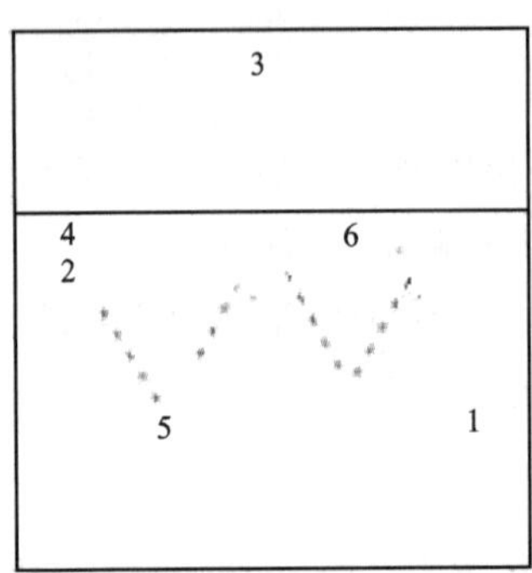

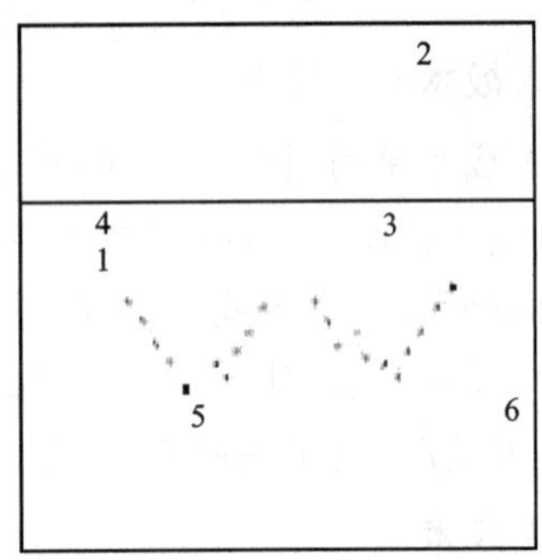

图6-2 "一三二"接发球阵形

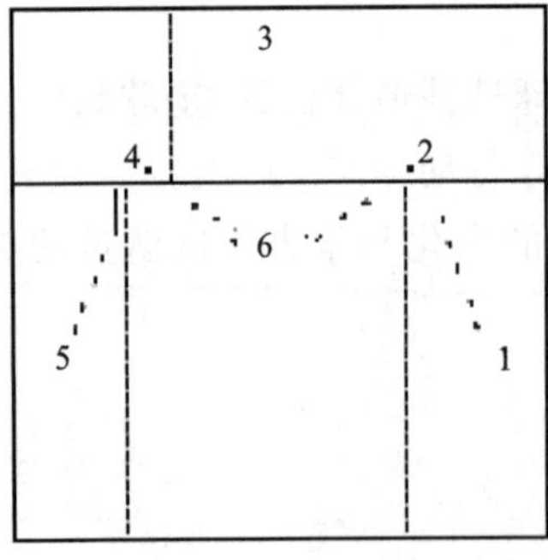

图6-3 "一二一二"接发球阵形

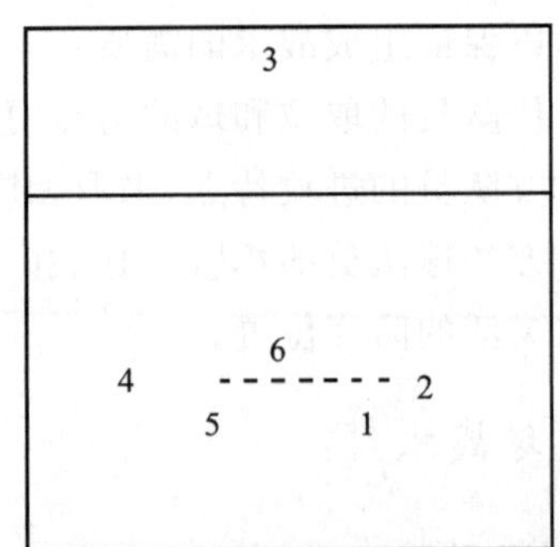

图6-4 "一"字接发球阵形

2. 接发球进攻战术

进攻战术主要有“中一二”“边一二”和“插上”等战术形式。运用这些战术形式可以组织出各种各样、丰富多彩的战术变化。

(1)“中一二”进攻战术。由三号位队员作二传,四、二号位队员进攻的形式称为“中一二”进攻战术(图 6-5)。这种进攻战术简单易学,适合于技术水平较低的队采用。它的缺点是两点进攻,战术变化少。“中一二”进攻的战术变化如下:定位进攻,即由三号位二传队员传给四号,但和二号位队员集中或拉开进攻(图 6-6);一点定位,另一点跑动换位进攻,即四号位队员定点进攻,二号位队员跑动换位进攻。

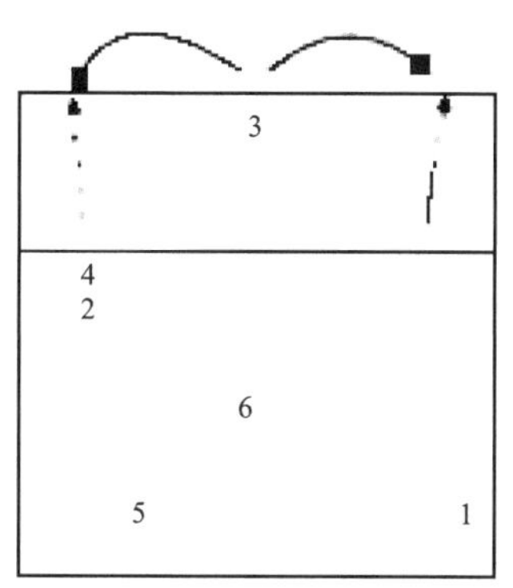

图 6-5 “中一二”进攻战术

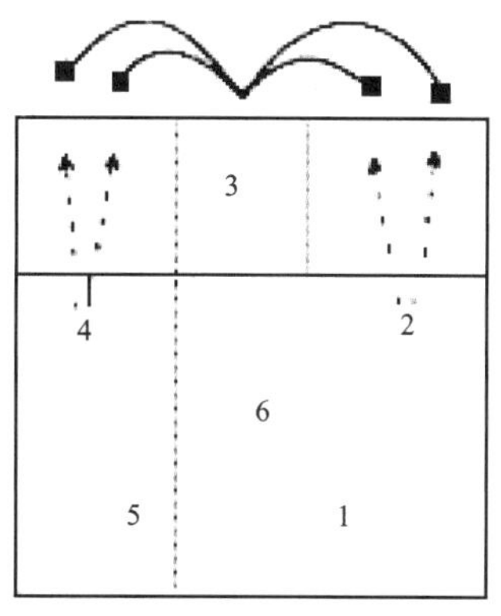

图 6-6 “中一二”进攻战术

(2)“边一二”进攻战术。二号位队员作二传,三、四号位队员进攻的形式称为“边一二”进攻战术。这种进攻战术简单易学,比“中一二”战术变化多,但要求一传到位率高。“边一二”进攻战术变化如下:① 定位进攻,即四号位队员扣集中或拉开球,三号位队员扣近体快球或短平快球(图 6-7);② 一点定位,另一点跑动换位进攻,即四号位队员扣定位球,三号位队员跑动到二传背后扣背快球或半高球(图 6-8);③“后排插上”进攻战术。后排一号位、六号位或五号位队员由后排插到前排作二传组织进攻的形式称为“后排插上”进攻战术(图 6-9)。这种战术的特点是保持前排三点进攻,可组成多种战术变化,是现代排球先进战术形式之一。

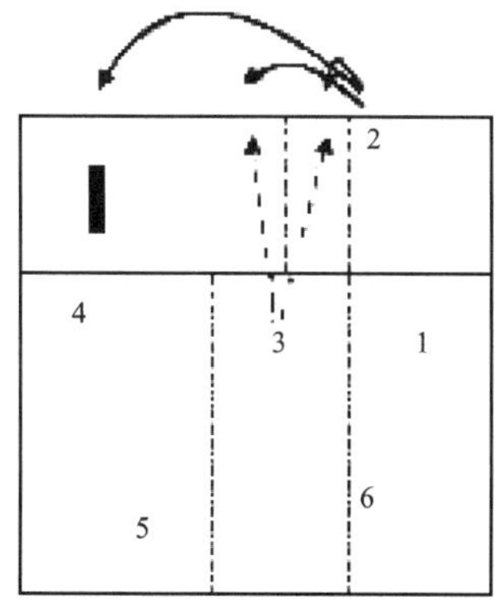

图 6-7 “边一二”进攻战术(一)

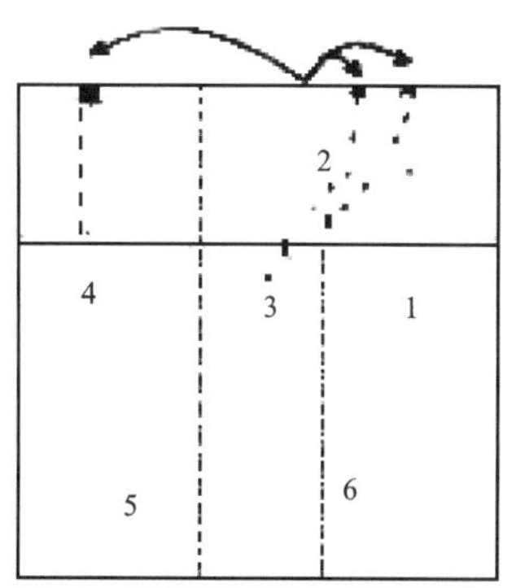

图 6-8 “边一二”进攻战术(二)

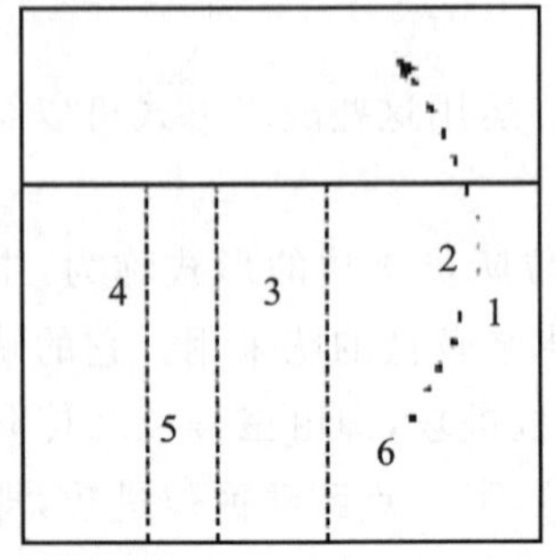

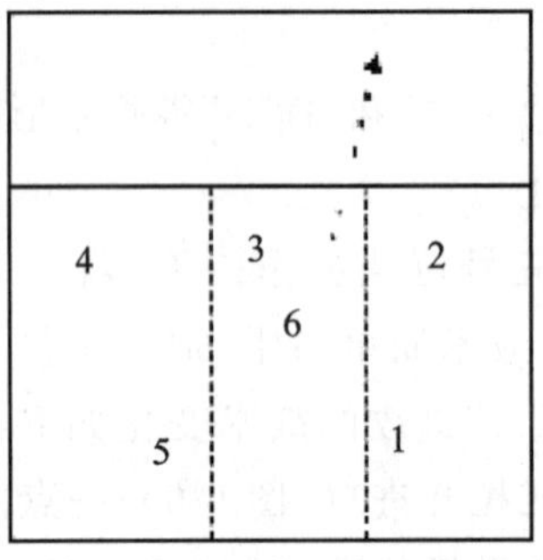

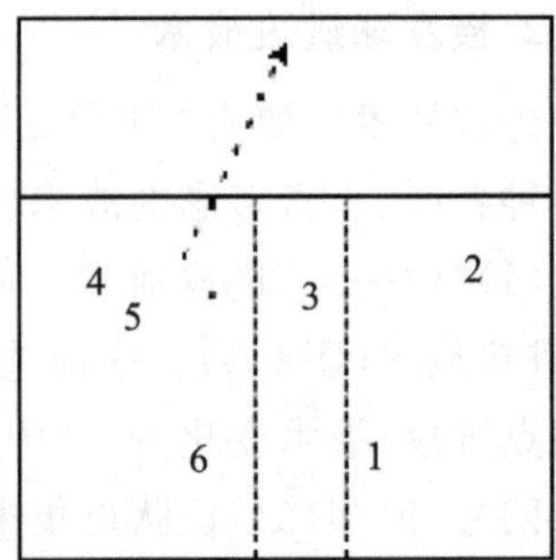

图 6-9 “后排插上”进攻战术

后排插上进攻战术变化如下。

示例一:掩护进攻(图 6-10)。三号位队员扣快球或快球掩护,二、四号位队员拉开进攻。

示例二:交叉进攻(图 6-11)。三、二号位队员“后交叉”“假交叉”“反交叉”进攻,四号位定点强攻。

在实战中,进行近体快、短平快或背快球进攻时,均可接扣和掩护,做到真假虚实结合。还可与时间差、位置差、空间差等进攻相结合,使接发球进攻战术配合更加丰富多彩。

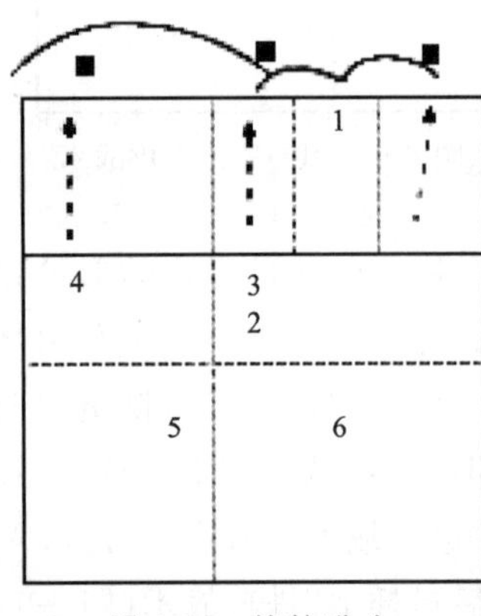

图 6-10 掩护进攻

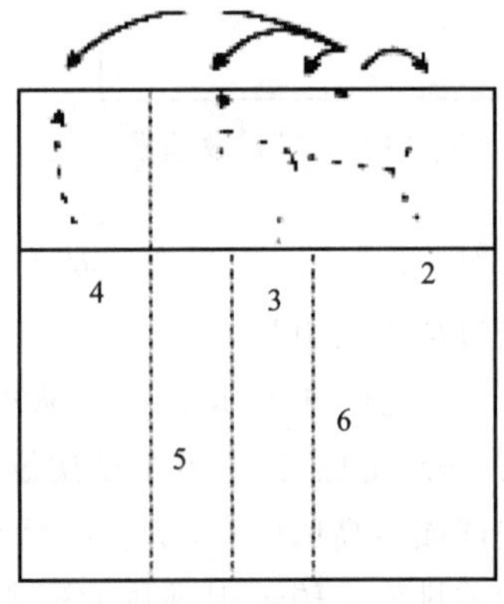

图 6-11 交叉进攻

3. 接扣球战术

1)接扣球防守阵形

(1)拦网。拦网是防守的第一道防线,又是反攻的前沿,具有网上防守与进攻的双重作用,是得分或获得发球权的重要手段。拦网应根据对方的战术,采用相应的拦网对策。如单人拦网、集体拦网、人盯区拦网、人盯人拦网、换人拦网等战术,以达到理想的拦网效果。

(2)后排防守。后排防守要根据前排队员拦网人数、战术等不同情况,采用不同的防守阵形。

单人拦网时的防守阵形。前排采用与对方扣球队员相对位置拦网时,如对方四号进攻,本方二号位队员拦网,后排防守阵形如图 6-12 所示。本方三号位队员拦网时,后排防守阵形如图 6-13 所示。

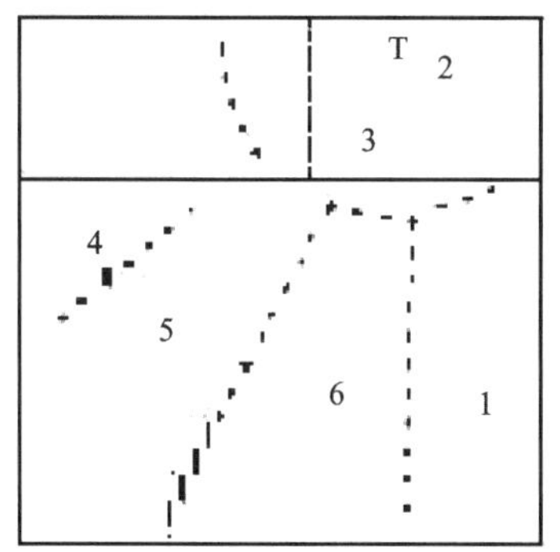

图 6-12　单人拦网时后排防守阵形(一)

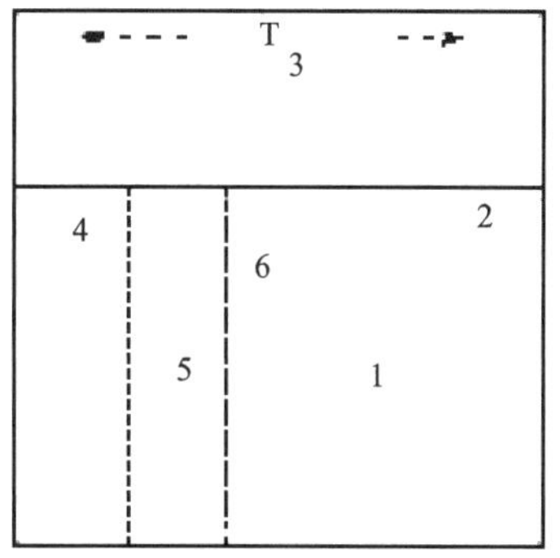

图 6-13　单人拦网时后排防守阵形(二)

双人拦网时的防守阵形。"边跟进"防守阵形:此阵形也称"马蹄形"或"一、五号位跟进"防守阵形。如对方四号位进攻,则采用本队一、四号位队员双人拦网,一号位队员活跟保护拦网,四号位队员后撤与五、六号队员共同组成后排防守阵形(图 6-14)。这种防守阵形一般在对方进攻强、战术变化多、吊球少时采用。它的弱点是场区中间空隙较大。"心跟进"防守阵形:此阵形又称"六号位跟进"防守阵形。如果对方四号位进攻,本队二、三号位队员双人拦网时,六号位队员跟上保护拦网,四号位队员后撤,与一、五号位队员共同组成后排防守阵形(图 6-15)。这种防守阵形,一般在对方打、吊球结合,而本方拦网能力较强的情况下采用。它的缺点是后场中间和两腰容易形成空场。

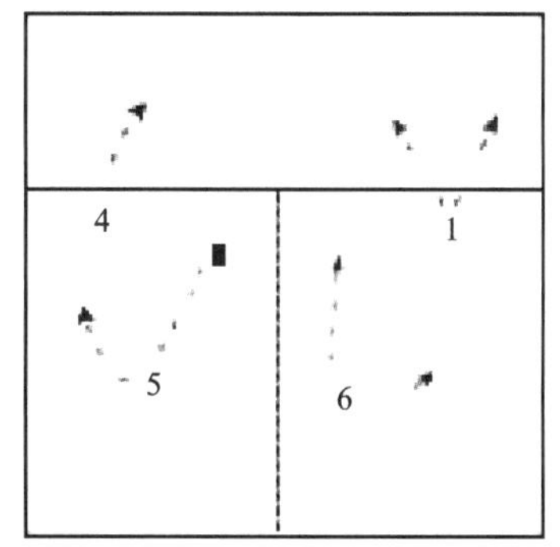

图 6-14　双人拦网时后排防守阵形(一)

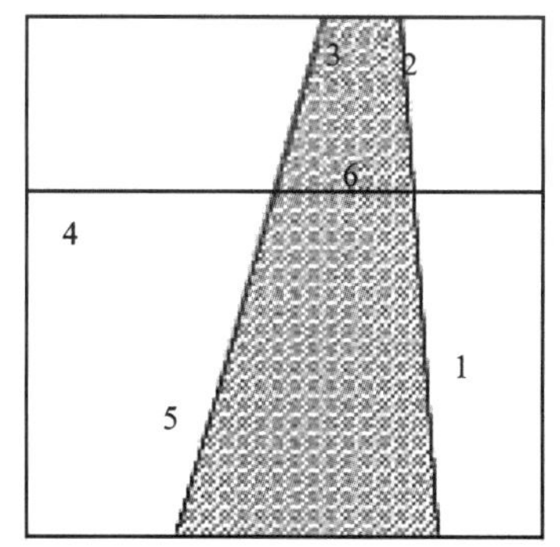

图 6-15　双人拦网时后排防守阵形(二)

2)接扣球进攻(也称"防反")

接扣球进攻难度较大,在比赛中出现次数多,是得分的主要手段。对比赛的胜负起着十分重要的作用。不论是拦起的球,还是后排防起的球,二传或接应二传力争将球调整给前排适合进攻的队员,进行反攻。

示例一:六号位队员将球防起垫到一号位附近,由一号位队员或二传队员调整给四号位进攻(图 6-16)。

示例二:五号位队员将球防起基本到位,由二传队员组织进攻(图 6-17)。

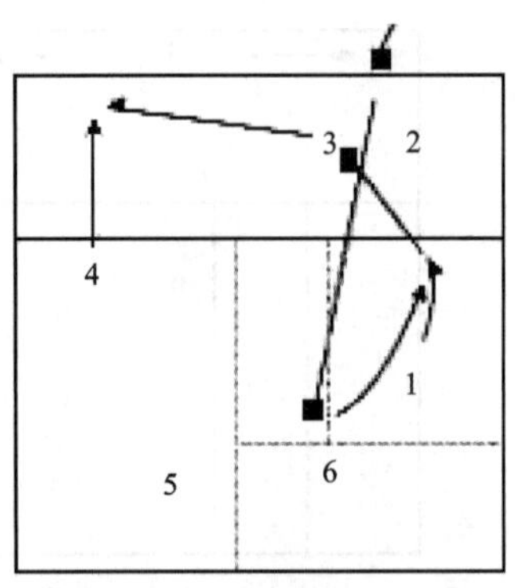

图 6-16 接扣球进攻阵形(一)

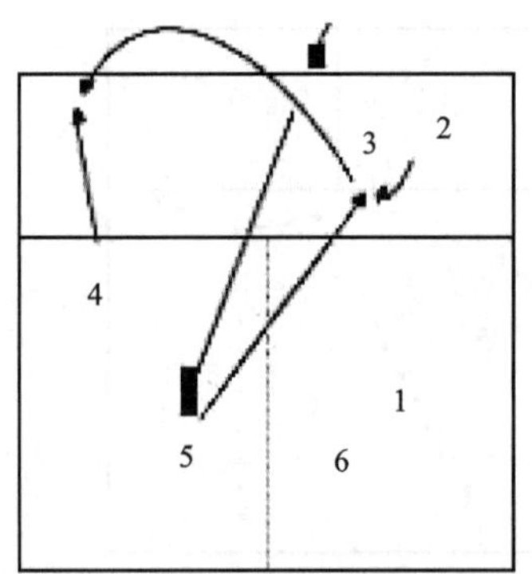

图 6-17 接扣球进攻阵形(二)

3)保护扣球的防守阵形

保护扣球要做到“一人扣球,全场保护”阵形(图 6-18)。

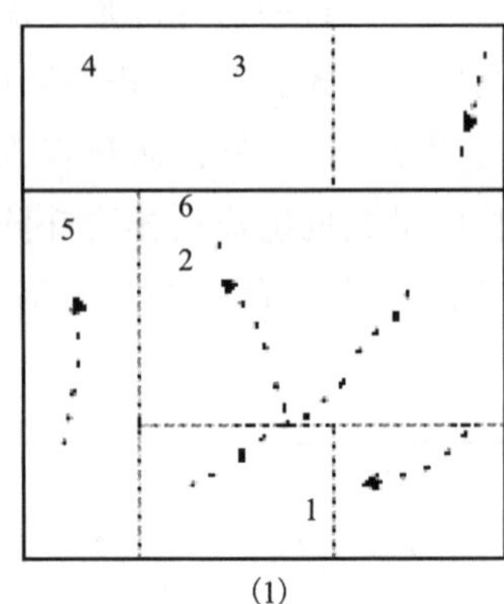

(1)

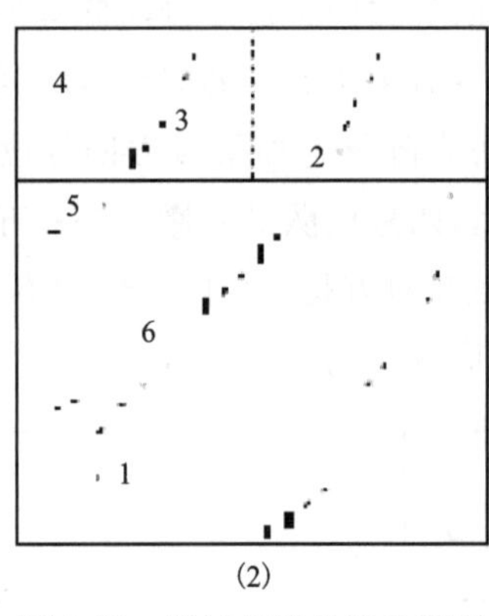

(2)

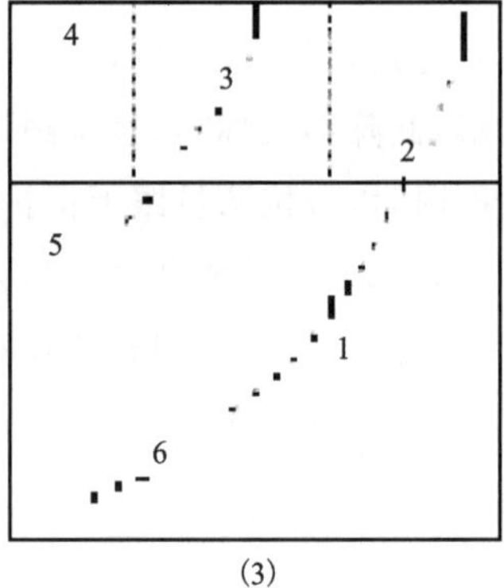

(3)

图 6-18 保护扣球的防守阵形

第四节 排球运动规则与裁判

一、场地器械

排球比赛场地长 18m,宽 9m,表面需平坦。中间为中线,将球场分为两个半场,两个半场离中线3m处有一条限制线。场上所有的线宽5cm，线的宽度均包括在场区内。发球区宽度为9m，深度沿至无障碍区的终端。比赛场地边线外无障碍区至少宽5m，端线外至少宽6.5m。比赛场地上空的无障碍空间至少高12.5m。

球网为黑色，长9.50～10m，宽1m，网眼直径10cm。标志杆长度为1.80m，分别设置在标志带的外沿，并高出球网80cm。标志带宽5cm，分别设置在球网两端并垂直于边线。国际排球联合会、世界排球或正式排球比赛，可根据赛事市场开发协议中的广告需求调整网眼大小，在竞赛规程中具体说明。标志带两条长1m、宽5cm的白色带子，分别系在球网的两端，垂直于边线。标志带被认为是球网的一部分。

球网高度男子为2.43m，女子为2.24m。正式国际比赛使用的合成革和彩色球必须符合国际排球联合会的标准。球的周长应为65～67cm，质量应为260～280g。球内的气压应为0.30～0.325kg/cm^2。

二、比赛参与者

只有登记在记录表上队伍的成员才可以进入比赛控制区，参加赛前的正式热身和比赛。比赛时，替补队员应坐在各自场地一侧的球队席上或在热身区内。教练和其他成员也应坐在球队席上，但可以暂时离开。球队席设在记录台的两侧，无障碍区之外。在比赛中只有球队的成员才允许坐在球队席上，并参加赛前的热身。

替补队员可以做无球的热身：比赛中，在热身区内；暂停时，在他们场区之后的无障碍区内。两局比赛之间，队员可以在各自无障碍区用球做热身。当第二局与第三局的局间扩展时，队员们也可以使用自己的场区热身。队长和教练应对全队成员的行为和纪律负责。自由防守队员不能担任队长和场上队长（但在最新修订的2022年中进行了更改，因未正式发布，故沿用2017—2020年版本规则）。

三、得分与胜负

正式比赛，一般采用五局三胜，获胜三局的球队为胜一场。比赛为25分一局，采用每球得分制，胜一球即得一分。如果是发球队获胜，则得一分并继续发球；如果是接球队获胜，则得一分同时获得发球权；如果双方同时犯规，则判“双方犯规”，不得分，由原发球队重新发球。

第一局至第四局，先获得25分并至少领先2分则胜一局（第五局除外）。若比分为24∶24时，则必须领先对方2分为止（例如26∶24；27∶25）。决胜局（第五局）比赛，先获15分并领先对方2分者为胜。

四、比赛组织

比赛开始前由第一裁判员主持抽签，决定第一局首先发球的队伍和场区。

进行决胜局比赛前，应再次抽签。抽签由双方队长参加。抽签获胜方可以选择发球或接发球；或者场区，另一方挑选剩余部分。

在比赛开始前，如果有另外一块场地是专门供比赛队进行活动的，他们可以上网活动 6 分钟；如果没有则活动 10 分钟。如果任何一方队长要求分开使用球网进行热身，他们可以各自使用 3 分钟或者 5 分钟。如果两队分开进行准备活动，则首先发球的队先使用球网。

首发阵容每个队伍必须始终保持 6 名队员进行比赛。队员的轮转次序应按照位置表登记的顺序进行，直至该局结束。

每局比赛开始前，教练应及时将首发阵容登记在位置表(电子位置表)上，签字后提交给第二裁判员或记录员(电子记录员)。如果教练要未登记的队员在场上，他必须请求正常的换人，并登记在记录表上。如果队员的场上位置与位置表不符没有及时发现，发现时位置错误的一方必须恢复正确站位，对方所得比分保留的同时得一分并获得发球权，位置错误的一方在位置错误期间所得的分数一律取消；一名没有在记录表队员名单上登记的队员在比赛中被发现，对方所得比分保留的同时得一分并获得发球权，该队伍将失去发现之前所得的比分和/或局数(必要时可以判罚为 0～25 分)，同时必须提交一份修订后的位置表并选派一名新的注册队员进场，代替非注册队员的位置。

五、界内界外球

当球触及包括球场界线在内的场内地面时，即为界内球。当球体触地的部分完全落在界线外，触及球场以外的任何物体(如天花板或非比赛球员)、标志杆、绳子、网柱、标志带以外的球网本身以及球体全部或一部分在有效的球网空间外通过其垂直面等均称为界外球。

六、发球犯规

发球犯规：未按照位置表所登记的发球次序发球；裁判员鸣哨后 8 秒之内未将球击出；球未抛起或球未清晰离开持球手时触及球；击球时，脚踏至端线或发球区端线。

发球犯规还分为发球位置错误和发球击球后的犯规。当发球队发球次序错误，没有遵守“发球的执行”的规定即为发球位置错误犯规。当球被发出后，出现以下情况仍被判为发球犯规：球触及发球队队员或球的整体没有从过网区通过球网的垂直面；界外球；球越过发球掩护的个人或集体。

七、位置错误

当发球队员击球的瞬间，双方任何一名队员不在其规则规定的位置上，则构成位置错误犯规。上述规定，以队员脚的着地部位来确定。当发球队员击球犯规与对方位置错误同时发生时，则认为发球犯规在先。如果是发球队员击球后的犯规，则位置错误在先，判位置错误犯规。

八、击球犯规

击球犯规：连击、持球、四击、借助击球。连击指球员连续击球二次或球连续触及身体数个部位；持球指球员未能清晰地击球而是持球、掷球；四击指球队在击球回对方场区前触球四次；借助击球指在比赛区域内，球员以队友或任何建造物体作为击球的支撑。

九、拦网犯规

拦网犯规有以下情况：在对方球员击球之前或同时，拦网球员在对方空间内触球；后排球员完成拦网或参与完成集体拦网；拦对方发球；拦网后球出界；在标志杆外侧，越过对方空间拦网；自由防守球员试图或参与完成拦网。

十、暂停与换人

每局比赛中，每支队伍最多可以请求两次暂停和六人次换人。同一队伍再次请求换人必须经过一次完整的比赛过程。所有被请求的暂停时间均为 30 秒。决胜局（第五局）没有技术暂停，每队只能要求两次暂停。所有暂停（包括技术暂停）时，比赛队员必须离开比赛场区到球队席附近的无障碍区。换人的限制是每局开始阵容中的队员，在同一局中可以退出比赛和再上场一次，而且只能回到原阵容的位置。替补队员每局只能上场一次，替换首发阵容的队员。而且他/她只能由被他/她替换下场的队员来替换。

十一、后排队员犯规

后排队员在前场区域或踏及进攻线，击球体高于球网上沿水平面的球，并使球的整体过网区通过球网垂直面或触及对方拦网队员，则为后排队员进攻性击球犯规。

十二、自由人

“自由人”即自由防守球员，一个球队可以有两人，在比赛时只能有一位自由球员在场上。自由防守球员必须身着与其他同队球员明显不同颜色的球衣。自由防守球员的替补不计入普通球员的替换次数（不记录）。自由防守球员的替补必须于一球落地之后至第一裁判发球哨音响起前完成（教练无须请求自由防守球员的替补或使用号码牌）；并只限于替换同一人，且同一自由防守球员的替换至少须以一球的往返为间隔（即一次死球）。记录表须注明自由防守球员。自由防守球员不得列于轮转表上但可于比赛前替换上场，自由防守球员的轮转只限于后排，不得发球或轮转至前排，并不得拦网。如球的位置高于网高，自由防守球员不得于场上任何位置将球处理过网至对方场地。如第二传球为自由防守球员于前排以高手将球传出，则第三球攻击高度不得超过网高。自由防守球员不得为球队队长。

第七章 网　球

第一节　网球运动概述

一、网球运动的起源与发展

现代网球运动一般包括室内网球和室外网球两种形式。网球运动起源于12—13世纪法国传教士在教堂回廊里用手掌击球的一种游戏。到了14世纪中叶，法国的一位诗人把这种球类游戏介绍到法国宫廷中，作为皇室贵族的消遣。

1358—1360年，这种球类游戏从法国传到了英国。英国国王爱德华三世对这种球类游戏特别感兴趣，下令在宫内建造一处室内球场。从此，网球开始在英国流行，成为英国上层社会的一种娱乐活动，所以有“贵族运动”之雅称。这期间流行的主要是室内网球。直到1793年9月29日，在英国的一份《体育运动》杂志上，才出现了“场地网球”的模式。

1873年，英国人沃尔特·克洛普顿·温菲尔德将早期的网球打法加以改进，使之成为夏天在草坪上进行的一种体育活动，并取名“草地网球”。同年他还出版了一本以《草地网球》为题的小册子，对这种活动进行宣传和推广，因此温菲尔德被称为“近代网球的创始人”。1875年温菲尔德建立了全英网球运动俱乐部。这个俱乐部建造了世界上的第一个网球场地，并于1877年举办了全英草地网球男子单打锦标赛，即后来闻名于世的温布尔顿网球赛。

1878年，第一次男子双打锦标赛在英格兰举行。1879年，第一次女子单打和混合双打比赛在爱尔兰举行。1884年，温布尔顿增加了女子单打和男子双打锦标赛，1913年它又增加了女子双打和混合双打锦标赛。

1881年，世界上出现了第一个全国性的网球协会，即美国全国草地网球协会（“全国”两字于 1920 年取消)。该会于 1881 年 8 月 31 日—9 月 3 日,在罗得岛纽波特港举行第一届美国草地网球男子单打和男子双打锦标赛,采用了温布尔顿的比赛规则,参加比赛的有 26 人。

1887 年,开始举行美国草地网球女子单打锦标赛,女子双打和混合双打分别起始于 1890 年和 1892 年。

1891 年,法国首次举行男子单打和男子双打锦标赛,参加者仅限于法国公民,女子单打始于 1897 年。

1900 年,21 岁的美国网球运动员戴维斯,为了推动现代网球运动的发展,捐赠了一只黄金村里的纯银大钵,名为“戴维斯杯”。它后来成为国际网坛声望最高的男子团体锦标赛的永久性的流动奖杯。每年的冠军队和队员的名字刻在杯上,当 1920 年刻满名字后,戴维斯又捐赠了一只垫盒,之后又增添了两只托盘。

1904 年,澳大利亚草地网球协会成立,并于 1905 年开始主办澳大利亚锦标赛,设男子单打、男子双打两个项目。1922 年该锦标赛又增加了女子单打、女子双打和混合双打三项。法国网球锦标赛、英国温布尔顿网球锦标赛、美国网球锦标赛和澳大利亚网球锦标赛合在一起是世界上最有声望的“大满贯”网球锦标赛。任何一名选手或一组双打选手能在同一赛季中,赢得这四个锦标赛的冠军,便可获得“大满贯”优胜者的荣誉。

1913 年 3 月 1 日,由澳大利亚等 12 个国家的网球协会代表,在巴黎成立了国际网球联合会(ITF),协调国际网球活动,安排全年比赛日程表,修订网球规则并监督它的执行。1919 年,抽签开始采用“种子”制度。1927 年,英国首创无缝网球,使球速加快。1945 年以后,网球趋向职业化。1963 年开始举办女子团体赛——联合会杯赛。1968 年温布尔顿首先实行不区分业余选手和职业选手的参赛制度。1972 年,国际男子职业网球选手协会成立。1973 年,国际女子网球协会成立。

1896 年在雅典举行的现代第一届奥运会上,网球的男子单打与双打被列为正式比赛项目。后来,由于国际奥委会和国际网球联合会在“业余运动员”问题上有分歧,已经连续进行了 7 届的奥运会网球比赛项目被取消。直到在 1984 年的洛杉矶奥运会上,网球才被列为表演项目。到 1988 年的汉城奥运会,网球重新被列为正式比赛项目。

二、网球运动的锻炼价值

经统计,在一场高水平的网球比赛中,运动员所跑的路程在 5000m 左右,有的甚至达到 10 000m,不亚于一场激烈的足球比赛。运动员在比赛过程中,还要做出及时的判断,不时前进或后退,左移或右转跃起,急停或猛扣等。一个网球运动员无论在力量、速度、耐力、柔韧性和灵敏性方面,都必须具备良好的素质。特别是随着网球技术的不断发展,上网打法已相当普遍,运动员在发球或接发球之后都积极争取时机跑到近网处做空中截击、高压动作,这时要照顾到前、后、左、右四个方位的来球,如果没有精确的预测能力、快速的灵敏反应,以及熟练的截击、高压技术,就不能适应这种打法。

此外,网球运动常被人形容为“挥拍上阵”,曾有人统计过网球比赛中运动员的挥拍情况,一场比赛总的挥拍次数不少于千次,如果没有强壮有力的手臂是不能胜任的。可见,只有具备了良好的身体素质，才能保证网球技术、战术的正常发挥。也就是说，网球运动对促进人身体素质全面的发展具有积极作用。比如，打网球需要长时间连续来回地移动和击球，这能够促进人的反应灵敏性，使人起跳动作快，移动迅速，并能在较长一段时间内保持这种快速活动的能力。又如，网球运动中有力的抽击球和凶猛的高压球，都需要较好的力量素质，因此，打网球可以培养人的反应能力，并能提高速度、力量、耐力、灵敏等素质，对发展协调性有积极作用。

第二节　网球运动技战术

一、网球运动基本技术

（一）握拍法

在所有的网球技术中，最基本的是握拍法，它能直接影响球拍接触球的角度。目前，世界上最流行的握拍法有两种：东方式和西方式。专家在总结教学实践经验后得出结论，业余网球的基本技术应从东方式正手击球技术开始，这样效果最好，掌握最快。所以，在此只向大家介绍东方式握拍的方法。

1. 正手握拍法

用左手握住拍颈，使拍面与地面垂直，拍柄底部正对身体，右手掌展开，放在拍面上，然后慢慢向拍柄底部滑动，掌握到拍柄底部后，五指自然分开，像握手一样握住拍柄。东方式握拍又称“握手式握拍”，此时由拇指与食指形成的“V”字形虎口对准拍柄把手的右上斜面（图 7-1）。

2. 反手握拍法

东方式反手握拍法是从正手握拍法开始把手向左转动（或把拍子向右转动），使拇指与食指形成的“V”字形对准拍柄的左上斜面（图 7-2）。

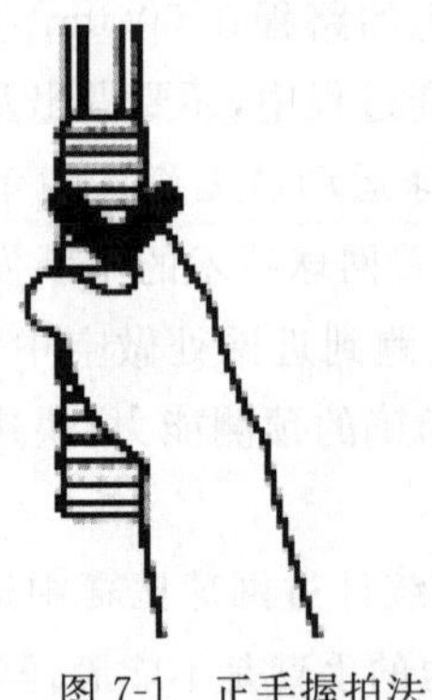

图 7-1　正手握拍法

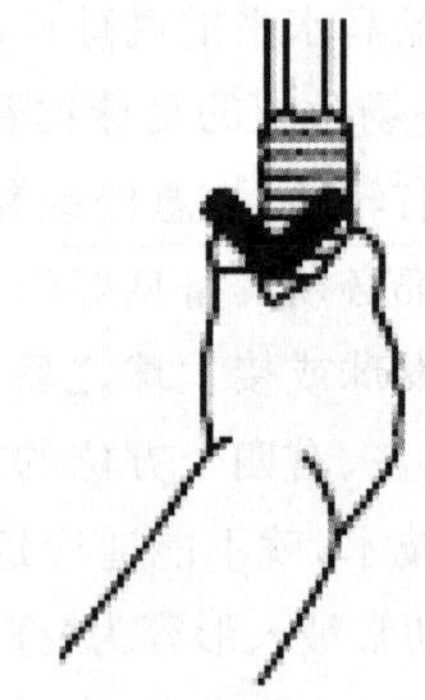

图 7-2　反手握拍法

（二）击球

击球是指球员站在后场或端线附近击打从地面反弹后的球，它包括正手击球和反手击球。

1. 正手击球

从准备姿势开始（以右手持拍为例），以右脚为轴，向右转肩转髋，同时左脚前跨一步使两脚与肩同宽。身体左侧对准球网，重心移到右脚上，转体同时带动球拍直接后引，将拍面引到与身体平行位置。球拍高度齐膝，拍头略高于手腕，左臂微前伸保持身体平衡。挥拍击球时身体重心移至左脚，并以左脚为轴向左转髋转肩，带动右手臂向前迎击球的中部，击球点在左脚侧前方。球离弦后，球拍随惯性挥至左肩上方，并迅速还原到准备回击下一次来球的状态（图 7-3）。

图 7-3　正手击球

2. 反手击球

（1）单手反手击球。从准备姿势开始，以左脚为轴，向左转肩转髋，同时右脚跨出一步，使两脚与肩同宽，身体右侧对球网，重心移至左脚上。转肩同时左手转动拍颈使右手成东方式反手握拍，并带动球拍后引与身体平行，击球肘贴近身体，左手轻持拍颈，拍头略低于来球。击球时身体重心移至右脚，左手放开拍颈，以右脚为轴向右转髋转肩，带动右手臂由下向前上挥拍，击球中部偏下，击球点在右脚侧前方。击球后球拍随惯性继续挥至右肩上方，并迅速恢复成准备姿势，随时回击下一次来球（图 7-4）。

图 7-4　单手反手击球

(2)双手反手击球。当判断准来球是飞向反手方向时,在移动到位的最后一步应保持右脚在前,身体右侧朝向来球方向。双手握球拍向左后方摆动,右臂伸展较大,左臂弯曲。在迎球过程中,挥臂与转体动作配合,使球拍由低向高挥动,击球点在右脚侧前方,拍面垂直,触球的中部。击球后双手随势挥至右侧头部高度,身体重心移向右脚。动作完成后,迅速恢复成准备姿势(图 7-5)。

图 7-5　双手反手击球

(三)发球

发球是比赛的开始动作,也是唯一由自己控制而不受对方干扰的击球技术,高质量的发球可能直接得分。根据速度、旋转、落点变化不同,网球发球可分为平击发球、大力发球、切削发球和旋转发球。下面简单介绍平击发球。

1. 动作要点

准备姿势。采用大陆式或东方式反拍握拍法。侧身站立在端线外中场标记旁,左肩对着左边网柱,面向右边网柱,两脚分开约同肩宽,左脚与端线约成 45°,右脚约与端线平行,重心放在左脚上。左手持球轻托球拍在腰部,拍头指向前方。

抛球与后摆。抛球与后摆拉拍动作是同步开始的,持球手拇指、食指和中指三指轻轻托住球,掌心向上。当球拍从身后向头上方做大弧度摆动,身体做转体、屈膝、展肩时,持球手柔和地在身前左脚前上举,直伸至头顶。此时右肘向后外展约同肩高,拍头指向天空,左侧腰、胯呈弓形状,身体重心随着抛球开始先移向右脚,然后平稳地开始前移。此刻,肩与球网成直角。

击球动作。当左手抛出球时,球拍继续向上摆起,这时持拍手的肘关节放松,可以使向前转动的身体和右肩自动地让手臂和身体充分伸展。当身体向前上方伸展击球时,肩、手臂已经回转,双肩与球网平行。挥拍击球时,持拍手腕带动小臂有一个旋内的“鞭打”动作。

随挥动作。球发出后,身体向体内倾斜,保持连续的完整的向前上方伸展的随挥动作。球拍挥至身体的左侧(美式旋转发球球拍随挥至身体的右侧),重心移向前方,做到完美自然地跟进并保持身体平衡(图 7-6)。

图 7-6　随挥动作

2. 发球的种类及方法

(1)平击发球,是诸多发球中球速最快的发球法,也叫炮弹式发球。该发球不但球速快,而且反弹快。发平击球时的击球点应在身体的右眼前上方,以拍面中心平直对准球,击球的后中上部。因此手腕的向前抖甩和前臂的"旋内鞭打"非常重要。身体充分向上向前伸展,以获得最高击球点,提高发球命中率。

(2)切削发球,是一种以左侧旋转(略带下旋)为主的发球法,是由球的右上往左下切削发球。该发球不但球速快、威胁大,而且容易提高发球命中率。在发球时把球抛到右侧斜上方,球拍快速从右侧方至左下方挥动。击球部位在球的中部偏右侧,使球产生右侧旋转。

(3)上旋发球,是以上旋为主、侧旋为辅的发球法。发上旋球时把球抛到头后偏左的位置,击球时身体尽量后仰成弓形,利用杠杆力量对球加以旋转,球拍快速从左向右上方挥动,从下向上擦击球的背面,并向右带出,使球产生右侧上旋。

(四)接发球

接发球是网球运动中的一项重要技术,只有接发球成功,才有打第二拍、第三拍的可能。网球的发球和接发球由于它们分别是比赛双方的第一拍,在很大程度上对该方的胜负起决定性的作用。

1. 握拍

接发球时,握拍要松弛,引拍和前挥也要保持松弛,但从球拍接触球的一刹那,要紧紧握住球拍,特别是拇指、无名指和食指要用力抓拍。加之手腕固定保证拍面稳定,即使不能有力还击对手凶猛来球,也可用牢固的拍面顶住来球,或者以合适的角度控制还击方向。

2. 技术要领

(1)站位与准备。一般情况下取位于单打边线附近、底线后 0.5～1m 的地方就可以了,如果偏离单打边线太远,那么就会给自己造成防守上的空虚,同时也不能站得离底线太远或站到场地里面去。针对一发和二发应该有所不同,对方第一次发球时多采用大力发球,站位应偏后一些,如果是第二次发球时可略向前移,有利于采取攻击性的还击。

球员必须有一个稳健的准备姿势，以便快速地回击任何类型的发球，并应将全部注意力集中在发球手的抛球动作上。发球手击球时，球员应向前跨步，触球时应力求将整个身体重心前移，以便在击球时使用线动量。此时准备为接球瞬间的姿势，其动作特点是两脚自然开立，两膝微屈，上体稍向前倾，两臂屈肘，两手持拍置于腹前，将拍头向上翘起，拍面垂直于地面或稍开些，拍头上缘于眼的高度平起，身体重心放在两脚前脚掌上，不停轻轻跳动或摇晃身体，使自己保持待发的状态。

(2)引拍。击球时动作与正常抽击球等击球技术基本相同，只是没有明显的后引，特别是对于快速来球，回球多数采用阻挡式动作，与截击球技术差不多，引拍动作不要做得过大，主要是控制好拍面角度并握紧球拍以免拍面被震转动。判断来球，迅速移动，向预测击球点起动时，双肩与身体重心同时移动，并向击球方向踏出异侧步，转肩时要使肘部离开身体，持拍臂腋下大约能有一个球的空隙。

(3)击球。向前挥击时尽量使拍子运行轨迹由高处向下再向上，但上下幅度要小。击球点在体前稍侧略高于胸部位置。

(4)随挥。击球后很少有随挥动作，拍头竖起，打势结束在较高处。身体重心停在前脚掌上，后脚可以略抬起，一般不要离开地面。

(5)还原。接球后迅速复位，准备姿势再次迎接对方击过来的球。

(五)截击球

截击球是在落地之前便将球在网前击回对方场区。它通常速度快、力量大，具有较大的威胁性，在高水平的比赛中，常以主动上网截击控制对手。网前截击分为正手截击和反手截击。

(1) 正手截击球。截击时站在网前 2～3m 的位置，准备姿势与一般击球基本相同，但球拍要举得高一些，约与眼部同高。截击时后摆动作要小，击球点保持在身体前方，拍触球瞬间手腕固定，用力握紧球拍，略加向前推击的动作。截击较近的球，左脚跨出一小步，截击较远的球要跨出一大步。

(2)反手截击球。准备姿势同正手截击球。击球点要比正手截击球靠前一些，因此要及早跨出右脚，重心也要置于右脚。击球时手腕固定，用力紧握球拍，拍面稍前倾，触球中上部。击球后右臂伸展，向前下方压送。

(六)高压球

高压球的动作与发球动作相似，只是没有向后拉拍的挥拍动作，而是直接把球拍引向头后。高压球要求及时侧身，早举拍，看准来球，找准击球点。

(七)挑高球和放短球

挑高球是指使还击的球越过对手头顶落入对方场区，它可以有效地迫使上网的对手后退。

放短球一般是在网前突然回击近网短球，使活动在底线的对手来不及还击。放短球时，要求多用手腕动作且带有回击。

二、网球运动基本战术

（一）单打战术

在网球的单打比赛中，根据自己的技战术特点和比赛过程的具体情况，将各种技术有机地结合起来运用。现代网球运动的单打比赛战术，可归结为上网型打法、底线型打法和综合型打法三种。

（1）上网型打法。上网型打法战术可分为发球上网、接发球上网、随球上网、偷袭上网、伺机上网及放轻球上网等战术。

（2）底线型打法。底线型打法战术是一种不可缺少的，而且是必须掌握的基本战术，属于防守性的进攻战术，在比赛中起到过渡、稳定战局和以守为攻的作用。底线型打法的主要战术有对攻、拉攻、侧身攻、紧逼攻和防守反攻等。

（3）综合型打法。综合型打法是根据不同对手的不同技术、战术掌握情况及场地特点，灵活地运用各种不同战术的打法。这种打法是上网战术和底线战术的混合使用。

（二）双打战术

（1）基本站位。双打时除发球和接发球队员在端线附近外，一般都站在网前位置。发球的队员站在规定发球区的网前，接发球的队员则站在规定发球区的另一侧的网前。有时发球的同伴也可以站在端线附近，位于发球队员的另一侧。在后场的队员的基本站位，发球队员站在规定的发球位置，接球人站在端线附近，准备接发球。有时接发球同伴不直接站在网前，而是站在发球线附近，当对手打球后再向左前或右前扑截球。

（2）发球。双打发球落点要深，如果发球有足够深度，就能控制对手冲到网前截击。第一个发球应采用大力发球，发球后随球上网，这时动作要迅速，先冲前三四步，然后停下来，准备第一次截击。

（3）接发球。对方发球时，接发球的同伴一般站在发球线附近，接发球者回球的情况将直接影响同伴的动作。如果接球队员能有效地接过发球，并且能够上网，这时两个人都应同时上网；如果接发球回击的球力量较弱，这时接球队员的同伴应立即退到端线附近，不要停在原地。对发过来的球不能做有力的回击，就要到端线附近防御。如果两人同在后场站位时，应保持使球落在中间地带，以减小对手回球的角度。

（4）及时补位。双打比赛中两个人及时补位很重要，它可以补救场上出现的薄弱地区。例如发球队员的同伴由于截抢冲力过大而冲过中线，这时发球队员就应及时向空当补位。如果遇到两个对手同时上网时，同伴向中路回球较低，被对手截击，这时处在截击队员对面的网前队员应及时截抢。如果接球队员将球打给网前队员，这时接球队员的同伴应迅速后退到中场。

(5)双上网和双底线。优秀运动员双打时，采用的理想阵势是两人在前或是两人在后，如果两个人是处于双上网的位置，而同时对方也是双上网，在这种情况下双方都会向有球的一侧移动。很多球是在中场来回击打，因此球场另一部分就会出现一个很大的空区。这一空区往往是对手进攻偷袭的区域，在比赛中应当有意识地注意这一区域。如果两个人是处于双底线位置，那么回击时就应当使球多落在中间场区，以减小对方回球的角度。另外，双打比赛应随时重视防御中间地带，因这一地带是被攻击的主要目标，因此要求两人配合默契。

第三节　网球运动规则与裁判

一、单打规则

比赛开始前，双方用掷钱币或旋转球拍的方法进行猜选，得胜者有权选择发球或选择场地。选择发球或接发球者，应让对方选择场区；选择场地者，应让对方选择发球或接发球。

(1)发球动作。发球员在发球前，应先站在底线后中点和边线的假定延长线之间的区域里，然后用手将球向空中任何方向抛起，在球接触地面以前用球拍击球。只要球拍与球接触，就算完成了球的发送。发球时，发球员不得向上抛起两个或两个以上的球，否则判重发。如果是故意的，应判失分。

(2)发球时间。发球员须待接球员准备后，才能发球。接球员做还击姿势虽已做准备，但若接球员在发球员做出击球动作后又表示尚未准备好，这时即使发球员所发的球没有落到发球区内，也不判为发球失误。

(3)发球位置。每局比赛开始发球时，发球员应先从右区端线后发球，得或失一分后，应换到左区发球。如果发球位置出现错误而未被察觉，比分仍然有效。一旦察觉，应立即纠正。

(4)发球次序。第一局比赛终了，接球员成为发球员，发球员成为接球员。以后每局终了，双方均依次互相交换发球直到比赛结束。如发球顺序发生错误时，发觉后应立即纠正，由此轮发球的球员发球，发觉错误前双方所得的分数都有效。如果发觉前已有一次发球失误，则不予计算；如一局终了才发觉次序错误，则以后的发球顺序就以该局为始，按规定轮换。

(5)交换场地。双方应在每盘的第一、三、五等单数局结束后，以及每盘结束双方局数之和为单数时，交换场地(如果一盘结束时，双方局数之和为双数则不交换场地，须等下一盘第一局结束后再进行交换)。如果发生未按正常顺序交换场地的错误,一经发现应立即纠正,并按原来顺序进行比赛。

(6)发球失误。发球时如果出现发球脚误、未击中球、发出的球在落地前触及固定物等现象时,均判失误。

①脚误。发球员在发球动作中,两脚只准站在端线后中点和边线的假定延长线之间,不能触及其他区域,不得通过行走或跑动改变原站的位置(发球员发球时如两脚轻微移动而未变更原位,不算行走或跑动),否则就会被判为脚误。

②击球未中。发球员在发球时由于用力过猛、动作不协调等原因未击中抛出的球称为"击球未中"。如果发球员在向上抛球准备发球时,又决定不击球而将球接住,这不算发球失误。

③发球触及固定物。单打比赛在双打场地上进行时,使用了单打支柱。发出的球如果触及单打支柱后落入了规定的发球区内,应判失误,因为单打支柱、双打支柱以及其间的球网、网边白布均系固定物。

(7)发球无效。当合法的发球触及球网、中心带、网边白布后,仍落到对方发球区内时;当合法的发球触及球网、中心带、网边白布后,在落地前又触及接球员的身体或其正在做准备时,无论发出的球成功还是失败,均判发球无效。重发球时,前次发球不予计算,但原先的第一次发球失误不予取消。

(8)失分。在网球规则中,如果出现以下情况均判失分:运动员连续两次发球失误;在活球状态下,运动员在球第二次着地前未能还击过网;还击的球触及对方场区界线以外的地面、固定物或其他物件;还击空中球失败;在比赛进行中,运动员故意用球拍拖带或接住球,或故意用球拍触球超过一次;"活球"期;运动员的身体、球拍(不论是否握在手中)或穿戴的其他物件触及球网、网柱、单打支柱、绳或钢丝绳、中心带、网边白布或对方场区以内的地面;来球尚未过网即在空中还击,算过网击球;除握在手中的球拍外,运动员的身体或穿戴的物件触球;抛出手中的球拍击球;比赛进行中,运动员故意改变其球拍形状。

(9)第二发球。网球比赛规则规定,发球员有两次发球权。第一次发球失误后,应在原发球位置进行第二次发球。如第一次发球失误后,发觉发球位置错误,则应按规定改在另区发球,但只能再发一次球。

(10)压线球。压线球是指落在比赛线上的球,算界内球。

二、网球的双打规则

单打规则均适用于双打,但双打规则也有自己的特殊规定。

(1)发球次序。应在每盘开始之前决定发球次序,即每盘第一局开始时,由发球方决定由何人首先发球;对方则同样地在第二局开始时决定由何人首先发球;第三局时由第一局未发球方的球员发球;第四局由第二局未发球方的球员发球。以下各局均按此次序轮换发球。

(2)接球次序。与发球次序一样在每盘开始之前要决定接球次序,即先接球的一方应在第一局开始时,决定何人先接发球,并在这盘单数局继续先接发球;对方同样应在第二局开始时决定何人先接发球,并在这盘双数局继续先接发球。他们的同伴应在每局中轮流接发球。

(3)发球次序错误与接球次序错误。发球次序错误应在发觉时立即纠正,但已得的分数或已成的失误都有效。如发觉时全局已经终了,此后发球次序就以该局为准轮流发球。如果接球次序错误,那么发觉后仍应按已错误的次序进行,等到下一场球局再行纠正。

三、网球比赛计分方法

(一)胜1局

(1)每胜1球得1分,先得4分者胜1局。

(2)双方各得3分时为"平分",平分后,净胜两分为胜1局。

(二)胜1盘

(1)一方先胜6局为胜1盘。

(2)双方各胜5局时,一方净胜两局为胜1盘。

(三)决胜局计分制

在每盘的局数为6平时,有以下两种计分制。

(1)长盘制:一方净胜两局为胜1盘。

(2)短盘制:决胜盘除外,除非赛前另有规定,一般应按以下办法执行。①先得7分者为胜该局及该盘(若分数为6平时,一方须净得2分)。②首先发球员发第1分球,对方发第2、第3分球,然后轮流发两分球,直到比赛结束。③第1分球在右区发;第2分球在左区发;第3分球在右区发。④每6分球和决胜局结束都要交换场地。

第八章 ▶▶▶
乒乓球

第一节 乒乓球运动概述

一、乒乓球运动的起源与发展

乒乓球运动起源于19世纪中期的英国，流行于欧洲，其起源与网球的发展有着密切联系，乒乓球运动的英文名叫 Table Tennis，即桌上网球。

20世纪初，乒乓球运动逐渐在世界各国开展起来。1926年1月，在柏林举行第一次国际乒乓球比赛时，召开了一次有德国、英国、奥地利和匈牙利乒协代表参加的座谈会，会议决定成立国际乒乓球联合会(简称"国际乒联")。1926年12月，国际乒联在英国伦敦举行了第一次全体会议，会议明确规定全体代表大会为国际乒联的最高权力机构，并且通过了《国际乒联章程》和《乒乓球比赛规则草案》，选出了国际乒联领导机构，第一任主席是英国的蒙塔古。目前，世界性的乒乓球大赛有"世界乒乓球锦标赛"(两年举行一次，设男、女团体，男、女单打，男、女双打和混合双打共7个项目)和"世界杯乒乓球比赛"(每年举行一次，只设男子单打项目)等。1988年，乒乓球运动被列为奥运会正式比赛项目。

我国乒乓球运动是在1916年开展起来的。1952年，我国加入国际乒联。1953年，我国参加了第20届世界乒乓球锦标赛。1959年，在第25届世乒赛上，我国优秀运动员容国团第一次夺得世界锦标赛男子单打冠军。1961年，我国主办了第26届世界乒乓球锦标赛，在这届比赛中，我国运动员夺得男子团体和男、女单打三项冠军。从此，我国乒乓球运动水平走到了世界前列。经过几代人的努力，我国乒乓球运动的技术水平得到进一步提高，逐步形成了"快、准、狠、变、转"的中国独特的近台快攻打法，并在国际大赛中屡建奇功，特别是在第36届世乒赛上，我国运动员夺得全部7项金牌，创造了世界乒乓球史上的奇迹，为祖国赢得了荣誉，也为世界乒乓球运动的发展做出了贡献。此后，中国乒乓球队始终站在世界乒坛的最高峰。

二、乒乓球运动的锻炼价值

乒乓球运动的特点是球体小、速度快、旋转性强、变化多。乒乓球运动的设备比较简单，在室内外都可以进行。运动量可大可小，不同年龄、不同性别、不同身体条件的人均可参加此项活动。它可由两人组成单打比赛，四人组成双打比赛，也可由不同性别组成男女混合双打比赛。因此，乒乓球运动是我国广大人民群众和少年儿童所喜爱的体育项目之一，具有广泛的群众性。

经常参加乒乓球运动，可增强体质，促进身体的全面发展。打乒乓球时，球在空中飞行的速度是很快的，一般把球从本方台面打到对方台面的时间很短。在这短暂的时间内，要求运动员对来球的方向、速度、旋转、落点等全面进行观察，迅速做出判断，并立即决定对策，迅速移动步法，调整击球的位置与拍面角度，进行挥拍击球，为了适应各种复杂的变化，运动员必须经常从一个动作、战术转变到另一个动作、战术，要求在打乒乓球时注意力集中，身体反应快，神经系统特别是视觉神经要处于良好的兴奋状态。因此，经常参加乒乓球运动，能有效地提高中枢神经系统的反应能力，提高人的机智灵活性、动作迅速和促进人体各方面的协调性和灵敏性。

乒乓球运动对增强体质，改善心血管系统都有很重要的作用。在紧张的乒乓球比赛中，运动员一天挥拍击球可达上万次，两腿移动距离可达1km左右，心脏跳动的次数比赛前可增加几十次。因此，经常参加乒乓球运动可以增强练习者的上肢、下肢、腰部、腹部等肌肉群的力量，还可锻炼和提高耐久力以及增强内脏器官和心血管的功能，促进身体的全面发展。

第二节　乒乓球运动初级技战术

一、乒乓球运动初级技术

（一）握拍

握拍法是打乒乓球者首先要遇到的问题。握拍正确与否，对掌握技术影响极大。握拍法有直拍和横拍两种。

1. 直拍握法

拇指第一关节压住球拍左肩，食指第二关节压住球拍右肩，食指第一关节自然弯曲，虎口贴于拍柄后面，中指、无名指和小指自然弯曲(图 8-1)。

图 8-1　直拍握法

2. 横拍握法

以中指、无名指和小指自然弯曲握于拍柄，拇指放在球拍正面，食指自然伸直放于球拍反面，虎口轻贴于拍，注意虎口不宜过紧、过死地贴靠在球拍上，以免影响手腕的灵活性(图 8-2)。

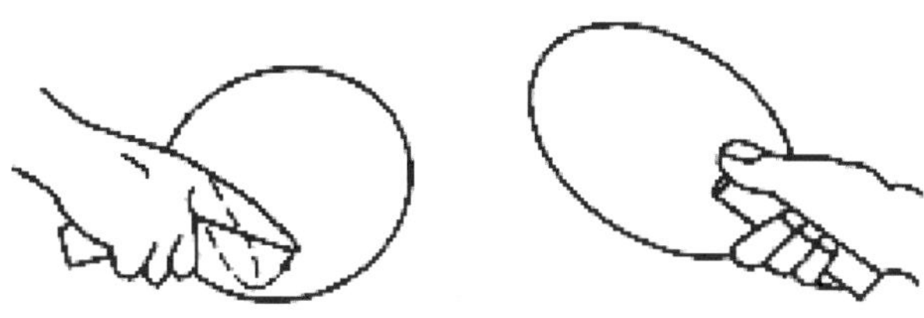

图 8-2　横拍握法

(二)基本站位和准备姿势

1. 站位方式

乒乓球运动的基本站位应与不同类型的打法及个人习惯的打法相适应，不同类型打法其基本站位的范围也不相同。站位正确有利于保持稳定的击球姿势和向任何一个方向迅速移动。

动作要领：站位的范围指运动员离球台端线的远近距离和左右距离。根据不同的打法选择不同的基本站位。

2. 准备姿势

准备姿势是指击球员准备击球或还击球时的身体各部位姿势。合理的姿势，有利于脚、腿蹬地用力和腰、躯干各部位的协调配合与迅速起动。保持正确的击球姿势，有利于提高击球的命中率。

3. 动作要点

(1)上肢。持拍手和非持拍手均应自然弯曲至身体前侧方，保持相对的平衡状态。

(2)躯干。含胸收腹，上体略前倾，下颌微收，两眼注视来球。

(3)下肢。两脚左右开立，约与肩同宽；身体稍向右侧，面向球台；两膝自然弯曲，提踵，重心置于两脚之间(图 8-3)。

图 8-3 准备站姿动作

（三）发球

发球是乒乓球比赛中每一分球的开始，它是乒乓球技术中唯一不受对方来球制约和限制的技术，可以最大限度地施展自己的战术意图，其主动性显而易见。发球、接发球、发球抢攻称为前二三板技术，是我国的乒乓球强项技术。

1. 平击发球

特点：它是最基本的发球技术，也是初学者掌握发球的入门技术，有正手平击发球和反手平击发球两种。

动作要点。正手平击发球：左脚稍前，抛球的同时转体，手臂向身体右后方引拍，当球下降到稍高于球网时，手臂向左前方发力，挥拍击球中上部，顺势还原。反手平击发球：右脚稍前或平站，抛球的同时转体，手臂向身体左后方引拍，当球下降到稍高于球网时，手臂向右前方发力，挥拍击球中上部，顺势还原。

2. 正手发左侧上(下)旋球

特点：发球员在正手位由右向左挥拍摩擦球，球速较慢但左侧上（下）旋转力较强。对方平接回球时，球向发球员的左侧上方（即接发球员的右侧上方）飞出，叫作正手发左侧上旋球；若球向发球员的左侧下方（即接发球员的右侧下方）下网，叫作正手发左侧下旋球。

动作要点。正手发左侧上旋球时，手臂自右上方向左下方挥摆，球拍从球的右侧中下部向左侧上部摩擦；正手发左侧下旋球时，手臂自右后上方向左前下方挥摆，球拍从球的右侧中下部向左侧下部摩擦（图 8-4）。

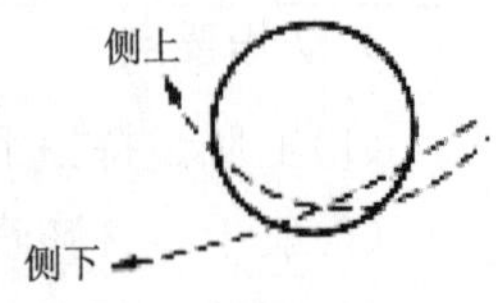

图 8-4 正手发左侧上（下）旋球

3. 反手发右侧上(下)旋球

特点：发球员在身体的反手位由左向右挥拍摩擦，球速较慢，但右侧上(下)旋转力较强。对方平挡回接时，球向发球员的右侧上方(即接发球员的左侧上方)飞出，叫作反手发右侧上旋球；若球向发球员的右侧下方(即接发球员的左侧下方)下网，叫作反手发右侧下旋球。

动作要点。反手发右侧上旋球时，执拍手由左上方经身前向右下方挥摆，触球的拍面从球的左侧下部向左侧上部摩擦；反手发右侧下旋球时，执拍手由左后上方向右前下方挥摆，触球时拍面从球的左侧下部向右侧下部摩擦。同时，应注意配合转体动作使腰、臂协调用力，有利于提高发球的速度和增大发球的力量，增强球的旋转(图 8-5)。

图 8-5　反手发右侧上(下)旋球

4. 正手发转与不转球

特点：发球员正手用相似的动作发出下旋强弱差异较大的球。球速较慢，前冲力小。

动作要点：抛球同时持拍手向后上方引拍。发加转球时，手臂由后上方向前下方挥摆，前臂做旋外转动使拍面后仰，手腕用力使球拍下部靠左的一侧去摩擦球的底部。发不转球时，前臂做旋外转动应稍慢，使拍面的后仰角度小些，用球拍下部偏右的一侧碰击球的中下部，故球的旋转较弱。

(四)接发球

接发球是比赛中每一分的第二板球，是一项在被动中求主动的技术。它不仅要求掌握多种实用的基本技术，具备良好的判断能力，而且还必须拥有积极主动的进取思想。

下面介绍几种基本的接发球技术：

(1)接平击发球。站位靠近球台，球拍对准来球的弹起方向。在来球刚刚弹起时，用平挡回接，拍形基本与台面垂直，借来球之力将球挡回。若用快推回接，以借力为主，并向前推击。用快攻回接，击球时间为上升期或高点期，以向前发力为主，略带向前上方摩擦球。亦可用前冲弧圈球回接，击球时间为上升后期或高点期，以向前用力为主。

(2)接侧上、下旋球。接侧上、下旋球，既要注意抵消来球的侧旋，又要设法克服来球的上、下旋。如果接左侧上旋，拍形应偏向对方右角并稍前倾，触球时稍向对方右下方用力。接好侧上、下旋球的前提是判断准确。运动员从理论上认识清楚后，还必须多实践、多总结。

(3)接转与不转球。在判断准确的前提下，应根据来球和自己准备使用的接发球技术调整动作。用攻或拉接不转球时，拍形要略向前倾，在上升期击球，多向前用力。用搓或削接不转球，拍形稍竖，击球时间稍晚一些，向前下方用力。

二、乒乓球运动初级战术

(一)发球抢攻战术

发球抢攻战术是我国运动员的主要战术之一。它充分发挥"前三板"的进攻技术,实施抢攻得分,或发球直接得分。

1. 发近身球(底线)的抢攻战术

以发急下与侧上、下旋长球为主至对方左方台面,迫使对方难以侧身,或回球质量不高,自己抢先上手进行抢攻(图 8-6)。

以发侧上、下旋球长球至对方左方台面,配合奔球到对方右角,伺机抢攻(图 8-7)。

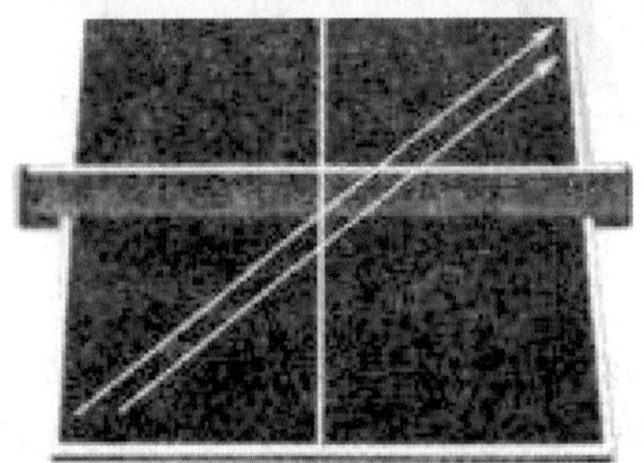

图 8-6 发近身球(底线)的抢攻战术(一)

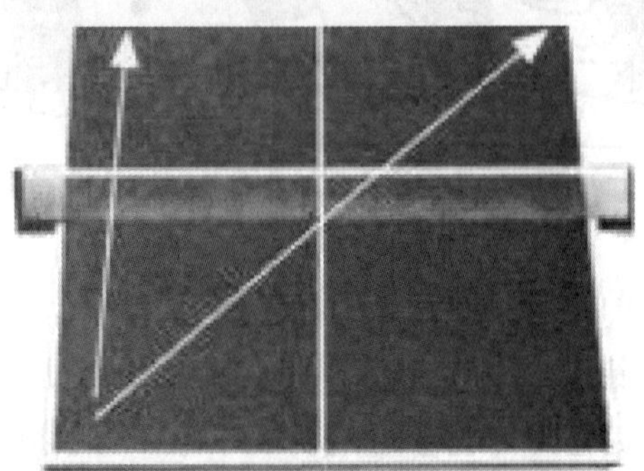

图 8-7 发近身球(底线)的抢攻战术(二)

2. 长、短球结合的发球抢攻战术

以发侧下旋短球同时配合侧上旋至对方右方近网处,发出的球在对方台面弧线低且离网近,使对方难以抢攻,为自己抢攻或抢拉创造机会。在此基础上配合以急下旋为主的长球(端线)至对方左方台面,使对方难以发力拉或攻,为自己侧身或正手位抢拉创造机会(图 8-8)。

以发侧下旋短球为主配合侧上旋至对方左方台面近网,迫使对方难以抢攻,为自己抢攻制造机会,再配合急上、下旋球至对方右方台面长球,为自己进攻创造机会(图 8-9)。

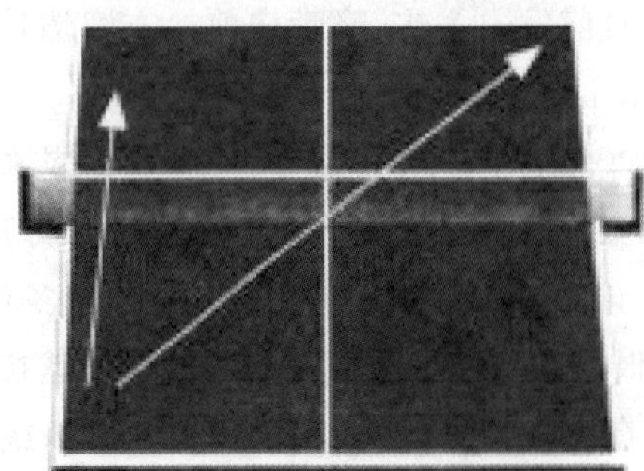

图 8-8 长、短球结合的发球抢攻战术(一)

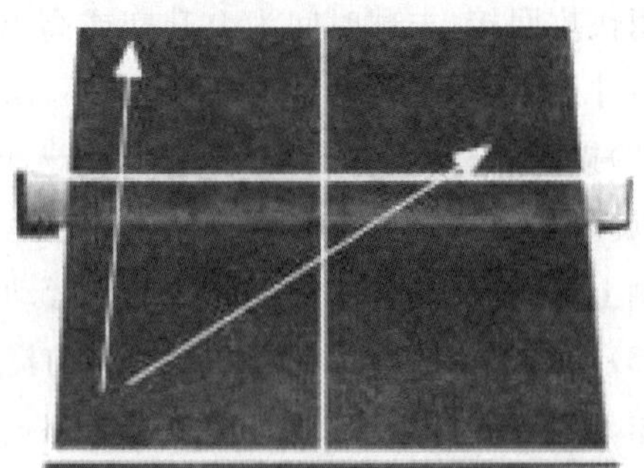

图 8-9 长、短球结合的发球抢攻战术(二)

3. 旋转、落点变化的发球

抢攻战术以发不出台小球为主，可先发转而后发不转或先发不转球后发转球进行抢攻（图 8-10）。

以连发转与不转短球、突发长球或连续发转与不转长球、突发短球，伺机抢攻（图 8-11）。

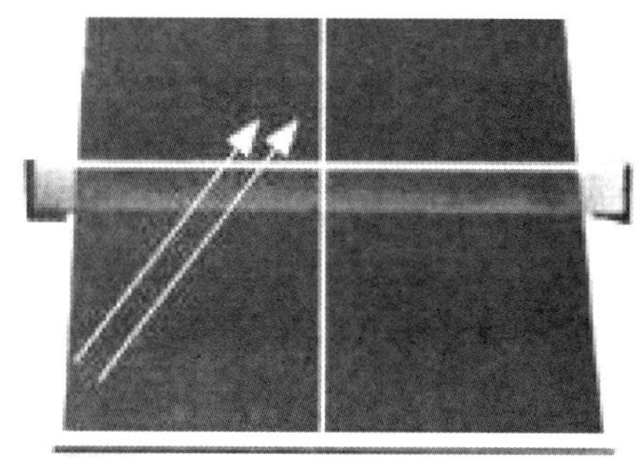

图 8-10　旋转、落点变化的发球（一）

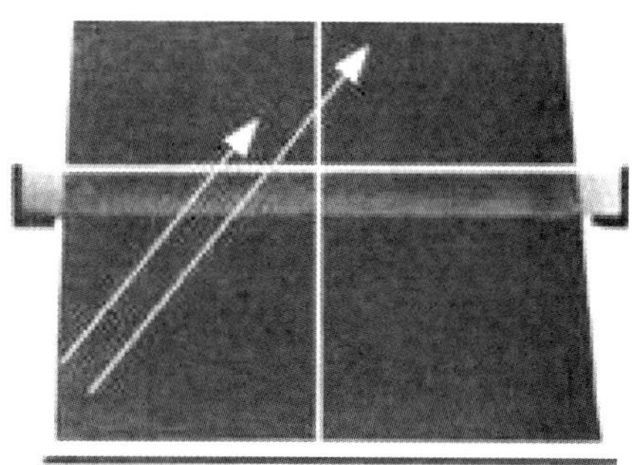

图 8-11　旋转、落点变化的发球（二）

（二）拉攻战术

拉攻战术是快攻类打法对付削球类打法的主要战术。首先，拉球的基本功要扎实，要拉得稳，有落点、旋转及力量的变化，才能制造机会赢得战机。其次，必须拉中有突击或拉中结合冲，有连续扣杀和前冲的能力，才能达到良好效果。

1. 拉两角，攻击中路的战术

以稳健的拉球攻击两角，从中抓住机会扣或冲中路（近身球）得分。

2. 拉中路，压两角的战术

以拉球中路（近身）为主，扣杀左角或右角并连续扣杀或抢冲得分。

3. 拉反手，突击正手战术

在拉球的过程中，压住对方反手位，突然扣或冲杀正手直线，取得主动得分。

4. 长、短结合拉、吊结合战术

以加转弧圈和前冲弧圈相结合，拉加转球吸引对方靠前削球，再以前冲弧圈迫使对手后退，为连续冲或扣杀创造条件；以前冲弧圈迫使对手退台削接，再以搓球吊小球，使对方近台回球，再冲杀近身或空当得分；以“真、假”弧圈的交替运用，伺机冲杀或扣杀。

（三）对攻战术

对攻战术主要适用于快攻类和弧圈类打法的运动员。快攻类打法依靠正、反手攻球和反手推挡、快拨等技术，充分发挥速度的优势，迅速压制对方以达到攻击的目的。弧圈类打法依靠正、反手的拉弧圈球技术，发挥旋转的威力牵制对方，达到攻击目的。

1. 压制反手，结合变线，伺机抢攻战术

先用推挡或反手攻（拉）压住对方反手位，角度要大，迫使对方不能侧身抢拉或被动侧身拉球，并连续压反手后快速变直线到对方右边空当，伺机侧身抢攻。如果对方侧身抢冲，则要灵活配合变线，以牵制调动对方，自己伺机抢攻（图 8-12）。

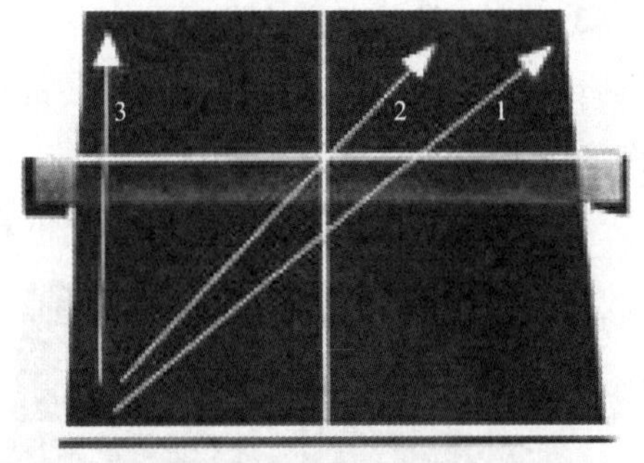

图 8-12　压制反手，结合变线，伺机抢攻战术

2. 加、减力推压中路，攻两角，伺机抢攻战术

比赛中击球力量的轻重调节对战术变化有非常密切的关系，击球节奏的变化，时常会有事半功倍的效果。以加、减力的推挡，压对方中路，伺机攻击两角。以不同线路的轻、重球结合运用，先以轻拉或挡迫使对方靠前回接，再以突击或加力推攻击对方相反方向。

3. 被动中打回头球的战术

乒乓球比赛中，主动与被动的关系随时发生变化。在运用回头球的战术中，实际上是根据临场观察对手的攻击特点，及时进行反击，打对方一个措手不及。如果对方队员侧身拉球的线路 80％是直线，对方侧身攻击球时，有准备在正手位运用扣杀、反拉、快带等技术，将球回击，达到变被动为主动、扭转被动局面的目的。

第三节　乒乓球运动中级技战术

一、乒乓球运动中级技术

（一）攻球

1. 正手攻球

正手攻球是快攻运动员最重要的技术，也是各种打法都必须具备的主要得分手段，从某种意义上讲，可称为快攻运动员的生命，决定其水平和发展前途（图 8-13）。

图 8-13　正手攻球

动作要点如下。

(1)引拍动作(以右手为例):两脚比肩略宽,两膝微屈,左脚稍前,身体略右转,重心在右脚。前臂在身体的带动下横摆,引拍适度,前臂自然弯曲。拍形与台面垂直或稍前倾,手腕自然放松,球拍呈半横状。

(2)击球动作:球渐进身前,右脚稍用力蹬地,身体略左转,带动手臂向前挥拍迎球。触球瞬间,前臂用力收缩,以向前打为主,略带摩擦(不宜摩擦过多);在来球的上升期或高点期触球,击球的中上部。手腕辅助发力,调整好拍形,触球瞬间有一摩擦动作。直握拍者,拇指稍用力压拍,控制拍形,中指和无名指辅助发力并决定发力方向;横握拍者,靠食指调节弧线。

(3)结束动作:球出手后因惯性作用,球拍挥至头左侧才渐停止,身体重心已移至左脚,身体前倾度增加。此时应迅速转入回击下板球的准备,调整好身体重心,密切注视对方的击球动作。

2. 反手攻球

直拍反手攻球受手的生理结构的限制,一般不如正手攻球力量大,但是,反手攻球具有出手快、突发性强的特点(图 8-14)。

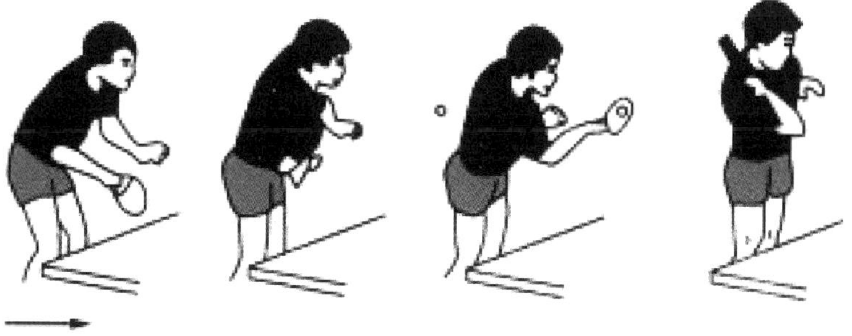

图 8-14 反手攻球

动作要点(右手横拍)如下。

(1)引拍动作:腰、髋略向左转,前臂向后引拍至腹前,手腕稍后屈。

(2)击球动作:在腰、髋略向右转的同时,以手掌背部带动球拍,手腕和前臂向右前上方发力,触球中上部,拇指控制拍形和击球弧线。

(3)反手快拨动作:横拍进攻型选手用来对付上旋来球的一项相持性技术,具有站位近、动作小、快速和稳健的特点,以前臂发力为主,在借力中发力,击球时间为上升期,触球中上部。

(4)反手弹击,即在台内或近台出现了略高于球网的无旋转或旋转较弱的球时,手腕迅速向后做一小动作引拍,然后急速向前爆发用力将球弹出。击球时间为高点期。

(二)推挡

推挡是我国直拍快攻打法的一项重要基本技术,具有站位近、动作小、速度快和变化多的特点。掌握得好，它既能成为争取主动的助攻手段，又能起到积极防御或从相持变为主动的作用(图 8-15)。

图 8-15　推挡

动作要点如下。

(1)以右手持拍为例，近台站位，左脚稍前，两脚与肩同宽或略宽于肩，重心在前脚掌上。上臂靠近身体，整个身体的重心应稍高。引拍后，球拍距球约 25cm，拍形基本与台面垂直，球拍与球同高。

(2)球刚弹起，上臂带动前臂向前迎球，在来球的上升前期或中期，借来球之力，前臂手腕用力向前将球推出；触球中部或中部偏上，食指稍用力压拍，拇指略放松。

(三)弧圈球

1. 正手加转弧圈球

基本要领：飞行弧线高、上旋很强、速度较慢，但着台后向下滑落较快，对方回击容易出高球，甚至出界，可以直接得分或为扣杀争取机会。它是对付削球、搓球和接出台发球的重要技术。另外，由于球出手弧线的弯曲度较大，落到对方台面后迅速下滑，还起到变化击球节奏的作用(图 8-16、图 8-17)。

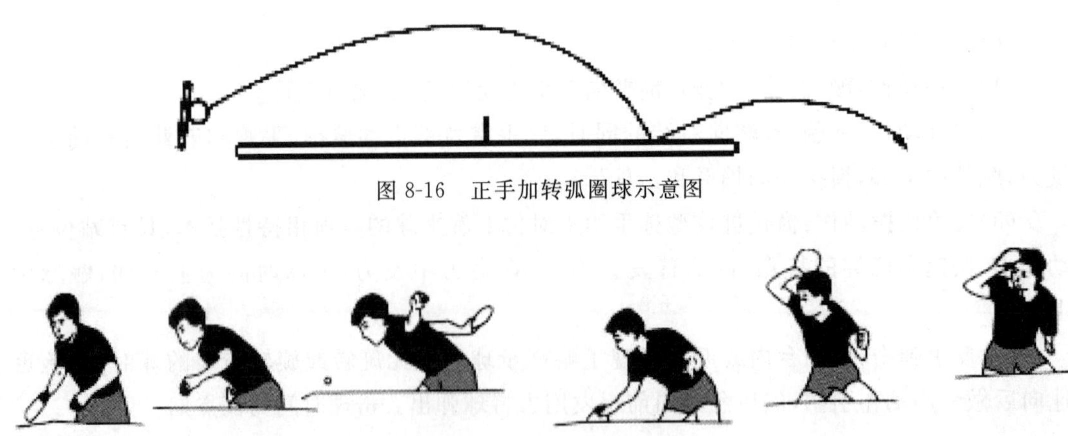

图 8-16　正手加转弧圈球示意图

图 8-17　正手加转弧圈球动作

动作要点如下。

(1)引拍时,球拍必须低于来球,但不要下沉太多。

(2)拉球时,持拍手臂由下向上发力,前臂快速收缩,触球瞬间,尽量延长摩擦球体的时间。

(3)身体重心随右脚蹬地,转腰,挥臂提高。

2. 正手前冲弧圈球

基本要领:飞行弧线低、速度快、前冲力强,落点后弹起不高,但急向前冲并向下滑落,能起到与扣杀同样的作用。常用于对付发球、推挡球、搓球以及中等力量的攻球,离台相持时,也可以利用它进行反攻。在实际运用中,该动作要求步法移动的速度快且范围广(图 8-18、图 8-19)。

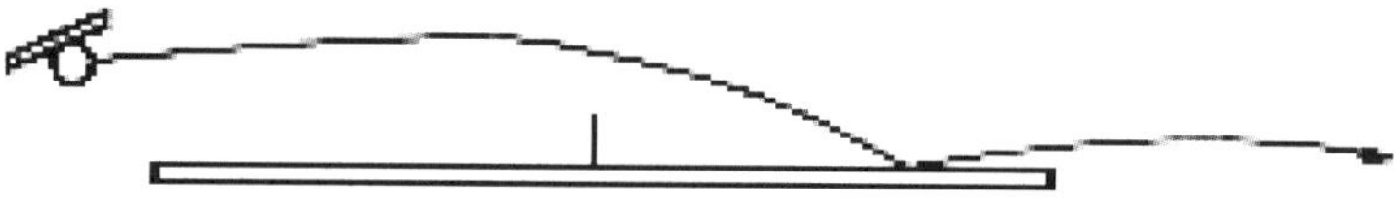

图 8-18　正手前冲弧圈球示意图

图 8-19　正手前冲弧圈球动作

动作要点如下。

(1)高手引拍,手臂向右后方伸展,尽可能增大挥拍的动作。

(2)加快挥拍速度,在球拍达到最快速度时触球。

(3)单纯用上肢发力,前冲力不强,因此腿、髋、腰的配合不可缺少。

(4)摩擦力大于撞击力,球拍与球的吻合面要合适,防止打滑。

3. 反手拉弧圈球

基本要领:反手拉弧圈球,是横拍握法的优势之一。拉球的速度比正手稍快,但力量和旋转略逊于正手。它可用于发球抢冲、接发球、搓中转拉以及一般的对攻和中台对拉,运用得当,可以直接得分,而且能为正手的冲杀创造机会。

动作要点如下。

(1)击球点选在球的上升期,球拍离身体不要太近。

(2)充分利用肘关节的杠杆作用,先支肘,再收肘,借以增加前臂的挥摆幅度和力量。

(3)近台快拉的击球时间为上升后期或高点期,中远台发力拉的击球时间为下降期,但不可过分低于台面。

(四)搓球

搓球是近台和台内回击下旋球的一种比较稳定的技术。它与削球的主要区别是站位近、动作幅度小。由于搓球具有旋转、速度、落点变化的优点,常用于接发球或搓球过渡,为进攻创造机会(图 8-20、图 8-21)。

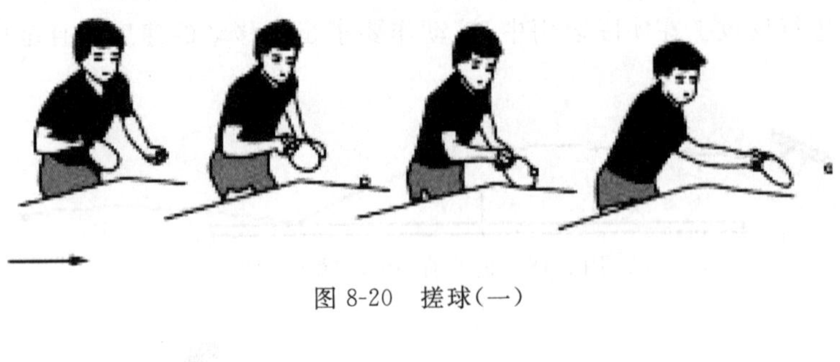

图 8-20 搓球(一)

图 8-21 搓球(二)

(五)削球

削球是削攻类打法的一项最基础但又很重要的技术,它是通过旋转变化和落点的变化来控制对方,使对方直接失误或为自己创造进攻机会。旋转的差别是削攻型打法争取主动的关键,削扣杀球、追身球和弧圈球是削球手应该掌握的重要技术。

动作要领:判断来球,降低重心,移动好削球的位置。正手削球时左脚稍前,反手削时右脚稍前,以将击球点选在左右腹前为宜。正手削球(图 8-22)时,身体向右后转并向右后上方引拍,动作幅度稍大些,使球拍与击球点之内有适当的挥拍加速距离。反手削球(图 8-23)时,身体向左后转并引拍向左后上方,动作幅度略小于正手隐抛削球挥拍动作南右后上方向左前下方挥拍,反手削球挥拍动作南左后上方向右前下方挥拍。拍触球时,以大臂带动前臂发力为主,拍形稍立一些。手臂的发力顺序是先压、后削、再送,即以先向下用力为主,向前为辅。

击完球后,动作是继续向前下方挥动,并迅速还原身体。

图 8-22　削球(一)

图 8-23　削球(二)

二、乒乓球运动中级战术

(一)搓攻战术

搓攻战术是进攻型选手的一项辅助战术，主要是利用搓球的旋转和落点变化来控制对方，为进攻创造条件。运用这一战术时搓球的次数不能过多，一般快搓一两板就须寻找机会进行主动进攻，否则将使自己陷入被动地位。

1. 以快搓、摆短为主，结合搓长球至对方反手，伺机抢攻

以快搓、摆短至对方中路近网小球，伺机侧身扣杀或冲直线；以转与不转搓球至对方反手位底线长球，使其不容易侧身，伺机抢攻或冲右方大角。

2. 搓转与不转结合落点变化，伺机抢攻战术

以转与不转的搓球至对方左或右、长或短的球，伺机抢、冲、扣杀；以下旋搓球和侧旋搓球至对方反手位，伺机进行抢、冲或扣杀。

(二)接发球战术

接发球所采取的对策，包括在“前三板”战术运用的范围，它对运动员在整个战局中能否获得主动权起着主要作用。比赛中，双方都力争积极主动，如果接发球处理不好，很快就会陷入被动地位。因此，运动员在运用接发球战术时，要树立抢先争主动的意识，运用不同的技术手段去接发球，并与自身特长技术密切结合，才能在比赛中争得主动。

1. 接发球抢攻战术

以快打、快拉、快拨、快推等手段回击所有长球，并抢先上手，连续进攻。

2. 快搓、短摆战术

用快搓、摆短等手段回接，使对方难以发力抢攻或抢拉，自己抢先上手取得主动进攻。如我国选手刘国梁、孔令辉、杨颖、李菊等在国际比赛中，常以娴熟的快搓、摆短技术回接对手的发球，破坏其发球抢攻或抢拉弧圈的战术意图，为自己争取主动。

3. 用“快点”回击各种侧旋、上旋或不转的短球，伺机进攻，争取主动

接发球战术，应在比赛中根据具体情况灵活运用，才能达到破坏对方发球抢攻或抢拉的战术意图，争取主动，创造机会。

（三）削、攻结合战术

现代削球打法中，削攻结合打法的战术主要是以削球旋转的变化来牵制并控制对方，同时为进攻创造机会。

1. 削转与不转伺机反攻

以先削加转，后送不转，结合落点变化，伺机反攻；以削下旋、突削侧旋，扰乱对手，伺机反攻；在连续削球中，突然用拱或带，扰乱对手，伺机反攻。

2. 削长、短球伺机反攻

以削同线、异线长、短球，伺机反攻；以削近身长、短球，伺机反攻。

3. 削两角，伺机反攻

以削球紧逼对方两大角，伺机抢攻；以削球紧压对方左角（右角）突变右角（左角），伺机反攻。

4. 削、攻结合

在削球时，以削球为主，削攻结合，伺机得分；以反手削，正手攻，削攻结合，伺机得分；以正、反手削、攻结合运用旋转和节奏变化扰乱对方，争取主动进攻得分。

第四节　乒乓球运动规则与裁判

一、球台

（1）球台的上层表面叫作比赛台面，应为与水平面平行的长方形，长 2.74m，宽 1.525m，离地面高 76cm。

(2)比赛台面不包括球台台面的垂直侧面。

(3)比赛台面可用任何材料制成，应具有一致的弹性，即当标准球从离台面 30cm 高处落至台面时，弹起高度应约为 23cm。

(4)比赛台面应呈均匀的暗色，无光泽。沿每个 2.74m 的比赛台面边缘各有一条 2cm 宽的白色边线，沿每个 1.525m 的比赛台面边缘各有一条 2cm 宽的白色端线。

(5)比赛台面由一个与端线平行的垂直的球网划分为两个相等的台区，各台区的整个面积应是一个整体。

(6)双打时，各台区应由一条 3mm 宽的白色中线，划分为两个相等的“半区”。中线与边线平行，并应视为右半区的一部分。

二、球网装置

(1)球网装置包括球网、悬网绳、网柱及将它们固定在球台上的夹钳部分。

(2)球网应悬挂在一根绳子上，绳子两端系在高 15.25cm 的直立网柱上，网柱外缘离开边线外缘的距离为 15.25cm。

(3)整个球网的顶端距离比赛台面 15.25cm。

(4)整个球网的底边应尽量贴近比赛台面，其两端应尽量贴近网柱。

三、球

球应为圆球体，直径为约为 40mm；质量 2.7g；原用赛璐珞或类似的塑料制成，呈白色或橙色，且无光泽。现用高分子聚合物为原料的新材料球。

四、球拍

(1) 球拍的大小、形状和重量不限，但底板应平整、坚硬。

(2) 底板厚度至少应有 85%的天然木料。加强底板的黏合层可用诸如碳纤维、玻璃纤维或压缩纸等纤维材料，每层黏合层不超过底板总厚度的 7.5%或 0.35mm。

(3) 用来击球的拍面应用一层颗粒向外的普通颗粒胶覆盖，连同黏合剂，厚度不超过 2mm；或用颗粒向内或向外的海绵胶覆盖，连同黏合剂，厚度不超过 4mm。

①“普通颗粒胶”是一层无泡沫的天然橡胶或合成橡胶，其颗粒必须以每平方厘米不少于 10 颗但不多于 30 颗的平均密度分布整个表面。

②“海绵胶”即在一层泡沫橡胶上覆盖一层普通颗粒胶，普通颗粒胶的厚度不超过 2mm。

(4)覆盖物应覆盖整个拍面，但不得超过其边缘。靠近拍柄部分以及手指执握部分可不予以覆盖，也可用任何材料覆盖。

(5)底板、底板中的任何夹层以及用来击球一面的任何覆盖物及黏合层均应为厚度均匀的一个整体。

(6)球拍两面不论是否有覆盖物,必须无光泽,且一面为鲜红色,另一面为黑色(2021 年东京奥运会后的 10 月 1 日开始,国际乒联将彩色胶皮正式解禁,决定了粉色、紫罗兰色、绿色、蓝色四种颜色)。

(7)意外的损坏、磨损或褪色,造成拍面的整体性和颜色上的一致性出现轻微的差异,只要未明显改变拍面的性能,允许使用。

(8)比赛开始时及比赛过程中运动员需要更换球拍时,必须向对方和裁判员展示自己将要使用的球拍,并接受他们检查。

五、重发球

回合出现下列情况应判重发球:

(1)如果发球员发出的球,在越过或绕过球网装置时,触及球网装置,此后成为合法发球或被接发球员或其同伴阻挡。

(2)如果接发球员或接发球方未准备好时,球已发出,而且接发球员或接发球方没有企图击球。

(3)由于发生了运动员无法控制的干扰,运动员未能成功发球或还击。

(4)裁判员或副裁判员暂停比赛。

六、得 1 分

除被判重发球的回合外,出现下列情况运动员得 1 分:

(1)对方运动员未能正确发球。

(2)对方运动员未能正确还击。

(3)运动员在发球或还击后,对方运动员在击球前,球触及了除球网装置以外的任何东西。

(4)对方击球后,球没有触及本方台区而越过本方台区或端线。

(5)对方阻挡。

(6)对方连击。

(7)对方用不符合球拍规则的(3)、(4)和(5)的拍面击球。

(8)对方运动员或他(她)穿或戴(带)的任何东西使球台移动。

(9)对方运动员或他(她)穿或戴(带)的任何东西触及球网装置。

(10)对方运动员不执拍手触及比赛台面。

(11)双打时,对方运动员击球次序错误。

(12)执行轮换发球法时,出现(2)、(8)中的情况。

七、一局比赛

在一局比赛中,先得 11 分的一方为胜方。10 分平局后,先多得 2 分的一方为胜方。

八、轮换发球法

(1) 如果一局比赛进行到10分钟仍未结束(双方比分之和大于18分时除外),或者在此之前任何时间应双方运动员要求,应实行轮换发球法。

①当时限到时,球仍处于比赛状态,裁判员应立即暂停比赛。由被暂停回合的发球员发球,继续比赛。

②当时限到时,球未处于比赛状态,应由前一回合的接发球员发球,继续比赛。

(2)此后,每位运动员都轮发1球,直至该局结束。如果接发球方进行了13次还击,则判接发球方得1分。

(3)轮换发球法一经实行,将一直使用到该场比赛结束。

第九章 羽毛球

第一节 羽毛球运动概述

一、羽毛球运动的起源与发展

有关资料记载，现代羽毛球运动起源于英国，它是由印度“浦那游戏”逐步演变而成的。相传19世纪中叶，在印度的浦那城内有一种类似今日羽毛球活动的游戏十分普及，它是以绒线编织成形，上插羽毛，手持木拍，隔网将球在空中来回对击。19世纪60年代，一批退役的军官把这种称为“浦那游戏”的活动带回英国，并逐步使它演变成一项竞技运动。

1837年，在英国格拉斯哥郡的伯明顿镇，有一位名叫鲍费特的公爵，一天，他在自己庄园里宴请宾客，恰逢下雨，客人只好聚在客厅里，当时有位从印度退役的军官，将“浦那游戏”介绍给大家，并在大厅里活动起来，因这项活动极富有趣味性，很快就风行开来，此后，这种室内游戏迅速传遍英国，“伯明顿”即成为羽毛球英文的名字。1877年，第一本羽毛球比赛规则的图书在英国出版。1893年，在英国成立了世界上第一个羽毛球协会。1899年，该协会举办了第一届全英羽毛球锦标赛。此后每年举办一次，沿袭至今。

羽毛球运动从不列颠诸岛流传到斯堪的纳维亚和英国联邦各国，20世纪初流传到亚洲、美洲、大洋洲，最后传到非洲。随着世界上开展这项运动的国家越来越多，1934年成立了国际羽毛球联合会，总部设在伦敦。1939年国际羽毛球联合会通过了各会员国共同遵守的《羽毛球竞赛规则》。

20世纪20—40年代，欧美国家的羽毛球运动发展很快，特别是英国和丹麦，历次重大国际比赛的桂冠几乎都被他们垄断，其次是加拿大和美国也具有相当高的水平。1948—1949年国际羽毛球联合会举办了首届世界男子羽毛球团体赛（汤姆斯杯），马来西亚击败了美国、英国和丹麦等强国荣登榜首，从此开始了亚洲人称雄国际羽坛的时代。

20世纪50年代，亚洲羽毛球运动发展较快，首先是马来西亚，涌现出了不少优秀选手，获得了1951年、1955年举办的两届汤姆斯杯赛冠军，同时在世界锦标赛中再次获得男子单打、双打的冠军。

20世纪50年代末，印度尼西亚羽毛球队在国际羽坛开始崛起，他们在学习欧洲选手技术和打法的基础上有所创新，加快了比赛的速度和对落点的控制，使羽毛球技术水平提高到一个新的阶段。在第四届汤姆斯杯赛中一举击败马来西亚队而夺得冠军。20世纪60—70年代，印度尼西亚队的技术水平在国际羽坛上（除中国以外）一直处于遥遥领先的地位。从第4届到第11届的汤姆斯杯赛，除第七届被马来西亚获得外，其余全被印度尼西亚所获得，并且印度尼西亚几乎垄断了在此期间举行的全英锦标赛的男子单打、双打的冠军。

在女子方面，20世纪50年代中期至60年代初期，美国占据世界的优势，连续3届获得女子团体比赛（尤伯杯）的冠军，20世纪60年代后期至70年代，世界羽坛的优势转向日本。

1981年5月，国际羽毛球联合会重新恢复了中国的合法席位，从此揭开了国际羽坛历史上新的一页，进入了中国羽毛球选手称雄国际羽坛的辉煌时期。

二、羽毛球运动的锻炼价值

羽毛球运动是一种全身运动项目。无论是进行有规则的羽毛球比赛还是作为一般性的健身活动，都要在场地上不停地进行脚步移动、跳跃、转体、挥拍，合理地运用各种击球技术和步法将球在场上往返对击，从而增大了上肢、下肢和腰部肌肉的力量，加快了锻炼者全身血液循环，增强了心血管系统和呼吸系统的功能。有关数据显示，大强度羽毛球运动者的心率可达到每分钟160～180次，中强度心率可达到每分钟140～150次，低强度运动心率也可达到每分钟100～130次。长期进行羽毛球锻炼，可使心跳强而有力，肺活量加大，耐久力提高。此外，羽毛球运动要求练习者在短时间对瞬息万变的球路做出判断，果断地进行反击，因此，它能提高人体神经系统的灵敏性和协调性。

羽毛球运动适合于男女老幼，运动量可根据个人年龄、体质、运动水平和场地环境的特点而定。羽毛球运动可作为青少年促进生长发育、提高身体机能的有效手段，运动量宜为中强度，活动时间以40～50分钟为宜。适量的羽毛球运动能促进青少年身高增长，培养青少年自信、勇敢、果断等优良的心理素质。老年人和体弱者可将羽毛球作为保健康复的方法进行锻炼，运动量宜小，活动时间以20～30分钟为宜，达到出出汗、弯弯腰、舒展关节的目的，从而增强心血管和神经系统的功能，预防和治疗老年心血管和神经系统方面的疾病。儿童可将羽毛球作为活动性游戏方法来进行锻炼，让他们在阳光下奔跑跳跃，并要求他们能击到球，培养他们不畏困难、不怕吃苦、不甘落后的品质。

羽毛球运动具有简便性。羽毛球活动对设备的基本要求比较简单，只需两个球拍、一个球和一条绳索即可。正规比赛场地面积仅 65～80m^2，长 13.40m，宽 6m（双打）或 5.18m（单打），平时进行羽毛球活动只要有平整的空地就可以了。风不大的情况下，在户外进行活动时，只要把球网架起来，就可以在一定长度和宽度的空地上画上几条线，双方对练。因此它不仅可以在正规的室内运动场进行，也可以在公园、生活小区等处广泛地开展。它作为户外运动时，还可使锻炼者吸入新鲜空气，受到阳光照射，改善人体的血液循环和新陈代谢，同时感受大自然的美丽，在运动中怡心健体。羽毛球运动既可单兵作战（两人对练），又可集体会战（双打练习或三人对三人对练）。单人对练时，练习者可以随心所欲地打出任何弧线、任何远度、任何力量、任何速度及任何落点的球；集体会战则可以使练习者养成协调配合的习惯，培养集体主义精神。

第二节　羽毛球运动初级技战术

一、羽毛球运动初级技术

1. 握拍法

1）正手握拍法

正手握拍的动作方法：握拍前，左手持拍将拍面向左置于体前，使拍面与地面垂直，然后张开右手，右手拇指、食指伸开，贴在拍柄的两个宽面上，食指和中指稍分开，中指、无名指和小指并拢握住拍柄，使手掌根部靠在球拍握柄底部位置，另三指并拢握住拍柄，虎口对着左侧宽面的棱边上，拇指和食指轻松形成“V”字形，贴在拍柄左侧的宽面上，食指与中指稍微分开，第二指节贴住拍柄右侧宽面并自然弯曲，掌心稍空出，不要紧贴拍柄（图 9-1）。正手握好拍后掌心向上，拍面向上的是正拍面，向下的是反拍面。正手发球、身体右侧的放网前球、击肩下球以及头顶击球等一般采用正手握拍法。

2）反手握拍法

反手握拍的动作方法：当球飞向身体的左侧时，可采用反手握拍法来击球，即由正手握拍，将球拍向右方向转，拇指伸直，指腹贴在球拍的左侧宽面，手指向中指、无名指、小指靠拢，握住拍柄，掌心要留出空隙，便于保持手指的灵活性。也就是说，在正手握拍的基础上，用大拇指和食指将拍柄向外稍作旋转，将大拇指伸直用其第一指节内侧自然顶帖在拍柄内侧的宽面上，食指收回，与拇指同(或略)高，四指并拢握住拍柄。手心与拍柄之间留出空隙，有利于击球发力(图 9-2)。

图 9-1　正手握拍

图 9-2　反手握拍

随着羽毛球运动的日益发展，速度加快、打法先进、技术细腻，因此又产生了另一种反手握拍法，即将大拇指第一指节内侧自然贴在拍柄的窄棱面上，握拍手心与拍柄保持一定间隙。这种握拍法能充分发挥各手指的力量和灵活性，击球时技术动作小，爆发力强，球速快，同时能运用手指力量来控制球的位置，使球的落点更佳。

2. 发球与接发球

1)发球

发球是羽毛球运动的一项非常重要的基本技术之一。发球质量的好坏与否，直接关系到比赛的主、被动与否，有时甚至直接关系到比赛的胜负与否。只有重视和掌握科学、正确、合理的发球技术并能做到融会贯通，运用自如，方能在比赛中获胜。

羽毛球运动的发球技术，根据其不同的属性划分，则有不同的类型。按其动作划分，可分为正手发球和反手发球两种；按球在空中飞行的弧线划分，可分为发高远球、平高球、平快球和网前短球等；按比赛项目划分，则可分为单打发球和双打发球两种。

发球站位是指运动员在开始发球前，选择有利位置的选位方法。一般情况下，单打发球站位的运动员应选择在球场中心中线附近，站在规定场区内离前发球线 1～1.5m 处，双打发球站位则可站在靠近前发球线的地方。

(1)正手发球：运动员两脚前后站立与肩同宽，侧身对网，左脚在前(脚尖向网)，右脚在后(脚尖侧对网)，身体重心在后脚。右手持拍向右后侧自然举起，屈肘，左手持球举于身前腹胸间处，眼睛注视对方。发球时，重心由后脚移至前脚(图 9-3)。

(2)反手发球：运动员两脚前后站立，左(右)脚在前，右(左)脚在后，上体稍前倾，重心在前脚。右手反手握拍将球拍摆在左腰侧前，肘部微屈稍抬高，拍框朝下，拍面稍后仰，握拍手自然放松，左手持球于腹前腰下处(图 9-4)。

图 9-3　正手发球

图 9-4　反手发球

羽毛球规则规定:发球时,发球员的两脚都必须有一部分与地面接触,不得移动,直至将球发出。在击球瞬间,发球员的球拍必须先击中球托,与此同时整个球要低于发球员的腰部,拍杆应指向下方,从而使整个拍框明显低于发球员的整个握拍手部,初学者首先必须弄懂这些规则,以免发球违例。

正手发球一般用于单打比赛中的发高远球、平高球、平快球,同时也可用于发网前短球。

(3)正手发高远球。发高远球是把球发得既高又远,使球飞行到对方底线上空时,几乎垂直下落,球的落点在对方场内端线附近。

正手发高远球的动作方法:站位与准备姿势如前所述。发球时,身体重心由后脚移至前脚,持球手松开使球自然下落时,右手上臂带动前臂,自右后方随转体向前上方挥拍,手部自然伸腕。当球拍与球快要接触的刹那,握紧球拍,利用手腕屈伸的力量向前上方发力击球。然后,球拍顺着惯性向左上方挥动并缓冲。

(4)正手发平高球。平高球的飞行弧度稍低于高远球,而飞行速度稍快于高远球,球较快地落到对方场内端线附近。发平高球是发球抢攻的手段之一。

正手发平高球的动作方法:与发高远球大致相同。只是在击球的一刹那,前臂加速带动手腕、手指力量向前上方挥动。触球时拍面仰角小于 45°,拍面稍向前推送击球。球下落至对方场内端线附近。

(5)正手发平快球。平快球是把球发得又平又快,使球快速落在对方场内端线附近。平快球突袭性强,往往能使对手措手不及而造成对方处于被动地位或发生接球失误。发平快球是发球抢攻的重要手段。

正手发平快球的动作方法:与发高远球大致相同,站位稍靠后。击球瞬间握紧拍柄,前臂加速带动手腕、手指向前挥动。触球时拍面仰角小于 30°,拍面稍向前推送击球。

(6)反手发平快球。反手发平快球的动作方法:击球前期动作与反手发网前球相同。击球时紧握球拍,拍面后仰角度稍大,挥拍速度加快,用手腕甩动和手指配合的爆发力,将球向前上方击出。

(7)正手发网前球。发网前球是把球发至对方发球区内前发球线附近。球的飞行速度较慢，飞行弧度较低，使球“贴网”而过。它是双打比赛最常用的发球方法，在单打比赛中，用于对付接网前球较差的对手，有时也可以作为过渡性的发球，或发球抢攻战术的手段。

正手发网前球的动作方法：准备姿势与站位同发高远球。发球时，挥拍幅度较小，主要靠前臂带动手腕、手指的力量向前横切推送，使球的飞行贴网而过，落在前发球区附近(图 9-5)。

图 9-5　正手发网前球

(8)反手发网前球。反手发网前球的动作方法：面向球网，两脚前后开立(一般右脚在前)，上体稍前倾，身体重心在前脚上。右手臂屈肘，用反手握拍法将球拍斜下举在腰下。准备击球时手腕内屈，击球瞬间用小臂带动手腕、手指力量向前横切推送，将球击出。发出的球贴网而过，落在前发球区附近。

2)接发球

(1)单打接发球站位和准备姿势。单打接发球的站位：接发球者站在前发球线约 1.5m 处，在右发球区时靠中线位置，主要是防备发球员利用发平快球直接进攻反手部位，避免被动接球；在左发球区时则在中间位置。

准备姿势：两脚前后站立，一般是左脚在前右脚在后，身体侧对球网，重心在前脚，后脚脚跟稍提起，双膝微屈，左手自然抬起，屈肘，右手持拍于右身前，两眼注视对方。

(2)双打接发球站位和准备姿势。双打接发球的站位：由于双打比赛多采用发网前球，所以，双打比赛中接发球员接发球时靠近前发球线位置，利于快速上网击球，对付对方的网前球。

准备姿势：与单打接发球基本相同，身体重心可随意放在任何一脚上，球拍要高举以争取主动权。在右发球区接发球时要注意防备发球员发平快球突袭反手部位。

二、羽毛球运动初级战术

1. 单打战术

(1)发球抢攻战术。发球抢攻战术是指运动员利用发球使对方被动，为自己创造进攻机会的一种战术。这种战术一般用发网前低球结合平快球、平高球，争取第三拍的主动进攻。尤其对付防守能力较差或临场经验不足的对手，采取此战术较为有效。在比赛进入关键时刻实施此战术突袭对手，以打乱其接发球的准备，争取主动权。

运用此战术时，要求运动员应具有高质量的发球技术，否则难以成功。

(2)攻后场战术。这种战术一般通过击高球、重复压对方底线两角造成对方被动，然后寻找机会进攻。此战术一般用于对付初学者或技术不熟练、后场还击能力不强、后退步法较慢和急于上网的对手较为有效。

(3)攻前击后战术。这种战术是先以吊球、放网前球、搓球吸引对方到网前，然后用推球、平高球或杀球突击对方的后场底线。它一般用于对付上网步法较慢或网前球技术较差的对手。采用此战术，要求运动员具有较好的网前击球技术。

(4)打四方球战术。这种战术是以快速、准确的落点攻击对方场区的四个角落，调动对方前后左右奔跑，伺机在空当时进攻。它用于对付体力差，反应和步法移动慢的对手。

(5)打对角线战术。这种战术无论是进攻还是防守均以打对角线为主。它用于对付身体灵活性差、转体较慢的对手。由于对方灵活性差，转体慢，来回左右两侧奔跑易使对方重心不稳而被动失误，为自己创造进攻机会。

(6)逼反手战术。大部分羽毛球运动员，后场反手击球的进攻性不强，球路也较简单。因此对于后场对手较差的对手要毫不放松地加以攻击。先调动对方位置，使对方反手区露出空当，然后把球打到反手区，迫使对方使用反拍击球。例如，先吊对方正手网前，对方回球后，便以平高球的击球攻击对方反手区，在重复攻击对方反手区迫使其远离中心位置时，突然吊对角网前。

2. 双打战术

(1)攻人战术。攻人战术即"二打一"，或避强击弱战术。双打比赛中，双方两个队员的技术水平一般是不均衡的，集中力量攻击对方较弱的队员，尽量使对方的特长得不到发挥，充分暴露对方的弱点，是此战术的目的。攻人战术要灵活运用，若对方有意保护其弱者，则以两个人对付对方的强者，消耗其体力，减弱其进攻威力，伺机突击空当，这也是"二打一"。

(2)攻中路战术。当对方队员分边站位时，要尽可能将球攻到对方两人之间的空隙区，以造成对方争夺回击或相互让球时而出现失误。这是对付配合较差的对手的有效办法。

攻半场战术是攻中路战术的另一种方式。当对方成前后站位时，将球还击到两人之间靠边线的位置上。这是对付配合欠佳、动作不灵活、接半场球技术较差的对手的有效战术。

(3)软硬兼施战术。这种战术先用吊网前球或推半场球迫使对方被动防守，而后大力扣杀进攻。若硬攻不下，则重吊网前球，待对方挑球欠佳时，再度强攻。此时，攻击对象最好是选择对方刚后退而立足未稳者。

(4)挑拉反击战术。这种战术是通过挑、拉对方两底角高远球，诱使对方在左右移动中进攻，伺机反击，后发制人。它用于对付后场进攻能力较差的对手，或用于消耗对方体力。运用此战术必须具有较强的防守能力，顶得住对方的连续攻杀。

(5)后杀前封战术。当本方取得主动欲采取攻势时，站在后场者见高球则强攻杀球或吊网前球，迫使对方被动还击；站在前场者则应立即积极移位，准备封网扑杀(图 9-6)。

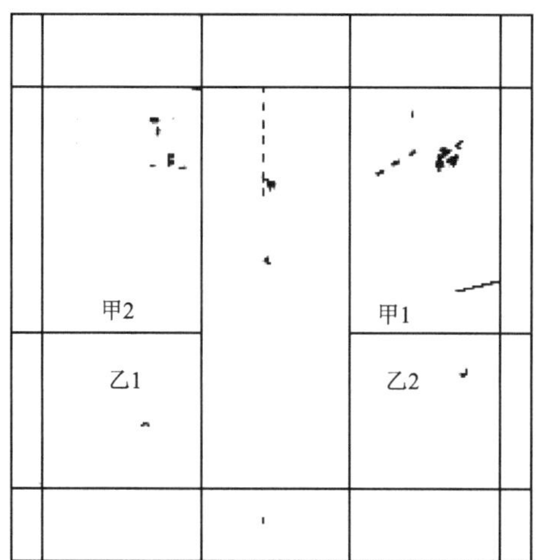

图 9-6　后杀前封战术

说明：甲 1 发高球，乙 1 接发杀直线球，乙 2 迅速到右发球区前封网，如对方甲 2 接杀挡网前球，乙 2 便可进行扑杀。

(6)攻直线战术。它是指攻球路线和落点均为直线，没有固定的对象，只依靠杀球的力量和落点来控制对方。当对方的来球靠边线时，攻球的落点在边线上；当对方的来球在中间区时，就朝中路进攻。这个战术的使用较易记住。杀直线球虽然难度大一些，但效果不错，便于网前同伴的封网。

第三节　羽毛球运动中级技战术

一、羽毛球运动中级技术

1. 羽毛球场上步法

羽毛球的步法和手法(即各种击球法)是相辅相成、不可分割的，许多击球技术都是靠熟练、快速、准确的步子移动来完成的。不掌握正确的步法，就会影响各种击球手法的学习和掌握，而在比赛中如果没有到位的步子，就会使手法失去应有的积极作用。

主要的步法有上网移动步法、起跳腾空步法、后退步法、前后场连贯移动步法等。

1)上网移动步法

上网移动步法包括跨步上网、垫步或交叉步上网、蹬跳上网。

不论用哪种步法上网，其上网前的站位及准备姿势都是一样的，即站位取中心位置，两脚左右开立(稍有前后),约同肩宽,两膝微屈,前脚掌着地,后脚跟稍提起并左右微动;上体稍前倾,右手持拍于体前,两眼注视对方的来球。

(1)跨步上网:判断准对方来球后,左脚掌内侧用力蹬地并侧身向来球方向迈出,接着右脚也向前迈一大步,以脚掌外侧和脚跟先落地,再过渡到前脚掌,右膝关节弯曲并成弓箭步。紧接着左脚自然地向前脚着地方向靠上小半步。击球后,右脚蹬地用小步、交叉步或并步回到中心位置。

(2)垫步或交叉步上网:判断准对方来球后,右脚先迈出一小步,左脚立即向右脚垫一小步(或从右脚后交叉迈出一小步),左脚着地后,脚内侧用力蹬地,右脚再向网前跨一大步成弓箭步,身体重心在前脚。击球后,前脚朝后蹬地,小步、交叉步或并步退回到中心位置。垫步或交叉步上网的优点,步子调整能力强,在被动情况下,能利用蹬力强、速度快的特点迅速调整脚步,去迎击来球,垫步或交叉步上网的注意事项同跨步上网。

(3)蹬跳上网:蹬跳上网是在预先判断来球的基础上,利用脚的蹬地,迅速扑向球网,以争取在球刚越过网时立即进行还击。单打或双打中常用此步法上网扑球。该步法是站位稍靠前,对方一有打网前球的意图后,右脚稍向前刚一点地便起蹬侧身扑向网前。击球后应立即退回中心位置。蹬跳上网既要快,又要防止因前冲力过大而触网。

2)起跳腾空步法

起跳腾空步法主要运用于向左、右两侧稍后的位置移动,突然起跳拦截对方击来的弧线较低的平高球。它的特点是起动快、动作突然,常在对方尚未站稳之际,给其以袭击,使对方防不胜防。

当判断准来球飞向右侧底线且弧线较低时,右脚先向右后跨一步,接着左脚向右侧后蹬地,右脚起跳,身体向右侧后方跃起,截住来球,用正手击球技术扣杀或劈吊对方空当。当来球飞向左侧底线时,用右脚掌蹬地,左脚起跳,用尖顶击球技术突击对方。

3)后退步法

后退步法有右后场区后退步法和左后场区后退步法。右后场区后退步法主要是正手的后退步法;左后场区后退步法包括头顶后退步法和反手后退步法。不论是哪种后退步法,其移动前的准备动作和站位皆同上网移动步法。

4)前后场连贯移动步法

连贯移动是指两个或两个以上击球动作之间的移动是连贯的,大致有两种,一种是战术目的明确或预测判断有十分把握的情况下步法移动迅速,另一种是双方互相还击的球速都比较快,如接杀抽—放网—勾—推,这样一类技术,运动员跑起来步法之间衔接很快,也被认为是连贯的。其实,无论什么情况,两个技术动作之间的步法必然稍有停顿现象,节奏掌握得好,就不为人所注意。

击球动作与步法之间、步法与步法之间的节奏应如何掌握?击球以后急急忙忙赶回中心位置,站在那里静止地等待着对方的来球,这样并不好,因为从运动到静止既消耗体力又难以起动,这样的停顿是不可取的(有时也不可避免,尤其双打时,挑球后往往只好在那里等着,但双打防守范围较小),停顿的时间应该选择在对方即将击球的瞬间。

2. 击球

击高球技术有正手、反手和头顶击高球 3 种。

1)正手击高球

正手击高球的动作方法:首先判断来球的准确方向和落点,然后向右后方转体,侧身后退移动,把球调整在自己头部的右肩稍前上方的位置;左肩对网,左脚在前,右脚在后,重心在右脚上,左臂屈肘,左手自然举起,右手握拍,手臂自然弯曲,将球拍举在右肩上方,手腕、拍面稍内旋,两眼注视来球;击球时,上臂后引,随之肘关节上提,使之明显高于肩部,将球拍后引至头后,自然伸腕;在右脚蹬地、转体收腹的协调用力下,上臂带动前臂(并有内旋动作)快速向前上方闪,动手腕,在手臂伸直的最高点,用手臂、手腕和手指力量将球击出。击球后,持拍手随惯性向前下方挥动并收拍于体前,重心移至左脚(图 9-7)。

图 9-7　正手击高球

2)反手击高球

反手击高球的动作方法:当判断到对方来球在身体左后方时,身体迅速移动,最后一步用右脚前交叉跨至左侧底线,背向球网,重心落在右脚,把球调整在身体右上方,换成反手握拍,举拍在左胸前。击球时,上臂带动小臂,在肘部上抬至与肩平行时,两腿蹬地向上伸展用力,以肘关节为轴,小臂带动手腕、手指力量快速挥动,在身体右上方击球。主要以拇指的侧压与手腕挥动配合用力。

3)头顶击高球

头顶击高球是指击球员在击球时,球拍由击球员右后侧绕过头顶,在左肩上方用正手击球的方法。它是我国羽毛球运动员在左后场区常用的一种击球方法。这种击球技术具有积极主动、快速凶狠的特点。

3. 扣杀球

扣杀球是指把对方击来的高球，在尽量高的击球点上，用力快速地往对方场区斜压下去。球的飞行弧线直，下落速度快，力量大。它能给对方造成很大的威胁，是羽毛球比赛中主要的得分手段。

扣杀球从手法上可分为正手、头顶和反手扣杀球三种。初学者必须首先掌握好正手扣杀球的基本技术。扣杀球可以原地，也可以跳起，初学应从原地开始学习。

1)正手扣杀球

正手扣杀球的动作方法：准备姿势和动作过程与击高球的技术相似。击球时，把球调整在右肩的稍前上方，接着身体后仰、右腿蹬地、快速收腹，手臂以最快的速度向前上方挥摆，最后通过手腕的高速挥动，击球托后部，使球直线下行。杀球后，前臂带动球拍随惯性在体前收拍，身体重心由右脚移至左脚(图 9-8)。

图 9-8　正手扣杀球

2)头顶扣杀球

头顶扣杀球的动作方法：准备姿势、击球动作与头顶击高球相似。当球恰好落在头顶上空或左肩上空适当高度时，持拍手臂向上举并绕头至左肩上，突然加快小臂、手腕的闪动并下压，同时右脚向左后方蹬地跳起，左脚后撤，身体成背弓形，利用腰腹力和手部力量协调向前下方用力将球击出。左脚着地时，要快速蹬地起步回位，准备回击下一个来球。

3)反手扣杀球

反手扣杀球的动作方法：准确判断对方来球，迅速移动步法到合适的击球位置，最后一步右脚向左后侧跨出，背对球网，反手握拍，持拍手屈臂将球拍举至左肩上方准备击球。当球落到右肩上方适当高度时，肘关节向上举高，以肘关节为轴，用左脚蹬力、腰腹力、肩力及大臂带动小臂，手腕、手指快速用力向后击球。击球瞬间握紧球拍，手腕快速用力向前下方扣压。

4. 吊球

吊球是指把对方击来的高球从后场区还击到对方的网前区。吊球在比赛中运用较多，它与高远球、扣杀球结合运用，常能造成对方判断上的失误。吊球具有较大的威胁性，是调动对方、打乱对方阵脚、组织战术配合的一种击球技术。吊球虽然用力较小，但却需要有很高的准确性。

高手吊球从手法上可分为正手、头顶和反手吊球三种；根据球的飞行路线和击球动作可分为轻吊、劈吊和拦截吊。本书仅介绍正、反手吊球技术。

1)正手吊球

正手吊球的动作方法：击球准备和前期动作与正手击高远球、扣杀球相似，只是击球时用力不同。吊球的击球点比高远球稍向前。击球时用手指、手腕发力，做快速切压球动作，击球托的后部和侧后部。吊直线球，拍面正对前方，向前下方切削球托；若吊斜线球，则球拍切削球托的右侧并向左下方发力。

2)反手吊球

反手吊球的动作方法：击球前的动作同反手击高远球。击球时，前臂挥动；速度减慢，手腕加速摆动，用反拍面切击球托的后部。吊直线球时，用反拍面切击球托的后中部，并直线向前用力；吊斜线球时，用反拍面切击球托的偏左侧，并斜线向前用力。

二、羽毛球运动中级战术

1. 单打战术

1)发球抢攻战术

从发球的第一拍起，争取控制对方，以攻杀得分。这种战术，一般为发网前低球结合平快球、平高球，争取第二拍的主动进攻。用这种战术对付应变能力较差的对手，或实施于比赛的关键时刻，效果往往较好。实施这一战术时，应有高质量的发球技术，否则很难成功。

2)杀、吊上网战术

对对手打来的后场高远球，本方先以杀球配合吊球把球下压，落点选在场区的两条边线附近，致使对手被动回球。若对手回网前球时，本方迅速上网搓球、勾对角球或平推球，创造在中场大力扣杀的机会。这种战术必须能很好控制杀、吊球的落点，在使对方被动回网前球时，主动迅速上网攻击。

3)快拉快吊

以平高远球压对方后场两底角，配合快吊网前两角，引对方上网，当对方被动回击网前球时，即迅速上网控制网前，以网前搓、勾球结合推后场底角，迫使对方疲于奔跑，被动回击。

4)后场下压

利用对方打来的高远球在后场扣杀，结合吊球迫使对方被动挡网前或放网前球。这时主动快速上网搓或推球控制前场，迫使对方被动抛高远球再后退起跳大力扣杀。

2. 双打战术

1)攻后场战术

对方后场扣杀能力差，本方可采用平高球、推平球、接杀挑底线，把对方一人紧逼在底线两角移动。当对方回球质量不高时，则抓住机会大力扣杀。如另一对手后退支援时，即可攻网前空当。

2)后攻前封战术

当本方处于主动进攻地位时，站在后场的队员见高球就杀或吊网前，迫使对方接球挡网前，这为本方前场队员创造了封网扑杀的机会。前场队员要积极封锁前场，迫使对方被动挑高远球。一旦对手挑高远球达不到后场，就为本方创造了再进攻的机会。

第四节　羽毛球运动规则与裁判

国际羽毛球联合会对21分制作了最后修订，并从2006年2月1日起正式实施。据介绍，新规则的最大变化是取消了发球得分制，另外规定每局获胜分统一定为21分。具体规定如下。

一、单打

(1)每场比赛采取三局两胜制；

(2)率先得到21分的一方赢得当局比赛；

(3)如果双方比分打成20∶20，获胜一方需超过对手2分才算取胜；

(4)如果双方比分打成29∶29，则率先得到第30分的一方取胜；

(5)首局获胜的一方在接下来的一局比赛中率先发球。

二、双打

1. 每球得分、21分制

旧规则：15分制(女单11分制)，获发球权者方可得分。

新规则：21分制，任何一方只要将球打"死"在对方的有效位置，或者因为对方出现违例或失误，均可得分。

2. 增加技术暂停

旧规则：球员在比赛中可向裁判提出暂停比赛，到场边擦汗、喝水或绑鞋带……

新规则：除非特殊情况(比如地板湿了，球打坏了)，球员不可再提出中断比赛的要求。但是，每局一方以11分领先时，比赛进行1分钟的技术暂停，让比赛双方擦汗、喝水……遇到不是运动员所能控制的情况，裁判员可根据需要暂停比赛。遇特殊情况，裁判长可要求裁判员暂停比赛。如果比赛暂停已得比分有效，恢复比赛时由该比分计起。

3. 平分后的加分赛

旧规则：比赛双方打成13平、14平时，先获13分或14分的一方有权决定双方加打5分或3分（女单出现9平或10平时，可分别要求加打3分或2分）。

新规则：每局双方打到20平后，一方领先2分即算该局获胜；若双方打成29平后，一方领先1分，即算该局取胜。

4. 取消第二发球

旧规则：双打赛，一方的一名球员失去发球权后，本方的另一名球员还有一次发球权。

新规则：得分者方有发球权，如果本方得单数分，从左边发球；得双数分，从右边发球。

5. 发球员的顺序

发球员的顺序与单打顺序一样，即以分数的单数或双数来决定。

(1)只有发球方在得分时才交换发球区。得分者方有发球权，如果本方得单数分，从左边发球；得双数分，从右边发球。除此以外，运动员继续站在上一回合的各自发球区不变，以此保证发球员的交替。

(2)发球员和接发球员都必须站在斜对角线发球区内发球和接发球，脚不能触及发球区的界限；两脚必须都有一部分与地面接触，不得移动，直至将球发出。

(3)发球员的球拍必须先击中球托，与此同时整个球必须低于发球员的腰部的1.15m。

(4)击球瞬间球杆应指向下方，从而使整个球框明显低于发球员的整个握拍手部。

(5)发球开始后，发球员的球拍必须连续向前挥动，直至将球发出。

(6)发出的球必须向上飞行过网，如果不受拦截，应落入接发球员的发球区。

三、羽毛球的违例

(1)发球不合法违例。

(2)发球员发球时未击中球。

(3)发球时，球过网后挂在网上或停在网顶。

(4)比赛时：①球落在球场边线外；②球从网孔或从网下穿过；③球不过网；④球碰到屋顶、天花板或四周墙壁；⑤球碰到运动员的身体或衣服；⑥球碰到场地外其他人或物体（由于建筑物的结构问题，必要时地方羽毛球组织可以制定羽毛球触及建筑物的临时规定，但其国家组织有否决权）；⑦球拍或球的最初接触点不在击球者网的这一方，如击球者击球后，球拍随球过网。

(5)比赛进行中：①运动员球拍、身体或衣服触及网或网的支持物；②运动员的球拍或身体，以任何程度侵入对方场区；③妨碍对手，如阻挡对方紧靠球网的合法击球；④比赛时，运动员故意分散对方注意力的任何举动，如喊叫、故作姿态等；⑤比赛击球时，球夹在或停滞在拍上紧接着又被拖带；⑥比赛时同一运动员两次挥拍连续击中球两次；⑦比赛时同一方两名运动员连续各击中球一次；⑧比赛时，球碰球拍继续向后场飞行；⑨运动员违反比赛连续性的规定；⑩运动员行为不端。

四、重发球

(1)不能预见或意外的情况，应重发球。

(2)除发球外，球挂在网上或停在网顶，应重发球。

(3)发球时，发球员和接发球员同时违例，应重发球。

(4)发球员在接发球员未做好准备时发球，应重发球。

(5)比赛进行中，球托与球的其他部分完全分离，应重发球。

(6)司线员未看清球的落点，裁判员也不能做出决定时，应重发球。

(7)重发球时，最后一次发球无效，原发球员重发球。

五、死球

(1)球撞网并挂在网上，或停在网顶上。

(2)球撞网或网柱后开始在击球这一方落向地面。

(3)球触及地面。

(4)违例或重发球。

六、发球区错误

(1)发球顺序错误。

(2)在错误的发球区发球。

(3)在错误的发球区准备接发球，且对方球已发出。

七、发球区错误的裁判方法

(1)发球或接发球顺序错误。

(2)在错误的发球区发球或接发球。

(3)如发现发球区错误，应在死球后予以纠正，已得比分有效。

第十章 武 术

第一节 武术理论

一、武术的形成与发展

(一)古代武术流源

中国武术的源头,可以追溯到中国原始社会的生产活动中。人们在同自然界的斗争中,为了在恶劣的自然环境中生存下来,不仅练就了徒手擒杀野兽的本领,而且创制了具有尖锋利刃的生产工具,并逐渐掌握了使用工具同野兽搏斗的技能。进入氏族社会后期,随着社会生产力的发展,私有制的萌发,原始战争日益频繁起来,人与兽斗争的工具和技能开始转化为人与社会斗争的工具和技能了。中国武术也开始脱离生产活动而在适应原始战争的需要下逐渐转化为独立的社会活动了。

随着青铜器的发展,有了长兵、短兵、远射器、防御武器之分。战国时期,各国重视、提倡"拳勇""技击""手搏"。由于战争频繁,参加战争人数众多,所以士兵体质强弱与技能高低往往成为军队战斗力强弱的重要因素。各国诸侯大都崇尚武功,为了适应作战需要,各国对士卒加以训练,主要是锻炼其胆量、体力、拳脚。

秦汉百戏、角抵盛行。秦销兵器后,民间原来的兵器武艺活动受到了限制,徒手的角抵活动在民间普遍发展起来。角抵更多地用于娱乐与表演,在禁武的秦朝,它不仅未被禁止,反而广泛在军中和民间流传开来,出现了专门从事角抵的艺人,而且逐渐成为宫廷的娱乐项目。汉代把包括杂技、舞蹈、魔术、角抵等技艺活动统称为百戏,由于角抵在其中占有最重要的地位，所以“百戏”在当时又被称为“角抵戏”。

南北朝时“武术”一词出现。“武术”一词最早见于南朝，出现于萧统《文选》第 20 卷中，有“偃闭武术，阐扬文令”。当时系指止战争(军事)，提倡文教。

隋唐时期武举制产生。武举制是选拔武艺人才的一种制度，沿袭至清末。这个时期套路吸收了戏曲、舞蹈的演练技巧和手、眼、身法、步等表现形式，达到了武术套路的演练艺术效果。尽管从击技或军事观点来看，套路的演练被人认为是“花拳绣腿”，为健身所利用，套路逐渐脱离军事训练的体系而发展起来。

宋代民间结社组织兴起。农村武艺结社组织的出现，在推动我国民间武术发展上发挥了很大的作用；而城市结社组织的活动特色是注重以表演、娱乐为主，兴起以健身娱乐为主要目的的武艺社团。

元代民间禁武，但武术仍以不同方式沿袭、生存、发展下来。曲艺与武艺结合起来，“元曲”中的武术以舞台为阵地，融曲艺、武艺于一体，既丰富了曲艺的表现力，又合法地保留与发展了武术套路技术，通过舞台演出，使武术更加深入人心。

古代武术在明清时期鼎盛发展。明代出现了众多的拳术门类，戚继光所撰《纪效新书》第 14 卷《拳经捷要篇》，专论拳术的技法与学理，系统地整理、总结、提炼了明代民间多种优秀拳技；还有郑若曾的《江南经略》、何良臣的《阵纪》、唐顺之的《武编》等，使武术初步具备了较为完整和系统的技术战术理论。明代武术趋于成熟，确立了武术的总范围和武术套路的基础技术结构层次，发展了武术理论研究，反映了武术的巨大发展，标志着武术的日益成熟，也是武术体系形成的主要标志。

(二)现代武术的发展

民国时期的武术发展特点：一是以城市为中心，以武术组织为龙头，推动武术的普及和发展；中央国术馆的决策，更直接影响着当时武术的总体发展。这是民国武术发展有别于旧时武术发展的特点之一。二是近代文化体育思潮促使武术的价值观转移到运动锻炼观念中，从教习转移到表演和竞赛上面，都向着科学化与规范化的方向演进，使传统武术开始了适应现代社会的变化过程。三是古老的中国武术被纳入了现代教育的范畴。1915 年 4 月，教育部明令“各学校应添授中国旧有武技，此项教员于各师范学校养成之”。武术正式进入学校教育，成为学校体育课程中的一项内容。

中国现代武术的蓬勃发展。在 1952 年冬，武术被列为推广项目。同年，设立了民族形式体育运动委员会，1954 年各地体育院、系，把武术列为正式课程。1957 年北京、武汉、成都等体院开设武术选修课。1958 年制定了第一部规则，促进了长拳、太极拳、南拳及相应器械套路的创新和发展。1966—1976 年武术处于停止发展阶段。1982 年召开了中华人民共和国成立以来首次全国武术工作会议，自 1983 年开始，我国有计划、有步骤地向外进行了推广工作，武术运动已进入到有组织发展时期。

武术是在中国几千年悠久传统文化哺育下形成与发展起来的，它具有丰富多彩的文化内涵，与中国古典哲学、军事学、伦理学、中医学及宗教学等都有不可分割的关系，构成了独特的武术文化。

二、武术的特点与作用

（一）武术的特点

武术以攻防格斗的技击技术为核心，有套路和对抗两种形式，是注重内外兼修的中华民族形式体育项目。

1. 武术技术的技击性

武术形成发展于古代军事活动中，其目的在于杀伤、制服对方，以最有效的技击方法，迫使对方失去反抗能力。这些技击术至今仍在军队、公安系统中被采用。武术作为体育项目，技术上仍以攻防技击为核心。武术套路技术是以技击为核心内容，搏击项目集中体现了武术攻防格斗的特点，在技术上与实用技击基本上是一致的，但是从体育的观念出发，受到竞赛规则的制约，以不伤害对方为原则。因此，武术项目技术具有较强的攻防技击性，但又与实用技击有区别。

2. 武术技术的民族性

武术来源于中华民族历史发展进程，中华民族的意识形态决定着武术技术的民族特征。武术“内外合一，形神兼备”的特点主要通过武术功法和技法来体现。“内练精气神，外练筋骨皮”是各家各派练功的准则。

3. 武术技术的普遍性

武术是千百年来中华民族历史发展过程中逐渐形成的具有中华意识形态的锻炼身体的方式，不是单一的体育项目，是中华民族形式的体育。武术的练习形式、内容丰富多样，有竞技对抗性的散手、推手、短兵，有适合演练的各种拳术、器械和对练，还有与其相适应的各种练功方法。不同的拳种和器械有不同的动作结构、技术要求、运动风格和运动量，分别适应不同年龄、性别、体质的需求，人们可以根据自己的条件和兴趣爱好进行选择练习。同时，它对场地、器材的要求较低，练习者可以根据场地的大小变化练习内容和方式，即使一时没有器械，也可以徒手练拳、练功。一般来说，受时间、季节限制也很小，并且它不是单一的体育运动项目，是具有更为广泛的普遍适应性的体育项目。

（二）武术的作用

1. 武术的防身功能

武术的产生、发展过程中，最早的初级作用是防身功能，是武术具有技击性的核心体现。通过基本技术练习，如拳打、脚踢、快摔等动作的运用，扬长避短、攻彼弱点、避彼锋芒，讲究得机、得时、得势，从而提高人的判断力和应变能力，也可达到防身自卫的目的。

2. 武术的健身功能

武术技术动作包含着屈伸、平衡、跳跃、翻腾、跌扑等，人体各部位几乎都要参与运动。武术运动讲究调息心气和意念活动，对调节内环境的平衡、调养气血、改善人体机能、健体强身十分有益。

3. 武术的修身功能

武术注重“内外兼修”，武术训练对意志品质考验是多面的。练习基本功，要不断克服疼痛关，“冬练三九、夏练三伏”，有持之以恒、坚持不懈的意志品质。经过长期锻炼，可以培养人们勤奋、刻苦、果敢、顽强、虚心好学、勇于进取的良好习性和意志品德。

“教武育人”的武术在中国几千年绵延的历史中，一向重礼仪，尊道德，“尚武崇德”。激烈的攻防技术和人生修行结合起来，是中国武术传统道德观念的体现。在社会的发展中，武德的标准和规范也不尽相同，尚武而崇德不仅能很好地陶冶情操，还会大大有益于社会精神文明建设。

4. 武术的鉴赏功能

武术具有很高的鉴赏价值，无论套路表演，还是散手比赛，历来为人们喜闻乐见。无论是显现武术功力与技巧的竞赛表演套路，还是斗智较勇的对抗性散手比赛，都会引人入胜，给人以美的享受，具有很高的观赏价值。

交流技艺，增进友谊。武术运动蕴涵丰富，技理相通，群众性的武术活动，便成为人们切磋技艺，交流思想，增进友谊的良好手段。武术在世界广泛地传播，促进了中外武术爱好者的交流。各国人民通过练武了解认识中国文化，探求东方文明。武术通过体育竞赛、文化交流等途径，在与世界各国人民友好交往中发挥着越来越重要的作用。

第二节　武术基本手型和步型

武术基本功，是指为更好地掌握武术技法，发展某项专门素质的基础功法练习。武术功法练习内容丰富、形式多样，主要有腰功、腿功、臂功和桩功。武术基本动作，是指武术拳术中最基础、最具有代表性的动作，主要包括肩、肘、手、髋、膝、足的基本攻防方法与跳跃、平衡动作。如长拳的基本动作包括上肢动作中的冲拳、推掌、顶肘等基本手型、手法，下肢的弓步、马步等基本步型，以及进、退、跳、插等基本步法和蹬、弹、踹等腿法；还有通过躯干表现的折叠俯仰、闪展拧转等基本身法，即通常所说的“三型四法”。重视并加强基本功和基本动作的练习，对于尽快准确地掌握武术技法、全面提高武术动作质量、避免伤害事故的发生、延长运动寿命、提高专项身体素质都有着十分重要的意义。基本功和基本动作的练习，应遵循先易后难、动静结合、循序渐进的原则，坚持“一勤、二苦、三恒”的练功态度，才能收到良好的练习效果。

1. 手型

1)拳

各部位名称：拳眼、拳心、拳面、拳背、拳轮(图 10-1)。

动作说明：五指卷紧，拇指压于食指、中指第二指节上。

要点：拳握紧、拳面平、直腕。

易犯错误：拳面不平、屈腕。

纠正方法：讲解拳的攻防作用。

教法提示：先示范与讲解拳的规格、要求，再采用手型变换练习。

2)掌

各部位名称：掌心、掌背、掌指、掌根、掌外沿(图 10-2)。

动作说明：四指伸直并拢，拇指弯曲紧扣于虎口处。

要点：掌心开展、竖指。

易犯错误：松指、掌背外凸。

纠正方法：讲解掌的攻防作用。

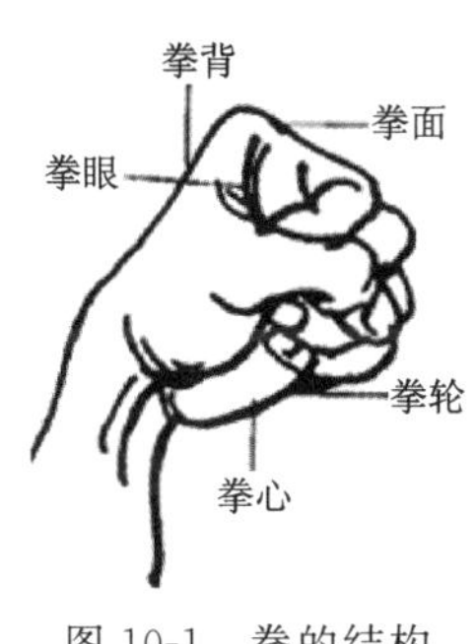

图 10-1　拳的结构

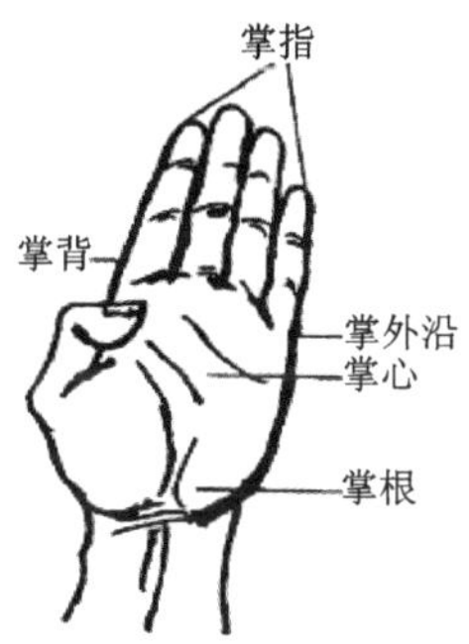

图 10-2　掌的结构

3)勾

各部位名称：勾尖、勾顶(图 10-3)。

动作说明：五指撮拢成勾，屈腕。

要点：屈腕。

易犯错误：松指，腕没有扣紧。

纠正方法：讲解勾手的攻防作用。

教法提示：同拳。

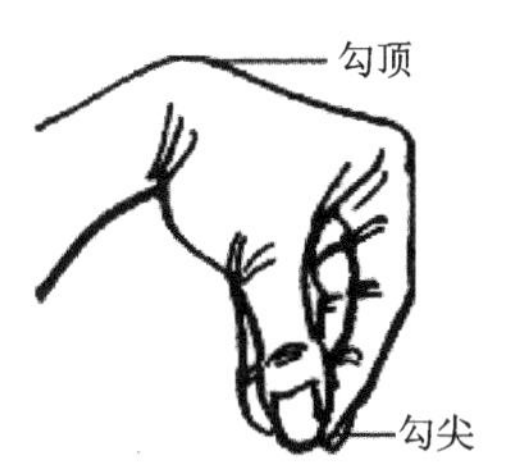

图 10-3　勾的结构

2. 步型

1)弓步

动作说明:前脚微内扣,全脚掌着地,屈膝半蹲,大腿成水平,膝部约与脚面垂直;另一腿挺膝伸直,脚尖里扣斜向前方,全脚掌着地,上体正对前方,两手抱拳于腰间(图 10-4)。

要点:挺胸,立腰;前腿弓、后腿绷。

易犯错误和纠正方法:①后脚拔跟或外掀脚掌,纠正方法是强调脚跟蹬地。②后腿屈膝,纠正方法是强调挺膝后蹬。③上体前倾,纠正方法是强调沉髋。

教法提示:结合手法做原地或行进间左右弓步,交替练习。

2)马步

动作说明:两脚左右开立为脚长的 3～4 倍,脚尖正对前方,屈膝半蹲,大腿成水平,眼看前方,两手抱拳于腰间(图 10-5)。

要点:头正、挺胸、立腰、扣足。

易犯错误和纠正方法:①脚尖外撇,纠正方法是强调脚跟外蹬。②两脚距离过大或太小,纠正方法是量出三脚距离后,再下蹲成马步。③弯腰跪膝,纠正方法是强调挺胸、立腰后再下蹲,膝盖不得超过脚尖。

教法提示:原地做马步与弓步的转换练习,或结合手法进行练习。

图 10-4 弓步

图 10-5 马步

3)虚步

动作说明:后脚尖斜向前,屈膝半蹲,大腿接近水平,全脚掌着地;前腿微屈,脚面绷紧,脚尖虚点地面(图 10-6)。

要点:挺胸、立腰、虚实分明。

易犯错误和纠正方法:①虚实不清,纠正方法是等支撑腿下蹲后,前脚尖再着地。②支撑腿蹲不下去,纠正方法是脚尖外展,多做腿部练习。

教法提示:先做高姿势练习,再结合手法做正确动作。

4)仆步

动作说明:一腿全蹲,大腿和小腿靠紧,臀部接近小腿,全脚掌着地,膝与脚尖稍外展;另一腿平铺接近地面,全脚掌着地,脚尖内扣(图 10-7)。

要点：挺胸、立腰、开髋，全脚掌着地。

易犯错误和纠正方法：①平铺腿不直，脚外侧掀起，脚尖上翘外展，纠正方法是平铺腿的脚外侧抵住固定物，使之正确。②全蹲腿未蹲到底，脚跟提起，纠正方法是增加踝关节柔韧性，强调腿平铺时沉髋、拧腰。③上体前倾，纠正方法是挺胸、立腰后再下蹲。

教法提示：①先把姿势放高一些，再做正确动作；②结合手法练习。

图 10-6 虚步

图 10-7 仆步

5）歇步

动作说明：两腿交叉屈膝全蹲，前脚全脚掌着地，脚尖外展；后脚跟离地，臀部外侧紧贴后小腿（图 10-8）。

要点：挺胸、立腰、两腿贴紧。

易犯错误和纠正方法：①两腿贴不紧，后腿膝跪地，纠正方法是强调后腿膝关节穿过前膝腋窝。②动作不稳，纠正方法是前脚尖充分外展、立腰、两腿贴紧。

教法提示：同虚步。

6）丁步

动作说明：两腿半蹲并拢，一脚全脚掌着地支撑，另一脚停在支撑脚内侧相靠，脚尖点地（图 10-9）。

要点、易犯错误、纠正方法、教法提示同虚步。

图 10-8 歇步

图 10-9 丁步

第三节　五步拳

五步拳是由弓步、马步、仆步、虚步、歇步五种步型结合搂手、冲拳、按掌、穿掌、挑掌、架打、盖打等手法进行的组合练习。该拳的特点是在出手或出腿时以放长击远为主，其动作撑长舒展、筋顺骨直，有时在出拳时还配合拧腰顺肩来加长击打点，以发挥“长一寸、强一寸”的优势。

预备式(并步抱拳)动作如下。

(1)弓步冲拳：成左弓步，左手向左平搂收回腰间抱拳，冲右拳，目视前方(图 10-10)。

图 10-10　弓步冲拳

(2)弹腿冲拳：重心前移，右腿向前弹踢，同时冲左拳，收右拳，目视前方(图 10-11)。

图 10-11　弹腿冲拳

(3)马步架打：右脚落地，向左转体90°，下蹲成马步，同时左拳变掌，屈臂上架，冲右拳，目视前方(图10-12)。

图10-12　马步架打

(4)歇步盖冲拳：左脚向右脚后插一步，同时右拳变掌向左下盖，掌外沿向前，身体左转90°，收左拳；目视右掌；上动不停，两腿屈膝下蹲成歇步，同时冲左拳，收右拳，目视左拳(图10-13)。

图10-13　歇步盖冲拳

(5)提膝仆步穿掌：两腿起立，身体左转。随即左拳变掌，顺势收至右腋下；右拳变掌，由左手背上穿出，手心向上。同时左腿屈膝提起，目视右手。上动不停，左脚落地成仆步；左手掌指朝前，沿左腿内侧穿至左脚面，目视左掌(图10-14)。

图10-14　提膝仆步穿掌

(6)虚步挑掌:左腿屈膝前弓,右脚前上成右虚步,同时左手向后划弧成勾手,右手顺右腿外侧向上挑掌,目视前方(图 10-15)。

(7)并步抱拳:左脚向右脚合拢成并步,同时左勾手和右掌变拳,回收抱于腰间,目视前方(图 10-16)。

图 10-15　虚步挑掌

图 10-16　并步抱拳

第四节　少年拳(第二套)

少年拳(第二套)是中学武术教材中的长拳基础套路。全套往返两段,共 12 个动作。它的特点是套路短小、内容精悍,既简单易学又有少量难度动作。

(一)预备势

两脚并拢直立,两手握拳屈肘抱于腰侧,两肩后展,拳心向上,下颌微收,头向左转,目视左前方(图 10-17)。

1. 抡臂砸拳

(1)左脚向左跨一步,以前脚掌着地,上体右转,左拳变掌向右前下方伸出,掌心向下(图 10-18)。

(2)上动不停,向左后方转体 180°,同时左手向上、向左、向下绕环屈臂外旋,使掌心向上置于腹前;右手向右后、向上抡起下砸,以拳背砸击左掌心作响,同时右腿屈膝提起,在砸拳的同时下跺震脚成并步半蹲,上体稍前倾,目视前下方(图 10-19)。

图 10-17　预备势

图 10-18　抢臂砸拳动作一

图 10-19　抢臂砸拳动作二

2. 望月平衡

右脚后撤一步起立，同时右拳变掌，两手左右分开上摆，左手在头左斜上方抖腕亮掌；右手至右侧平举部位抖腕成立掌，掌心向右；左腿屈膝，小腿向右上提贴于右膝窝，脚面向下。眼随左掌转动，在抖腕亮掌的同时向右转头，日向右平视(图 10 20)。

图 10-20　望月平衡

3. 跃步冲拳

(1)上体左转前倾，左腿向前提起，左手向左下后摆至体后；右手以掌背向左下后挂至左膝外侧，掌心均向内，目视左下方(图 10-21)。

(2)左脚向前落步，右腿屈膝向前上提，左脚随即蹬地向前跃出，两臂向前向上绕环摆动，目视右掌(图 10-22)。

图 10-21　跃步冲拳动作一

图10-22　跃步冲拳动作一

(3)右脚落地全蹲,左脚随即落地向前伸直平铺地面成仆步;两臂同时继续由上向右、向下绕环,右掌变拳收抱于右腰侧;左掌屈臂成立掌停于右胸前,目视前方(图 10-23)。

(4)左掌经左脚面向外横搂,同时重心前移,右腿蹬直成左弓步;左掌变拳收抱于腰侧,右拳向前冲出,拳心向下,目视右拳(图 10-24)。

图 10-23　跃步冲拳动作三

图 10-24　跃步冲拳动作四

4. 弹踢冲拳

重心移至左腿,右腿屈膝提起,在膝盖接近水平时,脚面绷平猛力向前弹踢;右掌收抱于腰侧,左拳向前冲出,拳心向下,目向前平视(图 10-25)。

5. 马步横打

右脚向前落步,脚尖内扣,左拳收抱于腰侧,右拳臂内旋向右后伸出,在向左转体 90°成马步的同时,向前平摆横打,目视右拳前方(图 10-26)。

6. 并步搂手

右脚向左脚并拢下蹲,右拳变掌直接向右小腿外侧下搂,至右小腿旁变勾手继续后摆停于体侧后方,勾尖向上,目视右方(图 10-27)。

图 10-25　弹踢冲拳

图 10-26　马步横打

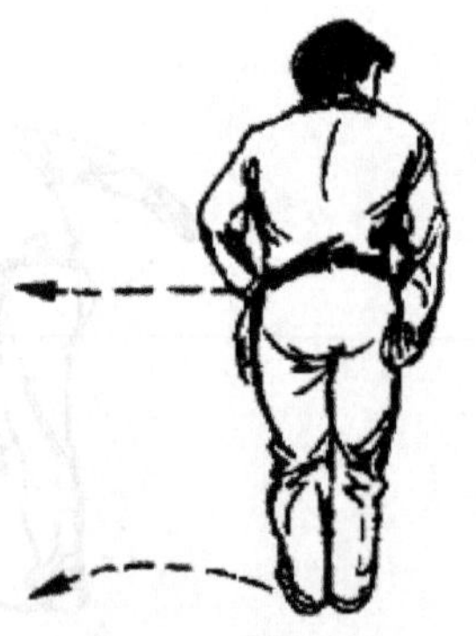

图 10-27　并步搂手

7. 弓步推掌

上体向左转体 90°，左脚前上一步成左弓步，同时右勾变拳收抱于腰侧，左拳变掌向前推出，掌心向前，目视前方(图 10-28)。

8. 搂手勾踢

(1)右拳变掌经后下直臂向上、向前绕环落于左腕上交叉，同时重心移至左腿(图 10-29)。

(2)上动不停，两臂向下后摆分掌搂手，至体侧后反臂成勾手，勾尖向上，同时右脚尖上勾，脚跟擦地面，向左斜前方踢出。身体随之半面向左转，目视左前方(图 10-30)。

图 10-28 弓步推掌

图 10-29 搂手勾踢动作一

图 10-30 搂手勾踢动作二

9. 缠腕冲拳

(1)两勾手变掌前摆于腹前，左手抓握右手腕，右腿屈膝，小腿自然放下(图 10-31)。

(2)上动不停，右手翻掌缠腕，在向右转体的同时臂外旋用力屈肘后拉于右腰侧抱拳，右脚跺地震脚下蹲，左腿屈膝提起(图 10-32)。

(3)左脚向左侧跨一大步，右脚蹬地随之滑动，两腿下蹲成马步，同时左手变拳经左腰侧向左冲出，拳眼向上，目视左掌前方(图 10-33)。

图 10-31 缠腕冲拳动作一

图 10-32 缠腕冲拳动作二

图 10-33 缠腕冲拳动作三

10. 转身劈掌

(1)右脚蹬他屈膝上提向右转体 90°,随身体直立两拳变掌直接上举,在头前上方以右手背击左掌心作响,目视前方(图 10-34)。

(2)上动不停,继续向右后转体 180°,右脚向前落步成右弓步,同时左掌变拳收抱于腰侧,右掌下劈成侧立掌,小指一侧向前,目视前方(图 10-35)。

图 10-34　转身劈掌动作一

图 10-35　转身劈掌动作二

11. 砸拳侧踹

(1)右脚蹬地屈膝上提,重心移至左腿并向左转体 90°,成提膝直立姿势,同时左拳变掌置于腹前,掌心向上,右掌变拳上举至头前上方,在右脚下踩震脚成并步下蹲的同时,以拳背砸击左掌作响,目视右拳前下方(图 10-36)。

(2)右腿直立,左腿屈膝上提,脚尖上勾,以脚跟向左下方踹出与膝盖同高,上体稍向右倾斜;同时左掌变拳收抱于腰侧,右拳上举横架于头前斜上方,拳心向上,目视左方(图 10-37)。

图 10-36　砸拳侧踹动作一

图 10-37　砸拳侧踹动作二

12. 撩拳收抱

(1)左脚向左落地并向左转体 90°成左弓步;右拳由上、向后、向下,以拳面撩出停于左膝前上方;左拳变掌拍击右拳背作响。目视右拳(图 10-38)。

(2)左脚蹬地起立向右转体 90°;两臂上举,两手变掌于头前上方交叉,掌心向前。目视前方(图 10-39)。

(3)上动不停,左脚收回与右脚并拢,两掌变拳左右分开后,屈肘收抱于腰侧。头向左转,目视左前方(图 10-40)。

图 10-38 撩拳收抱动作一

图 10-39 撩拳收抱动作二

图 10-40 撩拳收抱动作三

(二)还原势

直立。两拳变掌,直臂下垂,头向右转,目视前方(图 10-41)。

图 10-41 还原势

第十一章 跆拳道

第一节 跆拳道概述

一、跆拳道的起源与发展

（一）现代跆拳道的起源

韩国历史记载，公元 688 年，新罗王国统一了朝鲜，建立了“花郎制度”，到真兴王时，创立“花郎道”。花郎道是花郎制度的组织形式，即将年轻人组织到一起进行武艺锻炼。宗旨是“事君以忠，事亲以孝，事友以信，临阵无退，杀身有择”，以此磨炼人的意志、锻炼人的体魄，由此培养造就了一批又一批忠君事孝、英勇顽强、无所畏惧的战士。这大概就是跆拳道形成的基础。另外一个有力的佐证便是在描写新罗风俗习惯的《帝王韵记》中，有记载着跆拳道活动。

公元 935 年，高丽军队推翻了新罗王朝，建立了高丽王朝。高丽士兵们喜爱跆拳道。他们常用拳掌击打墙壁或木块，以磨炼手部的攻击能力。忠惠王也十分喜爱徒手搏斗，曾专门邀请臂力过人、武功超众的士兵金振都到宫廷表演手搏技艺，使跆拳道声望大震，并日渐被广大民众所接受。

1392 年，李朝取代高丽王朝，跆拳道没有得到重视。但在民间，这一活动却始终没有停止。1790 年汇编成书的《武艺图谱通志》中收录了“手搏”“跆跟”等武艺的技术与方法，以及动作图解和一些器械的使用方法，并将很多技击性很强的技艺融会到跆拳道的技法之中。

直至1910年日本侵占朝鲜建立殖民政府，下令禁止文化活动，跆拳道在劫难逃，在朝鲜境内销声匿迹。一些远离国土的朝鲜人把跆拳道延续下来，并进一步发展，将其与中国武术和日本武士道交融与结合，孕育了新的技术体系。

第二次世界大战后，自卫术再度兴起。从异国他乡回归故土的朝鲜人也将各国的武道技艺带回本国，逐渐与跆拳道融为一体，于是形成了现代跆拳道体系。

（二）跆拳道的发展

1955年，朝鲜的自卫术正式被称为"跆拳道"。1961年9月韩国成立了唐手道协会，后更名为跆拳道协会，并成为全国运动会正式竞赛项目。

1966年第一个国际跆拳道组织——国际跆拳道联盟成立。1973年，"世界跆拳道协会"成立。有美国、中国香港、中国台湾、日本、马来西亚、新加坡、朝鲜、菲律宾、沙巴、柬埔寨、澳大利亚、乌干达、英国、法国、加拿大、埃及、奥地利、墨西哥等20多个国家和地区加入。

1973年5月在汉城成立了世界跆拳道联合会。1975年"世界跆拳道联合会"（简称"世界跆联"）被国际体育联合会接纳为正式会员。1980年国际奥委会正式承认世界跆联。

1988年，跆拳道在韩国汉城奥运会首次亮相后，为了适应国际重大比赛，跆拳道的技术在不断地变革和发展。世界跆拳道联盟的总部中有一个特别技术委员会，其主要任务就是改进现今的跆拳道技术。

总的来说，跆拳道发展到今天，很多动作不像以前圆滑流畅，也没有以前重视运动中身体的平衡，反而更加注重实战。具体地说，就是在实际的运用中，新型跆拳道的技术要比形式古老的跆拳道优异很多。在今后，跆拳道还会在实战的路线上一直走下去的。

跆拳道创始人、国际跆拳道联盟原总裁崔泓熙将军很早就重视在中国普及跆拳道，认为其意义重大。1986年6月，他随国际跆拳道代表团访问中国，代表团有跆拳道表演选手男子17名，女子7名。当时中国奥运会委员会主席何振梁等有关负责人与崔泓熙将军肯定了跆拳道，并表示中国乐意发展跆拳道。中国武术界领导人还向崔泓熙将军请教了跆拳道在世界普及和发展的宝贵经验。此次巡回演武交流在中国播下了跆拳道的种子。之后，崔泓熙将军多次访问中国，并教授跆拳道的精髓。

1998年崔泓熙将军派遣国际跆拳道联盟的副总裁多次与宋硕景先生商谈事宜。1999年初国际跆拳道联盟正式成立了专门帮助中国普及和发展跆拳道的新机构——国际跆拳道联盟中国地区总部，由宋硕景先生负责这项工作。国际跆拳道联盟中国地区总部不断地积极帮助着无数的有志在中国各地普及和发展跆拳道的爱好者。

到现在，跆拳道运动以竞技和大众健身两个方面在中国蓬勃发展，在很多重大的国际赛事中屡创佳绩，在奥运会上屡次夺金，为我国争得了荣誉。

二、跆拳道的特点与作用

(一)跆拳道的特点

1. 以腿为主,手足并用

腿法在跆拳道动作中占主导地位。腿法技术在整体运用中占大半,因为腿在人的身体结构中最长且力量最大。

跆拳道的主要进攻手段是腿法。腿的技法有多种形式,仅踢击动作就有前踢、侧踢、后踢、勾踢、旋踢、推踢等。可高可低,可近可远,可左可右,可直可屈,可转可旋,威胁力极大,是比赛时得分和实用制敌的有效方法。

其次是手法。手臂的灵活性很好,可以自如地控制完成防守和进攻动作,同时也可以变化为拳、掌。

在竞赛规则以外的跆拳道实战中,人体的一些主要关节部位亦可以用来做进攻,如人体的手、肘、膝、脚等关节部位,是跆拳道实战中最常用、最有效的击打武器。这是跆拳道技术的本质。

2. 动作简练,直来直往

跆拳道的进攻方式十分简洁而实效,不论是在比赛时还是在实战中都是这样。对抗时双方都是直接接触,以刚制刚,直来直往。用简练硬朗的方法直接击打对方,或拳或腿,速度快,变化多。

防守的动作也是以直接的格挡为主,随即是连续的反击动作。防守时很少使用躲闪防守法,追求刚直强硬,尽可能保持或缩短双方间的距离,以增加击打的有效性,在近距离搏斗中争取比赛或实战的胜利。

3. 内外兼修,攻法独特

长期专门练习跆拳道,可以使人达到内外合一的程度,即内功和外力达到统一的巅峰。跆拳道理论认为经过专门训练后,人的关节部位能产生不可思议的威力。特别是拳、肘、膝和脚四个部位,尤以脚和手为甚。

由于无法确定人体关节部位武器化的威力和潜力到底有多大,只有通过对木板、砖瓦等物体的击打来测量验定练习者的功力水平。功力测验是跆拳道训练水平、晋级考试、表演和比赛的一个重要内容,以此显示出跆拳道独特的功法和特点。

4. 测试手段,击破为主

跆拳道在推广,大多是以击破木板、砖瓦的方式向人们展示其功夫。这种方法是用拳、掌或脚分别击碎木板、砖瓦,以此检验和测试练习者的功力程度。这种独特的方法现已成为跆拳道训练、晋级升级、表演比赛的一个主要内容。

5. 强调气势,声形合一

跆拳道练习者都要进行专门的发声练习。无论竞技还是品势跆拳道,都要求在气势上给人以威严,多以发出洪亮并带有威慑力的声音来显示自己的能力。尤其是在竞技跆拳道比赛中，双方练习者都会以规则允许的发声来提高自己的斗志，借以在气势上压倒对手，甚至在出击时配合击打效果以得到裁判认可，争取在心理上战胜对手。

6. 倚重道德，礼始礼终

跆拳道练习者始终是在不同的场合行礼鞠躬，给人们留下较深的印象。跆拳道练习者始终把“礼”作为训练内容，强调“礼始礼终”，即练习活动都要从礼开始，以礼结束。

跆拳道要求练习者在练习技术的同时，在道德修养方面也要不断提高自己。通过用行礼的方式向长辈、教练、队友鞠躬施礼，使跆拳道练习者养成发自内心的行礼习惯，以养成恭敬谦虚、友好忍让的态度和互相学习的作风，并培养其坚韧不拔的意志品质。

（二）跆拳道的作用

1. 提高防身与自卫的能力

跆拳道不论怎么来说，还是一项武技。通过跆拳道练习，不仅可以掌握各种踢法和拳法，提高身体的灵活能力和反应能力，还可以经过长期训练后形成一定技能，具备防身和自卫的能力。

2. 改善和增强体质

跆拳道的技术动作是由全身协调配合，主要通过各种各样的腿法来表现。它能很好地促进人体的力量、速度、灵敏、耐力、协调等全面身体素质的发展，具有强身健体的作用。

由于运动员在比赛和平时训练中要经常临场应变技战术，或是快速进攻，或是主动后撤再反击，或是腾空劈腿，或是后踢接后旋踢，这对提高神经中枢的灵活性、提高神经中枢协调支配各器官的能力，都起着良好的作用。

3. 磨炼意志，培养高品格的修养

跆拳道推崇“礼始礼终”的尚武精神，其宗旨是“礼义廉耻”，忍难克己，百折不挠。因此，通过跆拳道的训练，可以培养练习者坚韧不拔，勇敢无畏，顽强坚毅的意志品质。

尤其跆拳道讲究未曾学艺先学礼，未曾习武先习德，使练习者从开始就养成谦逊、宽容、礼让的高尚品德和尊师重道、讲礼守信、见义勇为的情操，这些品质有益于社会。

第二节 跆拳道基本技战术

一、跆拳道基本技术

（一）基本步法

在跆拳道技术体系中，步法是其中重要的一环，尤其是在运动员刚开始接触跆拳道这项运动时，要用较多的时间来进行专门的步法练习。由于受竞赛跆拳道规则的限制，在比赛中运动员主要是用腿攻击或防守反击，因此运动员的步法是否灵活，在一定程度上决定了他的进攻和防守或反击是否能够达到目的，这也使得步法训练在跆拳道训练中占据着重要地位。

1. 上步

动作过程：右架准备姿势站立，右脚向前上一步，成为左架准备姿势。反之左架亦然(图 11-1)。

2. 原地换步

动作过程：右架站立，两脚原地前后交换，由右架换成左架。反之左架亦然(图 11-2)。

3. 后撤步

动作过程：右架站立，左脚向后撤一步，成为左架准备姿势。反之左架亦然(图 11-3)。

图 11-1　上步

图 11-2　原地换步

图 11-3　后撤步

4. 前跃步

动作过程：右架站立，两脚同时向前跃进一步，保持右架准备姿势。反之左架亦然(图 11-4)。

5. 后跃步

动作过程：右架站立，两脚同时向后回撤一步，保持引架准备姿势。反之左架亦然。（图 11-5）。

图 11-4　前跃步

图 11-5　后跃步

（二）基本手法

1. 拳法

拳法在竞赛主要有正拳（也称平冲拳或直拳），在品势中则有正拳、勾拳、垂拳、平拳、中突拳等。

（1）正拳：将手的四指合拢并握紧，拳面要平，然后拇指压贴于食指和中指的第二指节上。使用正拳时，用拳的正面的食指和中指部分击打。

（2）勾拳：握法同正拳。使用时用食指和中指关节根部的突出部分击打（图 11-6）。

（3）锤拳：握法同正拳。使用时用小指和手腕间的肌肉部分击打（图 11-7）。

（4）平拳：向前平冲拳，然后把手指的第二指节弯曲，指尖贴紧手掌，拇指弯曲紧贴食指尖，用第二指尖击打（图 11-8）。

（5）中突拳：中指或食指从正拳的握法中突出，主要是击打太阳穴和两肋部（图 11-9）。

图 11-6　勾拳

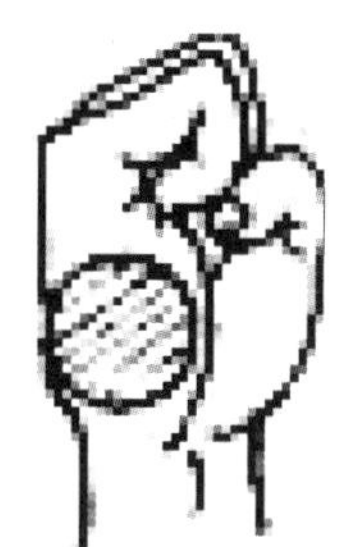
图 11-7　锤拳

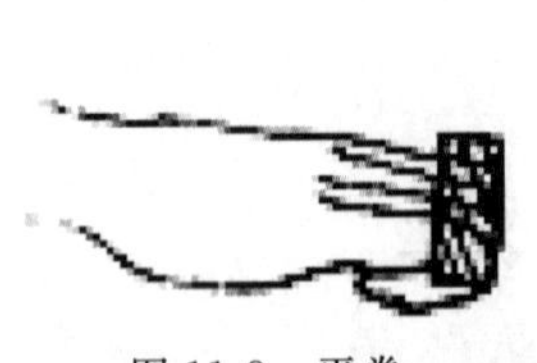

图 11-8　平拳

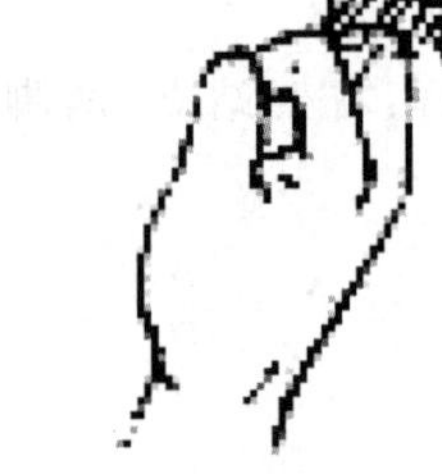

图 11-9　中突拳

2. 掌法

(1) 手刀:四指伸直,拇指弯曲靠近食指,用小指侧的掌外沿攻击对方。只局限于在品势中使用(图 11-10)。

(2) 背刀:此掌法与手刀相对,用食指侧攻击对方。只局限于在品势中使用(图 11-11)。

(3)贯手:手形与手刀基本相同,要求微屈中指,主要用四指指尖(有时也用二指)戳击对方的要害部位,如戳击对方的喉部等(图 11-12)。

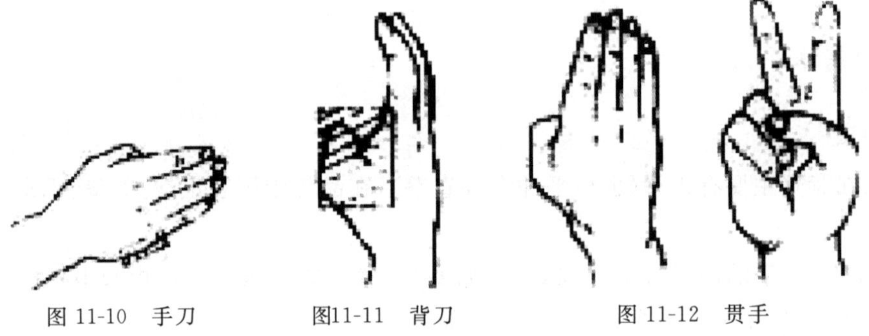

图 11-10　手刀　　图11-11　背刀　　图 11-12　贯手

(三)基本腿法

1. 前踢

前踢是学习横踢的基础,在品势中常被使用。

动作过程:

(1)右架站立,重心移至左脚(图 11-13①)。

(2)提起右大腿同时髋部略向左转,膝盖朝前,脚面稍绷直,双手握拳自然垂放在身体两侧(图 11-13②)。

(3)继续将髋关节前送,右大腿向前抬提,当大腿抬至水平或稍高时,向前弹出小腿,用脚面击打目标(图 11-13③)。

(4)直接向右转髋使右小腿折叠快收回原位(图 11-13④),然后后撤右腿,还原为右架准备姿势(图 11-13⑤)。

图 11-13　前踢

2. 横踢

横踢是跆拳道比赛中最为常用的动作之一，也是运动员得分的主要技术。

动作过程：

(1)右架站立，重心移至左腿(图 11-14①)。

(2)提起右大腿同时髋部略向左转，膝盖朝前，大小腿折叠，脚面绷直(图 11-14②)。

(3)继续将右大腿向前提高，左脚向外侧转动，右腿快速鞭打踢出小腿膝盖朝向左侧(图 11-14③)。

(4)用脚面击打对方胸腹部和面部及两肋部(图 11-14④)。

(5)击打后，右脚自然落下成左架(图 11-14⑤)，然后后撤右脚，还原成右架准备姿势(图 11-14⑥)。

图 11-14　横踢

3. 后踢

后踢是跆拳道比赛中最为常用的动作之一，也是运动员反击对方进攻的主要技术。

动作过程：

(1)右架站立，重心移至左腿(图 11-15①)。

(2)以左脚尖为轴，左脚跟外旋，身体向右后方转动，同时提起右大腿，使大小腿几乎折叠，脚尖勾起，头部稍向右后方转动(图 11-15②)。

(3)右腿向后平伸后蹬，在蹬直前膝盖稍外翻(图 11-15③)。

(4)用脚跟部位击打对方腹部和胸部(图 11-15④)。

(5)击打后，右脚自然落下成左架，然后后撤右脚，还原成右架准备姿势(图 11-15⑤)。

图 11-15　后踢

4. 劈腿

劈腿也称下劈，是跆拳道比赛中常用的动作之一，也是进攻和反击对方进攻的主要技术。

动作过程：

(1)右架站立，重心先移至左腿(图 11-16①)。

(2)提起右大腿，同时略转髋向左并向上送髋，使右腿膝盖与胸部尽量贴近，身体重心向上(图 11-16②)。

(3)右脚高举过头，右腿伸直贴紧上体，上体保持正直或稍前俯，重心向上(图 11-16③)。

(4)右脚脚面稍绷直，右腿快速下压(如刀劈木块一样)，用脚掌或脚后跟下砸对方的头部，身体重心前移至右腿上，身体要稍后仰来控制重心。

(5)击打后，右脚自然落下成左架，然后后撤右脚，还原成右架准备姿势(图 11-16④)。

图 11-16　劈腿

5. 后旋腿(简称“后旋”)

后旋踢是跆拳道比赛中常用动作之一，也是运动员反击对方进攻的主要技术。

动作过程：

(1)右架站立，以左脚尖为轴，左脚跟外旋，重心移至左腿(图 11-17①)。

(2)身体向右后方转动，同时提起右大腿向斜后方向 40°左右蹬伸，头部向右后方转动(图 11-17 ②、③)。

(3)身体继续旋转，右腿借旋转的力，向后画一个半圆形的水平弧线，快速屈膝用脚掌击打对方头部(图 11-17④)。

(4)击打后，身体重心依然在左腿上，右脚自然落下，还原成右架准备姿势(图 11-17⑤、⑥)。

图 11-17　后旋腿

6. 侧踢

侧踢主要用来阻挡对方进攻，不是主要得分动作。

动作过程：

(1)右架准备姿势站立，将重心移至左腿，同时以左脚前掌为轴脚跟内旋(图 11-18①)。

(2)直线提起右大腿，弯曲小腿同时向左转髋，身体右侧侧对对方(图 11-18②、③)。

(3)膝盖方向朝内，勾脚面，展髋，走直线平蹬出右腿，用脚掌外侧攻击对方(图 11-18④)。

(4)右腿自然落下，并撤回原位(图 11-18⑤)。

图 11-18　侧踢

7. 双飞踢(简称“双飞”)

双飞踢是跆拳道比赛中较为常用的动作之一，也是运动员得分的主要技术。

动作过程：

(1)右架站立，重心移至左腿(图 11-19①)。

(2)提起右大腿使用横踢(图 11-19②)，然后在右脚未落下时，立即提左腿使用横踢，图 11-19③、④就是连续使用两个横踢。

(3)击打后，两脚自然落下，还原成右架准备姿势(图 11-19⑤)。

二、跆拳道基本战术

跆拳道战术的实质在于使运动员能在跆拳道比赛中依据各种可能发生的情况，运用自己平时训练中所练就的各项技能，最有效地发挥自己的优势去战胜对手。在运用战术的过程中，要树立正确的战术思想，体现“以我为主、快速灵活”的方针，要遵循跆拳道的技术发展变化规律，使战术训练有明确的目的性。

图 11-19　双飞踢

(一)心理战术

比赛开始前，利用情绪、动作和表情等威慑对手，比赛中用气势压倒对手，或利用规则允许和基本允许的各种手段，干扰对方情绪，给对方造成心理负担，使对手技能战术发挥失常，挫伤对方的锐气，发挥自己的优势，在气势上战胜对方。

(二)技术战术

利用技术全面、熟练、有效果的特点，变化运用各种技术，发挥自己的得意技术，掌握比赛的主动权，抑制对手，达到取胜对手的目的。

(三)步法战术

利用自己步法灵活和动作敏捷的优势，围绕对手游斗，引对手上当或扰乱其情绪；待对方反击时又迅速撤退或靠近对手，扰乱对手的情绪和攻防意图，破坏对手进攻而战胜对手。

(四)优势战术

在比赛平分的情况下，利用规则上允许的技术，靠主动进攻次数或使用高难技术而取胜。

规则中规定，在比赛平分的情况下，裁判员根据双方主动进攻的次数和使用高难技术的多少进行判定，进攻次数或使用高难技术多的一方为胜方。

(五)特长发挥战术

利用自己的特长、优势技术不断得分的战术。

(六)空间战术

充分利用赛场的空间,攻击对手不同的得分部位或同一部位,或故意露出某一部位引诱对手进攻,实行反击。

(七)语言战术

教练员和运动员达成默契的配合,用语言引诱对手上当受骗,但要注意语言的隐蔽性和合理性,既能够使对方上当,又不要触犯规则。

(八)假动作或假象战术

用逼真的假动作或假象欺骗对手,引其上当,分散其注意力,使其露出破绽,利用这个机会猛烈攻击而得分。

(九)破坏战术

使用黑招重招使对手先受伤,失去正常比赛的能力,或用技术破坏对手技术,控制其动作发挥,使对方进攻无效并且消耗体力,丧失信心,导致比赛的失败。

(十)防守反击战术

利用防守好的特点,在防守的基础上利用反击技术打击对方。

(十一)体力战术

对于耐力好的运动员来说,要充分发挥体力比对方好的优势,让对手和自己一直处于运动之中,与对方比拼体力,耗掉对方的体力而战胜对手。

(十二)规则战术

在竞赛中,既有对攻击部位和攻击方法的限制,又有规则限制模糊的地方,可以利用规则允许或基本允许使用的各种制胜办法攻击对手,也可以利用规则的漏洞。

第三节　跆拳道规则与裁判

一、比赛场地

竞赛场地应为平整无障碍的场地,铺设有弹性的防滑垫。

1. 比赛区域划分

(1)正方形赛场:竞赛区为8m×8m,赛区周边为安全区,四面距离应相等。竞赛场地应不小于10m×10m,不大于12m×12m。

(2)八角形场地:竞赛场地应为正方形,应不小于10m×10m,不大于12m×12m。中央为八角形竞赛区,赛区直径为8m,侧边为3.3m。

2. 位置

(1)主裁判位置:距离比赛区中心点向第三边界线方向1.5m处。

(2)边裁判位置:第一边裁判在第一边界线中心点,面向比赛区中心点向后0.5m处,第二边裁判在第二边界线底端角,面向比赛场地中心点向外0.5m处,第三边裁判在第四边界线顶端角与第二边裁判对称处。

(3)记录员的位置:在第一边裁判位置向后至少2m处。

(4)临场医生位置:记录员位置向右6m处。

(5)运动员位置:由比赛区中心点面向第一边裁判左、右各1m处,右侧为青方位置,左侧为红方位置。

(6)教练员位置:位于本方运动员一侧的边界线中心点向后1m处。

(7)检查台位置:检查台应位于比赛场地入口附近处,以便于检查运动员的比赛护具。

二、比赛时间

比赛为3局,每局比赛2分钟,局间休息1分钟。

三、比赛开始前及结束后的程序

(1)双方相向站立,听到主裁判发出"Cha-ryeot"(立正)和"Kyeong-rye"(敬礼)口令时互相敬礼。要求自然立正,双手握拳置于身体两侧,腰部前屈不小于30°,头部前屈不小于45°。主裁判发出"Joon-bi"(准备)、"Shi-jak"(开始)口令,开始比赛。

(2)最后一局结束后,选手相向站在各自指定位置上,主裁判发出"Cha-ryeot"(立正)、"Kyeong-rye"(敬礼)口令时相互敬礼,之后,站立等待主裁判判定。主裁判举起自己的一侧手臂,宣布同侧方运动员获胜。

(3)运动员退场。

四、允许的技术和攻击的部位

1. 允许的技术

拳的技术:握紧拳头并使用正拳进行正面进攻的技术。

脚的技术:使用踝骨以下脚的部位攻击。

2. 允许攻击的部位

躯干：允许使用拳和脚的技术攻击躯干被护具包裹的部分，但禁止攻击后背脊柱。

头部：指锁骨以上护具包裹的部位，仅限于脚的技术。

五、有效得分

1.. 有效得分部位

躯干：护具蓝色或红色区域。

头部：头盔部分。

2. 有效得分分值

使用允许的技术，准确有力地击中有效得分部位，击躯干得 2 分，击头得 3 分，旋转技术再加 2 分，直拳技术得 1 分。主裁判读秒不加分。一个技术动作的最高得分分值为 5 分。选手犯规对方选手得 1 分。

有效得分部位包括腹部和两肋部以及面部允许被攻击的部位。

如使用允许的技术击中被护具保护的非有效得分部位，击倒对方时按得分计。

3. 比分制

比分为三局比赛，局胜制。

4. 得分无效

使用禁止的动作攻击，得分无效。

六、犯规行为

(1)任何犯规行为将由主裁判判罚。

(2)处罚为“Gam-jeom”(扣分)。

(3)一次违规行为给对方选手加 1 分。

(4)犯规行为：越出边界；倒地；故意回避或消极比赛；抓或推对手；抬腿阻碍；踢击对方腿部，阻碍对方进攻；瞄准攻击腰以下部位；抬腿至腰部以上在空中连续踢击 3 次或 3 次以上；抬腿或空中踢击超过 3 秒以上去阻碍对方潜在进攻动作；攻击对方运动员腰部以上部位；分开口令后攻击对手；用手攻击对手头部；用膝部顶撞对手；攻击倒地运动员；贴靠情况下使用脚侧或脚底踢击躯干电子护具；贴靠情况下击打电子护头后部；运动员和教练员的不良行为。

第十二章▶▶▶
八段锦

第一节 “健身气功·八段锦”功法源流

八段锦的“八”字，不是单指段、节和八个动作，而是表示其功法有多种要素，相互制约，相互联系，循环运转。正如明朝高濂在《遵生八笺》中“八段锦导引法”指：“子后午前做，造化合乾坤。循环次第转，八卦是良因。”“锦”字，是由“金”“帛”组成，以表示其精美华贵。除此之外，“锦”字还可理解为单个导引术式的汇集，如丝锦那样连绵不断，是一套完整的健身方法。

八段锦之名，最早出现在南宋洪迈所著《夷坚志》中：“政和七年，李似矩为起居郎……尝以夜半时起坐，嘘吸按摩，行所谓八段锦者。”说明八段锦在北宋已流传于世，并有坐势和立势之分。由于立势八段锦更便于群众习练，流传甚广。“健身气功·八段锦”以立势八段锦为蓝本，进行挖掘整理和编创。因此，本章重点对立势八段锦的源流和有关情况进行分析介绍。

立势八段锦在养生文献上首见于南宋曾慥著《道枢·众妙篇》：“仰掌上举以治三焦者也，左肝右肺如射雕焉；东西独托，所以安其脾胃矣；返复而顾，所以理其伤劳矣；大小朝天，所以通其五脏矣；咽津补气，左右挑其手；摆鳝之尾，所以祛心之疾矣；左右手以攀其足，所以治其腰矣。”但这一时期的八段锦没有定名，其文字也尚未歌诀化。之后，在南宋陈元靓所编《事林广记· 修真秘旨》中才定名为“吕真人安乐法”，其文已歌诀化：“昂首仰托顺三焦，左肝右肺如射雕；东脾单托兼西胃，五劳回顾七伤调；鳝鱼摆尾通心气，两手搬脚定于腰；大小朝天安五脏，漱津咽纳指双挑。”明清时期，立势八段锦有了很大发展，并得到了广泛传播。清末《新出保身图说·八段锦》首次以“八段锦”为名，并绘有图像，形成了较完整的动作套路，其歌诀为：“两手托天理三焦，左右开弓似射雕；调理脾胃须单举，五劳七伤往后瞧；摇头摆尾去心火，背后七颠百病消；攒拳怒目增气力，两手攀足固肾腰。”从此，传统八段锦动作被固定下来。

八段锦在流传中出现了许多流派。例如，清朝山阴娄杰述八段锦立功，其歌诀为：“手把碧天擎，雕弓左右鸣；鼎凭单臂举，剑向半肩横；擒纵如猿捷，威严似虎狞；更同飞燕急，立马告功成。”另外，《易筋经外经图说·外壮练力奇验图》(清·佚名)、《八段锦体操图(12式)》等，这类八段锦都出于释门，僧人将其作为健身养生的方法和武术基本功来练习。

总的来看，八段锦被分为南、北两派。行功时动作柔和，多采用站式动作的，被称为南派，伪托梁世昌所传；动作多马步，以刚为主的，被称为北派，附会为岳飞所传。从文献和动作上考察，不论是南派还是北派，都同出一源。其中附会的传人无文字可考证。

八段锦究竟为何人、何时所创，目前尚无定论。但从湖南长沙马王堆三号墓出土的《导引图》可以看到，至少有 4 幅图势与八段锦图势中的“调理脾胃须单举”“双手攀足固肾腰”“左右开弓似射雕”“背后七颠百病消”相似。另外，从南北朝时陶弘景所辑录的《养性延命录》中也可以看到类似的动作图势。例如，“狼距鸱顾，左右自摇曳”与“五劳七伤往后瞧”动作相似；“顿踵三还”与“背后七颠百病消”动作相似；“左右挽弓势”基本与“左右开弓似射雕”动作相同；“左右单托天势”基本与“调理脾胃须单举”动作相同；“两手前筑势”基本与“攒拳怒目增气力”动作相同。这些都说明，八段锦与《导引图》以及《养性延命录》有一定关系。

中华人民共和国成立后，党和政府对民族传统体育项目非常重视。20 世纪 50 年代后期，人民体育出版社先后出版了唐豪、马凤阁等编著的《八段锦》，后又组织编写小组对传统八段锦进行了全面整理。由于受政府的重视和推广，习练八段锦的群众逐年增多。到 20 世纪 70 年代末至 80 年代初，八段锦作为民族传统体育项目开始进入我国大专院校。这些都极大地促进了八段锦理论的发展，丰富了八段锦的内涵。

通过对大量文献史料的查阅、考证，目前有以下基本认识：

(1)传统八段锦流传年代应早于宋代，在明清时期有了较大发展。

(2)传统八段锦创编人尚无定论，可以说八段锦是历代养生家和习练者共同创造的知识财富。

(3)清末以前的八段锦主要是一种以肢体运动为主的导引术。

(4)八段锦无论是南派、北派或是文武不同练法，都同出一源，在流传中相互渗透且逐渐趋向一致。

第二节　“健身气功·八段锦”功法特点

“健身气功·八段锦”的运动强度和动作的编排次序符合运动学和生理学规律，属于有氧运动，安全可靠。整套功法增加了预备势和收势，使套路更加完整规范。功法动作特点主要体现在以下几个方面。

1. 柔和缓慢，圆活连贯

柔和，是指习练时动作不僵不拘，轻松自如，舒展大方。缓慢，是指习练时身体重心平稳，虚实分明，轻飘徐缓。圆活，是指动作路线带有弧形，不起棱角，不直来直往，符合人体各关节自然弯曲的状态。它是以腰脊为轴带动四肢运动，上下相随，节节贯穿。连贯，是要求动作的虚实变化与姿势的转换衔接，无停顿断续之处。既像行云流水连绵不断，又如春蚕吐丝相连无间，使人神清气爽，体态安详，从而达到疏通经络、畅通气血和强身健体的效果。

2. 松紧结合，动静相兼

松，是指习练时肌肉、关节以及中枢神经系统、内脏器官的放松，在意识的主动支配下，逐步达到呼吸柔和、心静体松，同时松而不懈，保持正确的姿态，并将这种放松程度不断加深。紧，是指习练中适当用力，且缓慢进行，主要体现在前一动作的结束与下一动作的开始之前。“健身气功·八段锦”中的“双手托天理三焦”的上托、“左右弯弓似射雕”的马步拉弓、“调理脾胃须单举”的上举、“五劳七伤往后瞧”的转头旋臂、“攒拳怒目增气力”的冲拳与抓握、“背后七颠百病消”的脚趾抓地与提肛等，都体现了这一点。紧，在动作中只有一瞬间，而放松须贯穿动作的始终。松紧配合得适度，有助于平衡阴阳、疏通经络、分解黏滞、滑利关节、活血化瘀、强筋壮骨、增强体质。

本功法中的动与静主要是指身体动作的外在表现。动，就是在意念的引导下，动作轻灵活泼、节节贯穿、舒适自然。静，是指在动作的节分处做到沉稳，特别是在前面所讲八个动作的缓慢用力之处，在外观上看略有停顿之感，但内劲没有停，肌肉继续用力，保持牵引抻拉。适当的用力和延长作用时间，能够使相应的部位受到一定强度的刺激，有助于达到强身健体的锻炼效果。

3. 神与形合，气寓其中

神，是指人体的精神状态和正常的意识活动，以及在意识支配下的形体表现。“神为形之主，形乃神之宅”。神与形是相互联系、相互促进的整体。本功法每势动作以及动作之间充满了对称与和谐，体现出内实精神、外示安逸，虚实相生、刚柔相济，做到了意动形随、神形兼备。

气寓其中,是指通过精神的修养和形体的锻炼,促进真气在体内的运行,以达到强身健体的功效。习练本功法时,呼吸应顺畅,不可强吸硬呼。

第三节 "健身气功·八段锦"习练要领

一、松静自然

松静自然,是练功的基本要领,也是最根本的法则。松,是指精神与形体两方面的放松。精神的放松,主要是解除心理和生理上的紧张状态;形体上的放松,是指关节、肌肉及脏腑的放松。放松是由内到外、由浅到深的过程,使形体、呼吸、意念轻松舒适无紧张之感。静,是指思想和情绪要平稳安宁,排除一切杂念。放松与入静是相辅相成的,入静可以促进放松,而放松又有助于入静,二者缺一不可。

自然,是指形体、呼吸、意念都要顺其自然。具体来说,形体自然,要合于法,一动一势要准确规范;呼吸自然,要莫忘莫助,不能强吸硬呼;意念自然,要"似守非守,绵绵若存",过于用意会造成气滞血瘀,导致精神紧张。需要指出的是,这里的"自然"决不能理解为"听其自然""任其自然",而是指"道法自然",需要习练者在练功过程中仔细体会,逐步把握。

二、准确灵活

准确,主要是指练功时的姿势与方法要正确,合乎规范。在学习初始阶段,基本身形的锻炼最为重要。本功法的基本身形,通过功法的预备姿势进行站桩锻炼即可,站桩的时间和强度可根据不同人群的不同健康状况灵活掌握。在锻炼身形时,要认真体会身体各部位的要求和要领,克服关节肌肉的酸痛等不良反应,为放松入静创造良好条件,为学习掌握动作打好基础。在学习各式动作时,要对动作的路线、方位、角度、虚实、松紧分辨清楚,做到姿势工整,方法准确。

灵活,是指习练时对动作幅度的大小、姿势的高低、用力的大小、习练的数量、意念的运用、呼吸的调整等,都要根据自身情况灵活掌握,特别是对老年人群和体弱者,更要注意。

三、练养相兼

练,是指形体运动、呼吸调整与心理调节有机结合的锻炼过程。养,是通过上述练习,身体出现的轻松舒适、呼吸柔和、意守绵绵的静养状态。习练本功法,在求动作姿势工整、方法准确的同时,要根据自己的身体情况,调整好姿势的高低和用力的大小,对有难度的动作,一时做不好的，可逐步完成。对于呼吸的调节，可在学习动作期间采取自然呼吸，待动作熟练后再结合动作的升降、开合与自己的呼吸频率有意识地进行锻炼，最后达到“不调而自调”的效果。对于意念的把握，在初学阶段重点应放在注意动作的规范和要点上，动作熟练后要遵循似守非守，绵绵若存的原则进行练习。

练与养，是相互并存的，不可截然分开，应做到“练中有养”“养中有练”。特别要合理安排练习的时间、数量，把握好强度，处理好“意”“气”“形”三者的关系。从广义上讲，练养相兼与日常生活也有着密切的关系。能做到“饮食有节、起居有常”，保持积极向上的乐观情绪，将有助于提高练功效果，增进身心健康。

四、循序渐进

“健身气功·八段锦”对于初学者来说有一定的学习难度和运动强度。因此，在初学阶段，习练者首先要克服由于练功而给身体带来的不适，如肌肉关节酸痛、动作僵硬；紧张、手脚配合不协调、顾此失彼等。只有经过一段时间和数量的习练，才会做到姿势逐渐工整，方法逐步准确，动作的连贯性与控制能力得到提高，对动作要领的体会也在不断加深，对动作细节更加注意，等等。

其次，在初学阶段，本功法要求习练者采取自然呼吸方法。待动作熟练后，逐步对呼吸提出要求，习练者可采用练功时的常用方法——腹式呼吸。在掌握呼吸方法后，开始注意同动作进行配合。这其中也存在适应和锻炼的过程，不可急于求成。最后，逐渐达到动作、呼吸、意念的有机结合。

由于练功者体质状况及对功法的掌握与习练上存在差异，其练功效果不尽相同。良好的练功效果是在科学练功方法的指导下，随着时间和习练数量的积累而逐步达到的。因此，习练者不要“三天打鱼，两天晒网”，应持之以恒，循序渐进，合理安排好运动量。

第四节　“健身气功·八段锦”动作说明

一、手型、步型

1. 基本手型

1)拳

大拇指抵掐无名指根节内侧，其余四指屈拢，收于掌心(即握固，图 12-1)。

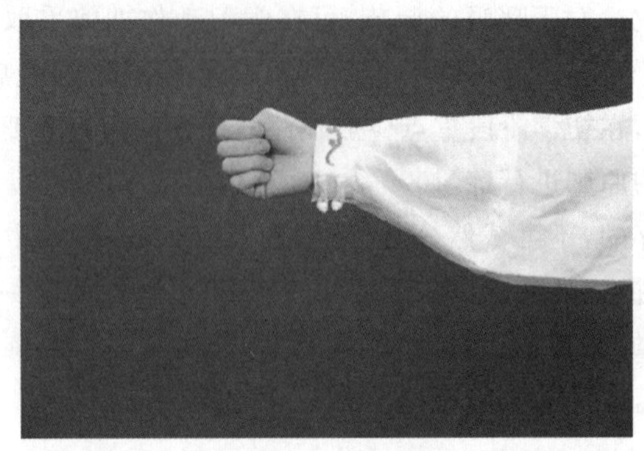

图 12-1　拳

2)掌

掌一:五指伸直,稍分开,掌心微含(图 12-2)。

掌二:拇指和食指竖直分开成八字状,其余三指第一、二指节屈收,掌心微含(图 12-3)。

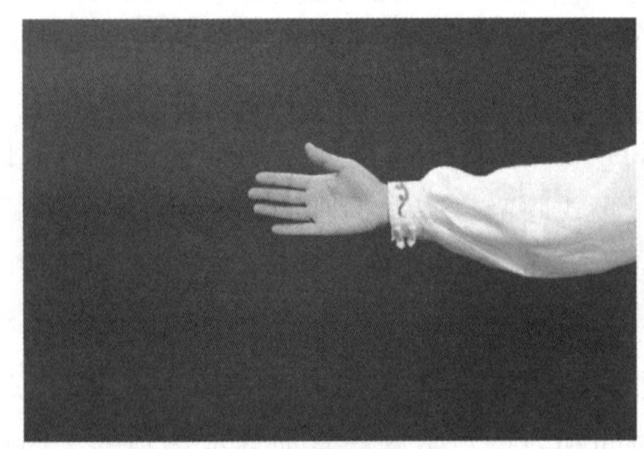

图 12-2　掌一

图 12-3　掌二

3)爪

五指并拢,大拇指第一指节,其余四指第一、二指节屈收扣紧,手腕伸直(图 12-4)。

图 12-4　爪

2. 基本步型

马步:开步站立,两脚间距为本人脚长的 2～3 倍,屈膝半蹲,大腿略高于水平(图 12-5)。

图 12-5 马步

二、动作图解

1. 预备势

动作一:两脚并步站立;两臂自然垂于体侧;身体中正,目视前方(图 12-6)。

动作二:随着松腰沉髋,身体重心移至右腿;左脚向左侧开步,脚尖朝前,约与肩同宽;目视前方(图 12-7)。

图 12-6 预备势动作一

图 12-7 预备势动作二

动作三:两臂内旋,两掌分别向两侧摆起,约与髋同高,掌心向后;目视前方(图 12-8)。

动作四:上动不停。两腿膝关节稍屈;同时,两臂外旋,向前合抱于腹前呈圆弧形,与脐同高,掌心向内,两掌指间距约 10cm;目视前方(图 12-9)。

动作要点:

(1)头向上顶,下颌微收,舌抵上颚,双唇轻闭;沉肩坠肘,腋下虚掩;胸部宽舒,腹部松沉;收髋敛臀,上体中正。

(2)呼吸徐缓,气沉丹田,调息 6～9 次。

图 12-8　预备势动作三

图 12-9　预备势动作四

易犯错误：

(1)抱球时，大拇指上翘，其余四指斜向地面。

(2)塌腰，跪腿，八字脚。

纠正方法：

(1)沉肩，垂肘，指尖相对，大拇指放平。

(2)收髋敛臀，命门穴(在第十四椎节下间，位于腰部后正中线上，第二腰椎棘突与第三腰椎棘突之间的凹陷处)放松；膝关节不超越脚尖，两脚平行站立。

功理与作用：

宁静心神，调整呼吸，内安五脏，端正身形，从精神与肢体上做好练功前的准备。

2. 第一式(双手托天理三焦)

动作一：接上式。两臂外旋微下落，两掌五指分开在腹前交叉，掌心向上；目视前方(图 12-10)。

动作二：上动不停。两腿徐缓挺膝伸直；同时，两掌上托至胸前，随之两臂内旋向上托起，掌心向上；抬头，目视两掌(图 12-11)。

图 12-10　第一式动作一

图 12-11　第一式动作二

动作三：上动不停。两臂继续上托，肘关节伸直；同时，下颏内收，动作略停；目视前方

(图 12-12)。

动作四：身体重心缓缓下降；两腿膝关节微屈；同时，十指慢慢分开，两臂分别向身体两侧下落，两掌捧于腹前，掌心向上；目视前方。

图 12-12　第一式动作三

本式托举、下落为 1 遍，共做 6 遍。

动作要点：

(1)两掌上托要舒胸展体，略有停顿，保持抻拉。

(2)两掌下落，松腰沉髋，沉肩坠肘，松腕舒指，上体中正。

易犯错误：

两掌上托时，抬头不够，继续上举时松懈断劲。

纠正方法：

两掌上托，舒胸展体缓慢用力，下颌先向上助力，再内收配合两掌上撑，力在掌根。

功理与作用：

(1)通过两手交叉上托，缓慢用力，保持抻拉，可使"三焦"(为六腑之一，主要功能为疏通水道与主持气化。其位置是在胸腹之间，胸膈以上为上焦，脐以上为中焦，脐以下为下焦)通畅、气血调和。

(2)通过拉长躯干与上肢各关节周围的肌肉、韧带及关节软组织，对防治肩部疾患、预防颈椎病等具有良好的作用。

3. 第二式(左右开弓似射雕)

动作一：接上式。身体重心右移；左脚向左侧开步站立，两腿膝关节自然伸直；同时，两掌向上交叉于胸前，左掌在外，两掌心向内；目视前方(图 12-13)。

动作二：上动不停。两腿徐缓屈膝半蹲成马步；同时，右掌屈指成"爪"，向右拉至肩前；左掌成八字掌，左臂内旋，向左侧推出，与肩同高，坐腕，掌心向左，犹如拉弓射箭之势；动作略停；目视左掌方向(图 12-14)。

图 12-13　第二式动作一

图 12-14　第二式动作二

动作三：身体重心右移；同时，右手五指伸开成掌，向上、向右划弧，与肩同高，指尖朝上，掌心斜向前；左手指伸开成掌，掌心斜向后；目视右掌(图 12-15)。

动作四：上动不停。重心继续右移；左脚回收成并步站立；同时，两掌分别由两侧下落，捧于腹前，指尖相对，掌心向上；目视前方，同图 12-10。

图 12-15　第二式动作三

动作五至动作八：同动作一至动作四，惟左右相反。

本式一左一右为 1 遍，共做 3 遍。

第 3 遍最后一个动作时，身体重心继续左移；右脚回收成开步站立，与肩同宽，膝关节微屈；同时，两掌分别由两侧下落，捧于腹前，指尖相对，掌心向上；目视前方，同图 12-10。

动作要点：

(1)侧拉之手五指要并拢屈紧，肩臂放平。

(2)八字掌侧撑需沉肩坠肘，屈腕，竖指，掌心涵空。

(3)年老或体弱者可自行调整马步的高度。

易犯错误：

端肩，弓腰，八字脚。

纠正方法：

沉肩坠肘，上体直立，两脚跟外撑。

功理与作用：

(1)展肩扩胸，可刺激督脉(奇经八脉之一。起于胞中，下出会阴，经尾闾，沿脊柱上行，至项后风池穴进入脑内，沿头部正中线经头顶、前额、鼻至龈交穴止)和背部俞穴(即穴位，为各条经脉气血聚会出入、流注的处所。每条经脉的穴位多寡各不相同。俞穴与经络脏腑有密切的关系，当脏腑机能变化时，可通过经脉到俞穴而反映于体表、四肢；同样，外部刺激因素也可通过俞穴、经脉而影响脏腑的功能)；同时刺激手三阴三阳经等，可调节手太阴肺经等经脉之气。

(2)可有效发展下肢肌肉力量，提高平衡和协调能力；同时，增加前臂和手部肌肉的力量，提高手腕关节及指关节的灵活性。

(3)有利于矫正不良姿势，如驼背及肩内收，很好地预防肩、颈疾病等。

4. 第三式(调理脾胃须单举)

动作一：接上式。两腿徐缓挺膝伸直；同时，左掌上托，左臂外旋上穿经面前，随之臂内旋上举至头左上方，肘关节微屈，力达掌根，掌心向上，掌指向右；同时，右掌微上托，随之臂内旋下按至右髋旁，肘关节微屈，力达掌根，掌心向下，掌指向前，动作略停；目视前方(图 12-16)。

动作二：松腰沉髓，身体重心缓缓下降；两腿膝关节微屈；同时，左臂屈肘外旋，左掌经面前下落于腹前，掌心向上；右臂外旋，右掌向上捧于腹前，两掌指尖相对，相距约 10cm，掌心向上；目视前方(图 12-17)。

图 12-16　第三式动作一

图 12-17　第三式动作二

动作三、四：同动作一、二，惟左右相反。

本式一左一右为 1 遍，共做 3 遍。

第 3 遍最后一个动作时，两腿膝关节微屈；同时，右臂屈肘，右掌下按于右髋旁，掌心向下，掌指向前；目视前方。

动作要点：

力在掌根，上撑下按，舒胸展体，拔长腰脊。

易犯错误：

掌指方向不正，肘关节没有弯曲度，上体不够舒展。

纠正方法：

两掌放平，力在掌根，肘关节稍屈，对拉拔长。

功理与作用：

(1)通过左右上肢一松一紧的上下对拉(静力牵张)，可以牵拉腹腔，对脾胃中焦肝胆起到按摩作用；同时可以刺激位于腹、胸胁部的相关经络以及背部俞穴等，达到调理脾胃(肝胆)和脏腑经络的目的。

(2)可使脊柱内各椎骨间的小关节及小肌肉得到锻炼，从而增强脊柱的灵活性与稳定性，有利于预防和治疗肩、颈疾病等。

5. 第四式(五劳七伤往后瞧)

动作一：接上式。两腿徐缓挺膝伸直；同时，两臂伸直，掌心向后，指尖向下，目视前方(图 12-18)。然后上动不停。两臂充分外旋，掌心向外；头向左后转，动作略停；目视左斜后方(图 12-19)。

图 12-18 第四式动作一目视前方

图 12-19 第四式动作一目视左斜后方

动作二：松腰沉髋，身体重心缓缓下降两腿膝关节微屈；同时，两臂内旋按于髋旁，掌心向下，指尖向前；目视前方。

动作三：同动作一，惟左右相反。

动作四：同动作二。

本式一左一右为 1 遍，共做 3 遍。

第 3 遍最后一个动作时，两腿膝关节微屈；同时，两掌捧于腹前，指间相对，掌心向上；目视前方。

动作要点：

(1)头向上顶，肩向下沉。

(2)转头不转体，旋臂，两肩后张。

易犯错误：

上体后仰，转头与旋臂不充分或转头速度过快。

纠正方法：

下颌内收，转头与旋臂幅度宜大，速度均匀。

功理与作用：

(1)“五劳”指心、肝、脾、肺、肾五脏劳损；“七伤”指喜、怒、悲、忧、恐、惊、思七情伤害。本式动作通过上肢伸直外旋扭转的静力牵张作用，可以扩张牵拉胸腔、腹腔内的脏腑。

(2)本式动作中往后瞧的转头动作，可刺激颈部大椎穴(位于背上部，第一胸椎棘突之上与第七颈椎棘突之间的凹陷处)，达到防治“五劳七伤”的目的。

(3)可增加颈部及肩关节周围参与运动肌群的收缩力，增加颈部运动幅度、活动眼肌，预防眼肌疲劳以及肩、颈与背部等疾患。同时，改善颈部及脑部血液循环，有助于解除中枢神经系统疲劳。

6. 第五式(摇头摆尾去心火)

动作一：接上式。身体重心左移；右脚向右开步站立，两腿膝关节自然伸直；同时，两掌上托与胸同高时，两臂内旋，两掌继续上托至头上方，肘关节微屈，掌心向上，指尖相对；目视前方(图 12-20)。

动作二：上动不停。两腿徐缓屈膝半蹲成马步；同时，两臂向两侧下落，两掌扶于膝关节上方，肘关节微屈，小指侧向前目视前方(图 12-21)。

图 12-20　第五式动作一

图 12-21　第五式动作二

动作三：身体重心向上稍升起，而后右移；上体先向右倾，随之俯身；目视右脚(图 12-22)。

动作四：上动不停。身体重心左移；同时，上体由右向前、向左旋转；目视右脚(图 12-23)。

动作五：身体重心右移，成马步；同时，头向后摇，上体立起，随之下颌微收；目视前方(图 12-24)。

动作六至动作八：同动作三至动作五，惟左右相反。

图 12-22　第五式动作三

图 12-23　第五式动作四

图 12-24　第五式动作五

本式一左一右为 1 遍:共做 3 遍。

做完 3 遍后,身体重心左移,右脚回收成开步站立,与肩同宽;同时两掌向外经两侧上举,掌心相对;目视前方,同图 12-20。随后松腰沉髋,身体重心缓缓下降。两腿膝关节微屈;同时屈肘,两掌经面前下按至腹前,掌心向下,指间相对;目视前方。

动作要点:

(1)马步下蹲要收髋敛臀,上体中正。

(2)摇转时,颈部与尾闾对拉伸长,好似两个轴在相对运转,速度应柔和缓慢,动作圆活连贯。

(3)年老或体弱者要注意动作幅度,不可强求。

易犯错误:

(1)摇转时颈部僵直,尾闾摇动不圆活,幅度太小。

(2)前倾过大,使整个上身随之摆动。

纠正方法:

(1)上体侧倾与向下俯身时,下颌不要有意内收或上仰,颈椎部肌肉尽量放松伸长。

(2)加大尾闾(在尾骶骨末节)摆动幅度,应上体左倾尾闾右摆,上体前俯尾闾向后画圆,头不低于水平,使尾闾与颈部对拉拔长,加大旋转幅度。

功理与作用：

（1）心火，即心热火旺的病症，属阳热内盛的病机。通过两腿下蹲，摆动尾闾，可刺激脊柱、督脉等；通过摇头，可刺激大椎穴，从而达到疏经泄热的作用，有助于去除心火。

（2）在摇头摆尾过程中，脊柱腰段、颈段大幅度侧屈、环转及回旋，可使整个脊柱的头颈段、腰腹及臀、股部肌群参与收缩，既增加了颈、腰、髓的关节灵活性，也增强了这些部位的肌力。

7. 第六式（两手攀足固肾腰）

动作一：接上式。两腿挺膝伸直站立；同时，两掌指尖向前，两臂向前、向上举起，肘关节伸直，掌心向前；目视前方（图 12-25）。

动作二：两臂外旋至掌心相对，屈肘，两掌下按于胸前，掌心向下，指尖相对；目视前方（图 12-26）。

动作三：上动不停。两臂外旋，两掌心向上，随之两掌掌指顺腋下向后插；目视前方（图 12-27）。

图 12-25　第六式动作一

图 12-26　第六式动作二

图 12-27　第六式动作三

动作四：两掌心向内沿脊柱两侧向下摩运至臀部；随之上体前俯，两掌继续沿腿后向下摩运，经脚两侧置于脚面；抬头，动作略停；目视前下方（图 12-28）。

动作五：两掌沿地面前伸，随之用手臂带动上体起立，两臂伸直上举，掌心向前；目视前方（图 12-29）。

图 12-28　第六式动作四

图 12-29　第六式动作五

本式一左一右为 1 遍:共做 6 遍。

做完 6 遍后,松腰沉髋,重心缓缓下降;两腿膝关节微屈;同时,两掌向前下按至腹前,掌心向下,指尖向前;目视前方。

动作要点:

(1)反穿摩运要适当用力,至足背时松腰沉肩,两膝挺直,向上起身时手臂主动上举,带动上体立起。

(2)年老或体弱者可根据身体状况自行调整动作幅度,不可强求。

易犯错误:

(1)两手向下摩运时低头,膝关节弯曲。

(2)向上起身时,起身在前,举臂在后。

纠正方法:

(1)两手向下摩运要抬头,膝关节伸直。

(2)向上起身时要以臂带身。

功理与作用:

(1)通过前屈后伸可刺激脊柱、督脉以及命门、阳关(在第十六椎节下间,位于腰部后中正线上,第四与第五腰椎棘突之间的凹陷处)、委中(在膝关节部后面,横纹之中点处)等穴,有助于防治生殖泌尿系统方面的慢性病,达到固肾壮腰的作用。

(2)通过脊柱大幅度前屈后伸,可有效发展躯干前、后伸屈脊柱肌群的力量与伸展性,同时对腰部的肾、肾上腺、输尿管等器官有良好的牵拉、按摩作用,可以改善其功能,刺激其活动。

8. 第七式(攒拳怒目增气力)

接上式。身体重心右移,左脚向左开步;两腿徐缓屈膝半蹲成马步;同时,两掌握固,抱于腰侧,拳眼朝上;目视前方(图 12-30)。

动作一:左拳缓慢用力向前冲出,与肩同高,拳眼朝上;瞪目,视左拳冲出方向(图 12-31)。

动作二:左臂内旋,左拳变掌,虎口朝下;目视左掌(图 12-32)。左臂外旋,肘关节微屈;

同时，左掌向左缠绕，变掌心向上后握固；目视左拳（图 12-33）。

动作三：屈肘，回收左拳至腰侧，拳眼朝上；目视前方（图 12-34）。

动作四至动作六：同动作一至动作三，惟左右相反。

图 12-30　第七式动作一

图 12-31　第七式动作二

图 12-32　第七式动作三

图 12-33　第七式动作四

图 12-34　第七式动作五—

本式一左一右为 1 遍，共做 3 遍。

做完 3 遍后，身体重心右移，左脚回收成并步站立；同时，两拳变掌，自然垂于体侧；目视前方。

动作要点：

（1）马步的高低可根据自己的腿部力量灵活掌握。

（2）冲拳时要怒目瞪眼，注视冲出之拳，同时脚趾抓地，拧腰顺肩，力达拳面；拳回收时要旋腕，五指用力抓握。

易犯错误：

（1）冲拳时上体前俯，端肩，掀肘。

（2）拳回收时旋腕不明显，抓握无力。

纠正方法：

（1）冲拳时头向上顶，上体立直，肩部松沉，肘关节微屈，前臂贴肋前送，力达拳面。

（2）拳回收时，先五指伸直充分旋腕，再屈指用力抓握。

功理与作用：

（1）中医认为，“肝主筋，开窍于目”。本式中的“怒目瞪眼”可刺激肝经，使肝血充盈，肝气疏泄，有强健筋骨的作用。

（2）两腿下蹲十趾抓地、双手攒拳、旋腕、手指逐节强力抓握等动作，可刺激手、足三阴三阳十二经脉的俞穴和督脉等；同时，使全身肌肉、筋脉受到静力牵张刺激，长期锻炼可使全身筋肉结实，气力增加。

9. 第八式（背后七颠百病消）

动作一：接上式。两脚跟提起；头上顶，动作略停；目视前方（图 12-35）。

动作二：两脚跟下落，轻震地面；目视前方。

图 12-35　第八式动作一

本式一起一落为 1 遍，共做 7 遍。

动作要点：

（1）上提时脚趾要抓地，脚跟尽力抬起，两腿并拢，百会穴（在前顶后 5cm 顶中央旋毛中。简易取穴法：两耳尖连线与头部正中线之交点处）上顶，略有停顿，要掌握好平衡。

（2）脚跟下落时，咬牙，轻震地面，动作不要过急。

（3）沉肩舒臂，周身放松。

易犯错误：

上提时，端肩，身体重心不稳。

纠正方法：

五趾抓住地面，两腿并拢，提肛收腹，肩向下沉，百会穴上顶。

功理与作用：

(1)脚趾为足三阴、足三阳经交会之处，脚十趾抓地，可刺激足部有关经脉，调节相应脏腑的功能；同时，颠足可刺激脊柱与督脉，使全身脏腑经络气血通畅，阴阳平衡。

(2)颠足而立可发展小腿后部肌群力量，拉长足底肌肉、韧带，提高人体的平衡能力。

(3)落地震动可轻度刺激下肢及脊柱各关节内外结构，并使全身肌肉得到放松复位，有助于解除肌肉紧张。

10. 收势

动作一：接上式。两臂内旋，向两侧摆起，与髋同高，掌心向后目视前方(图 12-36)。

动作二：两臂屈肘，两掌相叠置于丹田处(男性左手在内，女性右手在内)；目视前方(图 12-37)。

图 12-36　收势动作一

图 12-37　收势动作二

动作三：两臂自然下落，两掌轻贴于腿外侧；目视前方，同图 12-6。

动作要点：

体态安详，周身放松，呼吸自然，气沉丹田。

易犯错误：

收功随意，动作结束后或心浮气躁，或急于走动。

纠正方法：

收功时要心平气和，举止稳重。收功后可适当做一些整理活动，如搓手浴面和肢体放松等。

功理与作用：

气息归元，放松肢体肌肉，愉悦心情，进一步巩固练功效果，逐渐恢复到练功前安静时的状态。

第十三章 轮 滑

第一节 轮滑运动概述

一、轮滑运动的起源与发展

(一)轮滑运动的起源

轮滑运动又称为“溜旱冰”“滑旱冰”,轮滑俗称“旱冰”。轮滑运动从滑冰运动发展而来,是集趣味性、挑战性、娱乐性、健身性、竞技性、休闲性于一体的运动。

有关资料记录,18世纪一位荷兰人发明轮滑。最初这位荷兰人是滑冰运动员,为了在冰融化的情况下能够继续进行滑冰训练,他在皮鞋下安装木线轴,尝试在平坦地面上滑行。在经历不断地尝试与改进后,最终发明了轮滑鞋,创造了用轮子鞋在地面上滑行的新天地。从此轮滑运动在欧洲诞生并不断发展。

轮滑鞋的更新也促进着轮滑运动的不断发展。1815年,来自法国的加尔森发明了轮式轮滑鞋。1818年,最早的滚轴溜冰鞋诞生于德国柏林。1863年,来自美国的詹姆斯·普利姆普顿用金属轮子代替木质轮子,使轮滑鞋滑行起来具有更多的优越性。1884年,詹姆斯发明滚珠轴承的轮子,提高了轮滑轮动的灵活性和便利性,进一步促进了轮滑运动的发展。

（二）轮滑运动的发展历程

1. 国外的轮滑运动发展

1840 年，轮滑运动在巴黎逐渐兴起。1861 年，巴黎世界博览会上向大众展示的轮滑表演，使得轮滑的发展进入了新的阶段。人们为了提高轮滑表演的观赏性与轮滑运动的滑行速度，开始对轮滑鞋进行改进，从原始的"木制大线轴"发展至单排两轮、单排三轮、中间大轮两头小轮的三轮等样式。

轮滑运动也开始在体育运动中占据了重要的地位。各国轮滑运动开始不断地发展。1866 年，詹姆斯建立并开办了第一座室内轮滑场，赢得了许多轮滑爱好者的青睐，在此基础上他组织并创办了纽约轮滑运动协会，首次将轮滑运动正式设为体育比赛项目。

1879 年，英国成立了国家滑冰协会，轮滑运动在 4 年后隶属于该会管辖。1884 年，英国首次举办了全国轮滑锦标赛。1892 年，国际轮滑联盟在瑞士成立，轮滑运动发展逐步走向正规化、标准化、国际化。1924 年，德国、法国、英国和瑞士在瑞士蒙特勒市成立了世界上最早的国际滚轮溜冰联合会。1926 年，第一届欧洲轮滑锦标赛成功举办，总共有 6 个国家参与。1940 年，第 43 届国际奥林匹克委员会会议正式承认轮滑项目的国际联合会。1952 年，国际滚轮溜冰联合会正式更名为国际轮滑联合会，同年举行了第一届世界轮滑锦标赛。1992 年国际奥林匹克委员会决定将轮滑球运动列入奥运会的正式比赛项目。

2. 中国轮滑运动的发展

我国轮滑运动的萌芽发展较晚，19 世纪轮滑运动才传入中国。在中国，沿海发达城市市民最先接触轮滑，人们通过轮滑运动达到娱乐消遣的目的。直到 20 世纪 80 年代初期，我国才开始举办正式的轮滑运动比赛。1980 年，我国正式成立了中国轮滑协会，并于同年加入世界轮滑联合会。1982 年，我国首次在上海举办了"金雀速度溜冰邀请赛"，同年 10 月在北京举办了"环球杯旱冰邀请赛"。1983 年在首都工人体育场举行了第一届全国轮滑锦标赛。比赛的项目也变得新颖多样，包括速度轮滑和花样轮滑。1985 年我国加入亚洲轮滑联盟，开始参加国际比赛；同年 8 月长春第一汽车制造厂速度轮滑代表队代表中国国家队参加美国举行的男子第 16 届、女子第 13 届速度轮滑锦标赛；同年 10 月，哈尔滨体育学院轮滑队代表中国国家队参加日本举行的第一届亚洲轮滑锦标赛。1989 年，杭州举行第三届亚洲轮滑锦标赛。2010 年，广州第 16 届亚运会首次将轮滑作为正式项目列入了亚运会比赛，这是中国轮滑协会和亚洲轮滑联合会共同努力的结果，它促进了轮滑项目的蓬勃发展。2016 年，南京被国际轮滑联合会授予"世界轮滑之都"称号。

二、轮滑的分类

轮滑运动是一项融时尚、竞技、艺术、娱乐于一体，广大人民群众喜闻乐见，深受青少年喜爱的运动项目。它曾经是亚洲运动会、亚洲沙滩运动会的正式比赛项目，还是 2014 年南京青年奥林匹克运动会的表演项目和2017年世界大学生运动会的正式比赛项目。轮滑运动按技术特点可分为速度轮滑、花样轮滑、单排轮滑、双排轮滑球、自由式轮滑、轮滑高山速降、极限轮滑和滑板。其中速度轮滑、花样轮滑、单排轮滑和自由式轮滑已在我国广泛开展，并形成了较为成熟的竞赛体系和竞赛规则。

速度轮滑：一项体能类竞速性运动项目，以单排、双排轮滑鞋为比赛工具的竞赛项目，分场地跑道比赛和公路比赛两种。世界锦标赛场地跑道正式比赛距离为：300m计时赛、500m淘汰赛、1000m积分赛、5000m积分赛、10 000m积分赛、20 000m积分赛；公路比赛包括女子21km半程马拉松赛、男子42km马拉松赛。场地跑道像自行车场一样呈盆形。

花样轮滑：分为规定图形滑、自由滑、双人滑和双人舞4个项目。比赛在不小于长50m、宽25m的场地上进行。参赛各队每项比赛可以参加3人，男、女总计12人。根据动作的难易程度、舞姿的优美程度打分来确定胜方，这些比赛最能体现轮滑运动的艺术性和技巧性。

单排轮滑球：冰球和曲棍球的结合体，打法同冰球打法相似，比赛两队各上场5人，其中1名为守门员。运动员脚穿轮滑鞋，手执长91～114cm的木制球杆在一块长22m、宽12.35m的长方形水泥或花岗石制成的硬质地面球场上进行比赛。运动员可以传球、运球，通过配合将球攻入对方球门获得1分，得分多者为优胜队。球门高1.05m，宽1.54m，分置于球场两端线的中间。比赛用球形如棒球，质量为155.925g。每场比赛分两局进行，每局20分钟。

自由式轮滑：其中最有代表性的就是Slalom，即平地花式（简称“平花”）。其他包括速降、FSK、休闲、花式刹停、跳高、轮舞以及花式绕桩和速度过桩等。

三、轮滑运动的功能

（一）轮滑运动的健身性

轮滑运动作为一项全身性的健体运动，在运动过程中会涉及全身的肌肉活动，若有规律地进行练习，可以起到很好的锻炼身体的效果，进而达到增强体质、增进健康的目的。相关研究表明，轮滑运动能促进心脑血管系统和呼吸系统机能的改善，加强代谢作用，提高心肺功能，降低心血管疾病发生概率；能增强臂、腰、腹、腿等相关肌肉的力量和调控能力；能提高相应关节的稳定性和灵活性，锻炼身体的平衡能力；能促进机体新陈代谢，帮助减去过量的脂肪，防止体重骤增进而保持良好的体型。

（二）轮滑运动的观赏性

轮滑运动的种类有许多，每种类型都有其独特的体育美感。在进行平地花式速度比赛时，运动员穿轮滑鞋，灵活运用各种步法，以最快速度做出一连串流畅的花式动作来绕过放置在地上的障碍物，其动作的敏捷与灵巧往往让观众赞叹不已；而在平地花式自由式比赛中，运动员按设计好的技术动作在配乐的节奏下自由地滑行，其动作组合的编排与表演充分展现出轮滑运动的艺术之美。速度轮滑则与跑步类似，相比平地花式轮滑更多地注重滑行的速度，其运动时的高速度和高难度，充分展现出轮滑运动的速度之美。极限轮滑主要分为街式极限轮滑和专业场地极限轮滑，而专业场地的比赛又可以分为道具赛和半馆赛，运动员通过做出下梯、跳台、空中等非常高的挑战性动作，使观众体会到轮滑无与伦比的刺激性，充分展现出轮滑运动的极限之美。

（三）轮滑运动的经济环保性

轮滑运动不需要特定的运动场所和昂贵的装备费用，在进行轮滑运动时，除需要购买轮滑鞋和护具外，几乎不再花费其他费用，而购买的轮滑相关运动器材，其使用寿命较长，仅需定时保养而无须一直更换。轮滑运动的本身不会产生任何污染，它倡导了健康的环保理念，是一项时尚的健康运动。

四、轮滑运动装备

轮滑运动的装备指的是运动员或练习者穿戴在自己身上的专门器材设备，一般分为轮滑鞋和护具两大类。轮滑鞋是轮滑运动员最重要的器材。随着社会的不断发展，科学技术水平的不断进步，近年在轮滑用品研究方面进步很快，新产品不断出现，越来越符合该项运动的需要。

（一）轮滑鞋

1. 轮滑鞋的种类

轮滑鞋是轮滑运动的主要装备，根据轮滑项目不同，鞋子的种类也不同。

(1)休闲轮滑鞋，主要用于一般休闲和健身活动而不强调专业，其刀架和鞋连为一体，底部 4 个轮子排成一条线，轮子后方装有制动器，高鞋腰、中等鞋跟、长刀架来保证滑行的稳定。

(2)竞速轮滑鞋，主要用于专业选手追求速度的速度轮滑竞赛。一般装有 4 个轮子，最多时可装 6 个轮子，排成一线，低鞋腰、低鞋跟，通常不装制动器，这样可以减轻负载，充分发挥脚踝力量；短刀架用来提高身体灵活性；竞速轮滑鞋较大的轮子保证良好的续动性，更好地省力，其外侧摩擦力较大，便于更好地加速。

(3)花样轮滑鞋，用于花样轮滑或表演。主要特点：底架呈“工”字形，4 个轮子排成两排，前后各两个轮子，且两个轮子间距略宽于脚，鞋尖前下方安装制动器，高鞋腰、高鞋跟。

(4)特技轮滑鞋，用于特技轮滑，如在滑竿、跳板或“U”形滑道做特技动作。

(5)轮滑球鞋，用于轮滑球运动。以利于轮滑球运动中快速前进、转弯、射门等瞬间移动动作。

2. 轮滑鞋的性能

(1)受力滑行性能。轮滑鞋的滑动是受到外力的作用在不受任何外力的情况下，轮滑鞋不会自行滑动。但在练习过程中,初学者往往会因为不自觉的身体姿态的变化而使轮滑鞋受力滑动,造成身体失去平衡而影响滑行的效果。如初学者在穿着轮滑鞋站立时,会因身体晃动或失控,致使身体重心投影点移出两脚轮滑鞋的支撑面,造成轮滑鞋向前或向后滑动或向左或向右翻转。

(2)定向滑行性能。轮滑鞋在受到外力的情况下,会有一定的方向性。也就是说轮滑鞋滑动的方向只能是沿轮轴的垂直方向向前或向后滑动,而沿与轮轴平行方向是不能滑动的。正因为轮滑鞋的这一方向性特性,为练习者提供了掌握和控制轮滑鞋滑动的可能。

(3)控制静止。可以通过三种方式控制轮滑鞋,使其静止;不对其施力;施力的方向垂直于地面;施力与轮轴平行方向产生一定的分力,但力量小于轮子与地面的摩擦力。

3. 轮滑鞋的选择

一双鞋子好或不好,首先看它的刚性强不强。这点可从以下两个部分来判断:

第一,观察轮滑鞋的脚踝部分。这个地方是支撑身体重量的一个重要部位,它必须要有一定的硬度让练习者在不小心跌跤的时候,能够使脚踝和小腿维持在一个直线的状况而不会弯曲。因为弯曲的话,练习者的脚很可能就会因此而扭伤。而除了脚踝的包裹性要高以外,还要能够有活动的“关节点”。有一些轮滑鞋为了降低成本,只将关节点以“装饰”的状况“附”在轮滑鞋上面,这样便大大地降低了活动的灵敏度。

第二,观察轮滑鞋的底座部分。所谓的底座就是轮滑鞋下方装置轮子的地方。这地方因为承受着身体大部分的重量,所以必须有一定的要求。但是因为底座必须要卸下轮子才可以知道是否坚固,所以一般来说还是大多以脚踝的部分做初步的判断。

穿上轮滑鞋后,脚尖和鞋尖的空隙大概要小于1cm,与穿一般球鞋所留下的空间有些差距。因为在做轮滑运动的时候,必须要求脚和轮滑鞋有一定的稳定度,如果空隙太大的话,双脚便没有办法有效地被固定住。

此外,整体穿起来的舒适度也十分重要。因为当你脚上的鞋子穿起来不舒适的时候,自然就会影响你持续学习轮滑的意愿,也容易发生伤害事故。

4. 轮滑鞋的养护

(1)经常检查轮子、轴承是否松动,并及时紧固,避免零件丢失造成安全隐患。

(2)定期换洗轴承,发现轴承异常或出现磨损过量时,应及时检测、更换,以免损伤轮子和轮架。

(3)滑行中轮内刃磨损较多,应定期左右调换轮子的方向和位置,以延长使用时间。

(4)轮子、轴承、闸皮等易磨损的部件用到一定程度时,要及时更换调整,以保证安全和滑行效果。

(二)服装与护具

在轮滑运动中除了轮滑鞋装备以外,护具也是十分重要的装备。护具除了包括最基本的护膝、护肘、手套外，还有头盔和防摔裤等。在护具的选择上，要十分重视，一定要选择质量高的护具来最大程度地保护自身运动安全。

1. 服装

运动员的服装多种多样，质地、款式、花色各有不同，随着运动水平的不断提高，对服装的性能要求也越来越高，质地、款式、花色及质量要求也越来越精，以不断适应该项运动发展的需要。

速度轮滑运动员的服装大体可分为两种：一种是训练服，另一种是比赛服。训练服没有特殊规定，一般要求穿脱方便且有利于完成训练内容的即可；比赛服则要求紧身以便减少风的阻力，但是不应影响运动员的运动灵活性。

2. 护具

护具包括手套、头盔、护肘及护膝、保护眼镜等。

(1)手套。速度轮滑运动员在比赛时，必须佩戴手套，因为手套既能保护手腕又能保护手掌，合适的手套一般要求轻便、不易脱落、耐磨损等。运动员滑行速度较快，常会出现摔倒等现象，而手套可以缓解手与地面的摩擦，减少伤害事故。

(2)头盔。头盔可以在轮滑过程中摔倒时起到保护头部的作用，因此速度轮滑运动员参加比赛时必须要佩戴硬壳的头盔，以保证运动员的安全。现阶段运动员使用的头盔外壳一般是由硬塑(ABS 工程塑料)材料制成的，而内衬则是稍软的聚丙乙烯橡胶，在摔倒时聚丙乙烯变形及碎裂来吸收能量保证运动员安全。

(3)护肘及护膝。护肘及护膝是为防止运动员在训练及比赛中，肘、膝部被摔伤的保护装置。一般外部是硬壳，内部是软垫，为减轻运动员装备的重量，设计者将护肘及护膝设计得更轻巧、美观、方便和实用。

(4)保护眼镜。保护眼镜是运动员用来保护眼睛的辅助器材，主要功能是防止强光和风沙对眼睛的伤害。保护眼镜具有透明度高、弹性较好和不易破裂等特点。

第二节　轮滑运动动作技术

一、基本动作技术

轮滑是一项在运动中灵活变换重心、维持动态平衡的运动。在进行轮滑练习时，要大胆、灵活、及时地移动重心，并通过多种练习手段提高移动重心的灵活性和掌握平衡的能力。轮滑运动具有侧蹬用力的特点。穿着轮子前后转动的轮滑鞋，在滑行中无法在身体后面找到有效的支点，而只能在体侧找到合理稳固的支点，只有通过向侧蹬，才能产生前进的动力。因此，学习轮滑必须克服在陆上走或跑时所蹬用力的习惯，建立向侧用力的习惯。轮滑滑行时一般都采用蹲或半蹲的姿势滑行，初学者要时刻练习蹲姿，培养良好滑行习惯。

（一）原地站立

1.“丁”字站立

脚穿轮滑鞋，扶物成丁字步站立，前脚跟卡住后脚的脚弓，上体稍前倾，双膝自然弯曲。身体重心落在后脚上。然后两脚交换位置，再呈丁字步站立，到站稳为止。

2.“八”字站立

站立时两脚跟靠近，脚尖自然分开，上体稍前倾，双膝自然弯曲，身体重心落在两脚之间。重心平衡后双脚换成平行站立，上体仍前倾，使重心落在两脚之间。

3. 平行站立

两脚平行分开，与肩同宽，两脚尖稍内扣，坚持两脚平行，膝部微屈上体稍前倾，重心落在两脚之间，平缓站立。

（二）移动重心

1. 原地移动重心

(1)原地左右移动练习。两脚保持平行站立，上体稍向一侧倾移，逐渐将重心完全转移至一条腿上，待稳定后再向另一侧移动。

(2)原地抬腿练习。两脚保持平行站立，上体稍前倾，双手向两侧平举，抬起一只脚的同时将重心移至另一只脚上，这样左右移动重心，使左右腿轮流支撑身体重心。练习时要注意放腿时应保持脚下的轮子同时着地。

(3)原地蹲起练习。两脚保持平行站立，立直鞋轮，上体稍前倾，臀部后坐，双臂屈肘，双手扶着膝盖，做下蹲并站起的动作。下蹲时重心垂直下降，之后站起恢复到平行站立状态。可先做半蹲，再逐渐加大下蹲的幅度，直至快速深蹲并做短时间的静蹲后再站起。练习时要注意屈伸踝、膝、髋三个关节的协调配合。

2. 外“八”字脚移动重心

两脚成外“八”字脚站立，重心移至左脚，右脚向前迈一小步，重心随之移至右脚上，然后左脚向前迈进一步，重心随之移至左腿上。反复进行练习，逐渐加快迈步频率和加大迈进距离并感受左右重心变化。应注意收脚时应尽量保持脚下的轮子同时着地。

3. 侧向移动重心

两脚平行站立，先将左腿膝盖弯曲，左脚滑轮正立平行于地面，右腿向外侧打开，右脚内侧滑轮擦地，双手交叠扶住左腿膝盖，右脚用内侧滑轮擦地往回收脚，滑行时保持身体重心在左脚，右腿回收后呈半蹲姿势，开始移动重心，将重心慢慢放到右脚上，双手叠压扶住右腿膝盖，右脚用劲使身体保持半蹲姿势，如此反复进行 5～6 步后再向左侧做相同练习。

4. 横向交叉步移动重心

两脚平行站立，重心移至左腿上并继续向左移动稍超出左腿支撑点，收右腿，右腿向左腿前外侧迈步成双腿交叉姿势，重心随之移至右腿上，此时右腿变成支撑重心，接着收左腿向侧跨一步，呈开始姿势。如此反复进行 5～6 步后再向右侧做相同练习。

（三）蹬地技术

1. 单脚蹬地，双脚向前滑行

左脚在前呈"丁"字形站立，右脚用轮滑鞋内刃向身体的侧后方蹬地，左脚尖稍向外撇向前滑行，将身体重心推移至左腿上，同时右脚蹬地后迅速与左脚并拢成两脚向前滑行。双脚滑行阶段应长些，两脚交替进行，两臂在体侧自然地摆动，肩要放松，上体前倾度应比走步时稍大。

2. 两脚交替蹬地，两脚交替单足向前滑行

左脚在前呈"丁"字形站立，屈双膝，重心移至右腿上，右脚用内刃向身体的侧后方蹬地，左脚屈膝向前滑行，将身体重心逐渐移至左腿，成单脚支撑向前滑行。右脚蹬地后在左脚的侧后方自然放松地收至靠近在脚外处落地滑出，脚尖稍向外展，再用左脚内侧蹬地，把重心推送至呈半蹲支撑惯性滑行的右腿上，重复交替进行。蹬地时身体重心应及时地转向支撑腿，单脚滑行阶段的距离尽量长些，两脚滑行的时间和距离尽量相等。

3. 前滑压步转变左脚支撑滑行

身体左倾，右脚在右后侧蹬地，蹬地后摆越左脚，在左前侧落地，身体重心移至左脚。同时左脚用外侧在右后侧蹬地，蹬地后前移至左前侧落地支撑滑行。前滑压步右转弯与左转弯动作相同，方向相反。

4. 后滑压步转弯

以后滑压步右转弯为例，先右脚支撑后滑，身体向右倾斜，后左脚在左前下方蹬地。左脚蹬地后摆越右脚尖，在右侧下方支撑落地，身体重心移至左脚，同时左脚在右侧前下方蹬地，蹬地后移至右后侧下方支撑落地滑行。这样，连续不断后压步转滑行。

（四）滑行技术

1. 向前滑行技术

（1）双脚滑行。用右脚内刃向侧后方蹬地，把身体重心移到左脚上，蹬地后的右脚迅速收回与左脚平行成双脚向前沿行，当向前滑行将要停止时，再用左脚内刃向侧后方蹬地，蹬地后迅速收回与右脚平行成双脚向前滑行。两脚依次交替蹬地连续向前滑行。原地两脚分成“八”字形站位先做左脚内刃向侧后方蹬地的双脚滑行。再两臂向侧前方伸出，维持身体平衡。多次练习熟练后，再进行两脚轮换蹬地滑行。

(2)前葫芦步。开始以双脚内刃站立，起滑时身体稍前倾，两膝弯曲用力，两脚尖向外，两臂自然张开帮助维持身体平衡。当双脚向前外滑出至最大弧线时(两脚稍宽于肩)，两脚尖迅速内收靠拢，恢复至开始姿势。连续做双脚的分开与靠拢，能够不断向前滑进。

(3)前双曲线滑行。两脚平行站立，左脚以内刃向侧肩蹬地(4 轮不离地)，身体重心在右脚，向右滑双脚曲线，然后右脚用内刀向侧后方蹬地，重心偏向左脚，向左滑双脚曲线，依次连续进行。

(4)单脚向前直线滑行。原地两脚成“T”形站立，左脚在前，右脚在后，两腿稍弯曲，用右脚内刃蹬地，重心慢慢移至左腿，右腿蹬直后右脚蹬离地面，成左脚向前滑行。然后收右脚在左脚侧面落地，左脚蹬地重复上述动作，成右脚单脚向前滑行。两脚交替向前直线滑行，两手自然分开，维持身体平衡。

2. 向后滑行技术

(1)向后葫芦滑行。双脚稍微分开，平行站立，脚尖稍向内，两脚跟收拢，用两脚内刃向前蹬地，同时两脚跟向两边分开，向后外滑至最大弧线时，两脚跟收拢，两膝用力伸直，恢复至开始姿势，随后重复上述滑行动作，连续向后滑行。练习时最好有同伴协助，体会双脚用力蹬地和扭转脚腕的协调配合动作。原地双脚平行站立，上体稍前倾，做小幅度地向后“葫芦”滑行。

(2)向后蛇形滑行。两脚分开约一脚距离，两腿弯曲，脚尖稍向内转。用右脚内刃向前下方蹬地，身体重心移向左侧，成左脚向后滑行。右腿在身体前方伸直，随即右脚放在左脚侧面，恢复开始的姿势。然后再用左脚蹬地，身体重心移向右侧，换成右脚向后滑行。左腿伸直，随即左脚放在右脚的侧面。依次重复上述动作，连续向后滑行。做蛇形后滑时，要注意上体始终保持稍前倾姿势，两膝弯曲，两臂自然张开。

(3)单脚向后滑行。身体前倾，左腿支撑，膝关节弯曲，单脚踩平刃，使滑行方向成一直线，右腿抬起，置于斜后方成弓箭步或直接往上抬，两手平伸，两眼平视，利用身体前倾的力量推动身体向后滑行，收右腿并在左腿前落地，抬起左腿，右腿向后滑行。

3. 转弯与转体技术

(1)前滑压步转弯。以向左转弯为例，先使身体重心落在左脚上，身体略向左倾斜；右脚步向右侧后方蹬地结束后，收腿提至左脚的左前向着地；左脚再向右脚步的右侧后方蹬地，推动右脚向左滑行，重心随势移到右脚上，上体略向左转。同样向右转弯时，动作、方向相反。转弯时两臂张开，配合蹬地摆动，以保持身体平衡。

(2)后滑压步转弯。以向左转弯为例，两脚前后分开后滑，右脚在前，左脚在后，身体重心落在右脚上。左脚提起，在右脚的左后方落地，身体重心移到左脚上；左脚向右侧蹬地，右脚移至左脚左前方，右膝弯曲，两脚交叉，形成压步动作，身体重心移至右脚上，上体向左倾斜。向右后方转弯，两脚动作、方向相反。转弯时，两臂张开，摆动配合蹬地，以保持身体平衡。

(3)双脚前滑转体变后滑。以向左转体为例，两脚平行前滑，左脚后轮作为支撑点，前轮离地向左转。右脚前轮作为支撑点，后轮离地在左脚后滑行。同时上体和手臂也配合向左转体 180°，接后滑。向右转体时方法相同，动作、方向相反。

(4)双脚后滑转体变前滑。以向左转体为例，重心放在右脚，左脚提起，随着上体和手臂向左转体 180°落地支撑。重心移至左脚，同时右脚蹬接前滑。向右转体时方法相同，动作、方向相反。

4. 停止技术

(1)内"八"字停止法。向前滑行中，两脚平行分开站立，然后脚尖内转，两脚以轮内刃柔和地压紧地面，两腿弯曲，上体稍前倾、下蹲，两臂前伸维持身体平衡，逐渐减速至停止。

(2)"T"形停止法。单脚向前滑行，其中一只脚在滑行脚的后跟处成"T"形放好后，将另一只脚慢慢放在地面上，以轮内刃柔和地压紧地面，减速向前滑行直到停止。

(3)双脚急停法。在向前滑行时(以顺时针为例)，两脚同时做顺时针方向急转，左脚以内刃、右脚以外刃与滑行方向成 90°压紧地面，同时身体向右急转，重心移到右腿上，两膝弯曲，两臂向前侧伸，通过减速停止滑行。

(4)向后滑行停止法。在向后滑行的过程中，抬起两脚脚跟，用两脚的制动器摩擦地面，减速停止下来。停止时，身体稍向前倾，两臂侧举维持平衡。

二、速度轮滑动作技术

(一)速滑姿势

1. 静蹲姿势

双脚微开平行站立，双腿呈屈膝状，膝盖与脚面垂直，上身保持前倾，大臂夹住身体，双手收至后背，左手握住右手手腕，双手自然放松并置于臀部，双眼目视前方。

2. 摆臂姿势

在静蹲姿势基础上，手肘下垂，双手握拳，左臂屈肘握拳置于胸前，拳心朝鼻子方向，右臂向后伸直。双臂摆动以左臂后摆动作开始，后摆时大臂放松，小臂发力，将左臂沿身体侧面向后摆动，右臂配合同时做前收动作；摆动完成后再做左臂前收动作，即大臂放松，小臂发力将左臂沿身体侧面向前摆回起始位置，右臂配合的同时做后摆动作。

3. 蹬腿收腿姿势

在静蹲与摆臂姿势基础上，以左腿发力蹬地伸直，左脚鞋轮内刃擦地，右腿屈膝支撑身体重心使鼻、膝盖、脚三点保持成一条直线。然后左腿发力腿放松，用大腿内侧肌肉将左腿收回，膝盖、小腿、脚尖均垂直于地面，踝关节和小腿保持放松。之后再换右腿蹬地，左腿支撑。在蹬腿与收腿过程中，手臂配合做后摆、前收摆臂动作。

4. 滑跑姿势

滑跑时，上体前倾，目视前方 5～6m 处，身体保持放松，摆臂与蹬地的动作协调配合，左腿向前滑出时，右臂向前摆；右腿向前滑出时，左臂向前摆。身体重心应随着两腿的交替蹬地推送到滑行腿上，滑行的膝关节保持放松并稍弯曲前弓。蹬地脚用轮内刃向身体的侧面后方（与身体横轴成 45°）用力蹬地，然后以大腿带动小腿，尽快收腿，在靠近滑行腿的内侧着地。

（二）速滑起跑

起跑由预备姿势、起动和疾滑组成。

1. 预备姿势

目前有多种预备姿势，如丁字形、平行、八字形和前点地等，其中前点地预备姿势最为基础。

前点地预备姿势：面对起跑方向，两脚分开距 35～55cm，两脚间成 50°～70°。前脚与起跑线成 65°～70°，后脚与起跑线成 10°～15°。上体前倾，两臂自然下垂。重心在两脚中间或偏前一些。蹲屈程度可根据腿部力量而定。

2. 起动

听到起跑信号后，迅速抬起前脚，后脚用力蹬地伸直，上体前倾，髋关节前送，两臂用力摆动，整个身体迅速向前冲出。由于预备姿势的不同，第一步起动也有所不同。

3. 疾跑

起动后，疾跑五六步进入滑行，疾跑时姿势较高，频率快，蹬地有力。以下简要介绍“丁”字形起跑法：

预备姿势是上体稍前倾，身体重心在两脚之间，两臂自然下垂，两膝弯曲适度。两脚呈斜向“丁”字形站立，两膝顺脚尖方向朝外。前脚的位置应从内侧前轮算起距起跑线 10～20cm；当听到起跑的信号后，立即起跑，在起跑后的头几步滑跑中，大腿积极有力地踏蹬，蹬力通过身体重心，蹭蹬动作应是内侧后轮先着地，然后前轮再着地，两脚仍成“丁”字形，这样有利于腿部蹬力的发挥。两臂迅速有力地摆动，大腿在踏蹬后积极迅速收腿，脚掌离地面尽量低一些。迅速踏蹬 3～5m 后，利用已获得的速度进入途中滑跑。

（三）直道滑行

采用蹲屈的滑行姿势，上体前倾与地面夹角为 25°左右，背部稍凸起，膝关节弯曲 120°左右。头部自然抬起，两眼注视前方 10m 左右的地面。准备好后重心转移至右腿上，用右脚内力蹬地，左脚用力向前滑出，待右脚蹬地动作结束，再将重心推送至左腿上，左腿随惯性半蹲支撑滑行，接着向前收回右腿，同时左腿蹬地，随左腿蹬地动作结束，将重心推送至右腿上，右腿随惯性半蹲支撑滑行，两腿交替反复滑行。

摆臂方法：如左脚蹬地时，左臂向右前上方摆，而右臂向右后上方摆。以肩为轴，协调配合腿部动作。

全身配合是完成滑行技术和快速滑行的重要因素。首先是两腿之间的配合，当左腿惯性滑行时收右腿，左腿蹬地时右轮开始着地；其次，是上体和臀部与腿的配合，即上体和臀部随着两腿交替移动而不断地转移重心；最后是两臂与两腿的配合，滑行时两臂的摆动速度要稍快于两腿的动作速度，以增强轮子的蹬地力量，增加滑行频率。

速度轮滑与冰上速滑有很大的差别，身体姿势不能过低，否则蹬地角度太小，会使轮滑鞋的轮子向外侧打滑，影响轮子的蹬地效果。因此，速度轮滑以高姿势、快频率为基本特征。轮滑过程中不要过分地减少自由滑行时间，身体重心一般是在前后两轮之间，否则将会破坏滑行的惯性，过多地消耗体力。

（四）弯道滑行

从直道进入弯道时，利用交叉压步使身体重心落在左脚外侧和右脚内侧，滑行姿势比直道滑行稍低。右脚内力侧蹬，身体向左倾斜，身体重心落在左脚上并支撑滑行。右脚蹬地结束后，迅速将右脚提到左脚前左侧，支撑住全身的重心后，左脚用外刃向右腿下交叉蹬过去，然后将左脚迅速移到右脚前内侧，变成支撑腿。如此交替压步转弯至直道滑行。摆臂方法有别于直道滑行，右臂摆动较大，以肩为轴，大臂带动小臂前后摆动，可略高于肩。左臂贴身摆动，幅度相对小些。

弯道滑行技术的关键是摆臂动作与蹬地动作的配合。弯道摆臂动作可以维持平衡，增加轮子的蹬地力量，提高滑行频率。弯道摆臂的幅度要比直道小些，左臂摆动的幅度要比右臂小些，手臂摆动的方向是偏向左侧。

（五）冲刺

冲刺是在全程滑跑的最后一段距离进行。冲刺距离长短，取决于滑跑的项目和运动员的训练水平。项目距离越长，运动员训练水平越高，冲刺距离就越长。长距离一般在最后400～800m 时冲刺，短距离在最后 100～200m 时冲刺。冲刺到最后的一步是撞线，撞线动作在接近终点线 3～4m 处，身体向前倾，左腿猛力伸出，踏过终点线。

第三节　速度轮滑规则

一、比赛场地

速度轮滑比赛分为公路赛跑道和场地赛跑道。

(一)公路赛跑道

1.总体要求

(1)宽度全程不得少于 8m。

(2)路面须平坦光滑,无凹陷裂缝。横切路面的拱曲度不得超过其宽度的 5%。

(3)跑道外侧危险区域需设有保护措施。

(4)任何赛道坡度不得超过 5%,坡度路段的总长不得超过跑道总长的 25%。

2."封闭式"公路赛跑道

(1)由非对称的封闭环形公路组成,其起点与终点相衔接。

(2)除马拉松赛外,跑道长度不短于 400m 但不长于 600m。

(3)马拉松赛,跑道长度需大于 3000m。

3."开放式"公路赛跑道

(1)起点与终点不衔接。

(2)在地面凹陷裂缝处,应修补填平或用白色线进行警示。

(3)超过 20km 的比赛,应在比赛路线中段附近设立补水站。

(二)场地赛跑道

1.总体要求

(1)跑道外侧应设有由适当材料制成的保护措施。

(2)跑道内沿向内场延伸 50cm 为禁滑区,每隔 10cm 用 2cm 宽、2mm 厚的防滑粘条标识。

(3)跑道直道中间三分之一的部分要完全平坦。

(4)跑道直道横切面的拱曲程度不得超出其宽度的 1%。

(5)跑道表面可以采用任何材料铺成,但要求完全平坦。

2.标准场地赛跑道规格

周长 200m(±2cm),跑道宽度 6m(±2cm),弯道半径 13.42m。

3.起点与终点设置

(1)起、终点线为宽 5cm 的白色线,不得设在弯道处。

(2)起点线。①200m 或 300m 个人计时赛:在起点线后 60cm 处画一条虚线,称起跑限制线。②500m 争先赛:起点线上按相同间隔划分 6 个起跑站位点。

(3)终点线设在距离前面直弯道分界线 8m 处。

二、比赛类型

1. 计时赛

(1)个人计时赛:运动员按顺序单个出发滑行,以计时成绩确定优胜者。

(2)分组计时赛:运动员分成若干组,以计时成绩进行轮次晋级,最终确定优胜者。

(3)团体计时赛:以集体为参赛单位,按集体成绩确定优胜队。

2. 争先赛

名次竞争的短距离赛,采用轮次淘汰的办法产生优胜者。

3. 淘汰赛

在比赛途中设一个或多个固定淘汰点。淘汰一名或多名处于落后的运动员。按淘汰的逆顺序排列名次。未被淘汰且首先到达终点的运动员为冠军。裁判长需在比赛前宣布具体淘汰规则。

4. 群滑赛

参赛者集体出发按计时成绩决定名次的比赛。在场地或公路上进行,参赛人数不限,参赛者同时出发,被淘汰的参赛者可根据记录的淘汰时间排列名次。

5. 积分赛

该比赛以争夺积分的方式决定胜负。在比赛途中设若干个积分点,运动员通过争夺积分点的名次来获得相应积分,按积分获得多少来排列名次,积分高者名列前次。

6. 积分淘汰赛

积分与淘汰相结合的比赛。在特定圈数为领先的运动员积分,之后淘汰落后的运动员(一名或多名)。这项比赛的冠军是未被淘汰且积分最高的运动员。

三、比赛用具

1. 轮滑鞋

(1)每只轮滑鞋最多装有 6 个轮子,既可以是单排轮形式,又可以是双排轮形式。轮滑鞋最长不得超过 50cm,轮轴不得突出到轮子之外。禁止装制动装置。

(2)轮子的最大直径为 110mm。

2. 服装

(1)参加比赛的同一单位的所有运动员须身着统一长袖或短袖服装,颜色、图案须一致。

(2)队伍名称或缩写应印在比赛服装上。

(3)比赛服装的广告只允许印在服装前胸和后背上方处。广告不得影响服装颜色的识别、不得与号码布的位置相冲突。

(4)裁判有权取消着装不合适的运动员的比赛资格。

(5)运动员在领奖时必须穿着各队的正式服装,不允许佩戴帽子和太阳镜。

3. 头盔及其他器材

(1)集体出发的比赛,运动员的头盔必须坚固,不能有突出部分或尾翼。

(2)个人计时赛,运动员可以佩戴有尾翼的头盔。

(3)运动员须正确佩戴头盔,在比赛结束之前摘掉头盔的运动员将被取消比赛资格。

(4)运动员在竞赛期间禁止使用无线通信设备。

(5)运动员在比赛中禁止携带可造成运动员伤害的物品。

四、起跑规则

(一)起跑要求

所有比赛的起跑均为站立式,用发令枪或哨子发出起跑信号。起跑犯规时,裁判员把运动员召回到起跑点。运动员回到原位,裁判员重新发出起跑信号。起跑前,裁判员点名两次未到的运动员,即被取消比赛资格。

(二)起跑条件

起跑信号应在运动员站在起跑线后,在相距 50cm 处发出。运动员所站的位置按其划分的跑道而定。集体起跑时,运动员站在起跑线后排好队,发令员在相距 50cm 处发两次信号,第一次信号是“预备”口令,第二次鸣枪。如遇下述情况,经裁判员示意后重新起跑:

(1)逆时针比赛中,运动员由于机械发生故障、跑道出现问题而摔倒。

(2)集体起跑时,一名运动员摔倒而使其他运动员在距起跑线 130m 内也摔倒。

(3)在发起跑令前起跑无效,第一次抢跑给予警告,第三次抢跑时被取消比赛资格。

五、竞赛通则

(1)除非轮滑鞋出故障,否则,严禁运动员得到任何方式的帮助。

(2)运动员应沿设想中的直线滑行到终点不得拐弯和偏向一侧。在最后直线跑道领先的运动员不得妨碍紧跟其后的运动员,并要保持直线滑行,违者将令其退至所妨碍运动员的后边滑行。

(3)在滑弯道时,除非内侧有足够地方可供滑行,否则只能从右侧超越其他运动员。如从右边超越其他运动员时,不得阻碍他人滑行。

(4)不得推人或插入其他运动员前面。禁止撞人、拉人、推人、阻碍或协助其他运动员。

(5)在场地跑道或封闭式环行公路赛时,正被人超越的运动员不得阻碍和协助其他运动员超越别人。

(6)禁止运动员的轮滑鞋触及比赛路线界线以外的地方。

(7)只要不妨碍比赛进行,运动员可以修理出故障的轮滑鞋,必要时可以更换新鞋。

(8)运动员摔倒时可以自己起来继续比赛,不得由他人协助,否则将取消比赛资格。

(9)违反上述规定者,将被取消比赛资格。

(10)参加比赛的运动员要公正、热情,对人怀有恶意或明显不合格者要被除名。

(11)在公路或开放式环形跑道进行团体赛时,运动员也要遵守上述规则,并要保持在右边滑行,不得越过中线。同时要严格遵守组织者的指示。

(12)退出比赛的运动员,如可能的话,要到终点通知裁判委员会成员,以便根据本人情况确定其名次。

六、终点判定

(1)到达终点的运动员以前落地脚的轮滑鞋到终点线作为标准。

(2)运动员若在终点线摔倒导致双脚离地,以运动员前脚到达终点线为准。

(3)计时性比赛和集体出发的比赛(淘汰赛、计分赛、接力赛以及其他集体出发的比赛),根据轮滑鞋轮子触及终点线的先后顺序决定运动员的终点名次。先通过终点线的前脚轮子必须接触地面,否则以后脚轮子通过终点的时刻为到达终点。

(4)自由换人的接力比赛中,以各队最后一名运动员的轮子首先通过终点线的队为胜。

(5)在定时比赛中,规定时间结束时以运动员所滑到的位置为终点。

七、名次确定

(1)到达终点是根据运动员轮滑鞋轮子,通过终点线的时间决定的。在自由换人接力赛中,以该队最后一名运动员的轮滑鞋轮子通过终点线为准。

(2)计时比赛中,以运动员到达终点时的时间判定名次。

(3)定时赛中,如时间一到,运动员所滑到的地点即为终点。

(4)运动员在场地跑道或封闭式环形公路集体滑行比赛时,如落下一圈被超过或即将被超过的运动员阻碍比赛进行,即取消该运动员的比赛资格,被超过的运动员,弃权或被取消资格的运动员的名次应排在最后。

(5)集体滑行比赛中,有数人集体到达终点,不可能确切分出名次时,他们的名次相同,名字按字母顺序排列。

(6)在逆时针比赛中,有两名或两名以上的运动员同时到达终点时,要进行复赛,以便决定名次。每个运动员在个人比赛中所取得的成绩要在他们到达终点后立即宣布。

第十四章 ▸▸▸ 健美操

第一节 健美操概述

一、健美操的产生与发展

健美操是集音乐、舞蹈、体操、美学于一体的体育项目。它的起源可以追溯到两千多年前。古希腊对人体美的崇尚举世闻名，认为在世界万物之中，只有人体的健美才是最匀称、最和谐、最庄重、最有生气和最完美的。他们提出了“体操锻炼身体，音乐陶冶精神”的主张。古希腊人喜爱采用跑跳、投掷、柔软体操和健美舞蹈等各种体育项目进行人体健美的锻炼。这些形式的锻炼，既是现代体操的雏形，也是现代健美操的起源。

早在 19 世纪，欧洲一些国家出现了以身体活动和音乐伴奏相结合的韵律体操，并开办培养音乐体操教师的学校，将音乐体操作为体育教育的手段逐步传播。英国在 1956 年就建立了大不列颠健美操协会。该协会通过举办健美操教师训练班，向学员讲授解剖学、人体造型学、教学法以及大量的体操和舞蹈动作，为健美操的广泛发展奠定了基础。

现代健美操从 20 世纪 60 年代初开始萌芽。最初是美国太空总署医生库帕博士为宇航员设计的体能训练项目。1969 年，杰姬·索伦森综合体操和现代舞创编了健美操。这种操带有娱乐性，简单易学，深受人们欢迎，在美国迅速兴起并掀起热潮。美国自 20 世纪 60 年代以来还兴起了一种健身舞。该舞把徒手操和有扭动动作的现代舞结合起来，在节奏强烈、情绪欢乐的摇滚乐伴奏下，进行伸展身体各部位的动作。据报道，美国跳健美操的人数超过 1800 万人，几乎与打网球的人数不相上下。从 1985 年开始，美国还多次举行全国性的健美操比赛，使健美操发展到了竞技性阶段，奠定了美国在健美操运动中的领先地位。法国在美

国之后也开始盛行健美操运动，应运而生的健美操中心遍布全国各地，仅在巴黎就有1000多个。据报道，法国进行健美操运动的人数已超过法国体操联合会的人数，达到400多万人。在日本、菲律宾、新加坡、中国香港等亚洲国家和地区，健美操也很流行，包括徒手健美操、艺术杂耍、韵律健美操、健身操、爵士健美操、迪斯科健美操等，形式多种多样。

现代健美操在我国兴起大约在20世纪80年代初。1981年1月4日，《中国青年报(星期刊)》发表了陆保钟、牛乾元的特约稿《人体美的追求》。1982年2月，中国青年出版社出版了《美，怎样才算美》一书，印数近29万册。该书选登了陈德星主编的《女青年健美操》和牛乾元主编的《男青年哑铃健美操》。从此"健美操"一词迅速被广大体育工作者采用。随着健美操的深入开展，健美操从社会进入了学校，并根据国家教育部对体育教学的要求被列入各级学校体育教学大纲之中。目前健美操已成为我国各级各类学校体育课或课外体育活动的一项深受师生欢迎的教学内容和锻炼方法。

二、健美操的功能

(一)塑形美体

健美操具有形体塑造价值，长期进行健美操练习，能使人体的形态结构和机能得以改善，这是人们练习健美操的重要目的。

(1)健美操可以全面地提高练习者的身体素质。出色的身体素质是人体美的重要表现方式。全面提高身体素质，机体才会更健壮、更健康，才有可能塑造出完美的形体。健美操练习可以增强人体肌肉的力量和强度，改善各个关节的柔韧性和灵活性，并且能够发展肢体的协调性。它对人体呼吸系统、循环系统等具有良好的调节作用，能够改善内脏器官的功能。

(2)健美操练习可以改善人的体型。持续一定时间的健美操练习，可以燃烧体内多余脂肪，帮助人们获得理想的形体，起到健体瘦身的作用。

(3)健美操以身体动作为练习手段，追求动作的优美。长期参加健美操练习，能够培养人们端庄的动作举止以及良好的风度。

(4)健美操类别中，有专门为改善形体而创编的健美操。这一类健美操非常注重人体的伸展性和柔韧性。通过练习，可以改善人的整体体形或某部位的形态，使其外部形态更加优美。

(5)健美操对形体的塑造作用还体现在对不良身体姿态的矫正。健美操训练中，追求一种挺拔、端正和优雅的姿态。它的每一个姿态和每一个动作都力求达到符合人体运动规律和美学要求，从而能够在一定程度上矫正体态。

(二)调节情绪

随着时代的发展、科技的进步以及生活方式的改变，现代人的精神压力不断增加。健美操动作优美、协调、全面锻炼身体，同时有节奏强烈的音乐伴奏，是缓解精神压力的一剂良方。在轻松优美的健美操运动中，练习者的注意力从烦恼的事情上转移开，尽情地享受健美操运动带来的欢乐，从而缓解精神压力，使人具有更强的活力和更佳的心态。

（三）强身健体

(1)增强运动系统的功能。健美操运动可以提高关节的灵活性，使肌肉力量增强、体积增大、弹性提高，使韧带、肌腱等结缔组织富有弹性。

(2)提高呼吸系统机能水平。健美操运动对呼吸系统的机能有良好的影响。它能提高呼吸深度，增加每次呼吸时的气体交换量，有利于呼吸肌的休息。它还可以提高呼吸系统的功能储备，保证在激烈运动时满足气体交换的需要，提高呼吸系统的机能水平。

(3)改善神经系统的机能。健美操由多种动作组成，长期练习可以提高动作的记忆和再现能力，提高神经系统的灵活性和均衡性。

(4)促进心血管系统机能的提高：

①可以使心肌纤维增粗、心肌收缩力增强、心输出量增大，提高供血能力；

②有助于向脑细胞供氧、供能，提高大脑的思维能力；

③通过循环系统向全身细胞提供更多的氧和养料，改善新陈代谢，减少脂肪沉积，延缓血管硬化，有益于健康。

(5)改善消化系统的机能。健美操练习能提高消化系统的机能。由于肌肉活动需要消耗大量的能量，并且健美操练习的躯体活动动作较多，它能够刺激胃肠道蠕动，增强消化系统机能，从而有利于营养物质的吸收。

（四）医疗康复和保健功能

健美操作为一项有氧运动，其特点是强度低、密度大、运动量容易控制。因此，健美操除了对普通人群具有良好的健身效果外，对一些病人、残疾人和老年人群来说，也是一种医疗康复和保健的手段。如对下肢瘫痪的病人来说，可结合进行陆上健美操和水中健美操练习，以保持上肢运动能力并促进下肢运动功能的恢复。健美操练习者在控制好运动强度和运动量的情况下，其锻炼能在一定程度上发挥医疗康复和保健的作用。

第二节　健美操基本动作练习

健美操基本动作是健美操运动的基础和核心，各种健美操组合和成套动作都是在基本动作的基础上变化和发展而来的。健美操基本动作练习包括身体姿态练习、手臂动作练习、

基本步伐练习以及健美操套路练习，本节仅介绍身体姿态练习、手臂动作练习与基本步伐练习。

一、身体姿态练习

身体姿态练习是健美操运动非常重要的一个方面。它决定着健美操动作完成的质量，人体运动中呈现出的气质以及健美操练习的运动效果。健美操的基本身体姿态是指完成动作时正确的身体形态和身体的标准位置，包括颈、肩的姿态，前胸、后背、脊柱、骨盆的相对位置，踝关节和膝关节的相对位置等。身体姿态的训练一般包括两个部分：一是健美操基本动作的身体姿态练习；二是对健美操操化动作和难度动作中身体姿态的控制。健身性健美操运动主要是健美操基本动作的变换练习，因此，本节主要介绍健美操基本动作的身体姿态练习。

健美操的身体姿态是根据现代人的人体与行为美的标准而建立的。在非特殊条件下，人体整个运动应保持自然挺拔，头部稍稍昂起，颈部挺直、挺胸收腹、腰背挺直、脊柱正直，头、颈、躯干和腿保持在一条垂直线上。四肢的位置应根据具体动作的要求保持在正确的位置上。最常见的身体姿态：站立——躯干保持前文的直立位置，两腿并拢伸直；蹲——躯干保持直立状态，臀部收紧，保持整个身体垂直于地面并屈膝。基本动作的身体姿态练习方法通常有两种：动作控制法和舞蹈练习法。

（一）动作控制法

动作控制法是指身体处于某一动作位置时，保持该动作正确的身体姿态，使该动作保持一段时间的方法。通过强化练习，练习者可以找到控制该动作的肌肉感觉，在大脑中形成完成该动作的运动记忆。

（二）舞蹈练习法

舞蹈练习法是通过芭蕾舞、民族舞、拉丁舞、爵士舞等不同的舞蹈动作练习，形成利于骨骼生长和身体健康、利于塑造良好体形、利于美的表达的身体姿态。练习者通过不同风格和表现形式的舞蹈动作练习，达到身体姿态练习的目的。

二、手臂动作练习

（一）手形及练习规范

手形的变化不仅可以使手臂动作更加丰富多彩、生动活泼，增强手臂动作的美感，而且有助于加强动作的力度。健美操的手形是从西班牙舞、爵士舞、芭蕾舞、拉丁舞、迪斯科和武术等手形中吸收和发展而来的。常用的健美操手形有以下几种。

1. 掌

(1)并掌：大拇指指关节弯曲内扣，其余四指并拢伸直。手腕伸直，使手臂成一条直线。

腕关节与掌指关节适度紧张(图 14-1a)。

(2)开掌:五指用力分开并伸直,手腕保持一定的紧张度(图 14-1b)。

(3)立掌:手掌在腕关节处用力向手背的一面屈,使掌背与小臂成 90°,即并掌在腕关节处用力屈腕(图 14-1c)。

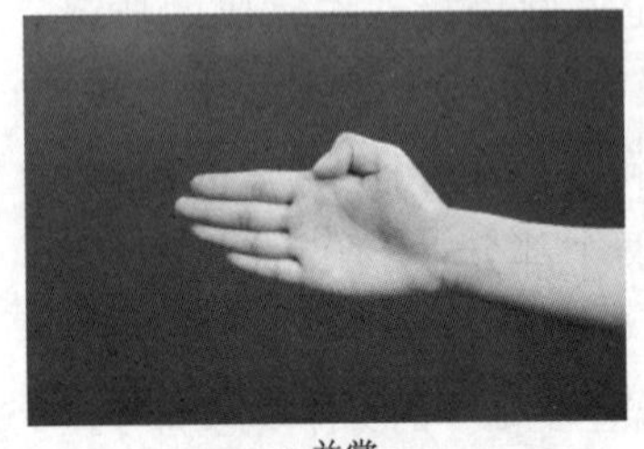
a.并掌

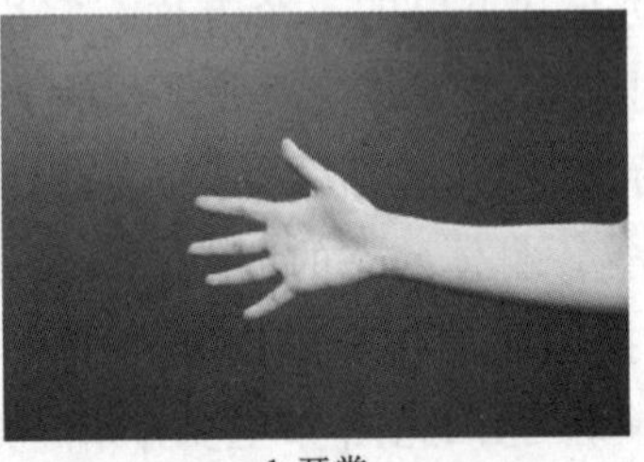
b.开掌

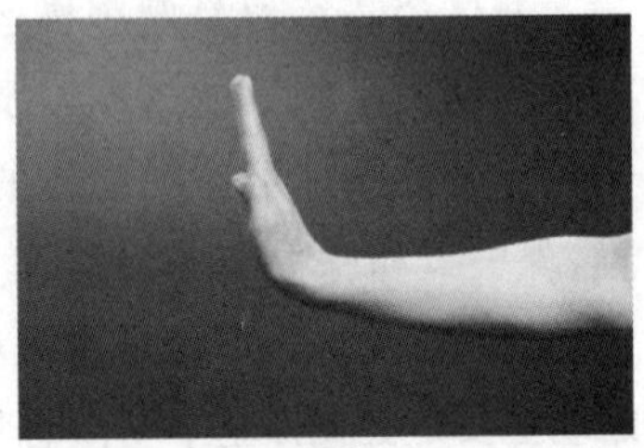
c.立掌

图 14-1 掌

2. 拳

(1)实心拳:四指卷握,大拇指末关节压住食指、中指的第二关节(图 14-2a)。

(2)空心拳:四指卷握,大拇指末关节压住食指、中指的末关节,拳成空心状(图 14-2b)。

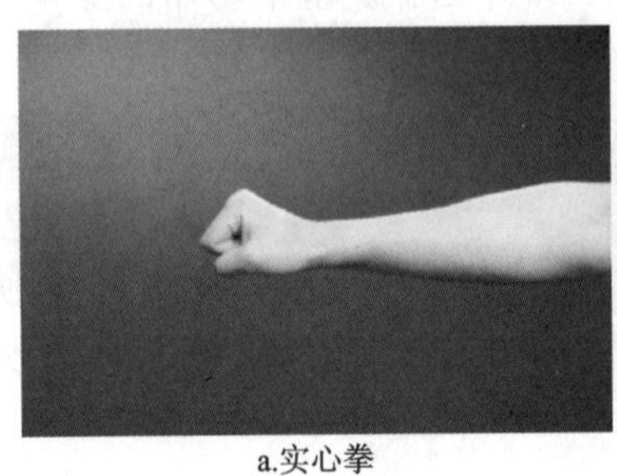
a.实心拳

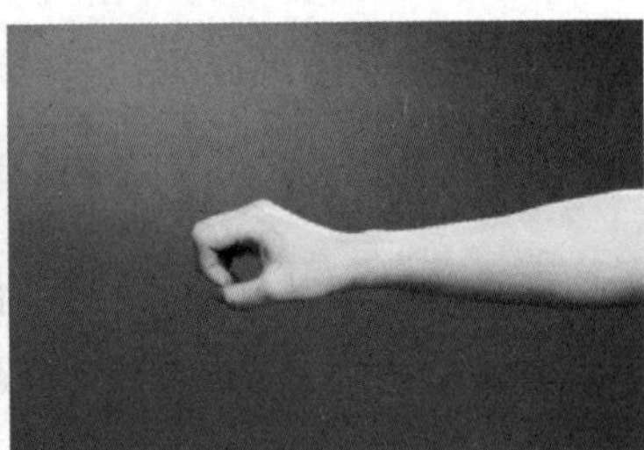
b.空心拳

图 14-2 拳

3. 其他手形

(1)花掌:又称西班牙舞手形,五指分开并用力,小指、无名指、中指自掌指关节处依次屈,拇指稍内扣(图 14-3a)。

(2)一指:握拳,食指伸直或拇指伸直(图 14-3b)。

(3)剑指:拇指与无名指、小指相叠,中指与食指并拢伸直(图 14-3c)。

(4)V 指:拇指与小指、无名指弯曲相叠,食指与中指伸直并尽力分开(图 14-3d)。

(5)响指:无名指、小指屈握,拇指与中指、食指用力摩擦后,中指击打大鱼际处产生响声(图 14-3e)。

(6)芭蕾舞手形:后三指并拢并稍内收,拇指内扣,手指自然伸展、放松(图 14-3f)。

(二)手臂动作及练习规范

手臂动作练习是健美操练习的重要组成部分,它与健美操的基本步伐组合共同构成了丰富多彩的健美操动作内容。

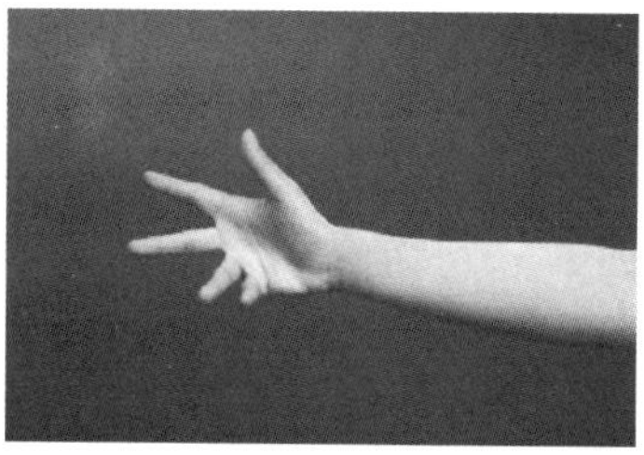

a.花掌 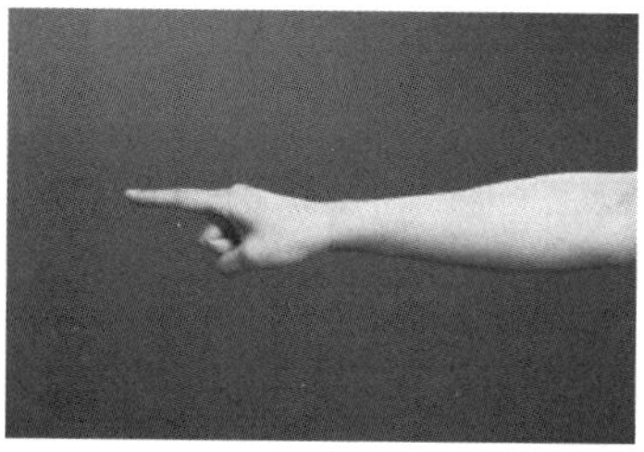　b.一指 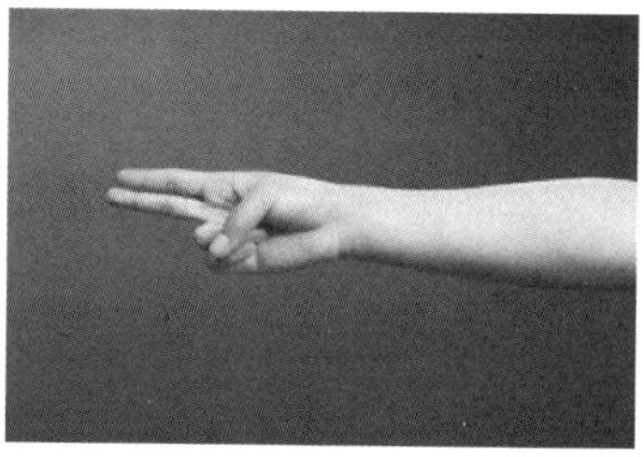　c.剑指

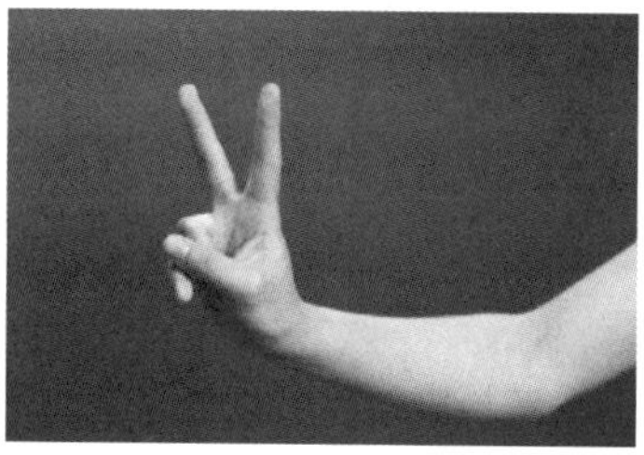

d.V指 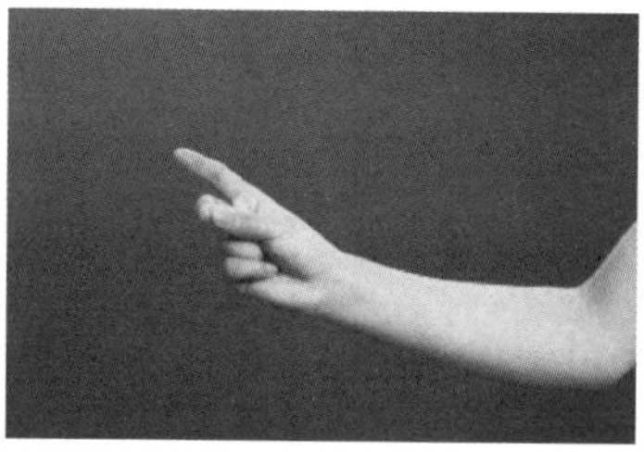　e.响指(一) 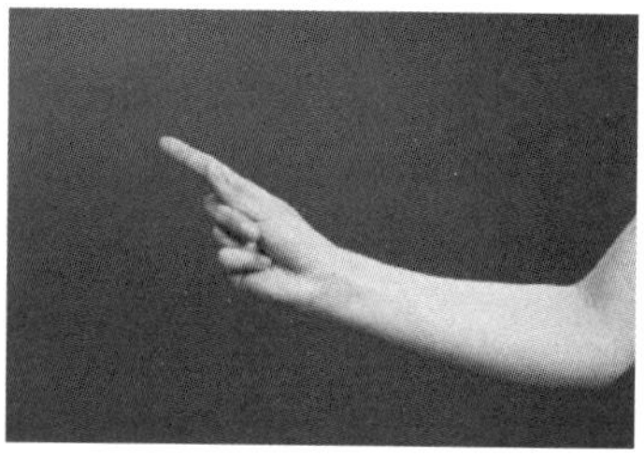　f.响指(二)

g.芭蕾舞手形

图 14-3　其他手形

1. 摆动

动作描述:屈肘前后摆动,两手握拳(图 14-4)。

技术要点:屈肘角度不宜过大或过小,保持 60°左右。

动作变化:可同时摆动也可依次摆动。

图 14-4　摆动

2. 举

动作描述:以肩关节为轴,臂伸直向某方向抬起。臂的活动范围不超过 180°并停止在某一部位(图 14-5)。

图 14-5　举

技术要点：动作到位、路线清晰、有力度。

动作变化：直臂不同方向举。例如前举、后举、上举（前上举、前下举）、侧举、下举、侧上举、侧下举。

3. 屈与伸

动作描述：上臂固定，以肘关节为轴，肘关节由弯曲到伸直或由伸直到弯曲的动作。屈臂时肱二头肌收缩，伸臂时肱三头肌收缩（图 14-6）。

技术要点：关节有弹性地屈伸。

动作变化：胸上前屈、胸前平屈、肩上侧屈、肩下侧屈、肩侧屈、腰侧屈、头后屈。

4. 绕和绕环

动作描述：双臂或单臂以肩关节为轴做弧线运动；上臂固定，前臂以肘关节为轴做弧线运动（图 14-7）。

技术要点：路线清晰，开始和结束动作位置明确。

动作变化：双臂或单臂向内、外、前、后绕或绕环。

三、基本步伐练习

健美操的下肢动作主要由基本步伐构成。基本步伐是健美操动作中最基本的单位，是进行健美操练习的一个重要组成部分，通过基本步伐练习，能培养练习者的协调性和节奏感。

（一）基本步伐的分类

按照人体对地面冲击力的强弱，健美操的基本步伐可以分为三类：无冲击力步伐、低冲击力步伐和高冲击力步伐。许多低冲击力动作也可以做成高冲击力动作。

图 14-6　屈与伸

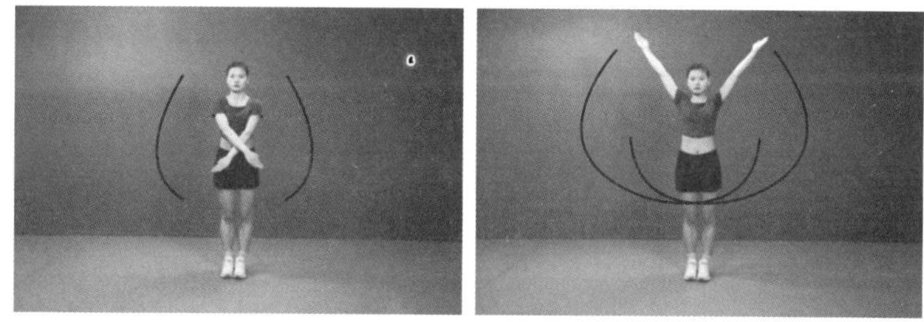

图 14-7　绕和绕环

按照根据动作完成的形式不同，又可将基本步伐分为五类。

(1)交替类：两脚始终做依次交替落地的这类动作。例如踏步、走步、一字步、“V”字步、曼波步。

(2)点地类：一腿屈膝站立，另一腿伸出做脚尖或脚跟点地后还原到并腿位置的这类动作。例如脚尖前点地、脚尖后点地、脚尖侧点地、脚跟前点地。

(3)迈步类：一腿先迈出一步同时重心移到这条腿上，另一腿做脚尖点地、脚跟点地、踢腿、吸腿、屈腿等动作后向另一方向迈步的这类动作。例如侧并步、并步跳、迈步点地、小马跳、迈步吸腿、迈步吸腿跳、迈步后屈腿、迈步后屈腿跳、侧交叉步、侧交叉步跳。

(4)抬腿类:一腿站立,另一腿抬起的这类动作。例如吸腿、吸腿跳、踢腿、踢腿跳、弹踢、弹踢腿跳、摆腿、摆腿跳。

(5)双腿类:双腿站立,身体重心在两腿之间的这类动作。例如膝弹动、踝弹动、半蹲、弓步、移重心、并腿跳、弓步跳、开合跳。

(二)基本步伐动作和练习规范

结合健美操基本步伐的两种分类方法,详细阐述健美操基本步伐动作和练习规范。

1. 无冲击力步伐

无冲击力步伐动作是指两脚始终接触地面的这类动作,主要包括弹动、提踵、半蹲、弓步、移动重心,具体如下。

(1)弹动。

动作描述:两腿并拢,膝关节有弹性地屈伸(图 14-8)。

技术要点:膝关节由弯曲到还原,还原时膝关节应处于微曲状态。

图 14-8　弹动

(2)提踵。

动作描述:两腿伸直,踝关节有弹性地屈伸和提踵(图 14-9)。

技术要点:脚跟抬起时,保持身体的稳定性和踝关节的弹性。

图 14-9　提踵

(3)半蹲。

动作描述:双腿并拢并屈膝,臀部向后下蹲,上体保持正直(图 14-10)。

技术要点:膝关节弯曲角度不小于 90°,臀部下蹲时保持身体的稳定性和上体正直。

动作变化:并腿半蹲、分腿半蹲、迈步半蹲、迈步转体半蹲。

分腿半蹲

并腿半蹲

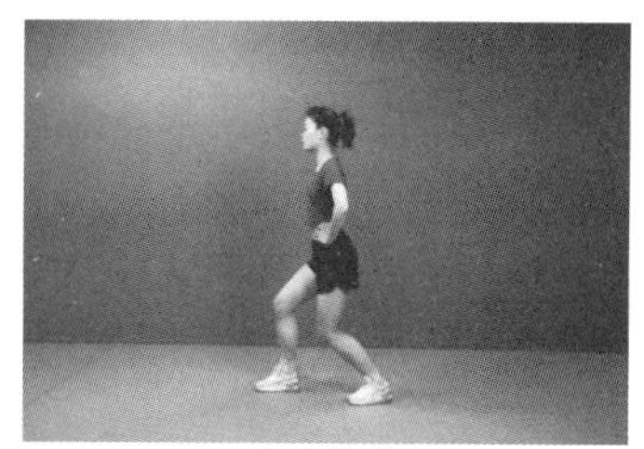

迈步半蹲

图 14-10　半蹲

(4)弓步。

动作描述:两脚并拢,一只脚向前迈步,同时双腿屈膝下蹲,重心下移,随后成弓步(图 14-11)。

技术要点:迈步半蹲时,后腿膝关节指向下且大腿垂直于地面,重心在两脚之间,前腿膝关节弯曲角度不小于 90°,膝关节不超过脚尖。

动作变化:前弓步、侧弓步、后撤弓步。

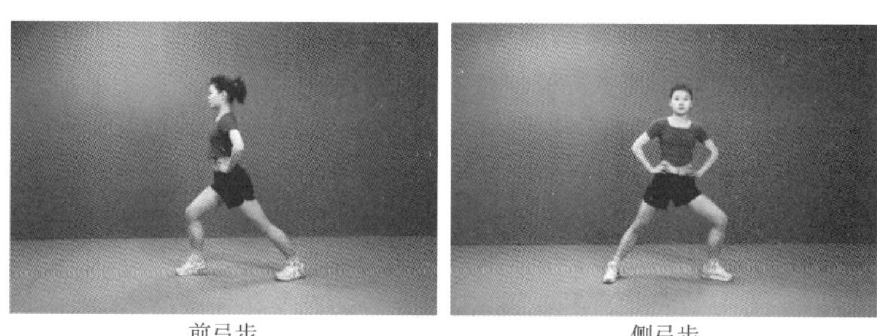

前弓步　侧弓步

图 14-11　弓步

(5)移动重心。

动作描述:由两腿开立起始,两膝关节屈膝,随后膝关节伸直的同时身体重心移向一侧腿全脚掌,另一侧腿的脚尖点地(图 14-12)。

预备姿势　a　b

c　d

图 14-12　移动重心

技术要点：身体重心的移动保持平稳。

动作变化：原地的移重心、行进间移重心、转体的移重心、跳跃的移重心。变化移动重心的方向包括向前移重心、向后移重心、向左移重心、向右移重心。

2. 低冲击力步伐

低冲击力步伐是指完成动作时，一只脚着地而另一只脚离地的这类动作。该类步伐是目前健身健美操运用最多的动作类型。根据动作完成的形式不同，低冲击力步伐又可分为踏步类、点地类、迈步类和抬腿类四类动作。

1)踏步类

动作描述：此类动作两脚依次抬起，在下落时髋、膝、踝关节屈曲弹性缓冲，两脚交替进行。

技术要点：注意两腿的相对位置以及脚尖与膝关节的朝向，完成动作时髋关节、膝关节、踝关节有弹性地屈伸缓冲，上体重心随动作节奏适当起伏变化。

(1)踏步。

动作描述：原地两腿依次抬起随后依次落地(图 14-13)。

技术要点：下落时，髋、膝、踝关节依次有弹性地缓冲。

动作变化：踏步转体、踏步并腿、踏步分腿、弹动踏步。

图 14-13　踏步

(2)走步。

动作描述：迈步向前走时，脚跟先着地然后过渡到全脚掌；向后走步时脚尖先着地然后过渡到全脚掌(图 14-14)。

技术要点：走步时重心要跟上脚步移动，落地时髋、膝、踝关节屈曲弹性缓冲。

动作变化：向前走步、向后走步、向侧前走步、向侧后走步、向左转体走步、向右转体走步、弧线走步。

图 14-14　走步

(3)一字步。

动作描述:一脚向前一步,另一脚并于前脚,然后依次退回原位(图 14-15)。

图 14-15　一字步

技术要点:向前迈步时,脚跟先着地然后过渡到全脚掌;迈步和还原均有并步动作;每一拍动作髋、膝、踝关节均应屈伸弹性缓冲。

动作变化:向前的一字步、向后的一字步、转体的一字步。

(4)"V"字步。

动作描述:双脚并拢起始,以右脚起步为例。右脚向右前侧 45°方向迈一步,然后左脚向左前 45°迈一步,成两脚开立、屈膝半蹲,然后依次退回原位(图 14-16)。

图 14-16　"V"字步

技术要点：迈步时脚跟先着地然后过渡到全脚掌，双脚脚尖的方向与髋骨的朝向保持一致，分腿半蹲时重心在两脚之间。

动作变化："V"字步转体、倒"V"字步、弹跳的"V"字步。

(5)曼波步。

动作描述：一脚向前迈出、全脚掌着地，重心随之移动到前脚，另一脚稍抬起，然后原地落下；或向后撤一步，重心随之后移，另一脚稍抬起，然后原地落下(图 14-17)。

技术要点：身体重心随动作前后移动，两脚始终保持交替落地。

动作变化：曼波步转体，向侧的曼波步、弹跳的曼波步。

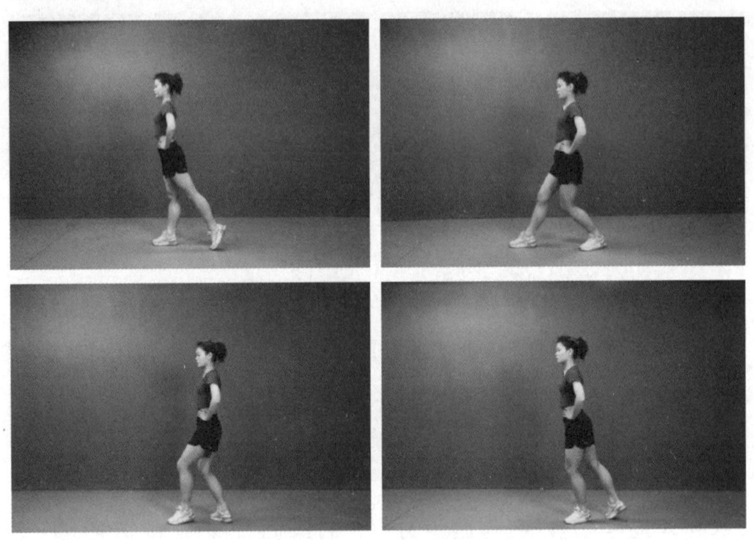

图 14-17 曼波步

2)点地类

动作描述：此类动作两腿有弹性地屈伸，点地时，一腿屈膝，另一腿伸直。

技术要点：在整个动作过程中，膝关节要有弹性地屈伸，包括动作完毕时，两腿膝关节也应处于微屈状态，而不应完全伸直，以保持健美操特有的动作弹性。

(1)脚尖点地。

动作描述：一腿稍屈膝站立，另一腿伸出，脚尖点地，然后还原到并腿姿势(图 14-18)。

技术要点：支撑腿始终保持屈膝站立，并且随动作有弹性地屈伸。

动作变化：脚尖前点地、脚尖侧点地、脚尖后点地。

(2)脚跟点地。

动作描述：一腿稍屈膝站立，另一腿伸出，脚跟点地，然后还原到并腿姿势(图 14-19)。

技术要点：支撑腿始终保持屈膝站立，并且随动作有弹性地屈伸。动作始终保持高度的弹性和节奏感。

动作变化：脚跟前点地、脚跟侧点地。

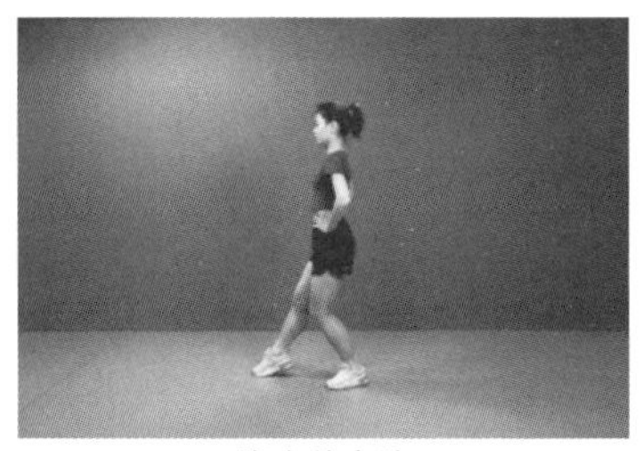
脚尖前点地

脚尖侧点地

脚尖后点地

图 14-18　脚尖点地

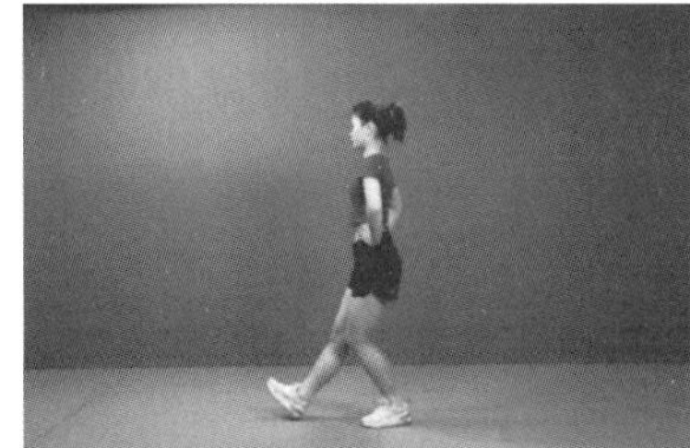
脚跟前点地

脚跟侧点地

图 14-19　脚跟点地

3)迈步类

动作描述：一腿迈出一步，重心随之移动到该脚上，另一腿做脚尖点地、脚跟点地或吸腿、屈腿、踢腿等动作。

技术要点：重心迅速跟进和转换。

(1)并步。

动作描述：两脚并拢起始，以右脚起步为例。右脚向右迈一步、全脚掌着地，左脚随之并拢且脚尖点地，点地的同时两腿膝关节微屈(图 14-20)。

技术要点：两膝关节保持弹动，重心上下起伏。

动作变化：左右并步、前后并步、两次并步、转体并步。

图 14-20　并步

(2)迈步点地。

动作描述：一脚向侧迈一步，两脚经屈膝移重心，另一腿在前、侧或后用脚尖或脚跟点地(图 14-21)。

技术要点：重心迅速跟进和转换，两腿有弹性地屈伸，上体保持正直不要扭转。

动作变化：左右迈步点地、前后迈步点地、转体迈步点地。

图 14-21　迈步点地

(3)迈步吸腿。

动作描述：一只脚迈出一步，另一腿屈膝抬起(图 14-22)。

技术要点：大腿呈水平，绷脚尖，还原时支撑腿稍屈膝。

动作变化：向前迈步吸腿、向侧迈步吸腿、向侧前迈步吸腿、转体吸腿。

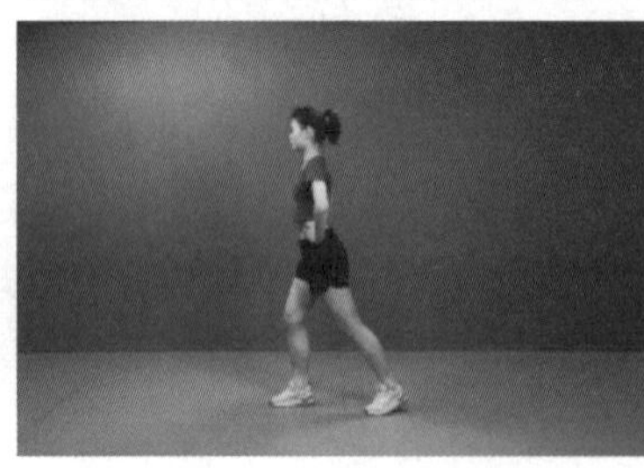

图 14-22　迈步吸腿

(4)迈步后屈腿。

动作描述：一脚迈出一步，另一腿向后屈腿(图 14-23)。

技术要点：经屈膝半蹲，支撑腿稍屈膝，后屈腿的脚后跟靠近臀部，绷脚尖。

动作变化：向侧迈步后屈腿、向前迈步后屈腿、转体后屈腿。

图 14-23　迈步后屈腿

(5)侧交叉步。

动作描述：双脚并拢起始，以右脚起步为例。右脚向右迈一步，左脚迅速跟随在右脚后方成脚尖点地，右脚再向右迈一步，左脚迅速并拢且脚尖点地，两腿膝关节微屈(图 14-24)。

技术要点：第一步脚跟先着地，身体重心快速随着脚步而移动，向后交叉时两腿膝关节相互靠拢、髌骨紧贴腘窝，身体重心有高低起伏变化。

动作变化：左右的交叉步、转体的交叉步。

图 14-24　侧交叉步

4）抬腿类

动作描述：一腿站立，另一腿做抬起的动作。

技术要点：这类动作要求支撑腿有控制地屈膝弹动，另一腿以各种形式抬起，同时收腹、立腰。

（1）吸腿。

动作描述：一腿屈膝抬起，落地还原（图 14-25）。

技术要点：支撑腿保持屈膝弹动，大腿上抬至水平，小腿自然下垂，绷脚尖，上体保持正直。

动作变化：向前吸腿、向侧吸腿、向侧前吸腿、转体吸腿。

（2）踢腿。

动作描述：一腿稍屈膝站立，另一腿伸直抬起，绷脚尖，然后还原（图 14-26）。

技术要点：抬起腿要有控制，支撑脚脚跟不能离地、膝关节微屈缓冲，保持上体正直。踢腿的幅度因人而异，避免受伤。

动作变化：前踢、侧踢、转体踢腿。

图 14-25　吸腿

图 14-26　踢腿

(3)弹踢腿。

动作描述:一腿站立,另一腿先向后屈,再向前下方弹踢,还原(图 14-27)。

技术要点:大小腿充分折叠后屈,使脚后跟贴近大腿或臀部,两膝靠紧,腿弹出时要有控制,弹踢腿脚尖绷直,上体保持正直。

动作变化:向前弹踢腿、向侧弹踢腿、转体弹踢腿、行进间弹踢腿。

图 14-27　弹踢腿

(4)后屈腿。

动作描述:一腿作支撑腿站立,另一腿向后屈膝(图 14-28)。

技术要点:经屈膝半蹲,支撑腿稍屈膝,后屈腿的大腿尽量垂直于地面、脚后跟靠近臀部、绷脚尖。

动作变化:向前后屈腿、向侧后屈腿、转体后屈腿。

图 14-28　后屈腿

(5)摆腿。

动作描述:一腿稍屈膝站立,另一腿做摆动动作(图 14-29)。

技术要点:摆腿时上体顺势前倾、后倒或侧倾。支撑腿屈膝缓冲,摆动腿幅度不要过大且要有控制力度。

动作变化:向前摆腿、向侧摆腿。

图 14-29　摆腿

3. 高冲击力步伐

高冲击力步伐动作是指在完成动作时，有双脚同时离地的这类动作，即跳跃类动作。根据动作完成的形式不同，高冲击力步伐又可分为迈步类、抬腿类和双腿类三类动作。

1）迈步类

（1）迈步并腿跳。

动作描述：以右脚起步为例，右脚迈步，随之蹬地跳起，左脚并右脚，并腿落地（图 14-30）。

图 14-30　迈步并腿跳

技术要点：身体重心随脚步迅速移动，落地时注意缓冲。

动作变化：向前迈步并腿跳、向后迈步并腿跳、向侧迈步并腿跳。

（2）迈步吸腿跳。

动作描述：右脚向前迈步，左腿抬膝跟进，大腿抬至水平时右脚跳起并回落（图 14-31）。

图 14-31　迈步吸腿跳

技术要点：跳起时，上体保持正直，收腹立腰。

动作变化：向前迈步吸腿跳、向侧迈步吸腿跳。

（3）迈步后屈腿跳。

动作描述：右腿迈步，左腿向后屈膝跟进，后屈膝到最大程度时右腿跳起并回落（图 14-32）。

技术要点：后屈腿的脚尖绷直，落地时两腿膝关节微屈缓冲。

动作变化：向前迈步后屈腿跳、向侧迈步后屈腿跳。

图 14-32　迈步后屈腿跳

(4)小马跳。

动作描述:每一边的小马跳动作由两跳组成。以向右做小马跳为例,由双脚并拢起始,第一跳时左脚蹬地跳起,同时右脚向侧迈步落地,随之左脚并拢右脚且左脚尖点地,第二跳时双脚同时跳起并回落。随后换脚向反方向做动作(图 14-33)。

技术要点:两脚轻快蹬落地,身体重心迅速移动,第二跳时注意双脚同时起跳和回落,注意膝、踝关节的弹动。

动作变化:左右小马跳、前后小马跳、转体小马跳。

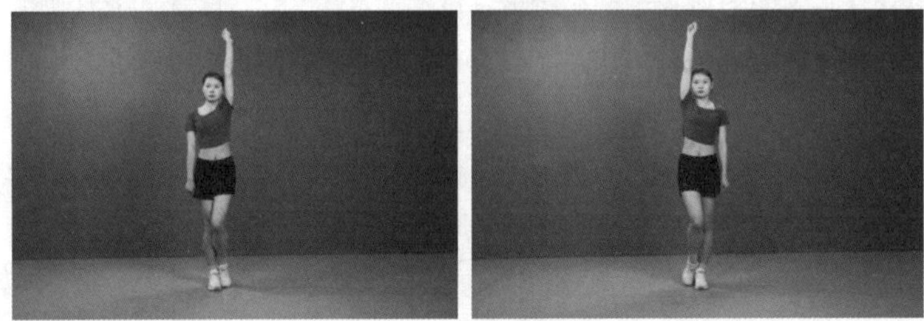

图 14-33　小马跳

2)抬腿类

动作描述:一腿支撑跳起,另一腿做抬起类动作。

技术要点:这类动作要求支撑腿有控制地屈膝跳起,另一腿以各种形式抬起,同时收腹、立腰,注意保持身体的稳定。

(1)吸腿跳。

动作描述:右腿屈膝高抬腿,同时左腿原地跳起并回落(图 14-34)。

技术要点:大腿上抬至水平,小腿与地面垂直,绷脚尖,立腰、上体保持正直和稳定,落地时注意屈膝缓冲。

动作变化：向前吸腿跳、向侧吸腿跳、向前侧吸腿跳、转体吸腿跳。

（2）踢腿跳。

动作描述：右腿伸直抬起，同时左腿原地跳起并回落（图 14-35）。

技术要点：抬起腿要有控制，绷脚尖，立腰、上体保持正直和稳定，落地时注意屈膝缓冲，踢腿的幅度因人而异，避免受伤。

动作变化：向前踢腿跳、向侧踢腿跳、向前侧踢腿跳、转体踢腿跳。

图 14-34　吸腿跳

图 14-35　踢腿跳

（3）弹踢腿跳。

动作描述：以右脚弹踢腿跳为例，双腿同时原地向上跳起，同时右腿向后屈腿的同时左脚由跳起后落地支撑，然后左脚再次跳起同时右腿向前下方弹踢，接着换左腿做弹踢腿跳（图 14-36）。

技术要点：大小腿充分折叠后屈，使脚后跟贴近大腿或臀部，两膝靠紧，腿弹出时幅度不宜过大并且要有制动，绷脚尖，上体保持正直。

动作变化：向前弹踢腿跳、向侧弹踢腿跳、转体弹踢腿跳、行进间弹踢腿跳。

图 14-36　弹踢腿跳

（4）后屈腿跳。

后屈腿跳又称后踢腿跑。

动作描述：一腿支撑跳起，同时另一腿向后屈膝，双腿同时回落，然后再换另一腿做动作（图 14-37）。

技术要点：后屈时脚后跟靠近臀部、绷脚尖，双膝靠紧，大腿尽量垂直于地面，屈膝腿的膝关节不宜超过支撑腿的膝关节，落地时注意屈膝缓冲。

动作变化：原地后屈腿跑、转体后屈腿跑、行进间后屈腿跑。

图 14-37　后屈腿跳

(5)摆腿跳。

动作描述：一腿做摆腿，另一腿原地跳起，双腿回落(图 14-38)。

技术要点：保持上体正直，摆动腿抬起时幅度不宜过大并且要有制动。

动作变化：向前摆腿跳、向侧摆腿跳。

图 14-38　摆腿跳

3)双腿类

两脚同时起跳同时落地的这类动作。两脚需要腾空一定高度，落地时注意前脚掌先着地过渡到全脚掌且注意屈膝缓冲。

(1)并腿跳。

动作描述：两腿并拢同时跳起，屈膝缓冲落地(图 14-39)。

技术要点：起跳时两脚同时发力，落地缓冲有控制。

动作变化：向前并腿跳、向后并腿跳、向侧并腿跳、并步滑雪跳。

图 14-39　并腿跳

(2)开合跳。

动作描述：由并腿跳起，分腿落地，再由分腿跳起，并腿落地(图 14-40)。

技术要点：分腿屈膝时，膝关节沿脚尖方向屈且夹角不小于 90°，两脚自然外开，前脚掌先着地，然后过渡到全脚掌，并腿落地时也是前脚掌先着地再过渡到全脚掌。

动作变化：原地开合跳、转体开合跳。

图 14-40　开合跳

(3)弓步跳。

动作描述：以前后弓步跳为例，并腿向上跳起，成分腿姿势落地，接着再向上跳起，并腿回落(图 14-41)。

技术要点：分腿落地时前腿屈后腿直成弓步姿势，双脚脚尖均朝前并且基本在一条竖直线上，直腿的脚后跟不着地；并腿回落时前脚掌先着地再过渡到全脚掌，膝关节有弹性地缓冲。

动作变化：前后弓步跳、左右弓步跳、侧弓步跳。

图 14-41　弓步跳

第三节　健美操竞赛规则

作为一项群众性体育运动的健美操，只有比赛才能使其成为一个真正的体育运动项目。竞技健美操是一项在音乐的伴奏下，能够表现连续、复杂、高强度健美操操化动作能力的运动项目。操化动作组合，是以健美操基本步伐与手臂动作结合的形式，伴随音乐，创造出动感的、有节奏的、连续的、包含高低不同强度的一连串动作。它起源于传统的有氧健身运动，成套动作必须通过健美操七种基本步伐以及完美地完成难度动作来展示运动员连续动作、柔韧及力量动作的能力。成套动作应达到高强度的运动水平。

竞技健美操的发展历史并不长，竞技健美操的首次国际比赛是由国际健美操联合会(IAF)在1983年举办的。比较著名的还有由国际健美操冠军联合会(NANC)每年举办一次的国际健美操冠军赛、国际体操联合会(FIG)从1995年开始举办的健美操世界锦标赛。

国际体操联合会的正式官方比赛是健美操世界锦标赛。健美操世界锦标赛每两年(偶数年)举行一次。健美操世界锦标赛包括以下项目：女子单人(1名女运动员)、男子单人(1名男运动员)、混合双人(1名男运动员和1名女运动员)、三人(3名运动员，无性别限制)、集体五人(5名运动员，无性别限制)、有氧舞蹈(8名运动员，无性别限制)和有氧踏板(8名运动员，无性别限制)。

为促进健美操运动的开展，更好地规范比赛，保证健美操国际比赛评分的客观性。自2000年起国际体操联合会健美操委员会以每四年为一个周期颁布一个新规则。2021年颁布的竞技健美操竞赛规则是2021—2024年周期执行的最新规则。本章重点介绍该规则。

一、比赛场地

赛台高80～140cm，后面有背景遮挡，赛台不得小于14m×14m。竞赛地板必须是12m×12m，并清楚地标出7m×7m的比赛场地、10m×10m的比赛场地。标记带是场地的一部分，为5cm宽的黑色带。

艺术裁判、完成裁判、难度裁判将坐在赛台正前方，视线员座位安置在赛台的斜对角，总裁判和裁判长坐在艺术裁判、完成裁判、难度裁判的正后方的高台上。

二、音乐伴奏

一首优质的音乐有助于构建成套动作的结构与节奏，同时有利于动作主题的表达。它也将支撑与突出成套动作的表演效果，对成套创编质量、风格以及运动员的表现起到促进作用。

音乐应该反映竞技健美操的运动特点，在成套的表演和音乐的选择之间应有强烈的一致性。表演者诠释音乐时，不仅要展示出音乐的节奏、速度以及与节拍的一致程度，更在于用肢体动作诠释出音乐的风格、强度等。

可以使用一首或者多首乐曲混合的音乐、原创音乐或加入特殊音响效果的音乐、任何适合竞技健美操运动的音乐风格均可采用。

每张 CD 中只允许录制 1 首音乐。自备两张比赛盘，并且清楚地标明运动员姓名、国家、参赛项目和音乐时长。

三、比赛服装

按照国际体操联合会的规程，每个运动员均要求在比赛服上佩戴其国家标识或国徽，穿戴印有国际体操联合会最新规程规定的广告标识和赞助商标识的服装，否则扣 0.3 分。

（一）女装

(1)女运动员必须身着一件带有肉色或者透明裤袜的比赛服或者连体衣(连体衣从颈部到脚踝是一体的)，允许有亮片。

(2)紧身衣前后领口的开口必须得体，前面不得低于胸骨的中部，后面不得低于肩胛骨的下缘。

(3)腿部上缘的开口必须在腰部以下并且要遮住髂骨。比赛服必须完全遮住臀纹线。

(4)女装的两袖(1 个或 2 个均可)可有或可无，长袖袖口止于手腕处。袖子可以使用透明材料。

(5)长裤袜和连体健身衣都是允许的。

（二）男装

(1)男运动员必须着一件长款紧身比赛服或短裤配以合体上衣或配以适当装饰物的紧身连体裤(如腰带等)。

(2)服装前后都不能有开口。

(3)袖口处不得在肩胛骨下有开口(无袖)。

(4)不允许有任何亮片。

(5)3/4 的裤长、长体操裤(紧身服＋裤子)、一件套连体服等都是允许的。

（三）正确着装

(1)头发必须固定在头上。

(2)参赛运动员必须穿着让所有裁判员都能清晰辨认的白色健美操鞋和运动袜。

(3)只有女运动员才可以化妆，且必须是淡妆。

(4)比赛服上禁止佩戴松散或多余的装饰。

(5)禁止佩戴珠宝首饰。

(6)比赛时,不允许穿破损的衣服且不得露出内衣或打底衣。

(7)比赛服不允许使用透明材料制作,女款比赛服的袖子除外。

(8)不允许穿着描绘以战争、暴力、宗教信仰为主题的比赛服。

(9)运动员身体禁止涂抹油彩。

(10)服装要符合健美操运动的特点。

四、成套创编

(一)成套内容

音乐伴奏下的成套健美操动作由以下内容构成:①操化动作;②难度动作;③过渡与连接动作;④托举动作(混双/三人/五人);⑤动力性配合/团队协作(混双/三人/五人)。

(二)成套时间

所有成套动作的完成时间都为 1 分 20 秒,有加减 5 秒的宽容度(不包括提示音)。

五、裁判与评分

(一)裁判员组成

1. 高级裁判组

由国际体操联合会健美操技术委员会主席与成员构成。世界健美操锦标赛高级裁判组组成为技术委员会主席、2 名技术委员会成员任难度技术监督、2 名技术委员会成员任完成技术监督、2 名技术委员会成员任艺术技术监督。

2. 裁判组

世界锦标赛、洲际锦标赛、世界运动会和世界杯系列赛裁判组组成为艺术裁判 4 人、完成裁判 4 人、难度裁判 2 人、视线裁判 2 人、计时裁判 1 人、裁判长 1 人,共计 14 人。

(二)裁判的职责与评分标准

1. 高级裁判组

(1)监督整个比赛情况,处理影响比赛进程的一切违纪情况或特殊情况。

(2)及时处理裁判员出现的严重判分错误。

(3)反复审核裁判员的评分,对在裁判工作中表现不佳或有倾向性打分的裁判提出警告。

(4)替换被警告后仍表现不佳的裁判。

2. 艺术裁判

艺术裁判负责评价成套动作的创编。在秉承竞技健美操特点的基础上，成套创编所有内容必须完美融合为一体，将竞技健美操这项体育运动转化为一种富有创造性和独特性的艺术体现。艺术分最高为 10 分，按照以下五项分别评分，每项 2 分。

(1)音乐和乐感(最高 2 分)。

①音乐的选择与编辑、乐感。

②音乐的选择要有利于表现运动员的个性特点和技术风格。

③成套动作的风格必须与音乐理念相吻合，如旋律、节拍、重拍、乐段等。

④动作的设计必须与音乐的特色和谐一致。

⑤对两首以上的音乐剪接，必须表现得情感自然、转换流畅。

⑥音效是音乐的一部分，必须高质量、音量适宜，并有与之相适应的动作来增强成套效果。

(2)操化内容(最高 2 分)。

成套动作中应贯穿清晰可辨的操化动作，这是竞技健美操的特色，也是成套动作的重要组成部分。操化动作使用七个基本步伐配合适当的手臂动作，以高超的身体协调性展示良好的技术和动作质量。

①健美操动作组合必须包含许多步伐和手臂动作的多样形式。

②健美操动作组合要在成套动作中均衡不断地展现。

③健美操动作组合必须展示高水准的身体协调能力。

(3)主体内容(最高 2 分)。

成套动作主体内容包括过渡、连接、托举和动力性配合以及团队协作。所有这些动作的使用都围绕提高成套的艺术价值，而且必须要以良好的技术和完成质量去展示，同时要避免出现无谓的停顿。

①成套动作的选择和安排必须表现出很好的均衡性。

②全部成套动作内容，操化动作、难度动作、过渡与连接的托举动作必须表现出多样性。

③难度与难度的连接必须表现出自然和具有创意。

④过渡动作必须是动感、灵活和流畅的，表现出三个平面(地面、站立、腾空)的连接。

⑤“世界级”的成套动作必须表现出独一无二并不乏创意的特色。

⑥混双、三人和五人成套中只需要有一次托举。

(4)空间运用(最高 2 分)。

艺术裁判将评价竞赛场地的合理运用、行进路线、三个空间维度的运用、完成成套动作的空间位置以及在成套动作中的分配情况。成套动作应均衡分布在每一空间位置。尤其是混双、三人和五人项目的位置、队形变化和距离。

①全套动作必须有效地使用比赛场地，四个角和一个中央。

②必须表现出各个方向的移动路线，即向前、向后、向侧、斜线、弧线。

③必须表现出三个平面，即地面、站立、腾空的使用。

(5)艺术表现力(最高 2 分)。

艺术性是运动员通过高水平成套动作的演绎呈现出来的。成套动作需考虑在运动性别差异的基础上通过高质量的完成来充分展示自己的能力。

①运动员必须要通过体育运动的方式把艺术和体育元素融合成极具表现力和吸引力的表演并传达给观众。

②独特的、令人深刻的成套动作必然包含一些能够提高成套艺术价值的技术细节，贯穿整个成套，运动员要有能力把包括体操动作和艺术编排演绎成一个独一无二的艺术剧目。

③运动员必须高质量地完成动作，并且通过自己的活力、热情、技巧、外貌吸引观众。

④运动员持续感染观众的能力，眼睛、面部表情与体能，非艺术或夸张的面部表情。

⑤对于混双、三人和五人项目，运动员必须突显团队协作，配合默契，整齐划一，形神一致，展示出一个团体不同于个人的优越性，并表现出个体之间的配合关系。

(6)评分标准：①优秀 2.0 分；②很好 1.8～1.9 分；③好 1.6～1.7 分；④满意 1.4～1.5 分；⑤差1.2～1.3 分；⑥不可接受 1.0～1.1 分。

3. 完成裁判

整套动作必须表现出最高的准确性且无失误。

准确性是指每个动作均有一个明确的开始和结束定位。每个动作的完成过程均要表现出完美的控制能力。在难度动作、过渡动作、起跳与落地以及较难的操化动作组合的完成过程中应保持适当的身体平衡。

以完美的技术高度准确地展现成套动作的能力。正确的形态、姿态和关节位置，身体姿态是受身体能力影响的，如主动和被动的柔韧、力量、幅度、爆发力以及肌肉耐力等。

形态反映身体位置及直观的外形，如科萨克、团身跳、直角支撑、劈腿、吸腿跳、开合跳等。

动作姿态和身体控制反映了运动员以正确的方法完成动作时保持身体姿态的方式。躯干、腰、髋的位置及稳固性和下腹肌群收缩，上体的位置、颈、肩、头的姿势与脊柱的位置关系，脚的位置与踝关节、膝关节及髋关节的关系。

(1)完成裁判评分取决于以下 6 个方面：①难度动作(难度和技巧)；②操化动作；③过渡与连接动作；④托举动作；⑤配合及团队协作；⑥一致性。

(2)评分标准和减分尺度：①小错误，每次减 0.1 分，轻微偏离完美的完成；②中错误，每次减 0.3 分，明显偏离完美的完成；③不可接受的错误，每次减 0.5 分，错误的技术，多个错误叠加，触地等；④摔倒，每次减 1.0 分，掉落或完全没有控制地跌落到地板上；⑤难度动作/技巧动作：完成裁判将对运动员比赛时难度动作完成的技术技巧进行评分，一个难度最多减 0.5 分。完成分是以扣分的形式评分，例如从 10.0 分起评，根据错误程度减分。

4. 难度裁判

难度裁判的职责是对成套动作中的难度动作进行评定，并给出运动员的难度分。难度裁判有责任辨别和确认每一难度动作是否达到最低完成标准。难度动作没有达到最低完成要求并且/或者难度动作失误，将得不到该分值。

(1)难度裁判的职责：①记录成套动作的所有难度；②计算难度动作数量并且给出分值；③进行难度减分。

(2)难度动作：A 组动力性力量动作；B 组静力性力量动作；C 组跳跃类动作；D 组平衡与柔韧类动作。

难度分值从 0.1～1.0 分不等。成套动作中不同分值的难度动作可任意选择。

(3)基本难度动作举例。

①A 组难度动作——动力性力量，即俯卧撑、文森俯卧撑、俯卧撑腾起、提臀腾起、分切、锐角支撑、反切、旋腿、托马斯、直升飞机。

②B 组难度动作——静力性力量，即分腿支撑、直角支撑、高直角支撑、锐角支撑、文森支撑、肘撑、水平支撑。

③C 组难度动作——跳与跃，即空转、自由倒地、给纳、塔玛诺、团身跳、科萨克、屈体跳、分腿跳、横劈腿跳、跨跳、交换腿跳、剪式变身跳、剪踢、水平旋、旋子。

④D 组难度动作——平衡与柔韧，即纵劈腿、横劈腿、垂直劈腿转体、转体、水平控腿立转、搬腿转体、依柳辛、高踢腿。

(4)难度动作要求。

①女单和男单项目成套动作中最多允许出现 10 个难度动作。混双、三人或五人项目中成套动作最多允许出现 9 个难度动作。

②所有项目中，成套动作中 9 个或 10 个难度动作必须源于比赛规则中的难度表，难度表任选 3 个组别，每个组别至少一个动作。

③成套动作中最多允许有三个 C 组难度动作落地成俯撑和/或劈腿。

④对于混双和三人、五人项目，完成难度动作时不能与同伴发生身体接触。所有运动员必须同时或依次，相同或不同方向完成相同的难度动作。

⑤对于五人项目，成套动作中最多允许一个难度动作，但运动员可以同时完成两个难度动作，分值较低的难度计入成套动作。

⑥难度裁判必须根据难度动作评分表用国际体操联合会速记符号记录并计算出全部难度动作的数量。

⑦计算难度分值，分值的评判根据难度动作完成的要求，达到完成动作的最低要求。

⑧对于先出现的 9 个或 10 个难度动作予以评分。

⑨允许 2 个或 3 个难度动作可以在没有任何停顿、犹豫和过渡的前提下直接组合。这 2 个或 3 个难度必须是不同根命组。若这 2 个或 3 个难度均达到了最低完成标准，会得到 0.1 分的连接加分。

⑩最多 3 个动作可以连接在一起完成(技巧动作与难度动作的连接、难度动作的连接)，超过 3 个动作的连接将会被减分，并且 2 个技巧动作的连接是不允许的，会被裁判长减分。

(5)难度减分的情形,每次减 0.1 分:①超过 9 个或 10 个难度动作;②超过 3 个 C 组难度落地成俯撑和/或劈腿动作;③难度动作的重复;④超过 3 个动作的连接(技巧动作或难度动作)。

(6)评分。

每个难度动作都有自己的分值。难度动作是由成套动作中所有难度动作连接加分相加后除以一个系数得到的结果即为最终的“难度得分”。所有减分将加在一起为总减分,总减分除以 2 的所得分即为“难度减分”。

5. 视线裁判

视线裁判坐在赛台 4 个角落的两个对角,每名裁判负责赛场的两条边,对出界错误进行评判。

标志带是比赛场地的一部分,因此触线是允许的,但身体任何部分接触标志带以外的场地将被减分。

6. 计时裁判

计时裁判负责对拖延出场/弃权、动作错误/偏差、动作中断/停止比赛的判罚。

7. 裁判长

(1)裁判长同难度裁判一样记录下整套的难度动作。

(2)对符合要求的托举动作进行评分。

(3)依据技术规程监督裁判工作。

(4)根据评分规则针对相关违规情况对总分进行减分。

(5)当完成裁判和艺术裁判出现较大的打分偏差或当难度分不能协商一致时,为保证评分的公正性,裁判长从逻辑性和打分步骤等方面审核并考虑对分数做出修改。

(6)公布成绩:艺术分、完成分与难度分相加为总分。从总分中减去难度裁判、视线裁判与裁判长减分为运动员的最后得分。

第十五章 瑜　伽

第一节　瑜伽概述

一、瑜伽的起源与发展

瑜伽在印度已经流传五千年或更久，是印度悠久智慧的结晶。瑜伽的起源最早可以追溯到印度河文明时期，至少可追溯到公元前三千年时期。五千年来，它一直是体现印度文化的一个重要组成部分，历经时代多次变迁，在各阶层流传。瑜伽在7世纪开始传入我国西藏，自12世纪开始，中国西藏成为瑜伽新的摇篮，练习者秘而不宣。19世纪以来瑜伽陆续输入世界各地，包括印度、美国。

瑜伽体系是与梵天——宇宙和谐共处的一种艺术与学问。在印度最古老文化的《吠陀经》中记录了瑜伽的起源。印度古代的伟大贤哲钵颠利在《瑜伽经》中把它系统化为一种特别的心灵境界——Darshana。在这之后瑜伽又出现过很多版本，但是，钵颠利的《瑜珈经》仍然有自己的独到卓越之处。

“瑜伽”在梵语中意义为“结合”。斯瓦米·韦委卡南达把“瑜伽”解释为“一种把自身的演变压缩为一个肉体存在的一生，或几个月，甚至几个小时”。奥罗宾多认为，“瑜伽”的意义是努力通过发展个体存在的潜在能力实现自我完美的一种方法论。这就是说，瑜伽象征某种进程，通过这种进程，人们能够学到最契合的生活方式。达到这一境界后，它就成了需要坚贞警觉和包罗生活万象的永久进程，自我和原始动因的结合一致。

在这种契合的生活方式中，辨别所有导致生病的要素和利用恰当的方法改善疾病的困扰，成了瑜伽所关注的最基本的一部分。这样，原本是一门个人精神成长科学的瑜伽同时也就成了一种生活方式和治疗科学。

与以往不同的是，今天的瑜伽是适应现代生活方式及其社会逻辑的需要，包括现代医学在内的专家正意识到瑜伽在预防疾病和促进健康方面具有一定的积极作用。

二、瑜伽的作用

(1)对肌肉系统的作用。瑜伽可以使人的肌肉放松下来，帮助舒展肌肉线条，使人的体形变得更加匀称。

(2)对神经系统的作用。对于人体的身心健康来说，没有什么比一个健康而又正常发挥功能的神经系统更重要了。瑜伽的练习不仅能帮助人保持一个健康的神经系统，还能帮助作用发挥不够正常的神经系统恢复正常功能，它的奇妙效果难以尽言。

(3)对内分泌系统的作用。瑜伽练习凭着对重要的内分泌系统(脑下垂体、松果腺、甲状腺等)产生有力的影响，防止内分泌系统工作情况失常，以保持身体健康。

(4)对呼吸系统、消化系统、脏腑系统的作用。瑜伽的练习可以增加人体的肺活量，可以使消化系统增加效力，有效调整全身各组织器官系统的功能。

(5)瑜伽的形体塑身作用。通过瑜伽的练习可调节人体的脏腑器官功能，使人的消化系统保持正常，强化人体的代谢，使人体大量消耗能量，具有减肥美体美容之功效。

三、瑜伽练习原则

了解瑜伽练习的原则、内容及注意事项，掌握项目正确练习的方法，遵循瑜伽修习原则，预防瑜伽运动损伤的产生，循序渐进地提高修习水平，做一个安全、高效瑜伽练习者。本节重点阐述瑜伽技法修炼的原则、内容及实践中运用的方法。

瑜伽技法练习原则指瑜伽修炼过程中必须遵循的一些基本要求，它反映了瑜伽修习的一般规律，是瑜伽理论的重要组成部分。它通过运用运动医学、运动训练学、教育学、心理学、体育保健等相关学科领域的理论与知识，对瑜伽实践过程、经验进行总结和概括，反映了瑜伽修习的特殊性和一般规律。

(一)循序渐进原则

瑜伽练习必须遵循人体自然发展、机体适应的基本规律，从实际情况出发，合理安排运动负荷，在渐进的基础上提高练习水平。瑜伽练习过程中，运动负荷的大小直接影响人体机能的变化，负荷是否适宜，对练习的效果影响很大。运动负荷的大小因人、因时而异。即便是同一个人，在不同的机能状态、不同的时间，人体对负荷的承受能力也不尽相同。因此，练习瑜伽应逐步调整增加运动负荷，逐步提高技法水平。如初级入门练习者，从掌控呼吸开始，选择适宜的简易体位，通过正确的练习让身心收获平衡、稳定，使每个技法对身心起到应有的效果，达到瑜伽修习的至高境界。以下五个方面有助于由易到难、由简到繁、循序渐进地达到目标。

(1)呼吸:从可察觉、未协调配合体位练习的自由呼吸开始,到自由的、依照瑜伽运动一呼一吸的、可以协调配合完成每一个动作的完全呼吸。如无系统瑜伽修习者,跳过其他习练内容直接开始冥想练习时,注意力往往无法很好地集中,随着循序渐进地练习,便可逐渐进入较好的状态并逐步达到较高的境界。

(2)体位由简到难:瑜伽的很多体位练习都可做一定的调整,以适应不同水平的习练者,防止伤害事故。从最简单的姿势开始,由单个逐渐过渡到较为复杂的体位再到串联的体位练习。瑜伽练习力戒急于求成,必须根据练习者自身的实际情况,确定练习体位的难易及运动负荷的大小,做到适可而止、量力而行,尤其是练习中的肌肉酸痛感要做到适度即可。

(3)运动量和运动强度:运动负荷应由小到大,逐步提高。由单个体位较小的量和强度的练习,再到量和强度较大的串联体式。刚开始从事瑜伽练习或中断习练后恢复习练时,强度宜小,时间不宜长,密度要适宜。注意提高人体已经适应的运动负荷,使体能保持不断增强的趋势。一般应在逐步提高"量"的基础上,再逐渐增大运动强度,使之适应、感到愉悦,其成就感可保持高涨的练习热情。同时,应随时加强自我监督,密切注意身体、机能的不良反应并及时作出调整。

(4)课程结构循序渐进:瑜伽练习者每次练习时应从静心开始→热身→体位练习,练习结束后,放松练习必不可少。

(5)练习水平循序渐进:习练基础较差或中断习练过久的人,不宜直接参加中、高难度的练习。习练者必须养成循序渐进的习惯,绝不能操之过急,否则易对身体健康造成伤害。

(二)步骤分明、缓慢有序原则

瑜伽练习中,很多习练方法都是缓慢、有序、逐步完成的,这是瑜伽练习需根据一定的规则和顺序,逐渐进入状态的基本要素之一。遵循步骤分明、缓慢有序的原则,有以下五点原因。

(1)步骤分明、缓慢有序的练习,可以最大程度地保障习练者的安全。很多瑜伽练习方法都是经过多年的研修发展至今的,一些对人体不利的因素在发展过程中被摒弃,有益于人体健康的部分得以传承。瑜伽有很多练习方法,每一种方法都需要在缓慢、有序的状态下进行,才能保障练习者的安全,因此,应严格遵循其修炼的步骤,遵循缓慢有序的原则。通常说的忙中出错,静能生智,就是这个道理。

(2)步骤分明、缓慢有序的练习,可使身体更舒展,有利于习练者达到自己身体状态的最佳水平,从而感知身体的适合度,并记忆身体机能状况,进而不断扩大肢体的活动范围、提高身体素质,使身体更健康。

(3)步骤分明、缓慢有序的练习,可使身体各系统机能更有效的得以发挥。瑜伽练习有刺激腺体、调节内分泌、激活淋巴系统、增进排毒等功能,这些功能只有通过缓慢、有序地练习,效果才会更加显著。

(4)步骤分明、缓慢有序的练习,可使习练者身体在有氧代谢环境下安全地运动,达到减脂塑形的目的。

(5)步骤分明、缓慢有序的练习,可使习练者体位、呼吸和冥想等方法融合在一起,体会瑜伽练习的真谛、境界和状态。习练过程中,特别是伸展动作必须非常缓和,只有动作缓慢、呼吸深长才能达到安全条件下平复心灵、静静聆听身体声音的效果。

(三)量力而行、适可而止原则

瑜伽练习者应根据自身身体状况、水平能力、心理状态、瑜伽理论知识和练习方法掌握的情况,正确定位,选择适合的练习内容,制订相应的练习方案。设定可行目标执行过程中,应遵照量力而行、适可而止的原则,避免损伤和意外事故发生。瑜伽练习中,容许身体在可承受范围内有轻微酸痛感,忌讳过度用力或勉强完成动作。

1. 动作幅度

瑜伽练习中,动作幅度与身体柔韧性等素质密切相关。修炼时间越长动作开度越大,也越接近标准动作。动作幅度是身体能够接受的变化范围,主要由身体先天能力和后天锻炼决定。良好的柔韧性需通过长期的伸展运动获得,勉强拉扯身体,要求动作到位,易导致韧带拉伤或关节损伤。因此,习练时需依自身的感觉,切勿强迫完成任何无法完成的动作。

2. 运动量和强度

瑜伽练习者中,总有部分急功近利的习练者,甚至老师都会因动作过量而引发身体不适。人体肢体有其一定的活动范围,这与其运动经历和水平有直接关系。所以,习练时应该充分考虑自身的柔韧、平衡和力量等素质,必须遵循量力而行、适可而止的原则,只有这样才能安全、有效、最大限度地挖掘身体潜能,开启本身的智慧。

(四)安全第一原则

瑜伽练习的首要原则是安全原则。瑜伽有很多流派,不同的流派又有不同的修习方法,诸如呼吸法、体位法、冥想法、休息法、清洁法等,练习过程中都应该注意安全,如果习练不当,呼吸系统易出问题,并造成肌肉、韧带及骨骼等的损伤。这些问题都是应该提请同学们注意的最关键的问题。瑜伽练习安全第一原则的"三关评价法":

(1)"视觉判断第一关",也称"主观判断第一关"。初学者依据现有知识技能判断某一个体位难度的高低、是否适合习练,危险的练习必须主动放弃。

(2)"身体感觉第二关",这是瑜伽练习中保证安全的一个方法。首先依据身体的感觉,选择练习时,不尝试完成不了的体位,更不强迫尝试,第一关被否定的动作不再继续尝试。

(3)"综合评价第三关",是最重要的一环。通过视觉评判、身体尝试,可反馈自身能够承受动作的最大限度,可快速综合判断某一练习安全系数的高低、是否适合继续习练、继续习练对健康是否存在安全隐患,这也是评价习练动作是否安全的标尺。练习中如果出现肌肉颤抖或抽筋应立即停止,加以按摩、放松后视情况决定继续与否。不与他人攀比,不强迫身体完成无法完成的动作,是瑜伽修习的第一重要原则。

（五）专注性原则

专注，是指瑜伽练习过程中，将全部注意力和精力集中于习练，使身体专注于某一种感觉带来的体验。瑜伽专注主要指专注呼吸、专注冥想、专注身体、专注意识练习时产生的感觉等。

（1）专注呼吸：指把注意力集中于呼吸，使人体更快静定，进入瑜伽状态。专注吸，有利于吸入更多氧气滋养身体，为习练者提供更多能量；专注呼，可呼出体内的废气体，有利于净化身体。

（2）专注冥想：将思想意识专注于一幅冥想的图画或场景中，易于达到瑜伽冥想修炼的目的。

（3）专注身体：习练时，将注意力集中于被伸展、被刺激的身体部位，感知身体产生的细微变化。如肌肉收缩、伸展、放松等身体的变化。

（4）专注意识：习练时，通过心理暗示将意识专注于呼吸、身体及凝视的物体、情景或某一空间，可创造出一种美好、舒适的意境，进入瑜伽修炼状态，如冥想、放松休息术等；同时，意识专注可使人体进入冥想空间或体会到放松的感觉。另外，瑜伽教师的专注，能带动习练者更加专注，教师的引导可使习练者意识更专注、更易渐入佳境。这种习练效果显著，能使习练者较快达到控制感官、深入定境、转识成智、依智解脱的境界。

（六）呼吸配合原则

呼吸是瑜伽练习的重要组成部分，也是习练瑜伽能否达到高效的关键。呼吸是人体内在和外在以及精神的纽带，正确的瑜伽练习不应先从体位法开始，而应先从呼吸练习开始。

部分现代人功利思想严重，习练时较易忽略内在的训练而流于表面的展现，因此体位法练习更受习练者追捧，呼吸法反被忽视。在呼吸变得正确而有规律之前，意识始终同呼吸合为一体。意识指导呼吸如何将吸入的气息充满肺部，再运送到全身各部位细胞等组织，它净化身心，引导人们找到向外延展的真实自我。它能使无限的灵性和有限的生理机能相互结合。吸气时，有意识地提起上胸部，扩大吸入量，专注于吸，体会气息进入肺部及向身体各部位运送氧气延伸扩展的感觉。在吸气过程中，习练者把自己的脑部改变为接受和分配能量流（氧气）的器官。呼气是指慢慢地、有节律地、尽可能地把体内污浊的气体（包含二氧化碳等）排出体外。呼吸气时，意识的作用在于把内在的自我同呼吸、身体结为一体。

瑜伽的每一个练习都与呼吸紧密配合，体位、冥想、调息都是紧密相联的，由习练初始时的自由呼吸到掌握瑜伽的完全呼吸，从呼吸不能配合体位练习，再到一呼一吸间协调配合完成每一个动作都应遵守与呼吸紧密配合原则。

（七）持之以恒原则

持之以恒原则是指瑜伽练习应保持常态化，成为日常生活的一部分。由于每次瑜伽练习带给肌体的刺激都会留下运动痕迹，持续不断的刺激作用于肌体得以保留累积。这种持续的累积使肌体适应，能力得到增强；但中断练习，肌体的机能便逐渐退化。因此，瑜伽练习短时间的效果并不显著，须经常不断地练习、反复地刺激、长期地积累，才能让身心有更丰厚的收获。瑜伽练习持之以恒的建议：

(1)根据个人能力及自身条件设定经过短期修炼可实现的目标，切勿设置过高。成功的愉悦有助于支撑，持之以恒。

(2)强化习练意识。习惯养成需要时间，把瑜伽练习列为日常生活的重要组成部分，定期保证一定的习练时间。

(3)和家人、朋友一起习练有助于持之以恒。

(4)好的瑜伽教师不仅能给予正确的指导，也有助于长期坚持。

瑜伽锻炼效果并非一劳永逸，习练间隔时间过长，效果就会不明显。因此，应合理安排习练间隔时间，保证肌体运动痕迹消失前进行下次练习。建议每周至少习练 2～3 次。

(八)理论结合实践原则

为了能达到正确入门、快速提高的目的，瑜伽练习中应遵循：理论(正确入门)→实践(尝试中有疑问)→理论(寻找答案)→实践(不断学习提高)→正确掌握修习方法和技能→学会编排习练体位→选择搭配适合自身的练习套路，使自己终身受益。

(九)放松原则

放松原则指瑜伽练习时须掌握的身体和心理放松原则。瑜伽放松方法可以调节心理、放松身心、消除疲劳、积聚能量，使身体放松。它有益于机体的恢复，便于更好地准确掌握练习步骤。调整时的放松、疲劳时的放松、结束时的放松都可使机体迅速消除疲劳、汇聚能量、进入人体最佳状态；心理放松，不仅有助于克服练习时的紧张状态、放松心情、减轻压力，还能为更专注地投入习练提供良好的心理状态。学会瑜伽放松和调节方法有助于习练者渐入佳境，提高修炼水平。

第二节　瑜伽基本方法

一、呼吸法

瑜伽呼吸方法有 10 多种，常用的比较简单的有“胸式呼吸”“腹式呼吸”“完全呼吸”等；还有稍复杂些的，也是程度较高的瑜伽研习者常用的“鸣声呼吸法”“语音呼吸法”“风箱式呼吸法”等。

瑜伽呼吸要注意将注意力集中到一呼一吸上，并且只由鼻腔参与呼吸；每一次吸气时，要像品尝空气一般，缓慢深长地吸入；呼气时，要像蚕吐丝一般，细而悠长；意识中要将体内废气排出；躺、跪、坐的姿势时，眼睛闭上，向内集中注意力；站立的姿势时，为了保持身体平衡，需要睁开眼睛；进行瑜伽呼吸练习，最好在每天早上或睡前10～20分钟；若以减肥为目的，时间可适当延长；采用的姿势是坐姿或卧姿，宽衣松带，双手自然放置身旁，头、颈、脊柱成一直线，全身放松；保持自然、轻松的呼吸即可。

下面是常用的呼吸方法。

1. 胸式呼吸

特点：气息的吸入局限于胸腔的区域，气息较浅，这种呼吸适宜做针对性较强的动作（如上背部和胸部的动作）。

做法：意识集中于肺部，缓缓吸气，感觉自己的肋骨向外扩张，气息充满胸腔，保持腹部的平坦；缓缓呼气放松胸腔，将气呼尽。

2. 腹式呼吸

特点：气息的吸入局限于腹部的区域，气息较深，横膈膜下降得较为充分。

做法：注意力集中于腹部，缓缓吸气，感觉腹部被气息充分膨胀，向前推出，胸腔保持不动；缓缓呼气，横膈膜上升，腹部慢慢向内瘪进。

3. 完全式呼吸

特点：提供给身体最充足的氧气，并使血液得以净化，将体内的浊气最充分地排出体外。完全式呼吸能够温和地按摩腹脏器官，促进其机能，增进体内循环，防止呼吸道的感染，更重要的是让心灵清澈而警醒。

做法：呼吸时，缓缓吸入气息，感觉到由于横膈膜下降，腹部完全鼓起。随后，肋间内肌收缩，肋骨向外扩张，肺部继续吸入氧气，胸部上提，胸腔完全扩张，到达最开的状态，吸满气后，放松胸腔，缓缓呼气。随后温和地收紧腹部，腹部向内瘪进，感觉肚脐去贴后背，尽力呼气，直到将气完全呼尽为止。

二、体位法

瑜伽姿势又叫瑜伽体位法，是将身体置于一种平稳、安静、舒适的姿势，是一种锻炼身体、强化身体，并使身体健康美丽的调身方法。

瑜伽体位法通过身体的前弯后仰、扭转侧弯、俯卧、仰卧等各种姿势，对人体脊柱、中枢神经、骨骼、肌肉、内脏器官进行全方位的刺激与按摩，再配合上自身的呼吸、消化、体液分泌物的运转循环，激活人身体的潜能，使体内的优良素质得以提升，自身的不足和缺陷得以弥补，使人的免疫力增强。此外，配合呼吸缓慢做动作的体位法，有促进血液流通的按摩效果，可从根本上使人们的身体恢复活力，从而达到强身健体、减肥塑身的功效。

瑜伽的体位法分为站立体位法、平衡体位法、跪姿体位法、蹲姿体位法、坐姿体位法以及卧姿体位法。这些体位法中又包括各种各样的不同姿势，我们将在本章第三节内容中予以详细的介绍。

瑜伽体位是可以缓慢地、舒适地、能连续完成的有氧运动，不用爆发力和反弹力，有效地避免了其他剧烈运动对身体可能产生的种种伤害，如乳酸积累、精神紧张、肌肉老化等，因此，瑜伽减肥是运动减肥方式中易于坚持且效果较好的一种。

三、冥想法

冥想就是一种克服物质欲念的方法，是在精神完全放松时给自己的一种暗示，目的在于获得内心平和与安宁。瑜伽冥想练习是将思绪停留在一个点上，固定不动，通过排空杂念，渐渐地找回自我，明晰自身，最终达到精神快乐。

通过瑜伽冥想练习，能很好地调理身心，缓解由于精神紧张和忧虑引起的疾病，改正很多有害于身心健康的不良习惯，有效预防身心疾病。

冥想法具有几种常用的坐姿，其中包括简易坐姿、雷电坐姿、至善坐姿、莲花坐姿等。其中简易坐姿主要是坐于地面，双腿自然弯曲盘起，双手轻放于膝盖上；雷电坐姿是采用跪立式，双膝并拢，大脚趾交叠，足跟、脚踝像括号一样，向左、右两边分开，背部垂直于地面，臀部坐于两脚的内侧；至善坐姿主要是单腿弯曲，脚跟抵住会阴，膝盖向外侧打开，尽量贴住地面，另一条腿也弯曲，盘起，双脚的脚跟和会阴都在一条线上；莲花坐姿是以直角坐姿准备，将右脚脚背放在左大腿根上，再将左脚背放在右大腿根上，两只脚脚心朝上，两膝向下，贴近地面，背部伸直，头部端正。

冥想的方法主要有以下几种。

1. 语音冥想

语音冥想又称曼特拉(Mantra)冥想，可以分为两部分："曼"即"心灵"；"特拉"是"引开去"的意思，即能把人的心灵从某种世俗思想、忧虑、欲念、精神负担中引开的一组特殊语音。瑜伽语音冥想现在被认为是现代最实用、最有价值的瑜伽精髓。

做法：选择一种适合自己的冥想坐姿，调整气息静坐；选择一种自己喜欢的并能完整念诵的瑜伽语音冥想，每次缓缓吸气时默念，每次缓缓呼气时出声念；念诵时，试着将心灵的注意力集中到瑜伽语音上；至少连续重复 50 次。

2. 烛光冥想

做法：将一支点燃的蜡烛置于身体前一臂距离远的地方，高度与视线同高，把注意力集中在烛焰上，1～3 分钟，眼泪会慢慢渗出。然后，闭上双眼，试着在眉心继续凝视烛焰，重复练习 5 次。

3. 睡眠冥想

做法：仰卧平躺在地上，全身放松，双眼闭合，从脚到头再从头到脚，用高度意念知觉缓慢关注全身,越慢越好,关注 5～10 次。

4. 呼吸冥想

做法:采用坐姿或卧姿,以舒适为主,观察每次呼吸,脑中没有任何思绪,观察 1～3 分钟,重复练习 5 次。

功效:经常练习能恢复元气,补充能量和体力。

5. 音乐冥想

做法:至善坐式,打开优美的音乐,闭上双眼,让身体随音乐的旋律轻盈舞动,3～5 分钟后仰卧平躺地上,在音乐声中关注全身 5～10 分钟。

功效:经常练习,可以有效改善抑郁情绪,帮助摆脱自闭。

6. 情景冥想

做法:至善坐式,打开一幅喜爱的图画,置于前方 2～3m 处,与视线同高,两眼凝视图画 1～3 分钟后仰卧平躺地上,开始关注全身 3～5 分钟。

功效:经常练习可以消除紧张和忧虑情绪,有助于升华境界。

第三节 瑜伽动作练习

一、热身练习

1. 脚趾练习

技法:在垫上练习,取坐姿,双腿直接伸在体前,双手放在臀部两侧垫上,上身向后倾,以双臂为支撑,意识到脚趾,缓慢地向前向后移动,双脚不动,重复完成 5～10 次。

2. 脚踝练习

技法:在垫上练习,保持练习脚趾的基本体位。尽量向前向后移动双脚,最大限度地弯曲踝关节,重复完成 5～10 次;双脚不离垫面,做单脚顺时针方向旋转,重复完成 5～10 次;然后转换逆时针方向旋转,重复完成 5～10 次;双脚同做,重复完成 5～10 次。

3. 膝腿练习

技法:在垫上练习,取基本坐姿,屈曲单膝,双手相握置屈膝大腿下,其小腿、脚不着垫,做小腿伸直、屈曲练习,重复完成 5～10 次;小腿做顺时针方向旋转,重复完成 5～10 次;逆时针方向旋转,重复完成 5～10 次。换脚练习方法相同。

4. 头颈练习

技法:取基本站姿(或基本坐姿),两腿自然分开,身体垂直地面,缓慢地将头颈向前、向后、向左、向右移动,身体放松,头颈呈自然下垂状态,重复完成5～10次;头颈部旋转,做圆周运动,顺、逆时针方向旋转,重复完成5～10次。

注意:动作过程平稳、舒缓,速度均匀。

5. 肩臂肘练习

技法1:取站立姿,身体直立,双脚并拢,双臂垂体侧;掌心向上,双臂向前平举,至肩高,与地面平行,保持5～10秒,弯曲双肘,至手指碰肩,以肩为轴心,肘部向前做圆周顺、逆时针方向旋转,双肘至胸前时碰触,重复完成5～10次。

技法2:取站立姿,身体直立,双脚并拢,双臂垂于体侧;掌心向上,双臂向两侧平举,至肩高,与地面平行,保持5～10秒,弯曲双肘,至手指碰肩,以肩为轴心,肘部向前做圆周顺、逆时针方向旋转,双肘至胸前时碰触,重复完成5～10次。

二、眼保健功

技法1:近距离聚集。睁大双眼,眼球向上、聚焦眉间,保持5～10秒,眼球向侧移动,聚集鼻尖,保持5～10秒。

技法2:眼侧视。眼向前直视,保持5秒;向右侧凝视保持5～10秒;向左侧凝视保持5～10秒;向前直视保持5～10秒。

技法3:眼转动。眼睑睁大,眼球做顺、逆时针方向转动,重复完成5～10次。

三、拜日式练习

技法:

(1)取站立姿,身体直立,双脚并拢,脚尖向外,双臂垂于体侧;双臂侧起,至头顶,双掌合拢,垂直于地面呈直线,双臂向下移至胸前,保持3～5秒(祈祷式)。

(2)双臂向上举过头,身体垂直于垫面,手臂向后,头眼直视手掌,带动上身向后仰,支撑脚垂直垫面,保持3～5秒(展臂式、双手上举式)。

(3)手臂向前带动,上身还原为垂直于垫面,手臂由前向下,上身向前下方屈,至手掌着垫于腿两侧,双腿直立,保持1～2秒(折椅式)。

(4)向后伸展左腿,同时屈右腿,呈弓步状,双掌着地,头上仰,尽量伸直左腿,臀部下压,保持1～2秒(骑马式)。

(5)向后伸展右腿,落至左腿旁,双腿并拢伸直,脚趾着地为支撑,身体重心后移,手臂拉直,使头、手臂、上身成直线,与腿部、垫面形成三角形,保持2～3秒(顶峰式)。

(6)重心继续后移,双腿屈曲,呈跪式,双膝并拢,脚趾向后指,臀部坐在双脚跟上,双手置于原位,上身紧贴垫面,向前匍匐前行;屈肘,双手为支撑,上身移至手臂前方,手臂置于肩下两侧，缓慢抬起头和胸部(蛇击式)。

(7)重心前移，双手为支撑，上身离开垫面，使手臂完成伸直，头尽量向上后方抬起，保持2～3 秒(眼镜蛇式)，由原路径还原到站立式，整个组合动作完成。

四、瑜伽体式练习

(一)前屈练习

1. 直角式

技法：取站立姿，身体直立，双脚并拢，双臂垂于体侧；双臂从身体两侧举起，至头上方与地面垂直，十指在头上方交叉，掌心向内，抬头目视上方，上身向前弯曲，腿与上身成 90°，至与地面平行，保持 10～30 秒，由原路径还原至基本站姿，重复完成 3～5 次。

呼吸：举臂和抬起躯干时吸气，屈身时呼气。

2. 花环式

技法：取站立姿，身体直立，双脚并拢，双臂垂于体侧；双臂向前举起，至肩高平行地面，屈膝下蹲，双腿向外侧分开，双脚跟并拢，上身向前倾，手臂从双腿内侧向后，在脚踝后方交叉，头随上身贴向垫面，头垂放垫面，保持 10～30 秒，由原路径还原至基本站姿，重复 3～5 次。

3. 仰卧锁腿式

技法：垫上练习，取基本仰卧姿势，自然仰卧垫面，双膝并拢，双腿自然放松，双手置于大腿两侧(或平放置过头)，着垫面；保持上身和手臂位置不动，左腿提膝离垫面，至胸前，双手十指交叉抱左腿，保持 5～10 秒，抬头试使鼻触膝，保持 5～10 秒，由原路径还原到基本卧姿，右侧动作相同，各侧重复完成 3～5 次。双腿同起完成 3～5 次。

呼吸：抬腿吸气，保持姿势时屏住呼吸，原路还原时呼气。

4. 单腿跪伸展式

技法：垫上练习，取基本坐姿，双腿向前伸直；双手平放膝前，左腿屈膝，左脚放在左臀旁，脚趾向后，左小腿肚与左大腿相接触，右腿伸直，上身重心前移，躯干贴向腿面，双手触脚，头部贴向腿面，保持 10～15 秒，由原路径还原到基本坐姿。右侧动作相同，方向相反。左右每边各做 3～5 次。

呼吸：双腿靠拢时吸气，身体前弯贴腿面时呼气。

5. 束角式

技法：垫上练习，取基本坐姿，双腿向前伸直；双手平放膝前，双腿屈膝，双脚相对合拢，用手抓住双脚脚趾，拉向会阴，双膝双腿外侧接触垫面，双手相握，紧握双脚。上身直立，垂直于垫面，较长时间保持此姿势，向前屈身，上身贴向腿面，头落靠在垫面上，下颚逐渐落向垫面，保持 30～60 秒，由原路径还原到基本坐姿。

6. 单腿交换伸展式

技法：在垫上练习，取基本坐姿，双腿向前伸直；双手平放膝前，举起双臂，至头上方，与垫面垂直，左腿屈膝，左脚拉向右腿内侧贴紧，拉向会阴，左膝左腿外侧接触垫面，双手握右脚。上身直立，垂直于垫面，较长时间保持此姿势，向前屈身，上身贴向腿面，头落靠在右腿面上，逐渐下颚落向右腿面，保持 10～15 秒，由原路径还原到基本坐姿。右侧动作相同，方向相反。左右每边各做 3～5 次。

呼吸：上身直立伸直双臂吸气，向前屈身呼气。

（二）后展练习

1. 眼镜蛇式

技法：垫上练习，取基本俯卧姿势，自然俯卧垫面，额头贴垫面，双膝并拢，双腿自然放松，双手置于大腿两侧（或平放置过头），着垫面；屈肘，双手掌心着垫面，置于肩下两侧，缓慢抬起头和胸部，离开垫面，使手臂完成伸直，头尽量向上后方抬起，保持姿势 15～20 秒，由原路径还原到基本卧姿。重复完成 3～5 次。

呼吸：吸气抬头，保持正常呼吸。

2. 蛇伸展式

技法：垫上练习，取基本俯卧姿势，自然俯卧垫面，额头贴垫面，双膝并拢，双腿自然放松，双手置于大腿两侧（或平放置过头），着垫面；屈肘，双手掌心向上着垫面，双臂置于背上，左手握右腕，手臂完成伸直，上身向上抬起，离开垫面，头尽量向上后方抬起，保持姿势 15～20 秒，由原路径还原到基本卧姿。重复完成 3～5 次。

呼吸：吸气抬头，保持姿势屏住呼吸，还原呼气。

3. 蛇击式

技法：垫上练习，取基本跪姿，上身向前，以双手着垫面呈支撑点，双手间距略宽于肩，与腿间距为上身长，使大腿、手臂垂直于垫面，身体重心后移，回坐呈跪式，双膝并拢，脚趾向后指，臀部坐在双脚跟上，双手置于原位，上身紧贴垫面，向前匍匐前行；屈肘，以双手为支撑，上身移至手臂前方，手臂置于肩下两侧，缓慢抬起头和胸部，离开垫面，使手臂完成伸直，头尽量向上后方抬起，保持姿势 15～20 秒，由原路径还原到基本跪姿。重复完成 3～5 次。

4. 轮式

技法：垫上练习，取基本仰卧姿势，自然仰卧垫面，双膝并拢，双腿自然放松，双手置于大腿两侧，（或平放置过头），着垫面；手臂放置过头，弯曲手臂，手指对肩部，手掌着垫面于肩部两侧，双膝弯曲，脚跟贴大腿，脚着垫面，以手掌和脚为支撑，将髋部与腹部向上升起，形成拱形，抬头眼看垫面，保持 5～10 秒；回落时先低头，使下颚贴颈部，肩部着垫面，由原路径还原到卧式。重复完成 3～5 次。

注意:不要让头碰撞垫面。

5. 狮子式

技法:垫上练习,取基本跪姿,跪坐垫面,双膝并拢,脚趾着垫面,脚跟向上,臀部坐在双脚后跟,双手置于大腿上方,手指分开,睁大眼睛,伸出舌头,发出狮子似的吼叫。重复完成3～5次。

呼吸:用口呼吸。

6. 人面狮身式

技法:垫上练习,取基本俯卧姿势,自然俯卧垫面,额头贴垫面,双膝并拢,双腿自然放松,双手置于大腿两侧(或平放置过头),着垫面;屈肘,双手掌心着垫面,置于头部两侧,做两三次呼吸,全身放松,前臂平置垫面,缓慢抬起头和胸部,离开垫面,使上臂与垫面垂直,头尽量向上后方抬起,保持姿势15～20秒,由原路径还原到基本卧姿。重复完成3～5次。

呼吸:开始做两三次呼吸,吸气抬头,呼气还原。

（三）扭转练习

1. 简化脊柱扭动式

技法:垫上练习,取基本坐姿,双腿向前伸直;双手平放垫面,略微于臀部后方,双手手指向外,上身转向左侧,右手移至左侧左手前方,右脚移至左腿外侧,脚尖向原方向,右手进一步伸,头部转向左侧向后,以扭动脊柱,保持10～15秒,由原路径还原到基本坐姿。右侧动作相同,方向相反。左右每边各做3～5次。

呼吸:头转时吸气,身体归位时呼气。

2. 腰转动式

技法:取站立姿,身体直立,双脚自然分开,双臂垂于体侧;双臂从身体两侧举起,至头上方与地面垂直,十指在头上方交叉,掌心向外,抬头目视上方,上身向前弯曲,腿与上身成90°,至与地面平行,保持5～10秒,上身向左侧平移90°,保持10～15秒,再向右侧平移180°,保持10～15秒,回至正前方,由原路径还原至基本站姿;重复完成3～5次。

呼吸:举臂和抬起躯干时吸气,屈身时呼气;向左平移时吸气,向右平移时呼气。

3. 眼镜蛇扭动式

技法:垫上练习,取基本俯卧姿势,自然俯卧垫面,额头贴垫面,双膝并拢,双腿自然放松,双手置于大腿两侧(或平放置过头),着垫面;屈肘,双手掌心着垫面,置于肩下两侧,缓慢抬起头和胸部,离开垫面,使手臂完成伸直,头转向左方双眼注视右脚脚跟,保持姿势15～20秒,再转向右方双眼注视左脚跟,由原路径还原到基本卧姿。重复完成3～5次。

（四）倒置练习

1. 倒箭式

技法:垫上练习,取基本仰卧姿势,自然仰卧垫面,双膝并拢,双腿自然放松,双手置于大腿两侧，着垫面，弯曲手臂，手掌支撑起后背，使腿部离开垫面，向空中垂直伸展，双腿伸直，保持 10～15 秒；由原路径还原到卧式。重复完成 3～5 次。

2. 犁式

技法：垫上练习，取基本仰卧姿势，自然仰卧垫面，双膝并拢，双腿自然放松，双手置于大腿两侧，着垫面，使腿部离开垫面，向头部方向平行伸展，双腿伸直，使双腿过头，脚背着垫面，双腿并拢，呈折叠状，保持 10～15 秒；由原路径还原到卧式。重复完成 3～5 次。

3. 卧角式

技法：垫上练习，取基本仰卧姿势，自然仰卧垫面，双膝并拢，双腿自然放松，双手置于大腿两侧，着垫面，使腿部离开垫面，向头部方向平行伸展，双腿伸直，使双腿过头，脚背着垫面，双腿向两侧分开，双手臂向两侧分开，在身体两侧同侧手脚相触，成 180°，保持 10～15 秒；由原路径还原到卧式。重复完成 3～5 次。

4. 下犬式

技法：垫上练习，取基本俯卧姿势，自然俯卧垫面，额头贴垫面，双膝并拢，双腿自然放松，双手置于大腿两侧（或平放置过头）；屈肘，双手掌心着垫面，置于肩下两侧，缓慢抬起头和胸部，离开垫面，使手臂完成伸直，头尽量向上后方抬起，双腿伸直，脚背为支撑，双腿离垫面，保持姿势 15～20 秒，由原路径还原到基本卧姿。重复完成 3～5 次。

呼吸：吸气抬头，后保持姿势正常呼吸。

5. 上伸腿式

技法：垫上练习，取基本仰卧姿势，自然仰卧垫面，双膝并拢，双腿自然放松，双手置于大腿两侧（或平放置过头），着垫面；保持上身和手臂位置不动，抬左腿离垫面 10°，保持 5～10 秒，继续上移，离垫面 30°，保持 5～10 秒，继续上移，离垫面 60°，保持 5～10 秒，继续上移，离垫面 90°，保持 5～10 秒，由原路径还原到基本卧姿，右侧动作相同，各侧重复 3～5 次。双腿同起，重复完成 3～5 次。

呼吸：抬腿落脚呼气，保持姿势时正常呼吸。

6. 叩首式

技法：垫上练习，取基本跪姿，跪坐垫面，双膝并拢，脚趾向后指，臀部坐在双脚跟上，双手置于大腿上方；双手置于双腿两侧，上身向前屈曲，前额着垫面，抬起臀部，头顶着垫面，小腿紧贴垫面，大腿与垫面垂直，保持 10～15 秒，由原路径还原到基本坐姿。重复完成 3～5 次。

呼吸：跪坐式吸气，呼气上身前倾。

（五）平衡练习

1. 摩天式

技法：取站立姿，身体直立，双脚并拢，双臂垂于体侧；双腕在腹前交叉，从身侧舒缓举起双臂,至双臂过头,与地面垂直,并在头上方交叉双腕,抬头保持10～15秒,由原路径还原至基本站姿;重复完成3～5次。

呼吸:举臂时吸气,放下时呼气,抬头屏住呼吸。

2. 虎式平衡

技法:垫上练习,取基本跪姿,跪坐垫面,双膝并拢,脚趾向后指,臀部坐在双脚跟上,双手置于大腿上方;上身向前,以双手着垫面呈支撑点,双手间距略宽于肩,与腿间距为上身长,使大腿、手臂垂直于垫面,抬头下沉脊柱,使背部呈下弧状,伸展左腿向后上方,保持5～10秒,垂头拱起脊柱,提膝收左腿,不着垫面,贴向胸前,保持5～10秒,重复完成3～5次,由原路径还原到基本坐姿。

呼吸:抬头吸气,垂头呼气。

3. 树式

技法:取站立姿,身体直立,双脚并拢,双臂垂于体侧;双臂侧起,至头顶双掌合拢,与地面垂直,重心转移至右侧,右脚为支撑,左脚跟提起至腹股沟和大腿上部区域,左脚尖向下贴右大腿,手至胸前合十字,手臂向上伸展至头上方,保持平衡30秒;由原路径还原到站立式。右侧动作相同,各侧重复完成3～5次。

4. 风吹树式

技法:取站立姿,身体直立,双脚并拢,双臂垂于体侧;双臂侧起,至头顶双掌合拢,十指交叉,掌心向上,与地面垂直,重心上移,双脚跟离垫面,以脚趾为支撑点直立,保持平衡30秒;由原路径还原到站立式。重复完成3～5次。

5. 战士三式

技法:取站立姿,身体直立,双脚分开,脚尖向外,间距大过肩宽,双臂垂于体侧;双臂侧起,至头顶,双掌合拢,垂直于地面成直线,保持3～5秒,重心偏向左侧,身体向左侧转动90°,左腿屈膝呈弓步,重心前移,以左腿为支撑,手臂、上身向前下方伸展,双眼直视前方,右腿膝伸直,右腿离垫面,向后直起,使手臂、上身与右腿成直线,并平行于垫面,保持平衡5～10秒,由原路径还原到站立式。右侧动作相同,方向相反。左右每边各做3～5次。

呼吸:双臂侧举时吸气,体转一侧时呼气,身体回位时吸气,收势时呼气。

(六)侧弯练习

1. 风吹树式

技法:取站立姿,身体直立,双脚并拢,双臂垂于体侧;双臂侧起,至头顶双掌合拢,十指交叉,掌心向上,与地面垂直,重心上移,双脚跟离垫面,脚趾为支撑点直立,保持平衡30秒;由原路径还原到站立式。重复完成3～5次。

2. 三角伸展式之一

技法:取站立姿,身体直立,双脚分开,脚尖向外,间距大过肩宽,双臂垂于体侧;双臂侧起，至肩高，平行于地面成直线，保持3～5秒，上身向左侧屈曲，左手触左膝，身体垂直于地面，右手臂向上移，至垂直于地面，眼向上看右手保持5～10秒，由原路径还原到站立式。右侧动作相同，方向相反。左右每边各做3～5次。

呼吸：双臂侧举时吸气，屈体一侧时呼气，身体回位时吸气，收势时呼气。

3. 三角伸展式之二

技法：取站立姿，身体直立，双脚分开，脚尖向外，间距大过肩宽，大过一式，双臂垂于体侧；双臂侧起，至肩高，平行于地面成直线，保持3～5秒，上身向左侧屈，左手触左脚，身体垂直于地面，右手臂向上移，至垂直于地面，眼向上看右手保持5～10秒，由原路径还原到站立式。右侧动作相同，方向相反。左右每边各做3～5次。

呼吸：双臂侧举时吸气，屈体一侧时呼气，身体回位时吸气，收势时呼气。

4. 坐姿侧展式之一

技法：垫上练习，取基本坐姿，双腿分开，向两侧伸展，趋向最大限度180°；双臂侧起平举，左肘弯曲下沉，上身向左侧伸展，右臂上提到头部上方，左侧腰线贴向左腿，右手贴头向左脚尖拉伸，手碰左脚大趾头，双眼平视前方，保持10～15秒，由原路径还原到基本坐姿。右侧动作相同，方向相反。左右每边各做3～5次。

呼吸：上身直立，伸直双臂吸气，向侧屈身呼气，还原时吸气。

5. 坐姿侧展式之二

技法：垫上练习，取基本坐姿，双腿分开，向两侧伸展，趋向最大限度180°；右腿向内屈曲，脚掌贴向左大腿根部，双臂侧起平举，左肘弯曲下沉，上身向左侧伸展，右臂上提到头部上方，左侧腰线贴向左腿向，右手贴头向左脚尖拉伸，手碰左脚大趾头，双眼平视前方，保持10～15秒，由原路径还原到基本坐姿。右侧动作相同，方向相反。左右每边各做3～5次。

呼吸：上身直立，伸直双臂吸气，向侧屈身呼气，还原时吸气。

6. 坐姿侧展式之三

技法：垫上练习，取基本坐姿，双腿分开，向两侧伸展，趋向最大限度180°；右腿向外屈曲，脚跟贴向右大腿外侧，双臂侧起平举，左肘弯曲下沉，上身向左侧伸展，右臂上提到头部上方，左侧腰线贴向左腿向，右手贴头向左脚尖拉伸，手碰左脚大趾头，双眼平视前方，保持10～15秒，由原路径还原到基本坐姿。右侧动作相同，方向相反。左右每边各做3～5次。

呼吸：上身直立，伸直双臂吸气，向侧屈身呼气，还原时吸气。

（七）中立伸展练习

1. 战士一式

技法：取站立姿，身体直立，双脚分开，脚尖向外，间距大过肩宽，双臂垂于体侧；双臂侧起，至头顶，双掌合拢，垂直于地面成直线，保持3～5秒，重心偏向左侧，身体向左侧转动

90°,左腿屈膝呈弓步,直视前方,右腿膝伸直,保持5～10秒,由原路径还原到站立式。右侧动作相同,方向相反。左右每边各做3～5次。

呼吸:双臂侧举时吸气,体转一侧时呼气,身体回位时吸气,收势时呼气。

2. 战士二式

技法:取站立姿,身体直立,双脚分开,脚尖向外,间距大过肩宽,双臂垂于体侧;双臂侧起,至肩高,平行于地面成直线,保持3～5秒,重心偏向左侧,左腿屈膝呈弓步,头眼向左侧转动90°,直视前方,右腿膝伸直,保持5～10秒,由原路径还原到站立式。右侧动作相同,方向相反。左右每边各做3～5次。

呼吸:双臂侧举时吸气,体转一侧时呼气,身体回位时吸气,收势时呼气。

3. 幻椅式

技法:取站立姿,身体直立,双脚并拢,双臂垂于体侧;双臂侧起,至头顶双掌合拢,与地面垂直,双膝屈曲下蹲,像坐椅子似的,上身垂直于地面,大腿尽量与地面平行,保持30秒;由原路径还原到站立式。重复完成2～3次。

呼吸:下蹲吸气,保持平稳时正常呼吸。

4. 蹲式

技法:取站立姿,身体直立,双脚自然分开,间距微大,双臂垂于体侧;双臂至腹前,双掌交叉,掌心向内,双膝屈曲下蹲,双膝分开,使双膝尽量向外伸展,身躯下降,逐渐使大腿平行于地面,上身与地面垂直,保持5～10秒,继续下降至臀部不接触地面;由原路径还原到站立式。重复完成3～5次。

呼吸:身躯下降时吸气,身躯上升时呼气。

(八)坐姿及其他练习

1. 敬礼式

技法:取站立姿,身体直立,双脚自然分开,双臂垂于体侧;双臂侧起,至头顶双掌合拢,双膝屈曲下蹲,双膝分开,双臂下移至胸前,双肘推双膝内侧;抬头伸展颈项,双眼向上看,肘向外推,使双膝尽量向外伸展,保持5秒;头回直视前方,双臂向前伸直,双掌不变,仍合拢,双膝内收,相靠拢,臂向前伸展,上身向前下方弯,低头,保持5秒;由原路径还原到站立式。重复完成5～10次。

呼吸:下蹲吸气,抬头不吸不呼,头回呼气。

2. 英雄式

技法:垫上练习,取基本跪姿,跪坐垫面,双膝并拢,双脚分开,向两侧伸展,脚趾向后指,臀部在双脚间着垫面,双手置于大腿上方。

变体一:左臂过头,向后屈曲,触摸后背,右臂由下向上屈曲,触摸后背,至左右手指相叩,上身直立,垂直于垫面,双眼平视前方,保持30～60秒,由原路径还原到基本坐姿。右侧动作相同,方向相反。左右每边各做3～5次。

变体二:双臂过头,双手在头上方交叉,掌心向上,上身直立,垂直于垫面,双眼平视前方,保持30～60秒,由原路径还原到基本坐姿。

变体三:双手触脚底板,上身前倾,前额着垫面,保持30～60秒,由原路径还原到基本坐姿。

3. 船式

技法:垫上练习,取基本仰卧姿势,自然仰卧垫面,双膝并拢,双腿自然放松,双手置于大腿两侧着垫面;双手呈握拳状,上身抬起至离垫面10°,双臂离垫面置于身体上方,与垫面尽量保持平行,抬起双腿离垫面10°,双眼平视前方,保持10～20秒,由原路径还原到基本姿势,重复完成3～5次。

呼吸:抬腿吸气,落腿呼气,保持姿势时屏住呼吸。

4. 猫伸展式

技法:垫上练习,取基本跪姿,跪坐垫面,双膝并拢,脚趾向后指,臀部坐在双脚跟上,双手置于大腿上方;上身向前,以双手着垫面呈支撑点,双手间距略宽于肩,与腿间距为上身长,使大腿、手臂垂直于垫面,抬头下沉脊柱,使背部呈下弧状,保持5～10秒,垂头拱起脊柱,保持5～10秒,重复完成3～5次,由原路径还原到基本坐姿。

呼吸:抬头吸气,垂头呼气。

5. 莲花坐

技法:垫上练习,取坐位,双腿向前伸直,弯起右小腿,置右脚于左大腿之上端,脚心朝上,弯起左小腿置左脚于右大腿之上,双手放在双膝上,头、颈、躯干保持一条直线上,垂直于地面。交换两腿位置,重复练习。

呼吸:保持自然、均匀的呼吸。

6. 至善坐

技法:垫上练习,取坐位,双腿向前伸直,弯起左小腿,置右脚于左大腿根部,脚板贴左大腿,弯起右小腿置左脚踝之上,双手放在双膝上,头、颈、躯干保持在一条直线上,垂直于地面。交换两腿位置,重复练习。

呼吸:保持自然、均匀的呼吸。

五、身体素质练习

1. 鸭行式之一

技法:蹲姿,双手放在双膝上,保持下蹲姿势,上身直立,双脚自然分开;用脚趾着垫面,向前步行,上身保持与地面垂直,保持20～30秒的行进。

2. 鸭行式之二

技法:蹲姿,双手放在双膝上,保持下蹲姿势,上身直立,双脚自然分开;用脚平板着垫面,向前步行,每前行一步,膝头触碰垫面一次,上身保持与地面垂直,保持 20～30 秒的行进。

3. 上伸腿式

技法:垫上练习,取基本仰卧姿势,自然仰卧垫面,双膝并拢,双腿自然放松,双手置于大腿两侧(或平放置过头),着垫面;保持上身和手臂位置不动,抬左腿离垫面 10°,保持 5～10 秒,继续上移,离垫面 30°,保持 5～10 秒,继续上移,离垫面 60°,保持 5～10 秒,继续上移,离垫面 90°,保持 5～10 秒,由原路径还原到基本卧姿,右侧动作相同,各侧重复 3～5 次。双腿同起,重复完成 3～5 次。

呼吸:抬腿落脚时呼气,保持姿势时正常呼吸。

4. 腿旋转式

技法:垫上练习,取基本仰卧姿势,自然仰卧垫面,双膝并拢,双腿自然放松,双手置于大腿两侧(或平放置过头),着垫面;保持上身和手臂位置不动,抬左腿离垫面 10°,保持 5～10 秒,做单腿顺、逆时针旋转,各做 3～5 次,由原路径还原到基本卧姿,右侧动作相同,各侧重复完成 3～5 次。双腿同起,重复完成 3～5 次。

呼吸:保持姿势时正常呼吸。

六、身体放松练习

1. 仰卧放松功

技法:垫上练习,取基本仰卧姿势,自然仰卧垫面,双膝并拢,双腿自然放松,双手置于大腿两侧,着垫面,闭上双眼,放松全身。让思想意识集中到自己吸气和呼气,保持几分钟。动作越慢越好。

呼吸:保持自然有节律地呼吸。

2. 俯卧放松功

技法:垫上练习,取基本俯卧姿势,俯卧垫面,双膝并拢,双腿自然放松,双手置于头部上方,着垫面,闭上双眼,放松全身。让思想意识集中到自己吸气和呼气,保持几分钟。动作越慢越好。

呼吸:保持自然有节律地呼吸。

3. 鱼戏式(鱼扑式)

技法:垫上练习,取基本仰卧姿势,自然仰卧垫面,双膝并拢,双腿自然放松,双手置于大腿两侧,着垫面,闭上双眼,放松全身。身体侧向,屈叠左腿或右腿(上腿屈,下腿直),十指交叉放在头下,着垫面的左膝尽量靠近胸部,双臂朝左转动,左肘靠近左膝,头的右侧枕在右臂的弯曲处。让思想意识集中到自己吸气和呼气，保持几分钟。动作越慢越好。

呼吸：在静态中，保持正常放松的呼吸。

4. 摇摆式

技法：垫上练习，取基本仰卧姿势，自然仰卧垫面，双膝并拢，双腿自然放松，双手置于大腿两侧（或平放置过头），着垫面；保持上身和手臂位置不动，双腿提膝离垫面，至胸前，双手十指交叉抱双腿，保持5～10秒，抬头尝试使鼻触膝，保持5～10秒，身体前后摇摆，在脊柱上滚动全身，试着使双脚蹲地。重复完成3～5次。

注意：不要让头碰撞垫面。

第四节　国家体育总局健身瑜伽竞赛规则

一、竞赛办法

（1）预赛、复赛、决赛。

（2）预赛采用淘汰制，进行规定体式和自选体式比赛。复赛采用评分制，进行规定体式和自选体式比赛。决赛采用评分制，进行自编套路比赛。

（3）比赛采用10分制，其中，体式质量分值5分；展示水平分值3分；难度分值2分。

(4)体式难度包括A级难度（第七级体式）、B级难度（第八级体式）和C级难度（第九级体式）。

（5）A组裁判员负责体式质量的评分，B组裁判员负责展示水平的评分，C组裁判员负责难度分值的评分。

（6）预赛中前16名的运动员进入复赛，复赛中前8名的运动员进入决赛。预赛、复赛成绩不带入决赛。

（7）集体项目只进行自编套路比赛。

二、竞赛分组

比赛分为社会组和院校组，其中社会组按技术水平分为专业组（专门学习健身瑜伽及从事健身瑜伽教学、训练的人群）、大众组（普通健身瑜伽练习者）。

三、竞赛项目

（1）单人项目（男单、女单）。

（2）双人项目（混双、女双）。

（3）集体项目（5～9人）。

四、比赛时间(自编套路)

(1) 单人:(120±5)秒。

(2) 双人:(180±5)秒。

(3) 集体:(180±5)秒。

五、比赛音乐

比赛必须在音乐伴奏下进行,音乐根据套路的编排自行选择。

音乐中不得有唱诵、不得有歌词、不得含有宗教色彩的内容。

六、比赛服装

1. 运动员服装

(1)贴身瑜伽服,简洁得体,美观大方,能充分展现肢体轮廓和体式细节(男运动员不可赤裸上身)。

(2)不得有宗教、迷信、广告性质的符号。

(3)佩戴组委会提供的比赛号码牌(直径 12cm)。

(4)运动员身上不得出现文身。

2. 裁判员服装

(1)男裁判员服装。

深色西装外套(左胸佩戴等级裁判员胸徽),浅色衬衫,裁判员徽章配套领带,深色正装长裤,黑色袜子,黑色正装皮鞋。

(2)女裁判员服装。

深色西装外套(左胸佩戴等级裁判员胸徽),浅色女装衬衫,裁判员徽章配套领带,深色裙子或深色正装长裤,黑色正装皮鞋。

(3)特殊情况。

特殊情况下可以穿着统一款式的休闲装,例如左胸印有专用标志的短袖衬衫或 T 恤衫。

七、比赛顺序

在竞赛委员会和裁判长的监督下,由编排记录组抽签决定比赛顺序。

八、运动员检录

运动员需在赛前 30 分钟到达指定地点报到,参加第一次检录,并接受检查服装和辅具;赛前 20 分钟进行第二次检录;赛前 10 分钟进行第三次检录。三次检录均未到,视为弃权。

九、示分

(1) 运动员的比赛结果,公开示分。

(2) A、B、C 组裁判员所示分数到小数点后两位数。

十、运动员得分

1. 应得分

(1)体式质量应得分。5 分减去体式质量的扣分,即为体式质量应得分。

(2)展示水平应得分。按照三档七级的标准给予评分,即为体式展示的应得分。

(3)难度体式应得分。A、B、C 级难度体式分值之和,即为难度体式应得分。

(4)应得分数的计算方法。应得分数计算到小数点后两位数,小数点后的第三位数不做四舍五入处理。

2. 最后得分

体式质量应得分、展示水平应得分、难度体式应得分之和减去副裁判长的其他错误扣分,即为运动员的套路最后得分。

十一、比赛礼仪

(1) 比赛开始前和结束后运动员须行合十礼。

(2) 介绍和替换裁判员时须行合十礼。

(3) 运动员不得唱诵上场、退场。

第五节　中国大学生健身瑜伽竞赛规则

一、竞赛原则

瑜伽源自印度,中国大学生健身瑜伽比赛是以传承和引领身心健康为目的,通过瑜伽体式练习,改善身体姿态、增强身体活力、培养自我认知、提升心理健康,具有健身、强体、悦心的特点和作用。它是在安全锻炼的基础上融入优美的音乐伴奏进行体式竞赛的项目。

二、比赛分组

(1)专业院校组:体育院校、舞蹈院校及普通高校的体育专业与舞蹈专业的学生或高水平运动员应参加该组别的比赛。

(2)大学组:普通高校、体育院校、高职院校的非体育专业或非舞蹈专业的学生应参加该组别的比赛。

(3) 每个组别分别设有一级、二级、三级,共三个等级。

三、比赛项目

(1) 单人:男单、女单。

(2) 双人:男双、女双、混双。

(3) 集体:4 人和 8 人,两个项目。

注:各单项参赛选手满 8 人(队)单独进行决赛:如果不满 8 人(队),则与其他双人项目合并成一个项目进行比赛。

四、竞赛办法

本办法是在参照国家体育总局社会体育指导中心、全国健身瑜伽运动推广委员会审定的在 2016 年《健身瑜伽竞赛规则及裁判法》(试行)和《健身瑜伽 108 式体位标准》的基础上,结合当前大学生体育竞赛特点而编写的中国大学生健身瑜伽项目竞赛法规。

1. 单人项目

(1)采用预、决赛制。

(2)预赛采用淘汰制,选出 8 人(队)进入决赛,决赛采用评分制。

(3)预赛内容为 5 个双人规定体式及 2 个自选体式,规定体式在大学生健身瑜伽体位标准相对应的一级至三级中抽选,决赛内容为大学生健身瑜伽单人示范套路一级、二级、三级。

2. 双人项目

(1)采用预、决赛制。

(2)预赛采用淘汰制,选出 8 人(队)进入决赛,决赛采用评分制。

(3)预赛内容为 4 个双人规定体式及 2 个自选体式,规定体式在竞赛规程中公布,自选体式可在大学生健身瑜伽体位标准的一级至三级中选择,也可选择标准外的体式内容,决赛内容为自编套路,套路中必须包含前屈、后展、平衡、扭转、倒置等多种元素,须有至少 7 组体式,成套时间为 150～180 秒。

3. 集体项目

(1)集体项目采用预、决赛一贯制。

(2)采用评分制评选出 8 队获奖运动员。

(3)竞赛内容为集体 4 人示范套路一级、二级、三级;集体 8 人(队)自编套路。

(4)技术要求为套路中须包含前屈、后展、平衡、扭转、倒置等多种元素,须有至少 3 个集体相同体式和 3 个不同体式造型展示,须有至少 3 次队形变化,成套时间为 150～180 秒。

注:各单项参赛选手满 8 人(队)单独进行决赛:如果不满 8 人(队),则与其他双人项目合并成一个项目进行比赛。

五、比赛场地与设备

(1)比赛场地:比赛场地应有一块长 16m×宽 12 m 的平整地胶或地毯,场地后方有背景板遮挡，裁判席设在比赛场地的正前方。

(2)比赛设备：至少备有 15 块专用瑜伽垫。规格：长不少于 180cm，宽不少于 70 cm，厚不少于 80mm；有专业的放音设备和明亮的灯光。

六、比赛音乐

(1)规定音乐：由裁判组提供集体 4 人示范套路(一级、二级、三级)音乐。

(2)自选音乐：由参赛学生提供，时间为 150～180 秒，于赛前按照竞赛组委会要求按时递交，做好备份。

七、奖项设置与奖励办法

1. 单项奖

各组别(专业院校组、大学组)、各级别(示范一级、示范二级、示范三级)和各项目(单人、双人、集体)决赛分别录取前 8 名，获奖的运动员均颁发证书，前 3 名颁发奖牌，集体项目冠军颁发奖杯。

2. 团体奖

凡参加单人、双人、集体 3 个项目比赛的代表队均有资格获得团体奖。根据团体总分排名，设团体前 8 名；团体总分根据各代表队在各组别比赛中的名次得分之和计分，按 8、7、6、5、4、3、2、1 的办法计算。如得分相同，以获得第 1 名的队伍名次列前，如再相同，以获得第 2 名的队伍名次列前，依此类推。获奖的团体均颁发证书，前 3 名颁发奖牌，冠军颁发奖杯。

当各项目报名人(队)数超过决赛规定人(队)数时，单人、双人项目每个代表队最多允许 2 名(队)运动员进入决赛，集体项目每个代表队最多允许 1 支队伍进入决赛。

健身瑜伽一级体式(共 38 个)(图 15-1～图 15-8)。

站立直角

增延脊柱伸展

站立前屈伸展

单腿背部伸展

锁腿

图 15-1　前屈(一级)

简易“蝗虫”式

桥式

眼镜蛇式

展臂

图 15-2　后展(一级)

简易扭脊

腰躯转动

转躯触趾

仰卧扭脊

半三角扭转

图 15-3　扭转(一级)

风吹树式

门栓式

三角伸展

图 15-4　侧弯(一级)

“幻椅”式

战士第一式

战士第二式

图 15-5　中立伸展（一级）

树式

摩天式

虎式平衡

简易侧板

手抓趾平衡

图 15-6　平衡（一级）

顶峰式

二分之一下犬式

叩首式

单脚桥式肩倒立

图 15-7　倒置（一级）

猫伸展式

虎式

上伸腿式

半舰式

骑马式

斜板式

八体投地式

大拜式

动物放松式

图 15-8 坐姿及其他(一级)

健身瑜伽二级体式(共 38 个)(图 15-9～图 15-16)。

双腿背部伸展

半英雄前屈伸展坐式

花环式

束脚式

叭喇狗式

坐角式

图 15-9 前屈(二级)

骆驼式

上犬式

蝗虫式

鱼式

图 15-10　后展(二级)

扭脊

半莲花扭转

巴拉瓦伽第一式

仰卧单腿扭脊

直角扭转式

眼镜蛇扭转

侧角扭转

图 15-11　扭转(二级)

侧角伸展

加强三角伸展

图 15-12　侧弯(二级)

简易鸽式

新月式

图 15-13　中立伸展(二级)

战士三式

舞蹈式

直立抓趾平衡

鹤禅式

趾尖式

图 15-14　平衡(二级)

肩倒立式

单脚肩倒立式

犁式

身腿结合式

卧角式

头倒立基础

图 15-15　倒置(二级)

反斜板

牛面式

侧鸽

鸳鸯式

韦湿奴休息式

秋千式

图 15-16　坐姿及其他(二级)

健身瑜伽三级体式(共 38 个)(图 15-17～图 15-24)。

半莲花背部伸展

圣哲玛里琪一式

双角式

加强侧伸展

龟式

站立半莲花前屈伸展式

圣哲玛里琪三式

图 15-17　前屈(三级)

轮式

单手鸽王式

双手鸽王式

全眼镜蛇式

全莲花鱼式

弓式

图 15-18　后展（三级）

加强扭脊

三角扭转

加强侧角扭转

巴拉瓦伽第二式

图 15-19　扭转（三级）

加强侧角伸展

坐角侧伸展式

扭头触膝式

图 15-20　侧弯（三级）

神猴(哈奴曼)式

直角式

单脚鸽王第四式

图 15-21　中立伸展(三级)

半月式

八曲式

单脚格拉威亚

双手蛇

单脚站立腿平衡

单脚脊柱前屈伸展

侧斜板单脚伸展

站立锁腿

图 15-22　平衡(三级)

头肘倒立

头手倒立

全莲花肩倒立

图 15-23　倒置(三级)

毗湿奴式

卧英雄式

拉弓式

闭莲式

图 15-24 坐姿及其他(三级)

第十六章 体育舞蹈

第一节 体育舞蹈概述

一、体育舞蹈的起源与发展

体育舞蹈又称交谊舞，是集音乐、服装、舞蹈、风度、体态于一体，以身体运动的舞蹈化为基本内容，以男女双人或集体配合练习为主要运动形式的一项体育休闲运动项目及竞技项目，包括现代舞、拉丁舞和团体舞。

体育舞蹈的发展经历了原始舞蹈→公众舞→民间舞→宫廷舞→社交舞→国际标准交谊舞→现代国际标准舞等发展历程。体育舞蹈的前身是社交舞，也称交际舞或交谊舞。

社交舞，亦称舞厅舞或舞会舞，起源于西方。早在十四世纪，在意大利出现，十六世纪末传入法国。法国大革命以后，社交舞流传于欧美各国，成为一种普遍的社交方式。1924 年英国皇家教师学会和国际舞蹈教师协会汇集各国著名教师和专家将各种社交舞中最优秀的舞姿、舞步、技法进行了规范，统一了标准，成为当时的国际标准舞。

第二次世界大战后，英国皇家教师学会和国际舞蹈教师协会又整理了拉丁舞蹈，并纳入国际舞范畴。至此，国际标准交谊舞成为包括现代舞系列和拉丁舞系列两大类共 10 个舞种的舞蹈。国际标准舞的典雅风格和优美舞姿引起了社会各阶层的极大兴趣，掀起了世界性的国标舞热潮。国际标准舞的普及又加速推动了国际舞竞赛的开展。1947 年柏林举行了首届世界交际舞锦标赛。1960 年，拉丁舞正式被列入世界锦标赛比赛项目。为使国标舞 10 个舞种的风格特点得到更为鲜明的体现，1964 年，国标舞又增加了新的表演和比赛项目——团体舞。这 3 种崭新的交际舞——现代舞、拉丁舞、团体舞，被称为“现代国际标准舞”。

进入20世纪80年代后，国际标准舞的规则越来越严格，标准越来越统一，其竞技性也越来越强，因此很多国家将它纳入体育的竞技范畴，人们又赋予了它一个新的名称：体育舞蹈。1995年4月，国际奥委会正式将体育舞蹈列为奥运会“观察项目”。2000年悉尼奥运会上体育舞蹈被列为闭幕式表演项目之一。

体育舞蹈是在20世纪初期，首先以交际舞的形式传入我国，当时只在上海、北京、天津、南京、广州等大城市中开展。20世纪80年代以后，体育舞蹈在中国迅速发展。1986年，中国国际标准舞学会成立，举办了全国第一届国际标准舞会演，并且每年举办一届。1989年，中国国际标准舞总会成立，20世纪90年代后该组织改名为中国国际标准舞协会。作为大众性体育活动，体育舞蹈以它自身的魅力和锻炼的效果，逐渐被人们广泛认识和接受。1991年5月成立的中国体育舞蹈运动协会，制定了竞赛规划(草案)，培训了大批体育舞蹈骨干，并考核了大批体育舞蹈教师和裁判。

近年来，在国务院发布实施的《全民健身计划纲要》引领下更是将体育舞蹈列为推广项目之一。在“终身体育”及“健康第一”的思想指引下，体育舞蹈作为形体美与音乐美的结合，符合大学生对美的追求和陶冶情操、锻炼身体的身心发展需求。时至今日，体育舞蹈已走进大学体育课堂，成为大学体育教育和业余活动的一道风景线。

二、体育舞蹈的锻炼价值

(一)体育舞蹈的健身价值

体育舞蹈在运动过程中，可以使人的力量、速度、柔韧性等指标发生变化，协调性、平衡性等能力也有所改变，同时使人的生理和心理状态也发生变化。有资料表明，在3分钟左右的斗牛舞的比赛中，男女运动员的心率平均会上升到130～170次/分钟。因此，适当的体育舞蹈运动，可以改变人体的形体，改善人的生理功能和心理功能。所以人们在选择健身运动项目时会比较倾向体育舞蹈。经常参加体育舞蹈活动，并进行形体训练，可以对人的形体进行“生物学”改造，使体形符合一定的健美标准。例如，男子体格魁梧、四肢结实有力，显示出阳刚之美；女子则身材苗条、柔软，细小的腰围，丰满的胸围，结实上提的臀部，修长的四肢，曲线优美、婀娜多姿，显示出阴柔之美，所以现在社会生活中，年轻人更喜欢在健身俱乐部进行体育舞蹈运动。

(二)体育舞蹈的社交娱乐价值

体育舞蹈从发展初期到现在，它的社交价值就一直在延续。从古代宫廷贵族交往，到现代人的交际手段，体育舞蹈都起到重要的作用。体育舞蹈是人们交流思想、抒发情感、消除障碍、进行相互沟通的最好形式之一，它与人们现实生活有着密切的联系，良好的情感交流并互相受到感染，甚至使人产生相互依恋的情感，也可以通过优美的舞蹈韵律，增进友谊，丰富生活，因此体育舞蹈的社交娱乐价值十分显著。

第二节　体育舞蹈基本技术动作

一、摩登舞的基本技术

(一)男士身体基本姿势

身体垂直于地面站立，挺胸立腰，收腹微提臀，肩部自然放松，头部与身体方向保持一致，面稍向左转，两脚并拢，膝关节放松，重心落于两脚内沿。

(二)女士身体基本姿势

身体垂直于地面站立，挺胸立腰，收腹微提臀，上体稍微向左向后倾斜，头向左转约为45°，两脚并拢，膝关节放松，重心落于两脚内沿。

(三)摩登舞的基本技术动作

1. 男女舞伴架型中身体的接触点

(1)男伴左手轻握女伴的右手，男伴的左手拇指与中指稍用力，女伴用中指稍用力。

(2)男女双方身体的垂直中心线与身体右边线之间的垂直中间线的腰部部分相重叠接触。

(3)男伴右手掌轻托女伴的左肩胛骨下，手掌平伸。

(4)女伴左手虎口张开，放在男伴右上臂三角肌下部，拇指在内侧，其他四指在外侧。

(5)女伴的左腕部与小臂平放于男伴右臂的上沿，不可使腕关节突起。

2. 上升和下降

上升是指用脚踝关节上顶，脚后跟离地，将膝关节自然伸直，整个身体向上扩张；下降是指支撑脚从脚掌到脚跟的放低，且在做下一步动作时膝盖会接着放松。

从以上表述不难看出，完成升降技术不仅要涉及掌指、踝和膝关节伸屈，同时还要求身体(躯干和颈部)向上伸展。除探戈外，各种舞步都有身体上升和下降的变化，只是升降程度和要求不一样。一般来说，起步身体必然稍降，并步身体必然稍升。起步时屈膝，并步后提踵，这样身体才有明显的升降变化。良好的升降动作必须控制好身体的力度和速度，能够在升降动作的转换中，把握住身体的重心，从而跳好各种变型节奏的花样步，表现出最美的形体线条。

3. 摇、摆、转

要跳好有升降动作的舞种，使身体动作线条有流动感，并保持重心移动时的稳定性，就需要在升降动作的转换中，使身体摇摆起来。

摇：指在身体下降向前滑动时，像摇椅一样，上身重心前倾，与前进腿部的膝盖成为垂直线，使男女相接触的上腹部和胸下部这个点与两膝成为垂直三角线，即一点两线，发力腿像滑冰一样，将身体送出去，保持发力腿的延伸，拉出线条。

要展现出较好的身体线条，需要有腿长在腋下的感觉。与此相反，探戈无须升降，前进时也不存在重心前倾似摇椅式的移动，而是身体的重心留在发力腿上，当前进时，只需迈出腿，而身体是拖在后面的。两者相比较，就可以区分出身体在移动时重心的不同。

摆：指在身体上升做斜向或横向移动时，像钟摆类似的把身体摆动起来。

如在做一个华尔兹右转的第二步时，在第二步升起来时，发力腿把身体横向用力送出，将左面身体的线条拉起，在反身动作的作用下，优美的姿势就会展示出来。在摆动动作做出来之后，身体右倾斜的形态也会自然地形成。依此类推，凡有斜向或横向上升的动作，基本都有摆动动作。

转：转的动作很多，如左转、右转、旋转、撇转、轴转等。摩登舞的所有动作大都是在转动中完成的。

转可以表现身体的流动性及速度。为了转得好，转出质量来，须把握一些动作要领。人体在转动动作中首先是掌握平衡和力点，尤其是做有速度要求的转动时，如旋转、撇转，经常是在一拍或半拍中完成它。如右旋转的第一步，要在一拍的节奏里，做右旋转 1/2 圈；左转并退最后的撇转只用半拍做完这个动作。由于速度快，动作中的离心力作用，足部的支撑点和身体平衡作用就显现出来了。由此可以看出，上身的转动必须保持完整的整体感，就是要使胯、肩、头，向着同一个方向转动，像一块木板似的整体转动，这样才能收缩身体体积减小阻力，而立点尽量集中，速度就快了。当这种力在男女动作的互相作用下产生的离心力把对方的阻力化减了，比自己单独转动更轻快。用这种方法做连续左、右撇转（双飞）会很轻松。做轴转时，无论是足跟为轴还是以足尖或足掌作轴，立足点、肩的引导和胯的转动都要准确。

4. 反身动作

反身动作指一脚前进或后退时，异侧肩或髋后让或前送，使身体与舞步形成反向配合的身体动作。反身动作是一种便于引导旋转身体的动作。不论在前进或后退中，身体的另一侧向移动足方向移动，此动作在左、右轴转步表现很强烈。

摩登舞步始终都是在转动中前进或后退的，因此，肩的转动始终不停，就是在足部做直进或直退时，肩也是在转动着的。如跳华尔兹的右转第一步直进的同时，由左肩引导的向前的向右的转动也开始了，这就是反身动作。因进行第二步时，身体就要向右转动 1/4 圈，只有在第一步做了反身动作，第二步的转动线条也才能接上，第三步继续上升的线条也会一气呵成。另外,此动作能保持身体的平衡。当两足成为一条直线时,肩也要保持与足同样的一条直线。这样就能很好地保持重心的稳定和身体的平衡。

反身动作位置:它和反身动作的不同之处在于"位置"这两个字上,反身动作是个动作过程,瞬间消失了,而反身动作位置是形态动作,是个滞留动态,是把反身动作的运动原理拿来,使它静止在一定位置上,这个动作就叫反身动作位置。

5. 倾斜

倾斜是指身体不弯曲地向某一特定的方向出现纵轴偏离垂直轴的状态。这是一种极富魅力的技术性手段,应用得当会使舞姿表现出优美的变化。人体大幅度向前流动、旋转和造型动作,一般都离不开倾斜技术。

倾斜的形态是由身体的摆动,以及在升降动作、摇和转、反身动作的作用下自然形成的。当摆动的时候,由于胯部为中心向斜上方摆动,以及一边身体线条的拉起,肩就拖在后面,倾斜就自然出现了。这种倾斜姿势在跳维也纳华尔兹右转前进步时较明显,跳华尔兹时也经常出现。

6. 并行位置

当男士的右侧与女士的左侧身体相接触时,身体另一侧略向外展开呈"V"字形站立或行进的身体位置,通常称"PP"位。

二、拉丁舞的基本技术

(一)闭式舞姿(图 16-1)

闭式舞姿见图 16-1。

1. 男士舞步

(1)右脚全脚着地,支撑重心。

(2)左脚左横,两脚间距基本与肩同宽,伸直膝关节、屈趾,大脚趾的内侧着地成旁点步(或双脚并立)。

(3)头正直、两肩放松、挺胸、立腰、收腹、横膈肌内收。

(4)身体有挺拔上立感。

图 16-1 闭式舞姿

2. 女士舞步

(1)左脚全脚着地,支撑重心。

(2)右脚右横,两脚间距基本与肩宽。伸直膝关节、屈趾,大脚趾的内侧着地成旁点步(或双脚并立)。

(3)头正直、两肩放松、挺胸、立腰、收腹、横膈肌内收。

(4)身体有挺拔上立感。

3. 握持

两人身距约 15cm，女士站立在男士右侧，重心可在任意一只脚上。

男士右手五指并拢置于女伴背后左肩胛骨下缘（或男士右手虎口打开置于女伴左上臂三角肌下端），手臂成柔和曲线，肘部大约在胸的水平位置；左手上半部手臂抬起，手腕伸直，大约在鼻子高度。

女士左手虎口打开，搭在男士右上臂三角肌下端；右臂上举，屈肘。小臂与大臂成 90°，手心朝前，虎口打开，四指并拢，置于男士左手大拇指和食指中间扣手握持。

（二）开式相对舞姿

开式相对舞姿（图 16-2）是舞伴双方采取的单手握持，无扶抱的面对站位，它的派生舞姿是开式舞姿，其要求如下：

男、女士面对站立，两人间距约为两人小臂的长度之和；双方大臂自然下垂，小臂在腰前伸出，屈肘；手的相握可以为男士左手握女士右手、男士右手握女士左手、男士左手握女士左手，男士右手握女士右手；重心可在任意一只脚上，握的那只手向前握住，微微缩回，在胸骨以下的水平位置，空着的那只手向侧微微缩回，从肩部起成一条柔和的曲线。

图 16-2　开式相对舞姿

（三）扇位

这个姿态用在伦巴和恰恰中，女士在男士的左侧约一臂距离处，完成向后走步后，女士的左脚支撑着全部重心，男士的右脚向侧微向前，支撑着全部重心。男士的左手手心向上，女士的右手手心向下，男士左手的大拇指握于女士手背上，男士的左手向侧在肩以下水平微微缩回，女士的右手在肩以下向前微微缩回，展示出一条柔和的曲线。

（四）拉丁交叉步

在拉丁舞中，当一条腿交叉在另一条腿之前或之后，做成的姿态叫作拉丁交叉步。

当右脚交叉在左脚之后，双膝弯曲，臀部拉平，左脚脚尖转向外，右膝弯曲在左膝后面，根据从膝到脚的长度和踝关节的伸张，右脚尖距左脚跟的距离大概为 15cm。在拉丁交叉中，右脚在左脚后面称为“右脚在左脚后交叉”；左脚在右脚后面交叉时，称为“左脚在右脚后交叉”。

(五)胯部的律动

拉丁舞中胯部的律动都是靠腰部来带动。胯部做律动时,腰部要放松,上体保持正直,两臂在体侧自然摆动。伦巴舞、恰恰舞胯部的动作要平稳;桑巴舞的胯部律动与其他舞区别较大,胯部的摆动是绕横轴环行绕摆,整个身体的律动也以胯部和腹部的环行前后绕动而摆动,律动中要求身体自然放松,膝关节、踝关节保持弹性以增强身体的协调性;牛仔舞在做胯部运动时,上部身体与胯部的摆动保持一致;斗牛舞的胯部律动幅度是拉丁舞中最小的,随着舞步的移动,胯部与上部身体同时摆动。

三、体育舞蹈主要舞种的跳法

(一)慢华尔兹

慢华尔兹也称慢三步舞,音乐节奏为3/4拍,每分钟28～32小节,每小节3拍,每拍一步,基本节奏为慢快快(SQQ),强弱弱,或蓬嚓嚓。

步法的运用:上步时(前进时)脚跟先着地,后退时脚掌先着地,运步起伏流畅,如同海浪。华尔兹的闭式舞姿,其风格是典雅大方,回旋起伏,且动作舒展流畅,柔和优美,素有"舞中皇后"之美称。

1. 前进后退步

(1)(蓬)男左脚向前进一大步(跟掌);女右脚后退一大步(掌跟)。

(2)(嚓)男右脚前进一步(掌);女左脚后退一步(掌)。

(3)(嚓)男左脚前进(掌);女右脚后退(掌)。

(4)(蓬)男右脚后退一大步(掌跟);女左脚前进一大步(跟掌)。

(5)(嚓)男左脚后退一步,女右脚前进一步。

(6)(嚓)男右脚向左脚并步,女左脚向右并步。

2. 1/4 左转步(左转 90°)

(1)(蓬)男左脚向前进一步,脚尖左转同时身体左转90°(跟掌);女右脚向后退一步,脚跟右转,同时身体向左转90°(掌根)。

(2)(嚓)男右脚前进一步,脚尖左转;女左脚向后退一步。

(3)(嚓)男左脚并右脚,女右脚并左脚。

(4)(蓬)男右脚后退一步,脚跟右转,同时身体向左转90°;女左脚向前一步转,同时身体向左转90°。

(5)(嚓)男左脚后退一步,女右脚前进一步。

(6)(嚓)男右脚向左脚并步,女左脚向右脚并步。

3. 1/4 右转步(右转 90°)

(1)(蓬)男右脚向前进一步,脚尖右转,同时身体右转90°(跟掌);女左脚向后退一步,脚跟左转，同时身体向右转 90°（掌根）。

（2）（嚓）男左脚前进一步，脚尖右转；女右脚向后退一步。

（3）（嚓）男右脚并左脚，女左脚并右脚。

（4）（蓬）男左脚后退一步，脚跟左转，同时身体向右转 90°；女右脚向前一步，脚尖右转，同时身体向右转 90°。

（5）（嚓）男右脚后退一步，女左脚前进一步。

（6）（嚓）男左脚向右脚并步，女右脚向左脚并步。

4. 左转 180°

（1）（蓬）男左脚向前进步，进步时迈向女伴两脚之间，同时身体向左转 45°；女右脚向后退步，同时身体向左转 45°。

（2）（嚓）男右脚向左脚前进一步，并靠近左脚，同时身体继续向左转 90°；女左脚向右脚退步，同时身体继续左转 90°。

（3）（嚓）男左脚向右脚并步提踵，继续左转 45°；女右脚向左脚并步提踵，继续向左转 90°。

（4）（蓬）男右脚向右后方退步，同时身体向左转 45°；女左脚向左前进一步，同时身体向左转 45°。

（5）（嚓）男左脚向右脚后退步，并靠近右脚，同时身体向左转 90°；女右脚向左脚前进步，同时身体向左转 45°。

（6）（嚓）男右脚并左脚同时转动 45°提踵；女左脚并右脚并转动 45°提踵。

5. 进步

（1）（蓬）男左脚向斜前方进一步同时转动 45°；女右脚向斜后方退一步同时转动 45°。

（2）（嚓）男右脚沿左脚方向前进一步，女左脚沿右脚方向后退一步。

（3）（嚓）男以右脚为轴向左转动 90°，同时左脚前进一步；女以左脚为轴向右转动 90°，同时右脚后退一步。

（4）（蓬）男右脚向前进一步，女左脚向后退一步。

（5）（嚓）男左脚向前进一步，女右脚向后退一步。

（6）（嚓）男以左脚为轴向右转动 90°，同时右脚前进一步，女以右脚为轴向左转动 90°，同时左脚后退一步。

6. 埽形步

（1）（蓬）男左脚前进一步，女右脚后退一步。

（2）（嚓）男右脚前进一步，女左脚后退一步。

（3）（嚓）男左脚向右脚后交叉一步，同时双脚提踵立；女右脚以左脚为轴向右绕摆，同时身体向右转 180°（至男伴右侧），右脚在左脚后交叉着地提踵立。

7. 追步

（1）（蓬）男右脚前进一步，女左脚后退一步。

(2)(嚓)男左脚前进一步,右脚再向左脚前进半步,前脚掌着地;女右脚后退,脚尖左转,同时身体向左转 180°,左脚后退半步,前脚掌着地。

(3)(嚓)男以右脚为轴向左转动 90°,同时左脚前进一步;女以左脚为轴向右转动 90°,同时右脚向后退一步。

8. 锁步

(1)(蓬)男左脚向左后方退一步,全脚掌着地;女右脚向右前方进一步,全脚掌着地。

(2)(嚓)男(前半拍)右脚向后再退一步,前脚掌着地,重心升起,(后半拍)左脚后退至右脚前锁步,前脚掌着地,双脚立踵;女(前半拍)左脚前进一步,前脚掌着地,(后半拍)右脚在左脚后跟半步,前脚掌着地,双脚立踵。

(3)(嚓)男右脚向右后侧出一步,女左脚向左前侧出一步。

9. 倒体下腰造型

(1)(蓬)男左脚向右侧出一步,屈膝成左弓步;女右脚向右侧出一步,脚跟右转,屈膝。

(2)(嚓)男左手握女伴右手至左侧上,同时身体向左转 45°,右手扶托女伴背部;女上部身体稍后仰,重心移至右脚,左脚经侧向左右滑移,挺胸下腰,同时上部身体向左转 45°,眼视左下方。

(3)(嚓)男女造型停留。

动作要点:男伴左腿与女伴右腿相靠,女伴上体稍后倒外转,挺胸下腰,左腿同时经侧向后划弧。

(二)中三步舞

中三步舞的舞姿、节拍、旋律以及基本步等均同于慢三步舞,是介于慢三步和快三步之间的舞蹈。其节奏中速,每分钟约 48 小节,运步轻松活泼,舒展流畅,便于学习和掌握。

(三)快华尔兹

快华尔兹(也称快三步舞),在国际标准舞中称为维也纳华尔兹。快华尔兹音乐优雅动人,节奏轻盈活泼,速度多较快。快华尔兹舞曲(也称圆舞曲),它的节奏类型同华尔兹一样,都是 3/4 拍,节奏为强弱弱。重拍在第一小节第一拍上。速度每分钟 60～64 小节。

舞步特点:节奏清晰,起伏流畅,活泼轻快,以旋转为主,每小节的第一拍步幅要稍大。但就整个舞蹈风格来讲,还是要文雅、平稳、流畅,好似在溜冰场上旋转,上身和胯部要求相对稳定,千万不能扭动,以保持华尔兹高雅庄重的风格。

音乐节拍与舞步的关系有三种:3 拍跳 1 步,3 拍跳 2 步,3 拍跳 3 步。

1. 前进舞步(3 拍 3 步)

(1)(蓬)男左脚前进一步,女右脚后退一步。

(2)(嚓)男右脚前进一步,女左脚后退一步。

(3)(嚓)男左脚前进一步,女右脚后退一步。

(4)(蓬)男右脚向前一步,女左脚向后一步。

(5)(嚓)男左脚前进一步,女右脚后退一步。

(6)(嚓)男右脚前进一步,女左脚后退一步。

2. 原地荡步(3 拍 1 步)

(1)(蓬嚓嚓)男左脚向前,右脚跟进小步,脚掌撑地,身体重心向前;女右脚向后,左脚后移小步,脚掌撑地,身体重心向后。

(2)(蓬嚓嚓)男右脚向后,左脚后移小步,脚掌撑地,身体重心向后;女左脚向前,右脚跟进小步,脚掌撑地,身体重心向前。

3. 左转 1/4(3 拍 3 步)

(1)(蓬)男左脚向前进步,进步时插向女伴两脚之间,同时身体向左转 45°;女右脚向后退步,同时身体向左转 45°。

(2)(嚓)男右脚向左脚前进一步,并靠近左脚,同时身体继续向左转 90°;女左脚向右脚退步,同时身体继续左转 90°。

(3)(嚓)男左脚向右脚并步提踵,继续左转 45°;女右脚向左脚并步提踵,继续向左 90°。

(4)(蓬)男右脚向右后方退步,同时身体向左转 45°;女左脚向左前进一步,同时身体向左转 45°。

(5)(嚓)男左脚向右脚后退步,并靠近右脚,同时身体向左转 90°;女右脚向左脚前进一步,同时身体向左转 45°。

(6)(嚓)男右脚并左脚同时转动 45°提踵,女左脚并右脚并转动 45°提踵。

4. 右转 1/4(3 拍 3 步)

(1)(蓬)男左脚向左后退一步,脚跟稍外转,同时身体向右转 45°;女右脚向右前方进一步,插在男伴两脚之间,同时身体向右转 45°。

(2)(嚓)男右脚向右侧退步,同时身体继续向右转 90°;女左脚向左前方前进,同时身体继续右转 90°。

(3)(嚓)男左脚向右脚并步提踵,继续左转 45°;女右脚向左脚并步提踵,继续向左转 45°。

(4)(蓬)男右脚向右前方进一步,脚插向女伴两脚中间,脚尖稍外转,同时身体向右转 45°;女左脚向左后方退一步,同时身体向右转 45°。

(5)(嚓)男左脚向右脚前进一步,同时身体继续向右转 90°;女右脚向左脚后退一步,同时身体继续向右转 90°。

(6)(嚓)男右脚并左脚同时转动 45°提踵,女左脚并右脚并转动 45°提踵。

5. 前进变换步(3 拍 3 步)

用于衔接左旋转。

(1)(蓬)男右脚前进一步,女左脚后退一步。

(2)(嚓)男左脚向左前方进一步,女右脚向右后方退一步。

(3)(嚓)男右脚向左脚并步,同时身体稍向左转动;女左脚向右脚并步,同时身体稍向左转动。

6. 后退变换步

后退变换步用于衔接右旋转。

(1)(蓬)男右脚后退一步,女左脚前进一步。

(2)(嚓)男左脚向左后方退一步,女右脚向右前方进一步。

(3)(嚓)男右脚向左脚并步,同时身体稍向右转动;女左脚向右脚并步,同时身体稍向右转动。

(四)慢四步舞

慢四步舞也称布鲁斯,是根据布鲁斯乐曲(Blues)而得名的。慢四步舞起源于美洲黑人地区,其乐曲是在美国南部黑人一种叫 Blues 的抒情曲基础上发展起来的。

慢四步舞由于速度缓慢,节奏鲜明,舞步简练,很适合于初学交谊舞的人。音乐节奏 4/4 拍,第 1 拍是重音,第 3 拍是次重音;舞曲速度每分钟 25 小节,节奏为慢(S),慢(S),快(Q)快(Q)。慢步占 2 拍,快步占 1 拍,一个完整的慢四步舞要六拍音乐完成。

1. 前进后退步

(1)S:男左脚前进一步,右脚跟进在左脚稍后,并脚尖点地;女右脚向后退一步,左脚后退至右脚前,并脚尖点地。

(2)S:男右脚后退一步,左脚后退至右脚前,并脚尖点地;女左脚前进一步,右脚跟进至左脚稍后,并脚尖点地。

(3)Q:男左脚前进一小步,女右脚后退一小步。

(4)Q:男右脚前进一小步,女左脚后退一小步。

2. 前进并步

(1)S:男左脚前进,女右脚后退。

(2)S:男右脚前进,女左脚后退。

(3)Q:男左脚向前,女右脚后退。

(4)Q:男右脚并步,女左脚并步。

3. 后退并步

(1)S:男左脚向后,女右脚向前。

(2)S:男右脚向后,女左脚向前。

(3)Q:男左脚再后退一步,女右脚再向前一步。

(4)Q:男右脚后退至左脚并步,女左脚前进至右脚并步。

4. 斜向进步

(1)S:男左脚向左前方进一步,同时身体左转 45°,右脚跟进在左脚后,脚尖点地;女右脚向后退一步的同时身体向左转 45°,左脚随后退至右脚稍前,脚尖点地。

(2)S:男左脚前进一步,左脚跟进至右脚后,脚尖点地;女右脚向后退一步,右脚后退至左脚前,脚尖点地。

(3)Q:男左脚前进一小步,女右脚后退一小步。

(4)Q:男右脚并左脚,女左脚并右脚。

5. 右侧行交叉步

(1)Q:男左脚向右前方进一步,同时身体向右转 45°;女右脚向左脚左后方退一步,同时身体向右转 45°。

(2)Q:男右脚向右侧一步,同时身体左转 45°;女左脚向左侧进一步,身体向左转 45°。

(3)Q:男左脚向右后方交叉退一步,同时身体向左转 45°;女右脚向左脚前交叉进一步,身体向左转 45°。

(4)Q:男右脚向右侧进一步,同时身体向右转 45°;女左脚向左侧退一步,身体向右转 45°。

6. 1/4 转

闭式舞姿:男女闭式,男面向壁斜线。

(1)S:男左脚前进一步,女右脚后退一步。

(2)S:男右脚前进一步,女左脚后退一步。

(3)Q:男左脚向左侧迈一步,脚掌着地,脚跟外转,身体向右转 90°;女右脚向右侧迈一步,脚掌着地,同时身体右转 90°。

(4)Q:男右脚向左脚并步,女左脚向右脚并步。

(5)S:男左脚后退一步,女右脚前进一步。

(6)S:男右脚后退一步,女左脚前进一步。

(7)Q:男左脚向左侧迈一步,脚掌着地,同时身体左转 90°;女右脚向右侧迈一步,脚掌着地,同时身体左转 90°。

(8)Q:男右脚向左脚并步,女左脚向右脚并步。

7. 前进右转 180°

(1)S:男左脚向前进一步,同时身体右转 45°;女右脚向后退一步,同时身体右转 45°。

(2)S:男右脚前进一步,脚尖右转,身体继续右转 45°;女左脚后退一步,脚跟左转,同时身体向右转 45°。

(3)Q:男左脚进步,脚尖右转,同时身体向右转 90°;女右脚退步,脚尖右转,同时身体向右转 90°。

(4)Q:男右脚并左脚,女左脚并右脚。

8. 后退左转 180°

(1)S:男左脚向后一步,同时身体左转 45°;女右脚向前一步,同时身体左转 45°。

(2)S:男右脚向后退一步,脚跟右转,身体继续左转 45°;女左脚向前一步,脚尖左转,身体继续向左转 45°。

(3)Q:男左脚向左转进一步,脚跟右转,同时身体向左转 90°;女右脚后退一步,脚尖左转,同时身体向左转 90°。

(4)Q:男右脚并左脚,女左脚并右脚。

9. 踌躇步

(1)S:左脚前进一小步,女右脚后退一小步。

(2)S:右脚原地不动,重心移向右腿;女左脚不动,重心移向左腿。

(3)Q:男左脚稍向前进半步,女右脚稍向后移半步。

(4)Q:男右脚并左脚,女左脚并右脚。

(五)快四步舞

快四步舞也称为快步舞,它起源于英国,类似国标舞中的快步舞。在社交场合中,快步舞是用得最多而且最为流行的舞步。快步舞的最大特点是舞曲节奏明快,舞姿轻松洒脱,表现出一种热烈向上的激励情绪。

音乐节奏为 2/4 拍或 4/4 拍,舞曲速度每分钟 50 小节,每小节 4 拍,基本节奏为慢(S),慢(S),快(Q)快(Q)。慢步占 2 拍,快步占 2 拍。

1. 前进并步

(1)S:男左脚前进一步,女右脚后退一步。

(2)S:男右脚前进一步,女左脚后退一步。

(3)Q:男左脚前进一小步,女右脚后退一小步。

(4)Q:男右脚向左脚并踏一步(脚掌),女左脚后退向右脚并踏一步。

2. 后退并步

后退并步与前进并步动作相同,方向相反。

3. 1/4 转(斜进斜退步)

(1)S:男左脚前进一步,女右脚后退一步。

(2)S:男右脚前进一步,女左脚后退一步。

(3)Q:男左脚向左侧进一步,脚掌着地,脚跟外转,身体向右转 90°;女右脚向右侧退一步,脚掌着地,身体向右转 90°。

(4)Q:男右脚向左脚并步,女左脚向右脚并步。

(5)S:男左脚后退一步,女右脚前进一步。

(6)S:男右脚后退一步,女左脚前进一步。

(7)Q:男左脚向左侧退一步,脚掌着地,身体向左转 90°;女右脚向右侧进一步,脚掌着地,身体向左转 90°。

(8)Q:男右脚向左脚并步,女左脚向右脚并步。

4. 右转身前进并步

(1)S:男左脚向左后退步,脚掌着地,脚跟外转,身体向右转 45°;女右脚前进一步,脚尖右转,身体向右转 45°。

(2)S:男右脚向后退步,身体继续向右转 90°;女左脚向左侧一步,脚掌着地,身体继续向右转 90°。

(3)S:男左脚前进一步,女右脚后退一步。

(4)S:男右脚前进一步,女左脚后退一步。

(5)Q:男左脚前进一步,脚尖右转,身体向右转 90°;女右脚后退一步,脚尖右转,身体向右转 90°。

(6)Q:男右脚并左脚,女左脚并右脚。

5. 右内进转 180°

(1)S:男左脚进步,女右脚退步。

(2)S:男右脚进步,同时右转 180°;女左脚退步,同时右转 180°。

(3)Q:男左脚退步,女右脚进步。

(4)Q:男右脚向左脚并步,女左脚向右脚并步。

6. 右内退转 180°

(1)S:男左脚退步,同时右转 180°;女右脚进步,同时右转 180°。

(2)S:男右脚进步,女左脚退步。

(3)Q:男左脚进步,女右脚退步。

(4)Q:男右脚向左脚并步,女左脚向右脚并步。

7. 左旋转 360°

(1)S:男左脚前进一步,脚尖左转;女右脚后退一步,脚跟右转。

(2)S:男右脚前进一步,身体向左转 180°;女左脚后退一步,同时身体左转 180°。

(3)Q:男左脚向右后绕摆,脚尖着地,身体继续向左转 180°;女右脚向左脚速进,脚尖着地,身体向左继续转 180°。

(4)Q:男右脚向左旋转并步,女左脚向右脚旋转并步。

8. 右旋转 360°

(1)S:男左脚后退一步,脚跟左转;女右脚前进一步,脚尖右转。

(2)S:男右脚后退一步,脚尖右转,身体向右转 180°;女左脚向前进一步,脚尖右转,同时身体向右转180°。

(3)Q:男左脚前进一步,身体继续右转180°;女右脚后退一步,脚尖着地,身体继续向右转180°。

(4)Q:男右脚向左脚旋转并步,女左脚向右旋转并步。

(六)平四步舞

平四步舞是近年来在我国舞会中广泛流行的一种新式交谊舞。平四步舞以它自由轻快的步法,节奏平稳均匀,容易掌握,难度较小,且动作变化随意,配合比较方便等特点而深受人们的喜爱。

平四步舞舞姿为闭式;舞曲节拍2/4拍,4/4拍;舞步节奏为慢、慢、慢、慢;舞步特点为节奏中速、步幅均匀、动作随意、平稳流畅,直步侧位,灵活机动,如同走路一般,一步一步,变化多端,便于掌握,易于配合。舞蹈风格为舒展浪漫,自由随和。

1. 正进常步

(1)男左脚正进,女右脚正退。

(2)男右脚正进,女左脚正退。

(3)男左脚正进,女右脚正退。

(4)男右脚正进,女左脚正退。

2. 右侧位步

(1)男左脚左侧进步,女右脚右侧退步。

(2)右侧位男右脚进,女左脚退步。

(3)右侧位男左脚进,女右脚退步。

(4)右侧位男右脚进,女左脚退步。

3. 右侧位换左侧位

(1)右脚位男左脚进,女右脚退步。

(2)右侧位男右脚进,女左脚退步。

(3)右侧位变左侧位男左脚进,女右脚退步。

(4)男右脚进,女左脚退步。

4. 左侧位成闭式

(1)左侧位男左脚进,女右脚退步。

(2)左侧位男右脚进,女左脚退步。

(3)左转90°成闭式男左脚进,女右脚退步。

(4)男右脚进,女左脚退步。

5. 左侧位接交叉退步成P.P.式

(1)男左脚左侧进,女右脚右侧退步。

(2)男右脚进,女左脚退步。

(3)男左脚进,左转 45°;女右脚退,左转 45°。

(4)男右脚进,左转 45°;女左脚退,左转 45°。

(5)男左脚右后交叉退后,左转 45°;女右脚左前交叉进步,左转 45°。

(6)男右脚侧进,右转 45°;女左脚侧退,右转 45°。

(7)男左脚右前交叉进步,右转 45°;女右脚左后交叉退步,右转 45°。

(8)男右脚侧进,左转 45°;女左脚侧退,左转 45°。

(9)男左脚右后交叉退步,左转 45°;女右脚左前交叉进步,左转 45°。

(10)男右脚不动;女左脚侧摆,同时右转 135°前落成 P. P. 式。

6. 敞式前进步

(1)男左脚进,女右脚进步。

(2)男右脚进,女左脚进步。

(3)男左脚进,女右脚进步。

(4)男右脚退,女左脚退步。

7. 敞式后退步

(1)男左脚退,女右脚退步。

(2)男右脚退,女左脚退步。

(3)男左脚退,女右脚退步。

(4)男右脚进,女左脚进步。

8. 牵手旋转步

(1)男左脚进,左手上举;女右脚进,右转 90°。

(2)男右脚进,女左脚进,右转 180°。

(3)男左脚进,女右脚进,右转 90°。

(4)男右脚进,女左脚进,右转 180°。

(七)探戈舞

探戈舞是 20 世纪兴起的一种社交舞蹈,它有一百多年的演变历史。探戈舞源于阿根廷的一种强壮有力的牧人舞蹈,是一种善于表现强烈激情的交谊舞。舞蹈起伏、旋转、前后踌躇,变幻莫测。音乐节奏为 4/4 拍,每分钟 33 小节左右。常见的探戈舞有两种跳法,一种跳法是四步探戈,节奏为慢慢快快;另外一种跳法是五步探戈,节奏为慢慢快快慢,慢拍占 1 拍,快拍占 1/2 拍。

探戈的基本舞步有以下五种。

1. 前进后退步(S. S. QQ. S)

(1)S:男左脚前进一步,女右脚后退一步。

(2)S:男右脚前进一步,女左脚后退一步。

(3)QQ:男左脚前进一步,接着右脚前进一步;女右脚后退一步,接着左脚后退一步。

(4)S:男左脚前进一步,女右脚后退一步。

2. 侧行并步(S. QQ. S)

(1)S:男左脚向左前进一步,女右脚向右前进一步。

(2)QQ:男右脚前进一步,接着左脚再前进一步;女左脚前进一步,接着右脚再前进一步。

(3)S:男右脚向左脚并步,同时身体向右转45°与女伴相对站立;女左脚向右脚并步,同时身体向左转45°与男伴相对站立。

3. 行进连接步(S. S. QQ. S. QQ. S)

这是由两个走步连接的步子,故名行进连接步。

(1)S:男左脚前进一步,女右脚后退一步。

(2)S:男右脚前进一步,女左脚后退一步。

(3)QQ:男左脚前进一小步,右脚迅速横步跟上,重心移向右腿,左脚虚点,拇趾着地;女右脚后退一步,左脚后移至右脚旁,重心移向左腿,右脚虚点,拇趾着地,膝盖内合。

(4)S:男左脚沿舞程线斜横步前进,女右脚沿舞程线斜横步前进。

(5)QQ:男左脚沿舞程线斜横步前进,接着左脚小横步稍前;女右脚沿舞程线斜横步前进,接着右脚小横步稍前。

(6)S:男右脚向左脚并步,右脚在左脚内侧脚弓处,前后相错半个脚位;女左脚向右脚并步,同时身体向左转45°。此时男女成闭式舞姿。

行进步是探戈开始时和连接其他动作的具有特色的动作之一。

动作要点:行进时要成弧线,男伴初出步时左脚应由脚掌外缘着地,右脚应由脚掌内侧着地。动作完成时男头向左、女头向右摆动,男女伴呈分身舞姿。

4. 摇转步(S. S. QQ. S. QQ. S)

摇转步步幅要小,轻快而有控制,方显出探戈的魅力。

(1)S:男左脚前进,女右脚后退。

(2)S:男右脚前进,女左脚后退。

(3)QQ:男左脚横步稍后,同时身体右转,而后重心移向右脚,此时身体背对前进方向(中央斜线);女右脚前进在男伴两脚之间,第2拍时重心移动向左脚。

(4)S:男左脚后退,女右脚小步前进。

(5)QQ:男右脚后退,同时身体左转,左脚横步,身体继续左转;女左脚前进,同时身体左转,右脚横步,身体继续左转。

(6)S:男右脚向左脚并步,女左脚向右脚并步。

动作要点:第(3)(4)步摇转时,主要是身体中心的前后移动,以膝部的空间移动为主,两脚不移动。

5. 五快步(侧行交叉步 QQ.S.QQ)

(1)QQ:男左脚向右前交叉进一步,接着右脚再向右侧出一步,身体稍左转;女右脚向左后交叉退一步,接着左脚再向左侧出一步,身体稍左转。

(2)S:男左脚向右后交叉退一步,身体继续左转;女右脚向左前交叉进一步,身体继续左转。

(3)QQ:男右脚向右后稍移步,接着左脚向左侧滑出,脚尖拇趾内侧着地,左膝稍屈内扣,同时身体左转 45°与女伴成"V"字形握持站立,头向左摆动;女左脚向左侧稍移步,接着右脚向右侧滑出,脚尖拇趾内侧着地,右膝稍屈内扣,同时身体右转 45°与男伴成"V"字形握持站立,头向右摆动。

动作要点:交叉进行时 ,注意脚的动作和身体的动作要基本保持一致,最后一步分身时,要暗示女伴,以便形成转身与摆头的一致,达到默契的配合,运步过程及结束动作均应保持两腿微屈,膝盖略向前。

(八)伦巴舞

伦巴舞起源于古巴,由民间舞蹈演变而来,属拉丁舞范畴。它的特点是舞步较小,髋部的韵律动作比较突出,头部与上体保持正直。伦巴舞风格柔美,富有浪漫色彩,是交谊舞中最为柔和与富有感情的舞蹈。

伦巴舞的舞曲为 4/4 拍,音乐节奏为强、弱、次强、弱。旋律为咚恰恰,恰恰,咚恰,咚恰。重音在第一拍和第三拍上。舞步的基本节奏是"快、快、慢",快步占 1 拍,慢步占 2 拍,4 拍为一个循环,左右脚轮换起步。舞步特点是 4 拍走 3 步,第 4 步旁点。舞蹈时两手胸前左右微微飘动,两胯左右上下均匀扭动,由于舞曲速度较快,动作变化多,身体姿势柔软缠绵,加之男女舞伴面面相觑,随着音乐情调显示出男女之间的脉脉含情,富于浪漫色彩。

伦巴舞的握抱舞姿:男女舞伴相对站立,两手在胸前弯曲平行牵手,男伴手心向上,女伴手心向下,女伴五指并拢放于男伴手上,男伴拇指在上,从女伴手指外侧牵拉双手。

为了有别于国际标准舞中的伦巴舞,人们又把舞会中常跳的这种伦巴舞称为"自娱性伦巴舞"。

1. 侧行并点步

(1)1 拍:男左脚向左侧迈一步,女右脚向右侧迈一步。

(2)2 拍:男右脚向左脚并步,前脚掌着地;女左脚向右脚并步,前脚掌着地。

(3)3～4 拍:男左脚向左侧再迈一步,右脚移向左脚并步,脚尖点地,重心保留在左脚;女右脚向右侧再迈一步,左脚移向右脚并步,脚尖点地,重心保留在右脚上。

(4)5 拍:男右脚向右迈一步,女左脚向左迈一步。

(5)6 拍:男左脚向右脚并步,前脚掌着地;女右脚向左脚并步,前脚掌着地。

(6)7～8 拍:男右脚向右侧再迈一步,左脚移至右脚并步,脚尖点地,重心保留在右脚上；女左脚向左侧再迈一步，右脚移向左脚并步，脚尖点地，重心保留在左脚。

2. 左右交叉步

男舞步动作如下。

(1)1 拍：左脚向左侧迈一步。

(2)2 拍：右脚从左脚前侧交叉迈一步，前脚掌着地。

(3)3～4 拍：左脚向左侧进一小步，右脚移向左脚，脚尖点地。

(4)5 拍：右脚向右侧迈一步。

(5)6 拍：左脚从右脚前侧交叉迈一步，前脚掌着地。

(6)7～8 拍：右脚向右侧出一小步，左脚移向右脚，脚尖点地。

女舞步动作同男步相同，方向相反，1～4 拍向右，5～8 拍向左。

3. 前进后退步

男舞步动作如下。

(1)1 拍：左脚前进一步。

(2)2 拍：右脚前进一步。

(3)3～4 拍：左脚前进一步，右脚向左脚并步，脚尖点地。

(4)5 拍：右脚后退一步。

(5)6 拍：左脚后退一步。

(6)7～8 拍：右脚再后退一步，左脚向右脚并步，脚尖点地。

女舞步动作同男步相同，方向相反，1～4 拍向右，5～8 拍向左。

4. 斜向前进步

男舞步动作如下。

(1)1 拍：左脚向左前方进一步，同时左转 45°。

(2)2 拍：右脚向前进一步(从女伴右侧进步)。

(3)34 拍：左脚前进一步，右脚向左脚并步，脚尖点地。

(4)5 拍：右脚向右前方进一步，同时身体右转 90°。

(5)6 拍：左脚向右前方进一步(从女伴左侧进步)。

(6)78 拍：右脚再进一步，左脚移向右脚并步，脚尖点地。

女舞步动作同男步，出步相反，14 拍向右后方退步，58 拍向左后方退步。

5. 左环形步

(1)1 拍：男左脚向左脚前进步，女右脚向右后退。

(2)2 拍：男右脚向左沿弧线前进步，女左脚沿左弧线继续后退。

(3)34 拍：男左脚沿弧线向左前进一步，女右脚继续向左后退一弧线步。

(4)5 拍：男右脚向左沿弧线前进一步，女左脚继续向左后退一弧线步。

(5)6 拍：男左脚向左沿弧线前进一步，女右脚继续向左后退一弧线步。

(6)78 拍:男右脚向左沿弧线前进一步,女左脚继续向左后退一弧线步。

6. 双手牵转 360°

男女舞伴相对站立,交叉牵手开始(两右手在上,左手在下)。

(1)第一个八拍,女伴右转 360°。

14 拍,男左脚起,原地侧踏并点步,双手牵女伴双手高举,同时使女伴向右转圈走;女右脚起,向右转原地踏点步走,双手举起从双臂下走过,同时身体向右转 180°。

58 拍,男右脚向右侧踏并点步;女左脚起向右继续旋转 180°,双手还原至体前交叉(此时左手在上,右手在下),与男伴相对。

(2)第二个八拍,男伴左转 360°。

14 拍,男左脚起,左转原地踏点步走,双手举起从双臂下走过,同时身体向左转 180°;女右脚起,原地侧踏并点步,双手由男伴牵并高举,配合男伴左转圈走。

58 拍,男右脚起向左继续旋转 180°,双手还原至体前交叉(右手在上,左手在下)与女伴相对;女伴左脚起向左侧踏点并步。

第三节 体育舞蹈比赛规则与裁判

一、基本规则

(1)比赛着装。

①标准舞部分:男子着装必须为黑色或藏蓝色。

②拉丁舞部分:允许男子穿彩色的服装,但每队的所有男队员必须服装颜色统一。不允许使用道具。

注:在比赛时只允许使用彩排时的动作编排和音乐,比赛时不允许更换服装。

(2)标准舞比赛的动作编排必须是基于华尔兹、探戈、维也纳华尔兹、慢狐步舞和快步舞的,并最多可选 16 小节任何其他舞动作包括拉丁舞动作。

(3)拉丁舞比赛的动作编排必须是基于桑巴、恰恰恰、伦巴、斗牛舞、牛仔舞和任何其他拉丁节奏,并最多可选 16 小节其他任何舞动作包括标准舞动作。

(4)标准舞的每段独舞将严格限制在 8 小节以内,在整个舞蹈编排中最多 24 小节。此规则不适用于拉丁舞,在拉丁舞中独舞通常作为一部分。

(5)应使用背景乐曲或其他音响设备。

二、评判规则

(1)评判工作自选手进入比赛位置时开始,只有当音乐停止时方告结束。在整个舞蹈表演过程中,裁判必须不断地给选手打分并在必要时修正分数。如果音乐尚未结束而选手停止表演,则其该项舞蹈的分数列最后一位。

(2)裁判必须在规定时间内对选手的特定舞种的表演进行单独评判。考虑任何其他因素,诸如选手的名气、以往的表现或在其他舞种中的表现,都是不允许的。

(3)裁判无须向选手解释评分结果,在比赛过程中或两轮比赛之间,不允许裁判和任何人讨论参赛选手或他们的表现。对于所有舞种,选手的时值和基本节奏是裁判打分的首要因素。因此,如果选手重复犯此错误,那么其该项舞蹈的分数列最后一位。

(4)时值和基本节奏。裁判必须确定选手是否按时值和基本节奏进行表演。"时值"是指每一舞步的时间正好与音乐合拍。"基本节奏"是指舞步在规定时间内完成并且保持舞步之间正确的时间关系。选手的时值和基本节奏错误时,其该项舞蹈的所得分数必须是最低的。

(5)整体动作。裁判必须确定选手是否正确掌握该舞蹈的风格特点,并且评估选手动作起伏,倾斜和平衡。只有在控制和平衡掌握良好的情况下,动作幅度越大,评分越高。在拉丁舞中,必须评估每种舞蹈典型的跨步动作。

(6)节奏表现力。裁判必须评估选手的舞蹈节奏表现力。这揭示出选手对舞蹈节奏的感受、理解与适应能力和在舞蹈中对音乐的理解与表现。但若表演与节奏不合,也要按违反第一项处理。

(7)步法技巧。裁判必须评估选手正确表现舞步的脚法。如每一步足着点是脚掌、脚跟等,以及脚步移动的控制和表达力等。

第十七章 ▶▶▶
踏板操

第一节 踏板操运动的起源与发展

一、国际踏板操运动的起源与发展

踏板操作为经典的有氧类运动项目已风靡全球数十年,每天都有不计其数的健身爱好者参与其中。踏板的方寸之间,带给人们积极健康的运动方式、酣畅淋漓的运动体验。这种起源于健美操却又区别于传统健美操的运动,不仅仅是"踏板+传统健美操"的简单叠加,一块踏板的加入,衍生出了独属于踏板操的特殊魅力。为了更好地了解踏板操,我们有必要走进踏板操的世界,全面了解踏板操运动的背景和知识,包括起源、分类、发展趋势等。

(一)健身踏板操运动的起源与发展

迄今为止,最早有生产时间、地点、人物等记录的踏板即锐步公司生产的踏板——Reebok Step。大约在1989年,随着金·米乐开始她的康复练习并且逐步完善相关动作,最早的踏板操运动由此诞生。1992年,锐步与金·米乐经过精心的策划和市场运作,共同推出了"STEP REEBOK"系列踏板操教学DVD,金·米乐根据动作风格和功能,将踏板操运动细分为街舞踏板操(Hip Step)、放克踏板操(Funky Step)、极限训练踏板操(Extreme Step)、强力有氧踏板操(Power Step)。在这些系列视频中,金·米乐及示范队员们时尚的装扮、积极阳光的教学风格以及新颖流畅的动作编排,吸引了全球健身爱好者的目光,引燃了踏板操的健身风潮。

1995—2005年,随着时代的发展,健身行业涌现出一大批教学经验丰富、培训技巧精湛的踏板操导师，这些杰出的导师代表有 Marcus Irwin（澳大利亚）、Michelle Dean（澳大利亚）、Rob Glick（美国）、Christi Tylor（德国）等。他们在国际上互相交流并积极开展培训，不定期发表相关文章分享教学经验和心得，是国际健身市场飞速发展的外在表征。许多健美操世界冠军退役后纷纷转行投入健身行业，走在时代的前沿。

2005 年以后，踏板操运动进入高速发展期，无论在编排形式、目标人群划分还是教学方法和动作创新的研发方面，都达到历史新高。踏板操运动也在向前发展过程中逐渐分为两大阵营：固定预置踏板操（Preset Routines）和自由风格踏板操（Free Style）。

（二）竞技踏板操（有氧踏板）运动的起源与发展

目前有视频资料确证的信息表明，1990 年是竞技踏板操最早出现的时间，1990 年 8 月 28 日，由 Reebok 公司赞助的南澳大利亚健美操锦标赛是最早的竞技踏板操比赛。严格意义上讲，1990 年出现的竞技踏板操更像是一场推广和表演赛，让全世界喜爱和从事健美操运动的人首次看到了踏板操这项新兴运动。此次赛事中，使用的是最原始的分体式踏板器材，高度 30cm，也是迄今为止竞技踏板操器械的最高高度。早期的踏板操比赛，音乐速度相对缓慢，动作较为简单，确保了比赛的安全性。由于这是首届世界踏板操比赛，竞赛组委会没有任何可以借鉴的经验，将踏板操比赛组别设定为单人单板组和多人团体组。比赛开始时全场沸腾，首次出现在竞技舞台上的踏板操运动以其新颖的比赛形式和动作内容，以及运动员饱满的热情和表现力，感染了现场及电视机前的每一位观众（美国进行了电视转播），比赛最终取得了圆满的成功。这是竞技踏板操作为比赛项目首次登上竞技赛场，具有划时代的意义，也为日后竞技踏板操项目的稳定发展奠定了基础。

1990—2000 年，是竞技踏板操项目发展的初级阶段，罗马尼亚、美国、澳大利亚、巴西是最早开展竞技踏板操项目的国家，领先的健身理念、广泛的参与人群以及优秀的动作编排，使得上述国家在此阶段的国际踏板操比赛中屡创佳绩。

2000—2010 年，俄罗斯、波兰、意大利、乌克兰、西班牙等国家开始重视竞技踏板操运动项目并不断加大投入力度，成为竞技踏板操领域中实力领先的国家。其中俄罗斯、乌克兰、波兰的体操和健美操实力雄厚，审美素养和文化底蕴非同寻常，对于讲究艺术美和表现力的竞技踏板操而言，具有较大优势。

2011 年以后至今，竞技踏板运动进入蓬勃发展的阶段。2012 年是竞技踏板操运动的重要年份。国际体操联合会（International Federation of Gymnastics，FIG）将竞技踏板操列为正式比赛项目，并更名为“有氧踏板”。随后，FIG 在健美操规则培训班中，对有氧踏板项目的比赛规则进行了培训和推广，从此有氧踏板项目有了国际健美操组织官方承认的竞赛规则。在此期间，中国作为竞技踏板操运动的强国逐步崛起。

目前国际健美操比赛的两个重要组织分别为国际健美操与健身联合会（The Federation of International Sports，Aerobics and Fitness，FISAF）（图 17-1）和国际体操联合会（International Federation of Gymnastics，FIG）（图 17-2）。FISAF 成立于 1985 年，总部位

于澳大利亚，是非营利的官方非政府组织，会员国众多。FISAF 的培训比赛内容包括三个方面：竞技健美操、街舞和爵士、教育培训。会员国分为普通会员国、特别会员国、超级会员国三个级别。FIG 简称“国际体联”，是非奥运项目健美操的国际官方组织，成立于 1881 年，是世界上历史最悠久、规模最大的国际单项体育组织之一，总部设在瑞士。中国于 1978 年成为 FIC 的正式会员国。

图 17-1　国际健美操与健身联合会会标(FISAF)

图 17-2　国际体操联合会会标(FIG)

二、我国踏板操运动的起源与发展

(一)我国健身踏板操运动的起源与发展

在 20 世纪 90 年代，随着改革开放政策的推行，外来文化相继涌入我国，广大群众的体育文化生活也日益丰富，踏板操运动作为一项群体性健身活动随之进入人们的视野。然而，目前尚无证据表明踏板操是何时何地在我国出现的。

1991 年，中央电视台推出的大型系列健身栏目《健美五分钟》曾引起广泛关注，大部分健身爱好者是通过《健美五分钟》初次认识韵律健美操以及健身教练，了解到可以通过科学健身强化体质、保持身材。需要指出的是，《健美五分钟》栏目开设初期并没有将踏板健身操的内容收录其中，以马华为主的健身教练团队仅限于对韵律健身操的了解，对踏板操知之甚少，直到 1996 年左右，通过对国外踏板操教学视频的不断观摩和学习，教练团队才逐步尝试创编踏板操，并开始在栏目中授课。2002—2004 年间，全国著名街舞教练李知明开创性地将街舞与踏板操融合，创编并推出“街舞踏板操”系列教学视频，经中央五台体育频道播出后，在当时引起了巨大的反响。此外，北京体育大学 1990 级学生程丹彤和广州的 Kitty 健身教练团队先后拍摄了不同系列踏板操教学 DVD，影响和指导了一大批健身教练与爱好者，推动了国内踏板操运动的发展。2000 年，在深圳中航健身俱乐部开展了中国境内的首次 Body Step 踏板操培训，开始了 Lesmills 踏板操课程在中国的培训之路。2000 年至今，Body Step 踏板操历经了 20 多个年头，培养了数量众多的优秀踏板操教练和指导员，几乎每天晚上都有几千甚至几万人在世界各地同时练习 Body Step 课程，Lesmills 为踏板操的普及和推广做出了巨大的贡献。

2000—2017年间，各种规模的国际健身大会在中国不断兴起，亚洲健身大会中国国际健身大会、国际健身大会、亚健体育国际健身大会，邀请了世界顶级踏板操培训导师前来授课和培训，许多健身从业人员在这种频繁的健身交流中，学习和认识了踏板操基本知识与教学技巧。

随着健身大会这一交流平台不断为人熟知，越来越多的优秀踏板操导师来到中国传授技术、交换经验，通过体育文化的交流促进国家形象的传播，使得我国的踏板操运动走向了国际化、时尚化的道路，为我国体育文化建设做出了贡献。

(二)竞技踏板操(有氧踏板)运动的起源与发展

中国的有氧踏板项目起步较晚，但起点较高。2011年深圳大学生运动会，即第26届世界大学生夏季运动会于2011年8月12日盛大开幕，中国国家健美操队有氧踏板项目首次亮相即获得世界冠军，受到国际瞩目，振奋了参赛队员、教练员和每一位观众的精神意志，弘扬了爱国主义情怀。此次有氧踏板项目的夺冠，开启了中国国家健美操队有氧踏板项目的辉煌之路，具有里程碑式的意义，极大程度上鼓舞了中国健美操同仁的士气，确立了中国国家健美操队有氧踏板项目的强国地位(图17-3)。

图17-3　中国队获得第26届世界大学生夏季运动会有氧踏板金牌

随后，中国国家健美操队在保加利亚举办的2012年世界健美操锦标赛和在墨西哥举办的2014年世界健美操锦标赛中两次获得成功，在世界有氧踏板项目的最高领奖台上展示了健美操强国的风采。

近两年，随着有氧踏板项目的飞速发展，越来越多的国家开始重视有氧踏板项目，并加大投入力度，确保其有氧踏板项目水平的快速提升。2016年，在韩国举办的世界健美操锦标赛中，中国在有氧踏板项目中摘得银牌，法国队获得冠军。2017年，在波兰举办的世界运

动会中，中国队再次获得亚军，俄罗斯队获得冠军。2016 年与 2017 年中国队有氧踏板项目两次获得亚军，传递出三个信息：世界健美操传统强队的有氧踏板项目水平提升迅速，中国队有氧踏板项目的优势空间已经越来越小，竞争越发激烈；有氧踏板经过 FIG 的不断宣传与推广，受到各国的重视和发展，在各国参赛队伍水平没有明显差距的情况下，出于鼓励性目的，有意让更多的国家有机会获得金牌；中国有氧踏板项目要想在未来的国际健美操赛事中继续保持优势，除了内练自身素质之外，更需要在外在体制和政策上引起重视。例如，如何鼓励和调动全国参赛队伍开展有氧踏板项目的热情；如何在国内不同年龄段健美操运动员中，建立科学、高效的人才培养制度，加强梯队建设等。

根据不完全赛绩统计，在 2011—2017 年间，中国国家健美操队有氧踏板项目在世界健美操锦标赛、世界运动会、世界大学生运动会等比赛中共获得 4 次世界冠军、2 次亚军，为中国培养了多名有氧踏板世界冠军和优秀的从业人员。2012 年 1 月，400 多人参加了在北京体育大学举办的“2013—2016 周期全国健美操裁判员、教练员培训班”，此次培训首次加入了有氧踏板规则的学习和有氧踏板运动相关知识的普及。

2017 年 1 月和 8 月，中国健美操协会分别在北京、烟台两市，成功举办了“2017—2020 周期全国健美操裁判员、教练员培训班”。600 多人学习了有氧踏板项目比赛的新规则，为后续有氧踏板项目的开展和训练打下了坚实的基础。2017 年，中国健美操协会制定并实施有氧踏板项目参与健美操运动员联赛资格的考核和评审，这标志着中国健美操协会在政策上对有氧踏板项目的支持和鼓励，相信中国的有氧踏板项目定会再接再厉、再创辉煌。

第二节 踏板操运动的分类与特点

踏板操运动是一项集健身性、表演性、娱乐性和竞赛性于一体的团体运动项目，其健身需求和人文社会功能都值得人们深入探索并发扬光大。构建对踏板操运动的基本认知，了解踏板操运动的分类和特点，对更好地从事踏板操运动、进行科学规范的教学和训练，有重要意义和实践价值。

一、踏板操运动的分类

根据踏板操运动不同的功能和用途，踏板操可分为三大类：健身踏板操、竞技踏板操和表演踏板操。

（一）健身踏板操

健身踏板操是一种以团体形式出现，以强健体魄、美化体态及陶冶情志为目的的有氧健身运动。健身踏板操因其综合全面的健身功能，易于推广普及的特性，激情洋溢的动作变化及新颖的器材使用方式，得到了练习者的认可，图 17-4 为健身踏板操分类。

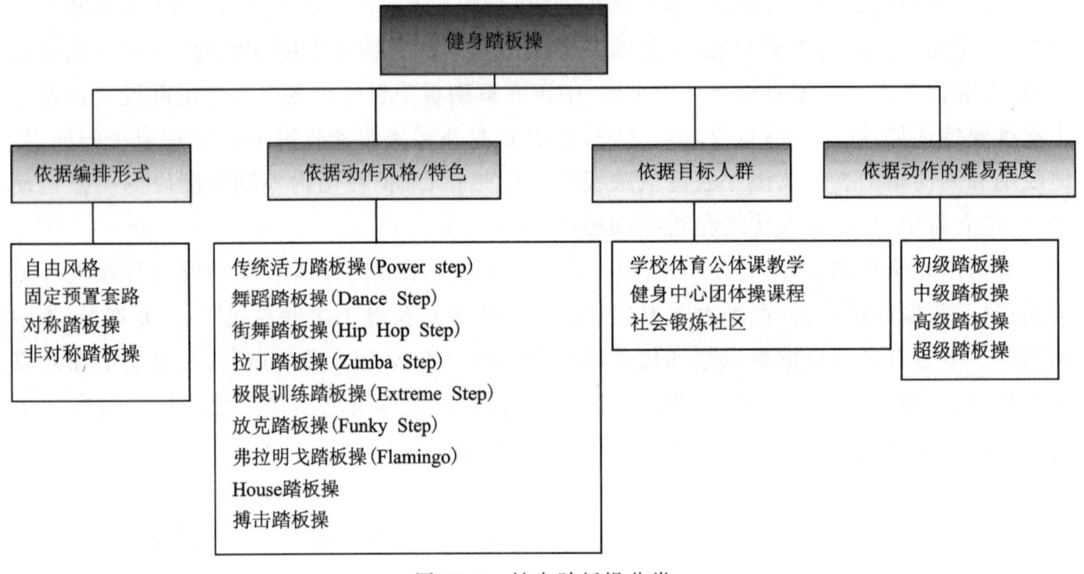

图 17-4　健身踏板操分类

(二)竞技踏板操

竞技踏板操自 1990 年首次被列为比赛项目以来，已经走过了 30 多年的发展变革之路。FIG 在竞技踏板操项目的发展理念定位、比赛规则制定、参与人群选择上也在进行日新月异的变化。

如前文所述，FISAF 和 FIG 为目前国际健美操比赛的两个重要组织。依据隶属的组织不同，竞技踏板操可分为两种：有氧踏板(FIG)和飞萨弗踏板(FISAF)。

(三)表演踏板操

表演踏板操是在健身踏板操和竞技踏板操的基础上衍生变化而来的，兼具健身踏板操与竞技踏板操的功能和特点，集健身的实用性和竞技比赛套路的观赏性于一体。表演踏板操的用途较广，既适合在大型的运动集会中进行团体展示，也适用于小空间范围内的表演展示。

二、踏板操运动的特点

(一)健身踏板操

1. 健身性

健身踏板操中的“健”指健全和强健，“身”是指身体和身材，它能够增强力量、耐力，提高身体的协调性，从而达到身体强健的目的。狭义上指的是练习者参与该项运动的健身水平或运动能力。

2. 科学性

健身踏板操的科学性不仅体现在练习者参与运动的过程中，还体现在练习者运动前对自身体能和状态的监督上，以及练习者对环境的观察和对器材的检查上。保持清醒的头脑和良好的状态，遵循科学的锻炼方法，是开展健身踏板操运动的基本原则。

3. 广泛性

健身踏板操动作丰富且富于变化，运动强度还可根据踏板高度和音乐速度进行调整。不同年龄、性别、运动水平的人群都可以根据自己的实际情况灵活参与踏板操的练习。广泛性特征有利于健身踏板操在更大范围内的人群中推广、传播科学健身的理念和树立正确健身的方法，最大限度地鼓励全民健身事业向前发展，支持大众愉悦身心、陶冶情操。

（二）竞技踏板操

1. 竞争性

竞技踏板操突出强调“竞”与“争”，“竞”是指竞技、竞赛，“争”是指争夺和挑战，竞技的目的是最大限度地挖掘和发挥个人或团体的运动水平、竞技状态与拼搏精神。竞技踏板操激烈的竞争性是区别于其他健身或表演活动的最本质特征之一。

2. 规范性

规范性是竞技踏板操的必要保证。所谓规范，即官方明文规定、必须遵照执行的统一技术标准。

3. 公正性

公正性不仅是竞技踏板操的基本准则，也是所有竞技类比赛顺利进行的前提。公正性渗透到了竞技踏板操比赛的每个环节。这要求竞赛的组织方、裁判方、参赛方，自上而下，均保持公正、客观的态度，形成良好的赛会风气，保证竞技踏板操实现它应有的价值。

4. 集群性

竞技踏板操是由若干运动员组成的团体竞赛项目，FIG 明确规定有氧踏板参赛人数为 8 人（少于或多于 8 人均不得参加比赛）。FISAF 在竞技踏板操项目中规定：允许少于或多于 8 人以上的队伍参赛。广义上来说，竞技踏板操的集群性包含了更为宽泛的内容，包括参与管理的领导团队、负责训练的教练组成员以及提供后勤保障的工作人员。

5. 观赏性

作为一项竞技类体育项目，竞技踏板操运动的主要功能之一就是丰富人们的业余生活。FIG 有氧踏板项目，鼓励参赛者去追求复杂多样的动作步伐和新颖丰富的空间变化，继而丰富了观众的审美体验。追求健康、力量、美感的高度融合，鼓励运动员最大限度地表现出健美的体魄、高超的技术、流畅的编排、充沛的体能，是竞技踏板操运动不断向前发展的根本动力。

（三）表演踏板操

1. 情感表达

表演踏板操强调“表演”二字，情感表达是表演的核心。特定环境下，动作编排一定要与某种情感或情绪的表现相一致，可以是激情、热情、欢愉之情、庆祝之情等。例如，运动会开幕式上进行的踏板操表演，展现的是表演者健康活力的精神风貌，传递给观众的是热烈气氛下的激情与感召力。

2. 艺术观赏

在踏板操表演中，表演者期望通过高质量的动作完成，结合制作精美的音乐以及饱满的情绪状态，将最强烈的艺术感染力传达给观众。

3. 社会活动

表演踏板操是多个社会个体进行组合的群体活动。这里的“社会”是指社交礼仪和不同的职业背景。

第三节　踏板操基本知识

一、踏板操术语

术语是在特定学科领域中用来表示概念的称谓的统一集合体，是通过语音或文字来表达或限定科学概念的约定性语言符号，是思想和认识交流的工具。经过 30 多年的发展，踏板操在技术改革和动作创新中不断突破，人们在学习和推广踏板操运动的过程中也逐渐意识到，术语是学习踏板操的基础，是连接踏板操理论与技术技能之间关系的媒介，对踏板操运动的推广、传播、训练起着至关重要的作用。因此，精准扎实地掌握踏板操基本术语，是参与和开展踏板操教学的前提条件。

常见踏板操术语如下：

(1)板左侧(踏板左侧)。

(2)板右侧(踏板右侧)。

(3) 板两侧(踏板两侧)。

(4) 板前(踏板前侧)。

(5)板后(踏板后侧)。

(6)板上(踏板上方)。

(7)板下(踏板下方)。

(8)板前 45°(板前左右两侧 45°)。

(9)板后 45°(板后左右两侧 45°)。

(10) 横向摆放(水平摆放或横板摆放)。

(11)纵向摆放(垂直摆放或竖板摆放)。

(12)背向(教学者背对学生,即背面示范)。

(13) 面向(教学者面对学生,即镜面示范)。

(14)向右转身(顺时针方向转身)。

(15)向左转身(逆时针方向转身)。

(16)原地板上转身:板上 180° 转身、板上 360° 转身、板上 540° 转身、板上 720° 转身。

(17) 过板移动:正向过板(单脚上板正向过板、双脚上板正向过板)、侧向 45°过板(单脚上板侧向 45°过板、双脚上板侧向 45°过板)、侧向 90°过板(单脚上板侧向 90°过板、双脚上板侧向 90°过板)、转体 180°过板(单脚上板转体 180°过板、双脚上板转体 180°过板)、转体 360°过板(单脚上板转体 360°过板、双脚上板转体 360°过板)。

(18)单脚过板(单脚前交叉过板、单脚后交叉过板)。

(19)双脚过板(双脚跨过板、双脚经板上过板)。

(20)抬腿过板(抬腿过板、侧踢腿过板、后抬腿过板)。

(21)绕板移动(不转身绕板移动、转身绕板移动)。

(22)非对称踏板操(音乐重拍始终在右脚,踏板两侧内容不一致)。

(23)对称踏板操(踏板一侧动作整体结束后,启动脚发生转换,并换至踏板另一侧完成动作,踏板两侧内容一致):踏板左右两侧各两个 8 拍对称,即 2×8 拍对称、踏板左右两侧各四个 8 拍对称,即 4×8 拍对称。

(24)分腿站立:踏板前侧分腿站立、踏板后侧分腿站立、踏板上方分腿站立、踏板前后两侧跨板分腿站立。

(25)上板(由踏板前侧、后侧、侧面的位置移动至踏板上)。

(26)下板(由踏板上移动至踏板前侧、后侧、侧面的位置)。

(27)跳转(左右腿换腿跳转、ChaChaCha 跳转、停顿跳转)。

(28)停顿(节奏变化,一般停顿 2 拍或最多 4 拍)。

(29)踩板(一只脚板上踏步,一只脚板下踏步)。

(30)点板(前脚掌或脚跟触板)。①根据触板位置可分为踏板中间点板、踏板两端点板;②根据人站位面向分为正面点板、正面点地板;侧向点板、侧向点地板;背向点板、背向点地板。

(31)板前调整(常用踏步、Step Touch、Leg Curl 三个动作进行调整,目的是帮助人休息记忆和考虑后面的教学)。

(32)原地板下转身(初始位置为踏板下方,原地转身 180°或 360°回到初始位置)。

(33)原地板上转身(初始位置为踏板上方,板上转身 180°或 360°回到初始位置)。

(34)板上站立:正向分腿站立、侧向分腿站立、侧向交叉站立、背向分腿站立、背向交叉站立。

(35)启动腿(由起始位置先行开始动作的脚或腿,称为启动脚或启动腿,此时音乐重拍在启动脚或腿上)。

(36)跟随腿(由起始位置跟随启动脚开始动作的脚或腿,称为跟随脚或跟随腿)。

(37)起始位置(动作初始、开始的位置)。

(38)终止位置(动作结束、停止的位置)。

(39)变方向(改变动作方向或动作路线)。

(40)变动作(改变动作或动作节奏,即新动作替换原有动作)。

(41)变强度(改变动作强度:强度由低到高;强度由高到低。改变动作的过程中,往往伴随着动作强度的变化)。

(42)踏板操模板(踏板操模板是创编与教学的最基本动作框架,是一切踏板操动作组合变化的来源与出处)。

(43)初级模板(在踏板左右侧动作内容相一致的 16 节拍基本动作框架)。

(44)中级模板(在踏板左右侧动作内容不一致的 16 节拍基本动作框架)。

(45)动作组合(由多个单一动作组合而成的动作集合,踏板操组合有对称组合和非对称组合之分)。

(46)固定动作搭配(经常放在一起使用或搭配的动作组合,例如,L-Mambo+ Box Step)。

(47)由(从动作起始位置或起始动作开始)。

(48)经(动作完成过程中,所要经过的位置)。

(49)至(动作完成过程中由一个位置到达另外的位置)。

(50)成(动作经过完成改变成另外的状态)。

(51)同时(人身体不同部分在同一时间内做动作)。

(52)依次(按照先后顺序完成相同或不同的动作)。

(53)连续完成(不间断的动作完成)。

(54)交替完成(有间断的动作完成)。

(55)动作替换(新动作替换原有动作)。

(56)动作拆分(将原有动作进行分解、拆分成局部动作)。

(57)教学过程(按照一定教学步骤或顺序进行教学的过程)。

(58)踏板 Step。

(59)踏板操 Step Aerobics。

(60)健美操 Aerobic。

(61)舞蹈踏板操 Dance Step。

(62)爵士踏板操 Jazz Step。

(63)拉丁踏板操 Latino Step。

(64)SSM 简单的动作组合 (Simple Step Moves)。

(65)SSS 对称踏板系统 (Symmetry System Step)。

(66)ASS 非对称踏板系统 (Asymmetry System Step)

(67)落脚区域(落脚区域共有 5 个,分别是踏板前侧、踏板后侧、踏板左侧、踏板右侧、踏板上方)。

(68)落脚位置(落脚位置共有 15 个,其中在踏板前侧、踏板后侧和踏板上方三个落脚区域里,由左至右均匀划分出 1 号位置、2 号位置、3 号位置;在踏板左侧与踏板右侧两个落脚区域里,由上至下均匀划分出 1 号位置、2 号位置、3 号位置)(图 17-5)。

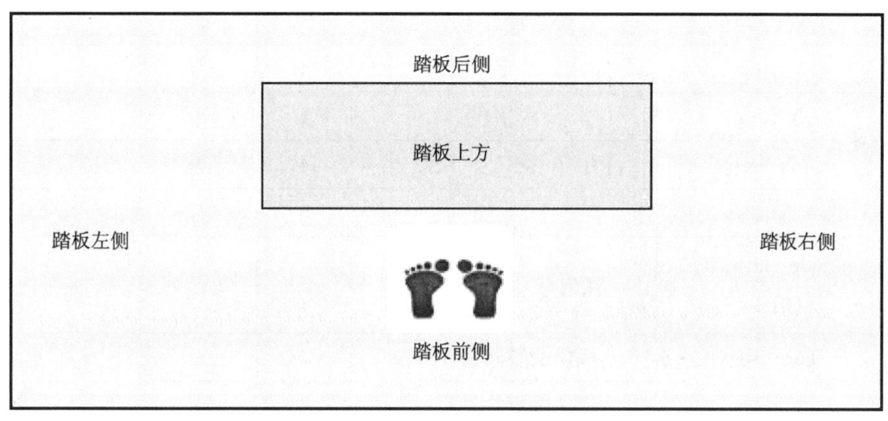

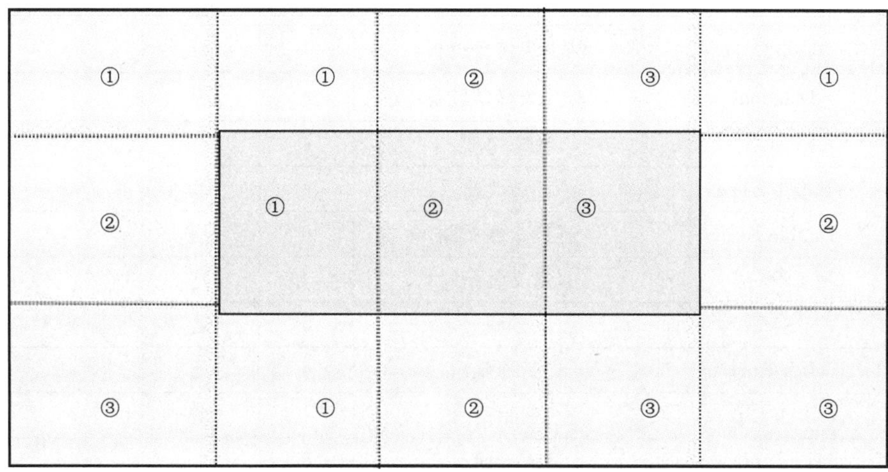

图 17-5　落脚区域示意图

二、踏板操基本动作

踏板操基本动作是人们参与踏板操运动创编和教学的基础构成。根据动作复杂程度及使用频率的不同，可将踏板操基本动作分为初级基本动作和中级基本动作；根据动作类别的不同，可将踏板操基本动作分为踏步类、抬腿类、点板类、综合类(图 17-6)。

分类	英文名称	中文注释	节拍数	是否换脚	
踏步类	March	踏步	2	否	
	Basic	上下板基本步	4	否	
	Stomp	踩板	2/3/4	否	
	Mambo	曼波	4	否	
	Baby Mambo	Baby 曼波	6	否	
	L Mambo	L 曼波	4	否	
	Pivot Turn	曼波转身 180°	4	否	
	V Step	V 字步	4	否	
	A Step	A 字步	4	否	
	Box Step	十字步、交叉步、秧歌步	4	否	
	Tango	Tango	5	否	
	Outside/Butterfly/Off In	侧向移动步/蝴蝶步	5	否	
	Turn Step	板前交替转身 180°	4	否	
	Reverse	转身 360°	2	否	
	Straddle	分腿跨板	2	否	
	Basic Over	基本步转身过板	4	否	
	Diagonal	对角线移动转身	4	否	
抬腿类	Knee Up	抬腿、抬膝	4	是	
	Single Knee	抬腿 1 次	4	是	
	Double Knee	连续 2 次抬腿	6	是	
	L Step	L 字交替抬腿	4	是	
	Kick	踢腿	4	是	
	Leg Curl	后屈腿	4	是	
	Back Lift	后抬腿	4	是	
	Helicopter	直升机	8	是	
	Rocking Horse	摇滚马步	8	是	
	Step Touch/Tap Up	交替上板踏点步	4	是	

分类	英文名称	中文注释	节拍数	是否换脚	
点板类	Toe	脚尖	2	是	
	Heel	脚跟	2	是	
综合类	Slide	侧滑步	4	是	
	Freeze	停顿	4	是	
	Pas De Bourree	后曼波换脚跳	4	是	
	Cha Cha Cha	小范围、小幅度移动的恰恰恰	2	是	
	Shasse	大范围、大幅度移动的恰恰恰	4	是	
	Twist	拧转、扭转	4	是	
	Cross Over	前后交叉跳步	4	是	
	Shuffle	换脚跳	4	是	
	Y Step	Y 字步	8	否	
	Z Step	Z 字步	8	否	
	X Step	X 字步	8	否	
	T Step	T 字步	8	否	
	K Step	K 字步	8	否	
	Jumping Jack	开合跳	2	均可	
	Indecision	跨板转身移动步	8	否	
	I Step	I 字步	8	均可	
	Grapevine	后交叉移动步	4	是	
	Kick Ball Change	踢球换腿步	4	否	

图 17-6　踏板操基本动作汇总

三、踏板操基本动作解析

(一)March(踏步)

动作描述:

(1)踏板的摆放位置为水平摆放(Horizontal Bench)。

(2)完成该动作需要 2 拍。

(3)右脚作为启动脚在踏板前踏步 1 次。

(4)左脚原地踏步 1 次。

如图 17-7 所示。

预备姿势 1 2 3 4

图 17-7　踏步

（二）Basic（上下板基本步）

动作描述：

（1）踏板的摆放位置为水平摆放（Horizontal Bench）。

（2）完成该动作需要 4 拍。

（3）右脚作为启动脚由板前先行上至踏板中间。

（4）左脚跟随启动脚也一起由板前上至踏板中间（即左右脚同时站在踏板上）。

（5）右脚由踏板中间下板至板前起始位置。

（6）左脚也跟随右脚从踏板中间下至板前起始位置，双脚并拢。

如图 17-8 所示。

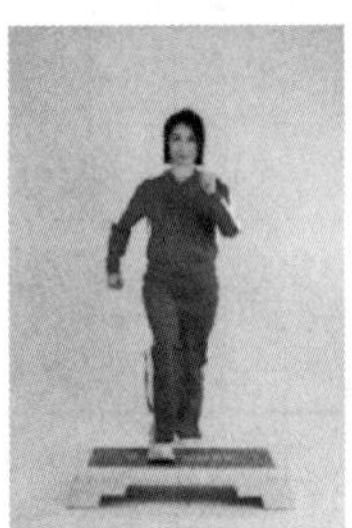

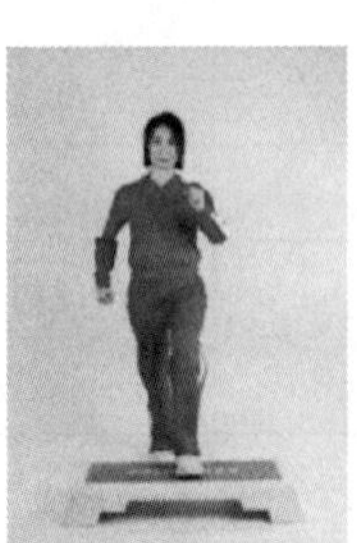

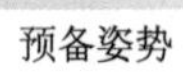

1 2 3 4

图 17-8　上下板基本步

（三）Stomp（踩板）

动作描述：

（1）踏板的摆放位置为水平摆放（Horizontal Bench）。

（2）完成该动作需要 2/3/4 拍，具体解释如下：①右脚作为启动脚踩板完成一次 Stomp 后，右脚不下板，继续在板上完成下一次 Stomp，此种情况下的 Stomp 动作节拍为 2 拍；②右脚作为启动脚踩板完成一次 Stomp 后，右脚下板，左脚作为启动脚在踏板另一侧继续完成动作，此种情况下的 Stomp 动作节拍为 3 拍；③右脚作为启动脚踩板完成一次 Stomp 后，右脚下板，左脚原地板前踏步1拍，右脚仍然为启动脚，此种情况下的 Stomp 动作节拍为4拍。其实就是在板前完成一次 Mambo。

如图17-9所示。

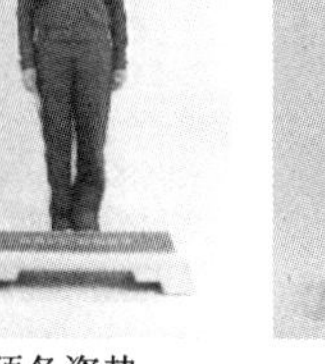

预备姿势　　1　　2

图17-9　踩板

(四)Mambo(曼波)

动作描述：

(1)踏板的摆放位置为水平摆放(Horizontal Bench)。

(2)完成该动作需要4拍。

(3)右脚作为启动脚迈步至踏板上方踩板，左脚原地板下踏步，然后右脚踏步下板还原至起始位置，左脚跟随踏步下板至双脚并拢。

如图17-10所示。

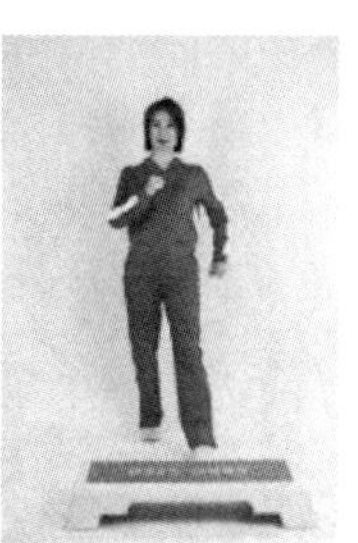

预备姿势　　1　　2　　3　　4

图17-10　曼波

(五)Box Step(十字步、交叉步、秧歌步)

动作描述：

(1)踏板的摆放位置为水平摆放(Horizontal Bench)。

(2)完成该动作需要4拍。

(3)右脚作为启动脚先行上至踏板左侧。

(4)左脚随动交叉踏步至踏板右侧。

(5)右脚踏步还原至踏板前起始位置,左脚跟随踏步下板至踏板前侧。

如图 17-11 所示。

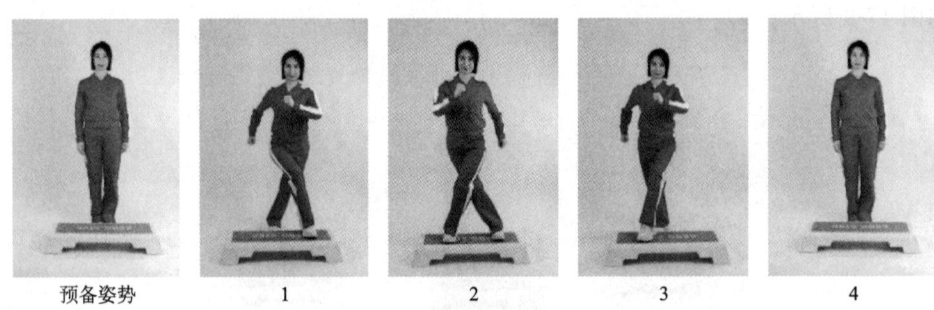

预备姿势　1　2　3　4

图 17-11　十字步

(六)Tango(探戈)

动作描述:

(1)踏板的摆放位置为水平摆放(Horizontal Bench)。

(2)完成该动作需要 5 拍。

(3)右脚作为启动脚先行上至板上方 1 号位置,身体面向左侧,然后左脚跟随上至板上方 3 号位置,此时双脚同时位于踏板上,双脚开立与肩同宽。

(4)左脚、右脚依次下板至板前起始位置。

如图 17-12 所示。

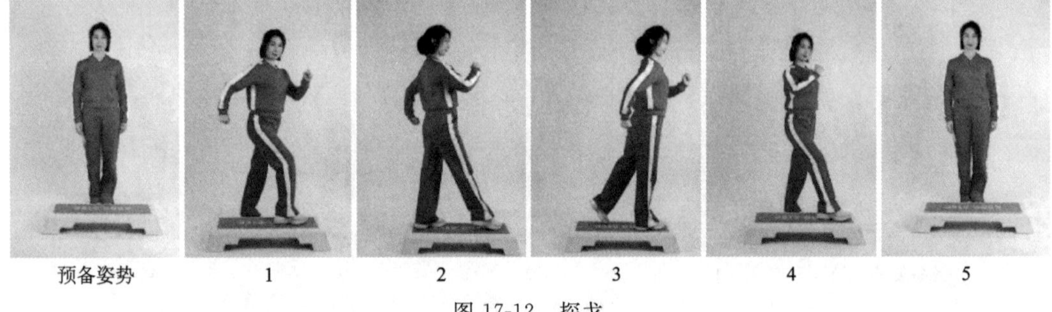

预备姿势　1　2　3　4　5

图 17-12　探戈

(七)Outside/Butterfly/Off In(侧向移动步/蝴蝶步)

动作描述:

(1)踏板的摆放位置为水平摆放(Horizontal Bench)。

(2)完成该动作需要 5 拍。

(3)右脚作为启动脚先行上至踏板左侧,左脚踏步至踏板左侧板下,右脚在踏板上再次踏步,左脚踏步还原至起始位置,右脚踏步还原至板前双脚并拢。

如图 17-13 所示。

预备姿势　1　2　3　4　5

图 17-13　蝴蝶步

(八)V Step(V 字步)

动作描述：

(1)踏板的摆放位置为水平摆放(Horizontal Bench)。

(2)完成该动作需要 4 拍。

(3)该动作完成过程就像是在踏板上完成一个 V 字形的运动轨迹。

(4)右脚为启动脚由板前上至踏板上(落脚点位置尽可能落在踏板的一端)。

(5)左脚跟随也由板前上至踏板上(落脚点位置尽可能落在踏板的另一端,双脚距离尽可能大)。

(6)右脚再作为启动脚由板上移动至板下。

(7)左脚也紧跟着下板(双腿并拢站于踏板前)。

如图 17-14 所示。

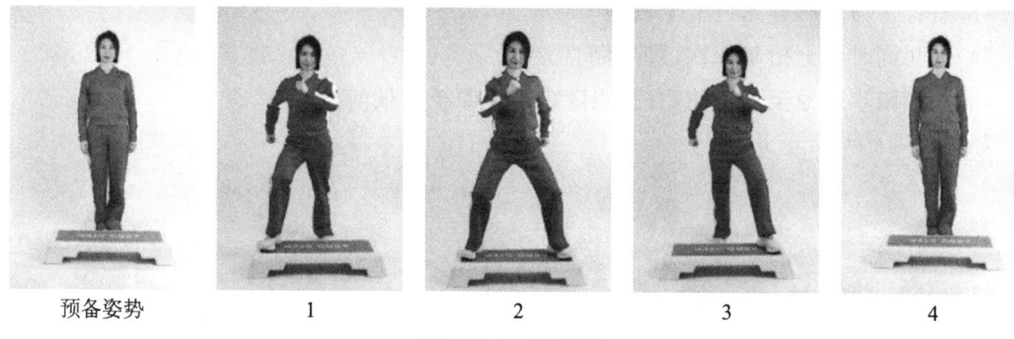

预备姿势　1　2　3　4

图 17-14　“V”字步

(九)Straddle(分腿跨板)

动作描述：

(1)踏板的摆放位置为水平摆放(Horizontal Bench)。

(2)完成该动作需要 2 拍,完成基本的分腿跨板需要 4 拍,完成基本的分腿跨板后,继续上板并返回板前起始位置需要 8 拍。

(3)侧位站在踏板前,右脚作为启动脚先上板,左脚也随之上板,左右脚都在踏板上。

(4)然后右脚、左脚依次下板分腿站立在踏板的两边(踏板在两腿之间)。

(5)右脚、左脚依次先后再上踏板。

(6)右脚、左脚先后下板(此时下板落地的位置在踏板的另外一边,在初始位置的另一侧)。

如图 17-15 所示。

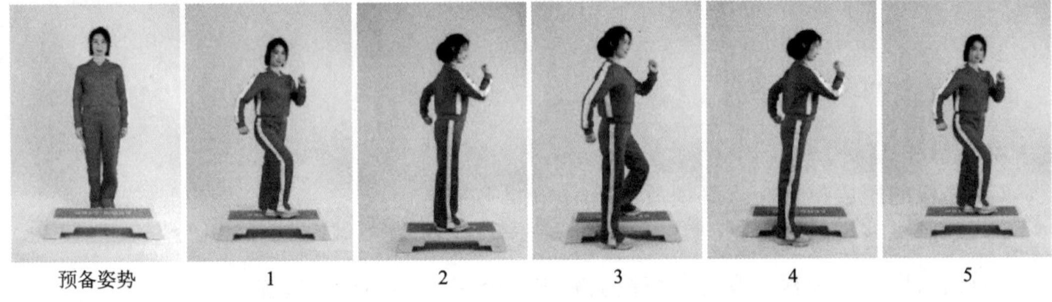

预备姿势　1　2　3　4　5

图 17-15　分腿跨板

(十)Knee Up/Single Knee(抬腿一次)

动作描述:

(1)踏板的摆放位置为水平摆放(Horizontal Bench)。

(2)完成该动作需要 4 拍。

(3)右脚作为启动脚先行上至板上 1 号位置。

(4)左腿同时向上抬起 1 次,脚尖绷直。

(5)左脚踏步还原至踏板前,右脚跟随踏步还原至踏板前。

如图 17-16 所示。

预备姿势

1

2

3

4

图 17-16　抬腿一次

第四节　踏板操基本模板

一、初级模板

(一)初级模板的定义

初级模板是人们在踏板操运动中总结出来的具有代表性与规律性的模式化公式。Knee是初级模板唯一的核心动作，Basic、Stomp、Mambo、Baby Mambo皆为Knee的搭配使用动作。初级模板是16节拍对称基本动作组合，也是一切踏板操动作变化的根源和基础。初级模板是构成32节拍对称动作组合最重要的、不可或缺的组成部分。

(二)初级模板的特点

初级模板具有区别于中级模板与其他动作组合的特性：模板核心动作是Knee，4拍的换脚动作；模板搭配动作是Basic、Stomp、Mambo、Baby Mambo；模板动作内容左右侧对称，且左右两侧各为16节拍，是32节拍对称组合的构成前提条件和基础；使用顺序为初级模板在前，中级模板在后。

(三)初级模板介绍

初级模板共有10个，都是围绕核心动作Knee进行展开变化的，初级模板的具体结构和信息如图17-17所示。

初级模板	核心动作节拍	是否对称(Y/N)	总节拍数	还需要节拍数	固定搭配动作
1. 1Knee+3Basic 2. 1Knee+2Knee+2Knee	1 Knee 4节拍	Y 换脚	16节拍	抬腿1次完成后仍需要12节拍	(3Basic)/(2Knee+2Knee)
3. 2Knee+2Stomp+2Stomp 4. 2Knee+1Baby Mambo+1Basic	2Knee 6节拍	Y 换脚	16节拍	抬腿2次后仍需要10节拍	(2Stomp+2Stomp)/(1Baby Mambo+1Basic)

初级模板	核心动作节拍	是否对称(Y/N)	总节拍数	还需要节拍数	固定搭配动作
4. 3Knee+2Basic 5. 3Knee+1Knee+1Knee	3Knee 8节拍	Y 换脚	16节拍	抬腿3次后仍需要8节拍	(2Basic)/(1Knee+1Knee)
7. 4Knee+Baby Mambo	4Knee 10节拍	Y 换脚	16节拍	抬腿4次后仍需要6节拍	Baby Mambo
8. 5Knee+1Basic	5Knee 12节拍	Y 换脚	16节拍	抬腿5次后仍需要4节拍	1Basic
9. 6Knee+2March	6Knee 14节拍	Y 换脚	16节拍	抬腿6次后仍需要2节拍	2March
10. 7Knee	7Knee 16节拍	Y 换脚	16节拍	抬腿7次后仍需要0节拍	0

图 14-17　初级模板结构

(四)初级模板解析(举例)

模板1Knee+3Basic解析,如图17-18所示。

模板	核心动作	核心动作节拍	模板节拍	整体模板是否换脚
1Knee+3Basic	1Knee	4	16	是

图 17-18　初级模板解析

1. 模板结构特点

(1)模板动作内容:1Knee+3Basic。

(2)模板整体节拍数:16节拍。

(3)模板核心动作:1Knee,动作节拍为4拍。

(4)模板搭配动作:3Basic,动作节拍为12拍。

(5)模板是否对称:是,左右对称。

2. 模板实践应用

(1)在模板1Knee+3Basic中,1Knee为4拍换脚动作,是该模板的核心动作,3Basic为12拍不换脚动作,是核心动作1Knee的搭配动作。

(2)练习者可以用1Leg Curl、1Kick、1ChaChaCha、1Freeze、Mambo Shuffle同等节拍的换脚动作来替代1Knee。在面对搭配动作3Basic时,一般会有两种处理办法:直接在3Basic基础上进行动作替换,比如用2Basic Over替换2Basic,或者用Basic Lunge替换2Basic;将

3Basic 化解成大量踏步,在踏步基础上再进行动作替换,最终完成整个模板动作的改变。

(3)练习者可根据需要,将 1Knee 与 3Basic 的动作顺序进行调换,形成另外一个看似是新的模板:3Basic+1Knee(动作并无根本性变化)。新模板 3Basic+1Knee 与旧模板 1Knee+3Basic 的最大区别就在于,既是核心动作又是换脚动作的 1Knee,是出现在第一个 8 拍,还是在第二个 8 拍。因为这决定着模板换脚特性发生的节拍与位置,会影响动作组合在后续编排的导向和教学者在教授动作的顺序与步骤。除此以外,二者并无其他区别。例如,1Knee+3Basic 与 3Basic+1Knee,动作一模一样,但是 1Knee 出现的位置却不一样,教学者无论是依据模板进行编排还是教学,都是完全不同的步骤和顺序。

模板 1Knee+2Knee+3Knee 解析,如图 17-19 所示。

模板	核心动作	核心动作节拍	模板节拍	整体模板是否换脚
1 Knee+2 Knee+2Knee	1 Knee	4	16	是

图 17-19 模板 1 Knee+2 Knee+3Knee 解析

3. 模板结构特点

(1)模板动作内容:1Knee+2Knee+2Knee。

(2)模板整体节拍数:16 节拍。

(3)模板核心动作:1Knee,动作节拍为 4 拍。

(4)模板搭配动作:2Knee+2Knee,动作节拍为 12 拍。

(5)模板是否对称:是,左右对称。

4. 模板实践应用

(1)在模板 1Knee+2Knee+2Knee 中,1Knee 为 4 拍换脚动作,是该模板的核心动作,2Knee+2Knee 为 12 拍不换脚动作,是核心动作 1Knee 的搭配动作。

(2)练习者可以用 1Leg Curl、1Kick、1Chachacha、1Freeze、Mambo Shuffle 等同等节拍的换脚动作来替代 1Knee。

(3)对于搭配动作 2Knee+2Knee,可以用两种不同的动作分别替换 2Knee。例如,在 2Knee+2Knee 的基础上,可以将第一个 2Knee 变换为 ChaChaCha Box Step,第二个 2Knee 变换为 Tango Shuffle Reverse,或者将第一个 2Knee 变换为 Kick And Lift,第二个 2Knee 变换为 Outside +1ChaChaCha 等。用两个不同的动作来替换两个相同的 2Knee(2Knee+2Knee),打破原有模板素材的对称,是不错的动作变化思路。

(4)练习者还可调整模板 1Knee+2Knee+2Knee 的动作顺序,形成一个新的动作顺序。例如,1Knee + 2Knee + 2Knee 可以变为 2Knee + 2Knee + 1Knee 或 2Knee + 1Knee + 2Knee。很显然调换动作顺序并不是具有亮点的改变方法,只是多了一种选择思路。

二、踏板操中级模板

中级模板是踏板操模板另外一个非常重要的组成内容,它与初级模板既有区别又有联系。中级模板的出现对于丰富动作组合内容、增加动作组合节拍起着非常关键的作用，只有熟练掌握初级模板与中级模板的联合应用，才具备真正的32节拍对称踏板操组合的创编与教学能力。因此，掌握中级模板相关知识非常重要。

（一）中级模板的定义

中级模板是人们在踏板操运动中总结出来的具有代表性与规律性的模式化公式。中级模板共有4个核心动作元素，它们是Knee、Basic、Stomp、Mambo。中级模板都是16节拍单侧非对称动作组合，是构建32节拍对称动作组合的重要组成部分。

（二）中级模板的分类

依据不同核心动作（Basic、Knee 、Mambo、Stomp），将中级模板分为四类，如图17-20所示。

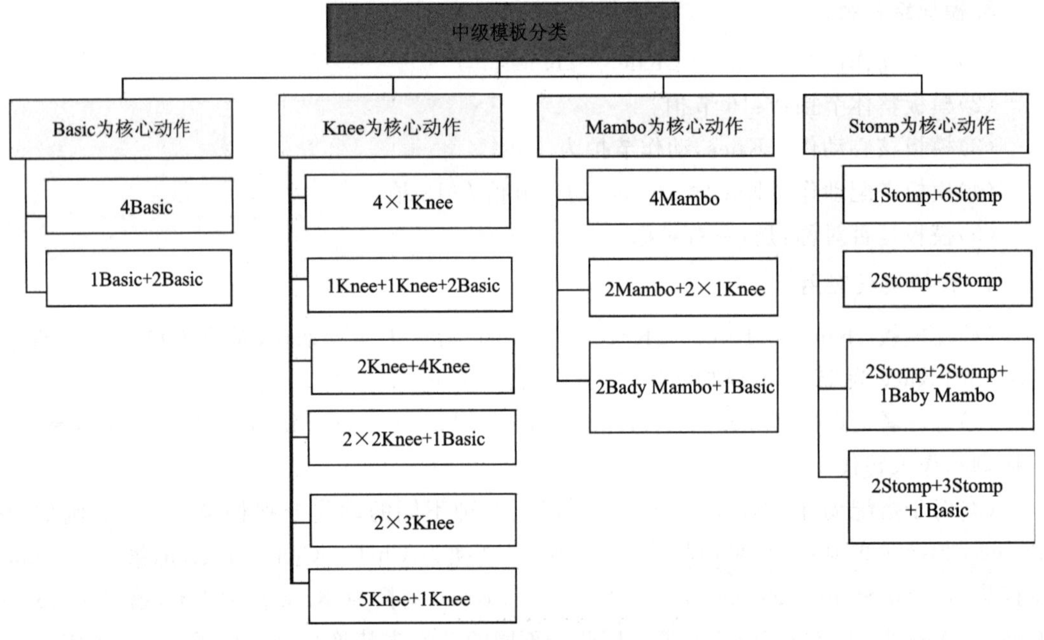

图17-20　中级模板分类示意图

（三）中级模板解析

模板4Basic解析，如图17-21所示。

模板	核心动作	核心动作节拍	模板节拍	整体模板是否换脚
4Basic	Basic	4	16	否

图17-21　模板4Basic解析

1. 模板结构特点

(1)模板动作内容:4Basic。

(2)模板整体节拍数:16 节拍。

(3)模板核心动作:Basic,动作节拍为 4 拍。

(4)模板是否对称:否,单侧非对称。

2. 模板实践应用

(1) 在模板 4Basic 中,Basic 重复次数规律且动作结构简单,是所有踏板操模板中最简单的模板之一。4Basic 与初级模板搭配使用的顺序为:初级模板(任意一个) +4Basic。需要强调的是,使用顺序可以进行前后调整置换为 4Basic+ 初级模板(任意一个),但这样的顺序并不是鼓励和推荐的,因为在初级模板与中级模板的搭配使用过程中,更加提倡动作组合前 16 拍动作要处于对称状态中,这样更有利于教学的推进。

(2) 4Basic 为 16 拍不换脚动作,在实践练习中改变 4Basic 的常用思路有三种:按照顺序,把 4Basic 逐步替换成同等节拍的踏步。踏步时,练习者的双脚可在踏板上完成,也可单脚在板上、板下完成;用不换脚动作来替代同等节拍的 Basic, 例如,用 IV Step 来替代 1Basic,或用 1Mambo 替代 1Basic,也可以用两次 6 拍的 Basic 加上一次 4 拍的 1Basic 来替代 4Basic, 即 2Basic (6 拍)41Basic (4 拍);可以连续使用两个换脚动作来替代同等节拍的 Basic,例如,用 (1Knee + 1Step Tap) + 3Basic 来替代 4Basic,用 Mambo Shuffle Knee | 4March+2Basic 来替代 4Basic。

模板	核心动作	核心动作节拍	模板节拍	整体模板是否换脚
1Basic+2×2Knee	Basic	4	16	否

图 17-22　模板 1Basic+2×2Knee 解析

3. 模板结构特点

(1)模板动作内容:1Basic +2×2Knee。

(2)模板整体节拍数:16 节拍。

(3)模板核心动作:Basic,动作节拍为 4 拍。

(4)模板是否对称:否,单侧非对称。

4. 模板实践应用

(1)在模板 1Basic + 2 × 2Knee 中,动作元素包含 Basic 和 2Knee(两次连续抬腿)。2Knee 是 6 拍换脚动作,踏板左右侧各完成一个 2Knee,动作换脚特性相互抵消,音乐重拍仍然在右脚上,故模板 1Basie+2×2Knee 为单侧非对称动作组合。

(2)在实践运用中,可根据需要调整模板中动作素材的顺序,例如,可将 1Basic+2×2Knee 变为 2×2Knee+1Basic 或 2Knee+1Basic+2Knee。像这样不改变动作只调整顺序,从根本上影响模板的结构与特性。但在模板使用中,有了更多的搭配连接的花样和顺序选择。这给练习者在创编和教学中带来了更大的选择空间。

(3)基于“变方向”“变动作”“变强度”三个改变动作的实践技巧，按照一定的替换顺序，练习者很快就可以对模板 1Basic ＋2x2Knee 进行改变。例如，可以将 2Knee 改变成 1Stomp＋1Knee(可以左右侧动作都改，也可以只改动一侧动作)。1Basic 可以改变成 1Reverse Basic，即最终所有动作变换为(1Reverse Basic)＋(1Stomp＋1Knee)＋(1Stomp＋1Knee)。再例如，将动作顺序调整为 2Knee＋1Basic＋2Knee，将 2Knee 变换为 1Stomp＋1Knee(可以在一个教学步骤变换两侧 2Knee 成为 1Stomp＋1Knee，也可以先变换一侧 2Knee，下一步变换另一侧 2Knee)，继续将 1Basic 拆分成 4 拍踏步，所有动作变为(1Stomp＋1Knee)＋4March＋(1Stomp＋1Knee)，继续将两个 1Stomp＋1Knee 变换为两个 Butter Fly，整体动作变换为(Butter Fly＋1Knee＋2March)＋(Butter Fly＋1Knee＋2March)，最后将 2March 变换成 1Reverse，即最终所有动作变换为(Butter Fly＋1Knee＋1Reverse)＋(Butter Fly＋1Kneet 1Reverse)。

第十八章 ▶▶▶ 游 泳

第一节 游泳运动概述

现代游泳起源于英国，17 世纪 60 年代以来开展得相当活跃。1896 年举行第一届现代奥林匹克运动会时，就把游泳列为比赛项目之一。当时已有男子 100m、500m、1200m 自由泳三个比赛项目。1908 年，在英国伦敦举办第四届奥运会时，成立了国际业余游泳联合会，审定各项游泳世界纪录，并制定了国际游泳比赛规则、比赛项目。自由泳设 100m、400m、1500m 和 4×200m 接力，仰泳设 100m。1912 年，在瑞典斯德哥尔摩举行的第五届奥运会，开始把女子游泳列入比赛项目，设女子 100m 自由泳和 4×100m 自由泳接力。

1952 年第十五届奥运会，国际泳联决定把蛙泳和蝶泳分为两个比赛项目，从此竞技游泳发展成四种泳式。随着游泳技术的发展，游泳规则多次进行修改。在第十六届奥运会上，比赛项目逐渐增加。在 2008 年北京奥运会上，游泳比赛共设 46 个小项，其中竞技游泳 34 项、跳水 8 项、水球和花样游泳各 2 项，项目和金牌数量仅次于田径比赛。

游泳在世界上享有“21 世纪最普及、最时尚的健美运动”的美誉。游泳时，人处在水中，由于水的浮力，四肢关节和脊柱在运动中不会受到来自地面的反作用力的直接冲击，从而大大地减少了陆上运动时地面反作用力对人体下肢关节（如膝关节、踝关节）和腰部的运动损伤，从而能更好地促进身体的生长发育。

游泳锻炼能改善人体的体温调节机能，增强对环境温度降低的适应能力和对寒冷的耐受力。经常参加游泳锻炼的人对外界气温变化的适应能力很强，所以经常游泳的人不易感冒。学会游泳，还可以有效减少水上事故的发生。

第二节 游泳运动安全卫生常识

一、游泳的卫生知识

游泳前应认真进行身体体检，防止患病者游泳时发生意外，同时避免将疾病传染给他人。凡患有传染性肝炎、活动性肺结核、细菌性痢疾、化脓性中耳炎、心脏病、精神病、皮肤病、严重沙眼，以及其他传染病者，均不得游泳；女生在月经期间，也不宜游泳；饭后 1 小时内或饥饿状态下，不宜游泳；剧烈运动后不宜马上游泳；不能带病游泳；不能长时间暴晒游泳。

下水前应认真做好准备活动，使身体适应激烈运动和低温水的刺激；在游泳中不准乱跳水、潜水和开玩笑，遵守游泳池(场)的规章制度，在指定水域内游泳，以免发生危险。游泳者要有同伴，以便互教互学，互相照顾。初学游泳者不得到深水区游泳。

在自然水域游泳要注意水质、水的深度和流速，不要在有污泥、乱石、树桩、漩涡、杂草丛生和船只来往频繁的地方游泳，以免发生危险。

注意公共卫生，淋浴后方可下水，禁止在水中吐痰和便溺，不要租借他人游泳衣(裤)。出水后应淋浴，然后擦干身体，穿衣保暖。出现头晕、呕心、冷战、抽筋等情况应及时上岸。

二、溺水时的状况

(一)原因与症状

在游泳时，因肌肉痉挛或技术上的原因导致溺水。溺水时，水经过口鼻进入肺部，造成呼吸道阻塞，或者因吸水的刺激，引起喉部肌肉痉挛，使气体不能进入，导致窒息和昏迷。如果时间稍长，会因缺氧而危及生命。

窒息后，脸色苍白、面部肿胀、眼睛充血、口鼻充满泡沫、四肢冰冷、神志昏迷、胃腹吸满水而鼓起，甚至心跳停止。

(二)判断真死和假死

对溺水者，常常需要对真死和假死进行判断。真死一般具有以下 4 个特征：

(1)呼吸停止。既看不见又摸不到呼吸运动，即使将细毛或发丝放在鼻腔前，也不见飘动。

(2)心跳停止，脉搏消失。将耳朵贴在患者胸壁外或用听诊器听不到心音。

(3)瞳孔对光反射消失。亮光不能使瞳孔缩小，不出现眨眼反应。

(4)角膜反射消失。用手指或细毛触及角膜,不出现眨眼反应。

若溺水者只出现1～2个症状时,则并非为真死,称为假死。若4个症状都存在,且用手指从两侧挤压眼球,瞳孔变成椭圆形时,则可判为真死。

必须记住,急救者切不可轻易判断为真死,在尚未完全出现真死症状之前,要刻不容缓地坚持抢救。

三、岸上急救

溺水者被救上岸后,如已昏迷、心跳停止、呼吸停止等,应立即采取措施进行现场急救,然后再转送医院抢救。急救及时,方法正确,有时甚至可以使几乎毫无希望的溺水者转危为安。但若耽误了上岸后的最佳急救时机,则可能会使整个救生工作前功尽弃。岸上急救的目的在于迅速恢复严重溺水者的呼吸和心跳。方法步骤如下。

(一)清除口、鼻中杂物

上岸后,应迅速将溺水者的衣服和腰带解开,擦干身体,清除口、鼻中的淤泥、杂草、泡沫和呕吐物,使上呼吸道保持畅通,如有活动假牙,应取出,以免坠入气管内。如果发现溺水者喉部有阻塞物,则可将溺水者脸部转向下方,在其后背用力一拍,将阻塞物拍出气管。如果溺水者牙关紧闭,口难张开,救生者可在其身后,用两手拇指顶住溺水者的下颌关节用力前推,同时用两手食指和中指向下扳其下颌骨,将口掰开。为防止已张开的口再闭上,可将小木棒放在溺水者上下牙床之间。

(二)空水

在进行上述处理后,应着手将进入溺水者呼吸道、肺部和腹中的水排出。这一过程就是“空水”。常用的方法有伏膝倒水法:救生者一腿跪地,另一腿屈膝,将溺水者腹部搁在屈膝的腿上,然后一手扶住溺水者的头部使口朝下,另一手压溺水者的背部,使水排出。另外,还有肩背倒立倒水法,即救生者站立将溺水者双脚抱起,使其头向下呈倒立状将水排出。

(三)人工呼吸

人工呼吸是使溺水者恢复呼吸的关键步骤,应不失时机尽快施行,且不要轻易放弃努力,应坚持做到溺水者完全恢复正常呼吸为止。在实践中,有很多人是在做了数小时的人工呼吸后才复苏的。人工呼吸的节律为15～20次/分钟。

常用的人工呼吸法有口对口吹气法,具体做法如下。将溺水者仰卧平放在地上,可在颈下垫些衣物,头部稍后仰使呼吸道拉直。救生者跪蹲在溺水者一侧,一手捏住溺水者的鼻子,另一手托住其下颌。深吸一口气后,用嘴贴紧溺水者的口(全部封住,不可漏气)吹气,使其胸腔扩张。吹进约1500mL(成人多些,儿童少些)空气后,嘴和捏鼻的手同时放开,溺水者的胸腔在弹性的作用下回缩,气体排出肺部。必要时,救生者可用手轻压一下溺水者的胸部，或一手托起溺水者颈部，帮助其呼气。如此周而复始地进行。人体正常呼吸时，吸入的新鲜空气中氧气约占21%，二氧化碳约占0.04%。经过肺泡内的气体交换，呼出气中氧含量降低，但仍占16%左右，二氧化碳含量则增高到4.4%左右。因此，进行口对口人工呼吸时，救生者吹出的气中仍有较多的氧气，可供溺水者所需。另外，因吹出气中二氧化碳含量较高，会刺激溺水者的呼吸系统，促其恢复自然呼吸。

（四）胸外心脏按摩法

将溺水者救上岸后，如发现溺水者的心跳已停或极其微弱，则应立即施行胸外心脏按摩，通过间接挤压心脏使其收缩与舒张，恢复泵血功能。胸外心脏按摩与人工呼吸的配合施行，是对尚未出现真死现象的溺水者之生命做最后的挽救，使其恢复自主心跳与呼吸的重要手段。胸外心脏按摩的具体做法：将溺水者仰卧平放地上，救生者骑跪在溺水者大腿两侧或跪在其身旁，两手掌相叠，掌根按住溺水者胸骨下端，两臂伸直，身体前倾，借助身体的重量稳健地下压，压力集中在掌根，使溺水者胸骨下陷3～4cm。然后，上体复原，迅速放松双手，但掌根不离位。如此有节奏地进行，每分钟60～80次。下压时用力要均匀，不宜用力过猛，松手要快。胸外心脏按摩也需要耐心和毅力，有时也要经过数小时的不懈努力才能使溺水者起死回生。胸外心脏按摩与口对口人工呼吸结合运用的方法：如有两人配合施救，则一人做胸外心脏按摩，另一人做口对口人口呼吸；如只有一人施救，则是吹一口气后，做5～8次心脏按压，然后再吹气。

第三节　游泳运动技术

一、蛙泳基本技术

蛙泳是模仿青蛙游泳动作的一种姿势。蛙泳的时候，头露出水面或浸在水里，抬头就吸气，呼吸方便，省力持久，而且在游进中声音小、易观察、可负重，是实用性较强的游泳技能。

（一）动作要点

1. 身体姿势

俯卧水中，两臂前伸并拢，稍抬头，前额齐水面，稍挺胸，略收腹，腿伸直呈流线型。身体纵轴与前进方向成5°～10°。

2. 腿部动作

蛙泳腿部动作包括收腿、翻脚、蹬夹水和滑行四个连贯动作。

(1)收腿。收腿是把腿收至能为翻脚蹬夹水创造有利条件的位置。收腿是从滑行结束而自然下沉开始,两腿边收边分,在收腿结束时,大腿与躯干之间的角度为130°～140°,小腿和脚靠近臀部并与水面成垂直姿势,两膝距离与肩同宽。收腿的要求:腿要放松、收腿的力量要小;速度与蹬腿相比要慢,截面要小(图18-1)。

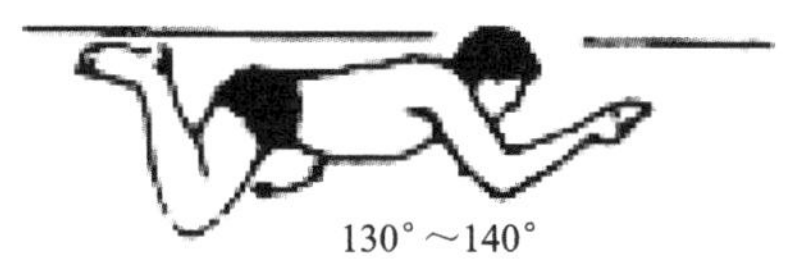

图18-1　收腿

(2)翻脚。翻脚是为了创造有利蹬夹水的动作,直接影响蹬夹水效果。实际上翻脚是收腿的继续、蹬夹水的开始。在收腿靠近臀部时,两膝内压,小腿外移,紧接着两脚外翻,使脚和小腿内侧对好蹬水方向。要求在收腿未结束之前开始翻脚,在蹬腿开始时完成(图18-2)。

(3)蹬夹水。蹬夹水的要点是用髋和大腿的肌肉发力,按先伸髋,再伸膝、伸踝的顺序,以大腿内旋作快速有力的鞭状蹬夹水动作。蹬夹水结束时两腿并拢(图18-3)。

(4)滑行。紧接着鞭状蹬夹水动作,两腿并拢伸直借助惯性向前滑行,身体呈俯卧姿势,腿部放松为收腿做准备。

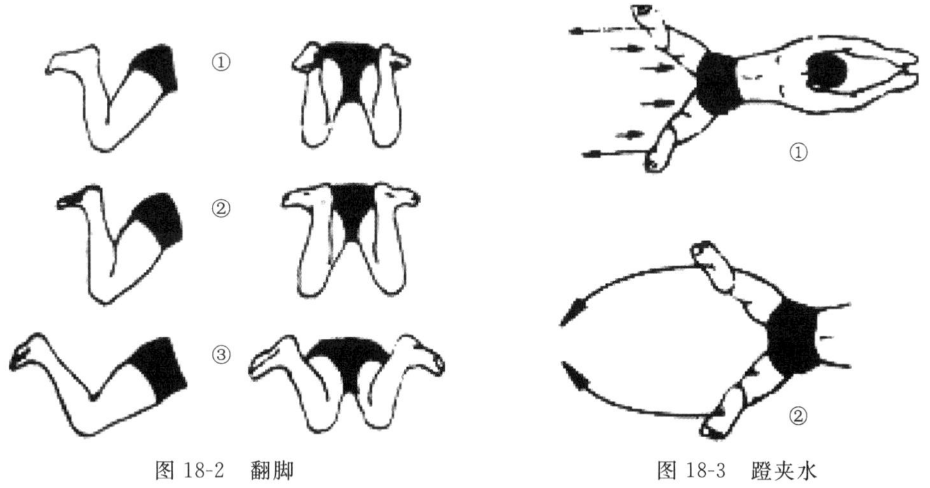

图18-2　翻脚　　图18-3　蹬夹水

3. 臂部动作

蛙泳臂部动作不仅是游进的主要动力,而且对维持身体平衡、配合呼吸有重要作用。蛙泳臂的划水动作可分为抓水、划水、收手、伸臂几个阶段。

(1)抓水。抓水是划水的准备阶段,抓水动作紧接滑行,肩前伸,两臂内旋滑下,稍勾手,两臂分开向侧下方压水。抓水结束时,两臂分成30°～40°,两臂与水平面成15°～20°。

(2)划水。紧接着抓水动作,两臂积极地做向侧、向下、向后方向屈臂划水。整个划水过程应保持快速有力。划水时前臂与上臂的角度是不断变化的，在主要划水阶段约为 90°。

(3)收手。划水结束时，随着惯性手臂向内、向上收到头的前下方，这时前臂与手几乎同时做动作，但不能强调两肘向内夹。

(4)伸臂。伸臂是由伸直肘关节和肩前伸来完成的，掌心由收手时的向内逐渐向下方，两臂同时向前伸出，两手拇指并拢(图 18-4)。

图 18-4　伸臂

4. 臂与呼吸的配合

蛙泳的呼吸方法有两种：一种是抬头吸气时下颌前伸，口露出水面吸气，肩的上下起伏不大；另一种是随着臂的有力划水动作，头和肩上升时吸气，没有明显的抬头动作。

划水阶段，头、口露出水面吸气，伸臂时低头闭气，臂滑下时逐渐呼气。它的配合又有两种类型：一种是“早吸气”，即两臂开始划水时吸气；另一种是“晚吸气”，即两臂划水快结束时吸气。初学蛙泳的人以“早吸气”为好。

5. 臂、腿和呼吸的完整配合

臂、腿配合一般是臂划水时，腿伸直放松，吸气后臂前伸做收腿和蹬夹水动作(图 18-5)。腿和呼吸的完整配合一般是：腿蹬夹水一次，臂划水一次，呼吸一次。蛙泳技术的重点、难点是腿部动作，而腿部动作的关键又是翻脚和鞭状蹬夹水动作。腿部动作的技术要求是慢收快蹬，翻脚充分，鞭状蹬腿，放松滑行。臂部技术主要注意屈臂划水和划水路线不超过肩。在完整配合技术中注意动作的节奏性和连贯性。

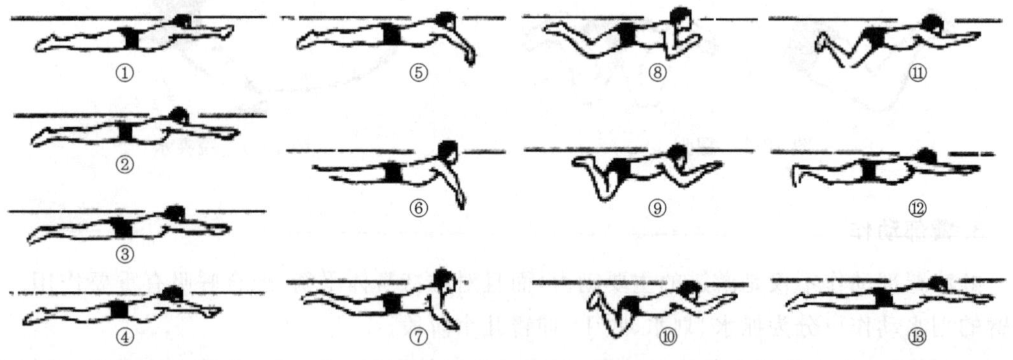

图 18-5　臂、腿和呼吸的完整配合

(二)蛙泳的基本练习方法

学蛙泳的顺序是先腿后臂再臂腿配合和呼吸，一开始就要多做游泳呼吸方法的练习。

(1)坐地上，两臂后撑，做蛙泳腿部的模仿动作。

(2)坐在池边两臂后撑，腿置于水中，两腿做收腿、翻足、蹬腿、停顿的动作(要求收腿两膝间距适当)。

(3)手持浮板做蛙泳蹬腿练习。

(4)陆上站立和水中走动，上体前倾，做蛙泳划臂练习。

(5)陆上或水中走动，做划臂与呼吸的配合。

(6)站立，两臂上举，做蛙泳臂腿配合动作(划臂、收手、收腿、上伸臂时蹬腿用单腿做)。

(7)坐池边，两腿置于水中，做蛙泳臂腿配合动作。

(8)做臂腿配合的憋气游。

(9)做两次臂腿配合一次呼吸的练习。

(10)做一次蹬腿、一次划臂、一次呼吸的配合游。

(11)蹬池边后，蛙泳完整配合。

二、爬泳基本技术

游爬泳时，身体俯卧水中，两腿上下交替打水，两臂轮流划水，动作很像爬行，所以称为“爬泳”。它是各种游泳姿势中速度最快的一种姿势。在自由游泳项目的比赛中，运动员都采用这种姿势，故也称“自由泳”。

自由泳在实用方面，不如蛙泳和仰泳，但是可根据不同的要求利用其速度快的优点。

(一)动作要点

1. 身体姿势

爬泳时身体伸直平卧水中，身体纵轴与水平面成3°～5°，头与身体纵轴构成20°～30°。两眼注视前下方，发际齐水平面(图18-6)。

在游进过程中，随着转头呼吸和臂的动作，形成身体绕纵轴转动，在转动时，仍保持身体的伸直姿势，避免左右摇摆。两腿打水应随着身体转动而作相应的方向变化。

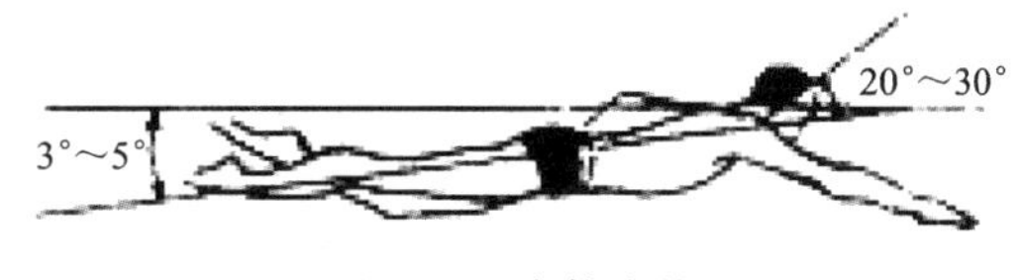

图18-6 身体姿势

2. 腿部动作

在爬泳技术中，腿的打水动作主要是保持身体平衡，增加身体浮力，配合两臂的划水动作。腿打水时，以髋关节为支点，由髋部和大腿肌肉发力，带动小腿和脚的鞭状上下打水动作。向下打水时，膝关节微屈，脚稍向内旋，踝关节自然伸展，打水动作由屈膝到伸膝。向上打水时，膝关节伸直，踝关节放松，打水动作由腿的伸直到屈膝(160°左右)，两脚间上下距离30～40cm(图 18-7)。

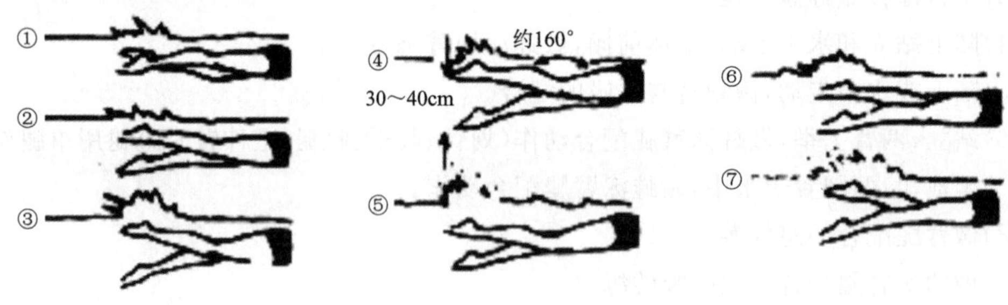

图 18-7　腿部动作

3. 臂部动作

爬泳的两臂划水是推动身体前进的主要动力。为了便于分析，把臂部动作一个周期分为入水、抱水、划水、出水和空中移臂五个部分，但整个划水是连贯的动作，各部分之间没有明显界线。

(1)入水。手臂的入水点一般在肩的延长线或身体纵轴与肩的延长线之间(图 18-8)。入水时手指自然伸直并拢，肘部高于手，指尖对着入水的前下方或通过臂的内旋而使手掌向外，拇指向下，切入水中。

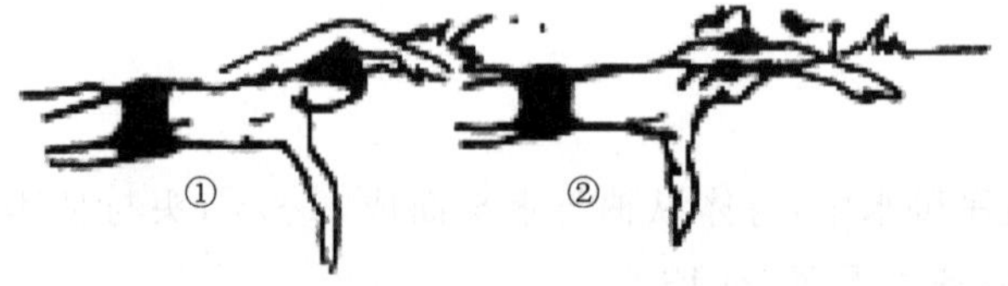

图 18-8　入水动作

(2)抱水。手臂入水后要到与水平面成 40°左右时才能进入有效的划水阶段，因此，在划水之前应有一个抱水阶段，做好划水前的准备。抱水动作是手入水后，积极插向前下方，并逐渐开始屈腕、屈肘抱水，保持高肘为划水做准备(图 18-9)。

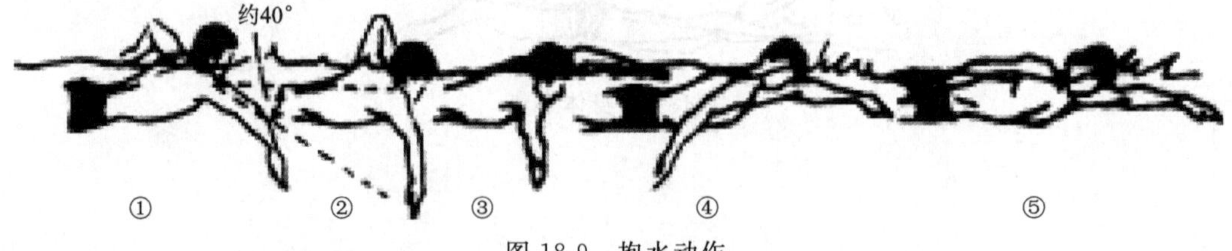

图 18-9　抱水动作

(3)划水。划水是指手臂在划水前与水平面成 40°起，至划水后与水平面成 15°～20°止的这一动作过程。整个划水过程，肩之前称为“拉水”，肩之后称为“推水”。拉水是由直臂到屈臂的过程，推水是由屈臂到直臂的过程。从拉水到推水是连贯加速完成的。在划水过程中要注意手掌始终与水平面保持垂直，划水时手的轨迹呈“S”形。

(4)出水。划水结束后，利用肩带肌肉的力量，由肩带动前臂、肘向外上方提拉出水面。要求臂和手腕的肌肉要放松。

(5)空中移臂。臂出水后，由肩带动上臂、前臂和手做高肘快速移臂。整个移臂过程的前半部分是肘关节领先，前臂相对慢，后半部分前臂向前伸出做入水准备。

4. 臂和呼吸的配合

(1)两臂的配合。两臂配合一般是一臂入水时，另一臂处于肩前方与水平面成 30°。这种配合称为前交叉，还有中交叉和后交叉等。

(2)呼吸。吸气时肩和头向一侧转动，但不能将头抬起，转头也不能过大过猛。

(3)呼吸与臂的配合(以向右侧转头为例)。右手入水后，口鼻开始慢慢呼气；右臂划水至水下，向右转头，呼气量开始增加，右臂推水将结束时，呼气量进一步加大；右臂出水，张口吸气；移臂至一半时，吸气结束并转头复原继续转头、移臂并闭气，脸部转向下方。当头部姿势稳定时右臂入水，开始慢慢呼气。

(二)爬泳的基本练习方法

学习爬泳一般按腿部动作、臂部动作、臂腿配合呼吸，再到完整配合的顺序进行。打腿是学爬泳的基础，呼吸是掌握爬泳技术的关键和难点。

(1)坐地上，两手后撑，两腿抬起做直腿上下打动，踝关节放松。

(2)坐池边，两手侧撑，身体重心前移池沿，两腿伸入水中，做直腿打水，要求前踢水，踝关节内旋。

(3)水中做浮板打腿或蹬池壁滑行后憋气打腿。

(4)在陆上站立或水中走动做直臂划水，屈臂前移的练习。先练一臂，后两臂轮换。

(5)陆上做原地踏步 6 次，两臂各划 1 次的臂腿配合练习。

(6)蹬池壁滑行后做憋气臂腿配合游。

(7)陆上做原地踏步 6 次，划右臂，头向右转换气，划左臂，头回复常位憋气的配合模仿练习。

(8)两臂各划水一次，换气一次的配合游。

三、蝶泳基本技术

蝶泳是在蛙泳技术动作的基础上演变而来的。最初腿部动作模仿蛙泳的蹬夹水，两臂对称由前往后划水出水面经空中前摆，动作近似蝴蝶飞行，所以被称为蝶泳。后来有人为了使游进的速度加快和均匀前进，便模仿“海豚”的波浪击水动作，所以人们又把这种波浪击水动作的蝶泳称为“海豚泳”。

(一)动作要点

1. 身体姿势

海豚泳没有固定的身体位置,躯干各部分和头不断地改变彼此间的相对位置。头和躯干有时露出水面,有时潜入水中。身体由于波浪动作,自然形成上下的起伏变化位置。但身体姿势力求稳定,身体有节奏地起伏为臂和腿部动作提供有利的条件,并使身体保持良好的流线型。

2. 手臂技术

1)基本动作方法

(1)两臂经空中移臂后在肩前插入水中,入水时两手距离约与肩同宽,掌心向两侧,拇指向下,手、前臂、上臂依次入水(图 18-10)。

(2)手臂入水后,手和前臂向外旋转,手臂同时向外、向后和向下运动,手臂有支撑住水的感觉。同时开始屈肘、屈腕,为下个阶段的划水做好准备(图 18-11)。

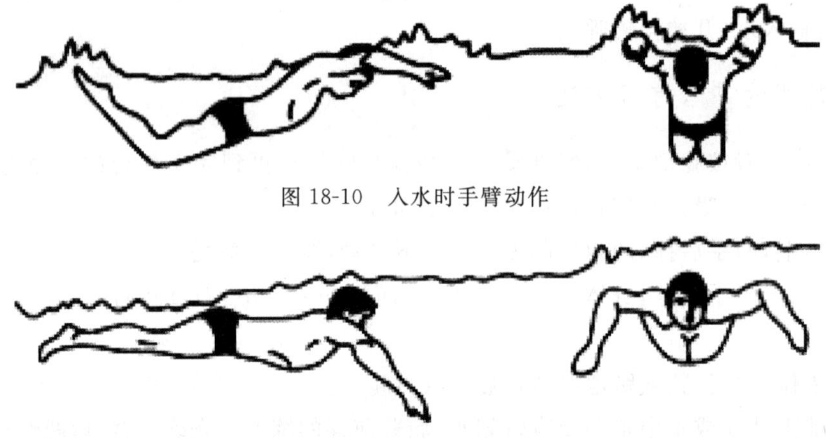

图 18-10　入水时手臂动作

图 18-11　入水后手臂动作

(3)划水时两臂屈向后,靠上臂内旋,前臂和手加速向内后拉水,拉至与肩平直时屈肘约成 100°角,然后继续向后推水直至大腿旁。

(4)在手臂推水结束的同时,手臂充分推直,然后借助其惯性提肘,迅速将两臂和手提出水面(图 18-12)。

(5)手臂出水后,两臂经身体两侧,放松轻快地沿低而平的弧线经空中前移,直至入水(图 18-13)。

2)注意要点

(1)注意划水时两手臂的路线应呈双“S”形。

(2)注意与呼吸的配合。

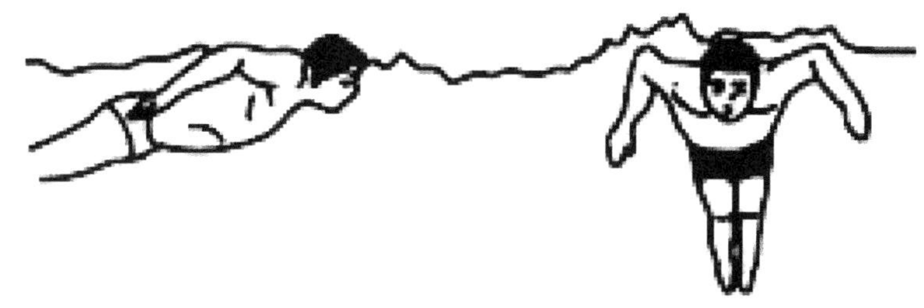

图 18-12　手臂推水动作

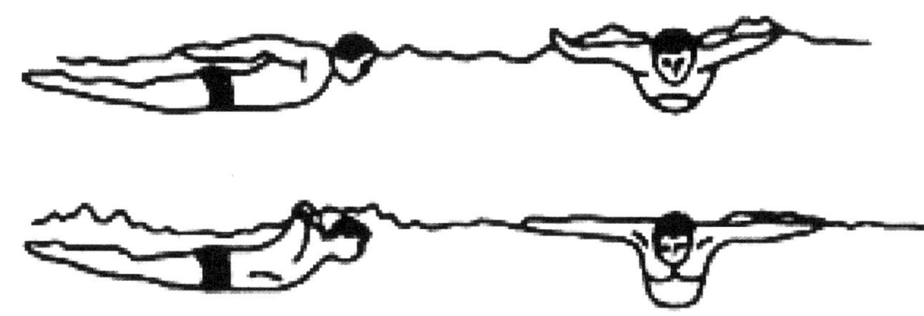

图 18-13　手臂出水后动作

3. 腿部技术

1)基本动作方法

(1)由腰部发力,大腿带动小腿而做的上下鞭状打水动作。

(2)向下打水时,两腿自然并拢,两脚掌稍向内旋,大腿带动小腿,屈膝,踝关节伸直,用脚背对准水向下快速打水。

(3)在小腿和脚向下打水还没有结束时,大腿开始向上提。这样可加速小腿和脚的下打及膝的伸直,形成鞭状打水动作。

2)注意要点

打水的速度要均匀,节奏要明显,即每次打水的间歇时间要大致相同,打水动作要连贯有力。

4. 呼吸技术

蝶泳的呼吸,一般采用臂划水一次,呼吸一次。蝶泳呼吸的时机很重要,它对于身体的平稳、呼吸的节奏性、两臂配合的协调性和两臂划水的持续性关系很重要。

(二)蝶泳的基本练习方法

1. 手臂动作练习

1)单人练习

站在浅水中,两臂边做划水两腿边前移。

2)双人练习

(1)一人站在浅水处,侧对练习者并用双手托住其膝盖部位,做蝶泳的臂划水动作练习。

(2)一人站在浅水处双手抓住练习者的踝关节,练习者做蝶泳划臂练习。

2. 躯干与腿部动作练习

1)陆上模仿练习

(1)原地站立,两腿并拢,两臂伸直上举,腰部用力,模仿蝶泳躯干和腿的波浪式动作,腰腹和下肢依次做前后摆动。

(2)两腿蹬地向上跳起后两腿并拢,由腰部发力做波浪动作。

2)水中练习

(1)站在浅水处,两臂伸直上举,两腿并拢,用力蹬池底后,模仿蝶泳打腿动作,躯干和下肢做波浪式前后摆动。

(2)手持扶板或蹬边滑行的打腿练习。

3. 完整动作练习(图 18-14)

(1)在两臂入水时,双腿做第一次向下打水动作,屈腕抱水时完成腿的下鞭打动作。

(2)双腿在两臂划水的过程中上抬,并在两臂推水的过程中做第二次向下打水动作,手臂出水时完成腿的下鞭打动作。

(3)在两臂推水、空中移臂时张口吸气,并在移臂的过程中完成双腿上抬。

如上就是游蝶泳时一般常被采用的 2∶1∶1 配合,即 2 次打腿、1 次划水、1 次呼吸动作配合。

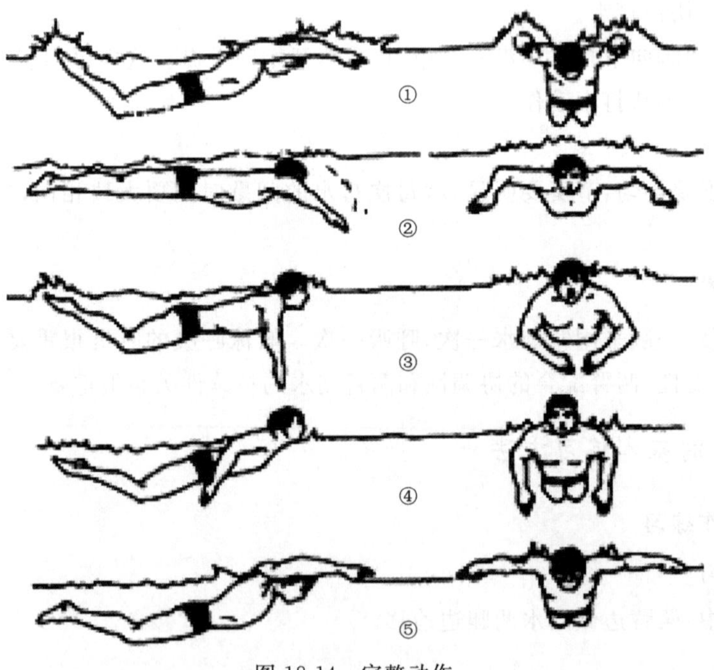

图 18-14　完整动作

四、仰泳基本技术

仰泳是身体较水平的仰卧于水中，依靠两腿不停地上下交替向后方踢水，两臂轮流向后划水而游进的。仰泳动作结构基本与爬泳相同，但卧水姿势与爬泳相反，因而得名仰泳，也叫“爬式仰泳”。还有一种仰泳，其动作结构基本与蛙泳相同，但姿势相反，称为“反蛙泳”。

在游泳竞赛中，仰泳的速度仅次于爬泳和蝶泳排在第三位。仰泳也有一定的实用价值，在水中拖运较轻的物体、水中救人或长游时通常都采用仰泳。

（一）动作要点

1. 身体姿势

仰泳时身体几乎水平地仰卧在水中，胸部自然伸展，与腹部成一直线，使身体纵轴与水平面构成较小角度，从而减小游进时的截面阻力。髋关节微屈，两腿较平地伸延在后面，后脑浸入水中，颈部肌肉放松，脸部露出水面，眼看向斜后方，不要左右摇摆，以免影响游进的直线型。

2. 腿部动作

仰泳腿的动作是保证身体水平姿势和维持身体平衡的主要因素，并能产生一定的推进力。仰泳时两腿打水幅度比爬泳大，打水时以髋关节为支点，由大腿发力，带动小腿和脚向后上方做鞭打踢水动作。向上踢水时，膝关节微屈，成135°～140°，踝关节伸展，脚向内转，动作要有力。向下打水时，膝关节自然伸直，两脚跟上下最大距离40～50cm（图18-15）。仰泳两腿的配合过程就是“下压上踢”。向上踢水时，腿是由弯曲到伸直，向下压水时，腿几乎是伸直的。

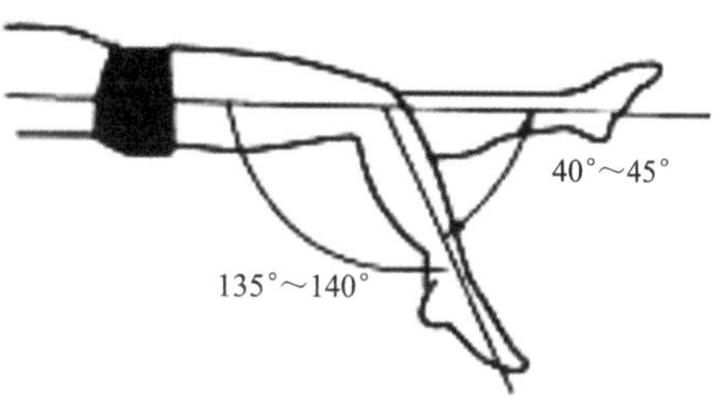

图18-15 腿部动作

3. 臂部动作

仰泳时臂的动作与爬泳一样，都是产生前进力量的主要因素。两臂的动作基本相同，目前在游泳比赛中，都采用屈臂划水技术。为了便于分析，把一个周期的臂部动作分为入水、抱水、划水、出水和空中移臂5个环节。它们之间是连贯的。

（1）入水。借助移臂的惯性，臂部自然伸直，小指领先入水，入水点在身体纵轴延长线或肩的延长线上。它的顺序是上臂先入水，接着前臂和手几乎同时入水。入水动作自然、放松，不要用手拍击水面，以避免带起水泡。

（2）抱水。手臂入水后，臂下滑到一定深度时直臂向内，往深水处积极抓水，并转腕和肩带内旋，同时开始屈臂，使手掌、上臂和前臂处在最有利的划水位置。完成抱水动作时臂与身体纵轴构成约 40°角，肘关节开始弯曲，手掌距水面约 30cm。

(3)划水。划水动作是推进身体前进的主要动力。动作包括拉水和推水两个部分，整个动作是由屈臂抱水开始，以肩为中心，划至大腿侧下方为止。仰泳划水时，手掌是整个手臂的划水压力中心。手掌对水准确与否，直接影响到划水效果。仰泳划水时手掌的变化比别的姿势大，整个划水手掌走的路线从侧面看是先向下，再向上，再向下，成“S”形。这种积极变换手掌的划水技术，能使手掌始终保持较大的划水面，从而增加推进力。

(4)出水。借助手臂内旋下压，推压水的反作用力和三角肌的收缩力，手臂自然出水。出水动作是臂先压水后提肩，由肩带动上臂，前臂和手依次出水。

(5)空中移臂。提臂出水后，手臂应迅速沿着肩的垂直面向肩前移动，手臂要自然、放松、伸直，移臂的后段肩关节要充分伸展，手垂直向头后移臂，速度要快。两臂的动作配合，应采用中后交叉，即当一臂划水结束，另一臂已入水并开始划水，两臂几乎处在完全相反的位置上，这样能保持动作的连贯和速度的均匀。

4. 呼吸和腿、臂动作的配合

仰泳时身体呈仰卧姿势，脸一直露出水面，因此呼吸技术简单、自然，只要张口有节奏地呼吸即可，但不能用鼻子吸气，以免呛水。仰泳时要注意动作的配合。臂与呼吸的配合是两臂各划水 1 次、呼吸 1 次。两臂和两腿的配合是 6∶2∶1，即在一个循环动作内腿打水 6 次、臂划水 2 次、呼吸 1 次。

（二）仰泳的基本练习方法

(1)蹬池壁两臂上举成仰卧后，做打腿(初学者可将打水板置于头后)。

(2)两臂上举蹬离池壁打腿，做一臂划水。

(3)蹬池壁两臂上举仰卧打腿，一臂划水回位后再做另一臂划水。

(4)仰泳完整配合练习。

第四节　游泳运动比赛规则与裁判

一、报名

(1)参赛单位应在规定时间内办理报名手续，每项参加人数和每人参加项数等必须符合竞赛规程的规定。

(2)参赛单位必须按要求通过报名表或在线方式提交所有参赛运动员在报名截止日期

前指定期限内的最好竞赛成绩，组织委员会将按报名成绩排列先后顺序。未提交正式竞赛成绩的运动员将被视为最慢者(无成绩)而排在最后。报名成绩相同的运动员或无报名成绩的运动员多于1人时，以抽签方式决定其先后顺序。运动员将根据其报名成绩排列的先后顺序按下述方式编排竞赛秩序。

(3)除了竞赛规程另有规定外，在报名后不得替换运动员或更改项目。

二、参赛

(1)每个接力队应有4名运动员。在男女混合接力项目中，每队由2男2女组成，其分段成绩不能作为纪录和(或)报名成绩。

(2)每场比赛开始前，各单位必须在组织委员会确定的截止时间前，提交本场本单位接力队成员及其比赛顺序名单，否则以弃权论。

(3)任何接力队员在一个项目的比赛中只能游其中的一棒。在接力项目的预赛和决赛中，只要运动员是所在单位正式报名的运动员，接力队成员可以不同。运动员未按所报顺序参加比赛，其接力队将被取消资格；只有在出现紧急伤病并提交医疗证明的情况下才允许替换运动员。

(4)参加比赛的运动员(包括替补运动员)必须在组织委员会确定的时间内到第1检录室报到并主动配合泳装检查，检查结束后方可进入第2检录室。

三、编排

(一)预赛编排方法

(1)只有1组时，应作为决赛编排，并只能安排在决赛时段进行比赛。

(2)2组时，报名成绩最好者应编在第2组，次好者应编在第1组，再次者应编在第2组，再后一名应编在第1组，以此类推。

(3)3组时(400m、800m和1500m项目除外)，报名成绩最好者应编在第3组，次好者应编在第2组，再次者应编在第1组，第4名应编在第3组，第5名应编在第2组，第6名应编在第1组，第7名应编在第3组，以此类推。

(4)4组或4组以上时(400m、800m和1500m项目除外)，最后3组按本条款(3)的方法编排。倒数第4组应包含所剩运动员中的报名成绩最好者，倒数第5组再包含所剩运动员中的报名成绩最好者，以此类推。

(5)400m、800m和1500m项目，最后2组应按本条款(2)的方法编排。倒数第3组应包含所剩运动员中的报名成绩最好者，倒数第4组再包含所剩运动员中的报名成绩最好者，以此类推。

(6)当一个项目有2组或更多组时，任何一个预赛组内至少应编入3名运动员。但若编排后有人弃权，则该预赛组内可少于3人。

(7)在可以使用10条泳道的泳池比赛时,如果800m和1500m自由泳预赛第8名有2人成绩相同,将使用第9道,并通过抽签方式安排第8道和第9道的运动员;如果有3人成绩相同,将使用第9道和第0道,并通过抽签方式安排第8道、第9道和第0道的运动员。无法使用10条泳道时,按本条款重赛的方法处理。

(8)在出发端面向泳池,第1道应在泳池最右侧(10条泳道时,第0道在最右侧)。除了在50m池进行50m项目的比赛外,如果泳道数为奇数,成绩最好的运动员应排在中间的泳道。如泳池为6条泳道,成绩最好的运动员应排在第3道;泳池为8条泳道,成绩最好的运动员应排在第4道。在10条泳道的泳池比赛时,成绩最好的运动员应排在第4道。次好者应排在其左侧泳道,其他运动员再按其报名成绩排列的先后顺序交替排在其右侧和左侧泳道。

(9)在50m池进行50m项目的比赛时,组织委员会可根据所使用的自动计时装置、发令员位置等因素,决定从哪一端出发,并于赛前通知运动员。无论在哪一端出发,运动员的泳道均按常规出发端出发的方式编排。

(二)半决赛、决赛编排方法

(1)半决赛应按条款(一)(2)项的规定编组。

(2)不需要预赛时,应按条款(一)(8)项的规定安排泳道。如果进行了预赛或半决赛,则应根据预赛或半决赛的成绩,按条款(一)(8)项的规定安排泳道。

(3)比赛如采用分组决赛,应将报名成绩最好的运动员编在最后一组,再将所剩运动员中报名成绩最好的运动员编在倒数第2组,以此类推。同一组的运动员,按条款(一)(8)项的规定安排泳道。

(4)设预赛场和决赛场的比赛,如果800m和1500m自由泳项目采用分组决赛,则最快一组应安排在决赛场进行,其他各组应安排在预赛场进行。

(5)如果采用A、B组决赛,则应根据预赛的成绩,将前8名编在A组(第2组),将9～16名编在B组(第1组)。两组均按条款(一)中的(8)项的规定安排泳道。如有弃权,A组不允许替补。

(6)接力队的编排方法与运动员个人相同。

(7)基层比赛也可以采用抽签方式安排泳道。

四、计时

(一)自动计时

(1)自动计时装置必须在指定裁判员的监督下进行操作。由自动计时装置记录的成绩应当用于确定名次和各泳道的成绩。如果自动计时装置发生故障或运动员未能触停该装置,则半自动计时或人工计时的成绩将作为正式成绩。

(2)使用自动计时装置时，成绩记录到百分之一秒。当可以精确到千分之一秒时，不记录千分位数，也不以千分位数来确定成绩和名次。比赛中成绩相同的所有运动员(接力队)其名次相同。电子公告板上只应显示到百分之一秒的成绩。

(3)自动计时工作程序：①使用自动计时装置时，该装置确定的成绩、名次和接力交接棒情况，应当优先被采用。②某组比赛中，当自动计时装置未能记录到1名或多名运动员的成绩和(或)名次时，应记录所有可获得的自动计时和半自动计时装置成绩和名次，或记录所有人工计时成绩和名次。正式名次按下述方法确定：同一组中，对具有自动计时装置成绩和名次的运动员进行比较，应保持其相对顺序；不具有自动计时装置名次但具有自动计时装置成绩的运动员，须用其自动计时装置成绩与其他运动员的自动计时装置成绩进行比较，确定其相对顺序；既没有自动计时装置名次又没有自动计时装置成绩的运动员，应采用其半自动计时装置成绩或3块数字式计时表计取的成绩来确定其相对顺序。

正式成绩按下述方法确定：①具有自动计时装置成绩的所有运动员，其自动计时装置成绩即为正式成绩；②无自动计时装置成绩的所有运动员，其半自动计时装置成绩或3块数字式计时表计取的成绩即为正式成绩。

一项预赛结束后确定全部运动员相对名次的方法：①比较所有运动员的正式成绩以确定其相对名次；②如果一名运动员的正式成绩与另一名或多名运动员的正式成绩相同，则该项中具有相同成绩的所有运动员的名次并列。

(二)人工计时

(1)每条泳道采用3块计时表计时而未设置终点裁判时，运动员的正式成绩是录取名次的根本依据。

(2)任何由1名裁判员操作的计时装置均应视为1块计时表。

(3)建议每条泳道指派3名计时员，所使用的计时表必须精确至百分之一秒。

(4)人工计时的正式成绩按下述方法确定：①在3块计时表中，有2块计时表计取的成绩相同时，该成绩即为正式成绩；②如果3块计时表计取的成绩都不相同，应以中间的成绩为正式成绩；③如果3块计时表中只有2块正常运行，应以平均成绩为正式成绩。

(5)当计时成绩和终点名次顺序不一致时(如第2名的成绩反比第1名的成绩好)，应以执行总裁判的判定为准：若执行总裁判判定以终点名次为准，应将第1名与第2名的正式成绩相加后平均，作为第1名和第2名的正式成绩(平均成绩取至百分位秒数)；若执行总裁判判定以计时成绩为准，应以计时成绩顺序重新排列名次。若出现2名以上终点名次和计时成绩顺序不一致时，仍按此办法处理。

五、比赛规定

(1)比赛中，不得将不同项目的运动员(接力队)混合编组。除男女混合接力项目外，不得将不同性别的运动员(接力队)混合编组。

(2)运动员应游完全程才能获得录取资格。

(3)运动员应始终在其出发的同一泳道内比赛和抵达终点。

(4)在所有项目中,运动员转身时必须按各泳式的规定触及池壁,不允许在池底跨越或行走。

(5)在自由泳项目和混合泳项目的自由泳段比赛中,允许运动员在池底站立,但不得行走。

(6)不允许拉分道线。

(7)比赛中,运动员不得使用或穿戴任何有利于其速度、浮力、耐力的器材或泳衣(如手蹼、脚蹼、弹力绷带或粘胶材料等),但可戴游泳镜。不允许在身上使用任何胶带,除非得到组织委员会(竞赛委员会)指定的医疗机构同意。

(8)在比赛场地内,不允许速度诱导及采用任何能起速度诱导作用的装置与方法。

(9)由于某运动员犯规而影响其他运动员获得优异成绩时,执行总裁判有权允许被干扰的运动员参加下一组预赛。如在决赛或最后一组预赛中发生上述情况,可令该组重新比赛。

(10)接力项目如果有预赛,奖牌和证书应授予获名次接力队中参加了预赛或决赛的所有运动员。

(11)只有赛事组织委员会(竞赛委员会)设置的录像设备才能作为判断运动员犯规和名次的依据之一。

六、犯规判罚规定

(1)游出本泳道阻碍其他运动员或以其他方式干扰其他运动员者,应判犯规。如属故意犯规,执行总裁判应将犯规情况报告主办单位和犯规运动员所在单位。

(2)在一项比赛进行过程中,当所有比赛的运动员还未游完全程前,未参加比赛的运动员如果下水,应取消其原定的下一次的比赛资格。

(3)接力比赛中,如本队的前一名运动员尚未触及池壁,后一名运动员的脚已蹬离出发台,应判犯规。

(4)接力比赛中,在各队的所有运动员还未游完之前,除了应游该棒的运动员之外,任何其他接力队员如果进入水中,应判犯规。

(5)运动员抵达终点后或在接力比赛中游完自己的距离后,应尽快离池,如妨碍其他游进中的运动员,应判该运动员(接力队)犯规。

第十九章
水中健身操

第一节 水中健身操概述

一、水中健身起源与发展

(一)水中健身起源

水中健身操起源于美国,与陆上健美操有着密切的关系。限于场地条件,有些人不能参加陆上健美操运动,如:身体肥胖、年龄较大和膝、踝关节有损伤者,因此有人开始想到结合健美操的特点,利用水的特性,在水中进行这种练习。试验结果证明,水中有氧操练习效果极好。对上述特殊人群来说,在一段时间的练习后,身体逐渐健康有形,疼痛逐渐消失。水中有氧操自产生以来,经历了多年的实践和经验积累。20 世纪 80 年代中期,在日本出现了水中有氧操,到 1989 年,日本成立了水中有氧操普及会,并向全国普及推广。在我国,水中健身操训练环境独特,针对性强,使人们在锻炼的同时,享受与陆上健身不同的趣味,前景较好。

水中健身是人们为了达到促进健康、增强体质、伤病康复、塑造体形和休闲娱乐等目的,利用水环境的特点,在水中进行各种形式的锻炼活动。水中健身练习广泛地运用了运动解剖学、运动生理学、运动医学、流体力学和运动心理学等科学理论指导锻炼,通过练习可以提高肌肉力量、肌体柔韧性,改善心血管系统、呼吸系统等身体机能,起到强身健体、康复医疗作用;同时还可以促进人与人之间的交流,达到陶冶情操、休闲娱乐等目的。

（二）水中健身活动发展的现状

健身，是人类在其生命过程中追求的永恒主题。现代社会人们生活节奏加快，脑力劳动繁多，心理压力增大。为改善运动不足，消除社会、家庭等方面带来的心理压力，各种愉悦身心、强身健体的大众健身练习活动应运而生。水中健身活动一直被人们认为是一项时尚现代的健身练习方式。生命起源于水，生命的延续也离不开水。很早人类就已充分认识到水中活动有着非常重要的健身作用和娱乐性。两千多年前人类就开始嬉水活动。他们从沐浴开始，逐渐形成了各种水中娱乐、水中康复练习活动。我国春秋时期的“天池”、汉代的“太液池”等都是当时贵族常去的会所。当时的古希腊也出现了一些水中健身与娱乐活动，水浴、水中康复及水中游戏活动深受人们的欢迎。其后的古罗马帝国也已开展了一些水中健身活动，200 年前的卡拉卡拉浴场的墙上就刻有“水是健康之本"的字样，这就是人类史上早期的水中健身活动。而从 20 世纪 80 年代兴起的水中健身练习也可以称为现代水中健身活动。

1. 国外水中健身活动发展的现状

现代水中健身活动在美国、日本、德国等国家开展得很好，深受广大健身爱好者的青睐。据统计，美国全国的水中健身行业从业人数已经超过 130 万人，约有 60 万美国人定期从事水中健身活动。如今，美国各地的健身吧、酒店、旅馆健身房中配有许多水按摩池和水中健身操池。一些孕妇为了缓孕期不良症状，期望顺利分娩而参加水中健身课程。医院的水中康复治疗非常盛行，许多医院设有游泳池并配备专业的水疗师对病人进行检查，根据病情开出水中康复的处方，患者在水疗师的指导下利用水环境进行康复治疗。资料显示：美国参加健身活动的女性群体中有近 30％的人选择水中健身操作为自己的健身方式。大量的健身爱好者常年定期在俱乐部参加各式各样有指导的水中健身。

日本人更是非常喜欢游泳、水中健身操和水中各种有氧练习。据统计，20 世纪 80 年代初日本有 10 多个游泳俱乐部，进行各种水中健身活动的人口有数百万人之多，20 世纪 80 年代后期，日本就有人开始对水中有氧练习和水中健身操进行研究，20 世纪 90 年代初向全国推广。俱乐部开展的水中健身操课程包括准备活动、有氧练习、伸展练习、整理活动四个部分。课上使用打水板、划水掌、浮力棒、负重背心、浮力泳服等水中健身操辅助器具。练习中让练习者身体跟随音乐的节奏在水中跳舞，将舞蹈与水中运动密切结合，充分发挥两者的长处，深受健身爱好者好评并得到快速地推广普及。此外，德国的温泉以及各式各样的水疗康复机构、疗养院，具有良好的健身效果；法国的海水、海藻疗法取得了很好的康复、健身效果；水中锻炼活动在澳大利亚也深受大众喜爱，他们把水中健身操当成是一种医疗方法，坚信水中健身练习对心血管疾病、糖尿病都有很好的疗效。

由此可见，水中健身练习及各种具有神奇疗效的水疗方法，越来越受到全世界广大健身爱好者的喜爱，水中健身市场得到了快速发展。

2. 我国水中健身活动发展的现状

大众健身、休闲体育的发展与经济水平的提高密切相关。随着人们物质生活水平的提

高，我国体育健身和休闲体育已得到了进一步发展。

近年来国家为开展群众体育活动投入了大量人力、物力、财力，体育活动场地设施迅速增长，群众体育工作队伍快速发展，体育健身行业已成较大的规模。全国各地大众健身活动热情高涨，“花钱买健康”的意识已在我国城市居民中逐渐形成。

我国现代水中健身活动的发展已经历了 20 多年。从 21 世纪初，北京协荣游泳俱乐部、南京欢腾水中健身俱乐部、武汉英东游泳馆以及深圳银湖健康水会等俱乐部都开设了各种水中健身练习课程，对我国水中健身活动的发展做出了巨大贡献。受欧洲、美国、日本等国外水中健身活动影响，从开展至今，其内容的形成经历了一个渐进的发展过程。

现代水中健身练习内容有徒手水中有氧练习、水中行走、水中跑步、水中跳跃、水中康复练习、水中休闲球类活动等形式，此外，使用专门器械进行各种水中锻炼的形式也是百花绽放。现在，我国水中健身活动已形成了包括水中健身操、水中康复练习、水中体能练习和其他各种水中活动等内容的完整体系。

游泳活动在中国一向受到广大群众的喜爱。近年来，随着游泳教学班的频繁举办，游泳人口大幅增加，人们在水中的活动有了更丰富的需求。为推动水中健身活动在全国范围内开展，满足广大群众的需求、更好地利用水中活动来强身健体，拓宽游泳馆（池）新项目，国家体育总局游泳运动管理中心自 2001 年开始每年举办一至两期水中健身教员培训班，至 2022 年已培养了水中健身教员四千余人。水中健身教员的队伍正在逐步扩大并活跃在全国各地的水中健身场所，为推动水中健身活动在全国范围内开展做出了巨大的贡献。

第二节　水中健身操的活动特点及作用

陆上体育活动是人类进行身体锻炼的主要形式，它具有良好的健身效果。但是，人们逐渐发现，陆上练习也会给练习者带来运动损伤与烦恼。例如：高尔夫球练习，常常只使用一侧的肌肉会造成腰痛；网球、棒球练习时大量使用肘关节会造成肘痛；20 世纪 80 年代流行的陆上健美操，受重力影响在陆上多次重复跳跃运动，对腰、膝、踝等部位的强刺激往往会使练习者造成损伤。

因此，有人开始想到利用水的特性，在水中进行各种练习可能会避免上述损伤。试验结果表明，在一段时间的练习后，上述损伤的人的疼痛得到了不同程度的缓解，水中锻炼的效果极好。由此可见，水中练习不仅具有避免运动损伤的效果，同时还具有康复病痛的作用。除此之外，老年或某些疾病患者、妊娠、肥胖等人群在陆上练习也有不便之处或效果不佳的状况，而水中练习具有独特作用。

一、水中健身的特点

(一)水的难以压缩性与水中运动的关系

在一般情况下,水在受到外界压力后体积不缩小。水的难以压缩性是人在水中受到浮力的根源,根据这个特性,在水中运动时肢体做各个方向的运动时都要用力。在水中,当人们放松时,由于浮力的作用,肌肉的支撑作用减轻,肌肉可以更加放松。肌肉放松使呼吸更加轻松有节奏,这些都有助于达到牵拉伸展的效果。

同时,水中健身练习时身体能否在水中保持平衡,取决于身体重心与浮心之间的相互关系,随着身体做不同的动作,重心和浮心的位置不断地改变着,如果不能保持平衡,就容易摔倒,甚至造成呛水或溺水。

(二)水的黏滞性与水中运动的关系

水具有黏滞性,它产生于分子间相互吸引的作用。这是人在水中运动时受到阻力的根源,因此,在水中运动时肢体克服的阻力比陆地上大,同样的动作消耗能量也比陆地上多。在游泳时,为了提高游泳速度,应该尽量减小这些阻力,而在进行水中健身活动时,为了提高锻炼效果,应该尽量利用阻力,如身体或肢体的面积越大,阻力就越大。

(三)水的流动性与水中运动的关系

水具有流动性,人在水中运动时,得不到来自水的固定支撑,达不到像陆地上动作用力的效果,在水中难以表现出爆发式的用力。

根据这个特性,水中健身活动的动作一般比较缓慢,不像在陆地上那样激烈,所以水中运动比较安全,身体不易受到损伤。

(四)水的导热性与水中运动的关系

游泳池的水温一般是恒定的,通常会低于体表温度,而且水的导热速度比空气快20余倍,人在水中散热较快。因此,以同样的时间和强度运动,在水中消耗的能量要比陆地上多,如游泳消耗的能量是步行6~8倍。

水中健身是在水中进行的身体锻炼活动,它与陆上练习最大的区别就是进行练习时的环境介质不同。水中健身是游泳运动的一部分,对于提高人体运动机能和身体健康水平、丰富人们文化生活及满足休闲健身要求有着重要的意义。

二、水中健身的作用

(一)对神经系统的作用

人在水中运动,水的浮力、阻力的作用,再加上体育运动的动作,对提高大脑皮层兴奋性

的功效更大，使兴奋和抑制达到高度平衡，促使人更快地进入工作状态。人体在接触冷水以后，大脑皮质和体温调节中枢立即兴奋起来，调动全身各个系统和器官，加强活动，大量产热，以便抵抗外界环境寒冷的刺激，促使头脑清醒、思维敏捷。长期锻炼会使大脑的指挥功能增强，使人的意志更加坚强，并能达到防止脑细胞衰老的效果；进行水中运动有利于消除疲劳，使人精神焕发。

（二）对心血管系统的作用

经常进行水中运动，特别是水中有氧运动，对心脏有良好的影响。它可以使心肌收缩，蛋白质和肌红蛋白的含量增加。

人在齐腰深的水中，不用运动就会感到心跳加速：进入低于体温的水中时，身体为了抵御寒冷，把储藏在肝脾等血库里的血都调动起来，流进身体各处的血管。参加循环的血液多了，血管遇冷急剧收缩，然后，又自然扩张，这样一收缩一舒张地运动，被称为“血管体操”。血管体操可以增强血管的弹性和韧性，提高血液与组织器官进行交换的能力，静脉血管回流血液增多，可以改善身体整个血管系统，避免了高血压病、动脉硬化和冠心病的发生。

（三）对呼吸系统的作用

人接触比自己体温低的水时，因受到冷水的刺激，会不由自主地进行一次深呼吸运动，这种运动有利于增强呼吸肌的收缩能力。经过长期锻炼，呼吸肌逐渐发达起来，变得强壮有力，呼吸功能大大提高，肺活量明显增大，肺泡的弹性增加，这样就能吸进更多的氧，呼出更多的二氧化碳。由于呼吸加快加深，从而使呼吸肌和膈肌得到锻炼，肺和气管的弹性增强，气体交换与储存氧气的能力增强。经常进行水中运动的人，呼吸系统的神经调节中枢得到改善，在应激情况下反应快，调节准确；在安静情况下呼吸深沉而平缓。有些遇冷易患伤风感冒的人，经过这样的锻炼，可使抗寒能力增强，减少伤风感冒的发生。

（四）对运动系统的作用

长期进行全身性的水中运动，可以改善骨的血液循环，加强骨的新陈代谢。科学的水中运动既可以提高关节的稳定性，又可以增加关节的灵活性和运动幅度：其原因在于水中运动可以使关节周围的肌肉发达，力量增强，增加关节囊和韧带厚度，使关节稳定性增强，能承受较大的负荷。在提高关节稳固性的同时，由于关节囊、韧带和关节周围肌肉的弹性和伸展性得到提高，关节的运动幅度和灵活性也大大增加。

体育锻炼能使肌肉变粗，水中运动的这种效果很明显。经常参加水中运动的人，可以动员更多的肌纤维参与活动，还可使肌肉产生一系列的代谢适应性变化，如肌肉中毛细血管增加，保证氧气及养料的供给，肌肉内各种酶活性提高等，从而保证肌力的正常发挥。

（五）对内分泌系统的作用

人体各个器官的机能，一方面受神经系统的调节，另一方面也受内分泌的调节，后者是靠人体某些腺体或组织细胞分泌的各种类型的激素来加以调节和控制的。水中健身锻炼对人体的各种腺体结构和机能均能产生良好的影响，对冷热的适应能力和抵抗能力也会增强。

(六)使人心情舒畅，精神愉快

情绪不好，不但有损健康，而且影响学习和工作。身体虚弱、多病经常失眠，是造成悲观失望、焦虑等不良情绪的常见原因。参加水中健身运动，会使人感到生活的丰富多彩，有利于转移不良情绪。运动除能使大脑的兴奋和抑制系统保持平衡外，还能使血液和大脑中的去甲肾上腺素增多。当血液中去甲肾上腺素增多时，人们的心情就愉快；当血液中的去甲肾上腺素减少时，人们的情绪就低落。

因此，经常进行水中运动，不仅有助于身体的发展，而且能调节人的心理，产生一种美妙的快感，使人心情舒畅，精神愉快，从而增强人的自尊心、自信心和自豪感。

(七)塑造优美形体

水中运动是一项肌肉在水中抗阻力的活动，通过肌肉的变化能够塑造优美的体形。肌肉在水中收缩过程中，发生从量变到质变的一系列变化。肌肉的体积增大，表面突起，更加丰满有力。由于肌肉发达，男性显得格外魁梧健壮，女性线条更加明快多姿，显示了自然美的魅力。

在水中进行运动，水的流动特性与水温低于体温的影响可以改善皮肤的血液循环，加强皮下组织的营养供应抵抗力，让皮肤受到水的机械性的摩擦按摩，使皮肤弹性增强，保持丰满健美的状态。

与此同时，水中运动对减肥也具有极好的效果，其作用在于加大能量物质的消耗，特别是能够有效加大脂肪的消耗。因为水的温度低于体温，水的散热性强，而水中锻炼又是典型的有氧运动，有氧运动可以大大提高机体的热量消耗，因此，具有良好的减肥效果。

第三节　水中健身操的基本动作

水中健身操是水上运动的一种艺术形式。它是优雅韵律、表情和水中技巧的结合，是培养良好身体姿势和健身、健体的有效运动。从初创至今，水中健身操的练习内容形成了一个渐进的反站过程。最初，以水中有氧练习为主，内容比较单调，多是下肢练习。在发展过程中，逐渐增加了上肢和全身运动，增强了身体的协调性和平衡感，形成了目前的水中有氧健身操。

水中健身操由热身练习、有氧练习、肌肉力量强化练习、整理放松四部分组成。热身练

习充分利用音乐的效果，内容活泼、愉快，促进了代谢水平，降低肌肉的黏连性，提高呼吸、循环系统等内脏器官的机能水平，为进入高强度练习做好准备。肌肉力量强化练习，心率一般在最高心率的 80%以下。整理放松要充分利用水的浮力，人在水中，动作幅度不宜过大，速度缓慢，使脉搏逐渐恢复到相对安静状态。为了更好而有效地进行水中有氧操训练，在安排健身计划时，应该根据不同情况和年龄进行分组。

开始练习时，一般多以单个动作反复练习，教会练习者如何用力，体会水对人体的独特亲和力。以下是水中健身操中的 12 个基本动作。

一、长城万里式

1. 动作要领

(1)下肢向体侧迈出侧面移动，下肢呈半蹲姿势。

(2)上肢手臂做侧平举打开，掌心相对在胸前直臂交叉。

(3)一边 1 次或 2 次以上后，进行反方向重复完成。

2. 要求

(1)水中移动时，手腿配合同时运动，手心相对，体会水的阻力(图 19-1)。

(2)移动时注意保持身体的平衡。

图 19-1　长城万里式

二、大开大合式

1. 动作要领

(1)双腿在水中进行开合跳跃动作(落地时还可以变换反向)。

(2)双臂在水中做侧平举打开和掌心相对手腕交叉动作。

2. 要求

(1)分腿屈膝蹲时，两脚自然外开(图 19-2)。

(2)膝关节沿脚尖方向屈，膝关节夹角不小于 90°。

图 19-2　大开大合式

三、翩翩飞燕式

1. 动作要领

(1)两腿弯曲于肩同宽,双手手腕在体前交叉。

(2)双腿屈膝弯曲向上踢腿,双臂同时打开至体侧,划水帮助维持身体平衡。

(3)完成踢腿后,屈膝两腿缓缓回落到原地,双手直臂向内回到起始动作。

2. 要求

(1)双腿分开向上踢腿时,屈膝抬大腿,小腿向上踢尽量使足部贴近水面(图 19-3)。

(2)两脚左右分开时必须尽力伸直,双臂充分地伸展开。

图 19-3　翩翩飞燕式

四、团团圆圆式

1. 动作要领

(1)双臂平举于水平面,屈膝,身体呈直立状态。

(2)屈膝并向胸部靠拢,双手抱膝于胸前。

(3)双臂打开平举于水平面,双膝落地回到原点。

(4)双臂不动,膝盖向胸部提起,左右转动。

2. 要求

(1)保持身体重心，腹部收紧。

(2)跳跃时上体保持直立状态，下肢团身要紧，腰部尽量转动到位。

(3)在跳跃的过程中，双臂划水保持平衡。

(4)左右扭转的过程中腹部收紧保持身体重心平衡(图 19-4)。

图 19-4　团团圆圆式

五、踏雪寻梅式

1. 动作要领

(1)双腿直膝，前后交替在池底滑动走步。

(2)掌心向上，双臂直臂前后交替划水。

2. 要求

(1)膝盖伸直，尽可能地贴池底向前后方迈大步滑出去。

(2)掌心向上，手掌时刻保持对水面的状态，体会划水时水的阻力(图 19-5)。

图 19-5　踏雪寻梅式

六、马踏飞燕式

1. 动作要领

(1)掌心向上对水双臂直上抬,身体前倾,前腿做弓箭步,另一腿向后上抬。

(2)掌心向后双臂至体前向后划水,同时后腿屈膝,顶胯膝盖靠近胸部。

(3)掌心向上双臂至体后向前划水,双臂前伸,前脚落地,后脚上抬。

2. 要求

(1)吸腿时膝盖尽量触胸,后摆的动作要充分,保持大腿伸直。

(2)尽量大幅度地完成动作,手臂协调配合保持身体的平衡和稳定。

(3)手掌对水面,前后摇摆时注意顶胯,体会水的阻力。

七、风中杨柳式

1. 动作要领

(1)两腿分开与肩同宽,呈半蹲姿势,双臂始终保持于水平面。

(2)掌心向前,至下向前弧形推水,屈髋臀部后翘。

(3)掌心向后,至体向前后弧形推水,伸髋身体向前挺出,交替进行。

2. 要求

(1)髋部及两臂在动作中进行最大限度的伸展运动。

(2)双臂在体侧做从前至后的划手动作。

(3)在进行动作练习时,注意身体始终保持直立状态(图 19-6)。

图 19-6　风中杨柳式

八、排山倒海式

1. 动作要领

(1)两腿与肩同宽呈半蹲位,掌心向外对水,双手自身体左侧拨水至右侧。

(2)手臂可稍弯曲,利用躯干力量。

(3)最大限度寻找最佳阻力感,头部及视线随双臂看齐。

2. 要求

(1)双手微微弯曲,利用躯干力量在胸前做从左至右的拨水动作。

(2)注意肩部始终在水平面,利用腰部的力量体会水的阻力(图 19-7)。

图 19-7　排山倒海式

九、中流砥柱式

1. 动作要领

(1)站立于齐腰深浅水中,双脚开立略比肩宽,双手放于体侧。

(2)双臂由身体后侧交叉后向上掏水,掌心向上。

(3)双手掏水的同时,双腿屈向下蹲,手臂上抬后双腿伸直。

2. 要求

(1)两手臂由身体后侧交叉抬起。

(2)手腿协调配合(图 19-8)。

图 19-8　中流砥柱式

十、大浪淘沙式

1. 动作要领

(1)原地弓步跳跃,单手在胸前做下掏水动作,另一只手叉腰,交替进行。

(2)原地开合跳,单手做体侧做上掏水动作,另一只手叉腰,交替进行。

(3)原地弓步跳跃,双手同时向胸前做2次下掏水动作。

(4)原地开合跳,双手同时在体侧做上掏水动作。

(5)原地开合跳,双手同时在体侧做下掏水动作。

2. 要求

(1)上下肢动作节奏要统一,注意弓步和合跳交替进行。

(2)注意每个动作的衔接,双臂在水下掏水,体会水中的阻力(图19-9)。

图19-9 大浪淘沙式

十一、四通八达式

1. 动作要领

(1)团身,膝盖尽可能地贴近胸口,双手握拳在体侧夹紧。

(2)掌心向外双手同时推水呈侧平举,同时单脚勾脚向前蹬水,另一侧脚自然落地,交替进行一次。

(3)团身,膝盖尽可能地贴近胸口,双手握拳在体侧夹紧。

(4)掌心向前双手同时推水呈前平举,同时单脚勾脚向后蹬水,另一侧脚自然落地。交替进行一次。

2. 要求

(1)两手臂直臂推水,用于维持单脚站立蹬水动作,体会水的阻力。

(2)向后或向前蹬水时尽可能与支撑脚成 90°,如感到疼痛或不适终止动作(图 19-10)。

图 19-10　四通八达式

十二、扭转乾坤式

1. 动作方法

(1)双脚并拢站立于浅水中,双手置于腰间为准备姿势。

(2)一侧腿屈膝向斜上方跳跃屈膝脚尖在膝盖位置。

(3)双手臂在屈膝腿时向内拨水,踢腿时外展拨水。

(4)一侧腿做完后交换另一侧腿,动作相同,方向相反。

2. 要求

(1)向斜上方屈膝踢腿,脚尖绷直。

(2)拨水时要求前臂夹紧紧贴躯干,小臂在水中拨水(图 19-11)。

图 19-11　扭转乾坤式

第四节　水中健身操的创编原则和主要创编方法

一、水中健身操的创编原则

水中健身操在创编中应该根据教学对象的特点,既要结合水中健身操的编排原则,又要充分利用水中的特定环境,选择适宜的音乐,总体构思创编。创编水中健身操应遵循以下几个原则。

1. 安全性原则

水中健身操是以健身为主要目的,又在水中这样一个特殊的环境下练习,“安全”问题是重中之重,所以在编排动作时,尽量遵循人体自然运动规律,负荷强度的控制,应按照由弱到强的顺序逐渐加大负荷量,动作的难度系数应由低到高,避免设计高难度、猛烈屈伸的动作,要求量力而行,确保练习者的安全,尽量避免运动损伤与事故的出现。

2. 健身性原则

设计的一切动作都应该以提高人体的健康水平、增强人的运动素质、改善形体为目的。水中健身操属有氧运动范畴,可以使人体各系统得到很好的锻炼,同时又能有效地消耗体脂,使人的各部位都得到充分锻炼,从而促进提高肌肉力量、关节灵活性,以及通过“水”改变

运动方向、位置、节奏、单一动作、复合性动作的变化来影响不同的肌群和培养人体的协调性。因此，恰如其分地运用这些因素才能达到促进健康的目的。

3. 利用水特性的原则

水有“压力”“黏滞性”“流动性”“难以压缩性”“导热性”5个特征。水的深浅压力差会产生一种能把人托起来的力，也就是“浮力”；“黏滞性”是一种分子相互吸引的作用，水的“黏滞性”造成在水中运动时克服的阻力远远大于陆上；“流动性”使人们在水中运动的速度缓慢，因此更安全，不易受到伤害；“难以压缩性”使人们在水中运动时保持身体平衡的难度大于陆上；“导热性”这个特点，使人们在同样的时间和强度下运动，水中可以消耗更多的能量。

水中健身操是在“水”中这个特殊环境下进行的，与陆上的有氧健身有明确的区别，在设计动作时应该与水的特点密切结合起来，尽可能让每个动作都能在水下或者是水平面上运动，这样才能达到更好的效果。其中动作的创编一般以上肢运动、躯干运动、下肢运动以及全身运动的形式展现，在这些基本动作的基础上还可以增加方向的转变和距离的变化。

4. 针对性原则

针对练习者的年龄、性别、训练水平、场地等实际情况，选择适宜的锻炼内容、强度及各部分锻炼时间。充分体现健身、娱乐和艺术性的功能，考虑面向大众，注重可接受性和运动量的合理性，以求达到最佳的健身效果。

例如：儿童水中健身操，应该选择自然活泼，易于模仿的动作，并且应具有游戏性质，提高儿童兴趣，特别要注意选择一些主要肌群力量有利于形成儿童正确姿势，促进儿童身体正常发育，增进健康，增强体质的动作。

青年水中健身操，应该选择刚健用力、健美大方、富有活力或舒展大方的动作。利用水环境，结合游泳划臂、健美操、拳击等一些陆地动作，选择有明显锻炼价值的动作。

编制老年人水中健身操时，应选择简单容易做、速度慢一些的并且多次重复的动作。为了增强中老年人身体的灵活性需要编排以锻炼下肢为主的组合动作，要多考虑到老年人心肺的承受能力而选用适宜动作组合，如：水中步行、水中浮力柔韧练习等。

5. 科学性原则

健康是美的标志，在水中有氧健身操的编排过程中首先需要考虑的是“健康”，要选择使身体各个部位肌肉、关节、韧带和内脏器官得到全面发展的动作，要注意肢体对称的发展，动作幅度、速度、节奏的合理变化，运动量具有科学性动作的设计应该包括上肢、下肢、躯干及全身的运动，在此基础上还可以改变动作的方向和类型，使身体得到全面的均衡发展。

在创编中要把握以“有效”为目的，不要为了追求“美”而忽略了实效。要根据练习的目的进行动作的设计，以“实效”为核心，结合水的特点，从健身、健美、康复等多个角度创编出具有健身效果的成套水中有氧健身操动作。

6. 音乐适合性原则

水中健身操是一项结合了游泳、花样游泳、健身操、舞蹈等项目特点的综合性体育锻炼项目，在编排水中健身操动作时，应该选择适合动作的音乐。音乐有助于表达一定的思想、意境和情感，确定成套动作的风格，音乐可以为水中健身操注入活力，因此可选用旋律优美、流畅、节奏欢快、有活力的音乐作为伴奏。通过音乐激发练习者做动作的激情和表现力，这有助于练习者体会动作的韵律感、节奏感，增强练习兴趣，缓解疲劳。每段音乐都有着明显主题风格与节奏变化要求，每个动作的完成以及单个动作之间的间隔时间都必须与音乐节奏的变化相一致，注意音乐的节拍不宜过快。

二、水中健身操创编步骤和方法

(一)水中健身操创编步骤

水中健身创编步骤可以有多种，但主要有两种，具体见表 19-1。

表 19-1 不同种类的水中健身操创编步骤

事项	第一种	第二种
内容	制定目标	制定目标
	音乐的选择与剪辑	构思成套的结构
	素材的选择与确定	素材的选择与确定
种类	建立基本结构	按原则组合动作
	按原则组合动作	按成套顺序完成动作
	按成套顺序完成动作	音乐的选择与剪辑
	评价与修改	评价与修改

(二)水中健身操主要创编方法

1. 确定创编目的和任务

明确创编的目的、任务及要求，掌握练习者年龄、性别、身体状况、运动基础状态等多方面的情况；了解锻炼时间、场地、器材设备等条件；学习观看有关水中健身操的文字资料和音像资料，搜集素材工作主要靠平时的学习与积累。

2. 设计动作与音乐风格统一

根据编排原则，明确了解用途和实际情况后，可先从分类开始确定所编操的类别：健身、表演、竞赛。健身性创编首先确定锻炼目的、成套操的节数和重复拍数，然后按节奏设计动作。设计动作时既要考虑运动量的大小，又要考虑是以锻炼哪些身体部位为目标。

成套动作的特点是在达到水中健身操预设目的的基础上，突出某种特色，而且每个联合动作都要突显锻炼价值，例如：设计腰部联合动作以躯干弯曲、扭转为核心动作，也可以向

前、向后、向两侧或漂浮方向以身体弯曲、波浪、打腿为核心动作进行编排，达到增强腰部灵活性和力量的目的；下肢运动可以以走、跑、小跳为核心动作进行编排，达到增强下肢灵活性和心肺能力的目的。

总之，无论是健身、竞赛还是表演性创编，设计动作首要考虑套路风格，它决定着成套的个性与艺术价值；其次考虑难度的大小、音乐的长度、速度（N 拍/10 秒），一般采用的办法是先编好动作，再找现代乐曲配合，这样可避免出现动作与音乐旋律不符的状况。因此，对编好的成套动作要进行修改，不管是先选乐曲，还是后选乐曲，或是创编，都要求音乐的节奏、旋律和风格与动作协调保持一致。

3. 练习与调整

按照设计完成的动作进行练习。在练习中检验动作的难易程度是否适宜，动作的连接是否合理，动作的健身效果能否体现，动作与音乐是否和谐，并采用观察和测量心率的方法检查成套动作运动量大小是否适宜，对不足之处进行修改加工，根据检验结果、练习者的反馈信息及创编者的观察研究，对成套操进行适当的修改和调整。竞赛水中健身操要根据规则及创编原则进行评定。

4. 记写成套动作并说明要求

此项是为了保留材料，以便在今后的教学研究或相互交流中采用。文字说明应简明扼要，术语正确，绘图应形象逼真，方向清晰，记录时最好文图并用。

编操之后，需把每节操的图解和文字说明记写下来，记写的内容和顺序如下。

（1）写出每节动作的名称和动作的重复次数。

（2）绘制动作简图，简图包括预备姿势，每拍动作的主要姿态，动作路线和结束姿势。

（3）记写每节操的要求和做法，写出每拍动作的说明，力求简明扼要，术语正确。首先，写明预备姿势；其次，写明每拍动作的做法和结束姿势。记写动作时，一般是先下肢后上肢，先左边、后右边，并明确指出动作的方向、路线和做法等。

第五节　水中健身操比赛规则与裁判

一、比赛项目

徒手规定动作操：12 个规定动作中，至少使用 10 个，按顺序编排成套路。每个动作至少重复 8 次。

水中健身棒操。队中每人必须使用健身棒，且器械在水下的时间累计不少于 2 分钟。

水中板操。队中每人必须使用打水板，且器械在水下的时间累计不少于 2 分钟。

水中划手掌操。队中每人必须双手均佩戴划手掌或阻力手套，且器械在水下的时间累计不少于 2 分钟。

深水徒手操。队中每人需佩戴浮力腰带在深水或浅水再进行，双脚不能接触池底。

每队可以在上述项目中选择 4 个项目参赛，但规定动作为必报项目(集体)。每个项目套路必须使用不同的音乐。

二、比赛组别

学校组分高校组、中学组和小学组，分为双人操和集体操。集体操由 4～12 人组成。

成人各组，分为双人操和集体操。集体操由 4～12 人组成。

三、年龄规定

(1)50 岁以上组。所有成员年龄需在 50 周岁以上。

(2)36～50 岁组。成员年龄在 36 周岁以上且 50 周岁以下。允许 1～2 人年龄超过 50 周岁。

(3)18～35 岁组。成员年龄在 18 周岁以上但在 35 周岁以下。允许 1～2 人年龄超过 35 岁。

四、比赛场地与设备

(1)泳池，比赛可在 50m 或 25m 标准泳池中进行。

(2)比赛区域，在池中长 20m、宽 20m 的区域内进行比赛。

(3)水的温度，水温 27～30℃，比赛水深为 1.0～1.4m。

(4)比赛须配备音响设备，可使用分贝仪，以监测和保证每队伴奏盘音强平均声压级在 90～100 分贝内。

(5)比赛需配备摄像设备。

(6)成套动作时间为 3 分±10 秒。

五、比赛音乐

参赛者需自备高质量的音乐 CD 盘或移动存储设备，要有备用音乐盘。

(1)成套动作音乐允许有 2×8 拍的前奏，音乐的速度为 108～132 拍，音乐的强度在 90～100 分贝内。

(2)音乐前的空白时间不能超过 5 秒，音乐结束后应有 20 秒空白。

(3)计时应以伴奏开始和结束为准，不包括提示音。整套动作要求在水中开始和水中结束。

(4)每一个盘上应只有一套成套动作的录音，而且必须清楚地标明音乐的时间、比赛项目、参赛队名称。

(5)参赛队指定专人在第一次练习前，联络放音员并接受审查音乐盘。

(6)抽签号确定后填写 CD 盘登记卡，并与每套动作备用盘一同交放音组。

六、比赛服装

(1)男子须穿泳裤，女子须穿连体式泳衣。

(2)各参赛队须戴泳帽。

(3)参赛队可以统一穿水中健身鞋或赤足。

(4)领操员须着健身服、运动服和运动鞋。

七、裁判职责

(一)总裁判和副总裁判

(1)总裁判在组委会领导下，全面负责全体裁判员的工作，明确各裁判员的职责和任务，并组织裁判员进行裁判实习和总结。

(2)总裁判应严格执行竞赛规程和竞赛规则，解决比赛中的有关问题，并可决定规则中未详尽和没有明文规定的问题，但不能修改规程和规则。

(3)总裁判应于比赛前检查场地、器材是否符合规则的规定。

(4)总裁判可随时干预比赛，以保证规程和规则得以执行，有权裁定有关比赛进行时的各种异议。

(5)总裁判为保证竞赛顺利进行，可随时指派替补裁判员上岗工作，在必要时有权撤换不称职的裁判员。

(6)总裁判根据自己的观察或其他裁判员的报告，有权取消犯规运动队、运动员的比赛资格和录取资格。

(7)各项、各组的比赛成绩须经总裁判签名。

(8)副总裁判协助总裁判工作。总裁判、副总裁判可轮流担任各场比赛的执行总裁判，履行该场比赛总裁判的职责。

(二)编排裁判组

(1)编排裁判组设 5 名裁判，其中 1 名任组长。

(2)组长在赛前组织裁判员认真学习规则和规程，统一裁判尺度，并进行赛前实习。

(3)编排裁判组评价动作编排的健身价值和艺术价值，包括音乐伴奏和动作编排(规定动作是否符合规则、身体动作的选择，器械动作的选择，科学性、有效性、一致性、多样性、创新性)。

(三)完成裁判组

(1)完成裁判组设5名裁判,其中1名任组长。

(2)组长在赛前组织裁判员认真学习规则和规程,统一裁判尺度,并进行赛前实习。

(3)完成裁判组评价动作的完成情况,根据动作完成的准确性、动作幅度、动作速度和力度、美观程度、同步情况等,对任何偏离完美完成的所有动作错误给予减分。

(四)其他裁判

1.检录员,2~3名,按照参赛顺序表及赛前确定的准确时间进行2次检录;听从总裁指导(检录员用表略)。

2.记录员,2~3名,抽签后出印、发放比赛顺序表;计算各队各项比赛最后得分,填写成绩统计表;经总裁审后,录入电脑程序并出印、发布、发放成绩单。比赛结束后编辑印制成绩册。

3.计时员,2名,负责记取各队比赛的时间以及手臂或器械在水中动作的时间,若有犯规,及时报告总裁判。

4.放音员,1~2名,负责报到后各队音乐盘的审查和试盘;负责按顺序表播放比赛音乐;负责与承办地音响师等联络,保证赛前相关器材、人员到位。

5.宣告员,1~2名,负责根据总裁判的指令和竞赛规则、规程编写播音脚本,经总裁判审核后按脚本在比赛开始及过程中介绍裁判员、运动队出场;介绍比赛项目、分组顺序、各队队员、各队得分、名次及团体总分等内容;介绍水中健身活动。

(五)仲裁

(1)仲裁人员由中国游泳协会选派,人数为奇数。

(2)申诉。参赛者应遵守本规则,服从裁判,服从组委会安排。比赛现场如有裁决的问题,由参赛队指定专人向仲裁提出申诉。

第二十章 气排球

第一节 气排球运动概述

一、气排球的起源与发展

气排球运动是我国首创的一种小型化、轻便型的排球运动衍生项目,它的诞生还要追溯到20世纪80年代的呼和浩特铁路局。当时,生活和娱乐条件还比较艰苦,健身娱乐器材也很少,人们在休闲时,常常利用气球的轻、飘特点,分两组,中间用绳子隔开,人数可多可少,在两边两组队员用嘴吹、头顶、肩扛、手拍等技术,在线上进行对抗,往往是参与者打得热火朝天,不亦乐乎。这项既经济方便又能强身健体的游戏项目在铁路职工中很快流行开来。

受这项游戏的启发,渐渐地,人们已不满足打过于轻薄的气球了,开始打一种特制的气球,球的质地开始发生变化。1984年,集宁铁路分局体协组织离退休职工在球场上打特制的气球。随后又依照排球规则制定了简单的比赛规则,并把这项游戏命名为"气排球",并逐渐在呼和浩特铁路局进行推广。从此,"气排球"这项运动显示出了勃勃生机,在全国各地迅速传播开来。这项运动的诞生为世界排球家族增添了新的成员,也是我国在世界排球运动发展史上的又一重要创新与贡献。

(一)自发传播阶段

1989年以前,气排球处于萌发及在中老年爱好者中自发传播的阶段,传播的路径主要是沿着铁路线在铁路系统内部向全国扩散。在这个阶段中,大家所使用的球不尽相同,比赛规则也不统一，比赛双方或练习者可根据自身情况相互协商，随意制定规则，只要大家能够进行简单的比赛就可以。而且参与者中，多以中老年朋友为主，可以说，铁路系统中的中老年气排球爱好者为气排球的发展奠定了坚实的群众基础。

（二）快速发展阶段

由于气排球运动具有良好的竞技性、健身性、娱乐观赏性，规则类似于排球，技术门槛要求不高，符合全民健身的需要，所以自诞生之日起，显示出了很强的生命力，很快在全国传播开来。1989 年，国家成立了气排球运动推广小组，提出在全国范围内推动气排球运动的快速发展，并要求把气排球运动发展成为全民健身和文化娱乐的基本构成单元，通过开展气排球运动激发全民对气排球运动的兴趣。以此为标志，气排球运动在我国进入了快速发展期。

1991 年 10 月，根据《排球竞赛规则》，结合气排球活动的特点，中国排球协会编写了我国第一部《气排球竞赛规则》，它的诞生，标志着气排球运动步入了规范的发展阶段。在这个阶段，规则逐渐统一，场地和比赛用球也逐渐标准化。2003 年，中国排球协会对《气排球竞赛规则》进行了第一次修订，并在全国中老年人气排球比赛中施行。2011 年，中国老年人体协气排球专项委员会提出对现行规则进行修改，制定新规则的要求。中国排球协会通过调研、论证，制定和审定了新版的《气排球竞赛规则》，决定自 2012 年 6 月起在全国气排球比赛中施行。

在全国气排球发展中，作为生力军的铁路系统，在 1993 年成立了“中国火车头老年人气排球协会”，并选举产生了领导机构，这是我国出现的第一个气排球协会，从此，气排球的发展一改过去比较散的发展方式，开始有组织、有计划地开展活动。1992 年 11 月，中国火车头老年人气排球协会在武汉成功举办了首次铁路系统老年人气排球比赛，此后 1993 年 7 月在齐齐哈尔，1994 年 10 月在济南，1995 年在兰州，1996 年重庆……一年一度的气排球比赛都获得了成功，且影响力越来越大。在中国火车头老年人气排球协会的大力推动下，全国老年人气排球协会于 2004 年 10 月在浙江丽水举行了第一次全国老年气排球比赛。2005 年 10 月，在福建莆田举行了第二次全国老年气排球比赛。2006 年 10 月，在北京举行了第三次全国老年气排球比赛。现如今，全国各地、各层次的比赛层出不穷，气排球协会也像雨后春笋般在全国许多城市出现，气排球运动也辐射进了机关、企业、学校、社区，参与群体也由原来的中老年人渐渐发展到青少年、儿童，参与人群不断壮大。由此，气排球运动进入了快速蓬勃发展期。

二、气排球的锻炼价值

现代竞技体育，尤其是大型的国际赛事，如奥运会，对世界产生广泛影响，并有快速的效果，这是其他任何活动无法比拟的。在很大程度上，这不仅反映了一个文明教育的国家水平，也牢牢保持着深厚的民族情结。因此，国家更注重竞争力。中国女子排球队一次又一次站上领奖台，顽强拼搏的女排精神，成为中国人民宝贵的精神财富，排球文化深深地刻上中华民族情结。目前广为流行的气排球运动具有硬排球的特点，可以让普通人轻松参与，这是对传统排球的扩展和创新，也是对排球文化和女排精神的继承和发展一种大众化的载体。

（一）气排球运动锻炼对人心理上的价值

新时代快节奏生活中，使人们无法适应这种生活，导致抑郁症、情绪低沉、焦虑等情绪。而气排球运动可以使大量的参与者，在游戏中有浓厚的兴趣，可以让参与者感到身心愉悦，减少生活中的消极情绪，并缓解心理压力。

气排球具有较慢的球速，少死球，多回合。气排球的技巧简易，这种游戏方式非常有趣轻松，在比赛中，球慢、轻，特殊的特点将出现在任何时间，使得看起来更加激烈和精彩，具有很强的观赏性和娱乐性。在气排球运动的过程中，人们专注于它，有笑有说，释放压力，得到了一定的身心锻炼，并在愉快的闲暇时间获得了放松。在运动过程中，朋友之间的交流使人们表达了自己的情绪。在气排球运动的过程中的各种表演展示，体现了气排球运动在全民健身运动的娱乐和健身，更多的人参与到了这项运动中去，各年龄段的人积极参与，使得气排球运动慢慢盛行了起来。

（二）气排球运动锻炼对人生理上的价值

经常参加气排球运动，可以对神经系统功能产生良好的反应，从而促进神经进展的协调性、准确性和灵活性，提高其分析综合能力。根据研究，气排球运动是一个团体运动，同时又具有竞赛性质，因此在运动过程中可以使参与者保持一种亢奋状态，提高自己的精神状态。在运动中，运动者的心血管系统和肌肉系统保持工作，身体素质在提升，体质在不断增强，更利于维持运动者身体健康。通过气排球运动，它可以改善身体的生理功能，如增强人体的最大肌力和最大氧吸收量，因此它可以减少人体疲劳程度。

第二节　气排球运动的比赛方法与特性

一、比赛方法

气排球是两队在由球网分开的场地上进行比赛的集体项目。它可以有多种比赛方式，以适应各种不同性质、不同层次比赛的需要，从而不断推动此项运动的广泛开展。

气排球如同室内六人制排球一样，主要是用手或手臂进行击球，身体其他任何部位也可以击球。各队遵照规则，将球击过球网，使其落在对方场区内，而阻止其落在本方场区内的地面上。每队可击球三次(拦网时除外)，将球击回对方场区。

比赛由发球开始，发球队员击球使其从网上飞向对方场区。比赛由此连续进行，直至球落地、出界或某一队不能合法地将球击回对方场区。

正式比赛分为五人制和四人制，采用三局两胜、每球得分制。发球队胜一球即得一分，并继续发球；接发球队胜一球即得一分，同时获得发球权。每次换发球时发球队员按顺时针方向轮转一个位置。胜两局的队为胜一场。每局 21 分，先得 21 分为胜一局，当比分为 20∶20 时，先获得 21 分的队获胜该局。如果 1∶1 平局时，应进行决胜局。决胜局先得 15 分并超对方 2 分的队获胜(8 分时交换场地)，当比分 14∶14 时，比赛继续进行至某队领先 2 分(16∶14、17∶15)为止。

二、气排球的特性

我国首创的气排球与传统排球以及软式排球相比，有其鲜明的特性：球体软、体积大、质量轻、碰撞力量弱，对手臂的垫击及双手的传球没有疼痛感和紧张感；飞行速度慢、难度小、技术要求低、趣味性高、娱乐性强；适合不同性别、不同年龄、不同层次的人群参与，适用对象广，有广泛的群众基础；安全性强，不易受伤，健身价值高；比赛、练习形式多样，十分符合我国大众的运动健身娱乐和观赏的需求；技术动作要求低，入门门槛不高，易于普及及开展；器材、场地设施简易简单，要求不高，容易普及，便于开展。

第三节　气排球运动技战术

一、气排球技术

(一)准备姿势

在起动、移动和击球前队员所采取的合理身体姿势与动作，称为准备姿势。保持良好的准备姿势，可以迅速起动，快速移动，接近击球，并与球保持合理位置，以便完成各种击球动作。准备姿势按身体重心的高低可分为半蹲准备姿势、稍蹲准备姿势、低蹲准备姿势三种。

(二)移动

队员从起动到制动之间的人体位移称为移动。它是由起动、移步、制动三个环节组成的。移动可以使队员及时接近球，保持好人与球的关系，并便于击球。迅速地移动可占据场上的有利位置，争取时间和空间。队员在场上是否能及时移动到位，是完成技术动作的关键。

起动：起动是移动发力的开始，它的快慢是移动的关键。

技术方法：以向前起动为例，在正确的准备姿势基础上，迅速抬起前脚，同时收腹使上体前倾，后退迅速用力蹬地，使整个身体急速向前起动。

移动方法：移动步法分为并步与滑步、跨步与跨跳步、交叉步、制动、跑步及综合步法等，下面介绍四种。

(1)并步与滑步：以向前为例，后退蹬地，前脚向前跨出一步，后脚再迅速跟上，做好击球前的准备姿势。若向体侧连续快速做两次以上的并步，则为滑步。

(2)跨步与跨跳步：由准备姿势开始跨步时，一腿用力蹬地，另一腿向来球方向跨出一大步，膝部弯曲，上体前倾，身体重心移至跨出腿上，分别为向前跨步和向侧跨步。跨跳步是在跨步的基础上，蹬地腿用力蹬离地面，使身体有一个腾空的阶段。跨步脚落地后，蹬地脚及时跟上，两膝保持弯曲，上体前倾，重心降低。

(3)交叉步：半蹲，采用向右交叉步时，上体稍向右转，左脚从右脚前面向右交叉迈出一步，然后右脚再向右跨出一大步，同时身体转向来球方向，保持击球前的姿势。

(4)制动：制动是移动的结束，也是击球动作的开始，人体快速移动后，身体需要有一个相对稳定的击球准备姿势，以利于完成击球动作，这就必须经过制动过程。

一步制动法：一步制动时，在移动最后跨出一大步，同时降低重心，膝部和脚尖适当内转，全脚掌横向蹬地，并以腰腹力量控制上体，使身体重心的垂直线停落在脚的支撑面以内。

两步制动法：两步制动时，以倒数第二步做第一次制动，紧接着跨出最后一步做第二次制动。同时身体后倾，重心下降，双脚用力蹬地，使身体处于有利于做下一个动作的状态。

（三）发球

队员在端线后自行抛球，并用一只手或手臂将球直接击入对方场区的技术称为发球。发球是一场比赛的开始，也是进攻的手段之一。发球是气排球技术中唯一不受他人制约的技术。本节主要介绍几种常见的发球技术。

1. 正面下手发球

(1)准备姿势：面对球网，两脚前后开立，左脚在前，两膝微曲，上体前倾，左手持球于腹前，两眼注视球。

(2)抛球：左手将球轻轻向体前右侧抛起，球离手约 30cm 高度时，同时右臂后摆。

(3)击球：右脚蹬地，重心前移，右臂前伸，以肩为轴，向前摆到腹前，用掌根或全手掌击球的后下部，随着击球动作重心前移，迅速进入场地比赛。

2. 侧面下手发球

(1)准备姿势：左肩对网，两脚左右开立，约与肩同宽，两膝微屈，上体稍前倾，重心在两脚之间。

(2)抛球:左手将球平稳抛至胸前,球离胸前约一臂之距,离手约 30cm 的高度。

(3)击球:抛球的同时,右臂引向侧后方,利用右脚蹬地、转体的力量,带动手臂向前摆动,重心随之移向左脚,在腹前用掌根击球的后下部,击球后随即进入场地。

3. 正面上手发球

(1)准备姿势:两脚前后开立,左脚在前,左手托球于身前。

(2)抛球:利用手的平托向上送,很稳地把球抛在右肩前上方。

(3)用力:击球时蹬地,使上体向左转动,同时收腹,带动手臂挥动,在右肩前上方伸直手臂的最高点,用全掌击球的中后部,击球时,手指自然张开吻合球,手腕要迅速做主动推压动作,使击出的球呈上旋飞行,击球后,迅速进入场地。

4. 正面上手飘球

(1)准备姿势:面对球网,左手持球于腹前,两脚左右开立。

(2)抛球:利用手的平托向上送,很稳地把球抛在右肩前上方。

(3)用力:击球时,五指并拢,手指、手腕紧张,手型固定,不加推压动作,由于气排球球体较轻,击球的力量不宜过大,以免发球出界。击球结束,手臂要有突停动作,击球后,迅速进入场地。

5. 扣球式发球

(1)准备姿势:两脚前后开立,左脚在前,右手托球于身前。

(2)用力:击球时,球员抛球后前跨一步挥手至最高点,侧身收腹甩臂大力发球。

(3)击球:手指自然张开吻合球,手腕要迅速做主动推压动作,使击出的球呈上旋飞行,击球后,迅速进入场地。

6. 溜底助跑跳发球

(1)准备姿势:发球队员站立于底线左角,侧对球网,两脚前后开立,左脚在前,两膝微屈,上体前倾,左手持球于腹前,两眼注视对方。

(2)助跑:沿底线溜边,近右边边角处侧身用左脚单脚起跳。

(3)抛球:左手将球轻轻向体前右侧抛起,球离手约 30cm 高度时,同时右臂经肩上后引。

(4)击球:空中收腹转身,右臂以肩为轴,成鞭打动作向前挥动,在右肩前上方手臂伸直的最高点,用掌跟或全手掌击球的后中下部,方向为对方斜线对角,击球完成后迅速落地,重心前移,快速进入场地比赛。

7. 正面轮臂式发球

(1)准备姿势:两脚前后开立,左脚在前,右手托球于身前。

(2)抛球:发球时先后退两步,抡起手臂大步往前冲两步轻抛球后见球即打。

(3)用力:击球时,球员抛球后前跨一步挥手至最高点,侧身收腹甩臂大力发球,顺势将身体重心随手部往下甩，直至双手拍地。

（4）击球：手指自然张开吻合球，手腕要迅速做主动推压动作，使击出的球过网后急剧下坠，击球后，迅速进入场地。

（四）垫球

垫球是气排球的基本技术之一，主要用于接发球、接扣球、接拦回球，有时也用于进攻。接发球和接扣球是组织进攻的基础，是由被动转为主动的重要技术，是稳定队员情绪，鼓舞士气的重要手段。垫球技术多种多样，按照动作方法可分为正面双手垫球、跨步垫球、侧垫球、背垫球、双手捧球、单手捧球和脚垫球等。以下重点介绍正面双手垫球和气排球特有的双手捧球、单手捧球。

1. 正面双手垫球

正面双手垫球是最常用、最基本的垫球方法，是各项垫球技术的基础，适合于接各种发球、扣球和拦回球，有时也可以用于垫二传。

（1）准备姿势：面对来球，呈半蹲或稍蹲姿势站立，在左半场及中场位置最好左脚在前，在右半场最好右脚在前。

垫球手型主要有三种手形。

抱拳式：双手抱拳互握，两拇指平行向前。

叠掌式：双手掌跟紧靠，两手手指重叠互握，两拇指行向前。

互靠式：两手自然放松，腕部紧靠，两拇指平行向前。

击球部位：两手臂靠拢、伸直，用腕关节以上10cm左右、桡骨内侧合成的面触球。

（2）击球：当球飞到距腹前一臂距离时，两臂夹紧前伸，快速插入球下，向前上方蹬地抬臂，在腹前用手臂击球后下部，同时配合蹬地送腰的动作，身体重心随击球动作前移。

2. 双手捧球

双手捧球技术是气排球特有的技术之一，适用于接发球或其他来球。

（1）准备姿势：稍蹲或半蹲准备姿势，重心稍靠前，两臂自然弯曲。

（2）击球手形：双手平摊，掌根紧靠，掌心向上，手指分开，两手适当紧张。

（3）击球部位：用双手全掌击球的后下部。

（4）击球：当来球接近自己约一臂时，两手做好手形，快速插入球下同时蹬地抬臂，用全手掌击球的后下部，重心随之前移。

3. 单手捧球

单手捧球技术是气排球特有的技术之一，适用于接远离身体侧部和较低的球及处理网前球、挡球等。

（1）准备姿势：稍蹲或半蹲准备姿势，重心稍靠前，两臂自然弯曲。

（2）击球手形：一手平摊，掌心向上，手指分开，手适当紧张。

(3)击球部位:用全手掌击球后下部。

击球:当来球距离身体较远或较低时,迅速移动重心向球靠拢,用一只手迅速插入球下,用全手掌击球的后下部,随后做倒地或缓冲动作。

(五)传球

气排球的传球是用全身协调力量并通过手指、手腕的弹力,将球传至一定目标的击球动作。传球是气排球中最基本、最重要的技术之一,是比赛中运用比较广泛的一项技术,是防守和进攻的衔接技术,是链接防守和反攻的纽带,它的好坏直接影响着战术配合的质量,关系到扣球的效果。没有良好的传球技术做保证,在比赛中取得胜利是很难的。

传球技术和其他技术相比,准确性比较强。由于气排球的球体较软,手与球的接触面积较大,有利于球与手的吻合,所以传球的稳定性强,易控制球。传球的击球点在脸前,便于观察本方、对方、球和球网,更利于全身协调用力。传球技术可分为正传、背传、侧传、跳传四种。

1. 双手正面传球

双手正面传球是最基本的传球方法,是掌握和运用其他各种传球方法的基础。

(1)准备姿势:两脚左右开立比肩稍宽,一脚在前,两脚尖适当内收,脚跟提起,膝关节稍屈,上体伸直,重心靠前,抬头看球,双手自然抬起,放松至于脸前。

(2)迎球:当球接近额前时,蹬地、伸膝、伸臂、两手向前上方迎击来球。

(3)击球:击球点在额前上方约一个球的距离处。

(4)手形:当手触球时,两手自然张开成半球形,手指与球吻合,手腕后仰,以拇指、食指、中指托住球的后下部,手指、手腕保持适当的紧张,两拇指相对,接近"一"字形,两手间要有一定的距离。用拇指的内侧,食指的全部,中指的第 2 关节和第 3 关节触球,无名指和小指在两侧辅助控制传球的方向,肘关节适当分开。

(5)用力:传球是靠全身的协调用力。用力顺序是关节蹬地→伸腰→伸肘→伸臂→手指→手腕屈伸。首先,最重要的是利用伸臂和手指、手腕的紧张用力和球压在手指上产生的反弹力将球传出。其次,要根据来球的情况,适当控制伸臂和手指、手腕的紧张程度,以提高或缓冲出球的速度,控制好传球的弧度和距离,提高传球的准确性。

2. 背传

(1)准备姿势:上体比双手正面传球时稍直立,重心稳定在两脚之间,双手自然抬起,放松置于脸前。

(2)迎球:双手上举,挺胸,掌心稍向上,手腕后仰。

(3)击球:保持在额上方。

(4)手形:与双手正面传球相同,拇指托球的后下部。

(5)用力:利用蹬地、上体后仰、挺胸、展腹、抬臂及手腕、手指的弹力将球向身体后方送出。

3. 侧传

侧传的准备姿势、迎球动作与双手正面传球相同,击球点保持在脸前或稍偏向于出球方向一侧。手形与双手正面传球相同,倾向出球一侧的手臂要稍低,另一侧稍高。用力时,蹬地后上体要向出球一侧倾斜,双臂向传出一侧用力伸展,异侧手臂动作幅度较大。

4. 跳传

跳传有原地跳传、助跑跳传、双脚跳传、单脚跳传等。起跳最好是向上垂直起跳,不宜冲跳。起跳的关键是掌握好时机。起跳后,双臂摆至脸前,身体保持平衡。身体上升到最高点时,靠伸臂动作和手腕、手指的弹力将球传出。

5. 拍打传

拍打传的准备姿势、迎球、击球、用力与双手正面传球相同,但手形上有所区别。拍打传球时,手指张开或并拢均可,两手稍靠近,利用全手掌击球后下部。

6. 单、双手捧传

利用单、双手捧球将球传出,技术动作同于单、双手捧球。

7. 击挡传

利用单、双手挡球技术将球传出,技术动作同于挡球技术。

(六)扣球

扣球是队员跳起在空中,利用一只手臂的鞭打动作将本方场区的球从网上击入对方场区的一种击球动作。它是气排球技术中攻击性最强的技术,是最积极、最有效的进攻武器,也是得分的主要手段。

1. 正面扣球动作方法

正面扣球是最基本的扣球方法。它面对球网扣球时,便于观察,准确性高,进攻效果好。

(1)准备姿势:(以右手为例)助跑前采用稍蹲准备姿势,站在离网 3m 左右处,集中注意力观察一传落点和二传来球方向,做好向各个方向助跑的准备。

(2)助跑:助跑法有一步、两步、三步,通常采用两步或三步较多。以两步为例,助跑开始时,左脚向前迈出一步,接着右脚再快速跨出一大步,左脚及时跟上,踏在右脚之前,两脚尖稍向右转准备起跳。

(3)起跳:在跨出最后一步的同时,两臂绕体侧向后引,左脚并上踏地的过程中,两臂从后积极快速地向上用力摆动配合起跳。

(4)空中击球:起跳后,挺胸展腹,上体稍向右转,右臂向后上方屈肘抬起,肘高于肩,身体呈反弓。挥臂时,以迅速转体、收腹的动作发力,依次带动肩、肘、腕各部关节成鞭打动作向前上方挥动。

(5)击球时,五指微张开成勺形并保持适度紧张,以全掌包满球,击球后中上部,同时主动用力屈腕、屈指向前推压,使扣出的球呈上旋飞行。击球点在击球手臂伸直最高点的前上方,由于气排球球体大,球易飘,为防止扣球出界,击球点与硬式排球相比,要更靠前一些。

(6)落地:完成击球后,身体自然下落,为缓冲应尽可能双脚同时落地,以前脚掌先着地再过渡到全脚掌着地,并顺势屈膝、屈体准备做下一个动作。

2. 单脚起跳扣球

这是助跑后第二只脚不再踏地而直接向上摆动帮助起跳的一种扣球方法,助跑单脚起跳扣球,由于单脚起跳蹲下程度较浅,又无明显的急停制动动作,故比双脚起跳动作快0.2秒,因而当双脚起跳来不及扣球时,可利用单脚起跳来弥补,由于能充分利用助跑速度,加上右脚积极上摆的配合,故比双脚起跳跳得更高一些,有利于提高击球点。助跑单脚起跳扣球,可采用一步、两步或多步助跑。助跑的路线和球网的夹角宜小不宜大。有时还可采用顺着进攻限制助跑线击球,以避免前冲力过大,造成进攻失败。在助跑后,左脚最后迈出一大步,身体重心后倾,在右脚向前上方摆动时,左脚迅速蹬地起跳,两臂配合向上摆动帮助起跳。起跳后的扣球动作与正面扣球动作基本相同,如能充分利用腰部猛烈扭转力量做转体扣球,效果会更好。

3. 扣快球

气排球的扣球也有类似于室内排球中快球的进攻方法,二传起球较低,扣球队员在进攻限制线后起跳,利用前冲的惯性和气排球前场区较短(仅为2m)的特点,完成击球,这种扣球由于速度较快,常能打乱对方的防守节奏,起到出奇制胜的效果。但是,这种扣球方式对进攻队员的身体素质要求较高,而且进攻意图被对方识破后容易被拦,由于球速较快,也不便于保护快球,因此,这种扣球方式不常使用。

4. 扣调整球

扣从后场区或进攻线附近调整到网前的球为扣调整球。扣调整球动作与正面扣球动作相同,但难度稍大。扣调整球要求队员要有较强的判断能力及灵活的脚步动作,快速准确地调整好人与球间的距离,并能采用不同的击球手法来控制球的力量、线路和落点。

5. 轻吊球

轻吊球是指扣球队员避开或越过对方拦网队员的手,将球吊入对方场区空档的一种击球方法。扣球队员起跳后佯作扣球,然后突然改变动作,以轻扣球或单手传球的手去击球后方或后下方,将球击入对方场区中的空档位置。

(七)拦网

拦网是队员靠近球网将手伸向高于球网处阻挡对方来球的行动。拦网是气排球技术中一项重要的防守技术,是防守的第一道防线,它不仅可以减轻本方后排防守的压力,而且又带有很强的攻击性,是比赛得分的重要手段之一。

拦网技术从动作上来看,有原地拦网和移动拦网:从组成形式上看,可分为单人拦网和集体拦网。单人拦网是最基本的拦网技术,以下着重介绍单人拦网技术。

(1)准备姿势：队员面对球网，两脚左右开立约与肩同宽，距网 30～40cm，两膝稍屈，两臂屈肘置于胸前，密切注视对方队员的动向，随时准备起跳或移动。

(2)移动：为了选择有效的拦网起跳点，需要及时移动，常用的移动步法有并步和交叉步。

(3)起跳：原地起跳时，两腿先屈膝下蹲，降低重心，随即用力蹬地使身体垂直起跳，同时，两臂从体前贴近球网向上举。起跳后含胸收腹，控制平衡，尽量延长滞空时间。移动起跳时要注意移动后的制动，使身体面向球网起跳，其他动作与原地起跳相同。

(4)空中击球：起跳后含胸收腹，控制平衡，同时两手从额前贴近并平行网向网上沿前上方伸出，两手臂伸直，两肩尽量上提。拦击时，两手尽量伸向对方上空，接近球，两手自然张开，屈指屈腕呈勺形，两手和两臂距离适当缩小，以免柔软的球从中间挤过。手触球瞬间，两手突然紧张，用力屈腕，主动捂盖球前上方。

(5)落地：拦网后自然落回地面，着地时屈膝缓冲，注意观察球的方向，随时准备做下一个动作。

二、气排球战术(以 5 人制比赛为例)

(一)场上位置交换与阵容配备

1. 阵容配备形式

阵容配备就是从本队的实际出发，合理地把全队的力量组织起来，最大限度地发挥每一个队员的技术、战术特长和作用。

阵容配备主要有“三二”配备和“四一”配备两种。

(1)“三二”配备。由 3 名进攻队员和 2 名二传队员即安排 3 名进攻队员和 2 名二传队员，又可分为前排 3 号位和后排 1 号位或前排 3 号位和后排 5 号位两种方式(图 20-1、图 20-2)。

(2)“四一”配备即安排 4 名进攻队员，固定 1 名二传队员(图 20-3)。由 4 名进攻队员，固定 1 名二传队员。

图 20-1　“三二”配备阵容之一

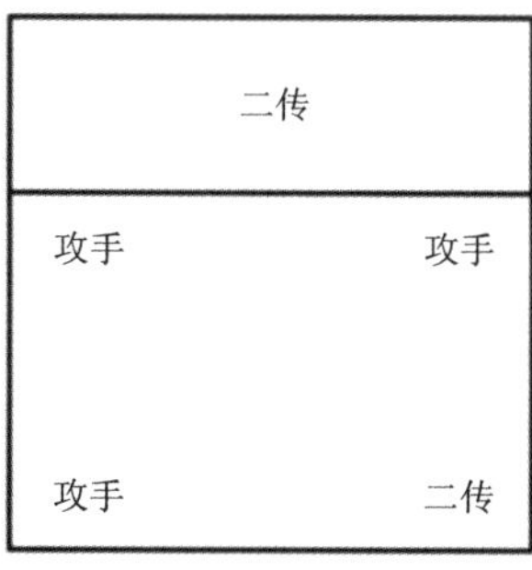

图 20-2　“三二”配备阵容之二

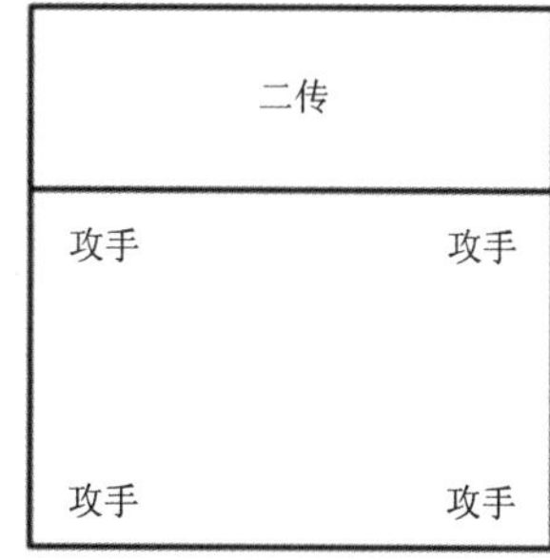

图 20-3　“四一”配备阵容

2. 交换位置

(1)交换位置的目的。为了最大限度地发挥每个队员的特长,调动一切积极因素,加强攻防力量,以及弥补由于队员身体、技术发展不平衡所带来的缺陷,比赛中,在规则允许的条件下,可以采用交换位置的方法。

(2)交换位置的方法。当发球队员击球后,双方队员可以在本方场区内任意交换位置。一般有以下两种情况。

加强进攻与拦网的换位:为了加强进攻力量,发挥每个队员的进攻特点,可把进攻能力强的队员换到最便于扣球的位置上。为了加强拦网力量,把身材高大、弹跳力强、拦网技术好的队员,换到与对方主攻队员相对应的区域。

加强防守的换位:为了加强后排防守,发挥个人防守专长,可把队员互换到各自擅长防守的区域,采用专位防守。为了在比赛中连续运用行进间"插上"战术,可把二传队员换到插上时最近的位置,以便节约时间,便于组织进攻。为了加强后排防守,还可根据临场情况,把防守能力强的队员换到防守任务较重的区域,防守能力差的队员换到防守任务稍轻的区域。

(二)个人战术

1. 发球的个人战术

(1)加强攻击性的发球。尽量准确地发出弧度平、速度快、力量大、旋转性强或飘度大、落点好的攻击性发球,以破坏对方的一传或直接得分。

(2)控制落点的发球。将球准确地发到对方两个队员之间的连接区、前区、后区、三角地带等场区空当,以造成对方组织进攻比较困难;发破坏对方进攻战术的球;或者发给一传差、信心不足、连续失误、情绪急躁、精力分散或刚换上场的队员,以造成其一传失误。

(3)变化灵活的发球。利用发球位置的变化,发球队员可站在端线后发球,也可站在离端线3～4m或6～7m处发中、远距离球。发球距离不同,发出的球轻、重、平、冲、飘等性能也不一样。

(4)根据当时比赛的具体情况而采取不同的发球。如本方得分困难,落后较多,或遇到对方强轮等情况,可采取先发制人的攻击性发球。在本方发球连续失误或比赛的关键时刻,对方暂停、换人后,以及对方正处于进攻较弱的轮次,或本方拦网连连得分时,应注意发球的稳定性,减少失误,避免失去有利的得分时机。

2. 一传个人战术

一传个人战术是为了组成本队的进攻战术而有目的、有意识地击球动作。由于各种进攻战术对一传的要求不同,所以一传的方向、弧度、速度、落点和节奏也不一样。

(1)组织快攻或平拉开战术时,一传的弧度要低平,速度稍快,以加快进攻节奏。

(2)组织强攻时,一传的弧度要高些,为二传创造条件。

(3)当对方无攻过网时,可采用最稳定的上手传球或垫球的方式,以便更准确、更迅速地组织反攻。

(4)比赛中如发现对方场区有较大空当或对方队员无准备时,一传可直接用各种防守击球动作击向对方空当。

3.二传个人战术

二传个人战术的基本任务:有效地组成进攻战术,给扣球队员创造有利的进攻条件,使对方难以组织防御。二传个人战术主要是利用空间、时间和动作上的变化,为进攻创造有利的条件。空间条件包括水平空间和垂直空间。水平空间是指球网全长和纵深;垂直空间是指网顶到能扣球的最高点间的垂直距离。空间越广,战术的效果越好。时间条件是指传球和扣球之间的时间。时间的差别取决于球飞行的距离和速度,以及二传的不同击球点。传扣之间时间越短,对方就越难以组织起有效的防御。二传动作的变化包括通过传球出手的快慢、假动作、晃传和隐蔽传球、时间差跳传等变化来达到预期的战术目的。

(1)根据本方队员的特点和临场技术的发挥及所处位置的情况,灵活地运用集中与拉开、中网与远网、高弧度与低弧度等传球变化,并可根据临场情况,合理地分配进攻点。

(2)根据对方拦网的部署,在传球时尽可能地避开拦网强的区域,选择薄弱环节作为突破口,在局部区域造成以多打少的优势。

(3)掌握对方的心理特点,制订一套打乱对方防守或进攻的战术步骤。

(4)根据临场一传的情况,到位或不到位,高球或低球,近网或远网等,来合理运用技术和战术。

4.扣球个人战术

扣球个人战术是扣球队员根据比赛中对方拦网和防守的情况,选择合理有效的扣球方法和路线,以突破对方防守的有意识地行动。扣球个人战术的质量,由队员的高度、技术、战术意识及二传的质量决定。根据对方的防守部署,即对方拦防战术特点、漏洞等,伺机进攻。主要战术类别包括扣球时避开拦网队员的手、扣球时利用拦网队员的手,根据临场情况采取相应的扣球战术。

5.拦网个人战术

拦网是被动的技术,要变被动为主动,很重要的一点就是要隐蔽。不要过早暴露自己的拦网意图和目标,要善于声东击西,拦网才有实效。拦网个人战术,是通过空间、时间和动作上的变化等因素来体现的。空间就是拦网队员要控制高度,在本方场区上空,扩大拦阻面,并拦住球的过网路线。时间就是正确地掌握起跳的时机,使扣球队员来不及改变扣球路线。动作变化是指用声东击西来迷惑扣球队员,造成扣球队员判断错误而使本方拦网获得成功。主要战术类别如下。

(1)拦网队员可站直拦斜、站斜拦直、正拦侧堵、侧堵正拦,并可运用取位和空中变化的假动作迷惑对方。

(2)有时可制造假象,使对方受骗。如有意露出中路空当,引诱对方扣中路,待对方扣中路后突然关门拦球。

(3)在发现对方要打手出界或平扣球时,则可在空中及时将手撤回,造成对方扣球出界。

(4)在对方扣球威胁较小,估计会运用吊球、轻扣等技术时,则可做拦网假动作,实际后撤防守等。

6.防守个人战术

防守的个人战术体现在防守时,能选择有利的位置,并采取合理的击球动作,将球有效地按战术的要求防起。好的防守队员,不是单纯地勇猛摔救,而是要善于思考,要看清对方进攻的意图和本方拦网的布防情况,在接球前就做出正确的预判,并采取相应的措施。

(1)要根据对方二传的方向和落点,来判断是左、右还是从中间打过来,并立即正对来球方向。

(2)在选择前后位置时,应视对方二传球与网的距离和扣球队员击球点的高低而定。如球离网近,本方拦网队员来不及拦时,防守取位可向前;如球离网远,球虽靠近球网但已被拦时,平扣锐角球的机会少,防守队员应该站在稍后位置进行防守(图 20-4)。

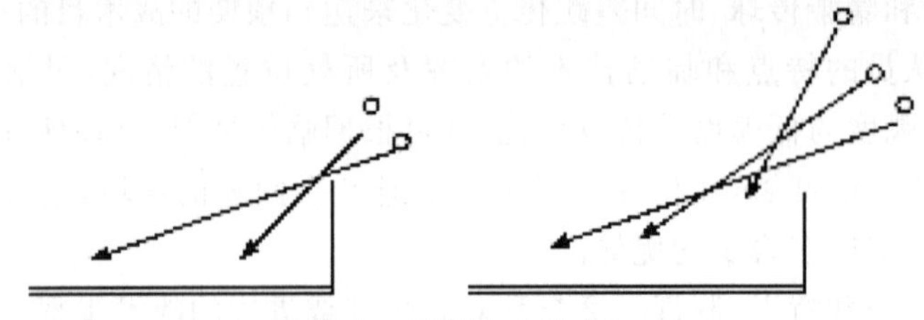

图 20-4　防守个人战术(一)

(3)选择左右位置时,主要根据对方扣球队员的助跑路线和起跳后人与球保持的关系来决定。一般来讲防守位置应取在人和球的延长线上(图 20-5)。

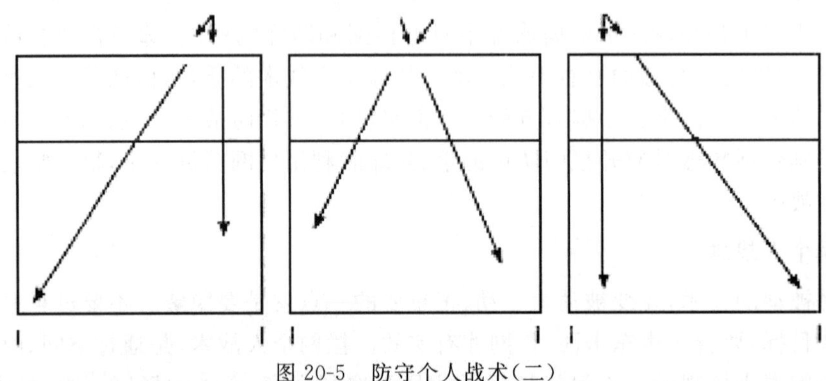

图 20-5　防守个人战术(二)

(4)防守应根据对方队员的特点,采取相应的防守行动。

(5)防守应根据对方扣球队员的挥臂动作和手法的变化,及时改变身体重心的位置以便于向相关方向快速移动。

(6)防守还应根据前排拦网队员的情况主动地加以配合和弥补。

(7)防守也要根据比赛时的比分情况,来分析和揣摩对方扣球队员的心理活动,以便采取有针对性的防守措施。

(8)要观察同伴的动向,不但要知道自己该做什么动作,而且要预先判断出同伴要做什么动作,既要各守其位,各尽其责,还要互相支援,弥补漏洞,密切配合,不抢不让。

(9)防守队员取位要"宁后勿前",避免"防前恐后"。

(三)进攻阵形与进攻打法

1.进攻阵形

所谓进攻阵形,就是进攻时所采用的队形。合理的进攻阵形是各种进攻战术变化的基础。

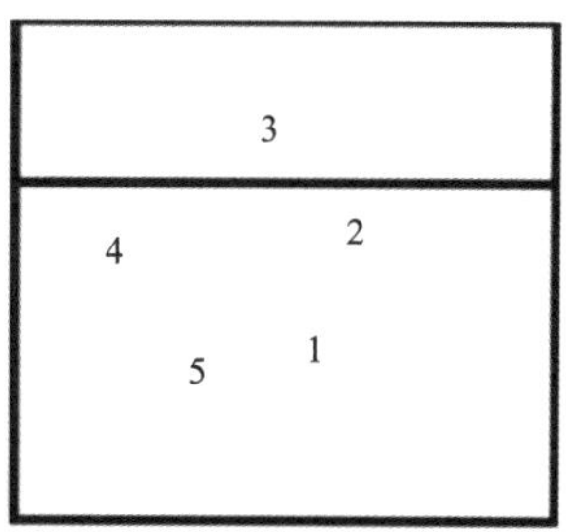

图 20-6　"中二传"进攻阵形

(1)"中二传"进攻阵形。由前排中 3 号位队员担任二传,其余队员扣球的战术形式叫"中二传"进攻阵形,其站位如图 20-6 所示。

(2)"边二传"进攻阵形。由 2 号位队员担任二传,其余队员进行扣球的一种战术形式叫"边二传"进攻阵形,其站位有如下两种:正"边二传"进攻阵形(图 20-7);反"边二传"进攻阵形(图 20-8)。

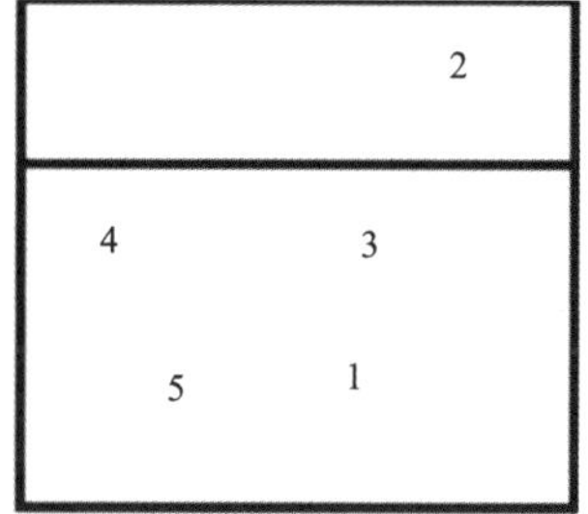

图 20-7　正"边二传"进攻阵形

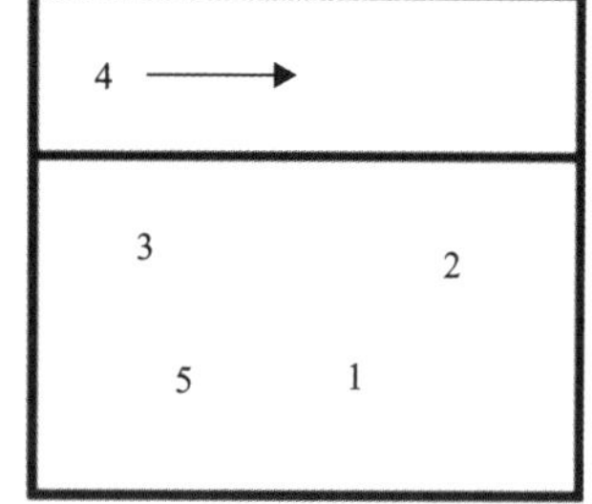

图 20-8　反"边二传"进攻阵形

这种阵形当 2 号位和 3 号位队员用左手扣球时最为适用。否则,可采用反"边二传"换位的办法换成"中二传"或"边二传"进攻阵形。

(3)"插上"进攻阵形。后排任一队员插到前排担任二传,其余队员进行扣球的一种战术形式叫"插上"进攻阵形。"插上"进攻阵形有如下两种站位:1 号位插上(图 20-9);5 号位插上(图 20-10)。

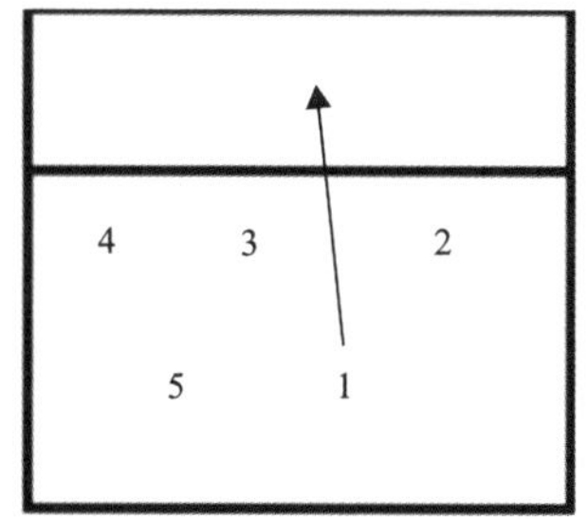

图 20-9　1 号位"插上"进攻阵形

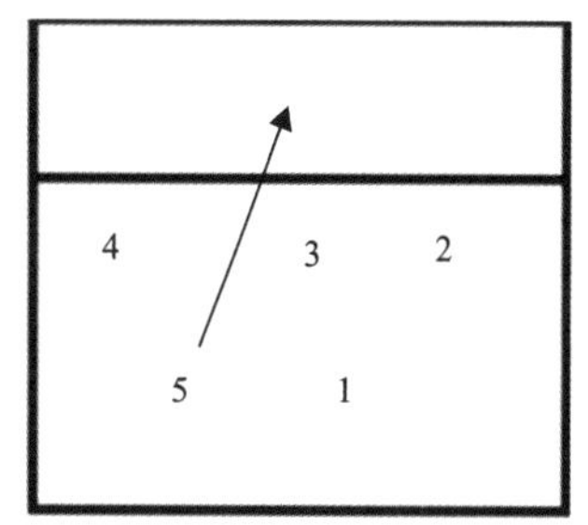

图 20-10　5 号位"插上"进攻阵形

由于比赛上场队员只有 5 人,如果采用这种阵形,后排仅剩一人接发球或防守,比较冒险。除非在确定来球落点在非插上队员处，然后插上队员迅速前插，组织多点进攻，并通过这种多点进攻来打乱对方的拦网和防守部署，从而达到得分的目的。在进攻没有直接得分的情况下，插上队员或前排任一队员必须迅速后撤，以弥补防守空当。这种阵形也在前排队员无法组织进攻的前提下采用，并且在攻防多次转换的情况下不宜采用，除非已有前排一队员固定后撤防守，方可使用。总而言之，这种阵形一般只在不得已的情况下采用。

2. 进攻战术打法

进攻战术是由一传、二传和扣球 3 个环节组成。在一传到位的情况下，二传队员和扣球队员之间所组成的各种进攻，称为进攻战术打法。在每一种进攻阵形中都可以灵活地采用多种的战术打法，以达到避开拦网、突破防线、争取主动的战术目的。进攻打法可分为强攻和掩护进攻两大类。

(1)强攻，主要是凭个人力量、高度和技巧强行突破对方拦防。类别有集中进攻、"拉开"进攻、调整进攻、快攻。其中集中进攻是指在组织比较集中的不拉开的高球进攻。这种打法扣球队员容易掌握，适合初学者和水平较低的队伍运用。

"拉开"进攻是二传队员将球传到进攻线与边线附近进行扣球的打法。它可以扩大攻击面，造成对方拦网困难；扣球路线较广，能扣直线和小斜线，有利于避开拦网，也便于打手出界。调整进攻是当一传不到位时，需要二传队员或其他队员把球调整到有利于扣球的位置进行强攻的打法，在接扣球反击中运用较多。调整进攻，要有一定的高度和力量，才能突破对方的拦防。快攻是指各种平快扣球以及利用平快扣球佯攻掩护同伴进攻或自我掩护进攻所组成的各种快速多变进攻战术的总称。

(2)掩护进攻由于气排球进攻受到进攻线的限制，因此战术打法相对不多。它主要借鉴了室内六人排球的"梯次"进攻和"跑动"进攻等的打法。

第四节　气排球运动规则与裁判

一、器材和设备

比赛场区为长 12m、宽 6m 的长方形，其四周至少有 2～3m 宽的无障碍区，从地面向上至少有 7m 高的无障碍空间。每个场区各画一条距离中心线 2m 的进攻线。进攻线(包括进攻线的宽度)前为前场区、后为后场区。进攻线外两侧各间距 20cm、长 15cm 的三段虚线为进攻线的延长线。两条进攻线的延长线之间、记录台一侧边线外的范围为换人区。端线后两条边线的延长线上各画一条长 15cm，垂直并距离端线 20cm 的短线，两条短线(包括短线宽度)之间的区域为发球区,发球区深度延至无障碍区的终端。在距端线后1m处画一条平行于且与端线长度相等的平行线为跳发球限制线;跳发球必须在该线后完成起跳动作。男子球网高度2.1m、女子球网高度1.9m。排球为圆形,球的面料由柔软的高密度合成革材质制成,颜色为彩色,圆周长为72～78cm,质量为120～140g,气压为0.15～0.18kg/cm^2。一次比赛所用的球必须是同一特性、同一品牌的球。

二、比赛参与者

一个队由10人组成,其中有1名领队,1名教练员,8名队员,比赛中领队、教练员可兼运动员。队员服装要统一,上衣前后须有号码,序号为1～10号。队长应有队长标志,赛前在记分表上签字,并代表本队抽签。比赛中如队长在场上,为当然的场上队长;如他被换下场时,由教练员或队长指定另一名场上队员担任场上队长。

三、得分与胜负

比赛采用每球得分制,即胜一球得一分。比赛采用三局两胜制,胜两局的队为胜一场。如果1∶1平局时,进行决胜局(第三局)的比赛。

第1、2局先得21分同时超过对方2分为胜一局,当比分20∶20时,比赛继续进行至某队领先2分(22∶20、23∶21、……)为胜一局。决胜局,先得15分同时超过对方2分的队获胜,当比分14∶14时,比赛继续进行至某队领先2分(16∶14、17∶15……)为胜一局。决胜局8分时双方队员交换场地进行比赛,比赛按照交换时的阵容继续进行。

比赛开始前和决胜局开始前,由第一裁判员召集双方队长抽签。获先者选择发球或接发球;场区。另一方可挑选余下部分。比赛开始前,两队各自在自己的半场练习10分钟。

四、位置和轮次错误

每队场上必须始终保持5名队员或4名队员的比赛阵容。队员的轮转次序应按位置表登记的顺序进行。同排队员站位规定:四人制前排右(左)边队员至少有一只脚的部分,比同排左(右)队员的双脚距右(左)边线更近。后排右(左)边队员至少一只脚的一部分,比同排另一名左(右)边队员的双脚距右(左)边线更近;五人制前排右(左)边队员至少有一只脚的部分,比同排中间队员的双脚距右(左)边线更近。后排右(左)边队员至少一只脚的一部分,比同排另一名左(右)边队员的双脚距右(左)边线更近。

当发球队员击球时,如果队员不在其正确位置上,则构成位置错误犯规。当发球队员击球时的犯规与对方位置错误同时发生,则判发球犯规。当发球队员击球后的犯规与对方位置错误同时发生,则判位置错误犯规。

五、发球犯规

发球犯规:未按照位置表所登记的发球次序发球;裁判员鸣哨后8秒之内未将球击出;

球未抛起或球未清晰离开持球手时触及球；击球时，脚踏及端线或发球区短线。

发球犯规还分为发球位置错误及发球击球后的犯规。当发球队发球次序错误；没有遵守“发球的执行”的规定即为发球位置错误犯规。当球被发出后，出现以下情况仍被判为发球犯规：球触及发球队队员或球的整体没有从过网区通过球网的垂直面；界外球；球越过发球掩护的个人或集体。

六、击球犯规

击球犯规：四次击球、借助击球、持球、连击。四次击球是一个队连续触球四次。借助击球是队员在比赛场地内借助同伴或任何物体的支持进行击球。持球是没有将球击出，造成接住或抛出。连击是一名队员连续击球两次或球连续触及其身体的不同部位。

七、队员在球网附近的犯规

当对方进攻性击球前或击球时在对方空间触球或触及对方队员；从网下穿越进入对方空间并妨碍对方比赛；整个脚越过中线踏及对方场区；除脚以外的身体任何部分越过中线触及对方场区，都属于队员在球网附近的犯规。

八、拦网犯规

拦网是队员靠近球网，在高于球网处阻挡对方来球的行动，与触球点是否高于球网无关；只有前排队员可以完成拦网。拦网犯规有以下情况：后排队员完成拦网或参加完成拦网的集体；拦对方的发球；拦网出界；从标志杆外进入对方空间拦网；拦网队员过网拦网，在对方进攻性击球同时或之前触球；当球飞向过网而尚未过网，有同队队员准备击该球时完成拦网。

九、进攻性击球犯规

除发球和拦网外，所有直接击向对方的球都是进攻性击球。气排球进攻性击球的限制，包括进攻线后（后场区），队员可以对任何高度的球完成进攻性击球，但击球起跳时脚不得踏及或越过进攻线；队员可以在进攻线前（前场区）完成进攻性击球，但球的飞行轨迹必须高于击球点，有明显向上的弧度过网进入对方场区。也就是在进攻性击球时，吊球是允许的，但击球必须清晰并不得接住或抛出；球的整体通过球网垂直面（包括触及球网后再进入对方空间）或触及对方队员，则认为完成进攻性击球。击球后脚可以落在前场区；接发球队的队员不能对在本场区内高于球网上沿的对方发球完成进攻性击球。

进攻性击球犯规有以下情况：在对方空间击球；击球出界。在前场区，完成进攻性击球，球的飞行轨迹没有高于击球点，球过网时没有明显向上的弧度（包括水平飞向过网）；对处于本场区内高于球网上沿的对方发球完成进攻性击球。

十、暂停和换人

每局比赛中，每队最多请求 2 次暂停和 4 人次（四人制）或 5 人次（五人制）换人，所换队员不受位置限制。每次暂停时间为 30 秒。某一队员受伤或生病不能继续比赛时，必须进行合法的换人。如果不能进行合法的换人时，可采用超出规则限制的“特殊换人”。特殊换人时，场外的任何队员，都可以替换受伤队员，但受伤队员不可在本场比赛中再次上场比赛。特殊换人不作为换人的次数计算。

第二十一章 ▶▶▶
舞 龙

第一节 舞龙运动概论

一、舞龙运动的形成与发展

（一）舞龙运动历史渊源

龙是中华民族的图腾，是中华民族的象征，是中华传统文化和民族精神的集中体现。作为中国传统文化的重要元素和中华民族思维的创造物，龙在中国传统文化中占据着十分重要的地位，它是中华文化的标志性符号之一，也是中华文化积淀和凝聚的载体。舞龙运动是民族传统体育项目的重要组成部分，作为一种普遍存在的文化现象，舞龙运动在我国有着悠久的历史和广泛的群众基础，它是中华民族灿烂文化的一部分。它既具有很高的艺术欣赏价值，同时又能锻炼人的身体和意志，起到弘扬民族精神，激励人们团结、奋进、向上的作用，成为凝聚龙的传人的一股巨大的力量。

舞龙运动中，龙是最重要的，也可以说是唯一不可缺少的工具。龙的形象在中国历史上并非一成不变的，龙形不断演变，舞龙运动的表现力也随之发生变化。夏商周直至春秋时期，祭祀求雨仪式中的龙躯干似蛇、头似怪兽，整个身体呈匍匐状，具有明显的爬行动物特征。它们的表情大多狰狞，显露出一种狂放、粗野、神秘的力量。战国以后，龙形开始逐渐发生变化。龙身摆脱了以前似蛇的柔弱纤细感，转而变得粗犷刚健有力。此外，身体表面也逐渐多了一些装饰，例如毛发、鳞片、龙角、龙须等。原来爬行动物的特征弱化，龙的形象开始有了腾飞的感觉。

到了隋朝，舞龙运动进入了一个承上启下的时期。隋朝结束了近200年南北朝分裂割据战乱的时代，国家的统一和封建经济的恢复发展使舞龙从主要用于祭祀求雨走向了人们的日常生活。自隋朝起，才真正开始出现了以舞龙为主要内容的单纯的表演活动。在民间杂技表演中，还有以舞龙为形式的顶杆、吐火等绝活。这一历史现象在《隋书》中有清晰的记载。唐朝在隋朝的基础上，经济、社会进一步发展，为舞龙运动的进一步普及和推广提供了良好的社会环境。舞龙不仅在单纯的表演活动中深受百姓喜爱，而且由于唐代农业的发展，舞龙在祭祀求雨仪式中的地位也发生了改变。唐代的祭祀求雨仪式大多由皇室宫廷主办，其间的舞龙环节自然比过去民间祭祀求雨时盛大得多。朝野上下、文臣武将都可以参与舞龙。朝廷甚至还举行只有舞龙的"烛龙斋祭"。所谓烛龙即与当下的火龙相似。表演性质的舞龙和祭祀仪式中只有舞龙环节情况的出现，说明唐代的舞龙运动已经独立成形，而且已经发展到了很高的水平。烛龙、水龙等舞龙的变种形态百出。

今天舞龙作为一项独立的民间运动和竞技运动，都可以看到其中唐代舞龙的影子。自宋代开始直到清朝封建社会结束，甚至直至今天，龙形大体上没有发生大的改变，可以说已经基本定型：它被减少了一些前期刚猛的色彩，更加华美多姿、蜿蜒威严。龙形的定型也使舞龙运动基本定型。祭祀迷信在舞龙运动中渐渐淡化，表演娱乐、健身益智的效果渐渐增强。宋代以来八百多年，人们接受和固定化了对舞龙运动的审美，它已经成为各地节假日期间不可缺少的文化活动安排之一。近年来，民族文化活动日益兴盛，舞龙运动规模日益壮大，舞龙运动也从露天场地走上了装饰华美的舞台、走上了充满竞争的比赛场，吸引着越来越多的目光。

（二）现代舞龙运动的发展

舞龙运动是一项极具民族特色，同时又蕴含浓厚文化底蕴的传统体育项目，起源于最初的祭祀求雨活动，经过不断地演变最终发展成为今天我们所看到的竞技舞龙运动，其发展经历了从祭祀求雨活动—民间民俗信仰—现代竞技舞龙这一过程。现代化的浪潮已经使舞龙运动的服饰、器材、技术动作、制度体系等发生了极大的变化。

目前舞龙运动所用的服装、器材、技术动作正随着社会的变化、文化的发展逐渐发生改变。今日舞龙运动的服装和器材从外表上看还留存着古代的风韵，但它们的制作材料及工艺与古代相比已经发生极大的变化。而服装、器材的变化又会影响这项运动的技术动作变化。在竞技体育现代化、竞争激烈化的大背景下，民族传统体育项目所用器具的制作生产倾向利用高科技、新材料，这会在一定程度上破坏民族传统体育项目的特色。古代舞龙运动的技术动作主要是为祭祀、表演等活动所创造而来的，在一定程度上已经不符合现代舞龙运动已经更偏向竞技化、现代化的趋势，因此技术动作相较于古代已经有了较大的变化。当前舞龙运动也正在探寻现代与传统的最佳交织点。舞龙运动作为一项极具中国特色的民族传统体育项目，其服装、器具、技术动作皆是展示中国传统文化的重要载体。故舞龙运动服装、器具、技术动作可以结合时代特色进行一定程度的发展创新，但无论如何也不能丧失这项运动千百年来蕴含的传统性、民族性内涵。

较之古代舞龙运动的无组织性，今日舞龙运动的发展已经有了制度保障。在相关制度的规范和有关组织机构的领导下，舞龙运动已经更好地适应了新的社会形势、理顺了这项运动所涉及的各类复杂关系，因此走上了健康良性的发展轨道。1995 年，香港成立了国际龙狮运动总会，该组织经过十多年的发展，到 2005 年已经覆盖了全球近 30 个国家和地区。在该总会的指导下，欧洲、亚洲、美洲等地的多个国家皆组建了龙狮组织。2006 年，国际龙狮运动总会在印度尼西亚改组成为国际龙狮运动联合会，该联合会的宗旨在于推动舞龙、舞狮运动在国际上成为一项公认的国际单项体育赛事，从而提升中国在国际社会的软实力影响。在国内，1995 年国家体育委员会批准成立中国龙狮运动协会，舞龙、舞狮运动进入到全国体育正式比赛的序列。8 年后，舞龙运动因吸引了大批年轻人加入，中国大学生体育协会遂成立了龙狮分会，进一步扩大了舞龙运动的参与群体和普及范围，也培养了大批传承和发扬这项民族传统运动的人才。目前舞龙运动的各级赛事举办得如火如荼，舞龙运动的运动员、裁判员、指导员体系也正在逐渐成熟。在国家体育总局社会体育指导中心以及世界各个地区舞龙舞狮爱好者的共同努力下，舞龙舞狮已逐渐发展成为具有健身性、社会性以及竞技性的体育赛事。

二、舞龙运动的价值功能

（一）文化传承功能

龙是佑福风调雨顺、吉祥如意的祥瑞之兽，代表中华民族团结、勤劳、拼搏、坚毅的精神。龙这一民族图腾隐含着天人合一、仁者爱人、阴阳交合、兼容并包的东方哲学精髓，历经数千年，成为渗透进中国社会各个方面的文化积淀。舞龙作为宝贵的传统文化遗产，是融汇历代劳动人民民族文化、风俗习惯、宗教信仰的文化活水。舞龙运动自问世以来一直深受各族人民的喜爱，世界范围内只要有华人的地方就有舞龙运动的传习。舞龙运动形成与发展也同中华民族传统文化一脉相承，既与特定的文化氛围有直接的联系，亦能在穿腾游走间展现出中华民族的精神风貌。因此，从事舞龙运动不仅仅能够获得动作技能、身体素质和意志力等方面的提升，还能增进对民族文化更为直观和深刻的了解，进而激发起民族认同感、自豪感以及凝聚力。

（二）教育功能

舞龙运动是一项多人参与的民族传统体育活动。蕴藏在欢庆吉祥、颇有难度的舞龙表演下的是勇于竞争、积极进取、戮力一心和衷共济精神的集中体现。在体育实践中，团队中的每位成员都必须相互配合，齐心协力才能使最佳效果得以展现。习练者在每次活动中，不仅得到了身体上的锻炼，在团队间的沟通和磨合也能充分陶冶人的情操，磨炼人的意志，升华人的情感。舞龙运动不但锻炼了人们的身体，同时在精神方面也是一种锻炼。习练者在潜移默化中加强了对民族文化的了解、对民族精神的认识，接受着本民族文化的教育和感化，进而对于弘扬民族精神、实施爱国主义教育起到了重要作用。

（三）健身功能

舞龙是一项体力加智慧同时投入的创作和表演活动。为了舞出龙的神韵、舞出龙的精神状态，龙头、龙尾和各节龙身之间要默契配合，技巧性很强，表演者须经过长期演练、磨合，认真体会，要练得“耳听六路，眼观八方”，才能把龙的潜跃翻滚、蜿蜒游动，舞得浑然一体。舞龙又是一项集武术、舞蹈艺术、民族鼓乐等综合因素于一体的体育项目。舞龙通过鼓乐的击打节奏将武术技术和舞蹈艺术有机结合起来，在变化多端的节奏中，舞龙者利用人体的多种姿态，在动态行进和静态造型中将力度、幅度、速度、耐力等糅合于舞龙技巧当中，完成各种高难、优美的动作。这对表演者来说，是一种很好的身体和精神的双重锻炼，同时对于观赏者来说也是一种健康休闲、调节身心的方式。舞龙的表演和比赛，精彩激烈，气势不凡，充满吉祥和欢乐，为节日增添喜庆，给生活增添欢乐。

三、舞龙运动技术特点

（一）动作复杂多变

舞龙运动是由运动员手持龙具，在运动中完成“龙”的游弋、穿插、翻滚、起伏、缠绞、腾越等形象动作，通过运动员身形姿态将力度、幅度、速度、耐力等技术融入舞龙的技巧当中，时而翻滚蹿动，时而静止造型，组合成“龙”的美好姿态与神韵，充分地展现出“龙”所特有的精气神。

舞龙运动动作的复杂多变主要体现在以下几个方面：第一，动作数量多。在整个时间段内，龙具在运动员的控制下不停地做游走、翻腾、穿越等动作，除了几个造型动作之外，运动员几乎每时每刻都在跑动中做相关动作。第二，动作类型多。在舞龙的运动过程中，是运动员通过手上的舞龙道具来展现出龙的各种运动姿态。若要充分展现出龙的姿态与神韵，就必须通过各种各样类型的动作配合来演绎，从而有大量不同类型的动作形式，如舞、游、穿、腾、翻、滚、戏、组图和造型等动作。第三，动作组合的形式多。为了充分地展现出龙的姿态与神韵，就需要把各种动作有机地组合在一起，所以在各动作进行组合的时候会有非常多的形式，从而使整个套路动作也显得较复杂。但动作组合形式多也给了套路编排者更多的发挥空间，同样也是考验套路编排者的智慧和运动员的学习与运动能力。第四，动作难度大。龙，它的运动方式是在空中游走与翻腾的，如果想要淋漓尽致地展现出龙的运动姿态就难免要做相当一部分难度较大的动作，才能够更好地体现出龙体的灵活与神韵，也更能够体现出运动员的高超技艺与良好的身体素质。

（二）注重集体配合

舞龙运动是集体项目，队员与队员之间通过龙具紧密地联系在一起，在舞动过程中，快速奔跑、上下翻腾动作较多,要求流畅、连贯、顺达,并且在许多的难度动作及造型动作当中队员之间在身体上的接触也非常多,若其中有一位运动员出现体力不支而使动作不到位或产生动作失误则对整条龙的运动产生很大影响。如螺旋跳,若有一位运动员失误则需重新调整才能继续进行,可谓牵一发而动千钧,容不得运动员有半点疏忽。要求队员之间要有相当高的默契和协调配合能力,同样这也是中国舞龙运动的魅力所在,是中国文化的完美体现。

(三)注重形神兼备

在舞龙运动中,各部位在龙头的带领下,龙头、龙身、龙尾动作协调一致,左右翻腾,上下起伏,时而盹迟、时而急蹿,活灵活现地展示出龙的那种威风凛凛的气派,其间刚柔相济、起伏转折、动静相兼、气势含蓄、形神兼备等强烈的民族风貌跃然而出。此外,龙体在空中游动所展示出的曲线完美地体现了龙体饱满而圆顺、蜿蜒而流畅;而舞龙运动中所摆出的各种造型,不但从外观上能够给人以美的享受,还透过各种造型传达着更深层次的寓意。音乐伴奏也是舞龙运动不可分割的一个组成部分。舞龙的表演必须要在音乐的伴奏下,才能烘托出舞龙的气氛。音乐伴奏的旋律、节奏强弱等要与舞龙动作、画面协调一致,这样才能体现出舞龙活动的整体美感。同时优美的鼓乐伴奏也是整个舞龙过程转换节奏、激励队员情绪不可分割的重要组成部分。舞龙的最高境界即将龙的那种凌空呼啸、腾云驾雾、上下翻飞的神采和气韵淋漓尽致地表现出来,在视觉上给人以逼真的感觉,转变为有生命、有活力的活物。这就不但要求运动员对技术的完美掌握和理解,还需编排者对动作的设计和运动线的表现艺术等相互结合才能达到。

四、民间舞龙种类划分

民间舞龙源于我国先民的图腾崇拜活动,汉时已成为民间祈雨祭祀的内容,从唐代起,逐渐演变为一项民间民俗体育活动,并流传至今。

我国是一个统一的多民族国家,由于文化和习俗等方面的差异,每个地区的舞龙形式和种类各不相同。根据材料的不同,龙舞又可分别称为布(纱、纸、竹、木、百叶、铁皮)等;根据龙灯的节数一般分为3节、5节、7节、9节、13节等;按龙体制作方法不同可以分为段、板凳、人等;有以舞法、颜色、表演效果和地区的不同来命名和分类。各地、各族人民的舞龙表演,种类繁多,各具特色,常见的有火龙、草龙、人龙、布龙、纸龙、花龙、筐龙、段龙、烛龙、醉龙、竹叶龙、荷花龙、板凳龙、扁担龙、滚地龙、七巧龙、大头龙、夜光龙、焰火龙等近百种。

南方地区民间舞龙以火龙最为普遍。火龙的制作讲究。龙身全长220尺(67m),分成32节,先以粗麻绳扎成龙骨,再用稻草扎成(现改用珍珠草)龙身。龙头用藤条弯曲做骨架;龙牙用锯齿的铁片造成;双眼用手电筒;舌头用漆红的木片。带引舞龙的珠球是一个插满线香的沙田柚,共计两个。舞龙时,全条龙身都插上火红的长寿香,在夜间舞动,点点星火,十分壮观。

现代竞技舞龙以布龙最为普遍，以竹篾扎出龙珠、龙头、龙尾和若干节龙鼓（龙身）。龙珠、龙头和龙尾均糊上棉线或纱布，涂上颜色，再以布帛将龙头、龙身和龙尾连接起来，布面绘上鳞片。一般龙长 9 节，舞动时一人举一节，举龙珠者在前，珠引龙舞，上下起伏，呈“S”形滚动。

第二节 舞龙运动技术动作

一、基本握法

1. 正常位

双手持把，左（或右）臂轴微弯曲，手握于把位末端与胸同高，右（或左）臂伸直，手握于把的上端。

要点：挺胸，塌腰，手握把要平稳，把位距离胸部为一拳。

2. 滑把

一手握把端不动，另一手握把端上下滑动。

3. 换把

结合滑把动作，在滑动手接近固定手位，双手转换，滑动手握把成固定手位，固定手位变成滑动手位。

要点：换把手位时，要保持平稳，并随龙体轨迹运行。

二、步法

1. 圆场步

沿圆线行进，左脚上一步，脚跟靠在右脚尖前，脚跟先着地，再移至前脚掌，同时右脚跟提起。右脚做法同左脚，两脚动作保持在一条线上。

要点：上腿部分相互靠拢，膝微屈放松，快与慢走时都要求身体平稳。

2. 矮步

两腿半屈，勾脚尖迅速连续地以脚跟到脚尖滚动向前行进。每步大小约为本人的一个脚长。

要点：提高、屈腰、身体挺直。身体重心要平稳，不要有上下起状现象。起步时，由脚跟迅速过渡到全脚掌，并注意步幅。

3. 弧行步

两腿微屈,两脚迅速连续向前行进。每步大小略比肩宽,走弧形路线。眼注视龙体。

要点:挺胸、塌腰,身体重心要平稳,并随龙体上下运行起伏行进。落步时,由脚跟迅速过渡到全脚掌,并注意方向转换、转腰。

三、舞龙常用技术图解

1. "8"字舞龙类动作

(1)原地(或快速)"8"字舞龙。全体队员大"8"字步成一直排站立,龙体在舞龙者两侧做8环绕舞龙6次以上。

(2)绕身舞龙。全体成一直排站立,在进行"8"字舞龙的过程中,③、⑤、⑦、⑨号队员围绕②、④、⑥、⑧号队员身体转3周以上,绕转者接把准确、不脱把、不相撞,且"8"字舞龙不能停顿。

(3)挂腰舞龙。全体队员成一直排站立,②、④、⑥、⑧号队员转身半蹲,两膝稍内扣与③、⑤、⑦、④号队员面对面站立,同时③、⑤、⑦、⑨号队员分别用两腿勾住②、④、⑥、⑧号队员的腰部,身体悬空成挂腰状,双方均身体稍后仰,龙体在舞龙者两侧做快速"8"字舞龙动作达6次以上。

2. 游龙动作

(1)起伏行进。龙珠引龙体逆时针方向走大圆场,行进中,通过舞龙者"直立高擎龙""矮步端龙"的不断变化,龙体做上下流线伏起伏行进。

(2)快速曲线起伏行进。龙珠引龙体快速左右曲线起伏行进,改变3个以上方向。快速矮步跑圆场,越障碍龙珠引龙体逆时针方向快速矮步跑圆场,同时龙体做小幅度起伏;龙珠右侧平端,珠杆做反方向运动,龙头带领各节跳跃龙珠障碍。

3. 穿腾动作

(1)穿龙尾。龙珠引龙体逆(顺)时针方向跑圆场成圆后,带领龙体穿越第八节龙身行进。

(2)龙脱衣。快"8"字舞龙中突然静止,组成一曲线造型,而后,双数队员向右,单数队员向左成两排站立,在龙珠的带领下,从两排龙身下依次穿过结成疙瘩。当⑧、⑨号队员正好穿过时,再由龙珠引龙体原路折回穿过龙身,自然解开龙身疙瘩。

(3)连续穿越腾越行进(快腾)。龙珠引龙体举龙行进,左转穿越第四节龙身;①号队员穿第五节龙身,紧随龙珠行进;第⑥、⑦、⑧、⑨号队员分别腾越第一、二、三、四节龙身,连续反复3次以上。龙体必须一环扣一环,保持一个半环状。

4. 翻滚动作

(1)龙翻身。龙头高举把,其余龙体队员转身将龙身翻到队员脚下,一起快速从龙身越过,随后与龙头再一起高举把,并呈聚合状。

(2)逆向跳。龙头在龙珠的引导下,龙体进行逆时针螺旋状翻转,当龙身翻到队员脚下时,依次从龙身上越过。

(3)螺旋跳。龙头在龙珠的引导下,龙体进行顺时针螺旋状翻转,当龙身翻到队员脚下时,依次从龙身上越过。

5. 组图造型

(1)龙舟造型。龙头龙尾重合高举,⑤、④、③、②、①、⑨号队员同时站在同一条直线上,②号队员将把交给⑧号队员,并与⑧号队员把重合横身与肩同高,⑧号队员将把交给④号队员,并与④号队员把重合横架与⑧号队员把位同高,将龙体拉直;③号队员两手分别拿③、⑦号把,把杆交叉斜朝上,③号队员骑在⑥号队员肩上站于④号队员身后,并手持③、⑦号把端做划船动作,龙珠骑(或站)在⑧号队员肩上站于②号队员身后,并高举龙珠。

(2)上肩高塔盘自转一周。龙体在龙珠的引导下,龙头队员迅速站于龙体队员肩上,随后迅速组成螺旋高塔盘造型,底座队员接着顺时针方向自转一周。

(3)大横"8"字花。龙珠引导龙体左右上下起伏,缓慢前进,整个龙体组成一个较为明显的大横"8"字花。

第二十二章
极限飞盘

第一节 极限飞盘运动概述

一、极限飞盘运动的起源与发展

与大多数运动项目类似，飞盘运动的产生也源于人们偶然发明的游戏。19世纪70年代，美国康涅狄格州有一位名叫 William Frisbie 的面包师，他创办了一家以自己的名字冠名的比萨店——Frisbie Pie Company。这家店的比萨在耶鲁大学广受好评，学生们经常到 Frisbie 面包店购买比萨，吃完以后，他们会将用于包装的锡盘顽皮地朝同伴身上扔去，为了避免受伤，扔的人通常会大叫一声"Frisbie"，以提醒同伴接住，慢慢地，一个被称作"Frisbie"的游戏就诞生了。1947年，犹他州的一名爱好者 Walter Morrison 从这个游戏中受到启发，制作出了第一个塑料飞盘，随后，这种塑料飞盘开始广为流传。1957年，Wham-o 公司取得 Morrison 飞盘的专卖权，并于次年签下 Morrison 飞盘的专利权。1964年，Wham-o 公司的 Ed Headrick 经过六年的时间研发出了第一枚 Pro 飞盘，后经过对多套模具的实验，终于确定了飞盘的直径与质量，并在洛杉矶成立了 IFA(International Frisbee Association)国际飞盘协会。1967年，新泽西州高中学生 Joel Silver 和他的朋友发明了飞盘争夺赛，次年，他们把飞盘争夺赛引进美国新泽西州梅普尔伍德的哥伦比亚高中学生运动会，并起名为 Frisbee Ultimate，不久之后，新泽西州纽瓦克市的其他高中以及纽约地区都开始玩这项运动，这就是当下最为热门的极限飞盘的雏形。1983年，飞盘运动作为一项表演性运动在卡尔斯鲁厄举行的世界运动会上展出，2001年，飞盘运动被列为世界运动会的正式项目，2013年，世界飞盘联合会(World Flying Disc Federation,WFDF)被国际奥林匹克委员会列为国际单项运动总会之一。几十年过去,飞盘运动早已走出美国,飞向世界各地,成为许多国家和地区的一种新兴休闲体育运动项目,并形成了全球性的极限飞盘文化。

二、我国极限飞盘运动发展演进历程

20 世纪 80 年代初,飞盘运动就已经出现在中国,但极限飞盘运动进入中国的具体时间,现在已经无法考据了。目前可以查询到最早的极限飞盘比赛是当时在上海工作的一群外国人,于 2000 年举办的上海国际极限飞盘公开赛。随后在北京,也出现了一支以在华工作的外国人为主的极限飞盘爱好者成立的"北京 Bigbrother"极限飞盘俱乐部。2005 年,一部分在天津工作的外国人和天津体育学院英语系的同学,共同在天津成立了"天津 Speed"队伍,并与北京的 Bigbrother 队经常切磋。2007 年第一届中国极限飞盘公开赛在天津举行,次年,第二届中国极限飞盘公开赛为了更好地宣传极限飞盘这项运动以及应赞助商的要求等原因,由天津移师到北京。2010 年 10 月,在由深圳市南山区教育局主办的教师研习会中,南山区极限飞盘争夺赛联盟正式成立,这也是国内第一个由教育局主办的联盟赛事。

2010 年第四届中国极限飞盘公开赛举办,这场赛事实现了很多的第一次,比如第一次设置观察员、第一次用世界杯形式的抽签制度来确定场地等。组委会在这届比赛进行的同时,也在网络媒体及纸质媒体做大力宣传,引起了社会广泛的关注,随后许多城市出现了学校团体和社会团体共存的互助现象。2011 年第五届中国极限飞盘公开赛参与队伍的数量、报名人数及报名比赛的地区都有较大的增长,这也说明这项运动发展势头逐年见好。此后,这项运动经过一段时间的沉淀,终于在新型冠状病毒感染疫情的催生下迎来了暴发期。

三、极限飞盘运动的价值

凝结在体育运动中的物质产品和精神产品总和被称为体育价值,它是体育发展的结晶与进步的标志,具有满足人和社会发展现实需要的实际效用。作为迅速席卷全球、老少皆宜的休闲竞技运动,飞盘运动蕴含着独特魅力,发掘其体育价值,不仅有助于全面、深刻地认识此项目的基本属性,更有利于它的引进、推广和普及。

四、飞盘精神

飞盘运动历来依靠"飞盘精神"来维护比赛的公平公正,这也是这项运动风靡全球的魅力所在。"飞盘精神"是一种重要的态度,每位飞盘运动员在"飞盘精神"指引下都能公平竞争。在飞盘运动中,参与者必须拥有良好的运动状态,为自己在场上做出的行为负责,做到比赛的公平公正。

第二节　极限飞盘运动的技术与战术

一、飞盘结构

在学习飞盘的掷盘技术前，需要先了解飞盘的结构（图 22-1），以确保在后续的学习中，能够正确地握盘和调整飞盘的倾斜。

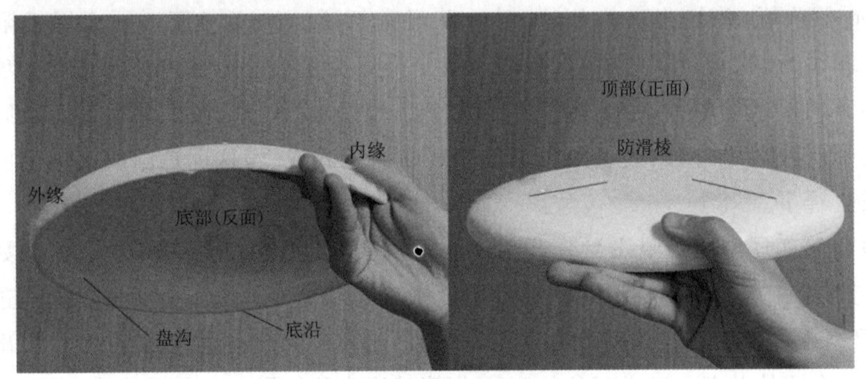

图 22-1　飞盘的结构

飞盘由以下几部分组成。顶部为飞盘的正面；底部为飞盘的反面；内缘为掷盘时，靠近身体的边缘；外缘为掷盘时，远离身体的边缘；防滑棱为飞盘顶部突起的线圈；底沿为飞盘边缘下面突出的一圈；盘沟为飞盘边缘弧面的内侧与飞盘底面连接的一圈。

（一）掷盘技术

1. 反手掷盘技术

1）持盘动作

方法一：手掌心完全贴合盘缘，拇指放在盘面的防滑棱上，其余三指紧扣盘沟，食指置于飞盘底沿（图 22-2）。

方法二：手掌贴心合盘缘，拇指置于盘面防滑纹上，其余四指紧扣盘沟（图 22-3）。

2）掷盘动作

以惯用手为右手为例，反手掷盘时应以左脚为轴心脚，右脚向左迈步，掷盘时，臀部和躯干发力向掷盘方向转动，带动肩、肘，手腕如鞭子抽出一般将飞盘掷出。

外摆反手：与直线掷盘相比，外摆反手有三点细节不同。一是飞盘贴近手的一端略微向

图 22-2　反手掷盘的持盘方法一

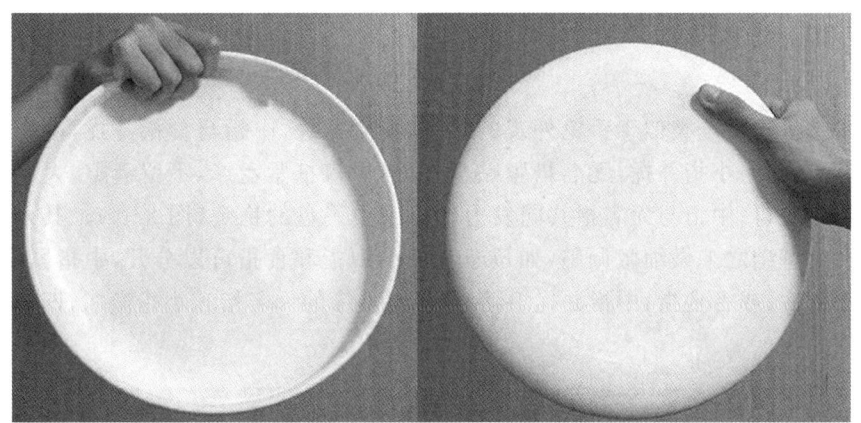

图 22-3　反手掷盘的持盘方法二

下倾斜；二是出手时机会略早，转体完成时，盘在身体左侧时出手；三是出手的高度会比直线掷盘略高，大致在胸口，低于肩膀的高度出手。这项技术将会使飞盘按照一个从左到右的弧形的路径飞向接盘者。

外摆反手：与反手掷直线盘相比，外摆反手掷盘有两点不同。一是飞盘的倾斜角，飞盘外缘稍高；二是出手的时机，外摆反手掷盘比反手掷盘的时机较早。这项技术会使飞盘按照一个从左到右的弧形路径飞向接盘者。

内摆反手：与反手掷直线盘相比，内摆反手掷盘也有两点不同。一是飞盘外缘较低；二是飞盘出手时的时机稍晚。这项技术将会使飞盘按照一个从右到左的弧形的路径飞向接盘者。外摆和内摆都学会后，有助于在风中进行长传。投掷弧线盘时，不需要太夸张地提高或者降低边缘使盘倾斜。一个小的变化形式就会造成飞行轨迹有很大的改变。

在掷盘技术中要注意以下几点。

手腕发力：飞盘的快速旋转和平稳飞行主要依靠手腕协调流畅的发力。

固定轴心脚：掷盘时切忌挪动轴心脚。

目光在接盘人身上：掷盘过程中关注接盘人的动向。

掷盘提前量：比赛中掷盘应预估好提前量，应向接盘人的跑动方向掷盘，而不是对准接盘人掷盘，让接盘人能够在跑动中接到飞盘。

迈步：迈步可以更好地发力并与防守人拉开距离，获得良好的掷盘空间。但需要注意的是，根据掷盘距离或时机，身体参与发力的部位可由近端向远端减少，比如，当传接盘距离较近且防守并未跟上时，掷盘人无须迈步，可仅用手肘和手腕发力迅速将飞盘传出，以快速突破防守。

最后要观察飞盘在飞行过程中是否向左或向右倾斜，出现这种情况的原因是出手时给予了飞盘一个向左或向右的一个角度，这就需要在出手时保证飞盘水平；飞盘有明显抖动的原因是发力过程不流畅，而且手腕给予的力量不足，这就需要全身整体协调用力，手腕要有一个明显的向内收再向外伸展的发力过程，这样飞盘才会平稳顺滑地飞行。

2. 正手掷盘技术

1)持盘动作

手指手掌呈现一个类似于手枪外观的状态，夹紧盘缘，中指与食指并拢，中指指腹紧按在盘沟上，无名指与小指并拢，无名指紧贴盘外缘，虎口抵紧盘缘，不留缝隙，大拇指置于防滑棱上。依靠虎口、中指与无名指共同发力保持手中飞盘的稳定(图 22-4)。其余正手持盘动作都是在此基础之上做细微调整，如位于盘底的中指和食指可以分开，中指紧贴盘沟，食指张开置于盘底；或者食指、中指并拢不动，位于盘外缘的无名指和小指微屈，四指共同发力握紧飞盘。

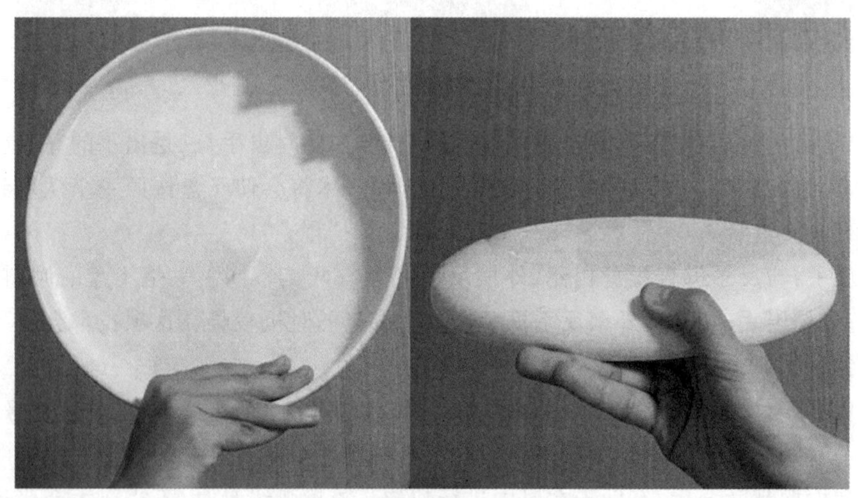

图 22-4　正手掷盘的持盘方法

2)掷盘

以右手掷盘为例，开始为正常站立姿势，准备掷盘时，向右侧跨一步，重心置于右脚之上，右腿微屈呈弓步，左脚为轴心脚，躯干向右旋转，右手持盘向后引，手腕向后伸。下肢与腰部旋转发力，带动肩部发力，然后将手肘由后向前做水平挥摆运动，最后向前摆动小臂并抖动手腕将盘掷出，类似于打水漂时掷出石头时的动作。

正手与反手一样，有两种掷盘方式：一是将盘水平传出去；二是使盘面倾斜，传出一个弧线盘。弧线盘也同反手弧线盘一样有两种，即外摆弧线盘与内摆弧线盘。根据场上形式选择不同的掷盘手法。

外摆正手：外摆正手投掷时，仅需将外缘略微抬高，出手时机略早，飞盘在远离身体的右侧出手。这将会使飞盘在一个从右向左的弧形轨迹上飞行。

内摆正手：正手内摆弧线盘的重要性与反手掷盘相当，因为正手掷盘是打破防守的必要技能。内摆正手投掷时，仅需将内缘略微抬高，使盘面向左倾斜将飞盘传导出去，将会使飞盘在一个从左向右的弧形轨迹上飞行。

需要强调的是，在正手弧线盘时，盘面倾斜的角度过大，会把飞盘变成一个刀片，这是初学者很难掌握的一种弧线盘的极端模式。如果飞盘开始翻转或者翻滚，那么就调整飞盘外缘的高度来控制飞行轨迹弧线的大小。其余注意事项同反手掷盘一样。

其他掷盘技术，如过顶掷法、拇指法等，在飞盘比赛中不经常使用，故不在本章节中做详细阐述。

（二）接盘技术

1. 双手夹盘式

双手夹盘式又称三明治夹法，是最基础的接盘方式，当飞盘高度在胸腹之间，接盘人两手上下张开，垂直夹住飞盘（图 22-5）。这种接盘方式稳定，不易掉盘，值得注意的是，接盘人在接盘之前，需要做好接盘的预备姿势，否则容易掉盘。缺点是接盘完成之后，需要变换出盘手型，影响出盘时机。尽管这个方法既可靠又有效，但它也有局限性。在过高的位置双手夹盘是非常困难的，位于上方手的前臂会和飞盘平面垂直，这样容易使飞盘撞到前臂造成掉盘。

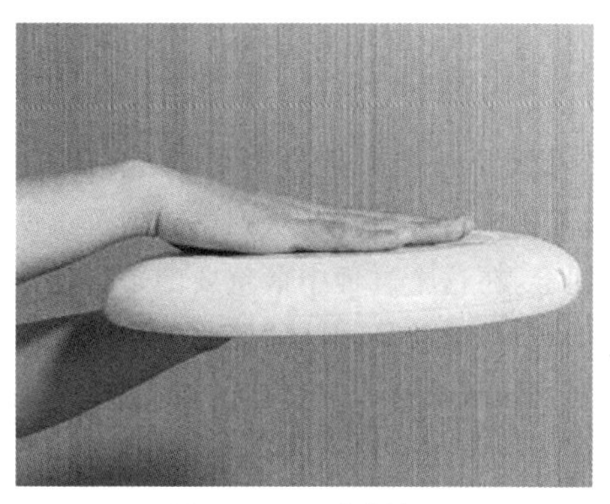

图 22-5　三明治接法

2. 蟹钳式

蟹钳式即两手像蟹钳一样夹住飞盘。使用这种接法时，要用双手并排去接盘，双手一般相距一个手掌的距离。它又可以分为上手式接盘和下手式接盘。

上手式接盘：两手大拇指和四指张开，大拇指在下，手掌心朝下，利用两手虎口接住飞盘的方式称为上手式接盘（图 22-6）。通常飞盘高度位于胸部高度及以上时可采用上手式接法。

下手式接盘：两手大拇指和四指张开，大拇指在上，手掌心朝上，利用两手虎口接住飞盘的方式称为下手式接盘。通常飞盘高度位于腰部高度及以下时可采用下手式接法（图 22-7）。

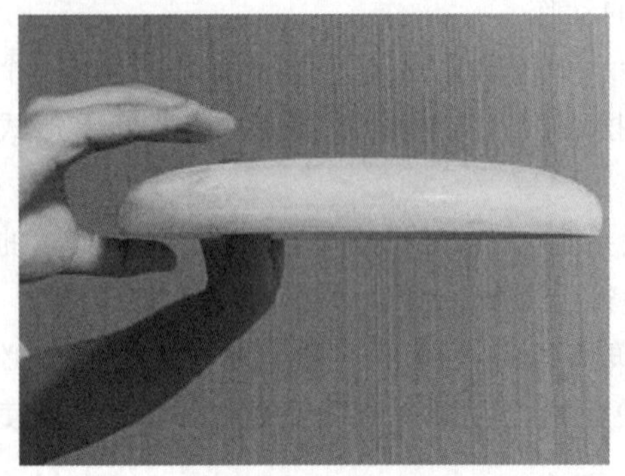
图 22-6 上手式接盘

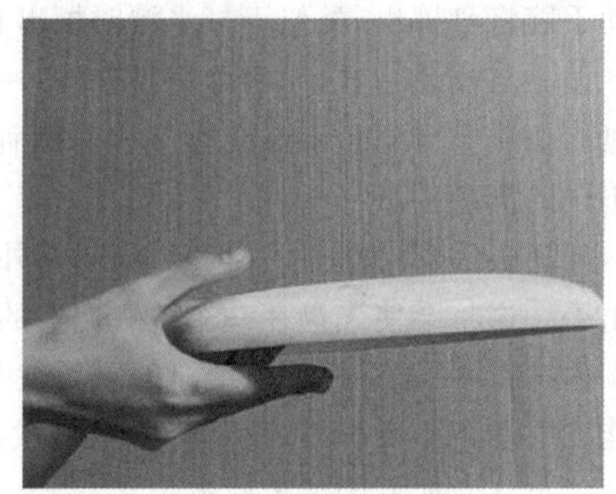
图 22-7 下手式接盘

蟹钳式接法的优点是能够较快地以正手或反手掷盘，有利于抓住进攻时机。缺点是虎口张开的角度小，接盘的准确性难以保证。需要注意的是，蟹钳式接法接盘时不要用两手正对飞盘的后缘，否则容易将盘弹飞。在任何时候、任何动作下都可以完成单手接盘。这是所有接盘类型中的高级技能。

二、极限飞盘战术

（一）进攻战术——竖排

竖排意为一条由跑位者在赛场中央排成的单列垂直队列（图 22-8）。当一位队员正在跑位时，其他队员都保持在队列中或者远离队伍以使不阻挡切盘人跑位路线，同时等待下次跑位的机会，在这个过程中最重要的是保持跑位通道顺畅，确保没有人挡路。竖排排列在控盘手的前场，进攻队员列队的区域被称作“死角”——进攻方就在这片区域中进行跑位。进攻方接盘的区域被称作“跑位区”或“通道”，除了准备接盘的跑位者之外通道中必须保证空无一人。当一位选手没有获得空位或者持盘人未把盘传给有空位的人，而是传向另一位跑位者时，他应当立刻回到死角处，尽可能迅速地空出通道的位置。

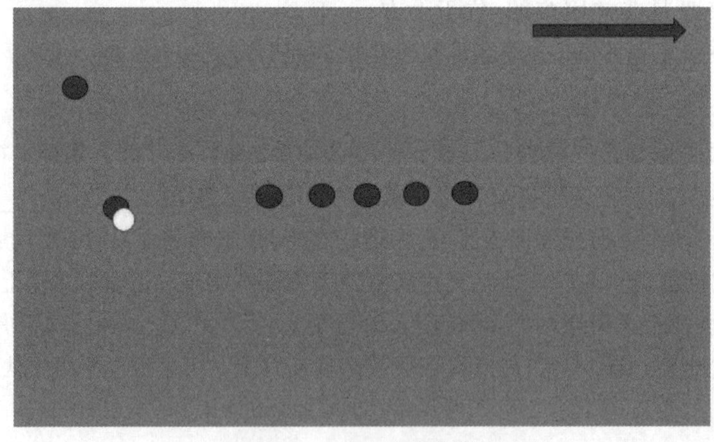
图 22-8 竖排战术阵型

（二）进攻战术——横排

排战术的基础是三个控盘手（1～3 号）横着站成一排，四个切盘手（4～7 号）横着站成一排（图 22-9）。4 号和 5 号或者 6 号和 7 号两个人一上一下试着跑出控盘手可以掷盘的空位。如果盘在 3 号的手上，他要把盘横向传给 2 号，然后再横向传给 1 号，1 号接到盘的一瞬间，5 号就要迅速去跑空位切盘，与此同时 4 号下底，如果切盘手得不到切盘的空位，1 号将盘横向传给 2 号，然后再横向传给 3 号，再一次，6 号切盘，7 号下底。如果切盘手还是没有跑出空位接盘，那么控盘手就要一直横向传导盘，而切盘手要做的事情还是一样，一个切盘，一个下底。控盘手的每一次横向传导盘之后，切盘手就要准备切盘或下底。如果没有得到切盘机会，控盘手就会一直继续横向传导。如果 6 号进行切盘，控盘手把盘传了出来，他接到了盘，3 号会跑上来接切盘手的 Dump，1 号和 2 号会跟进，4 号、5 号、6 号、7 号也会向前移动，这就是在横排中推进距离的方式，战术就是不断重复这个过程直到推进得分区。

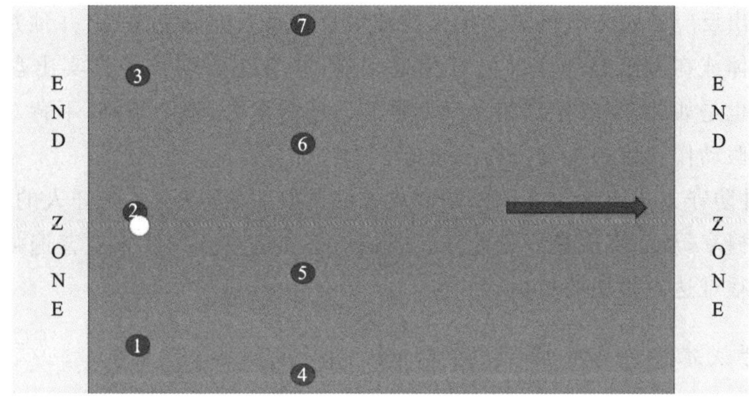

图 22-9　横排战术阵型

（三）防守战术——“人盯人”防守

在极限飞盘比赛中，防守方总是会处于被动状态，因为防守方要通过观察场上的局势和所防队员的动向去做出反应，当攻、防两名队员的身体素质相近时，防守方做出反应后的时间足以让进攻方达成推进的目的。

假设进攻方可以选择各个方位的跑动或各个方向掷盘，这无疑加大了防守方的防守难度，但如果进攻方只能通过一侧去接盘，或只能把飞盘传到一侧，那防守方的防守选择就会更加明确，这就是“人盯人”战术中的关键点——逼向防守。

以防守反手掷盘为例。在比赛时，防守持盘人的队员只需要防止持盘人将飞盘传入反手侧，而防守切盘人的队员只需要防止切盘手向正手位切盘即可（图 22-10）。理想状态下，持盘人无法将盘传到反手侧，即使切盘手能够轻松地跑到反手侧也接不到盘，同理，持盘人能够轻易地向正手侧掷盘，但由于防守人有明确的防守区域，也很难轻易地接到盘。如此一来防守就形成了一种区域性的联防，大大降低了防守的难度。

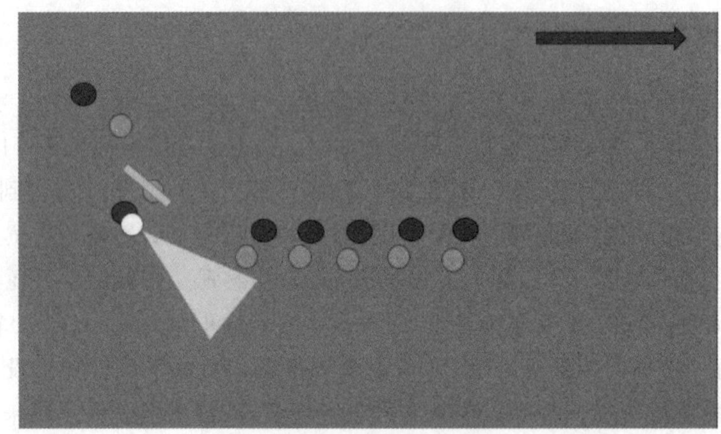

图 22-10 “人盯人”防守

防守持盘人时需要保持低重心，双脚打开大于肩宽，屈膝，腿部肌肉保持激活状态，依靠爆发力随时做出反应。防守队员需要抬头持续观察持盘人的掷盘意图，并预判掷盘路线，在持盘人旋转身体或在做出假动作前做好预备工作，并且在假动作和真实出盘间进行分辨。防守切盘人时也是如此，需要做到的是降低重心以随时发力，集中精神，不背对持盘人，能够分辨切盘人的假动作和预判飞盘飞行的轨迹。

小结：这种防守方式能够很好地限制进攻方的进攻区域，减少了防守人的防守选择和被假动作骗到的概率，从而实现良好的防守。但缺点是当进攻方身体素质普遍强于防守方时，这种防守方式很难达到预期的目标。

（四）防守战术——“杯子”防守

“杯子”一名源于它的英文翻译。这种防守战术的原理在于防住某一切盘区域或某一掷盘路线，这将导致无法将飞盘传出或无法跑出空位，因为防守方堵住了进攻方的进攻空间(图 22-11)。

一个人防守持盘人无法防住太多的掷盘路线，因此“杯子”的工作是成为更强大的防盘人。“杯子”里的主要成员是读秒人和两名协防队员，他们防守的区域比传统的防盘人要多，目的是限制持盘人的掷盘路线，迫使持盘人只能向正手侧掷盘(图 22-12)。

两边的防守队员(Hammer Wing 和 Open Wing)需要做的是防止进攻队员到其所防区域接盘，中间的防守队员则需要防止持盘人往正前方传出高位盘，同时还要提示两边防守队员应该防切盘还是下底，同时协助他们防守。防底队员(Deep)是最接近得分区的防守人，他的任务是不停地提醒队友该注意的跑动和防止进攻队员下底得分，因为他的位置可以看到全场的变化(图 22-13)。

注意：在比赛中飞盘在哪里，“杯子”就要在哪里，一旦飞盘传出，而“杯子”没有跟上，防守就会被瞬间打破，此时只有 4 名防守队员去应对整支进攻队伍，因此“杯子”要在飞盘传出后立即跟上防守。

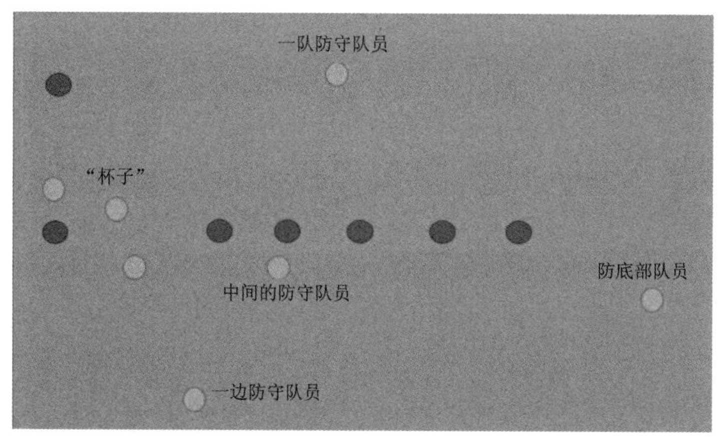

图 22-11　“杯子”防守战术阵型之一

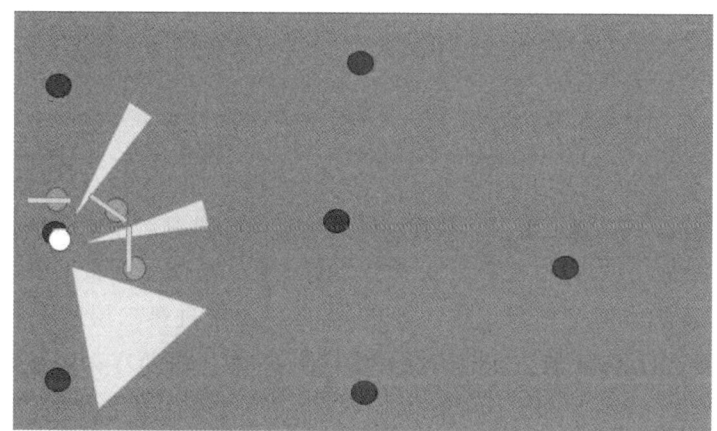

图 22-12　进攻“杯子”防守队员阵型

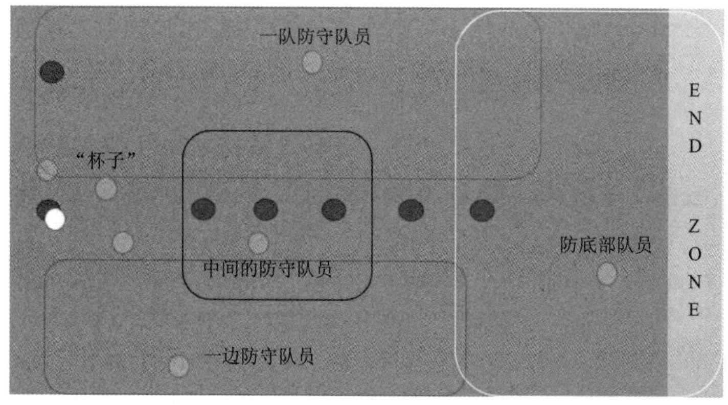

图 22-13　“杯子”防守战术阵型之二

（五）区域防守——“3-3-1”阵型

在极限飞盘比赛中使用区域防守的目的是给持盘人更多的压力，迫使他们由于在推进时产生更多的传接盘而导致失误，因此区域防守的侧重点在于进攻点上（飞盘），每个防守队员都是持盘人，并且对传出的飞盘做出反应。这种防守战术的站位如同一个箭头，分为三层，第一层3人（1、2、3号），第二层3人（4、5、6号），第三层1人（7号）（图22-14）。

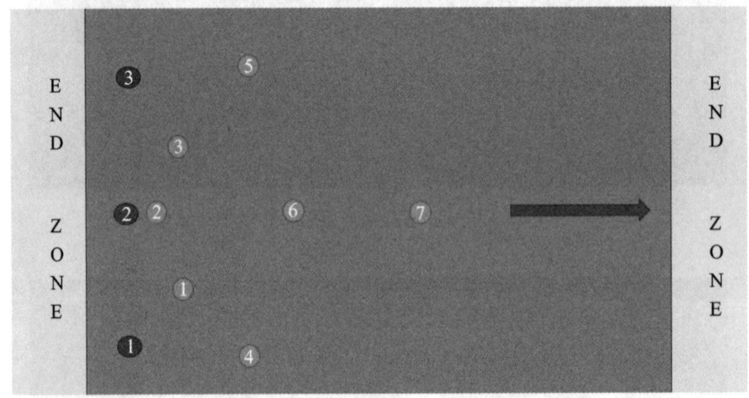

图22-14　区域防守——“3-3-1”阵型

第一层防守队员主要防止进攻方后排的持盘队员向前掷盘。中间层的防守队员需要防守住对应场地三分之一的区域，并且要注意拦截越过第一层防守队员头顶的飞盘。最后一层防守队员则需要防守整个场地宽度的区域，需要拦截越过第二层防守队员头顶的飞盘（图22-15）。比赛进行时，区域防守的阵型要保持不变，每一种防守都不可能做到防住场地的所有部分，区域防守也是如此。采用区域防守时，进攻方后排的控盘手们可以随意地横向传导，但这样的传导不仅推进慢，而且增加了传导次数甚至可能破坏进攻队员的耐心，从而导致失误。第一层防守队员的任务是防守在自己区域的持盘人（读秒）向前掷盘，同时第一层的防守队员要参与协防；第二层的两边的防守队员（4号和6号）除了要拦截越过前排头顶的

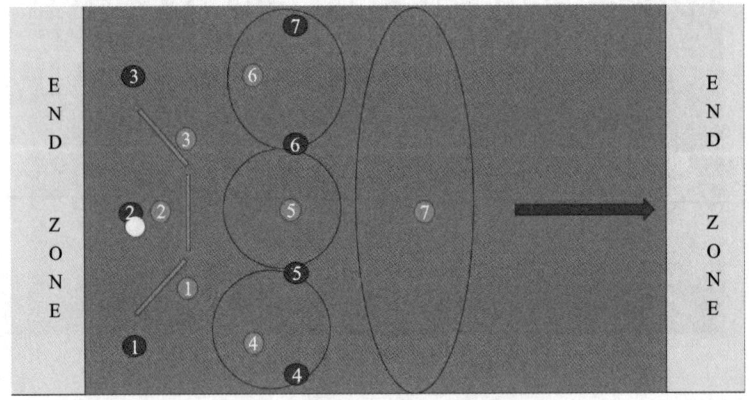

图22-15　变成“人盯人”防守阵型

盘外，还要在进攻队员接到盘后先做补防，等到前排队员退回防守后，再回到自己的区域。中间队员则还需要学会观察和提醒队友注意哪一侧的进攻队员可能会上前切盘；第三层防底的队员拥有广阔的视野，需要时刻注意和提醒队友该如何防守，并负责拦截进攻方传出的长传，值得注意的是，当进攻推进到得分区前时，防底的队员需要加入第二层防守中，变成“人盯人”防守。

第三节　极限飞盘运动规则

极限飞盘比赛是使用飞盘进行比赛的团队对抗性运动。参与比赛的每队上场 7 人，在一个长方形的场地上进行，该场地的宽度大约为一个足球场宽度的一半，两端各有一个得分区。每支队伍的目标是在对方防守的得分区接住飞盘，以此来得分。持盘人不能持盘跑动，但可以将飞盘扔向任何一方，传给任意一位队友。任何一次传接盘失败，都会发生攻防转换，对方队伍获得盘权并尝试在对方防守的得分区内得分。比赛通常设定 15 分为目标分或持续 100 分钟。极限飞盘采用自我裁决且禁止身体接触。比赛精神指导队员如何主持比赛并规范在赛场上的行为。这些规则中有许多是一般性的，涵盖了大多数情况，但有些规则涵盖特定情况并凌驾于一般情况之上。

基本结构和规则的变化可用于适应特殊比赛、队员人数、年龄或可用空间。具体按照世界飞盘联合会（WFDF）的活动要求，请参阅相关规则附录。

1. 比赛精神

1.1　极限飞盘是一项禁止身体接触、自我判定的运动。所有队员都有责任执行和遵守规则。极限飞盘中每个队员都应遵守公平竞赛的飞盘精神。

1.2　没有队员会故意违反规则，因此，对于非故意的违规行为没有严厉的处罚，而是采用一种以模拟没有违规时最有可能发生的情况的方式来恢复比赛。如果存在故意或严重违反比赛规则或比赛精神，队长们应讨论这一情况并确定合适的结果，即使该结果不符合特定规则。

1.3　队员应该注意，在场上出现任何需要仲裁的情况下，他们需要担当裁判的角色队员必须；

1.3.1　知晓规则；

1.3.2　公正、客观；

1.3.3　诚实；

1.3.4　清楚、简要地解释自己的观点；

1.3.5　允许对方有合理的机会发言；

1.3.6 考虑对手的观点；

1.3.7 考虑潜在的文化差异，应使用尊重的词语和肢体语言；

1.3.8 使用尊重的语言尽快解决争议；

1.3.9 在整个比赛中用一致的标准进行示意；

1.3.10 仅在犯规程度足以对比赛的结果产生影响的情况下进行示意。

1.4 鼓励比赛的高度竞争性，但绝不应牺牲队员之间的相互尊重、对商定的游戏规则的遵守或比赛的基本乐趣。

1.5 以下行为是良好精神的范例：

1.5.1 撤回你觉得不再正确的示意；

1.5.2 在场上有争议的交流后，在场下与对手重新相互交换意见；

1.5.3 称赞对手的高超技术或良好的精神；

1.5.4 向对手介绍自己；

1.5.5 冷静地回应分歧或挑衅。

1.6 以下行为明显违反了飞盘精神，所有参赛者都必须避免：

1.6.1 危险的动作和攻击行为；

1.6.2 故意犯规或其他故意违反规则的行为；

1.6.3 嘲弄或恐吓对方队员；

1.6.4 得分后不尊重对手的庆祝；

1.6.5 做出示意来报复对方的示意；

1.6.6 示意对方队员向己方传盘；

1.6.7 为赢得比赛不择手段。

1.7 队伍是飞盘精神的守护者，必须：

1.7.1 负责教授他们队员间的规则；

1.7.2 处罚表现出不良精神的队伍成员；

1.7.3 向其他队伍提供有建设性的反馈，说明他们做得好的方面以及如何提高对比赛精神的遵守；

1.7.4 如果需要，酌情示意暂停。

1.8 如果新手队员因不了解规则而违规，有经验的队员应解释违反规定的行为。

1.9 经验丰富的队员需要提供规则上的建议并指导场上讨论争议的队员，可以监督新手或年轻队员的比赛。

1.10 比赛中的示意应该由直接参与比赛的队员和对比赛有最佳视角的队员进行讨论。

1.10.1 如果未直接参与的队员认为队友发出了错误的示意，或者造成犯规或违例，他们应提醒队友；

1.10.2 除了队长之外，非场上队员应该避免卷入其中。但场上队员可以寻求其他人的观点来阐明规则，并协助场上队员做出适当的示意。

1.11　队员和队长全权负责做出和解决所有示意。

1.12　如果讨论后队员不能达成一致,或者不够清晰和明确：

1.12.1　在比赛中发生了什么；

1.12.2　一次比赛中最有可能发生的情况,飞盘必须返回到最后一个明显的持盘队员手中。

2.比赛场地

2.1　比赛场地是一个矩形区域,应基本平坦,没有障碍物并合理保障队员的安全。

2.2　比赛场地的四周环绕着边界线,由两条长的边线和两条底线组成。

2.3　边线不是比赛场地的一部分。

2.4　得分线是分隔中心区域和得分区域的线,是中心区域的一部分。

2.5　砖头点是中心区两条一米线的交叉点,它与得分线相隔18m,位于两边线的中间,且距离每个得分线的距离等于得分区的长度。

2.6　八个色彩鲜艳的柔性物体(如塑料角标)标记中心区域和得分区域的角落。

2.7　可移动物体不应出现在比赛场地的周围。如果比赛被非场上队员或物体在距离限制线3m内有阻挡,任何被阻碍的队员或持盘队员可以示意“违规”。

3.比赛装备

3.1　被双方队长都接受的任一飞盘皆可使用。

3.2　世界飞盘联合会提供推荐使用的飞盘列表。

3.3　每个队员必须穿区别于其他队伍的队服。

3.4　任何队员不得穿着可能伤害自己或其他队员及妨碍对手比赛发挥的服装或装备。

4.回合、得分和比赛

4.1　一场比赛由许多回合组成,每个回合以得分告终。

4.2　有队伍获得15分时比赛结束,该队伍获得比赛的胜利。

4.3　一场比赛被分成两个部分,每个部分称为半场。当一个队伍首先获得8分时进入半场。

4.4　每个半场开始,同时也是当前半场第一个回合的开始。

4.5　每次得分后,如果比赛尚未结束或半场时限未达到时：

4.5.1　下个回合立刻开始；

4.5.2　双方队伍交换他们防守的得分区；

4.5.3　得分队伍成为防守方并进行开盘。

4.6　基本结构的变化可用于适应特殊的比赛、队员人数、队员年龄或可用空间。

5.团队

5.1　每队最多7名队员但至少有5名队员上场。

5.2　每队必须指定1名队长和1名精神队长作为代表。

5.3　防守的队伍可以在他们做出开盘的手势之前进行随意的人员替换。

6.开始一场比赛

6.1 两个队伍的代表要公平地决定哪个队伍首先选择：

6.1.1 第一个回合各自进攻或防守；

6.1.2 第一个回合各自防守得分区。

6.2 另一队有剩余的选择权。

6.3 在下半场开始时，这些最初的选择要被调换。

7.开盘

7.1 在比赛开始时、半场或一次得分后，比赛以防守方的一次投掷飞盘开始，称盘。参赛队伍必须为开盘做好准备，不得无理由地拖延。

7.2 只有在两队示意准备完毕之后才能开盘，开盘方的开盘手需要举手示意。对方至少有一人举手示意。

7.3 在做出准备手势后，所有进攻队员必须一只脚站在他们的防守得分线上，并且不改变彼此相对的位置，直到开盘结束。

7.4 在发出准备手势后，所有防守队员将脚完全放在得分线的垂直平面后面，直到开盘结束。

7.5 如果一支队伍违反了规则7.3条或7.4条规定，对方队伍可以示意“越位”。该示意必须在进攻方接触到飞盘之前做出，并且尽快重新开盘(除非规则7.8适用)如果接盘队伍被示意越位，持盘队员必须参照规则7.9、7.10、7.11或7.17中的说明确立轴心脚，并按照一个正常暂停结束的方式开始比赛。如果开盘的队伍被示意越位，接盘的队伍可以不碰触飞盘并让飞盘落地，视为示意在砖头点开始比赛，之后将飞盘拿到砖头点开始比赛，无须验盘。

7.6 飞盘一旦扔出，所有队员都可朝任何方向移动。

7.7 在进攻队伍接触到飞盘或飞盘触地之前，防守队伍的队员不得在开盘后接触飞盘。

7.8 如果一个进攻队员，无论在界内或界外，在飞盘落地前接触了飞盘，且进攻队员未能实际控制飞盘，即为失误(称为“接开盘落地”)。

7.9 如果进攻队员接住飞盘，他们必须在场地上最接近接住飞盘的位置建立轴心点，即使该点位于他们的防守得分区。

7.10 如果飞盘最初接触了比赛场地，并且从未出界，则持盘队员必须在飞盘停止的位置建立轴心点，即使该点位于其防守得分区内。

7.11 如果飞盘最初接触了比赛场地，然后在未接触进攻队员的情况下出界，则持盘队必须在飞盘第一次越过边界线的位置建立轴心点，如果该点位于防守得分区则必须在最近中心区域的位置建立轴心点。如果飞盘在出界之前接触了进攻队员，则持盘队员必须在飞盘第一次越过边线的位置建立轴心点，即使该点位于其防守得分区内。

7.12 如果飞盘在接触比赛场地或进攻队员前，接触了界外的区域，则持盘队员可在最接近其防守得分区的砖头点处或离飞盘出界最近的中心区域建立轴心点(规则11.7)。在拾取飞盘之前，必须发出砖头点选项的手势，进攻队员需要单臂伸展举过头顶，并喊出“砖头点”。

8. 比赛的状态

8.1　以下状态为“死盘”状态，不会有攻防转换：

8.1.1　一个回合开始后，开盘前；

8.1.2　开盘或一次攻防转换后，飞盘必须被带到正确的轴心点的位置，直到轴心点被明确；

8.1.3　一次比赛中断或其他停顿的示意后，直到验盘重新开始；

8.1.4　飞盘触地后，直到盘权由合适的队伍明确控制；

8.1.5　队员允许在“死盘”状态时移动(除非另有说明)。

8.2　比赛除“死盘”状态外均为“活盘”状态。

8.3　持盘队员不得将“死盘”状态下的盘权转让给其他队友。

8.4　任何队员在飞盘落地后都可以去阻止其滚动或滑动。如果在试图阻止滚动和滑动时，一名队员明显改变了飞盘的位置，则对方队伍可以要求其在接触飞盘的位置上建立轴心点。

8.5　在攻防转换和开盘后，进攻选手必须以步行或更快的速度去取回飞盘并建立轴心点。

8.5.1　除 8.5 外，在攻防转换后，如果飞盘未出界，且飞盘位置为以下情况：

8.5.1.1　在中心区域内飞盘停止后 10 秒内；

8.5.1.2　在得分区域内飞盘停止后 20 秒内。

8.5.2　如果进攻方违反了 8.5.1，防守方可以给予口头警告(“拖延比赛”或者“要开始读秒了”)或示意“违例”。进攻方仍继续违反 8.5.1，则 9.3.1 不再适用，防盘队员可以开始读秒。

9. 读秒

9.1　防盘队员通过宣布“读秒开始”来对持盘队员实行读秒，从 1 数到 10。读秒中 2 个数字的间隔必须至少为 1 秒。

9.2　读秒的数字必须清楚地说出来并让持盘队员听见。

9.3　防盘队员只能在以下情况时开始或继续读秒：

9.3.1　比赛为活盘状态或者在一次攻防转换后轴心点被最终确定；

9.3.2　在持盘队员 3m 以内或者其在正确的轴心点上，如果持盘队员不在轴心点上；

9.3.3　所有防守队员都处于合法地位(规则 18.1)。

9.4　如果防盘队员离开持盘队员超过 3m 的范围，或者一位新的防守队员成为防盘队员，则读秒必须重新从“1”开始。

9.5　比赛出现停顿后，读秒在以下情况时可以继续：

9.5.1　在防守方明显违规后，读秒从“1”重新开始；

9.5.2 在进攻方明显违规后，读秒最高从“9”重新开始；

9.5.3 在一次有争议的持盘超时之后，读秒从“8”重新开始：

9.5.4 在其他所有示意后，包括“阻挡”，读秒最大从“6”重新开始。

9.5.4.1 如果这个示意涉及持盘队员，并且存在单独的接盘违规，以及飞盘回给持盘队员，则根据涉及持盘队员的示意结果恢复读秒；

9.5.4.2 如果存在与验盘有关的违例(规则 10)，则读秒将恢复为该违例之前确定的相同秒数。

9.6 读秒要重新开始，最大为“n”，其中“n”由规则 9.5.2 或 9.5.4 或 20.3.6 确定，含义如下。如果“x”是示意前同意的完全说出的最后一个数字，则读秒以“$(x+1)$”或“n”恢复继续，取这两个数字中较小的一个。

10. 验盘

10.1 比赛在某回合因暂停、犯规、违例、有争议的攻防转换、特定的失误、有争议的得分、讨论或在完成一次暂停时，比赛必须尽快通过验盘重新开始。验盘只能因对示意的讨论而延迟。

10.2 队员在示意后的位置(暂停情况除外，除非另有指定)。

10.2.1 如果比赛在传盘前停止，则所有队员必须返回示意时所在的位置。

10.2.2 如果比赛在传盘后停止，则：

10.2.2.1 如果飞盘返回到持盘队员手中，所有队员必须返回到特盘队员扔出飞盘时他们所在的位置，或示意时所在位置，取较早的情况；

10.2.2.2 如果比赛结果成立，所有队员返回当飞盘被接住时他们所在的位置；

10.2.2.3 或飞盘落地时，如果除持盘队员以外的队员因明显的违规而获得盘权，则所有队员必须返回发生违规时所在的位置。

10.2.3 所有队员在验盘前必须维持原位不动。

10.3 任何队员都可以短暂地延长比赛的停止时间，以修复有故障的装备，但不可因此停止正常进行中的比赛。

10.4 验盘前，队员必须与最近的对方队员确认其队伍成员已准备就绪并且按照规则 10.2 进行站位。

10.5 如果在验盘时出现不必要的延迟，对方队员可以发出口头警告(“拖延比赛”)。如果延迟情况继续发生，队伍可以通过口头表示“比赛开始”来验盘，而无须对方的同意，但前提是防守的队伍成员都已经固定，并且按照规则 10.2 进行站位。

10.6 验盘后重新开始比赛。

10.6.1 当持盘队员持有飞盘时：

10.6.1.1 如果有防守队员在可接触到飞盘的范围内，则防守方必须触摸飞盘；

10.6.1.2 如果没有防守队员在可接触飞盘范围内，持盘队员必须持飞盘接触地面并高声示意“飞盘在界内”；

10.6.2　当飞盘在地面上时，最接近飞盘的防守者必须高声示意“飞盘在界内”。

10.7　对手在发生以下情况时，队员可以示意违例并重新验盘：

10.7.1　没有验盘就试图开始比赛；

10.7.2　没有给最近的对手验盘；

10.7.3　在验盘前移动轴心点；

10.7.4　不在正确的位置上；

10.7.5　在这一次违例示意后，任何结果都不做讨论，无论传盘是否成功，飞盘将回到持盘队员手中(除非规则 16.3 适用)。

11. 出界

11.1　整个比赛场地是界内。边线不是比赛场地的一部分，属于界外。所有非场上队员都是界外的一部分。

11.2　界外区域由非界内区域和与其接触的一切事物组成，但防守队员除外，他们始终被视为“界内”。

11.3　一个不在界外的进攻队员即为在界内。

11.3.1　在空中的队员保留其界内/界外状态，直到该队员再次接触界内或界外区域。

11.3.2　拥有盘权的持盘队员，在接触界内区域后接触了界外区域，仍然被认为是在界内。只要他们抓住飞盘，就确定了飞盘所有权。如果持盘队员离开了场地，他们必须在越过边线的点上明确轴心点(除非规则 14.3 生效)。

11.3.3　一名持盘人在飞盘离手前，接触了界外区域，仍被视为在界内。

11.3.4　队员之间的接触并不影响他们界内或界外的状态。

11.4　以下情况是出界失误，不认为抓住了飞盘：进攻方队员的任何身体部分在接触飞盘时出界，或在空中抓到飞盘后，进攻队员在接到飞盘时的第一落点在界外。

11.5　比赛在活盘状态下或比赛开始或重新开始后即处于界内。

11.6　飞盘首次接触界外区域接触出界的进攻队员时，该飞盘即为出界。进攻队员持有的飞盘与该队员具有相同的界内/外状态。如果飞盘同时被多个进攻队员持有，只要其中一个队员在界外，则该飞盘出界。

11.7　飞盘可能飞出边界线，又返回赛场，队员可以在界外接盘或拦截飞盘。

11.8　飞盘出界的地方为：

11.8.1　在接触界外区域或界外队员之前，飞盘最后部分或完全在比赛场上的位置；

11.8.2　被一名界内队员接触的位置。

11.9　如果飞盘距离需要确立的轴心点超过 3m，非场上队员可以取回飞盘。但最后 3m 必须由持盘队员带到场地。

12. 接盘人及位置

12.1　一个队员的至少两个身体部位之间有一个不旋转的飞盘并有持续性的控制，就是“接住”。如果队员由于随后与地面的队友或处在合法位置对队员发生接触而失去了对飞盘的控制，则接盘被视为不成功。

12.2 接盘后，接盘队员成为持盘队员。

12.3 如果进攻和防守方同时接住飞盘，则进攻方将获得盘权。

12.4 处于既定位置的队员有权留在该位置，对方队员一定不可以碰触该队员。

12.5 每个队员都有权占据任何未被对方队员占据场上位置，要他们在占据该位置时没有主动造成与对方队员的身体接触，且没有鲁莽或危险的侵略行为。但是，当飞盘在空中时，队员的移动不能仅仅是为了阻止对手去占据一个通向飞盘的合法空位。

12.6 所有队员必须试图避免与其他人产生接触，并且不存在所谓接触是合理的情况这包括避免与静止的对手，或根据其既定的速度和方向确定的对手在预期位置产生接触“为了争夺飞盘”不是与其他队员产生接触的有效借口。如果有队员在对手进行合法移动之前没有足够理由确信自己可以合法地争夺飞盘，他们必须调整动作，以避免发生接触。如果做出这种调整，结果仍然有效。

12.7 谁是主动发起接触的队员：

12.7.1 在到达接触点时，对手已经在该点建立了一个位置(静止或移动)；

12.7.2 在考虑到所有队员的既定位置、速度和方向的情况下，仍然调整他们的动作。造成不可避免的接触。

12.8 在两个或多个队员同时向一个点移动时，可能会发生轻微接触。轻微接触应尽量减少，但不视为犯规。

12.9 队员不得使用手臂或腿来阻碍对方队员的移动。

12.10 任何队员不得用身体协助其他队员的移动，也不得使用物品或装备来帮助接住飞盘。

13. 攻防转换

13.1 在以下情况中，盘权从一个队转移到另一队：

13.1.1 进攻方队员没有盘权时，飞盘接地面“掉盘”)；

13.1.2 但是，如果一个接盘队员在飞盘接触地面之前接住，并且在与地面接触时保持对飞盘的控制，则不是掉盘；

13.1.2 传盘被防守队员接住(“抄截”)；

13.1.3 飞盘出界；

13.1.4 在开盘过程中，接盘队员在飞盘接触地之前接触飞盘，但未能接住(“接开盘落地”)。

13.2 以下情况中，盘权从一队转移到另一队并且比赛需要停止：

13.2.1 明显的进攻方犯规；

13.2.2 持盘队在防盘队员读10”之前没有松开飞盘(“超时)；

13.2.3 飞盘在没有离开任何一个人手的状态下进行了一名队员到另一名队员的转移(“手递手传递”)；

13.2.4　持盘队员故意将传出的飞盘偏向自己以使飞盘离开其他队员（“偏转”）；

13.2.5　在尝试传盘时，持盘队员在释放飞盘后并在其他队员接触飞盘前接住飞盘（“自传自接”）；

13.2.6　进攻队员故意协助队友的移动来接盘；

13.2.7　进攻队员使用装备或物品来帮助接盘。

13.3　如果队员确定发生了攻防转换，他们必须立即做出适当的示意。如果对方不同意，他们可以示意“争议”。如果经过讨论，队员不能达成一致，或者不清楚在比赛中发生了什么，飞盘必须返回到最后一个明显持盘队员手中，并且比赛必须停止。

13.4　在“超时”示意后：

13.4.1　如果持盘队员仍持有飞盘，但他们认为快速读秒时，他们在这之前没有合理的机会示意快速读秒，则该比赛被视为明显的防守违规（9.5.1）或有争议的超时（9.5.3）；

13.4.2　如果持盘队员完成了传盘，但他们认为这不是“超时”，或者在“超时”之前有一个快速读秒，他们可以认为这是有争议的；

13.4.3　如果持盘队员质疑“读秒超时”，但进行了传盘且传盘未完成，则攻防转换仍成立，比赛通过验盘继续进行。

13.5　任何新的进攻方队员可在攻防转换发生后去获取盘权，除了：

13.5.1　在“抄截”后，抄截接住飞盘的队员必须持有盘权；

13.5.2　进攻方接盘犯规的情况下，被犯规的队员必须持有盘权。

13.6　如果在攻防转换或在一次开盘后飞盘触地，或有盘权的队员故意掉落飞盘，或将飞盘放在地上，或移交了飞盘的所有权，他们必须重新建立盘权并通过验盘重新开始比赛。

13.7　一次攻防转换后，攻防转换发生的位置是：

13.7.1　飞盘已停止的位置或被进攻队员拾取处；

13.7.2　拦截队员停止处；

13.7.3　持盘队员在这次示意后位于规则13.2.2、13.2.3、13.2.5发生的位置；

13.7.4　或者进攻队员位于规则13.2.6和规则13.2.7发生的位置；

13.7.5　明显的进攻方接盘犯规发生处。

13.8　如果攻防转换的位置在界外，或者飞盘在攻防转换发生后接触了界外区域，则持盘队员必须在离飞盘出界位置最近的中心区域的点处建立轴心（11.8）。如果规则13.8不适用，则必须根据规则13.9、规则13.10或规则13.11建立轴心点。

13.9　如果攻防转换的位置位于中心区域，则持盘队员必须在该点建立轴心点。

13.10　如果攻防转换的位置在进攻方的进攻得分区，持盘队员必须在得分线上最近的点建立轴心点。

13.11　如果失误位置位于进攻方的防守得分区，持盘队员可以选择在何处建立轴心点：

13.11.1　在攻防转换发生的点，通过留在该点或进行一次传盘假动作来确定；

13.11.2　从攻防转换的地点移动到离该点最近的得分线上的点。在拾取飞盘之前，持盘队员可以通过将一只手臂完全伸过头顶来示意从得分线上开始。

13.11.3 立即移动、在攻防转换的地方不移动，做出假装传盘的动作或做出在得分线开盘示意就决定了在何处建立轴心点，并且不能撤销。

13.12 如果在明显的攻防转换后，比赛在不知情的状况下继续，比赛停止且飞盘返回到攻防转换发生的位置，队员重新回到他们在攻防转换发生时的位置，通过验盘重新开始比赛。

14.得分

14.1 如果界内队员接住合规的传盘。

14.1.1 他们所有与地面的接触点都完全在得分区内，或者对于一个在空中接到飞盘的队员来说，他们在接住飞盘后第一次接触的点完全在其得分区内。

14.1.2 他们随后确定了飞盘的控制权，并在与地面接触的过程中仍然拥有飞盘则得分(见规则12.1、12.2)。

14.2 如果队员相信已经得分，他们可以示意“得分”，然后比赛停止。但在有争议或撤回得分示意后，比赛必须重新验盘并开始，这类示意被视为在队员确定盘权时已发出。

14.3 如果拥有盘权的队员最终在他们进攻的得分线后确立了轴心点，而未满足规则14.1中关于得分的描述，则该队员必须在距离得分线最近的点建立轴心点。

14.4 飞盘被确定所有权且有盘权的队员与得分区接触时即算得分。

15.示意犯规、违规与违例

15.1 由于两个或两个以上双方队员之间的非轻微接触而违反规则是犯规。一名队员故意造成轻微接触仍然是违反规则，将被视为违例而不是犯规。

15.2 违反有关防盘或走步规则的行为即为违规。违规行为不会使比赛停止。

15.3 所有其他违反规则的行为都是违例。

15.4 只有被犯规的队员可以通过示意“犯规”声明犯规。

15.5 一般来说，只有持盘队员可以通过示意违例的特定名称来说明防盘违规。任何进攻方的队员都可以示意双人防守违规。任何防守方的队员都可以示意走步违规。

15.6 对通示违例的特定名称或“违例”来声明违例行为除非特定规则另有说明。

15.7 出停止比赛的犯规或违例的示意时，队员必须停止比赛，一旦他们得知了示意，就必须通过行动或声音来传达该停止手势，并且所有队员都应在赛场上重复这个示意。如果比赛因为讨论而停止，但未做出任何示意，则示意在讨论开始时即被视为已做出。

15.8 在确认违规后应立即做出示意。

15.9 在队员因为听错或漏听示意、不知道规则或没有立即做出示意等错误的行为停止比赛之后：

15.9.1 如果对方获得或保有盘权，所有随后的比赛结果成立。

15.9.2 如果对方没有获得或保有盘权，飞盘必须返回到最后一个没有争议的持盘队员手中。除非规则16.3适用，则读秒恢复，就好像这个没有争议的违规行为是由错误地示意停止的队员造成的。

15.10　如果被叫犯规、违规或违例的队员有异议，或不认为这是一个正确的示意，他们可以示意“有争议”。

15.11　如果队员认为他们任何的示意不正确，则可以通过示意“撤回”来撤回示意。然后读秒恢复，就好像这个没有争议的违规行为是由这个队员造成的。

15.12　在一次比赛中的或同一个回合里有多个示意，解决顺序应该是先解决最后出现的，再解决最早出现的。

15.13　鼓励队员使用世界飞盘联合会的手势来表达示意。

16.犯规或违例示意之后如何继续比赛

16.1　每当做出犯规或违例示意时，或任何方式停止比赛后，比赛立即停止，并且不会有攻防转换(除非在规则15.9、16.2和16.3中指定的情况下)。

16.2　如果犯规或违例：

16.2.1　是对持盘队员做出的示意且持盘队员之后试图传盘；

16.2.2　当持盘队员处于扔盘行为的过程中时示意；

16.2.3　当示意或犯规、违例行为发生时飞盘在空中，则比赛继续，直到确定盘权；

16.2.4　一旦盘权确立。

16.2.4.1　如果示意犯规或违例的队员成功地接到飞盘或保有盘权，结果成立。造成这次犯规或违例的队员可以尽快示意“继续”，比赛是继续而不是一次中断。

16.2.4.2　如果示意犯规或违例的队员没有因为传盘而获得或保有盘权，比赛必须停止。如果示意犯规或违例的队员认为盘权受到犯规或违例的影响，飞盘将返还给持盘队员进行验盘(除非具体规则另有规定)。

16.3　无论何时有任何示意，如果比赛没有完全停止，并且双方队员都同意这些情况或示意没有影响比赛结果，则比赛继续。此规则不被任何其他规则取代。

16.3.1　如果有一方队员得分，则得分成立。

16.3.2　如果没有产生得分，受影响的队员可以弥补任何由这些情况或示意所造成的位置劣势并重新验盘开始比赛。

17.犯规

17.1　危险动作：无论是否或何时发生接触，表现出不顾其他队员安全的鲁莽行为，或对队员有造成重大伤害风险的行为，或其他危险的攻击行为，都被视为危险动作，必须视为犯规。本规则不被任何其他犯规规则所取代。如果接受，这必须被视为规则17中最严重的犯规。

17.2　接盘犯规：

17.2.1　在合理地确立飞盘的归属权之后，或在对手后续无法继续控制飞盘后，再与对手的手臂或手有接触，不足以构成犯规的理由，但应避免(不包括与规则17.1、17.3相关的接触)。

17.2.2　在承认犯规后，被犯规的队员在犯规位置获得盘权，即使该位置在得分区内赛重新验盘开始以后，调用规则 14.3，回到得分线上最近的位置建立轴心点前不能进行读秒。如果犯规有争议，飞盘将回到上一个没有争议的持盘人手中。

17.3　夺权犯规：

17.3.1　夺权犯规是指当有一名队员对他的对手造成犯规，导致该队员失去他们抓住的飞盘或失去对飞盘的控制时；

17.3.2　如果本应得分，且该犯规是明显的，得分成立。

17.4　阻挡犯规：阻挡犯规是指当一名队员占据的位置是他的对手以合法方式移动都无法避开的位置时，考虑到对手基于既定速度和方向的预期位置，并造成非轻微接触。该犯规将被视为接盘犯规或间接犯规(以适用者为准)。

17.5　被迫出界犯规：

17.5.1　当接盘队员在建立对飞盘的控制过程中，以及在建立盘权前被防守队员犯规并且该接触使接盘队员：

17.5.1.1　变成在界外而不是界内落地；

17.5.1.2　在中心区接住飞盘，而不是他们的得分区。

17.5.2　如果接盘者原本应该在他们的得分区内接到飞盘，这是一次得分。

17.5.3　如果被迫出界犯规有争议，且接盘人落在界外，飞盘返回到传盘人手上；否则，接盘人保有盘权。

17.6　防守方传盘(防盘队员)犯规：

17.6.1　防盘队员犯规发生于：

17.6.1.1　防盘队员非法站位(18.1)，及非法防守队员之间与持盘队员有非轻微接触；

17.6.1.2　防盘队员首先与持盘队员发生非轻微接触，或者在持盘队员出盘前，持盘队员和防盘队员都为了争夺同一个位置而产生非轻微接触；

17.6.1.3　如果持盘队员投出飞盘之前发生防盘队员犯规，并且持盘队员没有进行传盘动作，持盘队员可以选择示意“有接触”来示意防盘接触违规。如果接触违规没有争议，比赛不需要停止且防盘队员必须重新从 1 开始读秒。

17.7　进攻方传盘(持盘队员)犯规：

17.7.1　由持盘队员的原因而导致与处于合法位置的防盘队员发生非轻微接触时，就会发生进攻方传盘犯规。

17.7.2　持盘人在传盘的随挥动作中发生的接触不是犯规的充分理由，但应避免。

17.8　间接犯规：

17.8.1　接盘人和防守队员之间发生不会直接影响比赛的非轻微接触时，称为间接犯规。

17.8.2　如果犯规明显，犯规队员可以弥补任何由犯规所造成的位置劣势。

17.9　抵消犯规：

17.9.1　如果进攻和防守方队员都对同一个行为示意犯规，那么这些犯规视为无效的抵消犯规，飞盘将返回到持盘队员手中。

17.9.2 当两个或两个以上不同队伍的队员同时向一个点移动时发生的非轻微接触必须视为抵消犯规。但是，如果在飞盘被接到后或相关运动员不能再继续对飞盘有下一步的行动时，这必须被视为间接犯规(不包括与规则 17.1 有关的接触)。

18.违规和违例

18.1 防盘违规。

18.1.1 防盘违规行为包括：

18.1.1.1 "读秒过快"——防盘队员。

18.1.1.1.1 不合理的开始或继续读秒；

18.1.1.1.2 在开始读秒或重新开始读秒前没有说"读秒开始"；

18.1.1.1.3 读秒间隔少于一秒；

18.1.1.1.4 未按要求正确减少或重置读秒；

18.1.1.1.5 没有从正确的数字开始读秒。

18.1.1.2 "跨越轴心"——防盘队员双脚的连线与持盘队员的轴心点小于一个飞盘的距离。

18.1.1.3 "飞盘间距"——防盘队员的任意部位距离持盘队员的身体躯干小于一个飞盘的直径。但是，如果这种情况完全由持盘队员移动引起，则不是违规行为。

18.1.1.4 "包夹限制"——防盘队员的手或手臂之间的连线与持盘队员的身体躯干小于一个飞盘的距离，或者防盘队员身体的任何部分在持盘队员的轴心点之上。但是，如果这种情况完全由持盘队员的移动引起，则不是违规行为。

18.1.1.5 "双重防守"—— 一名不是防盘队员的防守队员距离持盘队员的轴心点小于 3m，且没有防守另一名进攻队员。然而，仅仅跑过这个区域并不是"双重防守"。

18.1.1.6 "阻挡视野"—— 一名防守队员用他身体的任一部分去故意阻挡持盘队员的视线。

18.1.2 防守方可以对防盘违规提出异议，在该情况下比赛停止。如果飞盘已经出手，但防守违规有争议或撤销，这就视为违例，飞盘必须回到持盘队员手中。

18.1.3 在 18.1.1 中列出所有盘规后，如果没有争议，防盘队员必须从示意前最后完全说出的数字减去 1 开始重新读秒。

18.1.4 在纠正不合规的站位之前，防盘队员不能恢复读秒；否则，视为再次发生防盘违规。

18.1.5 以下情况，持盘队员可以示意防盘违例并停止比赛，而不是示意防盘违规：

18.1.5.1 读秒不正确；

18.1.5.2 没有进行读秒；

18.1.5.3 有一个非常严重的防盘违规；

18.1.5.4 存在连续防盘违规行为。

18.1.6 如果持盘队员示意防盘违规或防盘违例，并且试图在示意之前、期间或之后传盘，则示意无效；如果传盘未完成，则攻防转换成立。但是，如果飞盘因另外的违规而返回到持盘队员手中，则必须相应地调整读秒。

18.2 “走步”违规：

18.2.1 只要持盘队员完全在界内或已在界内建立轴心，他们随时可以尝试传盘。然而，在空中抓住飞盘的界内队员可以在落地之前尝试传盘。

18.2.2 接住飞盘并在界内落地后，持盘队员必须尽快降低速度且不可以改变方向，直到建立轴心点。

18.2.2.1 如果队员在跑动或跳起来时接到了飞盘，可以在不试图停止的情况下扔出飞盘，并且不建立旋转中心，前提是：

18.2.2.1.1 传盘人在传盘时不改变方向或者提高速度；

18.2.2.1.2 在确定对飞盘的控制后，最多与地面有两个接触点。

18.2.3 持盘队员可以确定一个旋转中心，向任意方向移动，即保持其身体的一部分与地面有一个恒定的接触点，直到飞盘被扔出。

18.2.4 持盘队员不需要站立，可以使用他们身体的任意部位作为轴心点。如果持盘队员站起来准备盘，这不是走步，但前提是建立的轴心点与之前的在同一位置。

18.2.5 以下情况下是走步：

18.2.5.1 持盘队员在不正确的位置建立轴心点，包括接住飞盘后不尽快减速，或接盘后改变方向；

18.2.5.2 传盘时违反 18.2.2.1 的规定；

18.2.5.3 任何时候，持盘队员都必须在走到指定位置后开始，持盘队员在没有明确轴心点之前不可以欺骗或直接开始扔盘；

18.2.5.4 持盘队员在扔盘之前未能保持与轴心点的接触；

18.2.5.5 仅仅是为了使飞盘向特定的方向移动，队员故意没有接住飞盘、漏接或延迟接盘。

18.2.6 在明显的走步违规示意后（“走步”），比赛不会停止。

18.2.6.1 持盘队员按照示意走步队员的指示在正确的位置建立一个轴心，不能拖延。

18.2.6.2 任何读秒都暂停，持盘队员不得投掷飞盘，直到在正确的位置建立轴心。

18.2.6.3 在重新开始读秒之前，防盘队员不需要说“读秒开始”。

18.2.7 如果走步违规后在纠正轴心之前，持盘队员进行了传盘且传接盘成功，防守方可以示意走步违例。比赛停止，飞盘返回到持盘队员手中。持盘队员必须返回到违规时所在的位置。比赛必须验盘重新开始。

18.2.8 如果走步违规后，传接盘未成功，比赛继续。

18.2.9 在一次有争议的走步违规后，且持盘队员还未掷出飞盘，比赛停止。

18.3 “阻挡”违例。

18.3.1　如果防守队员防守一名进攻队员，而另一名队员阻止他们向该队员移动。则该防守队员可以示意“阻挡”。但是，如果被防守的队员和阻碍的队员都在尝试接盘，则不予阻挡。在进行“阻挡”示意之前，防守队员可以有2秒时间来确定该次阻挡是否会影响比赛。

18.3.2　如果比赛停止，受阻的队员可以移动到如果阻挡没有发生他们将处于的位置（除非另有说明）。

18.3.3　所有队员都应做出合理的努力，以避免出现阻挡。在任何比赛中断期间，对方队员可以同意稍微调整他们的位置，以避免潜在的阻挡行为发生。

19.安全暂停

19.1　受伤暂停。

19.1.1　受伤的队员或受伤队员队中的任何队员都可以示意受伤暂停。

19.1.2　如果受伤不是由对手造成的，队员必须选择被替换，或使用一个暂停。

19.1.3　如果受伤是由对手造成的，队员可以选择留在场上或被替换。

19.1.4　如果受伤的队员明确接住了飞盘，又因伤掉落飞盘，则该队员将保有盘权。

19.1.5　受伤暂停被视为是在受伤时示意的，除非受伤的队员在示意暂停之前选择继续比赛。

19.1.6　如果当示意受伤暂停时飞盘在空中，则比赛继续，直到传盘被明确接住或飞盘落地。如果受伤不是对方犯规造成的，该接盘或攻防转化成立，比赛在该次停止后重新开始。

19.2　技术暂停。

19.2.1　任何队员如果意识到有危及队员的情况时，包括如果一个队员有暴露在外或流血的伤口，应该通过调用“技术暂停”或“停止比赛”来示意技术暂停。比赛必须立即停止。

19.2.1.1　队员、教练或指定官员应积极提醒队员注意这些情况。

19.2.1.2　有暴露在外的或流血的伤口情况，队员有70秒的时间来解决这个问题。如果还需要额外的时间来解决，则必须替换该队员，或者自己队伍使用暂停来延长。

19.2.2　持盘队员可能会在比赛中要求技术暂停，以更换严重损坏的飞盘。

19.2.3　在一次技术暂停示意之后：在飞盘处于空中，或在没有意识到中继续比赛时。

19.2.3.1　如果示意或发生的问题不影响比赛，则传盘或攻防转换成立，且比赛重新于飞盘所在位置开始；

19.2.3.2　如果示意或发生的问题确实影响了比赛，飞盘将回到持盘队员手中。

19.3　如果一名队员受伤不合规或有错误的设备技术中断后被替换，对方队伍也可以选择替换一名队员。替补队员承担他们替换的队员的全部状态（位置、盘权、读秒等）并可以代表他们做出示意。

20.队伍暂停

20.1　暂停队须用双手一手和飞盘形成“T”字形，并应向对方队员做出“暂停”的手势示意。

20.2 在一个回合开始后和两队表示准备好之前，两队可以示暂停。暂停将延长回合开始与开盘之间的时间 75 秒。

20.3 开盘后，只有拥有盘权的持盘队员在飞盘与地面无接触的情况下可以示意暂停。暂停从“T”字形成时开始，持续 75 秒。在此类暂停后：

20.3.1 除受伤外，不允许换人；

20.3.2 比赛在轴心点重新开始；

20.3.3 持盘队员必须保持不变；

20.3.4 所有其他进攻队员必须在任何地点建立一个固定位置；

20.3.5 一旦进攻队员选定了位置，防守方必须在任何地点建立一个固定位置；

20.3.6 读秒最多从 9 开始，但是如果更换了防盘队员，读秒从 1 开始。

20.4 如果比赛处于“活盘”时，持盘队员试图在自己队伍没有剩余暂停次数时示意暂停，则比赛停止。防盘队员必须在验盘开始、比赛之前，要在采用的读秒基础上加 2 秒。如果这会导致读秒变为 10 秒或以上，则被视为“超时”。

第二十三章 攀 岩

第一节 攀岩运动概述

一、攀岩运动的起源与发展

攀爬是人类与生俱来的一项最基本的运动能力，攀爬贯穿人类发展的始终，在古代人们需要通过攀爬、奔跑和跳跃来躲避野兽的攻击和获取食物，因此人们会刻意去提高自身这方面的能力。公元前200年，西汉就有专门描绘采药人攀岩的绘画，12世纪居住在美国西南部崎岖高原台地上的阿那萨齐人被认为是出色的攀登者。这些早期的攀爬运动已经初见攀岩的雏形，意义非凡，但本质上这并非真正意义上的攀岩。

攀岩运动最早可以追溯到18世纪的欧洲，彼时欧洲的现代登山运动已悄然兴起，攀岩只是被作为登山运动的一项技能。富有冒险精神的欧洲人在攀登更加险峻、复杂山峰的过程中逐渐意识到攀登技术的重要性。因此，登山者们常会选择一些低矮岩石和峭壁进行攀爬训练，并形成了一套系统的攀登技术，只是当时攀登技术水平较低，技术装备简陋。之后，越来越多的登山者热衷于低矮峭壁岩石的攀爬，更加系统化、专业化的攀岩训练也开始出现。1865年，英国登山家、攀岩运动创始人之一的埃德瓦特，首次使用钢锥、铁链和登山绳索等简易装备，成功地攀上险峰，并在此后的二十多年里，逐步积累了一定的攀岩技术。1890年，英国登山家马默里又改进了攀登工具，发明了打楔用的钢锥和钢丝挂梯，以及各种登山绳结，使攀岩技术发展到了更加成熟的阶段。

1936年，德国发起了全国青年团挑战阿尔卑斯山艾格峰北壁的活动，号召德国登山者在柏林奥运会前夕征服艾格峰北壁，奥地利和意大利的青年也受邀参与这次活动，竞技攀登真正意义上出现。

直到20世纪中叶攀岩才从登山运动中独立出来，作为一项真正开展起来的运动，它起初只是作为一项军事训练项目。到了20世纪60年代，攀岩作为一项在自然岩壁上进行攀登速度比赛的竞赛运动开始在苏联兴起，但当时这项运动的影响力不大，只吸引了少数东欧国家登山人士的参与。进入20世纪80年代，一大批训练有素、热衷攀登的爱好者积极地参与进来。随着攀岩技术装备的改进、升级和攀岩技术动作的丰富，竞技攀岩比赛的模式除了自然岩壁速度赛以外，又逐渐加入了难度赛项目。至此，该项运动在世界上吸引了众多爱好者。1989年，首届世界杯赛分别在法国、英国、西班牙、意大利、保加利亚和苏联举行。此后，世界杯赛每年举行一次，1992年被列入奥运会表演项目。1991年在香港举办了首届世界攀岩锦标赛，同年，亚洲攀登比赛委员会在香港正式宣布成立，随后，1992年举办了首届世界青年攀岩锦标赛。1993年国际奥委会正式承认攀岩为奥运会项目，为了促进攀岩项目正式入奥，2007年一个独立的国际单项体育组织国际运动攀岩联合会(IFSC)在德国法兰克福宣布成立，并在2011年南非德班举行的国际奥委会执委会上将攀岩项目正式确认为2020年奥运会候选项目，最终2016年在里约举行的第129届国际奥委会全体会议上正式将攀岩项目确定为2020年东京奥运会正式比赛项目。之后，攀岩被列为2024年巴黎奥运会增设项目。

我国具有优越的自然岩壁攀登条件，登山运动历史悠久，登山者经验丰富，因此该项运动在我国的开展较为迅速。1987年在北京怀柔举办了首届全国攀岩比赛(自然岩壁)。1990年北京怀柔国家登山队训练基地建造了国内第一座大型人工攀岩场并举办了首场人工岩壁攀岩比赛。1993年9月，我国首届全国攀岩锦标赛在长春顺利举办，同年10月，国内首届国际邀请赛在武汉举行，同年12月长春又成功举办了第二届亚洲攀岩锦标赛。1995年，攀岩被中华人民共和国体育运动委员会列为我国正式开展的体育项目，这意味着攀岩运动在我国步入正轨。2000年，为备战在北京举办的亚洲青少年攀岩锦标赛，中国登山协会首次组建国家青年攀岩集训队，并以此为基础，组建了国家攀岩集训队。此后，我国攀岩运动得到快速发展，商业攀岩馆也孕育而生，并承办了一系列各种形式的国际赛事。2003年举办了第一届中国大学生攀岩锦标赛。2008年12月在北京举办了第一届全国青年攀岩锦标赛。2017年将攀岩列入了全运会比赛项目，同年，中国登山协会推出了全国青少年攀岩联赛，之后改名为全国青少年U系列攀岩联赛。为了促进我国攀岩运动发展，提高运动员竞技水平，带动更多群众参与攀岩运动，由国家体育总局登山运动管理中心和中国登山协会联合主办的中国攀岩联赛于2018年正式启动。我国不仅将竞技攀岩列入了全国运动会正式比赛项目，还创办了中国攀岩联赛、“美丽乡村”全国攀岩系列赛等赛事，启动了“攀岩进校园”计划，同时教育部也将攀岩列入高校高水平运动员单独招生项目之中。如今人工攀岩场地已在我国各大、中城市出现，这种勇敢者的运动已成为现代青年追求的时尚。

二、攀岩运动装备

攀岩运动装备是攀岩者在攀岩过程中为保护自身安全而佩戴的装备。攀岩装备是攀岩运动的一部分，是攀岩者的安全保证，尤其是在自然岩壁的攀登中。攀岩装备是指攀岩时使用的技术装备，包括主绳、主锁、安全带、头盔、保护器、快挂等在攀爬过程中发生高空脱落或事故时保障攀爬者生命安全的装备。装备选购必须符合中华人民共和国国家标准(GB标准)，或者使用通过国际攀登联合会(UIAA)测试标准或欧洲安全标准(GE)的装备，平时要爱护装备并妥善保管。随着攀岩历史的演进，攀岩装备不断优化和更新迭代，在保证安全性、实用性的情况下变得越来越轻便。攀岩运动常用装备按照材质和功能分类见表23-1。

表23-1　攀岩运动常用装备按照材质和功能分类

分类标准		内容
按材质分类	纺织类	主绳、安全带、攀岩鞋
	金属类	主锁、保护器、快挂
	其他	镁粉袋、镁粉
按功能分类	保护装备	主绳、安全带、主锁、保护器等
	辅助装备	攀岩鞋、镁粉袋、镁粉

(一)攀岩运动常用装备

1. 主绳

主绳起连接攀登者、保护点、保护员、保护器的作用，在攀岩保护中不可或缺。它由内部的绳芯和外部的绳皮组成，主绳内部是缠绕在一起的多股尼龙绳，外部包有绳皮起到固定和防磨的作用。根据弹性的不同可以将主绳分为动力绳和静力绳，攀岩活动中主要使用动力绳。动力绳的弹性系数为6%～8%，100m的动力绳在受力80kg时可延伸6～8m。先锋攀登中为了在脱落时增加缓冲和减少冲力，必须使用动力绳保护。静力绳缩性相当小，重力作用下大概会伸长2%。静力绳不适合作为先锋攀登的保护绳，它会把所有的冲击力直接传给保护系统和脱落者，这种情况下即使一个很短的冲坠都会对攀爬者产生非常大的冲击力，静力绳在应用方面作为固定绳。攀岩一般使用直径为9～11mm的主绳，最好是直径为11mm的主绳。

2. 安全带

攀岩安全带是穿戴在攀登者身上的软性固定装备，用于保障攀登者坠落时的安全。它通过绳子与保护器将攀登者与保护者相连。攀登时安全带的受力系统包括腰带(腰环)、腿环和一种附加的连接系统(攀登环和保护环)，另外的装备环只用于携带装备。安全带分为全身式安全带和坐式安全带两种，而攀岩中主要使用的是坐式安全带。攀岩安全带与登山安全带有所不同，属于专用，并不适合登山，但登山安全带可供攀岩时使用。我国大部分攀岩者多使用登山安全带，这是因为国内没有攀岩安全带生产厂家，而攀岩爱好者又常是登山者，于是两种安全带也就混用了。

3. 保护器

常用的保护器有"8"字环、GRIGRI、ATC、REVERSO等。保护器是利用绳子与器械之间产生的摩擦力，让绳子因摩擦而减速直至停止滑动，达到减速下降和停止的目的。攀岩中常用的主动制动类保护器有"8"字环、ATC两种，当攀爬者脱落时需要保护员握住制动端人为地控制制动。常用的被动制动类保护器有GUIGUI，当攀爬者脱落时，保护器利用主绳迅速往前拉的惯性锁死，需要保护员打开控制下降的技术开关才能将攀爬者放下。

4. 主锁

主锁主要用于同安全带、扁带、绳子等装备直接连接，在保护系统中起连接作用。主锁作为攀岩运动的一种安全装备，有力地保护了攀爬者的生命安全，在攀岩中不可或缺。攀岩的主锁按照外形分类可大致分为O型锁、D型锁、非对称型D型锁、梨形锁；按照打开的方式分类可大致分为丝扣锁、快挂锁、保险锁。攀岩运动中主要使用的是D型锁，难度攀岩主要以丝扣锁为主，速度攀岩主要以保险锁为主。

5. 攀岩鞋

攀岩鞋是一种专门为攀岩运动设计制作的鞋子，一般用轻便、柔软、摩擦力强的橡胶为底，鞋头较硬，具有很强的支撑性以方便运动员在岩壁上更好地踩点。脚尖橡胶的边缘切割设计让脚可以踩稳很小的脚点，橡胶包裹的脚背和脚跟为攀岩者勾、挂脚提供摩擦和一定的支撑。依功能来区分，它可以分为速度鞋、难度鞋，其中难度鞋又分为室内鞋和野攀鞋，根据鞋的软硬程度又可以再作区分。为了获得更好的攀爬体验，应根据不同项目和技术水平选择合适的攀岩鞋。

6. 头盔

在攀岩过程中，头盔可避免或降低高处落物对头部的伤害，起到保护头部和颈部的作用。它的工作原理是通过分散落物重力来起到保护效果。因此，攀爬者一定要选用攀岩专用头盔。头盔是攀岩活动中不可或缺的安全装备，尤其是在户外攀岩中。

7. 镁粉和镁粉袋

镁粉袋和镁粉是攀岩的基本装备之一，镁粉袋用来盛装攀岩镁粉，二者都是运动员在训练和比赛中的得力助手。镁粉的形态有液态粉和干粉两种。液态粉和干粉两者的本质没有区别，都是起防滑的作用，只是液态粉不会产生粉尘，能够减少粉状物造成的空气浑浊。干粉需要用镁粉袋来盛装，镁粉袋体积形状各异，攀爬者可根据攀岩项目的不同来选择合适的镁粉袋。一般来说，攀石和难度项目主要选用体积较大的镁粉袋，难度项目为了便于携带主要选用体积小、重量轻的镁粉袋。

（二）其他装备

除了一些攀岩运动中常用的装备之外，个人也可以根据自身需要选择一些其他装备，例如:肌肉贴、运动胶带等。此外,在自然岩壁的攀登中还需要视活动规模、时间长短和个人需要携带岩塞、岩石锤、背包、睡具、炊具、炉具、小刀、打火机等用具。

三、攀岩运动的分类

攀岩运动依据不同条件和标准,其分类有所不同。通常按照攀登的场地和方式、保护方式、比赛项目等进行不同类型的划分。

(一)按攀登场地分类

1. 自然场地攀登

自然场地攀登是指在自然形成的岩壁上进行攀登,一般攀登线路需要提前清理和规划开发,具有接近自然、线路特殊且固定、大岩壁可攀登多段线路等优点。同时自然地质条件和环境具有不可控因素,风险较大,受气候影响较大,攀登地点可能远离城市,便利性差,单一岩场线路固定而攀爬新线需到更远岩场等缺点。

2. 人工岩壁攀登

人工岩壁攀登是在人工设计建造的岩壁上进行攀登,主要包括室内攀岩馆和室外攀岩场两种场地,具有安全性高、受气候影响小、交通便利、更具观赏性等优势。它的缺点表现在远离自然环境、较为嘈杂、岩壁造型相对固定、线路受定线员定线水平影响、室内易造成粉尘污染等方面。

(二)按攀登方式分类

1. 自由攀登

自由攀登是指不借助任何器械而完全靠攀登者自身力量进行的攀登。这种形式在世界上占主导地位,较符合体育运动的内涵,主要考验攀登者身体能力发挥情况。自由攀登又可分为运动攀登和传统攀登。

(1)运动攀登,即在已经设置好安全保护点(站)的线路上攀登。这种攀登非常安全且易于开展,主要出现在竞技比赛、运动员训练和初学者体验等场景中。

(2)传统攀登,即在预先没有设置任何人为保护措施的线路上攀登。一切保护措施需要领攀者在攀登过程中根据线路特点,凭借其积累的经验,选用合适的装备临时设置,跟攀者又会收取所有设置在线路上的保护装备,从而整个攀登过程原则上不会留下任何装备,不破坏任何岩壁表面,所以传统攀登可以认为是一种“绿色攀登”方式。不过这种攀登危险性较高,需要攀登者具备丰富的器械使用技术和攀登经验。这种形式由早先的英国攀岩者发明,并一直被该国的攀岩者所倡导和喜爱。

2. 器械攀登

器械攀登是指可以借助器械作为攀登工具的攀登。这种形式主要用于大岩壁攀升和自然岩壁线路开发过程，需要攀登者具备相应器械使用技术和攀登经验。从运动的含义上看，器械攀登不被认为是攀岩运动。

（三）按保护方式分类

1. 顶绳攀登

顶绳攀登是指事先将保护站建立在攀登路线的上方以悬挂绳索，攀爬者以该绳索作为保护进行攀登。

2. 先锋攀登

先锋攀登是指在岩壁线路中设置挂片，攀岩者从下方带着绳子攀爬，并沿路线将绳子挂入快挂之中保护自己的攀登方式。

3. 无保护攀登

无保护攀登又称“Free solo”，指不携带任何装备，没有任何保护措施进行攀登的一种形式，无保护攀登是极其危险的极限运动之一，不建议尝试。

（四）按比赛性质分类

国际攀岩比赛正式项目有速度赛、难度赛、攀石赛、两项全能赛。除速度国际标准赛道比赛、少数特殊人群比赛、特殊赛制的比赛外，难度赛和攀石赛均采用隔离形式，即运动员无法在赛前事先了解比赛线路信息。

1. 速度赛

速度赛是指运动员依次攀登由定线员在赛前专门设定的速度线路，参赛者以完成线路的时间确定排名，依据排名进入交叉淘汰赛，最后决出名次。采用经国际攀岩联合会批准的自动保护系统为运动员进行上方保护，以追求完攀线路的速度为主要目标、以完攀线路的时间为成绩的比赛。速度赛目前采用完攀时间来判定成绩。

2. 难度赛

难度赛是指运动员们依次攀登由定线员在赛前专门设定的难度线路，在相同时间内以攀登高度为成绩的比赛。国际上除残疾人比赛外，采用先锋攀登方式进行攀登，以完攀特定比赛线路为主要目标的比赛模式。部分青少年比赛由于考虑到安全，也可以采用顶绳攀登的形式。难度赛目前采用得分多少和攀登时间来判定成绩。

3. 攀石赛

攀石是不借助绳索采用海绵垫或充气垫保护，必要时辅助人为保护进行攀爬的项目。由于没有绳索的影响，这种方式可以最大限度地发挥攀登者的极限攀登能力。运动员们依次攀登由定线员在赛前专门设定的线路，攀石赛目前采用得分多少和尝试次数来判定成绩。

4. 两项全能赛

两项全能赛由攀石和难度两个项目组成，分两个轮次：预赛轮及决赛轮。每个轮次都包含两个阶段:先是攀石阶段,然后是难度阶段。预决赛中攀石阶段共有四条线路,难度阶段只有一条线路。根据攀石阶段和难度阶段所得总分来判定成绩。

四、攀岩运动的特点与功能

攀岩作为一项极限运动受到场地和专业性的限制在世界范围内仍然是一项小众运动,但随着保护器材和技术的不断优化与发展,安全性得到可控的保障,商业岩馆数量也与日俱增,攀岩运动逐渐变得大众也触手可及。攀岩运动是一项全身性运动,对促进人的全面发展具有显著作用。

(一)攀岩运动的特点

攀岩是一项集探险、竞技、健身、娱乐、观赏于一身,融力量、勇气、智慧、时尚、美感于一体的运动。攀岩运动作为体育运动中的一种,既有体育运动的共性,也有其自身的特殊性,其亲近自然、挑战极限、超越自我的特性正在吸引着越来越多的参与者。攀岩运动的基本特点主要体现在以下几个方面。

1. 探险活动的危险性

攀岩最初作为人类探索自然、挑战自然的表现行为,受自然环境、气候条件和装备器材影响和制约,其危险性不言而喻。这种危险性一是源于它在高空中开展,离开地面,人为的任何操作都需要谨小慎微,操作不当导致事故就不可挽回;二是自然环境的不确定性是其固有的风险,岩壁的不稳定、技术难度过大、天气条件恶劣等都有可能致命。

当然,人工岩壁攀爬安全许多,在可靠的安全措施与专业的从业人员指导下进行攀爬是现在大众的另一选择。当然,每个参与者都应对固有风险有足够的认识,不冒险不激进,进行攀爬前熟练掌握相应的技术知识,确保操作安全,充分热身后再进行有保护的攀爬。

2. 攀岩场地的特殊性

攀岩是一项在陡峭的岩壁(包括人工岩壁)表面开展的运动。在人类开展攀岩运动之前,地球上无数雄伟壮丽的悬崖峭壁只能供人们欣赏其静态之美,而自从有了攀岩运动,人们就开始不断地赋予岩壁以生命之美。这一特殊性吸引了无数人的目光,使人好奇并产生了无限的遐想。

随着人工岩壁和人造岩点的发展,攀岩场地搬进市区和室内,定线员这一特殊职业出现,将五颜六色、奇奇怪怪的岩点与造型组成了奇特且想象力十足的线路搬进了人工岩壁的墙上。这些线路构思巧妙、设计美观,富含了许许多多动作的组合,是攀岩馆的灵魂。特殊的人工岩壁线路不仅要考虑动作设计的可行性和观赏性,岩点造型的运用,攀爬者的安全、体验,还要考虑线路布局的美观,以及定期更换线路,正是这些思考让包含线路的室内攀岩场地变得更具吸引力。攀爬者可根据场馆风格选择目的地,根据线路设计思路和难度进行选择攀登,有很多灵活运用身体协调肢体的奇特感受,让人眼前一新。正是这些引人入胜的设计，让不同岩馆、不同定线员、不同线路的风格更加体现攀岩场地的特殊性与独具匠心。

3. 大众运动的参与性

随着攀岩场地条件的不断改进和装备器材的不断改良，攀岩运动安全性显著提高以及攀岩场馆数量不断增加，攀岩运动已经逐渐由小众运动走向大众视野，为大众参与提供了良好的运动选择。攀岩运动不断发展，入门时间的成本降低，参与难度逐渐降低，上手后单人运动极强的自主性，以及从零基础到顶尖水平的完整难度体系，还有不同线路提供的成就感和新鲜感源源不断，这些已经让攀岩运动不再触不可及，逐渐走向大众。攀岩运动正以前所未有的势头吸引着广大爱好者的参与。

4. 极限运动的挑战性

攀岩作为一项极限运动，对人的身体、心理、意志力都极具挑战。攀爬前或攀爬中需要攀登者对线路进行解读、让头脑调动身体做出各种动作，过程中不断克服体力消耗、心理波动、意志力消耗，向高度、难度、速度不断地发起挑战，只有坚持不懈挑战极限，登顶才成为可能。攀爬是不断地挑战困难并战胜困难的过程，它充分体现了力量、勇气与智慧的结合。

5. 身临其境的观赏性

随着赛事转播、媒体运营、影视作品宣传等推广，攀岩已经逐渐走进大众视野。观众观看攀岩比赛时，看见惊险刺激的攀爬画面会分泌出多巴胺，观看难度攀爬时甚至会不由自主地手心出汗，仿佛身临其境，自己置身于岩壁之上。观看速度比赛时，紧张激烈的对决和难以预测的运动员发挥情况都会导致比赛具有很高悬念，甚至出现戏剧性转变，勾起观众兴趣。攀石比赛动静结合、脑洞大开，展现了攀岩运动力量、勇气与智慧的结合，具有很强的观赏性。观看自然岩壁攀爬更是让人觉得置身千丈悬崖之上，比如著名攀登纪录片 *Free Solo*，其精彩程度不亚于坐一次过山车。

攀岩运动作为体育运动中的重要组成部分，对社会的发展发挥着重要作用。

（二）攀岩运动的功能

1. 强身健体功能

攀岩运动是一项全身性运动项目，需要我们的上肢、下肢、躯干协同发力，同时，能够有效提高我们的爆发力、力量耐力和发展我们的协调性、柔韧性、灵敏性。参与攀岩运动可以增强体质，改善和提高中枢系统的工作能力，促进有机体的生长发育和提高运动能力，促进人体内脏器官的构造和技能的提高，提高人体适应能力，有效提高人体的免疫力。

2. 教育功能

攀岩运动是一项不断战胜困难的过程。参与攀岩活动肯定会面临恐高、冲坠、脱落等危险和挑战，然而当攀登者完成一条线路后肯定会选择更难更具有挑战性的线路攀登，当参与者不断完成难度更大的线路后会发现前面所面临的一些困难已经被克服，这就是一个不断战胜自我挑战自我的过程。所以,攀岩运动能够培养人们,特别是青少年勇攀高峰、永不言弃、战胜困难、坚定意志的优秀品质。

3. 休闲娱乐功能

攀岩运动的休闲娱乐功能主要是通过攀岩自身的魅力和参与攀岩活动所获得的乐趣体现出来的。攀岩运动融竞技、娱乐、观赏于一体,具有独特魅力。攀登者感受攀岩运动带来的刺激,观众惊叹于它的惊险。攀岩影视作品、短视频数量和播放量的增加以及各种攀岩赛事转播收视率的提高,都反映出攀岩具有休闲娱乐方面的功能。

4. 经济功能

随着攀岩人口不断增长,攀岩运动的经济功能也日益凸显。目前,攀岩运动在专业装备制造、器械和服装领域已经形成了较为成熟的生产、批发、零售体系,有专业的人工岩壁建造和自然岩壁开发公司,有专门经营攀岩活动的场馆和俱乐部,有政府和企业相结合的商业赛事。攀岩运动作为体育大家庭的一员,在社会经济活动中发挥着越来越重要的作用。

5. 其他特殊功能

攀岩运动具有探险运动、极限运动的特性,使得它在军事、科学探险、救援与逃生等领域中具有特殊功能。例如,在军事领域中利用攀登技术和单绳上升、下降技术在山地野战和城市巷战中达到出奇制胜的效果;在科学探险中,利用攀登技术考察洞穴、山峰、极地;在救援与逃生中,攀登技术主要用于高层建筑火灾、山区地震、景区游客坠崖等情况。

第二节 攀岩运动基本技术

攀岩运动基本技术是指贯穿攀爬过程始终的方法,掌握该技术是省力高效攀爬和提高运动水平的关键,能够使攀登者在攀登过程中游刃有余。成熟且稳定的技术源自成百上千次练习,下面将为大家介绍攀岩运动中的基本手法、脚法、身体姿势以帮助攀登者进行练习。

一、攀岩运动基本手法

攀登中使用手法是为了保持身体平衡和使身体保持一种更为轻松的状态在岩壁上移动。攀登过程中手法的选择需要根据岩点的形状和开口方向来确定,同时为了节省体力尽量找出最佳的抓点顺序,攀登者对这些支点的形状要熟悉,知道对不同支点手应抓握何处,如何发力。根据支点上突出(凹陷)的位置和方向,主要有以下几种基本手法。

(1)抓。对于一些凹槽较大的岩点可以采用抓的手法,拇指在一侧起辅助作用,其余四根手指的指关节全部放入支点内。

(2)握。坡面点、小的圆形点我们可以采用握的手法，通过手掌和手指用力，将手固定在支点上。

(3)抠。通过手指指尖第一指关节或第二指关节弯曲抓住支点，抠的手法主要用于比较小的支点。

(4)搂。屈手，并用手掌小拇指一侧与支点接触固定，锥形或类锥形岩点采用搂的手法更为合理。

(5)压。第一指关节抠挂住支点，第一和第二指关节竖起，与支点开口方向垂直，压住食指，指力点多采用压的手法。

(6)捏。大拇指和其余四指相对用力，夹住支点。捏的手法主要运用于捏住点。

(7)撑。靠摩擦力使手掌掌面在支点上离心用力。撑的手法主要是将身体往上、左、右推或保持身体平衡。

(8)戳。在抓握指洞造型点时，一个手指深入指洞内，大拇指按住其他三个手指。

二、攀岩运动基本脚法

攀登者使用脚法是为了能够牢固地踩住支点，使脚能够灵活旋转和转换。腿的负重能力和爆发力都很强，而且耐力好，攀登中要充分利用腿脚力量。脚法最为关键的就是有效踩点，因此，在攀爬时要观察岩点的形状，找到最佳有效部位。脚法主要有以下几种：

(1)脚尖踩点。大部分岩点均可用脚尖踩点。很多时候，用全脚踩点和足弓踩点好比大象过独木桥，不利于身体姿势的变换、重心的转移，也更加笨拙；应该像岩羊一样把重心放在更集中的地方——脚尖。笔者经过长期实践认为用脚内侧和脚外侧踩点是为了更灵活、更精准发力，脚尖的内侧与外侧都是为了更高的稳定性。

(2)脚面踩点。部分坡面岩点，用脚面踩点会增加脚面与岩点的摩擦力。当脚尖踩上坡面岩点时，着力点较小、摩擦力较小、压力集中，当压力大于摩擦力时就会滑脚。脚跟的高度也会影响脚的摩擦力，坡面岩点要踩得更稳定，脚踝需要先放松使脚跟下沉，这样脚面就更能贴合岩点，摩擦力也会更大。还需要注意的是踩的部位，坡面的岩点常常带有一定厚度，踩靠外的部分脚就能更靠外，身体也能随之向内贴近岩壁。除此之外，怎么踩点还需根据攀岩鞋类型、线路进行调整。攀岩鞋的设计也有重要意义，分离式足弓和连体式足弓踩点会有区别，鞋面硬度、摩擦力也会影响踩点感觉。线路风格不同亦对于踩的方法有影响。坡面点的平衡线路常常需要软度更佳的攀岩鞋提供更大的贴合接触面来增加摩擦力。较小的脚点则需要较硬的攀岩鞋提供更多的支撑。

(3)挂脚。用脚后跟或脚后跟外侧挂在岩点最佳有效部位上，并且膝关节配合发力。挂脚常常是身体重心需要在该处保持平衡或往高处移动，脚点相对偏高，需要使用挂脚来进行身体重心的另一支撑以保持平衡或使身体核心区域向上移动从而够到更远的点。

(4)勾脚。脚背勾住岩点或岩壁，并且脚踝勾脚尖发力。勾脚通常是减少晃动使身体保持稳定。勾脚同样对攀岩鞋有一定的要求，部分野外攀登的鞋脚背并没有设计橡胶提供摩擦，没有摩擦就不能提供助力，不适合勾脚。

三、攀岩运动基本身体姿势

学会如何观察、抓点、踩点是攀爬的关键之一，但并非了解就能轻松攀爬，合适的身体姿势也是在岩壁上攀爬必不可少的条件。下面就逐层解析攀岩所需的身体姿势。

（1）动态协调。动态协调是单个动态的加成，简单的动态往往只有一个动态动作，而动态协调则需要一系列动作才能完成线路。将简单动态动作分为开始动作（姿势）、结束动作（姿势）。动态协调注重的是协调肢体动态变换身体姿势的过程。动态协调需要从过渡点发力，通过在过渡点调整运动方向和力的大小使身体可以进入下一动作。需要注意的是动态动作都需要控制好移动过程中的速度、移动的方向、作用点位置。作用点的位置决定了发力的准确度；速度过慢无法到达目标点、速度太快难以控制制动；发力方向的偏差也会造成失误。动态协调动作亦是如此，每段协调过程都需要身体发力的大小、发力的方向、肢体作用点位置的准确性及其精确才能完成该协调动作。实际情况中，在进入结束动作时，如果速度为零或者稍大一点，身体无摆动或者摆动很小，则更容易稳定重心。

（2）三点平衡。在岩壁上使用三个支点作为着力点实现身体稳定的姿势叫“三点平衡”，多数时候我们在岩壁上移动都是先移动身体四肢中的其中一只，进行到下一个动作。在移动过程中三个身体着力点构成了一个三角形。当我们支撑面较大时，所构成的三角形各内角也都较大，其稳定角也较大（肢体着力点到重心的连线与中心线的夹角叫作稳定角），着力点之间受力较为均匀，稳定性更强。值得注意的是在使用三点平衡技术时要将身体重心贴近岩壁，以维持身体平衡，防止脱落。

（3）攀登过程中身体贴近岩壁减少外倾。岩壁多数情况是以平面的形式展开，岩点在岩壁上总是以某一方向受力为最佳受力方向，这种最佳受力方向不管在屋檐、仰角、俯角、有造型多角度的岩壁上都是需要身体更贴近岩壁才能获得更多的阻力保持身体稳定。不考虑动态动作，身体如果逐渐远离岩壁，那么抓、撑、推、脚勾、脚挂等动作的“最佳”受力角度也会逐渐消失，岩点因身体外倾而着力变难，最终无法控制身体导致滑落。身体要在岩壁上保持平衡就需要身体平面尽可能贴近岩壁以获取克服滑落的最大阻力。

（4）攀登过程中保持放松状态。过度紧张的身体会导致四肢僵硬伸展困难，动作幅度减小的同时移动耗能增加，从而使攀爬效率与持久性降低。过度紧张的心理状态也不利于攀爬。胆怯、害怕、畏惧、紧张这些心理状态让身体也处于紧张状态，刚开始学习攀岩时易出现这些状态，身体有时会因恐高、害怕下坠或滑落而不由自主颤抖、手抓得很紧、大小臂蜷缩。身体、心理自然放松时四肢舒展、移动灵活，有利于提升攀爬效率、降低能量损耗。

（5）蹿跳动作。蹿跳动作通常是启动后由一个或多个跳跃过渡到目标点的移动。向上攀登时此类跳跃可以在任何角度的岩壁上设置，由于向下跳跃的危险性极高，所以国际攀岩联合会许多年前就规定比赛中禁止设计向下蹿跳的动作。

（6）摆荡动作。摆荡的原理是动量守恒和惯性定律，摆荡时手抓的支点位置不变，身体以手抓的支点为轴做摆动。悬垂时摆荡的启动动力主要来源于腰腹和腿的摆动，摆动原理和荡秋千一样，重心靠一侧时产生摆动，利用肢体控制身体重心前后或左右转移从而产生摆荡。摆荡动态主要分为左右摆荡和前后摆荡。摆荡的目的是更好地移动身体重心。

(7)跑动动作。跑动动作是利用启动时的加速度，在不稳定的岩点上使用并步、交叉步、后撤步等跑动的姿势完成过渡动作抵达目标点的技术。跑动动作常运用于俯角岩壁与垂直岩壁上，有仰角的岩壁很少能设计出能跑动的线路，因为仰角线路倾斜的岩壁会将跑动的身体往外顶。跑动过程中最重要的因素是启动速度、身体贴近岩壁，其次是出脚的顺序以及过程中脚踩的位置是否恰当。

(8)支撑对抗关系的姿势。岩壁上保持平衡和稳定的状态就是合力为零。为了使身体在岩壁上更加稳定，需要利用一些支撑与对抗的技术动作，其中一部分是利用左右、上下等方向相反的力进行支撑与对抗。

第三节　攀岩赛事组织与规则

攀岩竞赛一般分为两大类：一类是级别高、竞技性强的赛事。这类比赛分为主办单位和承办单位，由主办单位提出基础方案，包括赛会名称、竞赛规则、竞赛日程、技术官员的选派、经费来源等；承办单位则负责具体计划和组织比赛。例如，全国性的攀岩比赛由中国登山协会主办，负责制定竞赛规程及相关文件；承办单位则按主办单位的基础方案及有关竞赛文件组织和管理比赛。

另一类是基层的攀岩比赛。这类比赛一般不分主办单位和承办单位，主要由本单位的主管领导统一计划与管理，由本单位各职能部门的人员组成相应的竞赛组织机构，完成从竞赛规程的制定到竞赛组织一系列的工作。

不管是哪一种类型的攀岩竞赛，都要认真贯彻执行国家有关体育运动竞赛的方针政策和体育竞赛赛区工作条例，按照规程、规则和有关规定，有组织、有计划地进行，以促进我国攀岩运动良性的发展。

攀岩竞赛的组织与管理工作主要包括竞赛的筹备和赛会期间的工作量两大部分。

一、攀岩赛事组织

(一)攀岩运动竞赛的组织方案

攀岩竞赛的组织方案是赛事筹备领导小组(通常是赛事主办单位、承办单位的相关领导)根据实际情况制定、统领整个比赛的框架性文件，通常包含以下内容。

(1)竞赛名称。

(2)竞赛时间。

(3)竞赛地点。

(4)竞赛项目。

(5)竞赛规模。

(6)预计参赛队伍数量、运动员人数、裁判员和工作人员人数，拟邀请的媒体数量等。

(7)组织机构包括各个机构组成部门、各部门负责人和各部门的工作人员。

(8)经费预算。

(9)工作流程以时间为轴说明赛事筹备阶段和实施阶段以及每个时间段各部门的具体工作安排。

(二)攀岩运动竞赛规程

攀岩竞赛规程是开展攀岩竞赛工作的主要依据，一般包括以下基本内容。

(1)竞赛名称。

(2)主办单位。

(3)承办单位。

(4)协办单位及推广单位。

(5)竞赛时间。

(6)竞赛地点。

(7)竞赛项目：根据赛事的性质、规模及承办地条件而设定。

(8)竞赛组别：根据赛事的性质、规模、参赛运动员年龄、水平而设定。

(9)参赛单位：适合于报名的群体、组织或单位。

(10)参赛资格：运动员参赛所需具备的条件和资格。

(11)报名方法：包括参赛单位报名人数的限定、报名表填写注意事项截止日期等。

(12)竞赛规则：通常采用国际攀岩联合会(IFSC)制定的竞赛规则或根据实际情况来补充、修改的竞赛规则。

(13)竞赛办法：说明各单项的轮次。

(14)名次录取及奖励办法：说明各单项、各轮次录取名额，个人项目和团体项目计分方法及奖励的具体方式。

(15)报到及交通：运动队、裁判员和工作人员报到的地点、时间、联系人及联系电话等实用信息，通常还附有抵达报到地点所用交通方式的说明。

(16)仲裁、裁判员、定线员及工作人员的任用、报到及规定等。

(17)竞赛纪律：对参赛人员、裁判员、工作人员违反竞赛规则和纪律的处罚规定。

(18)其他需要通知的事项。

(19)规程最终解释权。

(三)攀岩运动竞赛的组织机构

组织和举办攀岩竞赛是一项既复杂又细致的工作,为了便于统一管理,必须建立一个完整的竞赛组织机构,其构成和规模要根据实际需要而定。攀岩竞赛通常在组委会的领导下,建立五个小组开展工作,各组在统一领导下,协调一致、密切配合,积极完成竞赛的各项筹备工作。

(1)竞赛组:是攀岩竞赛的核心小组,主要负责与赛事技术相关的工作,包括竞赛组织、线路设计(定线)、赛事安全、裁判及竞赛成绩等。

(2)宣传组:负责赛事的宣传、报道、场地规划与布置、开/闭幕式的组织、媒体协调与沟通等工作。

(3)安保组:提前制订竞赛的安全预案,竞赛过程中控制赛场秩序,应对突发事件,保证人员的安全,确保竞赛顺利完成。

(4)后勤组:负责赛事相关人员的住宿、餐饮、交通、财务、医务等服务,保障场地的物品采买、环境卫生、医疗救护等方面的工作。

(四)攀岩运动竞赛的赛前工作

攀岩竞赛前的准备工作细致而繁琐,忽视或遗漏任何细节问题都可能阻碍竞赛的顺利进行。认真做好赛前的各项准备工作是攀岩竞赛组委会的首要工作。

(1)赛事的申请和审批,举办正式的攀岩竞赛应向当地体育行政主管部门提出申请,如申办赛事的级别超出当地主管部门的审批范畴,则由当地主管部门向更高级别体育行政主管部门提出申请,获得审批后,才可以开始竞赛前的各项准备工作。

(2)成立竞赛组织机构,具体工作交由各小组分别开展。

(3)选择竞赛场地,如需承建竞赛场地应提前申报岩壁设计方案,经赛事主办单位同意后,尽早开工建设,保证竞赛如期进行。

(4)制定竞赛规程,根据规程要求,积极落实并推进各项竞赛工作。

(5)接受竞赛的报名,制订竞赛期间的餐饮、住宿、交通、安保、后勤保障等方案。

(6)收集、整理与赛事相关的文件、资料和报名表,编写、印刷竞赛指南和秩序册等。

(7)制作获奖证书、奖杯和奖牌,落实奖品。

(8)与竞赛委员会协调,确定定线员团队抵达时间,积极配合定线员开展竞赛线路的规划、设计、安装工作。

(五)攀岩运动竞赛的赛中工作

(1)接待参赛队伍、随队人员、裁判员、工作人员、官员、新闻媒体等的报到,安排并协调参会人员的餐饮、住宿、交通、票务及其他后勤服务。

(2)组织召开领队、教练员参加的技术会议。介绍竞赛概况、竞赛日程、竞赛规程、场地线路情况及其他应注意的事项，并回答提问。另外，发布竞赛出场名单、发放号码布等。

(3)组织召开裁判员、工作人员参加的工作会议。介绍竞赛基本情况，提出统一要求，明确裁判员、工作人员的具体职责与分工。

(4)组织召开新闻媒体参加的新闻通报会议。向新闻媒体单位介绍竞赛准备情况，发布新闻通稿，安排竞赛新闻发布人，及时发布每天最新的竞赛信息。

(5)组织竞赛开幕式，并按照组委会的相关人员参加开幕式。

(6)依照竞赛日程，组织和安排每天的竞赛，判定、公布竞赛成绩。仲裁委员会接受参赛队针对竞赛成绩和公布成绩的诉讼，处理竞赛过程中发生的其他问题。

(7)组织闭幕式及颁奖仪式，裁判长宣读竞赛成绩和名次，获奖运动员须按照竞赛规程规定出席颁奖仪式。

(六)攀岩运动竞赛的赛后工作

(1)竞赛结束后，将经裁判长签字的各项目总成绩单汇编成册，发给各参赛单位、媒体和有关单位。

(2)赛事承办单位应将媒体报道收集、整理后汇编成册，发给赞助企业及相关单位。

(3)赛事主办、承办单位应本着实事求是的原则，认真总结竞赛的得失，并以总结或报告的形式向上级有关部门汇报。

二、攀岩竞赛规则

(一)国际攀岩联合会

国际攀岩联合会(IFSC)，简称“国际攀联”，是负责国际竞技攀岩各方面事务的国际组织，是竞技攀岩所有事务的最终权威。

国际攀岩联合会被国际奥林匹克委员会(IOC)所承认，是以下组织的成员：国际奥委会所承认的单项体育联合会联盟(ARISF)、国际单项体育联合会总会(GAISF)、夏季奥林匹克国际单项体育联合会协会(ASOIF)、国际残奥委员会(IPCC)、国际大学生体育联合会(FISU)、世界体育联合(IWGA)。

国际攀岩联合会为所有国际攀岩比赛的权威机构，其职责包括管理攀岩运动的技术以及其他所有方面；接受来自成员协会承办国际攀岩赛事的申请；批准有益于攀岩运动的发展，经评估符合国际攀岩联合会管理比赛的规则和规程等相关规定的申请。

(二)国际攀岩联合会职能

在组织国际攀岩比赛方面，国际攀岩联合会的职能包括接受所有组织赛事的申请；处理所有的问询，包括一般性问询和被批准赛事的相关问询；发布关于赛事的所有信息；特别是发布每个赛事所有相关信息和申请表格至成员协会，所有代表队成员必须由所属国家/地区的成员协会在注册截止日期前注册；发布国际攀岩联合会规则，规定和其他通知，也可发布修改文件，此文件必须与原文件共同使用，且优先级高于原文件，每次修改必须有一个生效日期；官方发布所有比赛成绩，世界杯排名、世界排名、国家队排名、洲际青年杯赛排名和其他官方信息；为赛事委派国际攀岩联合会官员。

（三）国际攀岩联合会赛事

只有国际攀岩联合会的成员协会或由国际攀岩联合会特别认可的组织才有资格申请组织赛事。

只有国际攀岩联合会的成员协会才有资格为其运动员申请注册参加赛事。须由国际攀岩联合会批准的赛事包括世界杯分站赛；世界锦标赛及各洲际锦标赛；世界青年锦标赛及各洲际青年锦标赛。

（四）国际攀岩联合会的竞赛官员

国际攀岩联合会可为赛事委派下列竞赛官员。

1. 技术代表

技术代表负责处理赛事中与国际攀岩联合会有关的组织工作。技术代表应该确保赛事组织方所提供的设施及服务符合赛事组织手册和/或赛事组织方同 IFSC 达成的其他特殊协议，包括代表队成员的报到确认，成绩处理服务，医疗救护，媒体宣传及其他设施。技术代表有权参与赛事组织方的所有会议。在裁判长缺席或者未到达场地之前，代理行使裁判长在比赛区内的赛事组织工作。在特殊情况下，技术代表有权采取应急措施，例如调整比赛形式。此类措施由国际攀岩联合会另行阐述。赛后，技术代表须向国际攀岩联合会提交一份详细的赛事报告。如果国际攀岩联合会没有委派技术代表，或者在其因意外或疾病缺席的情况下，裁判长代理行使技术代表职责。

2. 裁判长

裁判长在整个比赛区域内拥有最高权力，其权利还包括约束媒体单位和由赛事组织方委派的所有工作人员的行为。裁判长的权限涵盖比赛运行的所有方面。裁判长主持所有由国际攀岩联合会官员和组织机构参加的会议，以及由赛事组织方和代表队成员参加的技术会议。尽管裁判长不参与具体制裁，一般来说由国际裁判和其他裁判执行具体的裁判工作和成绩判定，但在其认为有必要的情况下，可以参与各项裁判相关工作。在比赛开始前，裁判长有责任向国内裁判简述如何应用国际攀岩联合会规则。赛后，裁判长须向国际攀岩联合会提交一份详细的赛事报告和每名实习国际裁判的评估报告。在裁判长因意外或疾病缺席的情况下，技术代表代理行使裁判长职责。

3. 国际裁判

国际裁判由国际攀岩联合会委派，协助裁判长执行比赛的各项裁判工作。国际攀岩联合会可以委派多名国际裁判。国际攀岩联合会也可以委派实习国际裁判，使其通过协助国际裁判的工作，在比赛中得到实习锻炼。国际裁判负责发布比赛的出场顺序和成绩单，处理申诉以及修改比赛日程。国际裁判在赛事组织方或成员协会委派的国内裁判的协助下开展裁判工作。线路裁判的主要工作是对运动员在难度线路和攀石线路上的表现进行成绩判定。国内裁判应持有国际或国内裁判证书，须熟知竞赛规则和规定，由国际裁判进行职责分配，并在国际裁判的指导下进行

裁判工作。在裁判长涉及申诉的初始判定时，由国际裁判与技术代表组成仲裁委员会。在国际裁判因意外或疾病缺席的情况下，裁判长可指派一名可以胜任其工作的国内裁判代理行使国际裁判职责。

4. 主定线员

主定线员与赛事组织方委派的定线员团队一起合作，规划和统筹所有定线和维护工作，包括设计每一条线路；按照国际攀岩联合会规范安装支点，保护点和其他设备；维修和清理线路；设计、安装并维护所有热身区域。主定线员的职责还包括检查每条比赛线路的技术标准和安全问题，向裁判长提出关于比赛区域内技术方面的建议，协助核实绘制难度赛线路图，建议裁判员官方摄像机的摆放位置。赛后，主定线员须向国际攀岩联合会提交一份赛事报告和每名国际定线员或其他被委派到比赛中的定线员的评估报告。在因意外或疾病缺席的情况下，主定线员应提名其他国际攀岩联合会定线员代理行使其职责。

5. 国际定线员

国际定线员由国际攀岩联合会委派，协助主定线员完成比赛的定线任务。国际攀岩联合会可委派多名国际定线员，也可额外委派在培训或实习中的定线员。国际定线员的定线工作由赛事组织方或成员协会委派的国内定线员辅助完成。所有国内定线员须持有国际或国内定线执照。

（五）比赛项目

1. 难度赛

难度赛是在高度不低于 12m 的专门设计的人工岩壁上进行的。岩壁条件应能够满足长度不小于 15m、宽度不小于 3m（除非经裁判长特别许可）的要求。它的保护方式在公开类的比赛中，运动员攀爬时使用单绳，沿线路将绳子扣入一系列的保护点中。残疾人类的比赛中，使用单绳穿过线路顶部的保护站或者两条绳子分别穿过线路顶部的保护站和线路中部的保护站。预赛轮每条线路都必须有线路演示，半决赛轮和决赛轮在比赛开始前运动员有 6 分钟的集体观察线路时间，比赛时长为 6 分钟。运动员必须按照规定线路攀爬，禁止触碰或身体超过规定之外的区域。根据攀爬高度和时间判定成绩。

2. 攀石赛

攀石赛须在专门设计的人工岩壁上的一组短线路上进行，攀爬时不需要绳子保护，而是

采用能够覆盖整个攀石线路的安全垫进行保护。预赛轮和半决赛轮没有单独的线路观察时间，决赛轮每条线路有 2 分钟的集体观察时间，在线路观察中运动员仅可触摸标记的起步支点，预赛和半决赛的攀爬时间为 5 分钟，决赛攀爬时间为 4 分钟。运动员必须按照规定线路攀爬，禁止触碰或身体超过规定之外的区域。根据得分多少和尝试次数来判定成绩。

3. 速度赛

速度赛采用经国际攀岩联合会批准的自动保护系统为运动员进行上方保护，以追求完攀线路的速度为主要目标，以完攀线路的时间为成绩的比赛。比赛赛道为国际攀岩联合会规定的速度赛道。目前国际上速度赛预赛比赛模式为攀爬 A、B 两条赛道取最好一道成绩为预赛成绩，成绩排名前 16 名运动员进入决赛。决赛比赛模式为淘汰赛模式，两两对决，直至决出冠、亚军。

4. 两项全能赛

两项全能赛由攀石和难度两个项目组成，其规则与攀石赛和难度赛连用。它分两个轮次：预赛轮及决赛轮。每个轮次都包括两个阶段：先是攀石阶段，然后是难度阶段。预决赛中攀石阶段共有 4 条线路，难度阶段只有 1 条线路。决赛轮中攀岩阶段有 2 分钟集体观察线路时间，每个轮次中的难度阶段有 6 分钟集体观察线路时间。两项全能是基于攀爬计分，即每个轮次每个项目最高分值为 100 分，根据运动员两个比赛中的表现来评分，最终通过计算两者之和进行排名。倘若出现并列的情况则采取攀石阶段中完攀线路过程中的尝试次数（在完攀的线路中，每出现一次试图完攀但失败的情况，在总分中减掉 0.1 分）和难度阶段的最终高度是否有“＋”号（如果最终高度有“＋”号，则在总分中增加 0.1 分）来区分成绩。

第二十四章 ▶▶▶
定向运动

第一节 定向运动概述

Orienteering(定向)源自瑞典语 Orienteering 一词,其原意是借助地图和指北针、穿越未知地带。因此,定向通常被人们看作是军人、野外勘测者、徒步旅行者、登山者、探险者所必须具备的一种重要的生存能力。随着越来越多的人参与户外运动,定向又成了一项很多人都希望掌握的生存技能。现代生活中定向的应用几乎是无所不在,它的重要性不仅在于它的有用性,而且还在于它的趣味性,它将给您带来意想不到的体验。于是,定向运动便如火如荼地发展起来。如今的定向运动,是指运动员借助地图和指北针,按照地图上若干检查点标定的比赛路线,在规定的时间内,选择最佳路径,按顺序依次通过各个检查点并到达终点的一项越野竞赛运动。

一、定向运动的起源与发展

(一)定向运动的起源

未来就是现实。因此,了解影响现代定向运动的历史是非常重要的。在开始定向运动之前,回顾定向运动的历史,并讨论定向运动的现状,才能把握定向运动的发展趋势,使你明确自己肩负的责任和目标。

定向运动的产生和发展受许多因素的影响,尤其是地图测绘和指北针等的发展对定向运动的产生和发展起着很大的作用。

利用地图和指北针进行定向的思想,源远流长。从现存公元前 25—23 世纪巴比伦人绘制在陶片上的地图证明,4500 年前,人们就开始用各种方式,对自己周围的环境进行原始的描述。

中国是世界上地图出现最早的国家之一,中国有记载的最古老的地图可以追溯到 4000 年前夏禹的九鼎,其上铸有表示山川的原始地图。而湖南长沙马王堆汉墓出土的公元前 168 年以前编制的地形图(图 24-1),是国际公认的世界上最早而且测绘技术较高的地形图。

在战国时期,我国人民已经发现磁石具有指示南北的特性,并用天然磁石制造“司南之勺”(图 24-2),“其柄指南”,即最早的指北针“司南”。

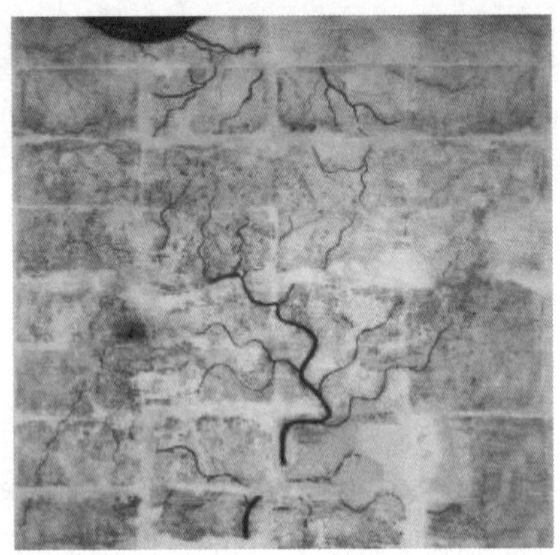

图 24-1　马王堆汉墓出土的地形图

图 24-2　最早的指北针“司南之勺”

公元前 4 世纪的《鬼谷子·谋篇》就记载道:“郑子取玉,必载司南,为其不惑也。”记载了郑人外出采玉时带上“司南”,以防迷失方向。我国发明的指北针、火药、造纸和印刷术等传入欧洲,对西方航海业和测绘业的发展起过重要作用。

16 世纪以后,随着资本主义的发展,航海、贸易、军事、殖民掠夺以及工程建设,越来越需要精确、详细的比例尺更大的地图,而编制大比例尺地图必须借助仪器,在实地进行角度、距离、高差测量。当时罗盘、望远镜、象限仪、水银气压计、平板仪等仪器的发明,特别是三角测量成为大地测量的基本方法,使测绘精度大为提高。18 世纪许多国家进行了大规模的全国性三角测量,为绘制大比例尺地形图奠定了基础。

军事上的需求对大比例尺地图测绘的发展起了重要的推动作用。同时也正因为军事上的重要性,当时大比例尺地图被看成国家机密。在 1857 年以前,在瑞典和挪威只有军队才能使用 1∶100 000 的地图。

虽然在 15 世纪指北针已用于航海业,但当时随船携带的指北针又大又重,并不适于用于陆地导航。直到 1750 年左右,较小的、可以在陆地上方便地使用的手持式指北针才出现。

在 19 世纪初,“旅行者运动”的兴起和传播,使野外旅行开始流行。野外旅行的需要,人

们开始希望掌握有关地图和指北针使用的知识。1817年，一个德国人出了一本书，介绍了几个使用地图和测角器进行练习的方法。在当时，类似"寻找路线"游戏已经用于军事训练。到19世纪中期，了解地图和指北针基本原理和使用方法的人越来越多。

"定向"一词首次在1886年被使用，意思是：在地图和指北针的帮助下，越过不被人所知的地带。据考证，定向越野运动并非起源于英国，而是起源于19世纪末的斯堪的纳维亚半岛。位于北欧的斯堪的纳维亚半岛有着广阔而崎岖的土地，森林一望无际，并且散布着无数的城镇、湖泊、村庄，人们主要的交通道路就是隐现在林中的、湖畔边的弯弯曲曲的小路。在这样的蜿蜒小路中穿越过一望无际的森林，很容易迷失方向。因此，经常穿梭于斯堪的纳维亚半岛的族群和军队，逐渐探索出了定向的初始技能，成为了后来人们进行定向运动的先驱。今天的定向越野运动就是脱胎于军事领域。

历史上有记载的最早的定向越野比赛可追溯到1895年瑞典的斯德哥尔摩，同期，在挪威的奥斯陆军营也曾举办过类似的比赛，这标志着定向运动作为一个体育竞赛项目的雏形已经出现。定向运动作为一个独立的体育项目，诞生于1919年3月25日，斯德哥尔摩南部Nacka的丛林中举行的一场有217人参加的定向越野比赛，它的组织模式与规格标志着它结束了在准备时期的长期探索。因此，时任瑞典斯德哥尔摩体育联合会主席的厄恩斯特·吉兰德(Ernst Killander)便被人们称为现代"定向运动之父"。

（二）定向运动的发展

1. 国际定向运动的发展

定向运动作为一项体育运动最早是在北欧国家开展起来，然后逐渐在瑞典、挪威和丹麦立足。

1840年瑞典陆军军官学校就规定，军官学校的学生必须学习距离计算、水准测量、测量和绘制草图。1886年，读图和野外定向进入了斯德哥尔摩和奥斯陆的军官学校课程。几年后，将越野跑和读图的兴趣相结合，就产生了定向赛跑。1893年5月28日，这种定向赛跑又成了军事体育比赛的重要组成部分。

在之后的1897年和1899年，在挪威又举办了多次定向的比赛，如在挪威西南部港口城市卑尔根附近举行了类似的竞技比赛，被看成是第一次民间定向比赛；在挪威首都奥斯陆附近，第尔弗运动俱乐部举办了世界上第一次公开的定向比赛，被认为是定向运动历史上的第一座里程碑；在挪威特隆赫姆附近举行了世界上第一场滑雪定向比赛。此后，瑞典人和芬兰人开始将无限的热情投入到这种新型的运动项目中。

第一次世界大战使人们在很长一段时间都没有推广和举办定向比赛。在20世纪初，斯德哥尔摩业余运动协会主席、瑞典童子军领袖吉兰特少校开始尝试将定向运动改造成一种大众化的运动形式，他想利用自然乡村风光激发年轻人的跑步热情。1912年，在吉兰德的倡导下，定向运动成为瑞典的竞技运动项目。1920年，他为定向运动竞赛制定了包括竞赛规则、路线分类、检查点位置选择、按年龄分组的方法和竞赛组织机构等。吉兰德创建并奠定了现在定向运动的基础，为现代定向运动的发展做出了巨大贡献。

第二次世界大战后，定向运动进入了一个全新的时期。定向运动的组织机构、赛制发展与规范等逐渐趋于成熟，并在欧洲以外的国家和地区发展起来。

1945 年，斯堪的纳维亚半岛三个国家分别成立了全国性的定向运动联合会。同年，第一本专业定向杂志在芬兰出版，芬兰也因此成为了世界上第一本定向运动专业杂志的诞生地。

1946 年，瑞典、芬兰、挪威和丹麦成立了世界上第一个定向运动合作组织——北欧理事会，后来它成为推动国际定向运动联合会成立的核心力量。

1959 年，在瑞典召开了有 11 个国家参加的国际会议讨论成立国际定向运动联合会。两年后，在丹麦首都哥本哈根宣告成立国际定向运动联合会。

总之，定向运动作为一项能够使人们的体力、智力在大自然的环境中得到全面锻炼的新兴体育项目，经过不断地发展，已经成为当今一项世界性的体育运动。如今，它的爱好者人数在北欧已超过了足球，在某些国家，则被列入军队或大专院校的必修课程。

2. 国内定向运动的发展

虽然我国加入国际定向运动联合会的时间是 1992 年，但是从 20 世纪 80 年代初，我国就已经开展了定向越野活动。1983 年 3 月，定向运动的训练和比赛被作为体育项目在大陆地区开展起来。在此之前，定向运动类似于“按地图行进”的训练，主要是中国人民解放军的训练项目之一。

1983 年 3 月 10 日，在广州的白云山，解放军体育学院组织了一次“定向越野实验比赛”，这是我国最早的定向越野比赛。

1986 年是国际定向联合会成立 25 周年，国际定向运动联合会对中国开展定向运动给予了很大的支持。这一年，定向运动在中国的活跃度很高。

1986 年 1 月，“亚洲及太平洋地区定向越野锦标赛”在香港举行，同月，又在深圳举行了“1986 年国际友谊定向越野赛”，瑞典、挪威、日本、丹麦、中国香港等十多个国家和地区的 200 多名运动员参加了此次比赛。我国解放军体育学院在男女普通组、少年组均进入了前三名。

1994 年举行了第一届全国定向锦标赛，约有 120 名选手参加。1995 年第二届全国定向锦标赛在长春举行，约有 100 名选手参赛。1996 年第三届全国定向锦标赛在成都举行，约有 180 名选手参赛。1997 年第四届全国定向锦标赛在郴州举行，约有 230 名选手参赛。最近的一届为 2015 年全国定向锦标赛，地点在贵州省惠水县。

自 1984 年起，我国有近千名选手参加了世界大学生定向锦标赛、世界大师定向锦标赛、世界中学生定向锦标赛、瑞典五日赛、公园定向世界巡回赛等各类国际赛事。走出去请进来的参赛方式，使我们开阔了眼界，体验了世界大赛的氛围，从而也对我们提高运动技术水平、

管理能力、增强国际交流起到了积极的作用。

二、定向运动的形式

(一)定向运动的四大类型

1. 徒步定向(Foot O,即定向越野)

这是各种定向运动类型中组织较为简便,开展最为广泛的一种(图 24-3)。它最能考验选手的识图用图、选择路线和奔跑的能力,因此不同年龄段的人们都可以在同一个场地上享受竞技的快乐,是“适合每个人的运动”。为增加比赛的乐趣,也可以在判定比赛成绩的方法上有所区别,如:可以个人跑计个人成绩、个人跑计团体成绩或个人跑计个人与团体成绩等。

2. 滑雪定向(Ski O)

滑雪定向(图 24-4)与徒步定向的主要区别是选手需要使用滑雪装备(非机动的),共比赛用的滑道则需要使用摩托雪橇提前开辟。同一比赛路线上的滑道通常不止一条,以便选手自行选择更有利于自己的滑行路线。

图 24-3　徒步定向

图 24-4　滑雪定向

3. 山地自行车定向(MTB O)

山地自行车定向(图 24-5),就是选手要骑在自行车上疾驰的定向运动,它需要的场地比徒步定向略大,区域内的大小道路要能够成网络,以便选手骑行。由于不便频繁看图,山地自行车定向的选手比徒步定向的选手更需要培养地图默记的能力,同时,在崎岖地形上熟练地驾驶山地自行车的技术也是必不可少的。

4. 选标定向(Trail O,旧译:轮椅定向)

轮椅定向(图 24-6),这是专门为残障人士设计的定向运动形式。基本赛法:在野外道路的两侧设置若干“检查点群”(每处 6～27 个点标),选手们需要按照地图与“检查点说明”的指示，在每个"检查点群"处像做选择题一样，挑选出唯一一个正确的点标。这种赛法，既可以让乘坐轮椅车的伤残人士加入到定向的活动中来，又可以供新手进行定向基本技术的训练，同样也是一种能让大部分人都饶有兴趣参加的专项技能比赛。

图 24-5　山地自行车定向

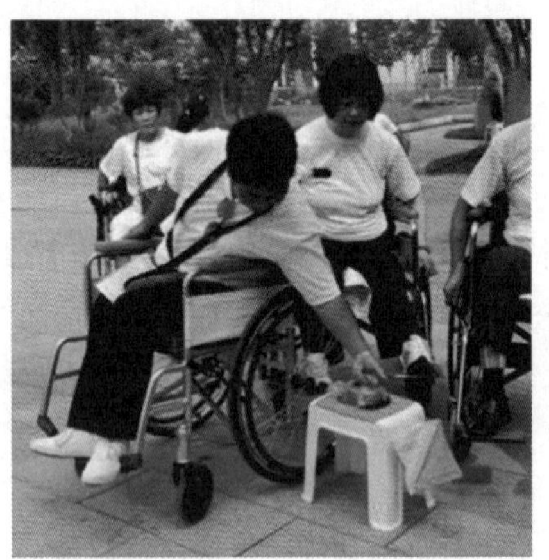

图 24-6　轮椅定向

（二）定向运动的常见比赛形式

1. 越野赛(Cross Country-O)

越野赛既是定向运动的始祖，更是定向运动比赛的"模板"，在其他各种定向运动的比赛中都包含着它的痕迹，时至今日仍然是定向运动最主要的比赛形式。

越野比赛线路通常设计成如图 24-7 所示。参赛者按照图上标示的检查点编号按顺序寻找、到访，并在检查点处用组织方提供的"点签(印章、密码钳、电子点签器等)"签到，独立完成整个比赛后返回终点。因此，越野赛又被称为"点到点的定向赛"。

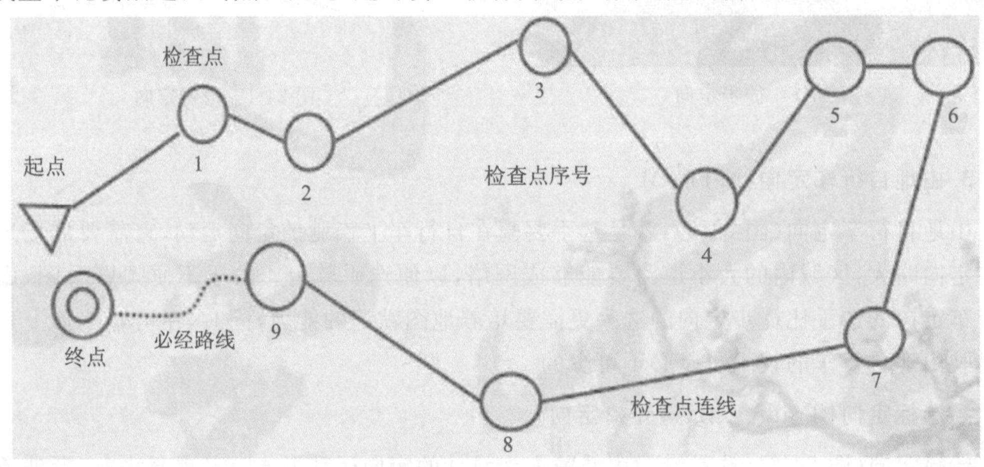

图 24-7　越野赛的线路

2. 接力赛(Relay-O)

接力赛是体现团体间实力的最佳竞赛形式，其成绩的好坏有赖于每个队员个人能力的发挥。在接力比赛中，比赛的线路被分成若干段，每个选手只能完成其中的一段，各段选手的成绩相加为该队的最后成绩。为便于观众欣赏各选手指尖的激烈竞争，接力赛在出发区设有“交接区”，各段选手的交接均在这里以触手的方式进行。

3. 积分赛(Score-O)

积分赛通常以个人方式进行比赛。它是在比赛区域内预先设置很多的检查点，并根据地形的难易程度、距离远近、点的位置的相互关系等赋予每个检查点不同的分值。选手必须在规定的时间内自行寻找这些检查点，以总得分最高者为优胜。

4. 夜间赛(Night-O)

夜间赛是徒步定向中难度较高的一种比赛形式(图 24-8)。由于是在夜晚进行，难度加大，但增加了比赛的吸引力和紧张感。

夜间所使用的器材，就是在点标上涂、贴或挂上反光的材料，只要有一点光线投射到它上面便会反光。参加选手也要携带用于查看地图的照明设备，如微型手电筒或头戴式照明灯。

图 24-8　夜间赛

5. 团队赛(Team Competition Orienteering)

团队赛是由两名以上的参赛人组成团队，通过分工合作寻找分布于比赛场地若干检查点，以团队完成时间判定成绩的比赛形式。

团队赛的比赛线路中设计有“必到点”和“分配点”,必到点指团队每个成员都必须按顺序到访的检查点,分配点指团队中至少一名参赛人必须到访的检查点。

团队赛采取整个团队集体出发、记录最后到达终点成员的用时为团队完成比赛的时间。

6. 星状赛(Star Event-O)

星状赛的起、终点设在同一处,通常是赛场的近似几何中心,各检查点呈放射状分布在起点的四周。比赛时,选手每找到一个点就需要回到中心。可用于新手的练习以及简单的接力赛。

7. 沿线赛(Line-O)

这种比赛的最大特点就是在地图上不标出检查点,运动全程用“规定线路”符号表示。参加人必须沿着这些线路行进,并将途中遇到的检查点精确地标绘到图上去。成绩以检查点位置标绘的准确程度和所用时间的长短确定。此方法用于高水平的现地用图训练有很好的效果。

第二节　定向运动的物质装备

作为定向越野的参赛者,拥有一张地图、一个指北针和一身适当的户外穿着,就足以完成一项定向越野的比赛。当然,对于不同类型和形式的比赛,所需要的物质条件也有一定的差别。本节介绍的是参加一般定向越野所需要的物质条件。

一、个人需要的装备

(1)服装。定向越野比赛的规程实际对参赛者的服装并没有特殊的要求(图 24-9)。但是根据经验,选择紧身而又不至于影响呼吸与四肢活动的衣服较为合适,选用面料结实的长袖衣、长腿裤可以很好地防止草木的刺碰和蚊虫的叮咬。

(2)鞋。参加专业定向越野比赛,运动员一般脚穿软底登山鞋(图 24-10),小腿上套有尼龙护腿,这种装束有利于运动员在灌木丛中穿梭。

(3)背包和手表。专业的比赛,一般设有饮水处,而在业余比赛中,就运动员自备食物和饮品了,背包(图 24-11)有助于携带一些必需品。手表(图 24-12)不论是在专业比赛还是在业余比赛中,作用都很重要。如果在比赛中能够很好地掌握时间,或利用手表的测向功能进行方向确认,可以取得事半功倍的效果。

图 24-9　定向服装

图 24-10　定向用鞋

图 24-11　背包

图 24-12　定向专用手表

二、赛会提供的器材

1. 地图

地图是定向越野比赛中最重要的器材，它质量的好坏直接影响到比赛过程的安全、公正，因此国际定向运动联合会专门为定向越野地图制定有国际定向运动地图规范，按照不同的赛事特点，分别对比例尺、等高距、符号、色彩等多方面进行了详细的规范。

严格来说，定向比赛，尤其是高规格、大规模的比赛，必须使用符合国际定向运动规范的定向地图。若条件不允许，可使用其他依比例绘制的地图的复制品，但在这种情况下，地图也应经过修测，使其尽可能与现场地形一致。

2. 比赛线路

由赛事组织人员印刷或手绘在地图上,发给参赛选手。

在一条典型的定向越野比赛线路中,三角符号表示起点,单圆圈表示检查点,它在现地的精确位置在圆圈的中心,双圆圈表示终点。检查点圆圈之间有直线连接,但这并不意味着必须沿着直线前进,可以自己选择行进路线,但必须按图上标明的检查点序号按顺序依次进行。

3. 检查卡和电子指卡

为了证明参赛人员找到并到达了每个检查点,赛事组织人员会在比赛前给每个参赛人一种验证成绩的装备——检查卡或电子指卡。

(1)检查卡(图 24-13)。传统的成绩验证装置,用厚纸片制成。有的比赛需要回收地图,这是检查卡也有可能会印在地图上。

(2)电子指卡(图 24-14)。目前大多数的定向比赛普遍使用的一种以电子点签系统为基础的成绩验证装置。

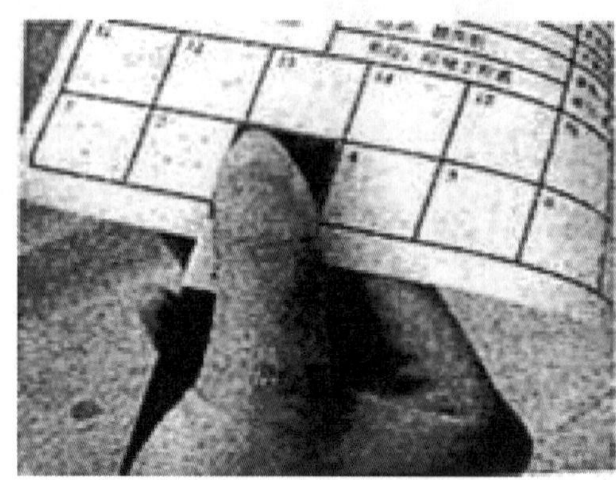

图 24-13　检查卡

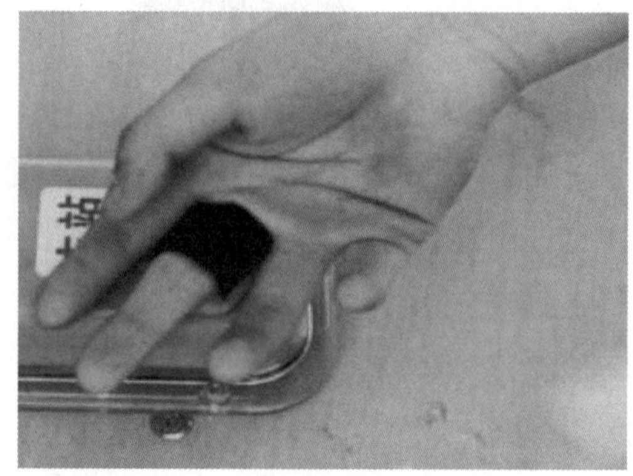

图 24-14　电子指卡

4. 检查点

赛事工作人员在比赛场地中摆放的标志。每个检查点由三部分组成:点标、点签、特征物。

(1)点标。用三面标志旗围成的“三角形灯笼”,每个面的标志旗呈正方形:沿对角线分开,左上为白色、右下为橙红色,尺寸为 30cm×30cm。点标上有编号,通常在点标上或其附近,以便参赛者判定是否找对了检查点。

(2)点签。为参赛人员找到了检查点提供凭据。传统的点签是夹钳式的,由弹性较佳的塑料或金属材料制成,顶端装有钢针。每个检查点点签的钢针以不同的方式排列,这使点签可以夹出不同的图案印痕,以证实参赛人员找到了哪个检查点。

目前，使用较多的是电子式的点签，称其为“电子点签器(电子打卡器，卡座)”(图 24-15)。它的前段有一个带圆洞的指卡感应器，参赛人员找到检查点后，只要将指卡贴近电子点签器的圆洞之前，卡座就会将参赛人员到达的时间自动记录下来，到达终点之后，指卡上就存储了比赛的总用时和到达每个检查点的时间。

图 24-15　点标和电子点签器

(3)特征物。它包括了地貌和地物两种类型的所有地面特征物。可以是陡坎、大树、坟墓等较小较单独的特征物，也可以是道路、房屋、湖泊等较大较长特征物的明显拐角或弯部等特征点。总之，一个完整的检查点的含义就是：在特征物、特征点处或其附近放置了点标和点签的地方。

5. 号码布

在比赛人数较多，比赛规格较高的比赛中，为了区别参赛人员，必须使用号码布以方便裁判的制裁(图 24-16)。

图 24-16　参赛人员佩戴的号码布

6. 检查点说明

一般在比赛中所发的地图上，会有一个表格形式的全世界同意的符号或文字系统(图 24-17)。它可以使参赛人员在比赛中更加快速地定位检查点的具体位置，以保证主要的精力和时间都用在比赛的快速行进上。

IOF Event Example							
M45, M50, W21							
5			7.6 km			210 m	
▷							
1	101						
2	212	↖	▲		1.0		
3	135						
4	246						
5	164	→					
120 m							
6	185						
7	178						
8	147				2.0		
9	149						
250 m							

国际定联检查点说明示例		
组别M45, M50, W21		
线路序号5	距离7.6km	爬高量210m
起点		大路与围墙的交会处
1	101	窄沼泽，拐弯
2	212	西北的大石头，高1m，东侧
3	135	两个灌木丛之间
4	246	中间的洼池，东部
5	164	东边的废墟，西侧
沿120m彩带离开检查点		
6	185	倒下围墙的东南拐角(外面)
7	178	山凸的西北脚下
8	147	上面的陡崖，高2m
9	149	小路与小路的交叉点
从最后一个检查点沿250m彩带到终点		

图 24-17　检查点说明的符号表(左)和文字说明表(右)

第三节　参加定向越野必备的读图技能

在平时生活中我们可以见到各种各样的地图，它们有不同的颜色、符号、标记等，但不论什么样的地图，其目的都是给我们展示一个地球的简缩景。平时我们经常能见到的地图有徒步行进地图、城市地图、森林地图、野外地图、公路地图、铁路地图等，而在本节，我们重点介绍的是定向地图。

一、地形图的识别

(一)地图的定义与分类

1. 地图的定义

地图的基本特征就是公式化(数学基础)、抽象化(地图概括)和符号化(符号系统)。因此地图被定义为按一定的数学法则,运用符号系统,概括地将地球上各种自然和社会经济现象缩小地表示在平面上的图形。

根据地图的定义我们可以知道,地图、卫星影像、航空影像和风景画作品之间有很大区别。航空影像与卫星影像详细地记录了地表所有的细节信息。与地图不同的是,它没有地图符号系统,也没有内容的取舍和概括(图 24-18)。风景绘画作品虽然对绘画对象进行了艺术概括,但它没有严格的数学基础和特有的地图符号。

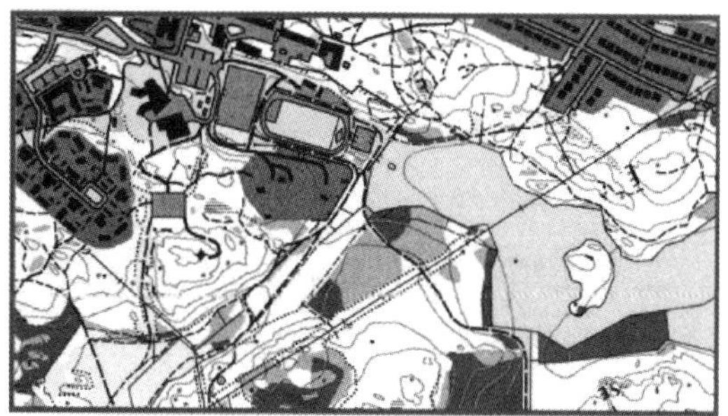

图 24-18　同一地区航空影像片与定向地图的比较

2. 地图的分类

地图可以按地图的比例尺、地图所描绘的区域范围、地图的功能、地图的内容、地图用途、地图形式、地图图形等从多方面进行分类。

(1)按比例尺分类。地图比例尺的大小决定了地图内容表示的详细程度和地图测量的精度。地图的比例尺越大,地图测量的精度越高。在我国,通常按比例尺将地图划分为大于10 万的地图、在 10 万至 100 万之间的地图、小于 100 万的地图三个类别。

(2)按地图的内容分类。按地图的内容来进行分类是地图最主要的分类方法。地图按内容可以分为普通地图和专题地图。普通地图全面反映地球表面一定区域的自然和社会经济的一般概貌,即同时表示地貌、水系、居民地、交通网、土质植被、境界线和各种独立目标等内容的地图。而专题地图是根据专业需要,突出反映一种或几种主题要素的地图,如人口分布地图。

(3)按地图的用途分类。按地图的用途可将地图分为通用地图和专用地图。通用地图是为读者提供科学和一般参考的地图,如地形图、中国地图等。专用地图是为各种专门用途制作的地图,如军事地图、定向运动地图。

而在本书当中,我们主要介绍的是定向地图的识别。

(二)地图上的语言

1. 地图比例尺

地图比例尺是地图上的最重要参数之一。它指地图上的线段长度和实地相应的线段的水平长度之比,它是地图数学基础中决定地图内容详细程度和地图精度的重要因素。

地图比例尺＝图上长度/实地长度＝1/M。

M 表示缩小倍数。M 愈大,分式值就越小,则比例尺愈小,地图上显示的内容就相对简略。M 愈小,分式值就越大,则比例尺越大,地图上显示的内容就比较详细。

地图比例尺的表示形式有很多,比较常用的有数字比例尺和直线比例尺。用数字的形式表示的称为数字比例尺,如 1∶50 000。若将地图长按比例尺关系直接标注成相应的实地水平距离,称为直线比例尺(图 24-19)。

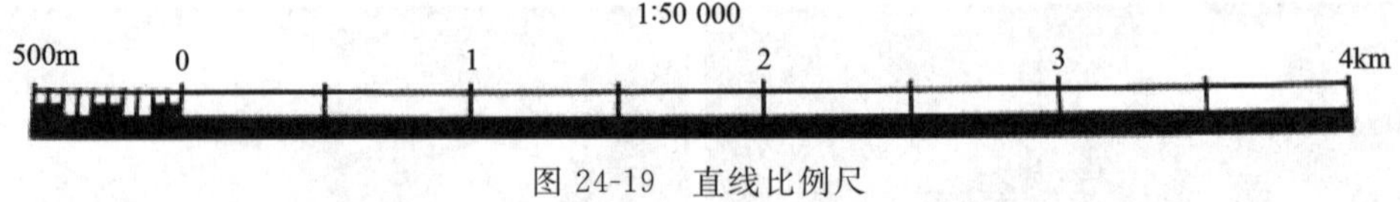

图 24-19　直线比例尺

定向地图的比例尺通常在 1∶2500～1∶15 000 之间。比例尺的选择主要取决于比赛类型和参赛者的年龄特点,如公园定向定图的比例尺主要在 1∶2500～1∶7500 之间,短距离定向比赛地图的比例尺主要为 1∶4000 或 1∶5000,中距离和长距离比赛主要为 1∶10 000或 1∶15 000,其中 45 岁以上和 16 岁以下的参赛者使用的地图的比例尺主要为 1∶10 000,其他参赛者主要为 1∶15 000。

2. 地图的符号

在定向比赛中,参赛者要获取现地地形的信息,就必须读懂地图上的符号语言,能够完整识别符号语言是正确使用地图的前提。本书根据国际定向运动联合会制定的《国际定向运动地图规范》(ISOM),介绍部分常用的地图符号。

(1)地貌——棕色符号。地貌是普通地图和定向运动地图上最主要的要素,定向地图中地貌主要用棕色的等高线和一些专用符号,并辅以黑色的岩石符号来描绘(图 24-20)。

(2)岩石和石头——黑色或灰色符号。在定向地图中,黑色的岩石和石头是特殊的地貌特征。它们既提供了地面的可跑性和危险性信息,又为读图和寻找检查点提供导航特征(图 21-21)。

(3)水系和沼泽——蓝色符号。在定向地图中蓝色的水体包括水域和沼泽。同岩石和石头一样,它们既提供了地面的可跑性和危险性信息,又为读图和寻找检查点提供导航特征(图 24-22)。

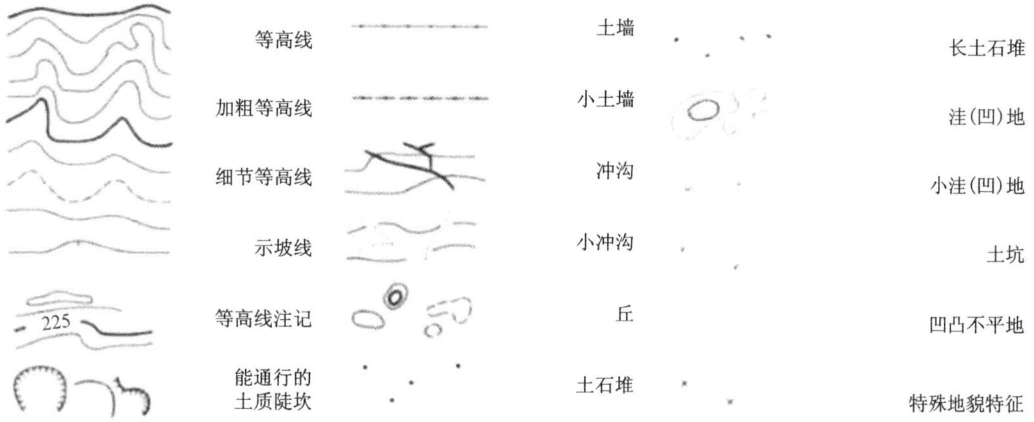

等高线　土墙　长土石堆
加粗等高线　小土墙　洼(凹)地
细节等高线　冲沟　小洼(凹)地
示坡线　小冲沟　土坑
225 等高线注记　丘　凹凸不平地
能通行的土质陡坎　土石堆　特殊地貌特征

图 24-20　地貌符号

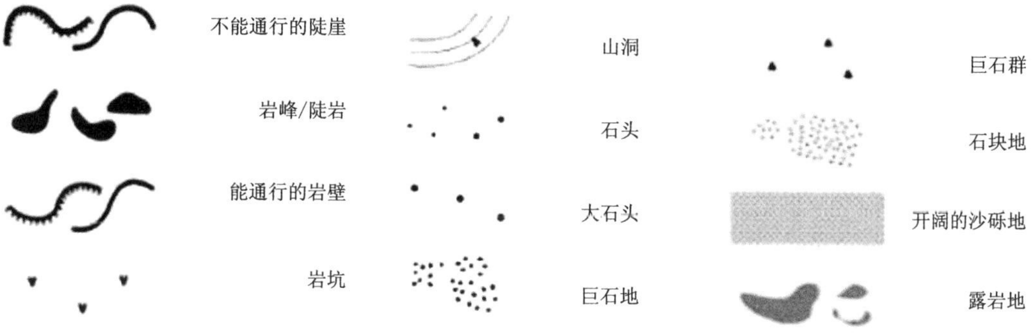

不能通行的陡崖　山洞　巨石群
岩峰/陡岩　石头　石块地
能通行的岩壁　大石头　开阔的沙砾地
岩坑　巨石地　露岩地

图 24-21　岩石和石头符号

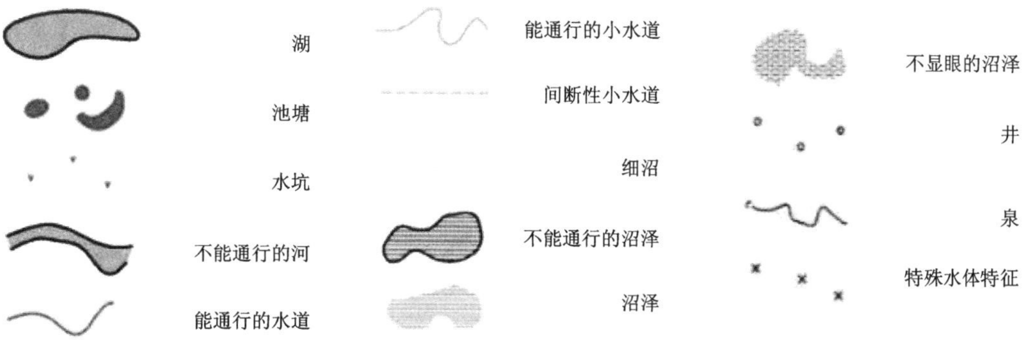

湖　能通行的小水道　不显眼的沼泽
池塘　间断性小水道　井
水坑　细沼　泉
不能通行的河　不能通行的沼泽　特殊水体特征
能通行的水道　沼泽

图 24-22　水系和沼泽符号

(4)植被——绿色和黄色符号。在地图上,以绿色和黄色为主的植被的概念与常识中的植物类型不同,反映了地表覆盖层的情况。在定向地图上植被符号主要反映地表的可跑性、可通行性及通视度情况,为读图和导航提供重要特征(图 24-23)。

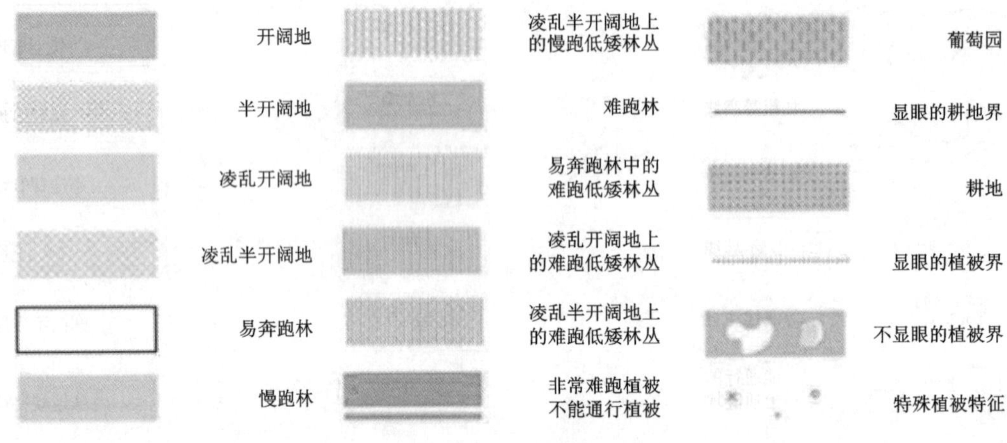

图 24-23　植被符号

(5)人造地物——黑色符号。在定向地图中，人造地物主要包括以黑色为主的各级各类易辨和不易辨的交通网和能为读图和寻找检查点导航的人造特征(图 24-24)。

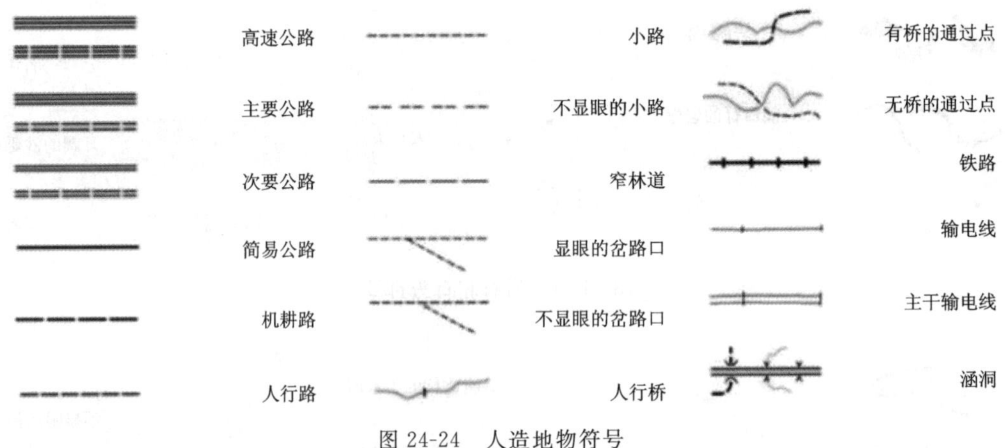

图 24-24　人造地物符号

(6)技术符号——黑色和蓝色符号。磁北线地图上表示地磁的方向线;套印标记一般地图要经过多次的印刷才能完成，为了保证成品地图不失准度，必须使用套印标记来防止各个版次失准;高程点用于判定某个地点或山地的起伏和高差(图 24-25)。

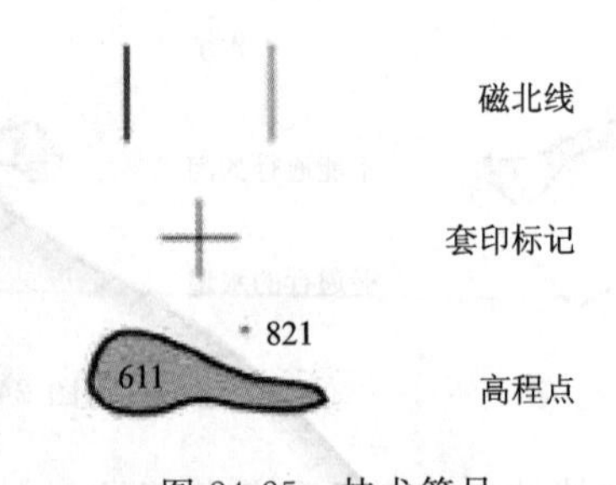

图 24-25　技术符号

(7)套印符号——紫色符号。比赛线路及其通行、障碍、危险等情况，在高标准的定向比赛中用叠加印刷的方法，通常先印地图后印路线(图 24-26)。

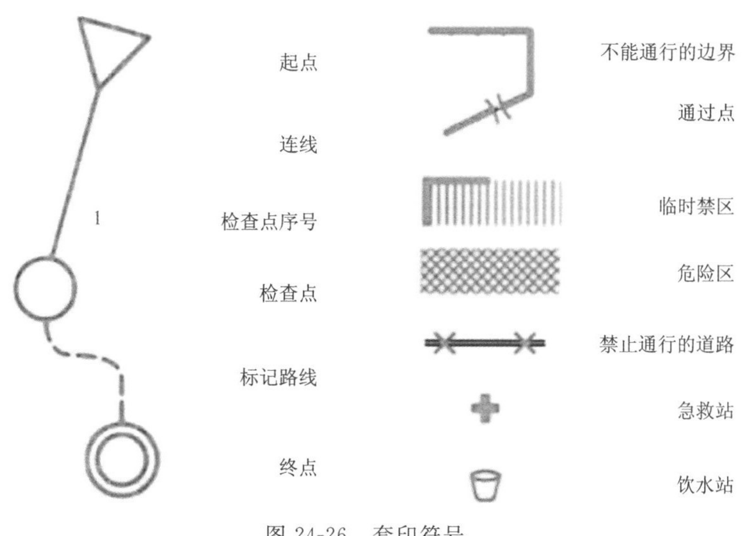

图 24-26　套印符号

3. 等高线的识别

在定向越野比赛中，参赛者是否能够利用等高线识别地貌是非常重要的。定向地图上的所有要素都是建立在地貌的基础之上，并与地物形成各种关系。比如，地物的分布，比赛线路的方向和距离等，都要受到地表起伏变化的制约和影响，而且在地物稀少的地方，地貌就是主要的甚至是唯一的行进参照物，是参赛人最基本（概略定向的依据）、最稳定（现地变化最小）、最可靠（双脚随时能感受到它）的向导。而等高线又恰恰能显示出地貌特征，因此等高线在比赛中的作用不可忽视。

（1）等高线与高程。等高线是按照高程测绘的。高程是地面上各点高出平均海平面的高度。两点间高程之差叫作高差。如图 24-27 所示，以平均海平面为基准，甲地和乙地的高程分别是 1500m 和 500m，甲地和乙地的高差是 1000m。

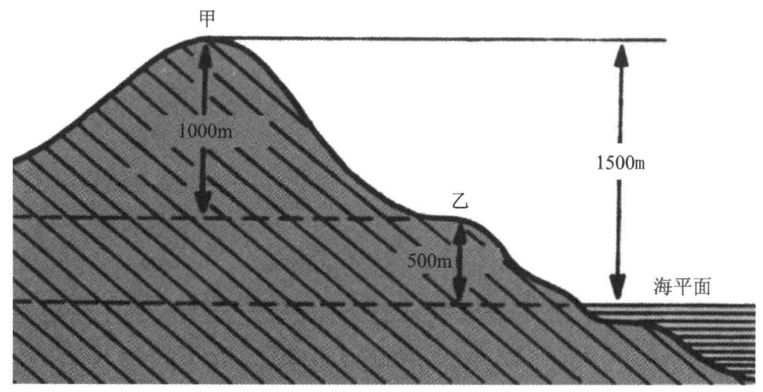

图 24-27　高程与高差

（2）等高线表示地貌的原理。设想把一座山从上至下按照相等的高度水平切开，则每一层都会有大小不同的截口线，若将这些截口线垂直投影到一个水平面上，就形成了等高线(图 24-28)。由于切割的截口线都具有相同的海拔高度，等高线实际上是由高程相等的各点连接而成的曲线。

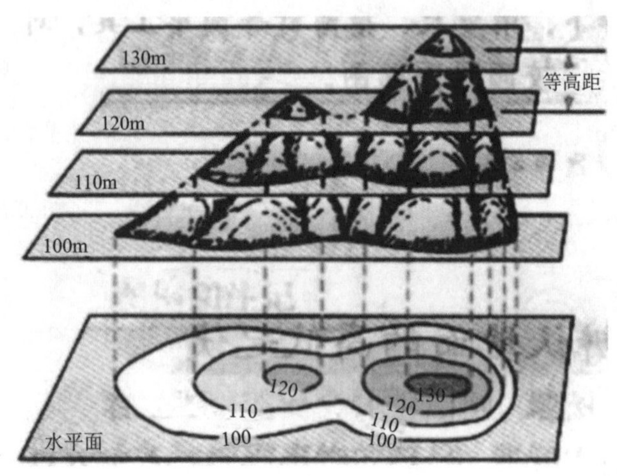

图 24-28　等高线示意图

(3)等高线的类型(图 24-29)：基本等高线又称首曲线，是地图上按注明的等高距所描绘的细实线，用以显示地貌的基本形态；计曲线又称加粗等高线，是地图上加粗描绘的基本等高线，通常是每隔 4 条基本等高线描绘一条计曲线，用以简化高程计算过程，如两条加粗等高线间的高程差为 5 倍等高距；间曲线又称半距等高线，是在相邻两条基本等高线之间补充测绘的细长虚线，通常用来显示位于两条基本等高线之间重要的局部地貌特征。由于间曲线只用于显示局部地貌特征，故除显示山顶和洼地时各自闭合外，其他情况下都是开放的；示坡线是一种与等高线垂直相交用来指示斜坡方向的短线(图 24-30)，短线与等高或相连的一端指向上坡方向，另一端指向下坡方向。

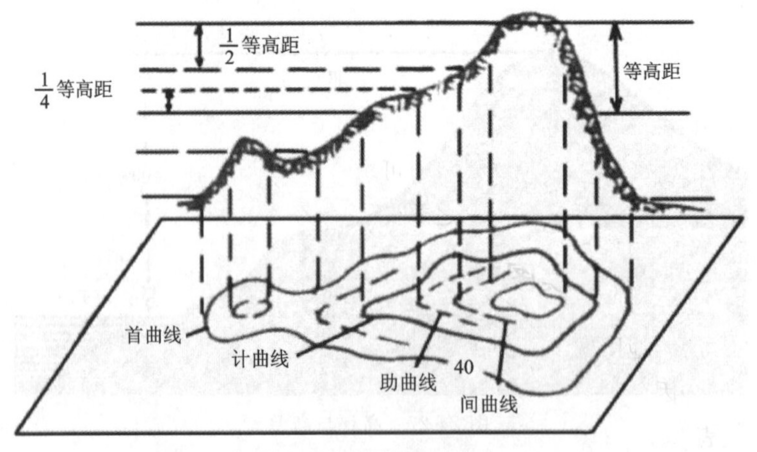

图 24-29　等高线的类型

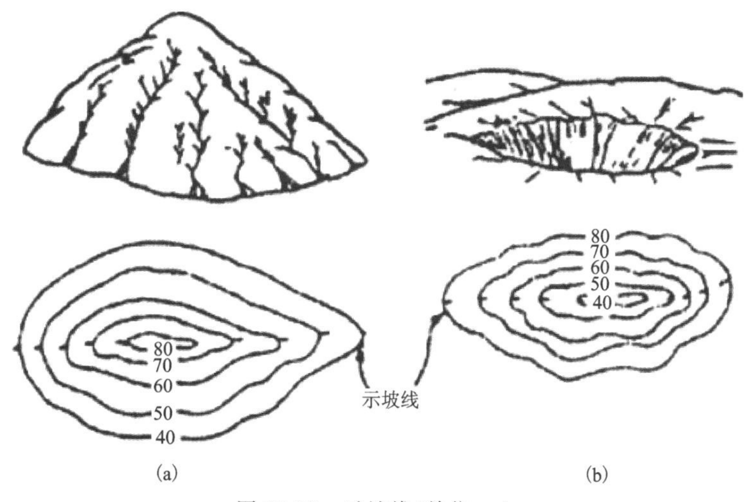

图 24-30　示坡线(单位:m)

(4)利用等高线判定地貌。

①判定地貌的起伏情况,判定地貌的起伏,实际上就是判定地貌的斜坡方向。图 24-31 为不同等高线图形所表示的地貌基本形态。

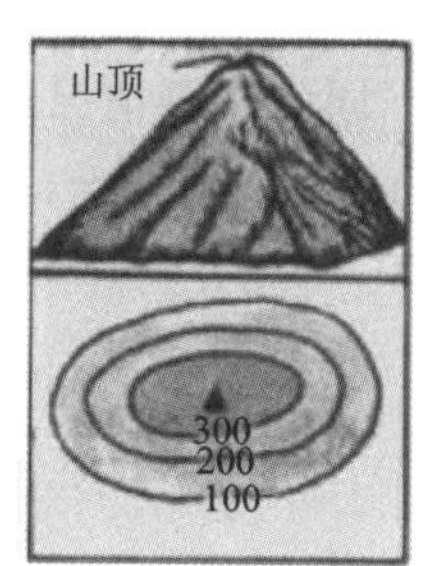

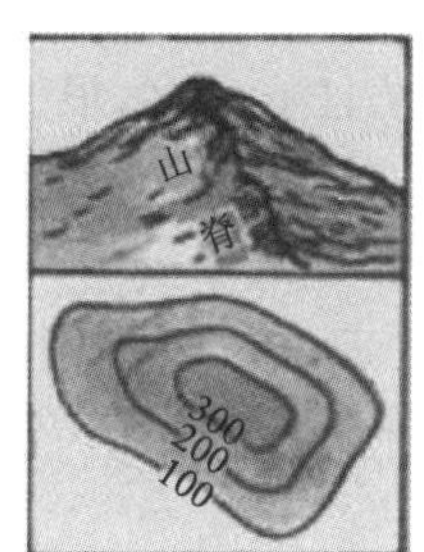

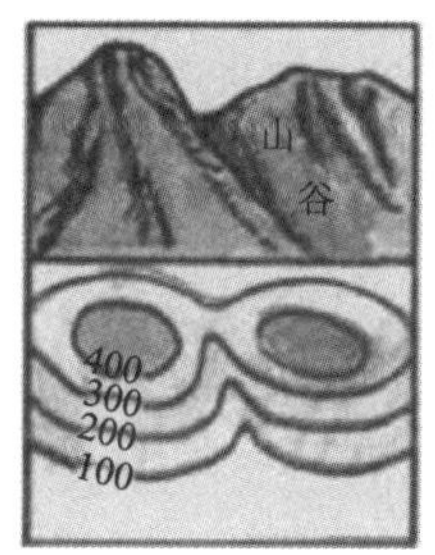

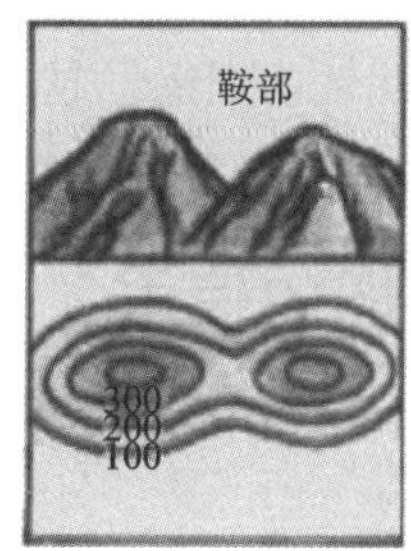

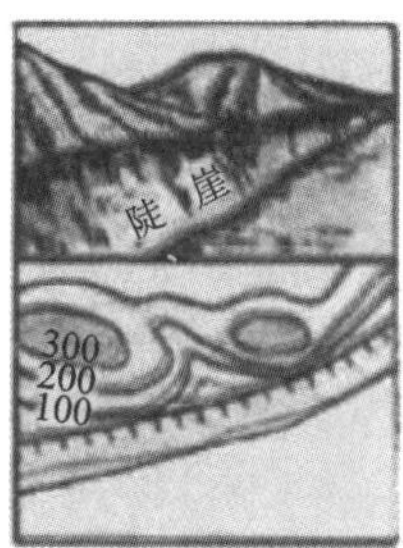

图 24-31　不同地形的等高线图形(单位:m)

②判定高程和高差。若某点在等高线上,那么此点的高程既是等高线的高程。若某点在两等高线之间约 1/2 处,此点的高程就是下面那条等高线的高程加上 1/2 个等高距。

判定出高程之后,高差的判定就变得简单了。若两点位于同一斜面上,只要数一下间隔的等高线数量,乘上等高距,再加上余高,即可求出两点间的高差。若两点不在同一斜面上,要分别求出两点的高程,然后算出高程之差,便算出了高差。

二、在定向比赛中读图前应该注意的问题

(1)正确了解定向地图的含义。定向地图是专门用于定向比赛的地图,一般只表示了对比赛有价值的信息,因此不是所有地物都有所表示,而是有重点地表示地物;有很多地物的细节不可能完全表示,只能表示出它们的概略形状,如地形上的细小凹凸;为了实际使用的需要,地图上的线状地物,如公路、铁路等的宽度是夸大了的,因此其附近的地物会有所移

位，位置不会十分的精确。

(2)有选择地看地图。在定向比赛中，不能整张地图都去研究，要根据比赛的需要有选择地去研究地图，选择行进路线。粗略地看过整张地图后，要迅速地选择需要重点考察的内容。

(3)熟练掌握地图中的符号并进行综合阅读。熟练地掌握各种地图符号的意义，并将地图中的各种符号和地貌及地形要素结合起来，才能迅速地判定出方向、距离、高差等位置关系。

(4)学会记图。在定向比赛中，参赛者不可能在奔跑中一直看图，应该具备在比赛中不必过多或过于频繁地看地图就能在大脑中清楚地再现从图上得到的信息，并根据记忆快速而准确地确定自己在图上的位置。

第四节　地图和指北针的使用

熟练掌握和使用国际定向越野图与指北针的各种方法，在定向比赛中有着重要的意义。当我们已经能够熟练识别地图之后，下面要做的，就是选择合适的场地、用足够的时间去进行使用越野图和指北针的训练。越野图和指北针的使用方法有很多，根据不同的比赛情况，可使用不同的方法，但是每种方法都必须要经过反复的练习才能够熟练地掌握。

一、越野地图的使用

(一)标定地图

要正确使用越野图，首先要将地图与实地的方位对应起来，而标定地图就是让越野图的方位与现地的方向相一致。

由于比赛中拿到手的地图比较大，在跑动中携带不方便。在使用地图之前，可以将地图折叠起来。折叠成的大小，以抓在手中稳定、露出足够的选择路线和前方一两个检查点即可。折叠的形状为矩形条块，并让地图的磁北线与折叠的某边平行。

(1)概略标定。概略标定是一种简便迅速的标定方法，当我们在实地正确辨别了方向之后，将越野图的北方对向实地的北方，则地图标定成功。

(2)利用指北针标定。将透明式指北针的箭头“↑”(一般为红色)与地图的磁北线平行，然后转动地图，使磁针北端对着地图正北方向，地图即已标定。利用指北针标定地图是非常精确的标定，所以在标定之后，地图一定要保持稳定，才能进行之后的操作。

(3)利用直长地物标定。在比赛中遇到如道路、沟渠、高压线等直长地物，可以利用它们两侧的地形来标定地图。首先要找到地图中的直长地物(图 24-32)，然后使图与实地各地形点的关系位置对应相符，最后转动地图，使地图上的直长地物与实地的直长地物方向一致，地图标定成功。

(4)利用明显地形点标定。当位于明显地形点(图 24-33),并在地图上找到该地形点时,可以利用地形点标定地图。只要转动地图,使地图上此地形点与所站位置的连线与实地此地形点与所站位置的连线重合,则地图标定成功。

图 24-32　利用直长地物标定地图

图 24-33　利用明显地形点标定地图

(二)确定站立点

(1)直接确定。当自己处于明显地形点上的时候,只要从地图上找出此点,就能确定自己的站立点。这种明显的地形点有很多,如单个的地物、线状地物的转弯和交叉处、面状地物的中心点和边缘线上的特征点。

(2)利用位置关系确定。当站立点位于明显地形点附近时,可以采用位置关系法。利用位置关系法确定站立点主要依据两个要素:一是站立点至明显点的方向;二是站立点至明显点的距离。在地形起伏明显的地方,还可以结合高差情况进行判定。

(3)利用交会法确定。当站立点附近无明显地形点时,可以利用"交会法"确定站立点。按不同的情况又可以分为90°法、连线法、后方交会法等方法。这些方法的好处是,不需要判断和测量距离也能确定出较为准确的站立点,这对于初学者学习和巩固越野图的使用是很重要的。

90°法(图 24-34)。当站立点位于线状地形如道路、沟渠、山背线、谷底线等时,如果在运动方向相垂直的方向上能找到一个明显地形点,那么确定站立点就简单很多。线状地形与明显地形点垂直的交点就是站立点。

连线法(图 24-35)。当站立点位于线状地形上,同时站立点又恰好是在某两个明显地形点的连线上,可以用这种方法确定站立点。

(4)后方交会法(图 24-36)。后方交会法通常要求地形较开阔,通视良好。首先在地图上找到选定的方位物之后，精确标定地图；然后分别向各个方位物瞄准并画方向线；最后看两方向线的交点，即是站立点。

图 24-34　90°法确定站立点

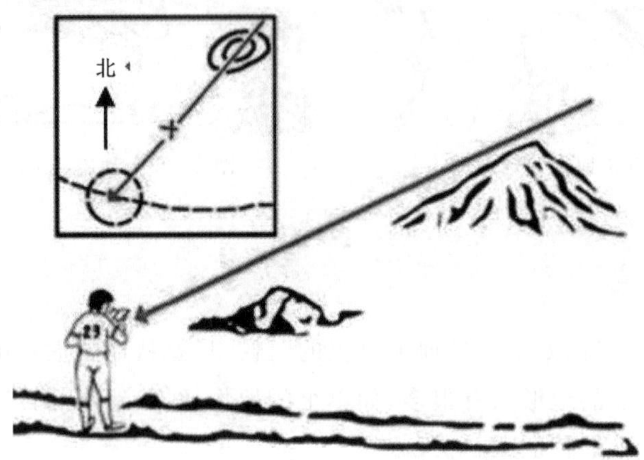

图 24-35　连线法确定站立点

图 24-36　后方交会法确定站立点

（三）利用地图行进

利用地图行进是定向越野的基本运动方式，需要使用前面所说的各种方法的综合。无论是识别地图、标定地图还是确定站立点，其目的都是为了更熟练地运用地图行进。

1. 拇指辅行法

在定向运动中常用拇指压住图上你目前站立点的位置，把拿图手的拇指想象为自己（缩小到图中的自己），当你向前运动时，拇指也在图上做相应移动，此种方法叫拇指辅行法。拇指辅行法主要是帮助你随时明确自己在图上的位置，如图 24-37 所示。

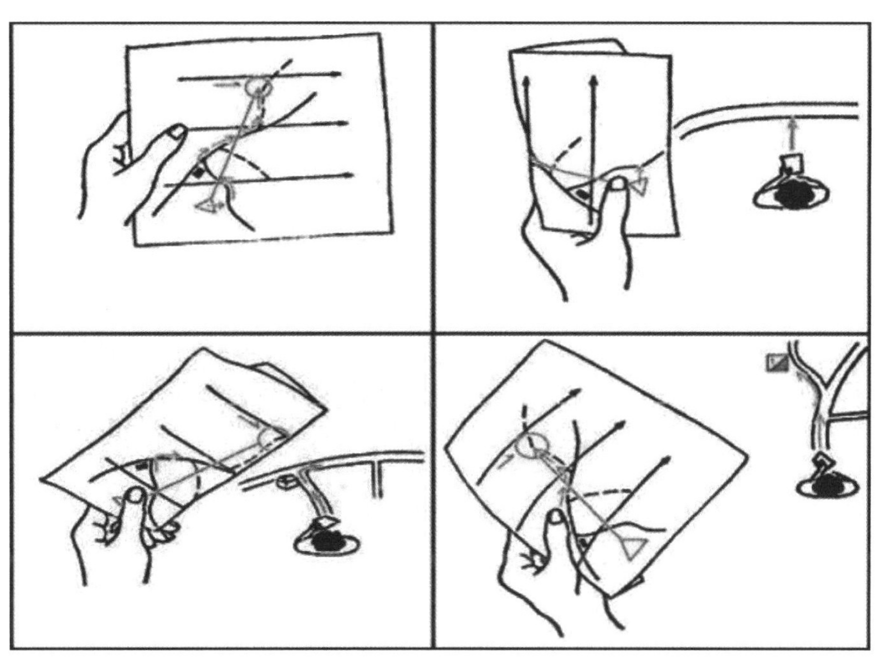

图 24-37　拇指辅行法

图中所示的过程：明确站立点、路线、到达地；转动地图，使地图标定，并将拇指贴近站立点一侧（先上大路）；到大路后转动地图，移动拇指（沿大路跑，看到路旁小屋后向右转）；再转动地图，移动拇指（沿大路跑，经过右侧路口后在下一路口左拐，可直达检查点）。

2. "放大"法（"先大后小"法）

在寻点过程中尽可能扩大你的视野，从目标点附近大的、明显的地形找起，然后再找目标点（图 24-38）。不能只是把目光集中在你要寻找的目标点上，特别是当目标点所在地较小时。如果只看到很小的一点地形，你会很难找到它。

3. 目标偏测发

当你穿越一块没有明显特征的地带而要寻找一个交叉口、路的端点或面状地物的侧顶点时，不能正对着这一点去寻找，因为在途中多种因素造成的偏移一定会使我们在到达该地形后，不知检查点在何方，所以要稍偏离目标方向瞄准，然后再顺着找到目标点(图 24-39)。

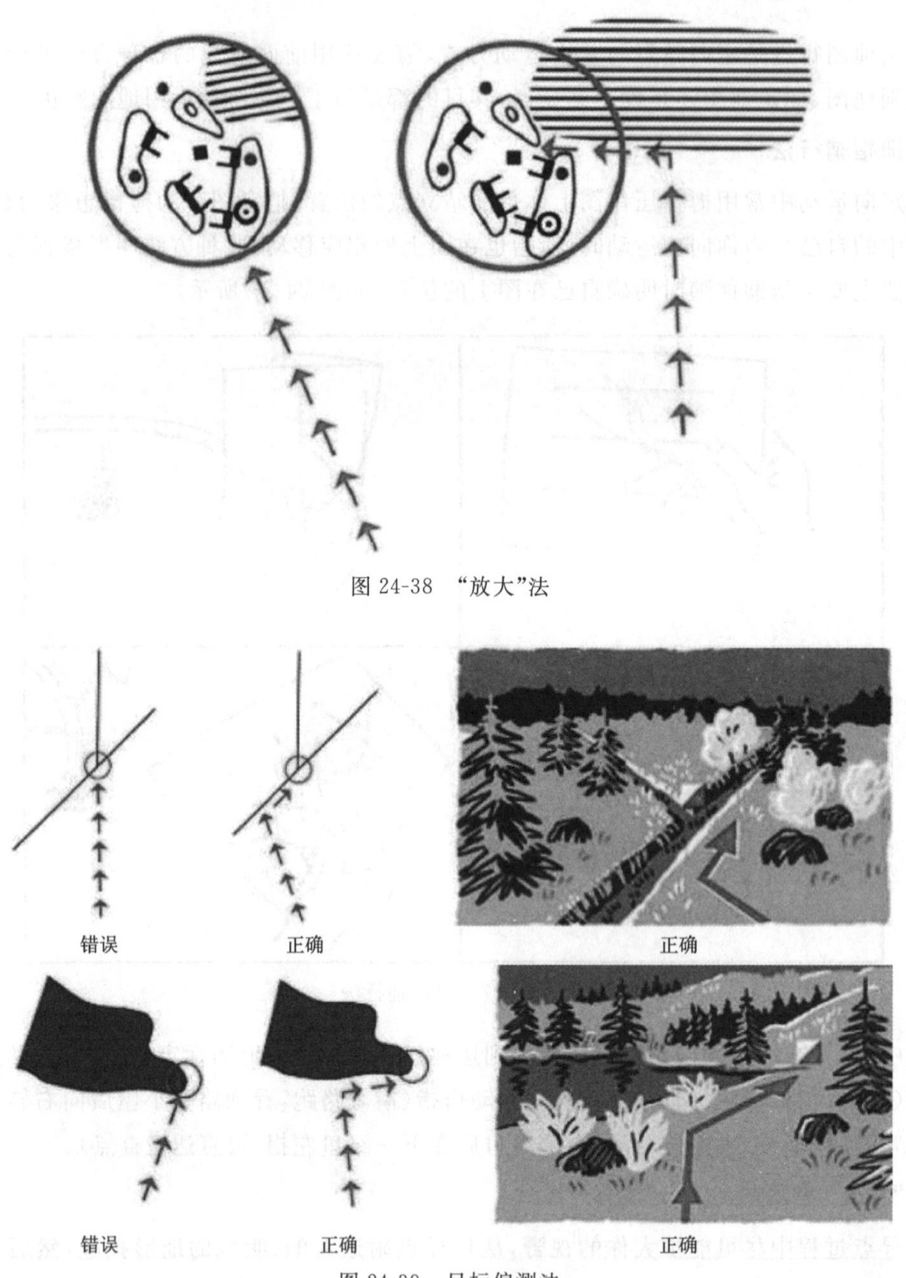

图 24-38 “放大”法

图 24-39 目标偏测法

二、指北针的使用

指北针在野外的主要作用有辨别方向、标定地图、确定站立点与目标点的方向、简易测绘。下面将指北针的相关问题做一个简单的介绍。

(一)指北针的类型

1. 军事指北针

军事指北针如图 24-40 所示。

图 24-40　军事指北针

2. 定向指北针

常见的定向运动指北针包括三种类型:刻度盘指北针(图 24-41)、拇指指北针(图 24-42)、拇指刻度盘指北针(图 24-43)。其中每类指北针又包括专业型和适合初学者使用的简易型。

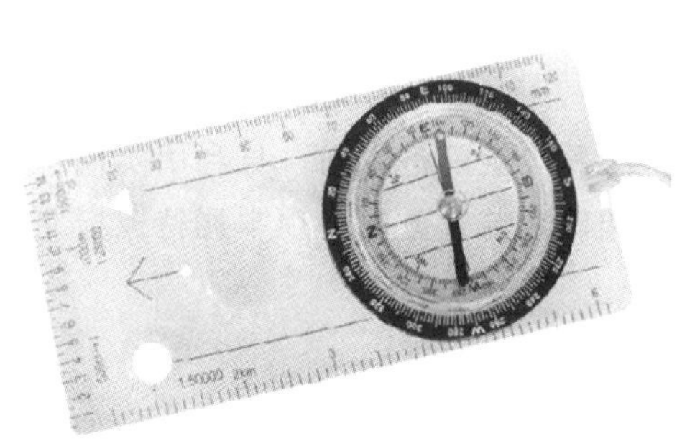

图 24-41　刻度盘指北针

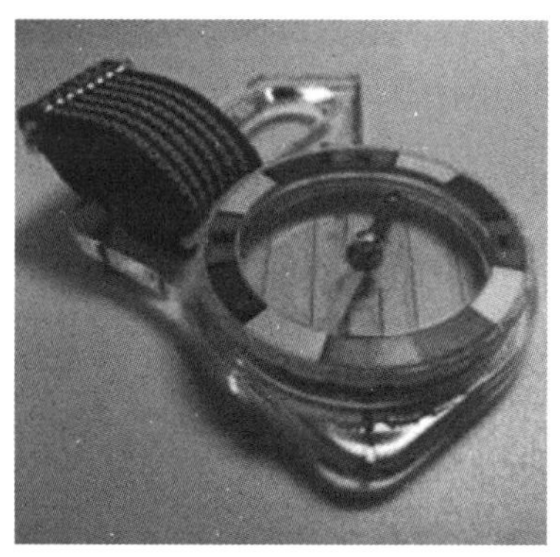

图 24-42　拇指指北针

(二)定向运动指北针的结构

这里用刻度盘指北针来说明定向运动指北针的结构,如图 24-44 所示。刻度盘指北针主要由透明的基板、托架由基板上的充液磁针盒及刻度盘组成。在基板上刻有前进方向箭头,用来指出目标检查点的方位,磁针盒底部刻有磁北标定线,用来方便使用指北针标定地图和确定前进方向。

图 24-43　拇指刻度盘指北针

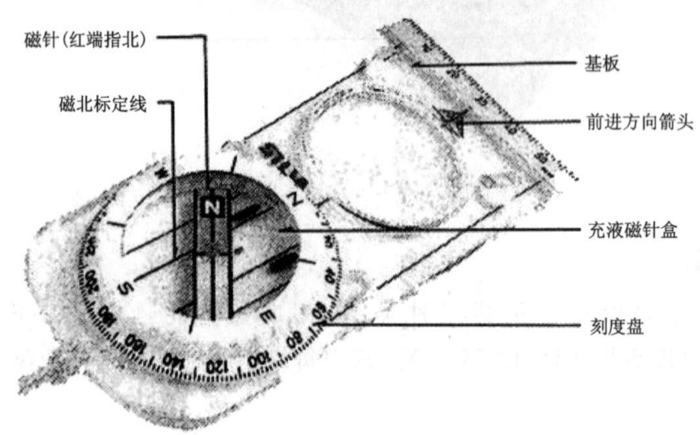

图 24-44　刻度盘指北针的构造

（三）指北针的使用方法

在定向运动中，指北针的主要用途是标定地图和确定前进方向。与利用实地特征标定地图和确定前进方向一样，利用指北针标定地图和确定前进方向必须掌握持握指北针的正确方法。

1. 指北针的持握方法

(1)刻度盘指北针的持握方法。刻度盘指北针的持握方法是，读图时水平持握指北针于身体前面正中的位置高于腰或胸齐，前进方向箭头与身体正中线平行指向身体正前方(图 24-45)。

(2)拇指指北针持握方法。拇指指北针的持握方法是，读图时用拇指指北针前端右侧顶角压在自己在地图上目前的位置后面，水平持握地图于身体前面正中的位置，高于腰或胸齐，前进方向箭头与身体正中线平行，指向身体正前方(图 24-46)。

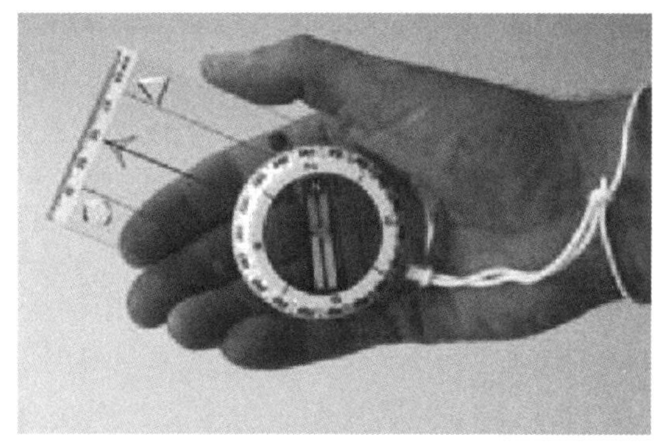

图 24-45　刻度盘指北针的持握

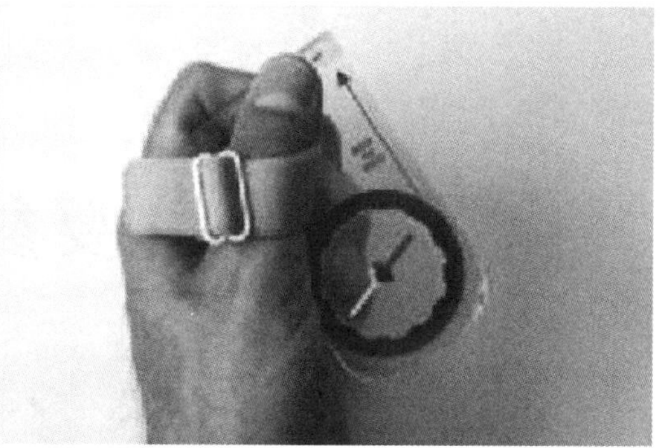

图 24-46　拇指指北针的持握

2. 标定地图

沿着选定路线行进时，随着前进方向的改变，同时向身体转动方向相反的方向转动地图，当地图磁北线的北端与指北针磁针的红端（北端）一致时，地图即被标定。

3. 确定前进方向

（1）用刻度盘指北针确定前进方向，用刻度盘指北针确定方向可分三步来完成：

第一步将指北针放在地图上，并使基板上的前进方向线与目前站立点与目标位置的连线平行。

第二步转动刻度盘使磁北标定线与地图磁北线平行，并确保磁北标定线自北端（红端）与地图磁北线方位一致。

第三步水平持指北针于身体前面正中的位置，高与腰或胸齐，转动身体直到指北针磁针与磁北标定线平行，磁针的北端（红端）与磁北标定线的北端（红端）一致。前进方向箭头所指的方向即前进方向或目标所在方位。

（2）用拇指指北针确定前进方向，用拇指指北针确定方向可分两步来完成：

第一步将拇指指北针的右侧顶角放在地图上自己目前的位置上，并使基板上的前进方向线与目前站立点与目标点位置的连线平行。

第二步水平持握指北针于身体前面正中的位置，高与腰或胸齐。转动身体直到指北针磁针与磁北线平行，磁针的北端（红端）与磁北标定线的北端一致。前进方向箭头所指的方向即前进方向或目标所在方位。

主要参考文献

步建军,2017. 踏板操运动教程[M]. 宁夏:宁夏人民教育出版社.

邓毅明,武晓君,2008. 大学生“健身瑜伽”体育新课程的设计和尝试[J]. 山东体育学院学报(05):78-80+96.

冯道光,2015. 攀岩运动研究[J]. 体育文化导刊(01):51-54.

冯会廷,吕烁,2020. 健美操(舍宾)与踏板操艺术[M]. 长春:吉林出版集团有限责任公司.

黄静,2005. 攀岩运动[M]. 上海:上海科学普及出版社.

黄荣,张鹏,2015. 健美操[M]. 北京:清华大学出版社.

李元,田兵兵,2020. 东京奥运会背景下国际攀岩竞技格局与中国攀岩竞技实力提升策略[J]. 成都体育学院学报,46(02):70-77.

李元,朱倍锋,2020. 竞技攀岩溯源与演变研究[J]. 武汉体育学院学报,54(11):87-93.

刘营,2022. 试分析舞龙舞狮运动的文化特征与传播策略[J]. 体育风尚(06):68-70.

刘玉江, 2015. 定向运动教学与训练[M]. 成都:西南交通大学出版社.

毛洪东,王灵光,孙艳,2020. 早期中国“龙”形象的发展演变[J]. 寻根(01):4-8.

缪华,汪洁, 2014. 定向运动[M]. 天津:天津大学出版社.

彭响,雷军蓉,2018. 机遇与挑战:舞龙运动纳入全运会的思考[J]. 体育文化导刊(03):39-43.

青小力,2019. 高校瑜伽课程教学理论与教学方法:评《高校瑜伽课程研究与教学新探》[J]. 教育发展研究,39(06):87.

裘鹏,2016. “健身瑜伽”概念的缘起及内涵解析[J]. 北京体育大学学报,39(10):135-140.

全国体育院校教材委员会,2015. 运动训练学[M]. 北京:人民体育出版社.

唐红斌,步建军,2018. 快乐踏板操[M]. 北京:北京体育大学出版社.

汪聚伟,覃兴耀,刘坤翔, 2015. 定向运动与野外生存[M]. 北京:清华大学出版社.

王国志,杨敢峰,2016. 从时代变迁看舞龙运动的演变特征[J]. 武汉体育学院学报,50(11):54-58.

王翔,彭光辉,梁方勇, 2009. 定向运动[M]. 北京:高等教育出版社.

谢宛妍,莫双溪,2018.论入奥后中国攀岩的发展及挑战[J].辽宁体育科技,40 (03):39-41+46.

徐国栋,袁琼嘉,2012.运动解剖学[M].北京:人民体育出版社.

运动生理学编写组,2016.运动生理学[M].北京:北京体育大学出版社.

张国斌,2019.中国传统舞龙舞狮运动历史文化探索及传播研究[J].散文百家(新语文活页)(10):157-158.

张惠红,陶于,李俊, 2020. 定向运动与野外生存[M].北京: 高等教育出版社.

张晓威, 2019. 定向越野[M]. 北京:机械工业出版社.

张影,2017.浅谈学校瑜伽教学对学生身心发展的益处[J].中国教育学刊(S1):165-166.

朱江华,2011.攀岩运动教程[M].上海:东华大学出版社.